Haertler Betriebswirtschaftslehre

Dr. Hans-Joachim Haertler

Betriebswirtschaftslehre für den Kaufmann in der Grundstücks- und Wohnungswirtschaft

Ein Lehrbuch für Nachwuchskräfte

16. überarbeitete Auflage

Hammonia-Verlag GmbH Hamburg

1993
16. überarbeitete Auflage
Hammonia-Verlag GmbH; Hamburg 62
Nachdruck nicht gestattet
Gesamtherstellung: Wullenwever-Druck, Lübeck
ISBN 3-87292-003-0

Vorwort

Die Entwicklung der unternehmerischen Wohnungswirtschaft ist durch zwei große Wachstumsperioden gekennzeichnet. Die Wohnungsunternehmen haben sich zu einer großen Zahl mittlerer und großer Betriebe entwickelt. Damit ergeben sich auch erhöhte Anforderungen an den Kaufmann in der Grundstücks- und Wohnungswirtschaft. An sein Wissen und Können werden vielseitigere Ansprüche gestellt. Es ist innerhalb der kaufmännischen Berufe ein neuer Typ entstanden, der gleichwertig neben den Bank-, Großhandels-, Industrie-, Versicherungskaufmann u. a. tritt. Die Ausbildung des Nachwuchses muß daher unter anderen Gesichtspunkten und Methoden erfolgen. Zur Aus- und Weiterbildung des Kaufmanns in der Grundstücks- und Wohnungwirtschaft ist dieses Lehrbuch gedacht.

Es soll allen Nachwuchskräften dieses Wirtschaftszweiges die Grundkenntnisse vermitteln und als Nachschlagewerk dienen. Darüber hinaus soll es alle kaufmännischen und technischen Mitarbeiter, die aus anderen Wirtschaftszweigen kommen, in die Wohnungswirtschaft einführen. Nicht zuletzt wird es die notwendigen Kenntnisse der betrieblichen und wirtschaftlichen Zusammenhänge vermitteln.

Die Auswahl des Stoffes mußte sich zwangsläufig nach der Ausbildungsordnung und den Betriebsleistungen der Wohnungsunternehmen richten. Maßstab hierfür waren auch die Anforderungen an den Kaufmann in anderen Wirtschaftszweigen.

Das Lehrbuch eignet sich zum Gebrauch an Berufsschulen und Fachschulen sowie zur Weiterbildung als Fachwirt oder Fachkaufmann in der Grundstücks- und Wohnungswirtschaft. Es ist ein Sachbuch, das bei Schülern und Auszubildenden einen Unterricht voraussetzt.

Für Anregungen und Hinweise sei Herrn Professor Dr. A. Flender herzlich gedankt.

Ratingen, im März 1966

Dr. Hans-Joachim Haertler

Zur 16. Auflage

Bei Drucklegung der ersten Auflage war nicht vorauszusehen, daß dieses Lehrbuch bereits nach kurzer Zeit vergriffen sein würde. Die starke Nachfrage, die auch nach den weiteren Auflagen anhielt, hat nunmehr eine 16. Auflage erforderlich gemacht, die durchgesehen und auf den derzeitigen Stand der gesetzlichen Vorschriften gebracht wurde. Wichtige Bestimmungen für die neuen Bundesländer wurden eingearbeitet. Die Kenntnisse in Volkswirtschaftslehre und Organisationslehre sind nur knapp eingearbeitet und müssen durch Unterricht ergänzt werden. In einigen Bundesländern sind in den Berufsschulen Volkswirtschaftslehre und Organisationslehre gesondertes Unterrichtsfach.

Ratingen, 1. Februar 1993

Inhalt

I. Teil Wirtschaftliches Grundwissen
I. Abschnitt
1 Wirtschaftliche Einführung
1.1 Grundbegriffe 3
1.2 Staatliche Wirtschaftspolitik 7
1.3 Entwicklungsstufen der Wirtschaft 9
1.4 Wirtschaftskreislauf und Produktionsfaktoren 10
1.5 Gliederung der Wirtschaft 13
    Urerzeugung 13
    Weiterverarbeitung 13
    Verteilung 13
    Dienstleistungsbetriebe 14
    Verbrauch 14
1.6 Betrieb und Unternehmung 14
1.7 Staat und Wirtschaft 15

II. Abschnitt
Aufbau und Arbeit des kaufmännischen Betriebes
1 Der kaufmännische Betrieb
1.1 Arten der Betriebe 17
1.2 Standort der Betriebe 18
1.3 Gliederung des kaufmännischen Betriebes nach Grundfunktionen 19
1.3.1 Überblick 19
1.3.2 Die Geschäftsleitung 19
1.3.3 Der Einkauf 22
1.3.4 Das Lager 24
1.3.5 Die Kalkulation 26
1.3.6 Marketing 34
1.3.7 Der Verkauf 40
1.3.8 Der Versand 42
1.3.9 Die Schriftgutablage 42

1.3.10 Die Buchhaltung	44
1.3.11 Die technischen Abteilungen in einem Industriebetrieb	45
1.3.12 Die technischen Abteilungen bei einem Wohnungsunternehmen	47
1.4 Die Gründung des Betriebes	51
1.4.1 Voraussetzungen zur Gründung	51
1.4.2 Anmeldung	53
1.4.3 Firma	54
1.4.4 Register	55
1.4.5 Kaufmann	57
1.4.6 Die berufstätige Frau und das Güterrecht	59

2 Die Personen des kaufmännischen Betriebes

2.1. Der Unternehmer	61
2.1.1 Die Aufgaben des Unternehmens	61
2.1.2 Die Leitung des Unternehmens	62
2.1.3 Das Risiko des Unternehmers	63
2.1.4 Der Unternehmerlohn	64
2.1.5 Zusammenschlüsse der Unternehmer	64
2.2. Die Mitarbeiter des Unternehmens	65
2.2.1 Die ausführenden Mitarbeiter	65
2.2.2 Die leitenden Mitarbeiter	75
2.3 Das Betriebsklima	77
2.4 Der Betriebsrat	77
2.5 Die Mitbestimmung der Arbeitnehmer	78
2.6 Gewerkschaften und Arbeitgeberverbände	79
2.6.1 Die Gewerkschaften	79
2.6.2 Die Arbeitgeber	80

3 Der Schutz der Arbeitskraft

3.1 Die Sozialversicherung	80
3.1.1 Wesen	80
3.1.2 Pflichten des Arbeitgebers	81
3.1.3 Die Krankenversicherung	82
3.1.4 Die Rentenversicherung	83
3.1.5 Die Arbeitslosenversicherung	85
3.1.6 Die Unfallversicherung	85
3.1.7 Die Knappschaftsversicherung	86
3.1.8 Die Altersversorgung des Handwerks	86
3.2 Gewährung von Kindergeld	87

3.3 Die Sozialgerichte 87
3.4 Die Arbeitsschutzbestimmungen 87
3.4.1 Unfallverhütungsvorschriften 88
3.4.2 Arbeitszeitregelungen 88
3.4.3 Urlaub 88
3.4.4 Jugendarbeitsschutz 89
3.4.5 Kündigungsschutz 89
3.4.6 Die Arbeitsgerichte 90

4 Die Organisation der Arbeit im Betrieb
4.1 Die Betriebsorganisation 91
4.2 Die Organisation der Büroarbeit 93
4.3 Der Schriftverkehr 93
4.4 Technische Hilfsmittel im Betrieb 95
4.5 Das betriebliche Rechnungswesen 96
4.5.1 Gliederung 96
4.5.2 Buchführung 97
4.5.3 Kostenrechnung 98
4.5.4 Statistik (Vergleichsrechnung) 102
4.5.5 Vorschaurechnung (Wirtschaftsplanung) 103

III. Abschnitt
Der Geschäftsverkehr des kaufmännischen Betriebes
1 Der Warenverkehr
1.1 Bedarfsermittlung und Bezugsquelle 104
1.2 Die Anfrage 104
1.3 Das Angebot 104
1.3.1 Wesen des Angebotes 104
1.3.2 Form des Angebotes 105
1.3.3 Bindung und Annahme 105
1.3.4 Inhalt des Angebotes 105
1.4 Die Bestellung (Auftrag) 108
1.5 Auftragsbestätigung 108
1.5.1 Die rechtssichernde Auftragsbestätigung 108
1.5.2 Die rechtsbegründende Auftragsbestätigung 109
1.6 Der Kaufvertrag 109
1.6.1 Wesen und Art des Kaufes 109
1.6.2 Pflichten aus dem Kaufvertrag 110
1.6.3 Form des Vertragsabschlusses 110

1.7 Besondere Formen des Kaufes ... 111
1.8 Die Erfüllung des Kaufvertrages ... 112
1.8.1 Der Eingang der Ware ... 112
1.8.2 Die Zahlung ... 113
1.9 Störungen bei der Abwicklung des Kaufvertrages ... 113
1.9.1 Mangelhafte Lieferung ... 113
1.9.2 Der Lieferungsverzug ... 114
1.9.3 Der Annahmeverzug ... 115
1.9.4 Der Zahlungsverzug ... 115
1.9.5 Das Mahnverfahren ... 116
1.9.6 Die Klage im Zivilprozeßverfahren ... 118
1.9.7 Die Zwangsvollstreckung ... 124

2 Allgemeine Vertragslehre
2.1 Arten der Verträge ... 131
2.1.1 Einseitige Rechtsgeschäfte ... 132
2.1.2 Zweiseitige Rechtsgeschäfte ... 132
2.2 Form der Verträge ... 134
2.2.1 Schriftform ... 134
2.2.2 Beglaubigung ... 135
2.2.3 Beurkundung ... 135
2.3 Inhalt des Vertrages ... 135
2.3.1 Gültige Rechtsgeschäfte ... 135
2.3.2 Nichtige Rechtsgeschäfte ... 136
2.3.3 Anfechtbare Rechtsgeschäfte ... 137
2.4 Erfüllung von Verträgen ... 137

3 Nachrichten- und Güterverkehr
3.1 Der Nachrichtenverkehr ... 138
3.2 Der Güterverkehr ... 139

4 Der Zahlungsverkehr
4.1. Geld und Währung ... 139
4.1.1 Entstehung, Aufgaben und Wert des Geldes ... 139
4.1.2 Arten des Geldes ... 140
4.1.3 Die Währung ... 141
4.2 Die Barzahlung ... 141
4.2.1 Die Barzahlung gegen Quittung ... 142
4.2.2 Zahlung durch Vermittlung der Post ... 142

4.3 Der Scheckverkehr 143
4.3.1 Begriff und Wesen des Schecks 143
4.3.2 Bestandteile des Schecks 143
4.3.3 Die Arten des Schecks 144
4.3.4 Verwendung von Schecks 146
4.3.5 Die Bedeutung des Scheckverkehrs 147
4.4 Die Überweisung 147
4.4.1 Das Konto 147
4.4.2 Begriff und Wesen der Überweisung 149
4.4.3 Die Träger des Überweisungsverkehrs 150
4.4.4 Sonderformen der Überweisung 150
4.5 Der Postgiroverkehr 151
4.5.1 Einzahlungen durch Zahlkarte 152
4.5.2 Der Überweisungsauftrag 152
4.5.3 Der Postscheck 153
4.6 Der Wechselverkehr 154
4.6.1 Der gezogene Wechsel 154
4.6.2 Der eigene Wechsel (Solawechsel) 164

5 Der Kreditverkehr

5.1 Begriff und Bedeutung des Kredits 165
5.2 Vertragliche Grundlagen 166
5.3 Die Arten des Kredits 166
5.4 Kreditsicherung 167
5.4.1 Der Personalkredit 167
5.4.2 Der Realkredit 169
5.4.3 Der Realkredit in der Wohnungswirtschaft 169
5.5 Geldmarkt und Kapitalmarkt 170
5.5.1 Der Geldmarkt 170
5.5.2 Der Kapitalmarkt 171
5.5.3 Kapitalbildung 172
5.5.4 Der Handel mit Wertpapieren 173
5.6 Kreditinstitute 173
5.6.1 Arten der Banken 174
5.6.2 Geschäfte und Aufgaben der Banken 174
5.6.3 Die Deutsche Bundesbank 175
5.7 Wertpapiere 176
5.7.1 Festverzinsliche Wertpapiere (Rentenpapiere) 177
5.7.2 Dividendenpapiere 178
5.7.3 Investmentzertifikate 179
5.7.4 Immobilienzertifikate 179
5.7.5 Die Effektenbörse 180

II. Teil Wohnungswirtschaftliches Grundwissen

1 Die Grundlagen der Wohnungswirtschaft
1.1 Entwicklung der Wohnungswirtschaft als Wirtschaftszweig 185
1.2 Wohnungswirtschaft und Marktwirtschaft 186
1.3 Die Wohnungszwangswirtschaft 187
1.3.1 Mieterschutz 187
1.3.2 Mietpreisrecht 187
1.3.3 Wohnraumbewirtschaftung 188
1.4 Der Wohnungsmarkt 189
1.5 Die Wohnungsunternehmen 192
1.5.1 Wesen 192
1.5.2 Die Arten der Wohnungsunternehmen 193
1.6 Die Aufgaben der Wohnungsunternehmen 193
1.7 Die Gemeinnützigkeit in der Wohnungswirtschaft 195
1.7.1 Begriff und Wesen 195
1.7.2 Die Entwicklung des Gemeinnützigkeitsgedankens 195

2 Die Rechtsformen der Unternehmung
2.1 Die Einzelunternehmung 199
2.2 Die Gesellschaftsunternehmungen 199
2.2.1 Personengesellschaften 200
2.2.2 Kapitalgesellschaften 204
2.2.3 Andere Gesellschaftsformen 216
2.3 Zusammenschlüsse von Unternehmungen 217
2.4 Die Erwerbs- und Wirtschaftsgenossenschaft 217
2.4.1 Begriff und geschichtliche Entwicklung 217
2.4.2 Arten der Genossenschaften 219
2.4.3 Gründung 220
2.4.4 Mitgliedschaft 220
2.4.5 Organe der Genossenschaft 222
2.4.6 Prüfungsverband und Prüfungszwang 226
2.4.7 Rechnungslegung 227
2.4.8 Auflösung und Abwicklung 228

3 Die Wohnungsbewirtschaftung

- 3.1 Grundbegriffe ... 229
- 3.1.1 Wohnung ... 229
- 3.1.2 Grundfläche und Wohnfläche ... 232
- 3.1.3 Wesen der Wohnungsbewirtschaftung ... 233
- 3.2 Wohnungsverwaltung ... 234
- 3.2.1 Arten ... 234
- 3.2.2 Aufgaben ... 234
- 3.2.3 Mieterauswahl und Wohnungsvergabe ... 235
- 3.2.4 Miete und Mietrecht ... 237
- 3.2.5 Kontrolle der Kosten der Hausbewirtschaftung ... 261
- 3.2.6 Wohnungsakten und Wohnungskataster ... 261
- 3.2.7 Überwachungsaufgaben ... 262
- 3.3 Der Betrieb der Wohnungsbewirtschaftung und die Betriebskosten ... 264
- 3.3.1 Ordnungs- und Aufsichtspflicht durch den Hauswart ... 264
- 3.3.2 Hausreinigung ... 265
- 3.3.3 Treppenhausbeleuchtung ... 265
- 3.3.4 Gartenpflege ... 265
- 3.3.5 Versicherungsschutz ... 266
- 3.3.6 Be- und Entwässerung ... 268
- 3.3.7 Straßenreinigung und Müllabfuhr ... 268
- 3.3.8 Schornsteinreinigung ... 269
- 3.3.9 Sonstige Betriebskosten ... 269
- 3.4 Verwaltungskosten ... 269
- 3.5 Wagniskosten ... 269
- 3.6 Instandhaltung ... 270
- 3.6.1 Begriffe ... 270
- 3.6.2 Durchführung der Instandhaltung ... 272
- 3.6.3 Instandhaltungskosten ... 273
- 3.6.4 Modernisierung ... 274
- 3.7 Kapitaldienst ... 275

4 Erwerb, Veräußerung und Belastung von Grundstücken

- 4.1 Grundstück ... 276
- 4.2 Rechte am Grundstück ... 278
- 4.2.1 Eigentum am Grundstück ... 278
- 4.2.2 Nachbarrechte ... 279
- 4.2.3 Dingliche Rechte ... 280
- 4.2.4 Andere Eigentumsbindungen ... 285
- 4.3 Grundstücksmarkt ... 287

4.4 Der Grundstücks- und Hypothekenmakler 289
4.4.1 Wesen 289
4.4.2 Aufgaben 290
4.4.3 Maklervertrag 291
4.4.4 Maklerlohn 291

4.5 Der Notar 292

4.6 Erschließung 293
4.6.1 Die Erschließung nach dem Baugesetzbuch 293
4.6.2 Erschließungsanlagen im weiteren Sinne 294
4.6.3 Erschließungskosten 295

4.7 Der Erwerb eines Grundstücks 295
4.7.1 Grundstückskauf 296
4.7.2 Erbbaurecht 298
4.7.3 Enteignung 299
4.7.4 Wohnungseigentum 300
4.7.5 Grundstückserwerb durch Erbfolge und Zwangsversteigerung 305

4.8 Raumordnung und Bauleitplanung 305
4.8.1 Bebaubarkeit und bauliche Nutzung 305
4.8.2 Liegenschaftskataster 308

4.9 Grundbuch und Grundbuchrecht 309
4.9.1 Das Grundbuch 309
4.9.2 Eintragungen in das Grundbuch 311
4.9.3 Die Rangfolge 326
4.9.4 Die Hypothek 327
4.9.5 Die Grundschuld 333
4.9.6 Die Rentenschuld 334

5 Die Wohnungserstellung

5.1 Grundbegriffe 335

5.2 Bauvorbereitung 337
5.2.1 Allgemeine Bauvorbereitung 337
5.2.2 Besondere Bauvorbereitung 337
5.2.3 Der Architektenvertrag 340
5.2.4 Der Bauantrag 341
5.2.5 Kosten der Bauvorbereitung 342

5.3 Die Finanzierung des Wohnungsbaus 342
5.3.1 Arten der Finanzierung 342
5.3.2 Beleihung von Grundstücken 347
5.3.3 Die Finanzierungskosten 350
5.3.4 Die Wohnungsbauförderung des Staates 350
5.3.5 Die Wirtschaftlichkeitsberechnung 361
5.3.6 Die Lastenberechnung 363

5.4 Bauausführung ... 363
5.4.1 Aufgaben des Bauherrn und des Bauunternehmers ... 363
5.4.2 Der Werkvertrag ... 365
5.4.3 Der Bauvertrag ... 368
5.4.4 Der Versicherungsschutz beim Wohnungsbau ... 374
5.4.5 Das Baubuch ... 376
5.5 Bauabrechnung ... 376

6 Die Betreuung
6.1 Wesen und Arten der Betreuung ... 377
6.2 Die Baubetreuung ... 378
6.3 Die Bewirtschaftungsbetreuung ... 379

7 Die Auflösung der Unternehmung
7.1 Die Liquidation ... 380
7.2 Die notleidende Unternehmung ... 381
7.2.1 Der Vergleich ... 382
7.2.2 Der Konkurs ... 383
7.2.3 Der Zwangsvergleich ... 386

8 Die Besteuerung der Unternehmung
8.1 Arten der Steuern ... 386
8.2 Steuerverfahren ... 388
8.3 Steuern vom Einkommen ... 389
8.3.1 Die Einkommensteuer ... 389
8.3.2 Die Lohnsteuer ... 393
8.3.3 Die Körperschaftsteuer ... 394
8.3.4 Die Kapitalertragsteuer ... 395
8.4 Die Vermögensteuer ... 395
8.5 Die Grundsteuer ... 396
8.5.1 Der Einheitswert ... 397
8.5.2 Der Steuermeßbetrag ... 398
8.5.3 Der Grundsteuerbetrag ... 398
8.6 Die Gewerbesteuer ... 399
8.7 Die Umsatzsteuer ... 399
8.8 Die Grunderwerbsteuer ... 402
8.9 Sonstige Steuern ... 403
8.9.1 Sonstige Verkehrsteuern ... 403
8.9.2 Die Verbrauchsteuern ... 403
8.10 Der Lastenausgleich ... 403

Quellenhinweis ... 404

Sachwortverzeichnis ... 406

I. Teil

WIRTSCHAFTLICHES GRUNDWISSEN

I. Abschnitt

1 Wirtschaftliche Einführung

1.1 Grundbegriffe

Im Blickfeld der Betrachtung steht der Mensch mit seinen Bedürfnissen. Er braucht zum Leben Nahrung, Kleidung, Wohnung, Bildung, Entspannung usw. Diese B e d ü r f - n i s s e nennt man Existenzbedürfnisse bzw. Kulturbedürfnisse. Hinzu kommen noch die sogenannten Luxusbedürfnisse. Der Mensch trachtet danach, diese Bedürfnisse, die er als Mangel empfindet, zu befriedigen. Hat er dazu die entsprechende K a u f - k r a f t (Geld, Arbeitskraft, Sachwerte), die nach seinem Einkommen groß oder gering sein kann, so versucht er, seinen B e d a r f durch Mittel zu decken, die seiner Bedürfnisbefriedigung dienen. Diese Mittel nennt man G ü t e r. Er hält N a c h f r a g e auf dem Markt, wo Güter angeboten werden.

Güter als Mittel zur Bedürfnisbefriedigung sind:

S a c h g ü t e r

Produktionsgüter (Maschinen, Werkzeuge usw.), mit denen andere Güter hergestellt werden,

Konsumgüter zur unmittelbaren Befriedigung, die als „Verbrauchsgüter" (Strom, Lebensmittel usw.) verzehrt werden, oder als „Gebrauchsgüter" (Wohnung, Eigenheim, Waschmaschine usw.) zur längeren Nutzung dienen;

Produktions- sowie Konsumgüter können sein entweder Verbrauchsgüter oder Gebrauchsgüter.

D i e n s t l e i s t u n g e n

persönlich (in der Krankenpflege oder im Unterricht),

sachlich (Kreditgewährung, Vermittlung von Grundstückskäufen, Vermietung von Wohnungen usw.);

R e c h t e (Vertragsrechte, Lizenzen).

Komplementäre Güter sind Güter, die sich gegenseitig ergänzen und nur gemeinsam Nutzen stiften (Auto und Benzin). Substituierbare Güter sind austauschbare Güter; sie können sowohl in der Produktion als auch im Verbrauch verwendet werden (Öl oder Kohle).

Homogene Güter sind qualitätsgleiche Güter, heterogene sind nicht gleich, sie unterscheiden sich in Farbe, Form, Größe oder Qualität.

Die Güter sind jedoch nicht in beliebiger Menge verfügbar, wie die Luft oder das Wasser einer Quelle, sondern sind nur in begrenzter Menge vorhanden oder müssen erst in einen gebrauchs- oder verbrauchsfähigen Zustand versetzt werden. Diese knappen

Güter müssen auf dem Markt bereitgestellt werden. Den ungezählten Bedürfnissen der Menschen steht somit eine beschränkte Zahl der Güter gegenüber. Dies zwingt zum Wirtschaften. W i r t s c h a f t e n umfaßt alle planmäßige, geistige und körperliche Arbeit zur Bereitstellung von Gütern zum Zwecke der Bedarfsdeckung; es gehört aber auch dazu die sinnvolle und sparsame Verwendung dieser Güter. W i r t s c h a f t ist die Gesamtheit aller Einrichtungen und Maßnahmen, die der planvollen Bedarfsdeckung unmittelbar oder mittelbar dienen. Man wirtschaftet nach dem ö k o n o m i s c h e n P r i n z i p . Es besagt, ein Gut soll mit dem geringsten Aufwand an Mitteln hergestellt, verteilt und verbraucht werden. Es kann als Maximalprinzip, Minimalprinzip oder Optimalprinzip angewandt werden. Als Maximalprinzip soll mit gegebenem Aufwand (Input) der größtmögliche Nutzen erreicht werden.

Als Minimalprinzip soll ein bestimmtes Ergebnis (Output) mit dem geringstmöglichen Mitteleinsatz erzielt werden.

Als Optimalprinzip kommt es darauf an, Input und Output aufeinander abzustimmen.

Alle in der Bundesrepublik produzierten Güter eines Jahres, multipliziert mit den Marktpreisen, bezeichnet man als Bruttosozialprodukt. In diesem sind die Abschreibungen, die als Wertminderung von Produktionsmitteln enthalten sind, und die als Ersatzinvestitionen zurückfließen. Daher müssen die Abschreibungen von dem Bruttosozialprodukt abgezogen werden, so daß man das Nettosozialprodukt zu Marktpreisen erhält. Zieht man davon die indirekten Steuern (z. B. Umsatzsteuer) ab und zählt die vom Staat gezahlten Subventionen hinzu, so erhält man das Nettosozialprodukt zu Faktorkosten. Das Nettosozialprodukt zu Faktorkosten entspricht dem Volkseinkommen.

Auf dem M a r k t stehen sich Anbietender und Nachfragender gegenüber. Er ist an keinen Ort und an keine Zeit gebunden; der Markt ist das Zusammentreffen von Angebot und Nachfrage. So gibt es je nach den Gütern einen Waren-, Arbeits-, Geld-, Kapital-, Wohnungs- und Grundstücksmarkt. Übersteigt die Nachfrage das Angebot an Gütern, spricht man von Verkäufermarkt, bei Übersteigen des Angebotes von Käufermarkt.

Die Marktstruktur ist abhängig von der qualitativen Beschaffenheit (vollkommener oder unvollkommener Markt) und der quantitativen Beschaffenheit der beiden Marktseiten. Beim vollkommenen Markt — im Gegensatz zum unvollkommenen — besteht:

> vollständige Marktübersicht (Markttransparenz), d. h. jeder Marktteilnehmer muß voll über Angebotsmengen und Angebotspreise sowie Lieferungs- und Zahlungsbedingungen und Nachfrageverhalten informiert sein;

> Gleichartigkeit des Marktgutes (Homogenität), d. h. Güter müssen gleichartig sein, damit ein einheitlicher Preis gebildet werden kann.

> Nichtbestehen von Bevorzugungen (Präferenz), d. h. es dürfen weder persönliche, zeitliche oder räumliche Bevorzugungen bestehen. Die meisten Konsumgütermärkte sind unvollkommene Märkte, weil Präferenzen bestehen (räumliche Nähe).

Der Gesamtmarkt eines Gutes läßt sich in Teil- und Einzelmärkte aufteilen. In der Wohnungswirtschaft sprechen wir von Teilmärkten. In jeder Stadt gibt es einen Markt für Altbauwohnungen, öffentlich geförderte und andere Neubauwohnungen verschiedener Größe, Appartements, Eigentumswohnungen.

Jedes Gut hat einen W e r t, der vom Nutzen für den einzelnen und vom Grad der Knappheit bestimmt wird. Der Wert des Gutes wird in Geld ausgedrückt; man spricht vom P r e i s des Gutes. Er ist abhängig von Angebot und Nachfrage.

Die Nachfrage nach Konsumgütern ist abhängig von der Intensität und der Art der Bedürfnisse (z. B. Größe der Wohnung, Wohnumfeld, Freizeitwert) sowie vom verfügbaren Einkommen. Auch wird sich eine Nachfrage nach Substitutionsgütern oder Komplementärgütern anders verhalten; steigt der Preis für ein Substitutionsgut, weicht man auf ein austauschbares Gut aus, steigt der Peis für ein Komplementärgut A, so geht die Nachfrage nach dem ergänzenden Gut B zurück.

Das Angebot ist im wesentlichen von folgenden Faktoren abhängig: Erwartete Nachfrage, Preis, Preis anderer Güter, Produktionskosten und unternehmerische Zielsetzung. Die zu erwartende Nachfrage nach einem Gut wird ausschlaggebend sein für das Angebot hinsichtlich Menge und Preis. Der Preis ist weiterhin abhängig von dem Preis der Produktionsfaktoren und den Kosten der öffentlichen Hand (Steuern, Sozialabgaben). Die Gesamtkosten, die bei der Produktion bestimmter Mengen eines Wirtschaftsgutes anfallen, bestehen aus variablen und fixen Kosten. Fixe Kosten bleiben bei sich veränderndem Beschäftigungsgrad gleich, variable Kosten sind von der produzierten Menge abhängig.

Ist der Preis eines Wirtschaftsgutes stark gestiegen, sucht man nach einem Ersatzgut (Substitutionsgut).

Bei vollständigem Wettbewerb, bei dem der Staat in das Marktgeschehen nicht eingreift, ist der Preis der Regulator, der Angebot und Nachfrage in Übereinstimmung bringt; somit ergibt sich der Preis (Gleichgewichtspreis), der Güterangebot und -nachfrage ausgleicht.

Bei steigenden Preisen nimmt das Marktangebot zu, bei fallenden Preisen nimmt es ab. Voraussetzung ist, daß das Angebot elastisch bleibt, d. h. daß Anbieter oder Nachfrager auf die veränderten Marktsituationen sofort reagieren können. Ist das Angebot nicht vollkommen elastisch, so führt zunehmende Nachfrage zu steigenden Preisen, abnehmende Nachfrage zu fallenden Preisen.

Ist die Nachfrage nicht vollkommen elastisch, so führt zunehmendes Angebot zu fallenden Preisen, abnehmendes Angebot zu steigenden Preisen.

Je nach den Marktanteilen, die Marktteilnehmer an der Angebots- oder auf der Nachfrageseite besitzen, unterscheidet man Monopol, Oligopol, Polypol.

Beim Monopol hat ein Wirtschaftssubjekt keine Mitbewerber. Beim Angebotsmonopol stehen einem Unternehmen eine Vielzahl von Nachfragern, beim Nachfragemonopol eine Vielzahl von Anbietern einem Nachfrager gegenüber.

Beim Oligopol stehen auf einer Marktseite wenige Große einer Mehrzahl von anderen Marktteilnehmern gegenüber.

Beim Polypol finden wir auf einer Marktseite sehr viele Marktteilnehmer, so daß der Einfluß des einzelnen auf die Preisbildung gering ist. Existieren bei einem oder mehreren großen Marktteilnehmern noch einige unbedeutende kleinere, so spricht man von Teilmonopol bzw. Teiloligopol. In der marktwirtschaftlichen Ordnung versucht mancher

Anbieter, sich dem Wettbewerb entweder mit seinem gesamten absatzpolitischen Instrumentarium zu stellen oder sich den Markteinflüssen durch Schaffung von Präferenzen zu entziehen, damit er selbst Preispolitik betreiben kann. Ein anderer Weg, dem freien Wettbewerb auszuweichen, ist der Zusammenschluß von Unternehmen entweder durch Kooperation (Zusammenarbeit) oder durch Konzentration (Zusammenschluß). Konzentration erfolgt meist durch Vereinbarung oder vertragliche Bindung, entweder in horizontaler, vertikaler oder anorganischer Form. Vereinigen sich Unternehmen von aufeinanderfolgenden Produktions- bzw. Handelsstufen, spricht man von vertikalem Zusammenschluß. Vereinigen sich mehrere Unternehmen der gleichen Produktion oder Handelsstufe, nennt man dies horizontale Konzentration. Vereinigen sich Unternehmen verschiedener Wirtschaftszweige, spricht man von einer anorganischen Konzentration.

In unserer Marktwirtschaft lenkt der Markt bzw. der Preis die Wirtschaft. Bedürfnis und Gewinnstreben sind Antriebskräfte für alles wirtschaftliche Tun und Handeln. Der Staat lehnt ein völlig freies Spiel dieser Kräfte wie im Zeitalter des Liberalismus ab. Er greift vielmehr in sozialer Verantwortung und zum Schutze des arbeitenden Menschen ordnend in das Wirtschaftsgeschehen ein, was wir als „Soziale Marktwirtschaft" bezeichnen. In dieser sind Gütererzeugung, -verteilung und -verbrauch frei. Es herrscht Gewerbefreiheit. Der Preis richtet sich nach Angebot und Nachfrage, d. h. er schwankt, um Angebot und Nachfrage ausgleichen zu können. Die Wettbewerbsfreiheit wird gewährleistet. Der Staat beschränkt sich auf schützende und marktfördernde Gesetze, wie die Arbeitsschutzgesetzgebung, steuerliche und zollmäßige Begünstigungen, Subventionen für den Wohnungsbau und die Landwirtschaft, Verkauf von Bundesvermögen usw.

Im Gegensatz dazu steht eine vom Staat „Zentral gelenkte Wirtschaft" (Planwirtschaft), wie wir sie bis 2. Juli 1990 in Ostdeutschland kannten, in der die Gütererzeugung und -verteilung vom Staat aufgrund eines geschätzten und vom Staat für notwendig befundenen Bedarfs bestimmt wird. Der Preis wird festgesetzt. Da der Bedarf sich nicht genau im voraus ermitteln läßt, andererseits auch die Produktion der Güter unter den Sollzahlen bleibt, ist der Ausgleich von Angebot und Nachfrage zwecks Befriedigung aller Bedürfnisse gestört.

Auf dem Wohnungsmarkt bestand seit dem Ende des Ersten Weltkrieges keine freie Marktwirtschaft. Mit dem „Gesetz über den Abbau der Wohnungszwangswirtschaft und über ein soziales Mietrecht" vom 23. Juni 1960 konnte in der Bundesrepublik die bis dahin zentral gelenkte Wohnungswirtschaft stufenweise in die soziale Marktwirtschaft überführt werden.

Wirtschaft strebt nach Wachstum. Dieses unterliegt Schwankungen, die verschiedene Ursachen haben. Neben langfristigen Zyklen aufgrund technischer Erneuerungen und abgesehen von saisonalen Schwankungen gibt es konjunkturell bedingte Veränderungen.

Der Verlauf der Konjunktur läßt sich in 4 Phasen unterteilen, die man als Konjunkturzyklus bezeichnet.

1. Phase
Tiefstand oder Rezession: Unterbeschäftigung, Brachliegen von Kapazitäten, Arbeitslosigkeit, geringe Nachfrage, niedrige Inlandpreise und niedriges Zinsniveau.

2. Phase

Aufschwung: günstigere Zukunftserwartungen, Produktionsausweitung, Einstellen zusätzlicher Arbeitskräfte, höhere Einkommen und damit sich verstärkenden Güterstrom; (zunehmende Gewinnerwartung führt zu Investitionsneigung) am Ende langsames Ansteigen der Preise.

3. Phase

Hochkonjunktur oder Boom: hohe Nachfrage, Preissteigerung, Vollbeschäftigung, teilweise Überbeschäftigung, hohe Investitionsneigung, Kapitalverknappung und Zinsanhebung.

Lohnkämpfe und Preissteigerungen wirken sich am Markt negativ aus, die Nachfrage geht zurück, die pessimistisch aufziehende Grundstimmung führt zur Krise.

4. Phase

Abschwung: Absatzschwierigkeiten, Produktionsrückgang, Entlassung von Arbeitskräften; ein leichter konjunktureller Rückgang wird auch Repression genannt. Ohne staatliche Konjunkturpolitik kann die Rezession in die Depression übergehen.

Konjunkturelle Störungen ergeben sich meist dann, wenn Ungleichgewichte vorliegen, insbesondere zwischen Gütervolumen und Geldvolumen — über das die Bundesbank wacht —, zwischen Absatz und Produktion sowie zwischen Sparen und Investieren.

1.2 Staatliche Wirtschaftspolitik

Die Wirtschaft erwartet vom Staat Aktivitäten, die stabilisierend auf den Wirtschaftskreislauf wirken und Tiefen verhindern können. Die Gesamtheit aller Maßnahmen, die darauf hinzielen, nennt man Wirtschaftspolitik. Träger der Wirtschaftspolitik ist zumeist Parlament und Regierung, aber auch die Deutsche Bundesbank als Hüterin der Währung sowie Tarifpartner, Interessenverbände und auch überstaatliche Organisationen (EG-Währungsfonds). In dem 1967 vom Bundestag verabschiedeten „Gesetz zur Förderung durch Stabilität und des Wachstums der Wirtschaft" (Stabilitätsgesetz) werden Bund und Länder verpflichtet, bei ihren wirtschafts- und finanzpolitischen Maßnahmen die Erfordernisse des gesamtwirtschaftlichen Gleichgewichts zu beachten. Vier Ziele wurden im Rahmen der marktwirtschaftlichen Ordnung genannt:

Stabilität des Preisniveaus,
hoher Beschäftigungsstand (Vollbeschäftigung),
außenwirtschaftliches Gleichgewicht,
angemessenes Wirtschaftswachstum.

Aus den Erfahrungen mit zwei Inflationen wird auf besondere Preisstabilität Wert gelegt. Die Preisstabilität wird an verschiedenen Preisindizes gemessen, vor allem am Preisindex für Lebenshaltung. Absolute Preisstabilität liegt vor, wenn das Preisniveau bis zu 1 % höchstens ansteigt. Man ist jedoch zufrieden, wenn eine Preissteigerung von bis zu 2 % eintritt (relative Preisstabilität). Anfang der 70er Jahre lag die Preissteigerung über 5 %, in anderen Industrieländern noch viel höher.

Arbeitslosigkeit mit allen sozialen Auswirkungen führt oft zu politischen Krisen. Daher wird der Vollbeschäftigung oft die Priorität eingeräumt. Abgesehen von saisonaler, struktureller oder friktioneller Arbeitslosigkeit kann die Vollbeschäftigung gemessen werden. Ein hoher Beschäftigungsstand liegt vor, wenn die Arbeitslosenquote unter 2 % liegt. Über die Beschäftigungslage kann die Bundesanstalt für Arbeit, und zwar über das Verhältnis von Arbeitslosen zu offenen Stellen, Auskunft geben, wobei die Fälle von Arbeitslosigkeit aus subjektiven Gründen (z. B. Arbeitsunwilligkeit) kaum zu erfassen sind. Auch Kurzarbeit kommt in diesen Zahlen nicht zum Ausdruck. Die Arbeitslosenquote ergibt sich aus der Zahl der als arbeitslos registrierten Erwerbstätigen multipliziert mit 100, dividiert durch die Gesamtzahl der abhängigen Erwerbspersonen (Beschäftigte und Arbeitslose).

Aufgrund der Arbeitsteilung und internationaler Verpflichtungen der einzelnen Volkswirtschaften muß auf das außenwirtschaftliche Gleichgewicht geachtet werden. Import und Export sollen sich ausgleichen. Da der Import mit Devisen bezahlt wird, müssen diese im wesentlichen aus Exporten stammen. Langfristig würde ein Importüberschuß zur Zahlungsunfähigkeit führen, ein höherer Export zu einem hohen Devisenvorrat mit vorrückender inflationistischer Tendenz. Man spricht vom außenwirtschaftlichen Gleichgewicht, wenn ein Überschuß im Waren- und Dienstleistungsverkehr mit dem Ausland etwa bis 2 % des Bruttosozialproduktes beträgt.

In der marktwirtschaftlichen Ordnung soll ein stetes Wachstum erreicht werden. Das Wirtschaftswachstum wird an der jährlichen Wachstumsrate gemessen. Sie gilt als angemessen, wenn sie 3 bis 4 % des realen Bruttosozialproduktes beträgt. Ob Wirtschaftswachstum durch die Kräfte des Marktes möglich ist, oder ob dieses nur durch staatliche Wirtschaftspolitik bewirkt werden kann, ist eine Streitfrage.

Unstreitig ist, daß alle vier wirtschaftspolitischen Ziele nicht gleichzeitig erreichbar sind. In Verfolgung dieser vier Ziele entstehen viele Konflikte. Man spricht daher von einem magischen Viereck, denn es müssen magische Kräfte wirken, um alle vier Ziele gleichzeitig zu erreichen.

Der Staat kann über viele Maßnahmen Einfluß auf die Wirtschaftspolitik nehmen, um seine Zielvorstellungen zu verwirklichen. Er will dieses mit marktkonformen Maßnahmen bewirken, damit die soziale Marktwirtschaft funktionsfähig bleibt. Inkonforme Eingriffe wären z. B. Preisstopp.

Maßnahmen zur Anregung der Wirtschaft werden meistens von der Deutschen Bundesbank getroffen (siehe Seite 175 f.) Es sind geldpolitische Maßnahmen. Im Gegensatz dazu bestehen fiskalpolitische Maßnahmen in Steuersenkungen, Steuervergünstigungen, Zinsvergünstigungen, Abbau von Subventionen, Erhöhung der Arbeitslosenunterstützung und der Renten, Kreditaufnahme zur Finanzierung staatlicher Investitionen. Daneben versucht der Staat auch, Tarifpartner zu beeinflussen, z. B. durch Veröffentlichung von Orientierungsdaten bezüglich Lohnerhöhung. Auch kann er außenwirtschaftspolitisch den Export fördern oder den Import drosseln. Die psychologische Beeinflussung zur Konsum- oder Investitionsanregung sowie zur Stärkung des Vertrauens in die Wirtschaft gewinnt eine immer größere Rolle. Entscheidend jedoch kann der Staat nur durch seine Staatseinkünfte und Staatsausgaben auf das Wirtschaftsleben

Einfluß nehmen. Antizyklische Fiskalpolitik besteht darin, daß bei geringer Nachfrage der Wirtschaftssubjekte der Staat das Nachfragedefizit ausgleichen bzw. bei starker Nachfrage seine Ausgaben einschränken soll.

1.3 Entwicklungsstufen der Wirtschaft

Mehrere tausend Jahre mußten vergehen, bis die Wirtschaft sich so entwickelt hat, wie wir sie heute sehen. Damals fehlten Fabriken, Handwerksbetriebe, Handelsunternehmen; es gab vor mehr als 100 Jahren keine Eisenbahnen, keine Dampfschiffe, keine motorisierten Fahrzeuge. Das Handwerkszeug wurde teilweise selbst hergestellt. Man kannte keine Uhren. Je weiter wir zurückblicken, desto einfacher und auch primitiver lebte der Mensch. Betrachtet man diese Entwicklung, so zeigen sich bis zur heutigen Wirtschaftsform verschiedene Stufen (nach Karl Bücher):

Die geschlossene Hauswirtschaft

Die Urmenschen waren nicht seßhaft. Sie gingen einzeln auf Nahrungssuche. Sie wirtschafteten noch nicht.

Dann fingen die Menschen an, seßhaft zu werden. Sie schafften sich Werkzeuge und legten Vorräte an. Es herrschte innerhalb der Familie Arbeitsteilung. Der Mann war mit seinen Söhnen Ackerbauer, Fischer, Jäger und Handwerker. Er baute seine Hütte, stellte alle Geräte und Waffen selbst her, bearbeitete den Boden und ging auf die Jagd. Die Frau und die Töchter versahen die eigentliche Hausarbeit und sorgten für den Haushalt. Was von der Familie verbraucht wurde, mußte von ihr auch hergestellt werden. Es herrschte die Eigenproduktion zur Bedarfsdeckung. Die Menschen waren Selbstversorger.

Die Stadtwirtschaft

Mit der Entstehung der Städte im Mittelalter löste sich die geschlossene Hauswirtschaft allmählich auf. Einzelne Familienmitglieder beschäftigten sich mit ganz bestimmten handwerklichen oder anderen Arbeiten. So bildeten sich Berufe heraus. Es wurden Güter für Kunden hergestellt oder auf den Markt der Stadt gebracht, wo sie gegen andere Güter ausgetauscht wurden. Es entstand die Blütezeit des Handwerks. Die Zünfte bestimmten das handwerkliche Leben. Anstelle des Güteraustausches trat das Geld als Tauschmittel. Durch die Schaffung von Marktplätzen bildete sich neben dem Handwerkerstand in der Stadt der Handels- oder Kaufmannsstand. Es begann die Zeit des „Königlichen Kaufmanns", der die Menschen in der Stadt mit Gütern guter Qualität und zu angemessenen Preisen versorgen wollte.

So wurde die Stadt mit ihrer engeren Umgebung eine immer stärker werdende wirtschaftliche Einheit.

Die Volkswirtschaft

Landwirtschaft und Handwerk stellten ihre Waren nicht mehr für bestimmte Kunden, sondern für den Markt her. Die Arbeitsteilung nahm immer mehr zu. Das Handwerk reichte zur Bedarfsdeckung allein nicht aus. Es entstand die Maschinenarbeit, d. h. die Industrie, die die Güter in Massen herstellte und nunmehr auch auf weite Absatzgebiete angewiesen war. Der Verbraucher verlangte außerdem nach Erzeugnissen anderer Gegenden. Zwischen Erzeuger und Verbraucher schalteten sich immer mehr der Großhandel und der Einzelhandel ein. Sie konnten es durch die Entwicklung des Verkehrs. Ganze Völker bilden dadurch eine wirtschaftliche Einheit.

Die Weltwirtschaft

Sie stellt die letzte Stufe der wirtschaftlichen Entwicklung dar. Der Mensch versorgt sich mit Gütern aus der ganzen Welt. Durch den modernen Verkehr steht dem friedlichen Güteraustausch zum Wohle aller Menschen nichts im Wege. Kein Volk ist autark, d. h. es kann sich wirtschaftlich nicht selbst versorgen. Rohstoffe oder Nahrungsmittel werden eingeführt. In andere Länder werden Erzeugnisse der eigenen Industrie ausgeführt. Es entsteht der Welthandel, das stärkste Bindeglied für die Verständigung der Völker und die Erhaltung des Friedens.

1.4 Wirtschaftskreislauf und Produktionsfaktoren

Der K r e i s l a u f der Wirtschaft vollzieht sich in Strömen von Gütern, Arbeit und Geld. Produzierte Güter gelangen von der Erzeugung über die Verteilung zum Verbrauch. Der Verbraucher stellt seine Arbeitskraft zur Verfügung. Dafür erhält er Geld. Mit diesem kann er sich wieder Güter beschaffen, um seine Arbeitskraft zu erhalten. Mit dem Geld kann der Produzent neue Güter herstellen. Alle entrichten einen Teil des Geldes an den Staat (Steuer), damit dieser schützend und ordnend seine Aufgaben gegenüber der Gemeinschaft, den wirtschaftenden Menschen erfüllen kann.

Wenn die Haushalte ihre Einkommen nicht voll zu Konsumzwecken verwenden, so sparen sie (Konsumverzicht). Das bei den Banken und Sparkassen angelegte Geld kommt den Unternehmen zugute, die ihrerseits Kredite zu Investitionszwecken in Anspruch nehmen. Insofern ist der Kreislauf wieder geschlossen, die Wirtschaft befindet sich im Gleichgewicht. Im erweiterten Wirtschaftskreislauf werden berücksichtigt:

    die Umverteilung der Geld- und Güterströme durch den Staat,

    die Berücksichtigung der Abschreibungen durch den Unternehmer für Ersatzinvestitionen, die für Konsumzwecke nicht zu Verfügung stehen,

    die internationalen Beziehungen zum Ausland durch Import und Export und deren geldmäßigen Rückflüssen. Je nachdem, ob die Exporteinnahmen eines Wirtschaftszeitraumes gegenüber den Importausgaben größer oder kleiner sind, entsteht ein Leistungsbilanzüberschuß oder ein Leistungsbilanzdefizit. Insofern ist der

Wirtschaftskreislauf dynamisch, er verändert sich, d. h. die Wirtschaft expandiert (wächst) oder kontrahiert (schrumpft).

Zur Erstellung eines Gutes oder einer Leistung braucht man in der industriellen Gesellschaft die P r o d u k t i o n s f a k t o r e n Arbeit, Kapital, Grund und Boden und Betriebsstoffe. In der nachindustriellen Gesellschaft kommen die Faktoren Information und Wissen hinzu. Information braucht man für die Verarbeitung, Wissen für die Entscheidung.

Boden

Der Boden wird als Standort, Rohstoff- und Energiequelle oder in der Landwirtschaft für die Nutzung gebraucht. Der Boden läßt sich daher anbauen, abbauen oder bebauen. Er ist unbeweglich und nicht vermehrbar. Dafür kann er zeitlich unbegrenzt genutzt werden. Da sich die Produktionsergebnisse in Bergbau und Landwirtschaft oder als Standort beim Wohnungsbau nicht beliebig steigern lassen, muß man haushalten. Der Ertrag einer bestimmten Bodenmenge kann durch vermehrten Arbeitseinsatz oder durch gesteigerte Kapitalzufuhr erhöht werden, jedoch nicht unbegrenzt. Ist ein bestimmter Punkt überschritten, nimmt der Ertragszuwachs ab (Gesetz vom abnehmenden Bodenertragszuwachs).

Arbeit

Unter Arbeit versteht man jede zweckgerichtete körperliche und geistige Arbeit, die auf Erzielung von Ertrag oder Einkommen gerichtet ist. Der Arbeit kommt deshalb besondere Bedeutung zu, weil sie nicht als Ware zu betrachten ist, sondern unmittelbar mit der Persönlichkeit des Menschen; daher spielt das Verhältnis des Vorgesetzten zu den Mitarbeitern, ihr Zusammenwirken und die Entlohnung eine wesentliche Rolle. Insofern hat die Arbeit einen nicht wesentlichen sozialen Aspekt.

Es ist zu unterscheiden
nach dem Einsatz: körperliche und geistige Arbeit,
nach der Stellung und Verantwortung: leitende, schöpferische, ausführende Arbeit;
nach der Vorbildung: ungelernte, angelernte und gelernte Arbeit.

Jeder Mensch hat Anspruch auf Arbeit. Die Wirtschaft kann jedoch nur eine begrenzte Anzahl von Stellen zur Verfügung stellen. Es muß daher das Ziel sein, Vollbeschäftigung zu erreichen. Sie liegt vor, wenn die Arbeitslosenquote 2 bis 3 % beträgt. Sinkt die Arbeitslosenquote unter 2 %, spricht man von Überbeschäftigung. Steigt die Arbeitslosenquote, spricht man von Unterbeschäftigung (Arbeitslosigkeit). Arbeitslos ist, wer trotz Arbeitsfähigkeit und Arbeitswilligkeit vorübergehend nicht in einem Arbeitsverhältnis steht (objektive Arbeitslosigkeit). Ursachen der Arbeitslosigkeit können im technologischen Bereich (Automatisierung, Rationalisierung), jahreszeitlichen Bereich (saisonale Arbeitslosigkeit) oder konjunkturellen (d. h. durch Wirtschaftsschwankungen bestimmten) Bereich, im strukturellen Bereich (Bevölkerungsverschiebungen) oder durch Anpassung an Wirtschaftsprozesse unter geänderten Wirtschaftsdaten wie z. B. Konkurs (friktionelle Arbeitslosigkeit) liegen.

Das Entgelt für die von Arbeitern und Angestellten geleistete Arbeit nennt man Lohn. Er kann im Gegensatz zu den Produktionsfaktoren Boden und Kapital nicht als Preis für die Arbeit angesehen werden, da der tätige Mensch bei seiner Arbeit nach Selbstentfaltung und Selbstverwirklichung strebt. Bei der Frage nach dem gerechten Lohn ist nicht so sehr entscheidend die Lohnform, d. h. ob Zeitlohn oder Leistungslohn (Akkordlohn, Prämienlohn), auch nicht die Lohnhöhe, als vielmehr die Frage, wie viele Güter damit angeschafft, somit Bedürfnisse befriedigt werden können (Reallohn). Der Konflikt zwischen dem Streben der Arbeitnehmer auf maximale Lohnsteigerung und dem Streben der Unternehmer, die Lohnkosten einschließlich der Lohnnebenkosten gering zu halten, führte zur Organisation von Unternehmen und Arbeitnehmern in Arbeitgeberverbänden und Gewerkschaften.

Die Sozialpartner treffen Tarifvereinbarungen (Tarifautonomie). Im Manteltarifvertrag regeln sie Leistungen, Arbeitsbedingungen, Arbeitszeit, Kündigungsfristen u. a., in Gehaltstarifen die Mindestlöhne und Gehälter. Zur Durchsetzung von Forderungen dienen Streik und Aussperrung als Kampfmittel.

Kapital

Unter Kapital als Produktionsfaktor — im volkswirtschaftlichen Sinne — zählt man alle produzierten Güter, die zur Produktion neuer Güter dienen. Man spricht auch von Realkapital oder von produzierten Produktionsmitteln (Maschinen, Rohstoffe u. a.). Im Gegensatz dazu steht das Geldkapital als geldwertwirtschaftlicher Begriff. Geldkapital — im volkswirtschaftlichen Sinn — sind diejenigen finanziellen Mittel, die für Investitionen bereitgestellt werden, d. h. es sind geldliche Mittel, die zu Realkapital werden können.

Produktionsmittel müssen angeschafft oder ersetzt werden. Wir sprechen von Kapitalneubildung oder Kapitalerneuerung. Kapitalbildung erfolgt durch Konsumverzicht. Das dadurch gesparte Geld der Haushalte oder Unternehmen muß über die Banken den Unternehmen zu Produktionszwecken zugeführt werden. Dabei spielt der Zins der Höhe nach — als Kapitaleinkommen — eine besondere Rolle. Seine Aufgabe ist, Sparen und Investieren so auszugleichen, daß die volkswirtschaftlichen Ersparnisse dem damit gebildeten Realkapital gleich sind.

Im Produktionsprozeß werden Konsum- oder Produktivgüter durch Kombination der Produktionsfaktoren, Boden, Arbeit und Kapital, erzeugt. Der Gütereinsatz der Produktionsfaktoren wird als Input, die Güterausbringung als Output bezeichnet. Produktionsziel ist, die Produktionsfaktoren so zu kombinieren, daß das Ziel mit den geringsten Kosten (Minimalkostenkombination) erreicht wird. Manche Produktionsfaktoren sind so beschaffen, daß sie sich teilweise austauschen oder ganz substituieren lassen. So wird durch die technische Entwicklung ein Prozeß der Ersetzung menschlicher Arbeit durch technische Mittel in Gang gesetzt.

Die Beziehung zwischen Produktionsmenge und der hierzu eingesetzten Produktionsfaktoren bezeichnet man als Produktivität (Verhältnis Output zu Input = Produktivität). So unterscheidet man Bodenproduktivität, Arbeitsproduktivität, Kapitalproduktivität und gesamtwirtschaftliche Produktivität.

1.5 Gliederung der Wirtschaft

Die wirtschaftliche Tätigkeit gliedert sich in:
Urerzeugung,
Weiterverarbeitung,
Verteilung,
Verbrauch
und Bereitstellung von Dienstleistungen.

Urerzeugung

Zur Urerzeugung gehören Bergbau, Landwirtschaft, Forstwirtschaft, Jagd und Fischerei. Hier werden Güter meist als Rohstoffe für die Weiterverarbeitung gewonnen.

Weiterverarbeitung

Die Weiterverarbeitung der Rohstoffe zu Produktions-, Gebrauchs- oder Verbrauchsgütern erfolgt durch Betriebe der I n d u s t r i e (Fabriken) und durch das H a n d w e r k. Hier werden aus den Rohstoffen nicht nur Fertigwaren, sondern auch Halb- und Zwischenerzeugnisse (Garn, Stahl) hergestellt.

Die Verteilung

Die Bereitstellung und die Verteilung der Güter an den Verbraucher erfolgt durch den Handel (Zwischenhandel, Großhandel und Einzelhandel). Man unterscheidet folgende Betriebstypen: Sortiments-, Fach- und Spezialgroßhandel.

Der G r o ß h a n d e l nimmt bestimmte Güter von verschiedenen Erzeugern einer Branche in großen Mengen ab, um sie an den Einzelhandel zu verkaufen. Er übernimmt für den Fabrikanten das Absatzrisiko und die Lagerhaltung. Gleichzeitig finanziert er den Absatz, erkundet den Markt und gibt den Fabrikanten Anregungen. Im Außenhandel beschafft sich der Großhandel Güter aus dem Ausland, die dort vorteilhafter geliefert werden (Einfuhrhandel = Import) oder setzt Güter im Ausland ab, die im Inland erzeugt werden (Ausfuhrhandel = Export).

Der E i n z e l h a n d e l führt die Güter dem unmittelbaren Verbraucher zu. Seine Betriebsformen sind: Fachgeschäft, Spezialgeschäft, Gemischtwarengeschäft, Kaufhaus, Warenhaus, Versandgeschäft, Kleinpreisgeschäft, Filialgeschäft, Discounter, Verbrauchermarkt, SB = Selbstbedienungsgeschäft.

Der Z w i s c h e n h a n d e l ist meist ein Großhandel, der sich als Zwischenglied bei der Erzeugung von Gütern oder zwischen Erzeugung und Verteilung der Güter einschaltet.

Dienstleistungsbetriebe

Die Bereitstellung von Gütern für den Verbraucher wäre ohne die vielen Dienstleistungsbetriebe nicht möglich, die unmittelbar oder mittelbar den Unternehmungen und Haushalten dienen. Wir unterscheiden hauptsächlich Verkehrsunternehmen, Banken, Versicherungen, Wohnungsunternehmen, Makler, Werbeunternehmen, Treuhandbüros, Steuerberater, Rechtsanwälte, Vertreter usw.

Verkehrsunternehmen dienen dem Güter-, Nachrichten- und Personenverkehr (Deutsche Bundesbahn, Deutsche Bundespost, Luftverkehrsgesellschaften, Reedereien, Speditionen, Lagerei, Fremdenverkehr).

Banken stellen den Unternehmen Kapital zum Einkauf und zur Herstellung von Gütern oder zur Errichtung von Anlagen, Wohnungen, Eigenheimen usw. zur Verfügung (Kredit). Auch finanzieren sie die Anschaffung von Gebrauchsgütern. Außerdem wird über die Banken und Sparkassen der Zahlungsverkehr abgewickelt.

Versicherungen übernehmen Risiken (Feuer, Einbruch, Krankheit usw.) der verschiedenen Art gegen Entrichtung einer Prämie. Im Schadensfall ersetzen sie den Schaden, den ein einzelnes Unternehmen nicht tragen könnte.

Wohnungsunternehmen haben sich als Aufgabe gestellt, Wohnungen als Mietwohnungen oder Wohnungseigentum, Eigenheime und Kleinsiedlungen zu errichten, zu veräußern oder zu bewirtschaften. Sofern sie nur Wohnungen oder Eigenheime bauen und veräußern, sind sie Produktionsbetriebe.

Weitere Dienstleistungsunternehmen. Je mehr sich unser Wirtschaftsleben entwickelt und je komplizierter es wird, desto mehr bedarf es einzelner Betriebe, die der Wirtschaft ihre Dienste zur Verfügung stellen (Werbeagentur, Makler, Betreuungsunternehmen, Steuerberater, Wirtschaftsprüfer, Rechtsanwalt, Inkassobüro usw.).

Verbrauch

Der Verbrauch der Güter erfolgt in den Haushaltungen. Zu den Verbrauchern gehören alle Menschen und Gemeinschaften, die mit ihrem Einkommen „haushalten" müssen, um all ihre Bedürfnisse befriedigen zu können. Von den Haushaltungen (Familien, Ehepaare, Einzelpersonen) sind die privaten Haushalte (Betriebe) und die **öffentlichen Haushalte** (Gemeinden, Kreise, Länder, Bund) zu unterscheiden. Das Kennzeichen eines privaten oder öffentlichen Haushalts ist, daß sich Einnahmen und Ausgaben decken sollen; Ausgaben können nur in der im **Haushaltsplan** festgesetzten Höhe erfolgen.

1.6 Betrieb und Unternehmung

Die Einheiten, in denen gewirtschaftet wird, sind die **Betriebe**. Hier erfolgt die Produktion der Güter, die Erbringung der Dienstleistung. Man sieht das Büro, die

Werkstatt oder Halle, in der „etwas" betrieben wird, sowie die Mitarbeiter, die Rohstoffe, den Grund und Boden, die Maschinen (Produktionsfaktoren) und bemerkt dazu eine Leitung, die die geistige und organisatorische Arbeit leistet. Aufgabe des Betriebes ist die Erstellung eines bestimmten Gutes oder einer Leistung. Konflikte spielen sich innerhalb der betrieblichen Weisungsstruktur ab, zwischen dem Management und der Belegschaft.

Kommt zu der technischen oder handwerklichen Leistung des Betriebes eine besondere unternehmerische, nämlich das Wagnis, ein Gut (Eigenheim, Wohnung) auf dem Markt abzusetzen, oder der Einsatz des Kapitals mit dem Risiko, dieses zu verlieren, so spricht man von einer U n t e r n e h m u n g oder einem Unternehmen. Die Unternehmung ist dem Betrieb übergeordnet, gibt ihm die R e c h t s f o r m und bestimmt Art und Umfang der Produktion, der Investition und der Finanzierung. Konflikte treten außerhalb der betrieblichen Hierarchie auf. Die Unternehmung ist auf Erwerb gerichtet, belastet dabei ihr Kapital mit dem Wagnis der Verringerung. Sie stellt Güter oder Dienstleistungen auf dem Markt bereit. So erbringt ein Wohnungsunternehmen seine Leistung bei Wohnungserstellung, Wohnungsbewirtschaftung und Betreuung. Gemeinnützig sich verhaltende Wohnungsunternehmen sind auf Kostendeckung ausgerichtet.

Die Unternehmung kann in verschiedenen R e c h t s f o r m e n geführt werden, je nachdem ein oder mehrere Unternehmer bzw. Kapitalgeber vorhanden sind. Man unterscheidet:
Einzelunternehmung,
Gesellschaftsunternehmung (OHG, KG, AG, GmbH),
eingetragene Genossenschaft (eG).

Den Namen dieser Unternehmungen bezeichnet man als Firma.

Betrieb und Unternehmung sind demnach zwei verschiedene Begriffe. Die Unternehmung kann mehrere Betriebe haben, ein Betrieb braucht nicht eine Unternehmung zu sein. Der Betrieb strebt nach Wirtschaftlichkeit, die Unternehmung nach Wirtschaftlichkeit und Rentabilität.

1.7 Staat und Wirtschaft

Zum Wohle des Ganzen und zur Sicherheit des wirtschaftlichen Verkehrs erläßt der Staat Gesetze und Verordnungen. So haben für den kaufmännischen und gewerblichen Betrieb neben dem Bürgerlichen Gesetzbuch (BGB) vom 18. August 1896 (in Kraft getreten am 1. Januar 1900) vor allem das Handelsgesetzbuch (HGB) vom 10. Mai 1897 (in Kraft getreten am 1. Januar 1900) und die Gewerbeordnung vom 20. Juni 1869 Bedeutung. Hier werden Kaufleuten und Gewerbetreibenden besondere Rechte und Pflichten eingeräumt.

Handels- und steuerrechtliche Vorschriften gelten für das Rechnungswesen. Der Staat regelt ferner Güter- und Nachrichtenverkehr sowie den Zahlungsverkehr (Scheckgesetz, Wechselgesetz).

Auch in der Wohnungswirtschaft greift der Staat schützend und fördernd ein. Das Mieterschutzgesetz von 1. 6. 1923 wurde abgelöst durch ein soziales Miet- und

Wohnrecht; das Wohngeldgesetz verschafft jedem wirtschaftlich Schwachen einen Zuschuß zu seinen Aufwendungen für den Wohnraum und sichert ihm damit das kostbare Gut „Wohnung"; die Neubauwohnungen, die nach dem I. und II. Wohnungsbaugesetz mit öffentlichen Mitteln gebaut sind, bleiben durch das Wohnungsbindungsgesetz bestimmten Mietern vorbehalten und sind an bestimmte Mietpreise gebunden. Hinzu treten Verordnungen und Bestimmungen von Bund und Ländern (z. B. Wohnungsbauförderungsbestimmungen). Um ältere Wohnungen den geänderten Wohngewohnheiten anzupassen oder die Wohnumwelt zu verändern und somit zur Erhaltung von Städten und Gemeinden beizutragen, wurde 1976 ein Gesetz zur Förderung der Modernisierung von Wohnungen und zur Energieeinsparung geschaffen, insofern wurden gleichzeitig gesellschaftspolitische Forderungen zur Verbesserung der Lebensqualität durchgesetzt.

Zum Schutze von Angestellten und Arbeitern regelt der Staat die innerbetrieblichen Verhältnisse durch bestimmte Vorschriften über Arbeitszeit, Kündigungsschutz, Arbeitsschutz, Jugendschutz, Mutterschutz, Sozialversicherung u. a.

Im Rahmen der Überführung der ehemaligen DDR von der zentralistisch geleiteten Planwirtschaft in die soziale Marktwirtschaft mußte der Staat das dieser entgegenstehende Recht umwandeln, wobei die soziale Frage einer besonderen Berücksichtigung bedurfte, um soziale Härten zu vermeiden.

II. Abschnitt
Aufbau und Arbeit des kaufmännischen Betriebes

1 Der kaufmännische Betrieb

1.1 Arten der Betriebe

Der Betrieb kann E r z e u g u n g s b e t r i e b (Produktionsbetrieb) oder V e r b r a u c h s -
b e t r i e b (private oder öffentliche Haushalte) sein. In den Erzeugungsbetrieben werden
durch Vereinigung Güter hergestellt oder Dienstleistungen erbracht.

Nach den Hauptbereichen der Wirtschaft sind zu unterscheiden:

Betriebe des Bergbaues,

Betriebe der Ernährungswirtschaft, Landwirtschaft, Forstwirtschaft, Fischerei sowie alle der Be- und Verarbeitung von land- und forstwirtschaftlichen Erzeugnissen dienende Betriebe,

Betriebe der gewerblichen Wirtschaft: Industrie, Handwerk, Handel, Banken, Versicherungen, Wohnungswirtschaft, Energiewirtschaft, Gaststätten- und Beherbergungsgewerbe,

Betriebe der Verkehrswirtschaft: Eisenbahn, Post, Luftverkehrsgewerbe, Kraftfahrgewerbe, Binnenschiffahrt, Seeschiffahrt, Spedition.

Betriebe der Verbrauchswirtschaft: privater Haushalt, öffentlicher Haushalt (Bund, Land, Gemeinde, Zweckverband).

Nach der Verhaltensweise unterscheidet man bei den Erzeugungsbetrieben:

E r w e r b s w i r t s c h a f t l i c h e   B e t r i e b e der Landwirtschaft, der Industrie, des Handels, des Handwerks, teilweise des Verkehrs, der privaten Banken, der Versicherungen, der unternehmerischen Wohnungswirtschaft und der freien Berufe. Sie dienen den wirtschaftenden Menschen, indem sie Güter produzieren oder Dienste leisten. Ihr Zweck liegt in der Erzielung eines Ertrages, der über dem Aufwand liegt. Dieser Überschuß heißt G e w i n n und fällt dem Eigentümer oder den Eigentümern der Betriebe zu. Verluste mindern ihr eigenes Kapital. Die in den Betrieben arbeitenden Menschen erhalten Entgelte in Form von Lohn, Gehalt, Tantieme, Gratifikation, Provision.

G e m e i n w i r t s c h a f t l i c h e   B e t r i e b e . Die Versorgung der Bevölkerung einer Gemeinde mit Wasser, Gas, Elektrizität sowie die Durchführung des Personenverkehrs — meist durch öffentliche Betriebe — dient dazu, die Verbraucher gleichmäßig und preisgünstig mit diesen lebensnotwendigen Gütern und Leistungen (Krankenhaus) zu versorgen. Die Gewinne fallen den öffentlich-rechtlichen Trägern dieser Betriebe (Staat, Gemeinden, Zweckverbände) zu, während Verluste von diesen aus steuerlichen Mitteln gedeckt werden müssen.

G e m e i n n ü t z i g e   B e t r i e b e in der Wohnungswirtschaft. Ihr Verhalten ist abgestellt auf bestmögliche Wohnversorgung von wirtschaftlich schwachen Bevölkerungsschichten, wobei sie auf erwerbswirtschaftliche Vorteile verzichten und sich freiwillig Bindungen (z. B. Prinzip der Kostendeckung) unterwerfen.

Nach dem Eigentümer sind zu unterscheiden:

P r i v a t b e t r i e b e , deren Inhaber Privatpersonen sind.

Ö f f e n t l i c h - r e c h t l i c h e   B e t r i e b e , die sich ganz oder zum großen Teil in der Hand des Bundes, eines Landes oder von Gemeinden befinden.

Gemischt-wirtschaftliche Betriebe, die von Privatpersonen und öffentlichen Körperschaften gemeinsam errichtet sind.

Nach der Betriebsgröße kann man Klein-, Mittel- und Großbetriebe unterscheiden. In der gewerblichen Wirtschaft sind:

Kleinbetriebe, die bis zu 19 Personen beschäftigen (sie kommen hauptsächlich im Einzelhandel und im Handwerk vor),
Mittelbetriebe, die 20—199 Betriebsangehörige zählen,
Großbetriebe, die über 200 Personen beschäftigen.

Diese Größenordnung gilt nicht für alle Wirtschaftszweige. Man berücksichtigt vielmehr die Bilanzsumme, die Umsatzhöhe, das Unternehmenskapital oder die Produktion. In der Wohnungswirtschaft ist es üblich, die Betriebsgröße nach dem Wohnungsbestand zu messen. Danach unterscheidet man:

Kleinbetriebe bis zu 500 Wohnungen,
Mittelbetriebe von über 500 bis 5 000 Wohnungen,
Großbetriebe über 5 000 Wohnungen.

Die Zahl der zu bewirtschaftenden Wohnungen gibt jedoch keinen Einblick in die tatsächliche Größe, da die Leistungen der Wohnungserstellung (Bau von Wohnungen, Eigenheimen, Kleinsiedlungen) hieraus nicht ersichtlich sind.

1.2 Standort der Betriebe

Der Ort, an dem der Betrieb arbeitet, ist sein Standort. Die Wahl des richtigen Standortes ist von großer Bedeutung. Er spart Kosten und beeinflußt den Betriebserfolg.

Beim Einzelhandel ist die Verkehrslage entscheidend. Geschäfte mit Gütern des täglichen Bedarfs verteilen sich über die ganze Stadt (Lebensmittelgeschäfte, Bäckereien, Fleischereien). Geschäfte, die Luxusgüter und Güter des langfristigen Bedarfs (Möbel, Textilien) führen, sind in der Stadtmitte besser lebensfähig.

Der Großhandel wählt meist absatz- und verkehrsgünstig gelegene Orte (Häfen, Eisenbahnknotenpunkte). Er will leicht erreichbar sein. Außerdem ist er bestrebt, die Kosten des Versandes an den Einzelhandel niedrig zu halten.

Der Standort der Industriebetriebe kann unterschiedlich sein:

rohstofforientiert (Bergwerke, Eisenhütten, Ziegeleien),
transportkostenorientiert (Produktion von Fertigteilen für den Wohnungsbau),
arbeitsorientiert (Fabriken in dichter besiedelten Gegenden),
absatzorientiert (Brauereien innerhalb eines Absatzgebietes),
kraftstofforientiert (Mühlen, Elektrizitätswerke).

Banken und Versicherungsbetriebe wählen ihren Standort in Städten, wo sich Handel und Industrie konzentrieren.

Die unternehmerische Wohnungswirtschaft ist marktorientiert. Sie baut oder bewirtschaftet Wohnungen dort, wo die Nachfrage nach vermietbaren Wohnungen, nach Eigentumswohnungen oder Ein- und Zweifamilienhäuser durch Selbstversorgung nicht befriedigt werden kann. Das sind im allgemeinen die großen Städte und Ballungsgebiete.

1.3 Gliederung des kaufmännischen Betriebes nach Grundfunktionen

1.3.1 Überblick

Die Tätigkeit des kaufmännischen Betriebes ergibt sich aus seiner Aufgabe. Die Hauptaufgabe im Einzelhandel liegt im Einkaufen und Verkaufen, d. h. in B e s c h a f f u n g und A b s a t z. Diese Grundtätigkeit finden wir auch in Betrieben des Großhandels, der Industrie sowie in vielen Dienstleistungsbetrieben.

In einem kleinen Betrieb kann eine einzige Person diese Arbeit mit allen Nebenarbeiten ausführen. Der Inhaber eines kleinen Einzelhandelsgeschäftes (z. B. Lebensmittelgeschäft) kann Waren einkaufen, ihren Preis kalkulieren, die Ware auszeichnen, für ihren Absatz werben, verkaufen, Zahlungen leisten und die Geschäftsfälle in Büchern aufzeichnen. Wird der Betrieb größer, müssen die Arbeiten auf einzustellende Mitarbeiter verteilt werden. Je größer der Betrieb wird, desto mehr wird die Arbeit geteilt werden müssen. Je größer die Zahl der Belegschaft, desto mehr werden Teilaufgaben besonderen Abteilungen übertragen. Im Großhandelsbetrieb entstehen sodann folgende Abteilungen:

Einkauf, Lagerung, Kostenrechnung, Marketing, Verkauf, Versand, Buchhaltung. Beim Industriebetrieb kommen die Erzeugung von Gütern (Produktion) mit technischen Abteilungen sowie die Forschung und Entwicklung hinzu.

Gliederungsschema eines kaufmännischen Betriebes:

U n t e r n e h m e n s l e i t u n g
Sekretariat
Rechtsabteilung
Personalabteilung

E i n k a u f	V e r w a l t u n g	V e r k a u f	M a r k e t i n g
Lager	Schriftverkehr	Außendienst	Marktforschung
	Schriftablage	Rechnungsabteilung	Werbung
	Kasse	Versand	Absatzplanung
	Buchhaltung		Produktgestaltung
	Kalkulation und		Verkaufsförderung
	Kostenrechnung		
	Gehalts-		
	und Lohnbüro		
	Steuern	beim Industriebetrieb:	
	Statistik	Produktion, Forschung und Entwicklung	

1.3.2 Die Geschäftsleitung

Die gesamte Arbeit im Betrieb vollzieht sich nach den Richtlinien und Anweisungen der Geschäftsleitung. Jeder einzelne Mitarbeiter ist ihr gegenüber verantwortlich. Sie überwacht den Betriebsablauf, trifft Auswahl und Anstellung der Mitarbeiter, ist für die Betreuung der Arbeitnehmer verantwortlich und sorgt für eine reibungslose Zusammenarbeit aller kaufmännischen und technischen Mitarbeiter bzw. der einzelnen Abteilungen. Sie trifft alle wichtigen Entscheidungen, insbesondere in der Wohnungswirtschaft über An- und Verkauf von Grundstücken, Durchführung von Bauvorhaben, Vergabe von Bauarbeiten, Aufnahme von Darlehen und Zwischenkrediten, Übernahme von Bürgschaften, Eingehen von Wechselverbindlichkeiten, Vergabe von Wohnungen, Durchführung von Instandhaltungs- und Modernisierungsarbeiten.

Die damit anfallenden Arbeiten und Einzelentscheidungen können Mitarbeitern übertragen werden (Prokuristen, Abteilungsleitern); trotzdem bleibt die Geschäftsleitung für alle — auch von ihr nicht getroffenen — Entscheidungen verantwortlich. Sie muß sich von allen nebensächlichen Arbeiten frei halten und überläßt deren Ausführung den nachgeordneten Abteilungen bzw. Mitarbeitern.

Bei der Einzelunternehmung ist der I n h a b e r zugleich der Leiter des Betriebes. Bei der offenen Handelsgesellschaft liegt die Leitung des Geschäftes bei sämtlichen G e - s e l l s c h a f t e r n . Sie haben das Recht, die Geschäfte zu führen und die Gesellschaft nach außen zu vertreten, wenn durch Gesellschaftsvertrag nichts anderes bestimmt ist.

Bei der Kommanditgesellschaft führt die Geschäfte der V o l l h a f t e r , der mit seinem ganzen Vermögen unbeschränkt haftet.

Bei der GmbH liegt die Leitung bei einem oder mehreren G e s c h ä f t s f ü h r e r n . Sie können Miteigentümer der GmbH sein (Gesellschafter).

Bei der Aktiengesellschaft obliegt die Geschäftsführung und Geschäftsvertretung dem V o r s t a n d , der meistens auf 5 Jahre bestellt wird. Er kann aus einer Person oder mehreren bestehen.

Bei der Genossenschaft führt ebenfalls der V o r s t a n d die Geschäfte und vertritt die Genossenschaft nach außen.

Mehrere Geschäftsführer oder Vorstandsmitglieder (Direktoren) von Kapitalgesellschaften können zur direktorialen Leitung oder zur kollegialen Leitung bestellt sein. Sie sind dann entweder einem Gewählten (Vorsitzer) untergeordnet oder sie sind einander gleichberechtigt. Oftmals teilt sich die Geschäftsleitung in die kaufmännische Leitung (Kaufmann, Jurist) und die technische Leitung (Ingenieur), wobei kaufmännischer Leiter und technischer Leiter gleichberechtigt sein können oder einer dem anderen unterstellt sein kann.

Was in kleineren und mittleren Betrieben die Geschäftsleitung selbst erledigen kann, muß sie in Großbetrieben bestimmten Abteilungen übertragen, die der Geschäftsleitung unmittelbar unterstellt sind. Zu den wichtigsten Leitungsabteilungen gehören:

    Sekretariat,
    Rechtsabteilung,
    Personalabteilung,
    Organisationsabteilung,
    Revisionsabteilung.

Das Sekretariat erledigt den gesamten Schriftwechsel der Geschäftsleitung. Es empfängt Besuche, notiert Termine, bereitet Sitzungen und Besprechungen vor und führt oft die Personalakten der leitenden Angestellten.

Die Rechtsabteilung hat die Geschäftsleitung in allen Rechtsfragen zu beraten. Sie gestaltet und prüft die Verträge und vertritt den Betrieb bei Streitigkeiten vor Gericht.

In der Personalabteilung werden alle Arbeiten durchgeführt, die mit der Einstellung, Beschäftigung und Entlassung der Arbeitskräfte zusammenhängen. Hier wird die Personalakte geführt sowie die Steuerkarte und das Versicherungsnachweisheft verwahrt. Sie teilt die Einstellung dem Arbeitsamt mit und meldet den Arbeitnehmer bei der Sozialversicherung an, wenn er versicherungspflichtig ist, und teilt die Nichtvorlage des Sozialversicherungsausweises bei Arbeitern des Baugewerbes und anderen Wirtschaftsbereichen mit. Betriebsordnung und besondere Arbeitsanweisungen werden ausgehändigt.

Während der Betriebszugehörigkeit wird die laufende Betreuung durchgeführt. Hierzu gehört die richtige Eingruppierung in die Gehaltsklasse oder Lohnstufe, die Gewährung des vorgeschriebenen Urlaubs, die Schlichtung von Streitfällen, die Entgegennahme von Beschwerden. Oft gehört auch die Berechnung, Auszahlung und Buchung von Gehältern der Angestellten zur Tätigkeit der Personalabteilung, wenn diese Arbeiten nicht von der Buchhaltung oder Kasse erledigt werden.

Bei der Entlassung von Belegschaftsmitgliedern wird die Steuerkarte und die Versicherungskarte dem Arbeitnehmer ausgehändigt. Das ausscheidende Belegschaftsmitglied wird bei der Sozialversicherung abgemeldet. Ein Zeugnis wird ausgestellt und die Personalakte geschlossen.

Zur leistungsabhängigen Gehaltsfindung, zur Vorbereitung aktueller Personalentscheidungen und deren Kontrolle sowie zur Entwicklung und Förderung der Mitarbeiter müssen diese beobachtet und beurteilt werden. Durch die Beobachtung werden Fakten gesammelt und bewertet. Die Beobachtung muß besprochen werden. Das Ergebnis der Mitarbeiterbeurteilung wird in einem Beurteilungsbogen festgehalten. Beurteilungskriterien können sein: Leistungsergebnis, Leistungsverhalten (Zusammenarbeit, Arbeitsplanung, Selbständigkeit) und Personalführung bei Führungskräften, daneben Fachwissen und Können, Führungstätigkeit, Kontaktfähigkeit, Kooperationsfähigkeit, Organisationstalent, Verhandlungsfähigkeit, Ausdrucksfähigkeit, Durchsetzungsvermögen, Entscheidungsfreudigkeit u. a.

Die Personalarbeit umfaßt alle Maßnahmen, die einmal der individuellen beruflichen Entwicklung der Mitarbeiter dienen, zum anderen Auswahl oder Förderung der Mitarbeiter nach vorhandenen Anlagen und Fähigkeiten, um den Anforderungen seitens des Unternehmens zu genügen (Personalentwicklung). Bedarfssituation eines Unternehmens mit dem quantitativen Personalbedarf sowie den qualitativen Anforderungen ist zu vergleichen mit der Zahl der Mitarbeiter und deren Eignung und Bedürfnisse. Dazu dienen Mitarbeiterbeurteilung und Meinung der Mitarbeiter.

Aufgrund des Eignungsvergleiches müssen Förderungs- oder Bildungsmaßnahmen getroffen werden, damit der Mitarbeiter sich am Arbeitsplatz bewährt oder als Nachwuchskraft aufgebaut werden kann. Als Mittel dazu dienen Personalentwicklungskartei, Fördergespräche und Aufstiegsplanung.

Die Organisationsabteilung sorgt für den reibungslosen Arbeitsablauf in den kaufmännischen und technischen Abteilungen des Betriebes. Sie hat die Arbeit zweckmäßig zu gestalten und für eine reibungslose Zusammenarbeit aller Betriebsstellen und Mitarbeiter zu sorgen. Das erfordert eine zweckmäßige Anordnung der Arbeitsräume und Arbeitsplätze sowie die Anschaffung mechanischer Hilfsmittel (Fernsprecher, Rohrpost, Signale usw.). Eine weitere Aufgabe der Organisationsabteilung ist die laufende Überwachung der Neuerscheinungen von Maschinen und Arbeitshilfsmitteln. Diese müssen daraufhin geprüft werden, ob durch Anschaffung eines solchen Gerätes oder einer Maschine die Leistung verbessert werden kann. Besonders im technischen Produktionsprozeß spielt der Gedanke der Rationalisierung eine Rolle.

Zu den weiteren Aufgaben gehört das betriebliche Vordruckwesen. Vordrucke sparen Zeit. Eine sinnvolle Gestaltung der Vordrucke beeinflußt den Ablauf der Arbeitsgänge. Die unternehmerische Wohnungswirtschaft hat neben dem Vordruckwesen auch Musterverträge entwickelt.

Die Revisionsabteilung überwacht die gesamte Betriebsarbeit und hat laufend Kasse, Lohnbüro, Buchhaltung und andere Abteilungen zu prüfen. Die Prüfung bezieht sich auf die Bestände. Insbesondere sollen Buchungsfehler und u. U. Veruntreuungen festgestellt werden. Auch wird der Erfolg des Unternehmens durch sogenannte Rentabilitäts- und Liquiditätsberechnungen untersucht. Dadurch wird gleichzeitig die Arbeit der Geschäftsführung geprüft. In kleineren Betrieben werden diese Aufgaben oftmals selbständigen Betriebsberatern übertragen. Aktiengesellschaften haben sich mit ihrem Jahresabschluß einer Prüfung durch einen Wirtschaftsprüfer oder einer Prüfungsgesellschaft zu unterziehen. Trotzdem haben große Aktiengesellschaften eigene Revisionsabteilungen.

Wohnungsgenossenschaften müssen einem Prüfungsverband angeschlossen sein. Er prüft den Jahresabschluß und die wirtschaftliche Lage; die Prüfung erstreckt sich insbesondere auf das Rechnungswesen, den Jahresabschluß, den Geschäftsbericht, die Vermögenslage, die Ertragslage und die Finanzlage. Kapitalgesellschaften müssen den Jahresabschluß einem Abschlußprüfer oder einer Prüfungsgesellschaft zur Prüfung vorlegen.

Nach der Makler- und Bauträgerverordnung müssen sich auch Grundstücksmakler, Hypothekenmakler, Bauträger und Betreuer einer Prüfung unterziehen.

1.3.3 Der Einkauf

Eine Grundfunktion, die in jedem Betrieb vorkommt, ist der Einkauf von Gütern. Ein günstiger und zeitlich richtiger Einkauf beeinflußt den Geschäftserfolg. Deshalb sind einige Überlegungen voranzustellen:

Der Bedarf

Vor dem Einkauf von Gütern muß man wissen, wieviel davon in der nächsten Zeit gebraucht werden. Der Einzelhändler weiß aus Erfahrung, wieviel er von seinen Waren in der nächsten Zeit wahrscheinlich verkaufen wird. Die Größe seiner Bestellung wird sich stets nach dem geschätzten Absatz richten, wobei die Änderung des Kundenkreises (Stammkundschaft oder Laufkundschaft), die Mode und die allgemeine Wirtschaftslage zu berücksichtigen sind.

Der Großhändler wie der Industriekaufmann müssen zu ihrer Bedarfsermittlung den Markt beobachten. Jahreszeit, Mode, Geschmack, Wirtschaftslage, Handelsverträge sowie die Wirtschaftspolitik beeinflussen den Absatz. Durch Marktforschung werden Marktlage und Kaufkraft sowie besondere Interessen und Wünsche der Abnehmer festgestellt. Durch die Marktforschung erhält das Unternehmen Informationen über bestehende Märkte und über Ursachen und Beweggründe des Verhaltens der Käufer oder Mieter. In der Wohnungswirtschaft ist die Frage der Wirtschaftlichkeit eng mit der richtigen Bedarfsermittlung verbunden. So hängen Verkauf oder Vermietbarkeit von dem Gesamtbedarf der Anzahl der Zimmer, der Größe, Lage, Ausstattung oder Wohnungsumwelt u. a. ab.

Die Bezugsquelle

Jeder Kaufmann strebt nach der vorteilhaftesten Einkaufsmöglichkeit. Diese ergibt sich durch Einholen und Vergleichen mehrerer Angebote. Man muß jedoch wissen, welche Lieferanten die einzelnen Güter liefern können. Deshalb wird man einen B e z u g s - q u e l l e n n a c h w e i s in Form einer Bezugsquellenkartei anlegen. Sie kann nach Lieferanten bzw. Handwerkern oder nach den entsprechenden Gütern oder Leistungen, die benötigt werden, geordnet sein. Darin werden die einzelnen Angebote oder Lieferungen vermerkt.

Weitere Bezugsquellen sind stets in dem Anzeigenteil der Fachzeitschriften, dem Deutschen Branchenfernsprechbuch, dem Anzeigen- und Handelsteil von Tages- und Wirtschaftszeitungen zu finden.

Die Einkaufszeit

Manche Ware ist nur zu einer bestimmten Zeit abzusetzen (Sommer- und Wintersportartikel, Weihnachtsschmuck). Hier kann bei frühzeitiger Bestellung ein besonders günstiger Preis erzielt werden. Ebenso verhält es sich mit der Erteilung von Aufträgen an Betriebe der Bauwirtschaft. Frühzeitige Ausschreibung (z. B. Gartenpflegearbeiten) kann zu einem günstigeren Preis führen, weil der Betrieb noch nicht mit Aufträgen und Anfragen überhäuft ist.

Eine erfolgte Bestellung muß vermerkt und der zu erwartende Eingang im Terminkalender notiert werden. Bei Lieferung wird die Eintragung gestrichen.

1.3.4 Das Lager

Die Aufgaben des Lagers

Die Aufgabe des Lagers liegt darin, alle Güter, die zum Verkauf, zur eigenen Verwendung oder zur Be- und Verarbeitung bestimmt sind, aufzubewahren und zu verwalten. Es ist demnach die Lagerhaltung von der Lagerverwaltung zu trennen.

Zur L a g e r h a l t u n g gehört die Übernahme der gelieferten oder produzierten Güter, ihre Einordnung, Aufbewahrung und Pflege. Zur L a g e r v e r w a l t u n g gehört die Führung des Bestandsnachweises. Menge und Zeitpunkt der ein- und ausgehenden Waren müssen aufgrund von Belegen in die L a g e r k a r t e i eingetragen werden. Oft wird noch der Preis vermerkt. Dadurch gewinnt der Kaufmann sogleich die Unterlagen für das Aufstellen des Inventars und für die Kostenermittlung.

Jedes Lager muß laufend überwacht werden. Die Überwachung erstreckt sich auf die Menge der gelagerten Ware (Stückzahl, Gewicht) und auf die Beschaffenheit (Güte, Zustand, Eigenschaften). Die gelagerte Menge (Istbestand) muß mit dem buchmäßigen Bestand (Sollbestand) übereinstimmen, der in der Lagerbuchhaltung ausgewiesen ist. Eine Prüfung erfolgt mindestens einmal im Jahr und dient gleichzeitig der Bestandsaufnahme. Bei der Inventur werden die Lagerbestände nach der Menge und dem Wert ermittelt.

Die Prüfung des Zustandes der gelagerten Güter ist erforderlich, um Güter vor Schäden zu bewahren.

Die Lagerung

Die Lagerung muß der Warenart angepaßt sein. Die Ware muß ihrer Art entsprechend geschützt sein vor Wärme (Fisch, Fleisch, Schokolade usw.), Trockenheit (Tabak, Käse, Gummi), Feuchtigkeit (Mehl, Papier, Bücher, Installationsmaterial), Licht (Papier, Bücher, Farben usw.), Geschmacksübertragung (Kaffee, Butter, Seife). Das Lager selbst muß geräumig sein, die einzelnen Güter müssen übersichtlich lagern und bequem erreichbar sein. Dazu dienen Regale, Schränke, Ständer, Behälter, Transportbänder, Elektrokarren, Flaschenzüge, Kräne und Aufzüge. Einer hygienisch einwandfreien Lagerung und zum Schutze vor Verderb und Verschlechterung der Güter dienen auch Kühlanlagen, Klimaanlagen, Schutzvorrichtungen gegen Licht, Staub, Geruch usw. Außerdem soll das Lager gegen Feuer und Einbruch gesichert sein. Um das Risiko durch Feuer und Einbruch abzuwenden, wird der Kaufmann die eingelagerten Waren versichern.

Der Lagerbestand

Die Höhe des Lagerbestandes hängt ab von:
- der in einem bestimmten Zeitabschnitt benötigten Verkaufs- oder Verbrauchsmenge,
- der Lieferzeit der Lieferfirmen,
- der Transportzeit,
- der Konjunkturlage,
- der allgemeinen Wirtschafts- und politischen Lage (Streik).

Ein zu großer Lagerbestand legt Betriebskapital unverzinslich fest (totes Kapital). Er verursacht erhöhte Lagerkosten (Miete, Pflege, Heizung, Reinigung, Abschreibung) und bringt die Gefahr der Verschlechterung oder Unbrauchbarkeit mit sich.

Auf jeden Fall sollte ein Mindestbestand auf Lager gehalten werden. Man nennt ihn den „eisernen Bestand". Dieser läßt sich folgendermaßen errechnen:

Umsatz (20 Stück je Tag) × Lieferzeit (30 Tage)	= 600 Stück
+ 10 % (Unsicherheitsfaktor)	= 60 Stück
	660 Stück

Auch die Lagerzusammensetzung ist von gewisser Bedeutung für die Höhe des Lagerbestandes im Einzel- und Großhandel. Wohnungsunternehmen haben im allgemeinen geringe Lagerbestände. Die Lagerung bezieht sich auf Baustoffe und Baumaterial, das zur Bauerstellung, vor allem aber zur Instandhaltung von Wohnungen benötigt wird.

Die L a g e r d a u e r soll so gering wie möglich sein. Die durchschnittliche Lagerdauer ist zu berechnen. Sie gibt an, wieviel Zinstage der Unternehmer zur Berechnung von Lagerzinsen bei der Kalkulation berücksichtigen muß. Man braucht dazu:

den durchschnittlichen Lagerbestand
die Umsatzgeschwindigkeit.

$$\frac{\text{Jahresanfangsbestand} + 12 \text{ Monatsendbestände}}{13} = \text{durchschnittlicher Lagerbestand}$$

$$\frac{\text{Jahresumsatz}}{\text{durchschnittlicher Lagerbestand}} = \text{Umsatzgeschwindigkeit}$$

360 : Umsatzgeschwindigkeit = durchschnittliche Lagerdauer

Beispiel:

Warenanfangsbestand (1. 1.)	DM 10 000,—
+ Wareneingänge (v. 1. 1.—31. 12.)	DM 238 000,—
	DM 248 000,—
·/. Warenbestand (am 31.12.)	DM 8 000,—
Jahresumsatz zum Einstandspreis	DM 240 000,—
Warenanfangsbestand	DM 10 000,—
+ 12 monatliche Warenendbestände von insgesamt	DM 250 000,—
	DM 260 000,— : 13 = DM 20 000,— durchschnittl. Lagerbestand

Der durchschnittliche Lagerbestand wurde in einem Geschäftsjahr 12mal umgesetzt.
360 : 12 = 30 Tage durchschnittliche Lagerdauer.
Die durchschnittliche Lagerdauer beträgt 30 Tage.

Jeder Kaufmann muß danach streben, die Umsatzgeschwindigkeit zu erhöhen, um dadurch die Lagerdauer der Güter zu verkürzen. Je schneller ein Gut umgesetzt wird und je kürzer dessen Lagerdauer ist, desto geringer sind Kapitaleinsatz und Betriebsaufwand (Ersparnisse an Miete, Versicherung, Löhnen und Gehältern). Ebenso erhöht sich dementsprechend der Gewinn. Das gleiche Kapital bringt bei doppeltem Umschlag den doppelten Gewinn gegenüber einem einmaligen Umschlag; oder ein Kaufmann braucht, wenn er sein Warenlager doppelt so schnell umschlagen kann, nur die Hälfte seines Kapitaleinsatzes.

1.3.5 Die Kalkulation

Die Kalkulation ist ein Teil der Kostenrechnung eines Betriebes. Ihr Zweck liegt in der Ermittlung der Selbstkosten für das einzelne Objekt (Ware, Produktionsgut, Haus). Sie führt damit zur Berechnung des Verkaufspreises für ein bestimmtes Gut oder für eine bestimmte Leistung. Der Kaufmann kann es sich nicht leisten, den Preis einfach festzusetzen oder den vom Lieferer angegebenen Richtpreis oder Verkaufspreis (Markenartikel) zu nehmen. Auch darf er sich nicht nur nach dem Preis der Konkurrenz richten. Er muß seinen eigenen Preis kalkulieren, der einerseits durch die Kosten des Betriebes bestimmt ist, andererseits aber durch die Kaufkraft der Arbeitnehmer und die Konkurrenz. Selbst bei festgesetzten Verkaufspreisen ist die Kalkulation nicht überflüssig. Sie sagt dem Kaufmann, welchen Gewinn er erzielen kann oder zu welchem Preis er die Ware einzukaufen hat, damit seine Kosten (Selbstkosten) mindestens gedeckt sind. Kein Kaufmann kann auf die Dauer seine Güter unter den Selbstkosten absetzen.

Auf dem Markt läßt sich aufgrund von Angebot und Nachfrage ein Preis (Marktpreis) erzielen, der entweder über oder unter dem kalkulierten Verkaufspreis liegen kann. Liegt der Marktpreis über dem kalkulierten Verkaufspreis, bekommt der Kaufmann eine Leistungsprämie. Liegt er darunter, muß er mit Verlust verkaufen. In diesem Falle muß er versuchen, seine Kosten zu senken, um konkurrenzfähig zu bleiben.

Kalkulation im Warenhandel

Schema:

Listenpreis (ohne USt)
./. Rabatt

Rechnungspreis
./. Skonto

Einkaufspreis
+ Bezugskosten

Bezugspreis
+ Gemeinkostenzuschlag

Selbstkostenpreis
+ Gewinnzuschlag

Nettoverkaufspreis
+ Umsatzsteuer

Bruttoverkaufspreis

Ausgangspunkt der Kalkulation im Handel ist stets der Nettolistenpreis (ohne Umsatzsteuer). Auf diesen wird ein Preisnachlaß als R a b a t t (Wiederverkäuferrabatt bei Markenartikeln, Treuerabatt an alte Kunden, Sonderrabatt bei besonderen Anlässen) gewährt. Bei Zahlung innerhalb der vereinbarten Frist kann der Käufer S k o n t o abziehen. Skonto ist ein Preisnachlaß wegen vorzeitiger Zahlung. Die Sätze sind aus den vereinbarten Lieferungs- und Zahlungsbedingungen zu entnehmen. Zu diesem Einkaufspreis der Ware kommen die Kosten des Transportes bis zur Niederlassung des Käufers. An Bezugskosten entstehen: Kosten für Verpackung, Verladung, Transport, Spesen, Lagergelder, Umladekosten, Versicherung, Zoll. Die Höhe der Bezugskosten ist aus den anfallenden Belegen (Frachtbrief, Abrechnung über Rollgeld) zu ersehen. Der B e z u g s p r e i s (Einstandspreis) ist demnach der Preis, den der Kaufmann zahlen muß, bis sich die Ware in seinem eigenen Lager befindet. Beim Vergleichen verschiedener Angebote ist stets der Bezugspreis zu berücksichtigen. Neben diesen Einzelkosten entstehen allgemeine Betriebskosten, die nicht einzeln einer bestimmten Ware zugerechnet werden können. Man nennt sie G e m e i n k o s t e n. Dazu rechnen Personalkosten, Kosten des Schriftverkehrs, Miete, Steuern, Abgaben, Nebenkosten des Geldverkehrs, Werbungskosten, Reisekosten, Provisionen, Transportkosten und Verpackung für den Versand der Ware, Kosten des Fuhr- und Wagenparks, allgemeine Verwaltungskosten, wie Telefonspesen, Porto usw., Abschreibungen. Die Gemeinkosten werden in ihrer Gesamtheit erfaßt und dem gesamten Umsatz zum Einstandspreis gegenübergestellt. Daraus wird ein Prozentsatz ermittelt (Gemeinkostenzuschlag). Durch Zuschlag auf den Bezugspreis einer Warenart ergibt sich der S e l b s t k o s t e n p r e i s.

Dem Selbstkostenpreis wird ein Bruchteil davon als Gewinn zugeschlagen. Der Gewinn ist das Entgelt des Kaufmanns für seine Tätigkeit als Unternehmer. Der um den Gewinnzuschlag vermehrte Selbstkostenpreis ergibt den Nettoverkaufspreis; nach Zuschlag der Umsatzsteuer erhält man den Bruttoverkaufspreis, wobei ggf. zuvor Skonto, Rabatt oder Vertreterprovision einzuberechnen wären. Der Einzelhändler stellt dem Konsumenten den Bruttoverkaufspreis in Rechnung, die Unternehmer der anderen Wirtschaftsstufen müssen Nettoverkaufspreis, Umsatzsteuer und Bruttoverkaufspreis ausweisen, da die Nachunternehmer nur vom Nettopreis kalkulieren. Die Umsatzsteuer ist kein Kostenfaktor, da der Nachunternehmer diese als Vorsteuer von seiner zu zahlenden Umsatzsteuer absetzen kann.

Die kaufmännische Praxis vereinfacht die Kalkulation dadurch, daß sie die gesamten Zuschläge auf den Bezugspreis (Gemeinkosten, Gewinn- und Verkaufszuschläge) in einem Gesamtzuschlag zusammenfaßt. Er heißt K a l k u l a t i o n s z u s c h l a g. Der Kaufmann ist so in der Lage, auf jeden einzelnen errechneten Bezugspreis einer Warenart mit Hilfe des Kalkulationszuschlages den Netto- oder Bruttoverkaufspreis (beim Einzelhändler) zu errechnen.

Geht man umgekehrt vom Nettoverkaufspreis aus und setzt den Zuschlag (Unterschiedsbetrag zwischen Bezugspreis und Verkaufspreis) zu diesem in Beziehung, so erhält man die H a n d e l s s p a n n e. Diese ist bei verschiedenen Waren und in den einzelnen Branchen unterschiedlich, weil Kosten, Lagerung, Risiko, Mode, Ausstattung des Ladens usw. verschieden sind.

Nach der Verordnung über die Preisauszeichnung müssen Waren, die von Einzelhandelsbetrieben verkauft werden, ausgezeichnet werden, d. h. sie sind mit Angaben über Art, Güte, Menge und Preis zu versehen. Den Kaufmann interessiert außerdem der Zeitpunkt des Einkaufs und der Lieferant (Nachbestellung!). Außerdem kann er leichter Preisherabsetzungen durchführen, wenn er die Einkaufspreise kennt. Deswegen wird die Auszeichnung oft verschlüsselt angegeben.

Ein Auszeichnungsschild kann demnach umfassen:

Gütebezeichnung,	Kennzeichen der Einkaufsrechnung,
Handelsübliche Verkaufseinheit,	Liefertag,
(Menge, Länge, Breite, Größe),	Kennwort für den Lieferanten,
Verkaufspreis,	Einkaufspreis.

Zur Verschlüsselung verwendet man oft Kennwörter, die aus zehn Buchstaben bestehen; statt der Buchstaben setzt man Ziffern von 0 bis 9.

Kalkulation im Industriebetrieb

Im Industriebetrieb können die Verkaufspreise der einzelnen Erzeugnisse nach einem von drei Verfahren ermittelt werden. Man unterscheidet die

Divisionsrechnung,

Äquivalenzziffernrechnung,

Zuschlagsrechnung.

Die D i v i s i o n s r e c h n u n g verwenden Betriebe, die einheitliche Leistungen erbringen. Die gesamten Kosten werden durch die Anzahl der produzierten Güter geteilt. Bei der Ä q u i v a l e n z z i f f e r n r e c h n u n g stehen die Kosten verschiedener Erzeugnisse derselben Art in einem bestimmten Verhältnis zueinander. Man ermittelt die Kosten eines Erzeugnisses und berechnet die Kosten der anderen durch Zu- oder Abschläge. Das am meisten vorkommende Kalkulationsverfahren ist die Z u s c h l a g s r e c h n u n g . Sie benutzen Betriebe, die Erzeugnisse verschiedener Art herstellen. Jedes Erzeugnis wird besonders kalkuliert. Es ist zwischen Einzelkosten und Gemeinkosten zu unterscheiden. Einzelkosten lassen sich für jedes einzelne Erzeugnis genau und direkt ermitteln. Gemeinkosten werden von allen Erzeugnissen gemeinsam getragen. Sie werden nach Materialgemeinkosten (Kosten der Materialannahme, -lagerung und -ausgabe), Fertigungsgemeinkosten (Kosten des technischen Büros, Kraftanlagen, Abschreibungen auf Maschinen), Verwaltungsgemeinkosten (Gehälter der kaufmännischen Angestellten, Versicherungsprämien, Steuern, Unterhaltung der Anlagen) und Vertriebsgemeinkosten (Werbekosten, Reisespesen, Verpackungs- und Versandkosten) getrennt zusammengestellt und in Hundertsätzen den einzelnen Erzeugnissen zugeschlagen.

Die Materialgemeinkosten werden auf das Material, die Fertigungsgemeinkosten auf die Fertigungslöhne geschlagen, während die Verwaltungsgemeinkosten und die Vertriebsgemeinkosten auf die Herstellungskosten bezogen werden.

Nach den Grundsätzen für die Kostenrechnung ergibt sich folgendes Kalkulationsschema:

```
Fertigungsmaterial
+ Materialgemeinkosten      = Materialkosten
Fertigungslöhne
+ Fertigungsgemeinkosten    = + Fertigungskosten
                              Herstellungskosten
                            + Verwaltungskostenzuschlag
                            + Vertriebskostenzuschlag
                              Selbstkosten
                            + Gewinnzuschlag
                              Nettoverkaufspreis
```

Kalkulation in der Wohnungswirtschaft

Bei der Kalkulation in der Wohnungswirtschaft ist zweierlei zu unterscheiden:

Kalkulation der Gesamtkosten bei der Bauerstellung,
Kalkulation der laufenden Aufwendungen nach der Bezugsfertigkeit.

Die Erfassung der Gesamtkosten führt zur Finanzierung. Finanzierung ist die Beschaffung der Mittel, mit denen die gesamten Kosten des Baues gedeckt werden können. Die Kalkulation der laufenden Aufwendungen, die während der Mietzeit entstehen (Bewirtschaftung), führt zur Berechnung der Miete. Daraus ergeben sich zwei Gleichungen.

Gesamtkosten = Summe der Finanzierungsmittel
laufende Aufwendungen = Summe der Mieterträge

Gesamtkosten und laufende Aufwendungen (Miete) werden in der Wirtschaftlichkeitsberechnung kalkuliert. Die II. Berechnungsverordnung schreibt die Anwendung und zugleich die Kostenansätze verbindlich für alle öffentlich geförderten Wohnungen vor. Auch die unternehmerische Wohnungswirtschaft verwendet das gleiche Schema bei Aufstellung ihrer Wirtschaftlichkeitsberechnung für nicht preisgebundene Wohnungen.

a) Die Gesamtkosten bei der Errichtung von Wohnungsbauten oder Eigenheimen

Die Gesamtkosten werden nach folgendem Schema berechnet:

```
  Wert des Grundstückes (Kaufpreis)
+ Erwerbskosten
+ Erschließungskosten                                   = Kosten des
                                                          Baugrundstückes

  Kosten der Gebäude (reine Baukosten)
+ Kosten der Außenanlagen                               +
+ Baunebenkosten
+ Kosten der besonderen Betriebseinrichtungen
+ Kosten des Gerätes u. sonst. Wirtschaftsausstattungen = Baukosten
                                                        = Gesamtkosten
```

Kosten des Baugrundstückes (Grund- und Bodenkosten)

Grundstückswert: Der Wert des Grundstücks ergibt sich aus dem Kaufpreis oder bei einer Enteignung aus der Entschädigung. Es kann auch der Verkehrswert genommen werden.

Zu den Erwerbskosten (Grundstücksnebenkosten) gehören alle durch den Erwerb des Grundstücks verursachten Kosten, wie Gerichts- und Notariatskosten, Maklerprovision, Grunderwerbsteuer, Vermessungskosten, Gebühren für Wertberechnungen und amtliche Genehmigung, Kosten der Bodenuntersuchung zur Beurteilung des Grundstückswertes, Kosten im Zusammenhang mit einer Umlegung.

Erschließungskosten sind, soweit das Baugrundstück noch nicht erschlossen ist, sämtliche Kosten für das Baureifmachen des Baugrundstückes. Insbesondere fallen hierunter:

Kosten für das Freimachen:
Abfindungen und Entschädigungen an Mieter, Pächter (Schrebergärten) und sonstige Dritte zur Erlangung der freien Verfügung über das Baugrundstück.

Kosten für das Herrichten des Baugrundstückes:
Abräumen, Abholzen, Roden, Bodenbewegungen, Enttrümmern, Gesamtabbruch, Fahrtkosten für die Fuhrwerke.

Kosten für öffentliche Erschließung:
Kosten der erstmaligen Erstellung von Straßen, der öffentlichen Entwässerungs- und Versorgungsanlagen und Kosten öffentlicher Flächen für Straßen, Freiflächen, Parkplätze, Anliegerlolotungen oder
Kosten für sogenannte Unternehmerstraßen,
Kosten der nichtöffentlichen Entwässerungs- und Versorgungsanlagen, Abstellflächen für Kraftfahrzeuge,
einmalige Abgaben (z. B. Bauabgaben, Ansiedlungsleistungen).

Kosten der Gebäude

Die Kosten der Gebäude setzen sich aus den Kosten der Leistungen der Bauunternehmer zusammen. Die Bauunternehmer erhalten je nach Baufortschritt Abschlagszahlungen und geben am Schluß eine Rechnung über die gesamte Leistung, die rechnerisch und sachlich geprüft werden muß. Der Rechnungspreis geht in die Baukosten ein.

Zu den reinen Baukosten (Kosten des Gebäudes) gehören sämtliche Bauleistungen, die für die Errichtung der Gebäude erforderlich sind. Sie sind gegliedert und in der VOB Teil C nach Umfang und Art festgelegt:

Gründungsarbeiten,
Mauerarbeiten,
Putz- und Stuckarbeiten,
Estrich- und Fliesenarbeiten,
Asphalt- und Dichtungsarbeiten,
Beton- und Stahlbetonarbeiten,
Zimmerarbeiten,
Anstricharbeiten,
Tapezierarbeiten,
Bodenbelagarbeiten,
Ofen- und Herdarbeiten,

Dachdeckungsarbeiten,
Klempnerarbeiten,
Tischlerarbeiten (auch Fenster),
Parkettarbeiten
Rolladenarbeiten
Schlosserarbeiten,
Verglasungsarbeiten,
Zentralheizungs-, Lüftungs- und zentrale Warmwasserbereitungsanlagen,
Gas-, Wasser- und Abwasser-Installationsarbeiten,
Stark- und Schwachstromanlagen,
Blitzschutzanlagen.

Zu diesen reinen Baukosten (Kosten der Gebäude) gehören außerdem alle eingebauten oder mit den Gebäuden fest verbundenen Sachen (Bestandteile), z. B. Anlagen zur Beleuchtung, Erwärmung, Kühlung und Lüftung von Räumen, Anlagen zur Versorgung mit Elektrizität, Gas, Kalt- und Warmwasser, und zwar bis zum Hausanschluß an die Außenanlagen, ferner alle Öfen, Koch- und Waschherde, Bade- und Wascheinrichtungen, eingebaute Rundfunkanlagen, Gemeinschaftsantennen, Blitzschutzanlagen, bildnerischer und malerischer Schmuck an und in Gebäuden, eingebaute Möbel. Weiterhin rechnen dazu die Kosten aller Sachen, die zur Benutzung und zum Betrieb erforderlich sind oder zum Schutze dienen (Zubehör), z. B. Bedienungseinrichtungen für Sammelheizkessel (Schaufeln usw.), Schornsteinleiter, Feuerlöschanlagen, Schlüssel für Fenster- und Türverschlüsse usw.

Baunebenkosten
Zu den Baunebenkosten zählen die Kosten für:
Architekten- und Ingenieurleistungen für Planung, Statik, Heizung;
örtliche Bauleitung;
Verwaltungsleistungen und Lichtpausen bei Vorbereitung und Durchführung des Baues;
Behördenleistungen;
Kosten der Beschaffung der Finanzierungsmittel für Dauerfinanzierung und Zwischenfinanzierung; die während der Bauzeit anfallenden Kapitalkosten, Erbbauzinsen, Steuerbelastungen, Bauversicherungen;
sonstige Nebenkosten.

Die Kosten für Leistungen des A r c h i t e k t e n umfassen Planung, Ausschreibung und Vergabe, Objektüberwachung und -betreuung.

K o s t e n d e r B e h ö r d e n l e i s t u n g e n sind Kosten von Prüfungen und Genehmigungen der Baubehörden.

Zu den K o s t e n der Beschaffung von D a u e r f i n a n z i e r u n g s m i t t e l n gehören Maklerprovision, Gerichts- und Notarkosten, einmalige Geldbeschaffungskosten für Hypothekendarlehen, und zwar Damnum (Disagio), Kreditprovision, Spesen, Wertberechnungsgebühr, Bereitstellungsprovision und Bearbeitungsgebühr. Ferner gehören dazu die Kosten der Beschaffung und Verzinsung der Zwischenfinanzierungsmittel sowie die Steuerbelastungen des Baugrundstücks und die Kapitalkosten nebst Erbbauzinsen während der Bauzeit.

Unter s o n s t i g e N e b e n k o s t e n fallen die Kosten der Bauversicherungen während der Bauzeit, der Bauwache, der Baustoffprüfungen des Bauherrn, der Grundsteinlegungs- und Richtfeier.

Kosten der Außenanlagen
Zu den Kosten der Außenanlagen gehören die Be- und Entwässerungsanlagen und Versorgungsanlagen vom Hausanschluß bis an das öffentliche Versorgungsnetz, alle anderen Entwässerungs- und Versorgungsanlagen außerhalb der Gebäude wie Sammelgrube, Brunnen, Zapfstellen usw. sowie die Kosten für das Anlegen von Höfen, Wegen und Einfriedungen, Kosten der Gartenanlagen und Pflanzungen, Kosten des

Fußweges zum Haus, der nicht mit dem Gebäude verbundenen Freitreppen, Stützmauern, Teppichklopfstangen, Wäschepfähle usw.

Kosten der besonderen Betriebseinrichtungen
Hierunter fallen die Kosten für Personen- und Lastenaufzüge, Müllbeseitigungsanlagen, Hausfernsprecher, Uhrenanlagen und gemeinschaftliche Wascheinrichtungen.

Kosten des Gerätes und sonstiger Wirtschaftsausstattungen
Dazu zählen die Kosten für alle vom Bauherrn erstmalig zu beschaffenden beweglichen Sachen, die nicht unter die Kosten der Gebäude oder Außenanlagen fallen, z. B. Asche- und Müllkästen, Fenster- und Türbehänge (Jalousie), Feuerlösch- und Luftschutzgerät, Haus- und Stallgerät, die Kosten für Wirtschaftsausstattungen bei Kleinsiedlungen, z. B. Ackergerät, Dünger, Kleinvieh, Obstbäume, Saatgut.

b) Die Kalkulation der laufenden Aufwendungen während der Mietzeit (Mietkalkulation)

Die laufenden Aufwendungen werden nach folgendem Schema berechnet:

Kapitalkosten
Fremdkapitalkosten
Eigenkapitalverzinsung
+ Bewirtschaftungskosten
Abschreibungen
Verwaltungskosten
Betriebskosten
Instandhaltungskosten
Mietausfallwagnis
_____
= laufende Aufwendungen

Kapitalkosten
Fremdkapitalkosten sind:
 Zinsen,
 laufende Verwaltungskostenbeiträge
 Bürgschaftsgebühren
 Erbbauzinsen.

Nicht zu den Kapitalkosten gehören Leistungen aus Nebenverträgen, insbesondere aus Personenversicherungen. Das Damnum bei Hypothekendarlehen und Kosten und Zinsen für Vor- und Zwischenfinanzierung sind den Baunebenkosten zuzuschlagen.

Zu den Eigenleistungen (Eigenkapital) gehören:
 Geldmittel des Bauherren in bar oder aus Guthaben bei Kreditinstituten oder Wohnungsunternehmen, Guthaben bei Bausparkassen einschließlich der Wohnungsbauprämien und Kapitalabfindungen, Wert des eigenen Grundstücks,
 Wert der Sach- und Arbeitsleistung. Hierzu zählt der Wert der bezahlten Baustoffe und der Wert der in Selbsthilfe oder Nachbarhilfe erbrachten Leistung.

Bewirtschaftungskosten:

Abschreibung: Die durch Abnutzung verursachte Wertminderung des Gutes soll erfaßt und nach der Nutzungsdauer des Gebäudes oder eines einzelnen Wirtschaftsgutes berechnet werden. Aus der Abschreibung sollen die Tilgungsbeträge aufgebracht werden. Reichen diese nicht aus, muß „zur Aufbringung der erhöhten Tilgungen" ein Z i n s e r s a t z berechnet und unter den Kapitalkosten angesetzt werden (II. BV § 22).

V e r w a l t u n g s k o s t e n (II. BV § 26) sind:
die Kosten der zur Verwaltung des Gebäudes oder der Wirtschaftseinheit erforderlichen Arbeitskräfte und Einrichtungen;
die Kosten der Aufsicht; Wert vom Vermieter persönlich geleisteter Verwaltungsarbeit;
die Kosten für die Prüfungen des Jahresabschlusses und der Geschäftsführung.

B e t r i e b s k o s t e n sind die Kosten, die dem Eigentümer durch sein Eigentum am Grundstück oder durch den bestimmungsmäßigen Gebrauch des Gebäudes (Wirtschaftseinheit) laufend entstehen. Dazu zählen gem. § 27 II. BV Anlage 3:

Grundsteuer

Kosten der Wasserversorgung und Entwässerung (Grundgebühr, Kosten der Anmietung oder anderer Arten der Gebrauchsüberlassung von Wasserzählern sowie die Kosten ihrer Verwendung einschl. der Kosten der Berechnung und Aufteilung, Kosten des Wasserverbrauchs und des Betriebs hauseigener Anlagen nebst Aufbereitungsstoffen, Kanalisationsgebühren)

Kosten des Betriebs der zentralen Heizungs- oder Brennstoffversorgungsanlage bzw. der eigenständig gewerblichen Lieferung von Wärme und der Reinigung nebst Wartung von Etagenheizungen (Kosten der verbrauchten Brennstoffe, Kosten der Anlieferung, des Betriebsstroms, der Bedienung, Überwachung und Pflege, der regelmäßigen Prüfungen, der Reinigung, der Messungen nach dem Bundes-Immissionsschutzgesetz sowie Kosten der Verbrauchserfassung)

Kosten des Betriebs der zentralen Warmwasserversorgungsanlage oder der eigenständig gewerblichen Lieferung von Warmwasser (Kosten des Wasserverbrauchs und der Wassererwärmung, der Reinigung und Wartung von Warmwassergeräten)

Kosten verbundener Heizungs- und Warmwasserversorgungsanlagen

Kosten des Betriebs des maschinellen Personen- und Lastenaufzuges (Betriebsstrom, Kosten der Beaufsichtigung, Bedienung, Überwachung, Pflege, Reinigung, Prüfung auf Sicherheit und Betriebsbereitschaft)

Kosten der Straßenreinigung und Müllabfuhr

Kosten der Hausreinigung und Ungezieferbekämpfung

Kosten der Gartenpflege (Pflege gärtnerisch angelegter Flächen, Erneuerung von Pflanzen, Pflege von Plätzen und Spielplätzen einschl. Erneuerung von Sand)

Kosten der Beleuchtung

Kosten der Schornsteinreinigung

Kosten der Sach- und Haftpflichtversicherung

Kosten für den Hauswart (Vergütung, Sozialbeiträge, geldwerte Leistung)

Kosten des Betriebs der Gemeinschaftsantennenanlage oder des Betriebs der mit einem Breitbandkabelnetz verbundenen privaten Verteilanlage

Kosten des Betriebs der maschinellen Wascheinrichtung

Sonstige Betriebskosten

Die **Instandhaltungskosten** (II. BV § 28) umfassen alle Kosten, die zur Instandhaltung und zur Erhaltung des bestimmungsmäßigen Gebrauchs aufgewendet werden müssen, um die durch Abnutzung, Alterung und Witterungseinwirkung entstehenden Mängel zu beseitigen. Davon zu unterscheiden sind die **Schönheitsreparaturen**; sie werden oft vertraglich vom Mieter übernommen, der dadurch eine niedrigere Miete (Kostenmiete) berechnet erhält.

Das **Mietausfallwagnis** (II. BV § 29) dient zur Deckung: einer Ertragsminderung durch Mietrückstände oder Leerstehen von Räumen; von Kosten, die eine Rechtsverfolgung auf Zahlung, Aufhebung des Mietverhältnisses oder Räumung mit sich bringt.

Es beträgt nach der II. BV 2 % der Jahresmiete. Der Betrag ist dadurch zu ermitteln, daß man die Gesamtaufwendungen = 98 % setzt; andernfalls müssen 2,04 % zugeschlagen werden.

1.3.6 Marketing

Früher (beim Verkäufermarkt) begnügte sich das Unternehmen, den Markt zu erforschen, um richtige Erkenntnisse für die Produktion und die Produkte zu erhalten; um den Konsumenten anzusprechen, bediente man sich der Werbung. Beim Käufermarkt reichen Marktforschung und Werbung nicht aus. Im Wettbewerb muß der Absatz auf Dauer gesichert sein. Dabei sind die betrieblichen Teilbereiche auf das Ziel: Erfüllung der Wünsche des Kunden (Käufer, Mieter) unter angemessener Gewinnerzielung ausgerichtet. Alle Maßnahmen dazu faßt man unter dem Begriff Marketing zusammen. Die zu Planung, Ausführung und Kontrolle einer Marketingkonzeption zur Verfügung stehenden Mittel nennt man Instrumente des Marketing.

Mit dem Wandel vom Vermieter- zum Mietermarkt muß sich die Wohnungswirtschaft marktorientiert verhalten. Stetig wachsende Vermietungsschwierigkeiten, größere Leerstände und ein Überangebot an Eigentumsmaßnahmen aus dem Bestand oder durch Neubau erfordern eine Marketingkonzeption. Man unterscheidet:

Marketing-Forschung auf der Informationsseite und

Marketing-Mix (Aktionsseite).

Zur Marketing-Forschung gehört die Marktforschung mit Marktbeobachtung und Marktanalyse sowie die Produkt- und Vertriebsforschung. Zum absatzpolitischen Instrumentarium gehören Absatzpolitik, Produktgestaltung, Preispolitik, Rabattpolitik, Konditionenpolitik, Kundendienst, Werbung, Öffentlichkeitsarbeit sowie Verkaufsförderung.

Mit Marktbeobachtung und Marktforschung will das Unternehmen möglichst meßbare Informationen über bestehende Wohnungsmärkte (Angebot und Nachfrage) durch Beobachtung und Befragung erhalten. Die Motivforschung will die Gründe und Motive der Willensbildung sowie des rationalen oder aus dem Unterbewußtsein kommenden Mieter- oder Käuferverhaltens klären, und zwar durch freies Gespräch oder Test.

Wer so seine Informationen erhalten hat, entwickelt daraufhin, um aktiv in das Marktgeschehen einzugreifen, eine Marketingstrategie.

Absatzpolitik

Die Frage, ob Verkauf oder Vermietung zentral oder dezentralisiert durchgeführt oder einem Dritten selbständig übertragen werden soll, hängt von der Größenstruktur und der Marktstellung des Unternehmens ab. Wer im Unternehmen keine sach- und fachkundigen Mitarbeiter hat, muß den Absatz bzw. die Vermietung einem Dritten (z. B. Makler) übertragen. Dieser hat den Marktüberblick und berät nicht nur den Nachfrager, sondern auch den Anbieter in bezug auf die Ermittlung des marktgerechten Preises, Verwendungsmöglichkeit, Ausarbeitung von Angeboten u. ä.

Produktgestaltung

Wohnungsleerstände (ab 3. Monat) und nicht absetzbare Eigenheime oder Eigentumswohnungen haben unterschiedliche Ursachen. Sie können in hohem Preis, schlechter Lage, Mieterstruktur, Einwohnerschwund, allgemeiner Wirtschaftslage, aber auch im Produkt selbst liegen. Daher müssen die Wohnungen oder Häuser so gestaltet, mit irgendwelchen Besonderheiten ausgestattet werden, daß sie allein deswegen begehrenswert erscheinen. Unter Umständen müssen Wohnungen modernisiert oder in einen höheren Freizeit- bzw. Umweltwert einbezogen werden.

Preis-Rabatt und Konditionenpolitik

Bedenkt man, daß eine leerstehende Wohnung im Jahr mindestens 10 000,— DM im Durchschnitt kostet oder daß für ein leerstehendes Eigenheim laufend Kosten durch Kapitaldienst, Heizung, Lüftung, Säuberung, Pflege der Außenanlagen u. a. entstehen, so fällt es leicht, preis- oder rabattpolitische Entscheidungen zu fällen. Prämien an Mieter, Vergünstigungen bzw. Mietnachlässe an junge Ehepaare, Treueprämien, wenn die Mieter in eine größere Wohnung umziehen wollen und im Unternehmensbereich bleiben, sind letztlich kostengünstiger.

Anreiz im Zusammenhang mit der Vermögensbildung bietet auch der sogenannte Mietkauf. Hier verpflichtet sich der Vermieter, nach einer Zeit das Eigentum an dem Objekt auf den Mieter zu übertragen. Im Zusammenhang mit einem Kapitalansammlungsvertrag kann zusätzlich zur Kostenmiete noch ein bestimmter Teil monatlich angesammelt werden, der nachher als Eigenkapital verwendet wird.

Große Unternehmen können sich einen eigenen Kundendient leisten, der den Mietern bzw. Käufern auch später — Tag und Nacht — zur Verfügung gestellt werden kann.

Verkaufsförderung

Unternehmen, die eigenes Verkaufs- oder Vermietungspersonal haben, müssen dieses besonders fördern. Die Verkaufsförderung besteht vor allem in der Schulung, durch Training, Information und durch das Bieten von Anreizen und Schaffen von entsprechender Ausstattung.

Im Training soll das Wissen über Angebote, die Kenntnisse über die technische Ausstattung, die Finanzierung, die Steuervorteile, die Förderungsmaßnahmen und das Führen von Verkaufsgesprächen vermittelt werden.
Informationen haben laufend über Vorgänge im Unternehmen und am Markt zu erfolgen.
Anreize werden den Verkäufern oft in Form von Prämien, Provisionen und Auszeichnungen für besondere Verkaufsleistungen u. a. gegeben.
Die Ausstattung des Verkaufspersonals muß besonders durchdacht sein. Nicht nur die Bereitstellung besonderer Prospekte, Pläne, Kataloge, Preislisten, Fotos sind erforderlich, sondern die Dinge müssen griffbereit sein und erläutert werden können. Für die Verkaufsförderung kann man selbst Propagandisten in einem Musterhaus mit Musterwohnung einsetzen oder Prospekte bei Sparkassen, Hausbanken, ggf. Einkaufszentren bereithalten. Auf Messen und Ausstellungen können audiovisuelle Techniken eingesetzt werden. Man kann Wochen des Mieters oder Eigenheimes einrichten und Busfahrten durch Wohnanlagen mit Besichtigung einer Musterwohnung veranstalten.

Die Werbung

Die Werbung spricht den Konsumenten an. Ihr Zweck liegt in der Gewinnung neuer Kunden bzw. der Erhaltung der alten und in der Steigerung der Bedürfnisse; auch kann sie neue Bedürfnisse wecken (Beispiele: Erzeugnisse aus synthetischen Stoffen, Haushaltmaschinen, neue Baustoffe, Fertigbauteile). Der Kaufmann will mit der Werbung seine Umsätze steigern. Die Umsatzsteigerung führt zu einem erhöhten Umschlag des Kapitals und damit zu einem höheren Gewinn oder zur Senkung der Preise, falls sich der Kaufmann mit einem kleineren Gewinnzuschlag (bei gleichbleibendem Gewinn) begnügt.
Man unterscheidet E i n z e l w e r b u n g und G e m e i n s c h a f t s w e r b u n g; letztere kann durch Zusammenschluß verschiedener Unternehmer des gleichen Geschäftszweiges meist wirkungsvoller, rationeller und billiger durchgeführt werden. Oft wird diese Werbung auch vom Hersteller eines Artikels (Markenartikel) durchgeführt. Schließen sich Geschäftsinhaber verschiedener Geschäftszweige zu einer gemeinsamen Werbeaktion zusammen, so spricht man von Sammelwerbung.

Werbemittel

Es gibt eine Vielzahl von Werbemitteln, die sich aufgrund der ständig fortschreitenden technischen und organisatorischen Entwicklung steigern. Sie werden manchmal auch gleichzeitig oder nacheinander angewandt. Für die Wahl des Werbemittels ist der Kreis der anzusprechenden Kunden entscheidend. Werbemittel sind Ware und Preis sowie das äußere Bild.
Gute und preiswerte W a r e (Warenzeichen), eine einwandfreie und originelle V e r p a c k u n g (Geschenkpackungen), Z u g a b e n, Preisvergünstigungen (Rabatte, Dreingabe, Draufgabe), günstige Lieferungs- und Zahlungsbedingungen sprechen für die

Ware selbst. Solide Bauweise, genaue Vorkalkulation, keine Kostenüberschreitung, Einhaltung der Termine, saubere und korrekte Handwerksarbeit, im einzelnen durchdachte Planung kennzeichnen auch die Leistungen von Wohnungsunternehmen und Betrieben der Bauwirtschaft. Wichtig sind daher die Bauschilder an der Baustelle.

Ein Kunde wird durch das Geschäftshaus, Firmenaufschrift (Leuchtbuchstaben usw.), die Größe, Gestaltung und Beleuchtung des Schaufensters, die Warenauslagen, die Reichhaltigkeit des Angebots sowie den Ladenraum in bezug auf seine Größe, Aufteilung, Innenausstattung angezogen.

Hinzu kommen die geeigneten Verkaufskräfte bzw. Mitarbeiter. Der Empfang des Kunden, seine Bedienung, das Gespräch und auch die gute Gestaltung des Werbebriefes sprechen den Kunden an.

Eine gute Organisation verlangt, daß eingehende Briefe schnell beantwortet und Bestellungen pünktlich ausgeführt werden. Ein einwandfreier Schriftwechsel ist erforderlich. Hierbei sind die „Regeln für Maschineschreiben" (DIN 5008) anzuwenden.

Schließlich spielt der Ruf des Inhabers oder der Geschäftsführung eine bedeutende Rolle.

Weitere Werbemittel sind: Lautsprecherwagen, Schallplatten, Funkwerbung, Plakate, Werbefotos und Werbefilme, Fernsehwerbung, Werbung durch Flugzeuge und Ballons, praktische Vorführungen, Modeschauen, Werbeveranstaltungen, Ausstellungen und Messen, Pressekonferenzen.

Besondere Bedeutung kommt den Werbedrucksachen zu. Sie werden in Form von Handzetteln, Katalogen, Preislisten, Prospekten, Broschüren, Hauszeitschriften, Werbebriefen als Postwurfsendungen, Zeitungsbeilagen oder direkt durch ein Adresseninstitut einem bestimmten Kundenkreis zugestellt. Schließlich ist die Werbeanzeige in den Tageszeitungen, Wochenzeitungen und Fachzeitschriften, Illustrierten, Büchern, Theater- und Kinoprogrammen von Bedeutung. Hier werden große Kreise von Verbrauchern angesprochen.

Von den Werbemitteln sind die Werbehilfen (Tragetasche oder Kraftfahrzeuge mit Firmenaufdruck, Werbegeschenke) zu unterscheiden. Sie sind in zweiter Linie Werbemittel, in erster Linie dienen sie einem anderen Zweck.

Jedes Werbemittel braucht einen Werbeträger bzw. Medium, durch das es den Verbraucher erreicht. Das können Personen, Bücher, Zeitungen, Zeitschriften, Rundfunk- und Fernsehanstalten, Kinos, Reklameflächen, Verkehrsmittel u. a. sein.

Organisation und Durchführung der Werbung

Zur Erreichung eines bestimmten Zieles muß der Kaufmann einen wohldurchdachten W e r b e p l a n aufstellen. Er wird sich überlegen, welche Werbemittel er im kommenden Geschäftsjahr einsetzen will, was auch eine Kostenfrage ist. Deshalb wird er feststellen, welchen Betrag er im Laufe des Geschäftsjahres für die einzelnen Werbemittel aufwenden kann. Er stellt einen W e r b e e t a t auf. Entscheidend ist bei jeglicher Werbung, wann, wo, wie und gegenüber welchen Käuferschichten die einzelnen Werbemittel eingesetzt werden sollen. Man spricht von S t r e u u n g . Unter Streuzeit verstehen wir den günstigsten Zeitpunkt des Einsatzes der Werbemittel; Streukreis ist der anzusprechende Personenkreis; Streugebiet ist das Gebiet, in dem die Werbemittel eingesetzt werden sollen, und Streuweg nennt man das Verfahren, das die Werbemittel an den Interessenten heranbringt.

Um eine Werbekampagne zu starten, bedient sich das Unternehmen oft einer Werbeagentur, die eine Werbestrategie entwickelt. Dafür erhält die Agentur in einem „Briefing" alle erforderlichen Angaben über Markt, Verbraucher, Produkt, Produkt-, Preis- und Rabattpolitik, Verkaufsförderungsmaßnahmen und die kommende Public-Relations-Arbeit.

Kontrolle der Werbung

Alle Werbung muß sich lohnen. Der W e r b e e r f o l g muß in einem angemessenen Verhältnis zu den W e r b e k o s t e n stehen. Deswegen muß auf Umsatzveränderungen geachtet werden. Oft zeigt sich der Werbeerfolg nicht zahlenmäßig sofort, weil die Bestellungen nicht unmittelbar erfolgen. Ein Erfolg kann aber darin gesehen werden, daß die Firma oder die Ware bekannt geworden ist. Später kann sich dann auch ein zahlenmäßiger Erfolg einstellen.

Öffentlichkeitsarbeit

Große Unternehmen werben nicht nur für eine bestimmte Ware neue Kunden, sie wenden sich ganz allgemein an die Öffentlichkeit und werben um öffentliches Vertrauen. Unter P u b l i c R e l a t i o n (Öffentliche Beziehungen) versteht man die planmäßigen Bemühungen und die Pflege der Beziehungen eines Unternehmens zur Öffentlichkeit, um ein Vertrauensverhältnis zu schaffen. Während die Werbung dem Absatz dient und sich meistens unmittelbar auswirkt, wirkt die Public-Relations-Arbeit auf Erhöhung des „good-will" der Firma. Sie will Vertrauen, Ansehen und Achtung vor den Leistungen des Unternehmens oder eines Wirtschaftszweiges schaffen, um so auf lange Zeit die Existenz des Betriebes zu sichern. Mittel der Public Relations sind Artikel, Anzeigen, Ausstellungen, Filme, Vorträge oder sonstige Veranstaltungen, die über das Unternehmen allgemein etwas aussagen, Geschäftsberichte, Tagungsberichte, Fest- und Organisationsschriften, Druckschriften aller Art, Mitteilungen über Aufgaben und Aufbau des Unternehmens sowie über den Kreis der Geschäftsbeziehungen, der Gesellschafter, Aktionäre und Mitglieder.

Das einzelne Unternehmen wird in seiner Arbeit durch übergeordnete Organisationen unterstützt. Unternehmen und Einrichtungen, ja, ganze Wirtschaftszweige weisen dann einen nachhaltigen Erfolg auf, wenn ihr Wesen, ihre Aufgabe, ihr Geschäftsgebaren durch Public Relations jedem einzelnen, d. h. der Öffentlichkeit bewußt gemacht werden. So wird auch jedes sich gemeinnützig verhaltende Wohnungsunternehmen interessiert sein, daß der Öffentlichkeit bekannt wird, was mit dem Begriff der „Gemeinnützigkeit" verbunden ist. Sie soll wissen, daß dieses Wohnungsunternehmen für die Allgemeinheit tätig ist, daß es seine bestimmten Leistungen zur Hebung der Wohnkultur und in bezug auf den Städtebau und die Siedlungspolitik erbringt und sich dem Kostendeckungsprinzip verschrieben hat. Durch einen Mietvertrag mit Verzicht auf Kündigung durch den Vermieter und durch ordnungsgemäße Bewirtschaftung einschließlich Instandhaltung wohnt der Mieter nicht nur gut, sondern auch sicher und billig. Voraussetzung für PR-Arbeit ist der Kontakt.

Die Kontaktpflege beginnt im Innenverhältnis von der Geschäftsführung aus nach unten zu den Mitarbeitern, nach oben zu den Aktionären, Gesellschaftern oder Genossen; sie besteht im Außenverhältnis:

zu den Mietern, Käufern, Betreuten und Interessenten,
zum Baugewerbe,
zu Banken und Versicherungen,
zu Behörden, Politikern, Presse, Rundfunk und Fernsehen.

Gesetzliche Bestimmungen über die Werbung

Rechtsgrundlage: Gesetz gegen den unlauteren Wettbewerb (UWG).
Der Werbung sind durch die guten Sitten und durch gesetzliche Vorschriften Grenzen gesetzt. Wird dagegen verstoßen, liegt unlauterer Wettbewerb vor. Gegen die guten Sitten verstoßen heißt: gegen das Anstandsgefühl aller recht und billig denkenden Menschen verstoßen.
Solche Verstöße sind:

das Verbreiten irreführender Angaben über Art, Güte, Herkunft der Ware, Herstellungsart, Preisbemessung, Besitz von Auszeichnungen;

das Verbreiten unwahrer Aussagen über andere Unternehmen (üble Nachrede, Verleumdung, falsche Abbildungen);

unwahre Ankündigungen in Schaufenstern, Zeitungen und auf Plakaten;

unberechtigte Ankündigung von Ausverkäufen und Sonderveranstaltungen (Ausverkäufe müssen spätestens 14 Tage vor der Ankündigung bei der zuständigen Industrie- und Handelskammer mit Angabe des Grundes angemeldet werden. Saisonschlußverkäufe sind zweimal im Jahr für bestimmte Waren erlaubt);

Verschleudern von Waren zu Preisen, die unter den Selbstkosten liegen;

Bestechung von Angestellten anderer Unternehmen, um Geschäftsgeheimnisse zu erfahren (Bezugsquellen, Kundenkreis, Herstellungsart, Organisation usw.);

Mißbrauch fremder Namen oder Bezeichnungen.

Ein Rabatt kann an Wiederverkäufer oder Großverbraucher oder an Betriebsangehörige für ihren eigenen Bedarf gegeben werden. Das Gesetz erlaubt Mengenrabatte in handelsüblicher Höhe und bei bestimmten Anlässen (Räumungsverkauf) sowie Treuerabatt. Der Barzahlungsnachlaß, der den Käufer zur Barzahlung anregen soll, ist Skonto. Er darf höchstens 3 % des Kaufpreises betragen. Der Einzelhandel gibt ggf.

Rabattmarken (Sparmarken) aus, die eingelöst werden können. Warenhäuser dürfen diesen Nachlaß nicht gewähren. Als sog. Zugaben sind nur Gegenstände von geringerem Wert erlaubt (Kalender, Luftballons).

Die Schädigung des anständigen Kaufmanns durch unlauteren Wettbewerb kann im Verlust von Kunden und im Umsatzrückgang bestehen. Der geschädigte Kaufmann hat einen Anspruch auf Unterlassung und Schadenersatz, den er im Wege der Klage geltend machen kann. Meist wird der Kaufmann durch eine „einstweilige Verfügung" eine sofortige Abstellung der bestehenden Verstöße zu erreichen versuchen, falls bei der Industrie- und Handelskammer eine gütliche Beilegung von Wettbewerbsstreitigkeiten nicht erreicht werden kann. Schwerwiegende Fälle werden strafrechtlich verfolgt.

Wer nach dem „Gesetz zur Stärkung des Schutzes des geistigen Eigentums und zur Bekämpfung der Produktpiraterie (PrPG)" geschützte Waren, Verpackung oder Ankündigungen, Preislisten, Geschäftsbriefe, Rechnungen oder dergleichen widerrechtlich in Verkehr bringt oder feilhält, kann mit Geld- oder Freiheitsstrafe bestraft werden. Auch der Versuch ist strafbar.

1.3.7 Der Verkauf

Durch den Verkauf oder Absatz der Ware bzw. der Dienstleistung erhält der Kaufmann einen Erlös, der ihm die entstandenen Kosten ersetzen und darüber hinaus einen kalkulierten Gewinn bringen soll. Ob der angestrebte Erfolg eintritt, hängt davon ab, wie der Kaufmann seinen Absatz vorbereitet, organisiert, wie er kalkuliert und welche Werbung er betreibt.

Der Verkauf ist in einer marketingorientierten Unternehmung die praktische Durchführung der vom Marketing aufgestellten Strategie. Man unterscheidet den direkten Absatz, vom Hersteller zum Verbraucher, und den indirekten, vom Hersteller über den Handel zum Verbraucher. Dabei kann der Verkauf regional (Nord, Ost usw.), kundenorientiert (Ärzte, Apotheker, Drogerien) oder produktorientiert organisiert sein. Jedes Unternehmen muß sich vor dem Aufbau der Verkaufsorganisation für einen bestimmten Absatzweg entscheiden, weil davon die Zahl und das Niveau der Verkäufer, der Art ihres Einsatzes und die Organisationsform beeinflußt wird.

In der Grundstücks- und Wohnungswirtschaft gibt es beide Absatzwege, wobei der direkte bevorzugt wird. Beim indirekten wird der Verkauf ausgelagert an rechtlich selbständige (Makler, Verkaufsgesellschaft) oder unselbständige Personen. Ein guter Verkäufer wird den Wohnungsmarkt laufend beobachten und Änderungen der Wohnungswünsche zwecks Anpassung der Produktion oder Einleitung von Modernisierungsmaßnahmen melden müssen. Veränderungen auf dem Markt können durch verschiedene Ursachen bedingt sein, wie Mode, Saison, Witterungseinflüsse, Erhöhung des Lebensstandards, technischer Fortschritt (Haushaltsmaschinen), politische und soziale Änderungen. Auch Konjunkturbewegungen unserer Wirtschaft können Schwankungen verursachen. Je genauer und je zeitiger der Kaufmann diese Marktschwankungen erkennt, desto besser kann er disponieren, auch durch Werbung entgegenwirken.

Den Absatz leitet meist eine Anfrage ein. Jeder Kaufmann wird bestrebt sein, alle Anfragen in zeitlicher Reihenfolge zu erfassen und möglichst schnell zu beantworten. Dazu dient ihm das Anfrage-Eingangsbuch, in das er die Anfragenden einträgt und die Erledigung der Anfrage überwacht. Außerdem ist es zweckmäßig, eine Werbe- oder Interessenkartei anzulegen, die zur weiteren „Bearbeitung" der Kunden dient. Durch sie wird interessierten Kunden laufend Werbematerial übersandt, sie können benachrichtigt werden, wenn ein Angebot für sie von Interesse sein kann.

Beim Verkauf von Eigentumsmaßnahmen als größere Objekte gehen viele Beratungen und Informationen voraus. Der Bewerber um eine Eigentumswohnung will aufgeklärt sein

in bautechnischer Hinsicht: über Lage und Umfeld des Grundstücks, Grundrisse, Möblierungsmöglichkeiten, Vorteile und Pflege verwendeter Baustoffe, Gartengestaltung,

in wohnungswirtschaftlicher Hinsicht: über Kosten, Finanzierungsmöglichkeiten, monatliche Belastung, Relationen zu Einkommen, vergleichbarer Miete, Vermögensbildung, Freizeitgestaltung;

in steuerlicher Hinsicht: über Vergünstigungen durch Inanspruchnahme von verschiedenen Steuervorteilen;

in versicherungsmäßiger Hinsicht: über Risiken als Grundstückseigentümer,

in vertragsrechtlicher Hinsicht: über Vertragsgestaltung und Inhalt der Verträge.

Das erfordert für den Verkäufer ein umfassendes Wissen.

Der Erfolg eines Verkaufsgespräches wird vielfach beeinflußt von der Person des Verkäufers, seinem Auftreten, seiner Kleidung und seinem Verhalten sowie der Art seiner Argumentation. Ein Verkaufsgespräch will vorbereitet sein. Dazu gehört die Bereithaltung der entsprechenden Unterlagen, die Beschaffung der Informationen über den Interessenten bzw. das Objekt oder die Rückkoppelung auf das vorangegangene Gespräch.

Man beginnt ein Verkaufsgespräch stets mit einer persönlichen Einleitung, um danach auf die Sache zurückzukommen. Die Argumentation muß sachbezogen und fundiert sein. Auf Einwände muß eingegangen werden. In einem Abschlußgespräch wird man das Ergebnis dieses Gespräches festhalten.

Die Verkaufsgespräche sollten nach einer sogenannten AIDA-Formel geführt werden.

A = Aufmerksamkeit ist zu wecken, dabei sind Informationen und Hinweise, die aufhorchen lassen, zu geben.

I = Interesse ist zu erzeugen. Dem Interessenten müssen Bedürfnisse bewußtgemacht und Problemlösungen angeboten werden. Dabei sind die Vorteile herauszustellen.

D = Drang zum Kaufen ist zu schaffen, wobei hier der emotionale Bereich angesprochen wird. Dabei sind vielfach entscheidend die Kaufgründe, die verstandesgemäßer Art, gefühlsbedingt oder verstandesmäßig und zugleich instinktmäßig sein können.

Verstandesmäßige Kaufgründe sind: Geldersparnis, Qualität, Zeit- und Arbeitsersparnis, Wirtschaftlichkeit, Notwendigkeit, Gewinnstreben.

Mehr gefühls- oder instinktmäßiger Art sind: Besitztrieb, Geltungstrieb, Glück und Freude, Selbstentfaltung, Liebhaberei.

Verstandesmäßige und zugleich instinktmäßige Kaufgründe sind: Bequemlichkeit, Sicherheit, Gesundheit, Schönheit und Eleganz.

A = Abschluß. Nach mehreren Verkaufsgesprächen spätestens sollte man versuchen, zu einem Abschlußgespräch zu kommen, wobei Hemmschwellen abgebaut werden sollen. (Objekt nur noch bis zu einem bestimmten Zeitpunkt zu dem Preis haltbar). Der Käufer sollte sich dadurch entscheiden. Widerstände müssen überwunden werden, um erfolgreich abschließen zu können.

1.3.8 Der Versand

Während der Verkaufsabteilung der Geschäftsverkehr mit dem Kunden und die Kundenpflege obliegt, hat der Versand — in größeren Betrieben Versandabteilung — das Versenden der verkauften Erzeugnisse technisch durchzuführen. Dazu gehört das Verpacken, Prüfen und Signieren der verkauften Ware sowie das Ausstellen der erforderlichen Versandpapiere. Die Versandart erfolgt nach den Wünschen des Kunden. Liegen keine Wünsche vor, hat die Versandabteilung die entsprechenden Transportmittel zu wählen. Je nach der Versendungsart werden neben dem Packzettel, der der Sendung beigelegt wird, Begleitpapiere ausgestellt (Lieferschein, Frachtbrief, Expreßgutkarte, Paketkarte usw.). Der Packzettel enthält die Handzeichen des Packers und des Prüfers. Bei Beschwerden oder Mängelrügen kann festgestellt werden, wer für das falsche oder fehlerhafte Verpacken verantwortlich ist.

In vielen Betrieben erhält der Kunde beim Abgang der Ware eine V e r s a n d a n z e i g e , deren Durchschläge an die Verkaufsabteilung und die Buchhaltung gehen.

1.3.9 Die Schriftgutablage

Die Aufgaben der Schriftgutablage

Der Kaufmann ist verpflichtet, alle eingehenden Schriftstücke, Belege und Wiedergaben der abgesandten Schriftstücke aufzubewahren. Darunter versteht man eine mit der Urschrift übereinstimmende Wiedergabe der abgesandten Briefe, Rechnungen, Verträge, Aufzeichnungen, Vordrucke auf einem Schrift-, Bild- oder anderen Datenträger (HGB § 238). Die A u f b e w a h r u n g s f r i s t der Geschäftspapiere und Buchungsbelege beträgt 6 J a h r e (HGB § 257), die Aufbewahrungsfrist für Geschäftsbücher, Inventare, Eröffnungsbilanzen, Jahresabschlüsse und Lageberichte 1 0 J a h r e . Grundbuch- und Katasterunterlagen, Verträge, Schuldurkunden, Bauzeichnungen, Bauabrechnungen, Versicherungspolicen usw. bleiben für die gesamte Lebensdauer eines Unternehmens von Wert. Dieses Schriftgut muß deshalb besonders aufbewahrt werden. Die Aufbewahrung erfolgt in der Schriftgutablage oder R e g i s t r a t u r . Sie kann eine Zentralregistratur sein oder sie ist dezentral, d. h. einzelne Abteilungen haben ihre besonderen Registraturen. Zur leichteren Auffindbarkeit werden die Schriftstücke nach bestimmten Ordnungsgrundsätzen oder nach einem Aktenplan aufbewahrt.

Als Behälter für Schriftstücke benutzt man Aktendeckel, Sichthüllen aus durchsichtiger Folie, Taschen aus leichtem Karton, Schnellhefter, Klemm-Mappen, Schatullen, Briefkörbe, Karteikästen, Ordner.

Der Aufbau der Schriftgutablage

Die Ablage kann erfolgen als:

Flachablage, bei der die Schriftstücke in Aktendeckel oder Schnellhefter eingeheftet flach übereinandergelegt sind;

Steilablage, bei der die Schriftstücke karteimäßig hintereinander gestellt oder gehängt werden;

büchermäßige Ablage, bei der die Schriftstücke in Mappen oder Ordnern eingeheftet nebeneinander in Regalen oder Schränken aufgestellt werden.

Die Grundsätze für das Einordnen der Schriftstücke können sein:

zeitlich (alle Schriftstücke werden nach dem Datum abgeheftet);

nach dem ABC (die Namen der Geschäftspartner oder ihre Wohnorte sind für das Einordnen maßgebend);

sachlich (die Einordnung erfolgt nach der Bezeichnung von Gebäuden, Waren, nach dem entsprechenden Vorgang (Anfrage, Auftrag), nach der Wirtschaftseinheit (Bauvorhaben).

Bei der alphabetischen Ordnung erfolgt die Einreihung der Buchstaben oder Wörter nach dem Abc. Dabei sind die Abc-Regeln anzuwenden:

Beim alphabetischen Ordnen von Wörtern sind stets die Anfangsbuchstaben und dann die Reihenfolge der weiteren Buchstaben innerhalb eines Wortes maßgebend.

Umlaute ä, ö, ü werden ae, oe und ue gelesen; i und j gelten als zwei verschiedene Buchstaben; ch, ck, sp und st werden wie zwei, sch wie drei Buchstaben behandelt. Das Zeichen ß wird ss gleichgeachtet.

Familiennamen werden an die erste Stelle, die Vornamen an die zweite Stelle gesetzt. Vorsatzwörter (von, von der, de, la), Bezeichnungen wie Graf, Baron oder akademische Grade und Titel (Dipl.-Ing., Dr.) bleiben beim Einordnen unberücksichtigt. Bei gleichen Familiennamen gilt die alphabetische Reihenfolge der Vornamen. Familiennamen ohne Vornamen stehen vor den gleichen Vornamen, Familiennamen mit einem Vornamen stehen vor denen, bei welchen zu dem ersten gleichen Vornamen ein zweiter hinzutritt usw.

Die Bezeichnung Gebrüder, Geschwister und ähnliche werden wie Vornamen behandelt, d. h. sie werden dem Familiennamen oder der Firma nachgeordnet. Doppelnamen folgen auf die einfachen Familiennamen.

Bei Firmen, Behörden- und Vereinsnamen bleiben die weniger wichtigen Wörter unberücksichtigt. Eine Ausnahme ist nur dann gegeben, wenn diese Wörter am Anfang stehen. (Beispiele: Aktiengesellschaft für Kleinwohnungsbau = Aktiengesellschaft Wohnungsbau; Das neue Heim GmbH wird unter „D" eingeordnet.)

Bei Ortsnamen gelten die einzelnen Namensbestandteile zusammen als ein Wort. Vorsatzwörter zu Ortsnamen, wie Bad, Burg usw. werden mit dem Namen zusammen als ein Wort behandelt. Wörter wie Post, Kreis, Bezirk u. ä. bleiben unberücksichtigt.

Bei der numerischen Ordnung treten Zahlen in ihrer Reihenfolge oder in einem Dezimalklassensystem auf. Ein Beispiel dafür ist das vierstellige Postleitzahlenverzeichnis, bei dem die Bundesrepublik in acht Leitzonen aufgeteilt ist: 1 Berlin, 2 Hamburg, 3 Hannover, 4 Düsseldorf, 5 Köln, 6 Frankfurt, 7 Stuttgart, 8 München.

Die weiteren Zahlen geben die Lefträume, Leitbereiche und Leitorte an.

Eine Ordnung nach sachlichen Gesichtspunkten ergibt sich aus den besonderen Bedürfnissen der Wohnungsunternehmen. Hier ist der Aktenplan (Aktenordnung in der Wohnungswirtschaft) nach den Betriebsleistungen des Wohnungsunternehmens gegliedert.

Die E n t n a h m e einzelner Schriftstücke aus der Ablage ist zu vermerken. Vollständige Mappen sollten nur gegen Quittung ausgegeben werden. Bei Überschreiten der festgesetzten Ausleihfristen müssen die überfälligen Schriftstücke oder Ordner angemahnt werden.

Das Einordnen des Schriftgutes

Große Schriftstücke (Bauzeichnungen) sind zunächst vorteilhaft zu falten, kleine Formate können auf großen Bogen aufgeklebt werden. Zusammengehörige Schriftstücke werden mit einer Heftmaschine zusammengeheftet, Heftklammern sind nach Möglichkeit zu entfernen. Die Schriftstücke müssen gelocht werden, da die meisten Ordner und Hefter eine Aufreihvorrichtung haben.

Ist ein Briefbogen zerrissen, muß er geklebt werden. Man verwendet zumeist auch sogenannte Lochverstärker (Papierringe zum Kleben auf Lochstellen).

Beim Ablegen geht dem Einordnen das Vorordnen voraus. Diese Grobsortierung erfolgt in buchförmigen, karteiähnlichen oder schuppenförmigen Vorordnern, aus denen in die Behälter eingeordnet wird. Das neueste Schriftstück muß immer oben liegen. Ist zweifelhaft, an welche Stelle ein Schriftstück kommt, so hilft man sich durch Verwendung eines Hinweiszettels bei der anderen Stelle, in die das Schriftstück nicht eingeordnet wurde.

Älteres Schriftgut, das keinen praktischen Wert besitzt, wird ausgesondert. Man entnimmt es dem Ordner, bündelt es und gibt es mit einer Aufschrift ins A r c h i v zur Aufbewahrung.

1.3.10 Die Buchhaltung

Nach dem Handelsgesetzbuch müssen alle Vollkaufleute Bücher führen. In diesen sind die Handelsgeschäfte und die Vermögenslage nach den Grundsätzen ordnungsgemäßer Buchführung erkennbar zu machen.

Jeder Kaufmann muß daher bei Beginn seines Unternehmens sowie beim Anfang und Ende eines jeden Geschäftsjahres, das 12 Monate nicht überschreiten soll, eine Bestandsaufnahme (I n v e n t u r) machen und ein Verzeichnis (I n v e n t a r) aufstellen. Im Inventar sind Vermögen und Schulden des Kaufmanns dargestellt. Die sich daraus ergebende Gegenüberstellung nennt man B i l a n z. Vermögen und Schulden verändern sich durch die täglichen Geschäftsfälle. Diese müssen aufgrund ihrer B e l e g e aufgezeichnet werden. Dies geschieht in der Buchhaltung, die ein Teil des gesamten betrieblichen R e c h n u n g s w e s e n s ist (s. S. 96).

Es gibt verschiedene Buchführungstechniken.

Konventionelle buchungstechnische Verfahren:

Zu den m a n u e l l e n Verfahren zählen die Durchschreibebuchhaltung, bei der die Konten in Karteiform geführt werden und mit dem Journal mittels Durchschrift verbunden sind, und die Journalbuchführung, die die Übertragungsbuchführung mit Haupt- und Nebenbüchern verdrängt hat und wegen der beschränkten Kontenzahl nur noch für kleine Betriebe Bedeutung hat. Diese manuellen Verfahren sind von maschinellen verdrängt worden. Dabei unterscheidet man nichtrechnende und rechnende Buchungsmaschinen (Buchungsautomaten). Die Vorteile der Automaten führen zum R e - c h e n z e n t r u m, dem viele Unternehmen Buchung und Auswertung von bestimmten Geschäftsfällen übertragen.

Großbetriebe verwenden Lochkartenmaschinen (Hollerith-Verfahren). Für jeden Geschäftsfall wird mit Hilfe der Lochmaschine — nach einem Zahlenschlüssel — eine Karte gelocht. Die Lochung ersetzt z. B. Kontenanruf, Buchungstext und Beträge. Die gelochten Karten werden durch Sortier- und Tabelliermaschinen geschickt, die die Buchung ordnet, gruppiert und niederschreibt.

Elektronische Anlagen

Die konventionellen Buchführungsverfahren werden von der elektronischen Datenverarbeitung abgelöst. Hierbei werden Buchhaltungsdaten auf elektronischem Wege mit Hilfe von Computern verarbeitet, entweder intern im eigenen Haus (= mittlere Datentechnik) durch Kleincomputer bzw. vom eigenen Rechenzentrum oder außer Haus durch Großcomputer bzw. Rechenzentren. Dabei werden Eingabe-, Ausgabe-, Stamm- und Bewegungsdaten durch Eingabe-Verarbeitung oder Speicherungs-Ausgabe verarbeitet. Alle technischen oder physikalischen Teile einer Computeranlage wie Rechner, Speicher, Eingabe- und Ausgabegeräte, Lochkarten, Drucker, Sichtgerät nennt man H a r d w a r e, alle zur Verfügung gestellten Programme S o f t w a r e. So hat das Rechenzentrum der Deutschen Bau- und Bodenbank ein integriertes Programm entwickkelt, das alle Bereiche der Wohnungswirtschaft EDV-mäßig erfaßt.

Nach dem Bundesdatenschutzgesetz ist eine Person zu benachrichtigen, wenn Daten von ihr gespeichert werden. Außerdem müssen alle Beschäftigten, die geschützte personenbezogene Daten verarbeiten, auf das Datengeheimnis verpflichtet werden; danach dürfen sie diese Daten nicht zu anderen als den jeweiligen rechtmäßig festgelegten Zwecken verwenden, bekanntgeben oder nutzen.

1.3.11 Die technischen Abteilungen in einem Industriebetrieb

Die technischen Abteilungen eines Industriebetriebes gliedern sich in:

technisches Büro,

Fabrikations- und Montageabteilung.

Technisches Büro

Das technische Büro dient der

Arbeitsvorbereitung,
Arbeitsplanung,
Arbeitsüberwachung.

Zur Arbeitsvorbereitung gehört die Anfertigung von Modellen, Zeichnungen und Plänen, nach denen die Fabrikation erfolgen soll.

Aufgrund der Arbeitsvorbereitung fordert die Arbeitsplanung das benötigte Material und die Arbeitskräfte an. Sie gibt außerdem den Einsatz der Maschinen an.

Die Arbeitsüberwachung ist für die Ausführung der technischen Arbeiten verantwortlich und auf die Einhaltung der Fertigungstermine bedacht. Das technische Büro gibt für jeden Produktionsauftrag eine Laufkarte, die die Reihenfolge der zu leistenden Arbeiten angibt. Die Laufkarte begleitet das Erzeugnis durch die einzelnen Werkstätten.

Fabrikations- und Montageabteilung

Sie umfaßt sämtliche Werk- und Arbeitsstätten, in denen das bestimmte Gut produziert wird. Die Produktion erfolgt unter den Grundsätzen:

Spezialisierung,
Rationalisierung,
Normung,
Typung.

Die Spezialisierung bringt eine Beschränkung des Fabrikationsprogramms auf wenige Erzeugnisse mit sich, die dann in Serienfertigung hergestellt werden.

Rationalisierung bedeutet die vernunftsmäßige und reibungslose Gestaltung des Betriebsablaufs. Der Produktionsablauf wird in Arbeitsteile zerlegt, bei denen ein Arbeiter nur einfache, teils mechanische Verrichtungen durchführen muß. Teilerzeugnisse werden in genau festgelegten Zeitabständen dem Fließband zugeführt, das von Arbeiter zu Arbeiter läuft (Autoproduktion!).

Unter Normung ist die Vereinheitlichung der Benennungen, die Festlegung der Größen und Abmessungen zu verstehen. Sind Ersatzteile genormt, so sind sie ganz oder teilweise untereinander auswechselbar, und zwar ohne Rücksicht auf den Hersteller (Reifen).

Typung ist die Herstellung von Erzeugnissen, die stets nach Güte, Beschaffenheit und vielleicht auch Preis gleichmäßig sind (Auto, Entwurf von Wohnungen, Eigenheimen).

Durch die Automatisierung (komplizierte Apparaturen, sogenannte Elektronengehirne), die die Steuerung und Beaufsichtigung übernehmen, wird der arbeitende Mensch immer mehr entlastet. Er braucht nur noch Kontrolluhren abzulesen.

Das Rationalisierungskuratorium der deutschen Wirtschaft (RKW) befaßt sich mit Vorschlägen zur Rationalisierung, der deutsche Normenausschuß dient der Normung durch Herausgabe der DIN-Normblätter.

So hat der Deutsche Normenausschuß (DNA) für das Gebiet des Bauens Normen entwickelt, die DIN-Normen. Für den Wohnungsbau gibt es u. a.:

Allgemeine Normen, z. B. für Blattgrößen von Zeichnungen (DIN 823), Normen für das Falten von Zeichnungen (DIN 824);

Normen für die Planung von Hochbauten, z. B. Maßordnung im Hochbau (DIN 4172), Stellflächen für Möbel und Öfen (DIN 18011);

Normen für Schall- und Wärmeschutz;

Normen für Berechnungen;

Maß-, Güte- und Prüfnormen für Baustoffe und Bauteile.

Baustoff ist ein natürlicher oder künstlicher Stoff, aus dem Bauteile oder Bauwerke hergestellt werden (Lehm, Stein, Holz u. a., Beton, Stahl, Glas, Kunststoffe u. a.),

Bauteil ist eine aus mehreren Baustoffen hergestellte Sache zur Verwendung an einem Bauwerk (Deckenträger, Stahlbetonplatten, Fertigbauteile u. a.). Für die Baustoffe bestehen allgemeine Prüfungsvorschriften. Alle Produkte, die dauerhaft in Bauten eingebaut werden, unterliegen den Regelungen des Bauproduktengesetzes. Die auf europäischer Ebene zugelassenen Produkte tragen das Zeichen „CE".

Bei der Hergabe von öffentlichen Mitteln für den Wohnungsbau machen die Verwaltungsbehörden die Anwendung der Normen zur Auflage. Man bezeichnet die Anwendung der Normen für Planung und Ausführung als Pflichtnormen.

1.3.12 Die technischen Abteilungen bei einem Wohnungsunternehmen

Die technischen Abteilungen eines Wohnungsunternehmens können sich gliedern in:

Neubauabteilung (Planung und Durchführung von Bauvorhaben oder Modernisierungsmaßnahmen);

Instandhaltungsabteilung.

Neubauabteilung

a) Planung

Die Bauplanung erfolgt bei einem Wohnungsunternehmen entweder in der technischen Abteilung, oder es wird ein freischaffender Architekt damit beauftragt. Von der Geschäftsleitung erhält der Architekt Angaben über das Grundstück, die Wünsche des Bauherrn, Zahl, Größe, Verwendungszweck der Räume, Lage des Hauses auf dem Grundstück, Angaben über Baustoffe und Ausstattung.

Die Planungsabteilung hat folgende Aufgaben (= Leistungsphasen nach HOAI):

Grundlagenermittlung

Sie führt zur Klärung der Frage, ob die Planungsaufgabe durchgeführt werden kann.

Vorplanung

Die Planungsabteilung oder ein freischaffender Architekt muß einen Vorentwurf anfertigen, d. h. die architektonische Idee zeichnerisch niederlegen. Der Vorentwurf dient als

Grundlage für die weiteren Besprechungen, vor allen Dingen aber für die Zulässigkeit der Bebauung, die bei der Baubehörde eingeholt werden muß. Zum V o r e n t w u r f gehören:

    Geschoßgrundrisse,
    Hauptansicht,
    Kostenschätzungen nach m³ umbautem Raum,
    Erläuterungsbericht,
    Baubeschreibung in grober Form,
    Ergebnis der Vorverhandlung mit den Planungs- und Aufsichtsstellen über die Genehmigungsfähigkeit.

Entwurfsplanung

Nach den Besprechungen mit der Geschäftsleitung oder mit einem auftraggebenden Bauherrn wird der E n t w u r f angefertigt. Es ist die endgültige zeichnerische Lösung der Bauaufgaben unter Beachtung der allgemeinen und besonderen sowie der technischen und wirtschaftlichen Baubestimmungen. Er wird im allgemeinen im Maßstab 1 : 100 ausgeführt.

Der Bauentwurf umfaßt die E n t w u r f s z e i c h n u n g e n :
    sämtliche Grundrisse
    die Ansichten
    Querschnitte.

Genehmigungsplanung

Nachdem keine grundsätzlichen Änderungen mehr erfolgen, müssen die Bauvorlagen für die bauaufsichtliche Prüfung angefertigt werden. Sie sind einzeln vom Entwurfsverfasser zu unterschreiben. Die Entwurfszeichnungen werden durchgearbeitet und vervollständigt, d. h. in alle Räume sind Verwendungszweck und Maße einzutragen. Gleichzeitig werden Anträge auf Ausnahmen und Befreiungen bearbeitet.

Zu den Bauvorlagen gehören:
    Entwurfszeichnungen,
    Lageplan mit Nordpfeil,
    Baubeschreibung mit Angabe der wesentlichen Baustoffe und der Bauart,
    Berechnung der Wohnfläche und des umbauten Raumes,
    Berechnung der Geschoßflächen- und Grundflächenzahl,
    Beschreibung der Entwässerung (mit Zeichnungen),
    Beschreibung der Heizungsanlage und des Tankeinbaus,
    statische Berechnung für die tragenden Teile,
    Nachweis für Wärme- und Schallschutz,
    Nachweis für Tragfähigkeit des Baugrundes.

Ausführungsplanung

Für die Bauausführung sind maßstäbliche Bauzeichnungen anzufertigen (Grundriß, Schnitt und Ansicht mit genauen Maßangaben). Als B a u z e i c h n u n g e n dienen:

Entwurfszeichnungen im Maßstab 1 : 50,
Teilzeichnungen im Maßstab 1 : 20, 1 : 10, 1 : 5, 1 : 1 (bei schwierigen Teilen muß die beabsichtigte Ausführung genau dargestellt werden).

Sonderzeichnungen verschiedenen Maßstabs für besondere Anlagen und Einrichtungen, Pläne für Grundstücksentwässerung.

Sorgfältige und genaue Bauzeichnungen mit allen Einzelheiten erleichtern und verbilligen die Bauausführung. Sie müssen rechtzeitig vor Baubeginn vorliegen.

Vorbereitung der Vergabe

Es muß die Anfertigung von Leistungsverzeichnissen nach Leistungsbereichen (Gewerken), die Leistungsbeschreibungen sowie die Massenberechnungen nach Stück, Meter, m^2, m^3 usw. vorgenommen werden. Sie dienen als Voraussetzung für die Vorkalkulation der Baukosten, Kostenermittlung und Preisberechnung der Bauunternehmer.

Mitwirkung bei der Vergabe

Der Architekt oder Planer hat die Verdingungsunterlagen zusammenzustellen, Angebote einzuholen, diese zu prüfen und zu werten, um die Ergebnisse in einem Preisspiegel festzuhalten. Nach erforderlichen Verhandlungen mit den Bietern wirkt er bei der Auftragsvergabe mit und stellt einen Kostenanschlag nach DIN 276 aus Einheits- und Pauschalpreisen der Angebote zusammen.

Objektüberwachung

Bei der Objekt- oder Bauüberwachung wird auf die Übereinstimmung der Ausführung mit den Leistungsbeschreibungen, der Baugenehmigung und den anerkannten Regeln der Technik geachtet. Es wird ein Zeitplan (Balkendiagramm) aufgestellt und die Einhaltung dessen überwacht.

Darüber hinaus gehören dazu:
  Koordinieren der an der Objektüberwachung fachlich Beteiligten (Fachbauleiter),
  Führen des Bautagebuches,
  Aufmaß mit dem bauausführenden Unternehmen gemeinsam nehmen,
  Bauleistungen oder Teilleistungen abnehmen,
  Feststellen von Mängeln,
  Anträge auf behördliche Abnahmen stellen,
  Rechnungen prüfen,
  Kosten feststellen,
  Objekt übergeben und erforderliche Unterlagen wie Bedienungsanleitungen, Montagepläne, Prüfprotokolle zur Übergabe zusammenstellen,
  Gewährleistungsfristen auflisten,
  Überwachung der Beseitigung festgestellter Mängel,
  Kosten kontrollieren.

Objektbetreuung und Dokumentation

Vor Ablauf der Gewährleistungsfristen ist das Objekt zu begehen, um Mängel festzustellen. Bis zum Ablauf dieser Frist ist die Beseitigung auftretender Mängel zu überwachen.

Bei der Freigabe der Sicherheitsleistungen ist mitzuwirken. Schließlich sind alle zeichnerischen Darstellungen und rechnerischen Ergebnisse des Objekts systematisch zusammenzustellen.

Neben diesen Grundleistungen können noch „Besondere Leistungen" oder „Zusätzliche Leistungen" vereinbart werden.

Besondere Leistungen können sein:
Bestandsaufnahme (besonders bei Modernisierungen),
Untersuchungen von verschiedenen Lösungsmöglichkeiten nach verschiedenen Anforderungen,
Analyse von Alternativen mit Kostenuntersuchungen,
Prüfen der Umweltverträglichkeit,
Stellen einer Bauanfrage,
Aufstellen von Zeit-, Organisations- und Netzplan,
Mitwirken bei der Beschaffung nachbarlicher Zustimmung,
Nachweis von Wärme und Schallschutz,
Tätigkeit als verantwortlicher Bauleiter gem. Landesbauordnung u. a.

b) Baudurchführung

Die Geschäftsleitung gibt den Baubeginn bekannt, wenn die Baugenehmigung von der Bauaufsichtsbehörde (B a u s c h e i n) vorliegt und die Finanzierung gesichert ist.

Die örtliche Bauaufsicht wird durch den Bauleiter wahrgenommen. Er überwacht die Herstellung des Baues an Ort und Stelle.

Die Bauordnungen der Länder (LBO) haben mit der Einführung des Begriffes „verantwortlicher Bauleiter" dessen Verpflichtungen ausgedehnt. Insbesondere hat er (oder ein stellv. Fachbauleiter) die ordnungsmäßige, den Regeln der Baukunst entsprechende Ausführung des Vorhabens, den sicheren Betrieb der Baustelle, die Tauglichkeit und Betriebssicherheit der Gerüste, Geräte und der sonstigen Baustelleneinrichtungen sowie die Einhaltung der Arbeiterschutzbestimmungen zu überwachen.

Die Bauleitung fällt in das Gebiet des Architekten oder Ingenieurs, dessen Erfüllungsgehilfe der Bauleiter zur Wahrnehmung der örtlichen Bauaufsicht ist. Dieser ist nicht mit dem Bauführer zu verwechseln, unter dem man allgemein den Vertreter des Bauunternehmers auf der Baustelle versteht. Ihm obliegt die Bauführung.

Instandhaltungsabteilung

Die Instandhaltungsabteilung ist meist die technische Abteilung der Wohnungsbewirtschaftung. Ihr obliegt die Erhaltung oder Wiederherstellung des bestimmungsmäßigen Gebrauchs der Wohnung; sie hat die während der Nutzungsdauer durch Abnutzung, Alterung und Witterungseinwirkung entstandenen baulichen und sonstigen Mängel ordnungsgemäß zu beseitigen. Für die Instandhaltung des gesamten Wohnungsbestandes wird ein Instandhaltungsplan aufgestellt, nach dem die laufenden und auch die großen Instandhaltungsarbeiten (Außenanstrich, Fensteranstrich außen, Treppenhausanstrich, Dacherneuerung usw.) vorgenommen werden. Sie nimmt auch die Meldungen über Schäden (Reparaturen) entgegen und sorgt — nach Überprüfung — für deren Beseitigung:

durch Vergabe an Handwerksbetriebe,

durch die Hauswarte oder Hausmeister,

durch Instandhaltungsbetriebe (Regiebetriebe).

Die Wirtschaftlichkeit der Instandhaltungsbetriebe ist laufend zu überprüfen. Es sollte nicht vorkommen, daß Reparaturen durch Fremdaufträge billiger durchgeführt werden als mit dem eigenen Regiebetrieb. Auch müssen die Handwerker das ganze Jahr hindurch beschäftigt sein.

Eine gute und richtige Organisation bei der Beseitigung von sogenannten Bagatellschäden erspart den Wohnungsunternehmen viel Geld. Oft steht die Geringwertigkeit der Sache oder des Schadens in keinem Verhältnis zum Lohnaufwand (Arbeitszeit einschl. Weg). Die ordnungsmäßige und richtige Durchführung der Arbeit muß außerdem abgenommen werden.

Größere Unternehmen haben daher für eine bestimmte Zahl von Wohnungen Außenstellen eingerichtet (Wohnungsverwalter, Hauswart), die entweder Schäden selbst beseitigen oder größere im Zusammenhang mit anderen Arbeiten von einem Handwerker beseitigen lassen.

Für die Instandhaltungsarbeiten sollten Preis- und Leistungsverzeichnisse aufgestellt werden, die von den in Frage kommenden Handwerksbetrieben verbindlich anzuerkennen sind.

1.4 Die Gründung des Betriebes

1.4.1 Voraussetzungen zur Gründung

Persönliche Voraussetzungen

Nach § 1 der Gewerbeordnung „Der Betrieb eines Gewerbes ist jedermann gestattet" besteht Gewerbefreiheit. Bestimmte Geschäftszweige (Apotheken, Gaststätten, Banken, Versicherungsgesellschaften, Grundstückmakler bedürfen jedoch der Genehmigung, weil sie der öffentlichen Gesundheit, Wohlfahrt und Sicherheit dienen.

Nach dem „Gesetz über die Berufsausübung im Einzelhandel" ist der Nachweis der Sachkunde und der persönlichen Zuverlässigkeit erforderlich. Der Nachweis der Sachkunde gilt im allgemeinen nach der Ablegung der Kaufmannsgehilfenprüfung in Verbindung mit einer anschließenden praktischen Tätigkeit von zwei Jahren als erbracht. Der Sachkundenachweis wurde vom Bundesverfassungsgericht jedoch für nichtig erklärt. Für Einzelhändler, die Lebensmittel oder Arzneimittel verkaufen, gelten jedoch diese Bestimmungen.

Nach § 34 c GewO bedarf der Erlaubnis, wer gewerbsmäßig Verträge über Grundstücke, Gewerberäume, Wohnräume, Darlehen sowie den Erwerb von Anteilscheinen einer Kapitalanlagegesellschaft vermittelt oder die Gelegenheit zum Vertragsabschluß nachweist, oder wer Bauvorhaben als Bauherr unter Verwendung fremder Vermögenswerte oder als Betreuer vorbereiten oder durchführen will.

Die Erlaubnis wird versagt, wenn die betreffende Person die Zuverlässigkeit nicht besitzt (innerhalb der letzten fünf Jahre verurteilt wegen Verbrechen, Diebstahl, Unterschlagung, Betrug, Hehlerei, Steuerhinterziehung, Konkursvergehen u. a.) oder in ungeordneten Vermögensverhältnissen lebt. Für zugelassene Bauträger, Makler, Baubetreuer oder Grundstücksvermittler gilt die Makler- und Bauträgerverordnung (MaBV) und bei Wohnungsvermittlung das Gesetz zur Regelung der Wohnungsvermittlung (s. S. 290, 292 und 236).

Sachliche Voraussetzungen

Bedürfnisprüfung

Vor Gründung eines kaufmännischen Betriebes muß der Markt genau beobachtet werden. Aufgrund von Überlegungen und Untersuchungen wird festzustellen sein, ob ein Bedürfnis für die entsprechende Ware oder die Betriebleistung am Standort oder in einem anderen Absatzgebiet besteht. Dabei ist die Beobachtung der Konkurrenz sowie der Geschmacksrichtung eines zu erwerbenden oder zu bedienenden Kundenstammes erforderlich.

Kapital

Ein guter Betriebsablauf erfordert ausreichende und zweckmäßige Sachgüter (Geschäftsräume, Maschinenanlagen, Grundstücke usw.). Zur Anschaffung und Unterhaltung gehört neben der menschlichen Arbeitskraft genügend Kapital. Die Größe des Kapitals hängt ab von:

der Art des Betriebes (Geschäftszweig),

der Größe des Betriebs,

den notwendigen Einrichtungskosten bzw. Baukosten,

der Schnelligkeit des Lagerumschlages (je größer die Schnelligkeit des Lagerumschlages, desto geringer das für die Lagerung der Güter betriebsnotwendige Kapital),

der Absatzfinanzierung (bei größer zu gewährenden Zahlungszielen ist ein größerer Kapitalbedarf erforderlich, wenn die Forderung nicht von Factoringgesellschaften abgekauft wird).

Das Kapital kann vom Geschäftsinhaber selbst als Eigenkapital aufgebracht werden. Durch Eigenkapital ist jeder Betrieb weitgehend unabhängig. Je größer das Eigenkapital ist, desto krisenfester ist das Unternehmen. Mit dem Eigenkapital soll nach Möglichkeit das Anlagevermögen gedeckt werden.

Für das Umlaufvermögen kann kurz-, mittel- oder langfristig stehendes Fremdkapital verwendet werden. Fremdkapital von Dritten (Kreditgebern) wird für eine bestimmte Zeit gegen entsprechende Sicherheit und Zinszahlung gegeben. Mit langfristigem Fremdkapital (Hypotheken, langfristigen Darlehen) kann auch die teilweise Anschaffung des Anlagevermögens, wie Grundstücke, Maschinen und Fuhrpark, erfolgen. Kurzfristiges Fremdkapital (Bank-, Wechselkredit) dient zur Finanzierung des Wareneinkaufs und Warenabsatzes.

Der Kaufmann muß auf stete Zahlungsbereitschaft achten (Liquidität). Er erhöht diese, wenn er Anlagegüter nicht kauft, sondern mietet (Leasing).

Standort

Die Wahl des Ortes, in dem der Betrieb eröffnet werden soll, ist wichtig. Der Standort ist von verschiedenen Faktoren abhängig (siehe „Standort des Betriebes"). Auch können staatliche Beihilfen zur Ansiedlung von bestimmten Industriebetrieben, Steuervergünstigungen usw. ausschlaggebend sein.

Rechtliche Voraussetzungen

Wer einen Betrieb gründen will, muß voll geschäftsfähig sein, d. h. er ist fähig, rechtsgeschäftliche Willenserklärungen verbindlich abzugeben und entgegenzunehmen.

U n b e s c h r ä n k t   g e s c h ä f t s f ä h i g ist derjenige, der das 18. Lebensjahr vollendet hat. Kann ein Volljähriger auf Grund einer psychischen Krankheit oder einer körperlichen, geistigen oder seelischen Behinderung seine Angelegenheiten ganz oder teilweise nicht besorgen, so bestellt das Vormundschaftsgericht auf seinen Antrag oder von Amts wegen für ihn einen Betreuer (erforderlichenfalls einen anerkannten Betreuungsverein). Er darf nur für Aufgabenkreise bestellt werden, in denen die Betreuung erforderlich ist (BGB §§ 1896 ff.).

B e s c h r ä n k t   g e s c h ä f t s f ä h i g sind Minderjährige ab Vollendung des 7. Lebensjahres bis zum 18. Lebensjahr. Beschränkt Geschäftsfähige benötigen zu Rechtsgeschäften, durch die sie verpflichtet werden, die Einwilligung des gesetzlichen Vertreters.

G e s c h ä f t s u n f ä h i g sind alle Kinder unter sieben Jahren und Geisteskranke. Für sie handelt stets der gesetzliche Vertreter (Eltern, Vormund).

Von der Geschäftsfähigkeit ist die Rechtsfähigkeit zu unterscheiden. Rechtsfähigkeit ist die Fähigkeit von Personen, Träger von Rechten und Pflichten zu sein. Sie beginnt mit Vollendung der Geburt und endet mit dem Tod bei natürlichen Personen. Juristische Personen besitzen Rechtsfähigkeit von der Gründung bis zur Auflösung.

1.4.2 Anmeldung

Jeder Betrieb muß angemeldet werden bei:
    der Orts- oder Kreisbehörde,
    dem Amtsgericht zur Eintragung in das Handelsregister oder Genossenschaftsregister,
    dem Finanzamt,
    der Ortskrankenkasse,
    der zuständigen Berufsgenossenschaft,
    der Industrie- und Handelskammer.

Die Anmeldung kann in einfacher, schriflicher oder — beim Finanzamt — mündlicher Form erfolgen; die Eintragung ins Register muß in öffentlich beglaubigter Form eingereicht werden.

1.4.3 Firma (HGB § 17 ff.)

Die Firma (ital. = Unterschrift) ist der Handelsname eines Kaufmanns, unter dem er den Betrieb führt, seine Geschäfte abschließt und seine Unterschrift gibt; sie kann klagen und verklagt werden. Die Firma ist in das Handelsregister eingetragen. Sie braucht beim Einzelkaufmann nicht unbedingt sein bürgerlicher Name zu sein. Oft weicht sie vom bürgerlichen Namen ab. Eine Handelsgesellschaft wird jedoch nur unter der Firmenbezeichnung, nicht unter dem bürgerlichen Namen des Inhabers geführt. Für die Wahl der Firmenbezeichnung gelten folgende Grunsätze:

Firmenwahrheit

Bei der Grundung eines Geschäftes muß die Firma mit den tatsächlichen Verhältnissen übereinstimmen, d. h. sie muß „wahr" sein. Meist wird bei der Einzelunternehmung der Familienname und mindestens ein ausgeschriebener Vorname verwendet. Unzulässig sind alle Zusätze, die über die Art und den Umfang des Geschäftes oder die Verhältnisse des Inhabers täuschen können. Der Grundsatz der Firmenwahrheit wird jedoch durchbrochen, wenn ein bestehendes Geschäft durch Kauf in das Eigentum eines anderen übergeht und der Käufer die alte Firma mit Zustimmung des bisherigen Inhabers fortführt.

Die Firma einer offenen Handelsgesellschaft (OHG) muß die Namen aller Teilhaber oder den Namen eines Teilhabers mit einem Zusatz, der das Gesellschaftsverhältnis andeutet, führen (Müller & Hoffmann, Müller & Co., Franz Hoffmann OHG, Gebrüder Hoffmann, Geschwister Neumann).

Die Firma einer Kommanditgesellschaft (KG) enthält den Namen des Vollhafters und einen Zusatz, aus dem das Gesellschaftsverhältnis zu ersehen ist (Müller & Co, Anton Groß KG).

Eine Aktiengesellschaft (AG) hat in ihrer Firmenbezeichnung den Zusatz „AG" aufzunehmen. Die Firma ist kein Personenname — wie bei allen juristischen Personen — sondern ein Sachname. Es soll der Gegenstand des Unternehmens gekennzeichnet sein (Wohnungs-AG Remscheid).

Die Gesellschaft mit beschränkter Haftung (GmbH) wählt eine Sachfirma mit dem Zusatz „GmbH". Die Firma der Genossenschaft muß vom Gegenstand des Unternehmens entlehnt sein und die Bezeichnung „eG" enthalten.

Firmenbeständigkeit

Kauf, Vererbung des Geschäftes, Eintritt und Austritt von Gesellschaftern heben den Grundsatz der Firmenwahrheit auf. Die bekannte Firmenbezeichnung soll fortgeführt werden. Ein Zusatz, der das Nachfolgeverhältnis ausdrückt, ist möglich.

Firmenausschließlichkeit

Der Firmeninhaber hat das Recht, die Firmenbezeichnung an seinem Ort nur allein zu führen. Die Eintragung in das Handelsregister dient zum Firmenschutz. Die Firmenbezeichnung muß sich daher von allen anderen Firmen unterscheiden. Wenn jedoch bei der Gründung der Firma Übereinstimmung mit einer anderen Firma bestehen sollte, muß der Kaufmann der neuzugründenden Firma einen Zusatz anfügen, durch den sich diese Firma von der schon eingetragenen Firma unterscheidet (sen. [der Ältere.], jun. [der Jüngere] u. a.).
Ein Geschäft kann mit der Firmenbezeichnung auf Käufer oder Erben übergehen, jedoch niemals eine Firma ohne Geschäft. Geht die Firma auf den Käufer über, so gehen gleichzeitig auch die Forderungen und Verbindlichkeiten über. Die Haftung erstreckt sich noch auf die Dauer von fünf Jahren für alle Verbindlichkeiten des früheren Inhabers. Ein Ausschluß dieser Haftung ist mit Eintragung ins Handelsregister möglich.

1.4.4 Register

Das Handelsregister

Das Handelsregister ist ein Verzeichnis aller Vollkaufleute eines Amtsgerichtsbezirks, das beim zuständigen Amtsgericht (Registergericht) geführt wird. Es ist öffentlich, d. h. die Einsicht in das Handelsregister sowie in die dazu eingereichten Schriftstücke ist jedermann gestattet. Es können Abschriften angefordert werden. Das Gericht hat diese auf Verlangen zu beglaubigen, wenn ein berechtigtes Interesse nachgewiesen wird.
Das Handelsregister wird in z w e i Abteilungen geführt:
  Abteilung A: Einzelkaufleute und Personengesellschaften (OHG, KG),
  Abteilung B: Kapitalgesellschaften (AG, GmbH, KGaA) und Versicherungsvereine auf Gegenseitigkeit.
Die Genossenschaften werden in das Genossenschaftsregister, Vereine in das Vereinsregister eingetragen.
Die Anmeldung kann mündlich oder schriftlich in öffentlich beglaubigter Form erfolgen. Die Neueintragungen werden im Bundesanzeiger und in einer örtlichen Tageszeitung öffentlich bekanntgegeben. Wer der Anmeldepflicht nicht nachkommt, kann vom Richter durch Ordnungsstrafen hierzu gezwungen werden. Die Eintragungen sind kostenpflichtig. Eingetragen werden in:

Abteilung A: Firma, Sitz, Inhaber oder Gesellschafter, Ernennung und Widerruf von Prokuristen, Rechtsverhältnisse;

Abteilung B: Firma, Sitz, Gegenstand des Unternehmens, Höhe des Grundkapitals, Namen der Vorstandsmitglieder, Vertretungsbefugnis, Unterschriftsbefugnis, Bestellung oder Widerruf der Prokura.

Konkurs, Vergleich und Liquidation werden vermerkt.

Ferner sind dem Handelsregister einzureichen:

Jede Satzungsänderung,

Erhöhungen und Herabsetzungen des Grundkapitals,

jede Änderung des Vorstandes und dessen Vertretungsbefugnis,

die Einrichtung von Zweigniederlassungen,

der Jahresabschluß mit dem Bericht des Aufsichtsrates von jedem Geschäftsjahr,

die Bekanntmachung des Jahresabschlusses.

Nicht mehr zutreffende Eintragungen werden rot unterstrichen; sie sind damit gelöscht.

Die Eintragung kann rechtsbekundende oder rechtsbegründende Wirkung haben. Bei einer rechtsbekundenden Eintragung wird diese der Öffentlichkeit lediglich bekanntgemacht (Erhöhung des Aktienkapitals); bei einer rechtsbegründenden Eintragung entsteht die Rechtswirksamkeit erst mit der Eintragung (AG oder GmbH werden erst mit der Eintragung rechtsfähig).

Das Genossenschaftsregister

Das Genossenschaftsregister ist ein beim zuständigen Registergericht (Amtsgericht) geführtes amtliches Verzeichnis der Genossenschaften. Neben dem Genossenschaftsregister wird noch eine „Liste der Genossen" geführt. Diese ist ein amtliches Verzeichnis der Mitglieder einer Genossenschaft, das somit den jeweiligen Mitgliederbestand angibt. Genossenschaftsregister und Liste der Genossen sind öffentlich. Der Einblick ist jedem gestattet (siehe Handelsregister). In das Genossenschaftsregister werden eingetragen: Firma, Sitz und Gegenstand des Unternehmens, Nachschußpflicht und Beschränkungen der Haftsumme, Vorstandsmitglieder und deren Stellvertreter, Vertretungsbefugnis, Prokura, Statut, Form der Bekanntmachungen, Satzungsänderungen, Nichtigkeit von Beschlüssen der Mitgliederversammlung, Verschmelzung, Auflösung und Konkurs der Genossenschaft. Für jede in das Genossenschaftsregister eingetragene Genossenschaft werden Registerakten geführt.

Die Eintragungen in das Genossenschaftsregister haben meist rechtsbekundende Wirkung. Rechtsbegündende Wirkung haben dagegen:

Eintragung einer neugegründeten Genossenschaft,

Eintragung von Satzungsänderungen,

Eintragungen des Erwerbes und Verlustes der Mitgliedschaft in die Liste der Genossen (d. h. mit der Eintragung entsteht erst die Mitgliedschaft, mit der Austragung endet das Mitgliedschaftsverhältnis).

1.4.5 Kaufmann

Begriff

Nach dem am 1. Januar 1900 in Kraft getretenen Handelsgesetzbuch ist der Begriff des Kaufmanns auf selbständige Gewerbetreibende bezogen. Diese können natürliche oder juristische Personen (Aktiengesellschaften, Gesellschaften mit beschränkter Haftung, Genossenschaften) sein. Prokuristen und Geschäftsführer sind keine Kaufleute im rechtlichen Sinne, ebenso der kaufmännische Angestellte; Diplom-Kaufmann ist ein akademischer Grad. Nach dem HGB sind zu unterscheiden:

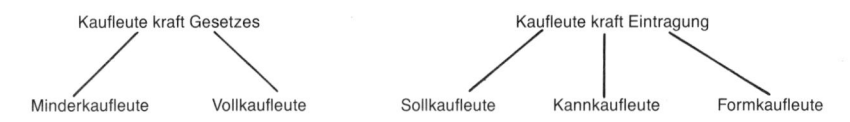

```
        Kaufleute kraft Gesetzes                    Kaufleute kraft Eintragung
         /              \                          /          |           \
Minderkaufleute    Vollkaufleute          Sollkaufleute   Kannkaufleute   Formkaufleute
```

Kaufleute kraft Gesetzes (Mußkaufleute)

Mußkaufmann ist jeder, der ein G r u n d h a n d e l s g e w e r b e nach HGB § 1 betreibt. Grundhandelsgewerbe im Sinne dieses Gesetzes sind:

Warenhandelsbetriebe,

Fabriken und auch die handwerksmäßigen Erzeugungsbetriebe (z. B. Tischlerei, die aus eigenen Hölzern Türen und Türfassungen für die Innenausstattung von Wohnungen anfertigt, im Gegensatz zu handwerklich betriebenen Tischlereien, die fertig gelieferte Türen nur anbringen),

Versicherungsbetriebe,

Banken,

Verkehrsbetriebe (Straßenbahngesellschaften, Omnibusunternehmungen, Dampfschiffahrtsgesellschaften),

Kommissionäre, Spediteure, Lagerhalter,

Handelsvertreter und Handelsmakler,

Verlage, Buchhandel, Kunsthandel,

Druckereien (sofern das Gewerbe nicht handwerksmäßig betrieben wird).

Wer eins dieser vorstehenden Gewerbe betreibt, besitzt die Kaufmannseigenschaft. Für ihn gilt das Handelsgesetzbuch. Er ist V o l l k a u f m a n n und muß sich ins Handelsregister eintragen lassen. Die Kaufmannseigenschaft beginnt und endet bei den Mußkaufleuten mit Beginn oder Beendigung ihrer gewerblichen Arbeit, nicht mit der Eintragung oder Löschung im Handelsregister.

Wer zu diesen Grundhandelsgewerben gehört, jedoch keine kaufmännische Organisation benötigt oder den Betrieb als Kleingewerbe oder rein handwerklich betreibt, ist nicht Vollkaufmann, er ist M i n d e r k a u f m a n n . Zu den Minderkaufleuten gehören Kleingewerbetreibende (Gastwirte, Fuhrunternehmer, reine Handwerksbetriebe). Der Minderkaufmann braucht nicht ins Handelsregister eingetragen zu werden. Er unterliegt nicht der gesetzlichen Buchführungspflicht, sondern ist nur zur sogenannten Mindestbuchführung verpflichtet (Führung eines Wareneingangs- und eines Warenausgangsbuches, Aufstellung des Inventars und einer Bilanz, Aufbewahrung der Belege, Anfertigung von Kassenberichten zur Ermittlung der Tageslosung). Für ihn gilt demnach das HGB in vermindertem Umfang.

Kaufleute kraft Eintragung

Sollkaufleute

Wer im HGB § 1 nicht aufgezählt ist, erlangt die Kaufmannseigenschaft erst mit der Eintragung seines Gewerbebetriebes ins Handelsregister. Alle nicht in § 1 des HGB aufgezählten Betriebe sollen sich ins Handelsregister eintragen lassen (Sollkaufleute). Zu den Sollkaufleuten zählen Bergwerksbesitzer, Ziegeleien, Zuckerfabriken, Bauunternehmer, Auskunftsbüros, Hoteliers u. ä., sofern der Betrieb nach Art und Umfang einen kaufmännischen Geschäftsbetrieb erfordert.

Kannkaufleute

Gewerbliche Nebenbetriebe der Land- und Forstwirtschaft, wie Brauereien, Gärtnereien, Brennereien, Sägemühlen, können sich in das Handelsregister eintragen lassen (Kannkaufleute). Mit der Eintragung ins Handelsregister erlangen sie Kaufmannseigenschaft.

Formkaufleute

Verschiedene Betriebe erlangen die Kaufmannseigenschaft aufgrund ihrer Rechtsform mit der Entstehung. Dazu zählen die Kapitalgesellschaften (AG, GmbH) und die Genossenschaften.

Soll-, Kann- und Formkaufleute sind aufgrund der Eintragung ins Handelsregister stets Vollkaufleute.

Vollkaufmann	Minderkaufmann
Firma	keine Firma (Familienname)
Eintragung ins Handelsregister	keine Eintragung ins Handelsregister
Ernennung von Prokuristen	keine Ernennung von Prokuristen
Fähigkeit zum ehrenamtlichen Richter am Landgericht, Kammer für Handelssachen	keine Fähigkeit zum ehrenamtlichen Richter
Buchführungspflicht nach HGB und Steuerrecht (AO)	Buchführungspflicht nur nach Steuerrecht (AO)
keine Anfechtung von vereinbarten Vertragsstrafen	Anfechtbarkeit von vereinbarten Vertragsstrafen
mündliche Bürgschaft	schriftliche Bürgschaft
selbstschuldnerische Bürgschaft	drittschuldnerische Bürgschaft (Ausfallbürgschaft)
Bildung von Gesellschaften nach HGB	Bildung von Gesellschaften nach BGB

1.4.6 Die berufstätige Frau und das Güterrecht

Nach dem „Gesetz über die Gleichberechtigung von Mann und Frau auf dem Gebiete des bürgerlichen Rechts" (Gleichberechtigungsgesetz vom 18. Juni 1957) besteht zwischen wirtschaftlicher Selbständigkeit von Mann und Frau kein Unterschied. Deshalb kann die unverheiratete Frau, sofern sie geschäftsfähig ist, ein Handelsgewerbe betreiben. Sie hat damit alle Rechte und Pflichten eines Kaufmanns.

Dasselbe gilt auch von der verheirateten geschäftsfähigen Frau. Auch sie kann erwerbstätig sein, soweit dies mit ihren Pflichten in Ehe und Familie vereinbar ist. Der Mann kann der Frau die Ausübung des Berufes nicht untersagen oder ein bestehendes Arbeitsverhältnis kündigen. Die Ehefrau ist zu einer auf Erwerb gerichteten Tätigkeit sogar verpflichtet, wenn aus gesundheitlichen Gründen die Arbeitskraft des Mannes und damit die Einkünfte der Familie nicht ausreichen. Jeder Ehegatte ist verpflichtet, im Geschäft des anderen Ehegatten unentgeltlich mitzuarbeiten, wenn dies üblich ist.

Die Ehegatten sind einander verpflichtet, die Familie angemessen zu unterhalten Die Ehefrau erfüllt meistens ihre Verpflichtung, durch Arbeit zum Unterhalt der Familie beizutragen, durch die Führung des Haushaltes. Der Mann ist daher verpflichtet, der Ehefrau seinen Beitrag zum angemessenen Unterhalt der Familie für einen angemessenen Zeitraum im voraus zu geben. Der angemessene Unterhalt der Familie umfaßt die Kosten des Haushaltes und die Kosten für die persönlichen Bedürfnisse der Ehegatten und den Lebensbedarf der Kinder.

Jeder Ehegatte ist berechtigt, alle Geschäfte zur angemessenen Deckung des Lebensbedarfs der Familie mit Wirkung auch für den anderen Ehegatten zu besorgen. Dies gilt nicht, wenn die Eheleute getrennt leben. Dritten gegenüber wirkt eine Beschränkung oder Ausschließung dieser Berechtigung nur, wenn sie im Güterrechtsregister eingetragen oder dem Dritten bekannt ist.

Die Eheleute können in bezug auf Eigentum, Verwaltung und Nutznießung des Vermögens güterrechtliche Vereinbarungen (Ehevertrag) treffen und in das G ü t e r r e c h t s - r e g i s t e r eintragen lassen. Es ist zu unterscheiden:

g e s e t z l i c h e r Güterstand (Zugewinngemeinschaft),

v e r t r a g l i c h e r Güterstand (Gütertrennung, Gütergemeinschaft).

Der Ehevertrag über den Güterstand der Gütertrennung oder Gütergemeinschaft muß vor einem Notar abgeschlossen werden.

Gesetzlicher Güterstand

Wird nicht durch Ehevertrag etwas anderes vereinbart, leben die Eheleute im gesetzlichen Güterstand (BGB § 1363). Jeder Ehegatte bleibt Eigentümer dessen, was er bei Beginn der Ehe besitzt oder während der Ehe erwirbt. Damit ist jeder allein über sein eigenes Vermögen verfügungsberechtigt, das er selbständig verwaltet. Für Schulden des einen Ehegatten braucht der andere nicht aufzukommen. Der Zugewinn, den die

Eheleute während der Ehe erzielen, wird mit Ende der Z u g e w i n n g e m e i n s c h a f t ausgeglichen.

Endet die Zugewinngemeinschaft durch Tod eines Ehegatten, so erhält der überlebende Eheteil als Ausgleich des Zugewinns ein Viertel mehr, als ihm gesetzlich zustehen würde. Wird die Ehe geschieden, so muß der Zugewinn errechnet werden. Für den Ehemann und die Ehefrau wird getrennt das Vermögen bei Beginn des Güterstandes (abzüglich der Verbindlichkeiten) und das Endvermögen (abzüglich der Verbindlichkeiten) errechnet. Der Unterschied zwischen Anfangsvermögen und Endvermögen ist der Zugewinn. Übersteigt der Zugewinn des einen Ehegatten den Zugewinn des anderen, so steht für die Hälfte des Überschusses dem anderen eine Ausgleichsforderung zu. Wer die Ehewohnung bewohnt und wer die Wohnungseinrichtung erhalten soll, entscheidet nach der Hausratsordnung ein Richter. Bei einem Rechtsgeschäft, das der eine Ehegatte abschließt, muß der andere seine Zustimmung geben, wenn es sich um die Verfügung des Vermögens im Ganzen, um Gegenstände des Haushalts (Wohnungseinrichtung) sowie um die Verpfändung oder Belastung von Grundstücken handelt. Für den Grundbuchbeamten ist es oft schwer, bei der Veräußerung eines Grundstückes zu prüfen, ob das betreffende Grundstück das ganze Vermögen ausmacht. Deshalb wird er meist die Zustimmung des anderen Ehegatten verlangen. Bei Abschluß von Grundstückskaufverträgen sollte sich der Käufer vergewissern, ob der Verkäufer verheiratet ist und es der Zustimmung des Ehegatten bedarf. Der Erwerb eines Grundstücks ist ohne Zustimmung möglich.

Gütertrennung

Bei der Gütertrennung bleibt das von jedem Ehegatten in die Ehe eingebrachte und das während der Ehe erworbene Vermögen getrennt. Jeder verwaltet sein Vermögen selbständig und haftet seinem Gläubiger gegenüber nur mit dem eigenen Vermögen. (Dieser Grundsatz ist durch die Schlüsselgewalt der Frau durchbrochen.) Bei Verfügungen über ein Grundstück ist keine Zustimmung erforderlich. Die Gütertrennung wird durch die Ausfertigung oder beglaubigte Abschrift des Ehevertrages nachgewiesen.

Gütergemeinschaft

Das Vermögen des Mannes und der Frau bildet in der Gütergemeinschaft das „Gesamtgut" beider Ehegatten. Es unterliegt der gemeinschaftlichen Verwaltung oder der Verwaltung eines der beiden Ehegatten. Beide Ehegatten können nur gemeinschaftlich über das Gesamtgut verfügen. Jeder Ehegatte kann sich jedoch im Ehevertrag von dem Gesamtgut das sogenannte Vorbehaltsgut und das Sondergut vorbehalten. Über dieses kann er nur allein verfügen.

2 Die Personen des kaufmännischen Betriebes

2.1 Der Unternehmer

2.1.1 Die Aufgaben des Unternehmens

Unternehmer ist, wer planvoll nach seinen Ideen ein wirtschaftliches Unternehmen gründet oder leitet und darin Kapital und Arbeit so einsetzt und organisiert sowie Wagnisse auf sich nimmt, daß ein Wirtschaftsgut oder eine Leistung entsteht. Zu seinen Aufgaben (Unternehmerfunktionen) gehören:

Aufbringung des notwendigen Kapitals (Finanzierung),

Übernahme des Risikos,

Übernahme der vollen Verantwortung für alle zu treffenden wirtschaftlichen Entscheidungen,

Bestimmung des Umfangs des Betriebes und der Geschäfte,

Organisation und Überwachung der betrieblichen Arbeit unter Berücksichtigung des ökonomischen Prinzips,

Einstellung und Einsatz von Arbeitern und Angestellten,

Entwicklung neuer Ideen und Einschlagen neuer Wege,

soziale und verantwortungsbewußte Einstellung zu seinen Mitarbeitern,

Überwachung der Rentabilität und deren Verbesserung durch Rationalisierung,

Kontaktpflege zu seinen Mitarbeitern, Kunden, Geschäftspartnern, Behörden usw.

Diese Funktionen können nur von einer sittlich hochstehenden Persönlichkeit erfüllt werden, die über ein hohes Maß an Wissen und Können (allgemein, fachlich, wirtschaftlich, rechtlich) verfügt. Von der Unternehmerpersönlichkeit erwartet man schnelles Erkennen der wirtschaftlichen Situationen, sichere Beurteilung der Geschäftslage, rasches Erfassen der Bedeutung und Tragweite von zu ergreifenden Maßnahmen, eine nach ethischen und moralischen Gesetzen ausgerichtete Verhaltensweise gegenüber Mitarbeitern und Geschäftspartnern.

Jeder „Kaufmann" ist nicht Unternehmer, jede Firma nicht Unternehmung. Erst eine bestimmte Größe macht sie dazu. Man unterscheidet bei den Unternehmern:

den Fachmann, der von der Produktion ausgeht und den Betrieb aufbaut;

den Kaufmann, der das Marktbedürfnis zugrunde legt; für ihn stehen Markt und Absatz im Vordergrund;

den Finanzmann, der das Kapitalbedürfnis feststellt. Bei ihm steht die Finanzierung der Produktion im Vordergrund.

In der Einzelunternehmung ist der Eigentümer der Unternehmer, bei einer Personengesellschaft sind es die einzelnen Gesellschafter. In einer Gesellschaftsunternehmung (Kapitalgesellschaft) gehen die Unternehmerfunktionen mit Ausnahme des Kapitalrisikos auf mehrere Personen (Geschäftsführer, Vorstandsmitglieder) über; sie erfüllen gemeinsam die Aufgabe des Unternehmers (Management), sind aber gegenüber dem Kapitalgeber, der das Risiko trägt, verantwortlich (Hauptversammlung, Aufsichtsrat). In der Wohnungswirtschaft gibt es Einzelunternehmer und Unternehmungen, bei denen sich mehrere Personen (Vorstandsmitglieder, Geschäftsführer) die Unternehmerfunktionen teilen (je nach Vorbildung: Diplom-Ingenieur, Kaufmann, Jurist).

2.1.2 Die Leitung des Unternehmens

Wie man die Menschen im Betrieb einsetzt, wie man sie führt, ist eine wesentliche Frage. Von ihr hängen nicht nur das Betriebsklima, sondern die Gesundheit des Menschen und das Leistungsvermögen ab. Man unterscheidet zwei Führungsstile:

- autoritärer Führungsstil,
- kooperativer Führungsstil.

Beim autoritären Führungsstil trifft der Vorgesetzte die Entscheidung ohne Mitwirkung der Untergebenen; jeder weiß, wer die Entscheidungsbefugnis innehat. Man kommt zu schnellen Entscheidungen und damit zu höherer Produktivität. Mitarbeiter werden jedoch zu Unselbständigen erzogen, sie sind teilweise unzufrieden, Fehlentscheidungen sind möglich.

Beim kooperativen Führungsstil sind die Mitarbeiter motiviert, da sie an der Entscheidungsfindung, die fachgerecht sein wird, beteiligt sind. Die führenden Mitarbeiter werden entlastet und können gleichzeitig Führungsnachwuchs heranbilden. Allerdings fallen die Entscheidungen langsamer und bei weniger Selbstdisziplin einiger Mitarbeiter wird die Entscheidung verzögert.

In der Praxis gibt es diese reinen Führungsstile kaum, vielmehr spricht man von Zwischenform oder von Verhaltensgittern, wobei das Führungsverhalten eines Vorgesetzten sich einmal an den Personen, andererseits an den Aufgaben orientieren kann. Die Wahl des Führungsstils wird demnach von der Aufgabe, dem Verhalten der höheren Leitungsgruppe, dem Reifegrad der Gruppe und der Menschen darin sowie den Umweltbedingungen abhängen. Richtet man die Wahl des Führungsstils nach den Bedingungen, so spricht man vom selektiven Führungsstil. In großen Unternehmungen bestehen vielfach Führungsgrundsätze für das Führungsverhalten im Betrieb.

Unabhängig vom Führungsstil ist die Übertragung der Entscheidungsbefugnis auf Mitarbeiter (Management). Man unterscheidet drei Managementtechniken:

Management by exception: die Mitarbeiter entscheiden und handeln selbständig, der Vorgesetzte greift nur in Ausnahmefällen ein. Die Abgrenzung zwischen Normal- und Ausnahmefall ist jedoch sehr schwierig.

Management by objectives: Es werden Ziele, die erreicht werden sollen, vereinbart. Sie zu erreichen, ist Aufgabe des Mitarbeiters.

Management by delegation (z. B. Harzburger Modell): Aufgaben werden auf Mitarbeiter delegiert, die sie in eigener Entscheidung und Verantwortung erfüllen.

Neben Führungsstil und Managementtechnik spielen im Organisationsgefüge die Beziehungen der Mitarbeiter untereinander eine Rolle. Man unterscheidet formale und informale Strukturen. Die formalen Organisationsstrukturen ergeben sich aus der Betriebshierarchie und dem Leitungssystem. Daneben bilden sich aus den zwischenmenschlichen Beziehungen informale Organisationsstrukturen. Zur Bildung informaler Gruppen, deren Angehörige aus allen Abteilungen oder Arbeitsbereichen kommen, führen gemeinsame Ausbildung, Freizeit, Zusammenarbeit oder Zusammengehörigkeit. Ursachen liegen oft in den persönlichen Belangen der Mitarbeiter (fehlende Anerkennung, fehlende Information in der Gruppe, Übergehen bei Besetzung neuer Stellen in einer höheren Leistungsebene oder in Beziehungen außerhalb des Betriebes). Informale Strukturen können sich negativ, aber auch positiv auf das Betriebsklima auswirken. Wird in einer informalen Gruppe ein Mitglied als Führer anerkannt, so höhlt er meistens die Stellung des betreffenden Vorgesetzten aus. Andererseits fühlen sich Mitglieder einer informalen Gruppe motiviert, wenn sie in dieser mit anderen ranghöhergestellten Mitgliedern einer formalen Gruppe gleichgestellt und gleichberechtigt sind.

Weitere Mittel zur Motivation und damit zu Leistungsanreizen sind: Anerkennung, Lob, konstruktive Kritik, Förderung, Erweiterung des Aufgabenfeldes, Prämien- oder Sonderzahlungen, Förderung als Nachwuchskraft für Führungsaufgaben.

2.1.3 Das Risiko des Unternehmers

Risiken und Wagnisse entstehen bei jeder wirtschaftlichen Tätigkeit. Die Übernahme der Wagnisse ist eine der wichtigsten Funktionen des Unternehmers. Wer sein Kapital einsetzt, läuft Gefahr, es ganz oder teilweise zu verlieren. Die Risiken können sein:

allgemeines Unternehmerwagnis,

Einzelwagnis.

Das allgemeine Unternehmerwagnis wird hervorgerufen durch die Veränderungen des Marktes (Angebot und Nachfrage), durch Preisschwankungen, Modewechsel, Wechsel der Geschmacksrichtung, leistungsfähigere Konkurrenz, Einkaufs- und Absatzschwierigkeiten, Fehldispositionen im Einsatz von Personal und Kapital, Schwierigkeiten bei der Beschaffung von Grundstücken, Baugenehmigungen, Finanzierungsmitteln und durch höhere Gewalt.

Einzelwagnisse innerbetrieblicher Art betreffen einzelne wirtschaftliche Güter oder die Betriebsleistungen. Hierzu zählen: Verderb, Diebstahl, technischer Verschleiß, veraltete Maschinen und Produktionsmethoden, Nichteinlösung von Wechseln, Fallen von Wertpapierkursen, Uneinbringlichkeit von Forderungen, Baukostenüberschreitung infolge Preissteigerungen, Haftung für Baumängel, für die der Bauunternehmer nicht aufkommt, Verlust beim Verkauf von Grundstücken oder Eigenheimen unter den Gesamtkosten, Haftung bei der Betreuung gegenüber dem Bauherrn für vorsätzliche und grobfahrlässige Verletzung der Sorgfaltspflicht, Nichtaufbringung der zugesicherten Eigenleistung eines Bewerbers, Leerstehen von Wohnungen, Uneinbringlichkeit von Mietforderungen, Gerichts- und Anwaltskosten bei Klagen auf Zahlung des Mietrückstandes, Aufhebung des Mietverhältnisses, Räumung der Wohnung.

Der Unternehmer (das Unternehmen) muß versuchen, das Risiko zu begrenzen, abzuwälzen oder zu verteilen. So können Mietverträge auf lange Sicht abgeschlossen werden. Auch kann durch vertragliche Vereinbarungen das Risiko abgewälzt oder durch Versicherungen gedeckt werden. Einzelwagnisse, die gelegentlich zu Verlusten in verschiedener Höhe führen, werden durch Zuschläge (kalkulatorische Wagniszuschläge, Mietausfallwagnis) berücksichtigt.

2.1.4 Der Unternehmerlohn

Für die Erfüllung seiner Aufgabe steht dem Unternehmer der sogenannte Unternehmerlohn zu. Er enthält:

das E n t g e l t, das leitende Angestellte für gleichartige Tätigkeit als Gehalt beziehen würden. Es ist vergleichbar mit den Bezügen der Vorstandsmitglieder von Aktiengesellschaften oder Geschäftsführer einer GmbH;

eine Prämie für die Übernahme des innerbetrieblichen und außerbetrieblichen Wagnisses (R i s i k o p r ä m i e);

eine angemessene V e r z i n s u n g des Eigenkapitals.

Eine verbleibende Restgröße als Unternehmergewinn kann entstehen als Leistungsgewinn (Kostensenkung, Marktvorteile), Zufallsgewinn (Ausnutzung der Marktlage) oder als Monopolgewinn (Stellung am Markt, Wettbewerbsbeschränkung).

In der Wohnungswirtschaft wird die Prämie für das allgemeine Unternehmerwagnis nicht gesondert gerechnet. Es findet seine Abgeltung im Gewinn. Ein Gewinnzuschlag ist bei der Mietpreisbildung von öffentlich geförderten Wohnungen unzulässig. Für kalkulatorische Einzelwagnisse (Sturmschäden, Wasserschäden, Glasschäden, Haftung als Bauherr oder Haus- und Grundbesitzer) können am Jahresende Rückstellungen gebildet werden (Prozeßrückstellung, Haftungsrückstellung, Selbstversicherungsrückstellung).

2.1.5 Zusammenschlüsse der Unternehmer

Die Unternehmer (Unternehmungen) sind Mitglieder der I n d u s t r i e - u n d H a n d e l s k a m m e r, die wiederum im Deutschen Industrie- und Handelstag (DIHT), Sitz Bonn, dem Zentralorgan sämtlicher Industrie- und Handelskammern, zusammengeschlossen sind.

Zur Wahrung ihrer Interessen und zu ihrer Beratung haben sich die Unternehmer in Arbeitgeberverbänden und Wirtschaftsverbänden vereinigt.

Der A r b e i t g e b e r v e r b a n d ist der Vertragspartner der Arbeitgeber gegenüber den Gewerkschaften. Beide schließen Tarifverträge ab. Unternehmen der Wohnungswirtschaft gehören meistens dem Arbeitgeberverband der Wohnungswirtschaft e. V., Frankfurt a. Main, an.

Die meisten Arbeitgeberverbände sind zusammengeschlossen in der Bundesvereinigung der Deutschen Arbeitgeberverbände (BDA).

Die W i r t s c h a f t s v e r b ä n d e beraten die Unternehmer in fachlichen, wirtschaftlichen und rechtlichen Fragen und nehmen die Belange ihres Wirtschaftszweiges wahr. Es gibt z. B. die Wirtschaftsvereinigung Bauindustrie, Wirtschaftsvereinigung Groß- und Außenhandel, Verband der chemischen Industrie, Verband Deutscher Elektrotechniker, Bundesverband des privaten Bankgewerbes, Gesamtverband der Versicherungswirtschaft, Gesamtverband der Wohnungswirtschaft e. V., Verband freier Wohnungsunternehmen, Deutscher Genossenschafts- und Raiffeisenverband, Revisionsverband Deutscher Konsumgenossenschaften.

Die Spitzenverbände der Arbeitgeber der Industrie, des Groß- und Außenhandels, des Einzelhandels, des Bankgewerbes, der Wohnungswirtschaft usw. gehören dem „Gemeinschaftsausschuß der gewerblichen Wirtschaft" an, der zu wirtschaftspolitischen Angelegenheiten Stellung nimmt. Außerdem unterstützt das „Deutsche Industrieinstitut" die Arbeit der Unternehmerschaft. Die Industrieverbände sind zusammengeschlossen im Bundesverband der deutschen Industrie (BDI).

2.2 Die Mitarbeiter des Unternehmers

Der Kaufmann kann alle Arbeiten nicht allein verrichten. Er braucht Mitarbeiter, die nach seinen Weisungen für ihn tätig und verantwortlich sind. Ein Teil von ihnen erhält aufgrund des besonderen Vertrauens und der größeren Verantwortung eine besondere Vollmacht (Handlungsvollmacht, Prokura).

Für die Erfüllung kaufmännischer Arbeiten werden kaufmännische Angestellte beschäftigt, die Tätigkeiten als Buchhalter, Einkäufer, Verkäufer, Sachbearbeiter usw. wahrzunehmen haben. Man nennt sie (nach dem Handelsgesetzbuch) Handlungsgehilfen. Daneben sind Auszubildende, Volontäre und Bürogehilfinnen tätig. Wer sich weiterbildet, kann die Qualifikation als Fachwirt, Fachkaufmann oder als „Staatlich geprüfter Betriebswirt" z. B. in der Fachrichtung Wohnungswirtschaft und Realkredit erwerben.

In kaufmännischen Betrieben sind auch für gewerbliche oder technische Arbeiten technische Angestellte oder Arbeiter beschäftigt. Für die kaufmännischen Angestellten gelten die Bestimmungen des Handelsgesetzbuches, für die Auszubildenden und den Ausbildenden das Berufsbildungsgesetz vom 14. 8. 1969.

2.2.1 Die ausführenden Mitarbeiter

Der Auszubildende

Auszubildender ist, wer in einer Ausbildungsstätte aufgrund eines Berufsausbildungsvertrages eine Berufsausbildung erhält. Die B e r u f s a u s b i l d u n g hat eine breit angelegte berufliche Grundbildung und die für die Ausübung einer qualifizierten beruflichen Tätigkeit notwendigen fachlichen Fertigkeiten und Kenntnisse in einem geordneten Ausbildungsgang zu vermitteln. Dabei hat sie den Erwerb der erforderlichen Berufserfahrungen zu ermöglichen. Die Ausbildung richtet sich nach Berufsausbildungsvertrag, Berufsbildungsgesetz, Verordnung über die Berufsausbildung zum „Kaufmann/Kauffrau in der Grundstücks- und Wohnungswirtschaft" vom 13. 2. 1981 sowie nach dem Rahmenlehrplan der Berufsschule. Die A u s b i l d u n g s s t ä t t e muß nach Art und Einrichtung für die Berufsausbildung geeignet sein. Außerdem muß die Zahl der Auszubildenden in einem angemessenen Verhältnis zur Zahl der beschäftigten Fachkräfte stehen.

Zwischen dem Ausbildenden und dem Auszubildenden sowie dessen gesetzlichem Vertreter wird ein B e r u f s a u s b i l d u n g s v e r t r a g schriftlich unter Verwendung eines Formblattes der IHK abgeschlossen. Der Auszubildende hat unverzüglich nach Abschluß des Vertrages die Eintragung in das Verzeichnis der Berufsausbildungsverhältnisse, das bei der zuständigen IHK geführt wird, zu beantragen. Dabei ist die vorausgegangene allgemeine und berufliche Ausbildung des Auszubildenden sowie die Bestellung von Ausbildern anzuzeigen. Außerdem ist eine Ausfertigung der Vertragsniederschrift beizufügen. Jeder Ausbildende hat unverzüglich nach Abschluß des Berufsausbildungsvertrages, und zwar vor Beginn der Berufsausbildung, den wesentlichen Inhalt des Vertrages schriftlich niederzulegen; diese Niederschrift ist von den drei Vertragsparteien zu unterzeichnen. Bei einer Änderung des Berufsausbildungsvertrages gilt das Entsprechende. Die N i e d e r s c h r i f t muß enthalten: Angaben über Ziel, Beginn und Dauer der Berufsausbildung, Ausbildungsmaßnahmen außerhalb der Ausbildungsstätte (z. B. überbetrieblicher Art), Dauer der regelmäßigen täglichen Ausbildungszeit, Dauer der Probezeit, Zahlung und Höhe der Vergütung, Urlaubsdauer, Voraussetzungen einer Kündigung.

Nichtig sind im Berufsausbildungsvertrag festgelegte Vertragsstrafen, Vereinbarungen über Verpflichtungen des Auszubildenden, für die Berufsausbildung eine Entschädigung zu zahlen, sowie der Ausschluß oder die Beschränkung von Schadenersatzansprüchen.

Das B e r u f s a u s b i l d u n g s v e r h ä l t n i s, auf das die Rechtsvorschriften des Arbeitsvertrages anzuwenden sind, beginnt mit der Probezeit, die mindestens einen Monat, höchstens drei Monate betragen muß, und endet mit dem Ablauf der Ausbildungszeit, die im allgemeinen drei Jahre dauert, wobei unter bestimmten Voraussetzungen ein schulisches Berufsgrundbildungsjahr oder eine mindestens zweijährige Berufsfachschulzeit mit einem Jahr auf die Ausbildungszeit angerechnet wird. Besteht der Auszubildende vor Ablauf der Ausbildungszeit die Abschlußprüfung, so endet das Berufsausbildungsverhältnis mit Bestehen der Abschlußrüfung. Besteht er die Abschlußprüfung nicht, so kann der Auszubildende auf sein Verlangen das Berufsausbildungsverhältnis verlängern, und zwar bis zur nächstmöglichen Wiederholungsprüfung, höchstens um ein Jahr. Die zuständige Stelle (IHK) hat auf Antrag die Ausbildungszeit zu kürzen, wenn zu erwarten ist, daß der Auszubildende das Ausbildungsziel in der gekürzten Zeit erreicht. Sie kann aber auf Antrag des Auszubildenden die Ausbildungszeit verlängern, wenn die Verlängerung erforderlich ist, um das Ausbildungsziel zu erreichen. In beiden Fällen sind die Beteiligten zu hören.

Wird der Auszubildende im Anschluß an das Berufsausbildungsverhältnis beschäftigt, ohne daß hierüber ausdrücklich etwas vereinbart worden ist, so wird ein Arbeitsverhältnis auf unbestimmte Zeit begründet. Beabsichtigt hingegen ein Vertragspartner, nach Abschluß der Berufsausbildung ein Arbeitverhältnis nicht einzugehen, sollte er dies mitteilen, damit bei Aufnahme der Arbeit nach Abschluß der Kaufmannsgehilfenprüfung kein Arbeitsverhältnis entstanden ist.

Für Mitglieder der Jugend- und Auszubildendenvertretung oder des Betriebsrates muß der Ausbilder drei Monate vor Beendigung der Berufsausbildung schriftlich mitteilen, wenn er nicht einen Arbeitsvertrag begründen will; der Auszubildende kann jedoch eine Weiterbeschäftigung verlangen (§ 78 a BetrVG). Nichtig sind Vereinbarungen, die den Auszubildenden für die Zeit nach Beendigung des Berufsausbildungsverhältnisses in der Ausübung seiner beruflichen Tätigkeit beschränken. Eine Ausnahme hiervon bildet die Vereinbarung innerhalb der letzten drei Monate des Berufsausbildungsverhältnisses, nach dessen Beendigung ein Arbeitsverhältnis auf unbestimmte Zeit oder ein Arbeitsverhältnis auf Zeit, und zwar für die Dauer von höchstens fünf Jahren einzugehen, sofern der Ausbildende die Kosten für eine weitere Berufsausbildung des Auszubildenden außerhalb des Berufsausbildungsverhältnisses übernimmt und diese Kosten in einem angemessenen Verhältnis zur Dauer der Verpflichtung stehen.

Pflichten des Auszubildenden (früher Lehrling)

In dem Berufsausbildungsvertrag haben sich Auszubildender und Ausbildender besondere Pflichten auferlegt. Der Auszubildende hat sich verpflichtet, sich während der Ausbildungszeit zu bemühen, die erforderlichen Fertigkeiten und Kenntnisse zu erwerben, um das Berufsausbildungsziel zu erreichen. Nach dem Berufsbildungsgesetz und dem Vertrag bestehen insbesondere folgende Pflichten:

Lernpflicht: Der Auszubildende hat die ihm im Rahmen seiner Berufsausbildung aufgetragenen Verrichtungen sorgfältig auszuführen. Darüber hinaus hat er an allen Ausbildungsmaßnahmen innerhalb und außerhalb der Ausbildungsstätte teilzunehmen, für die er vom Ausbildenden freigestellt wird.

Sorgfalts- und Einordnungspflicht: Werkzeuge, Maschinen und sonstige Einrichtungen sind pfleglich zu behandeln. Die für die Ausbildungsstätte geltende Ordnung muß beachtet werden.

Schweigepflicht: Über Betriebs- und Geschäftsgeheimnisse ist Stillschweigen zu wahren.

Berufsschulpflicht: Während seiner Ausbildungszeit ist aufgrund der Schulpflichtgesetze der Länder die kaufmännische Berufsschule zu besuchen.

Weisungsgebundenheit: Der Auszubildende hat den Weisungen zu folgen, die ihm im Rahmen der Berufsausbildung vom Ausbildenden, vom Ausbilder oder von anderen weisungsberechtigten Personen erteilt werden.

Sonstige Pflichten: Der Auszubildende unter 18 Jahren hat nach dem Jugendarbeitsschutzgesetz die Verpflichtung, sich vor Antritt der Ausbildung und innerhalb des ersten Ausbildungsjahres untersuchen zu lassen und die Bescheinigung darüber dem Ausbildenden zu übergeben. Er muß bei Fernbleiben von der Arbeit, vom Berufsschulunterricht oder anderen Ausbildungsveranstaltungen den Ausbildenden unverzüglich benachrichtigen.

Pflichten des Ausbildenden

Der Ausbildende hat dafür zu sorgen, daß dem Auszubildenden die Fertigkeiten und Kenntnisse vermittelt werden, die zum Errichten des Ausbildungszieles erforderlich sind; er hat die Berufsausbildung in einer durch ihren Zweck gebotenen Form planmäßig, zeitlich und sachlich gegliedert so durchzuführen, daß das Ausbildungsziel in der vorgesehenen Ausbildungszeit erreicht werden kann. Dabei sind dem Auszubildenden nur Verrichtungen zu übertragen, die dem Ausbildungszweck dienen und seinen körperlichen Kräften angemessen sind. Wer nicht selbst ausbildet, muß einen Ausbilder bestellen, der persönlich und fachlich für die Berufsausbildung geeignet ist. Die zuständige Stelle hat darüber zu wachen, daß diese Eignung sowie die Eignung der Ausbildungsstätte vorliegen. Der Ausbildende übernimmt insbesondere folgende Pflichten:

Ausbildungspflicht: Der Ausbildende verpflichtet sich, selbst auszubilden oder einen Ausbilder ausdrücklich damit zu beauftragen. Er hat dem Auszubildenden kostenlos die Ausbildungsmittel zur Verfügung zu stellen, die zur Berufsausbildung und zum Ablegen von Zwischen- und Abschlußprüfung erforderlich sind und ihn zum Besuch der Berufsschule sowie zum Führen von Ausbildungsnachweisen (Berichtsheften) anzuhalten und diese durchzusehen. Der Betriebsrat kann der Bestellung eines nicht geeigneten Ausbilders widersprechen oder dessen Abberufung verlangen.

Sorgepflicht: Er hat dafür zu sorgen, daß der Auszubildende charakterlich gefördert sowie sittlich und körperlich nicht gefährdet wird. Er hat den jugendlichen Auszubildenden anzuhalten, sich am Ende des ersten Ausbildungsjahres nachuntersuchen zu lassen und die Bescheinigung darüber vorzulegen.

Freistellungspflicht: Er hat den Auszubildenden für die Teilnahme am Berufsschulunterricht und für die Prüfungen sowie für außerbetriebliche Ausbildungsmaßnahmen freizustellen.

Vergütungspflicht: Der Ausbildende hat dem Auszubildenden eine angemessene Vergütung zu gewähren. Sie ist nach dem Lebensalter des Auszubildenden so zu bemessen, daß sie mit fortschreitender Berufsausbildung, mindestens jährlich, ansteigt. Eine über die vereinbarte regelmäßige tägliche Ausbildungszeit hinausgehende Beschäftigung ist zu vergüten. Die Vergütung ist auch zu zahlen für die Zeit der Freistellung, bis zur Dauer von sechs Wochen, wenn der Auszubildende unverschuldet erkrankt oder wenn er aus einem sonstigen, in seiner Person liegenden Grund unverschuldet seine Pflichten aus dem Berufsausbildungsvertrag nicht erfüllen kann.

Zeugnispflicht: Nach Beendigung des Berufsausbildungsverhältnisses hat der Ausbildende dem Auszubildenden ein Zeugnis auszustellen, das bei Ausbildung durch einen Ausbilder auch von diesem zu unterschreiben ist. Das Zeugnis muß Angaben enthalten über Art, Dauer und Ziel der Berufsausbildung sowie über die erworbenen Fertigkeiten und Kenntnisse des Auszubildenden. Auf sein Verlangen sind auch Angaben über Führung, Leistung und besondere fachliche Fähigkeiten aufzuführen.

Kündigung des Berufsausbildungsverhältnisses

Während der Probezeit kann das Berufsausbildungsverhältnis jederzeit ohne Einhalten der Kündigungsfrist gekündigt werden. Nach der Probezeit nur aus einem wichtigen Grund ohne Einhalten einer Kündigungsfrist, wobei gegebenenfalls Ersatz des Schadens verlangt werden kann, oder vom Auszubildenden mit einer Kündigungsfrist von vier Wochen, wenn er die Berufsausbildung aufgeben oder sich für eine andere Berufstätigkeit ausbilden lassen will. Die Kündigung muß schriftlich erfolgen.

Eine Kündigung aus einem wichtigen Grund ist unwirksam, wenn die ihr zugrunde liegenden Tatsachen dem zur Kündigung Berechtigten länger als zwei Wochen bekannt sind.

Abschlußprüfung

Am Ende der Berufsausbildung soll der Auszubildende laut Ausbildungsvertrag eine Abschlußprüfung ablegen, über die ihm ein Zeugnis ausgestellt wird. Sie kann zweimal wiederholt werden. Durch die Abschlußprüfung soll festgestellt werden, ob der Prüfling die erforderlichen Fertigkeiten beherrscht, die notwendigen praktischen und theoretischen Kenntnisse besitzt und mit dem ihm im Berufsschulunterricht vermittelten, für die Berufsausbildung wesentlichen Lehrstoff vertraut ist. Bei der zuständigen Stelle (IHK) werden Prüfungsausschüsse eingerichtet, denen als Mitglieder Beauftragte der Arbeitgeber und der Arbeitnehmer in gleicher Zahl sowie mindestens ein Lehrer einer berufsausbildenden Schule anzugehören haben. Diese Mitglieder werden für drei Jahre berufen, und zwar die Arbeitnehmermitglieder auf Vorschlag der im Bezirk der zuständigen Stelle bestehenden Gewerkschaften. Der Prüfungsausschuß ist beschlußfähig, wenn zwei Drittel der Mitglieder, mindestens drei, mitwirken. Er beschließt mit der Mehrheit der abgegebenen Stimmen. Bei Stimmengleichheit gibt die Stimme des Vorsitzenden den Ausschlag. Zur Ermittlung des Ausbildungsstandes ist während der Berufsausbildung mindestens eine Z w i s c h e n p r ü f u n g durchzuführen.

Der kaufmännische Angestellte (Handlungsgehilfe)

Handlungsgehilfe ist, wer in einem Handelsgewerbe zur Leistung kaufmännischer Dienste gegen Entgelt angestellt ist (HGB § 59).

Der Handlungsgehilfe (kaufmännische Angestellte) muß deshalb in einem kaufmännischen Betrieb beschäftigt sein und muß kaufmännische Arbeiten verrichten. Dadurch unterscheidet er sich von den technischen Angestellten und den Arbeitern. Auch muß ihm ein Entgelt (Gehalt) gezahlt werden.

Zwischen dem Dienstherrn (Unternehmer) und dem Angestellten kommt ein Vertrag (Dienstvertrag) zustande. Ein Dienstvertrag, der ein Arbeitsverhältnis zwischen Arbeitgeber und Arbeitnehmer begründet, heißt Arbeitsvertrag. Er kann mündlich oder schriftlich abgeschlossen werden. Bei einem Minderjährigen bedarf es der Zustimmung des Erziehungsberechtigten, die jedoch von vornherein — stillschweigend — gegeben sein kann. Dadurch wird der Minderjährige für alle aus dem Dienstverhältnis sich ergebenden Rechtshandlungen voll geschäftsfähig (BGB § 113). Meist wird eine Probezeit bis zu sechs Monaten vereinbart. In dieser kann — wenn nichts anderes vereinbart — mit der kürzesten Kündigungsfrist, bei Angestellten ein Monat, bei Arbeitern 14 Tage, gekündigt werden.

Der A r b e i t s v e r t r a g enthält:

  Namen der Vertragschließenden,
  Beginn des Dienstverhältnisses,
  Art und Umfang der Dienstleistung,
  Regelung des Entgelts und des Urlaubs,
  Kündigungsfristen,
  Datum und Unterschrift der Vertragschließenden.

Ausländer bedürfen zum Abschluß des Arbeitsvertrages der behördlichen Genehmigung. Befristete Arbeitsgenehmigungen müssen vor Ablauf der Frist erneuert werden.

In Betrieben, die mehr als zwanzig wahlberechtigte Arbeitnehmer beschäftigen, bedürfen Einstellung, Versetzung, Ein- oder Umgruppierung der Zustimmung des Betriebsrats. Bei Kündigung ist dieser vorher zu hören; er hat ein Widerspruchsrecht.

Für Arbeitgeber und Arbeitnehmer gelten neben den mündlichen und schriftlichen Vereinbarungen aus dem Arbeitsvertrag die Betriebsvereinbarungen (Betriebsordnung), der Tarifvertrag, die arbeitsrechtlichen Bestimmungen, das BGB (§ 611 ff.) und für Handlungsgehilfen das HGB (§ 55 ff.).

In den Wirtschaftszweigen haben die Arbeitgeberverbände (z. B. Arbeitgeberverband der Wohnungswirtschaft e. V., Frankfurt/M.) mit den Vertretern der Arbeitnehmer (z. B. Gewerkschaft Handel, Banken und Versicherungen, der DAG und der Industriegewerkschaft Bau — Steine — Erden) Tarifverträge abgeschlossen. Der Tarifvertrag wird Bestandteil des Arbeitsvertrages, wenn beide Vertragsparteien dem Arbeitgeberverband bzw. der Arbeitnehmervertretung (Gewerkschaft) angehören oder wenn in dem Arbeitsvertrag ausdrücklich auf den Tarifvertrag verwiesen wird, der damit Bestandteil des Arbeitsvertrages sein soll. Eine tarifvertragliche Vereinbarung (Schutzbestimmungen des Tarifvertrages) kann zuungunsten des Arbeitnehmers nicht geändert werden. Eine solche Bestimmung wäre unwirksam.

Alle Streitigkeiten aus dem Arbeitsverhältnis unterliegen dem Arbeitsrecht. Zuständig sind die Arbeitsgerichte (Arbeitsgericht, Landesarbeitsgericht, Bundesarbeitsgericht in Kassel).

Pflichten des kaufmännischen Angestellten (Rechte des Arbeitgebers)

Dienstleistungspflicht: Er ist sittlich und vertraglich verpflichtet, die übertragenen Arbeiten gewissenhaft, pünktlich und seinen Fähigkeiten entsprechend zu erfüllen. Er hat die Dienste persönlich zu verrichten und muß seine gesamte Arbeitskraft dem Arbeitgeber zur Verfügung stellen. Darum sind Nebenbeschäftigungen ohne Erlaubnis des Arbeitgebers untersagt. Der Urlaub dient zur Erholung. Deshalb ist eine Nebenbeschäftigung im Urlaub grundsätzlich nicht statthaft. Um seine Kenntnisse zu erhalten und zu erweitern, muß er sich fortbilden.

Schweigepflicht: Er hat die Interessen des Unternehmers gegenüber jedermann zu vertreten und Stillschweigen über alle Betriebsvorgänge zu wahren. Nach dem Bundesdatenschutzgesetz unterliegen alle Personen, die im Rahmen konventioneller oder maschineller Datenverarbeitung beschäftigt sind, dem Datengeheimnis. Sie müssen eine Verpflichtungserklärung unterschreiben, daß sie auf das Datengeheimnis und auf Ahndung mit Geld und Freiheitsstrafe bei Verstößen hingewiesen wurden.

Treuepflicht: Er hat Zuwendungen (Schmiergelder, Geschenke) abzuweisen und darüber dem Arbeitgeber Meldung zu erstatten. Zur Treuepflicht gehört auch das Eintreten für seinen Arbeitgeber gegenüber Dritten. Selbstverständlich dürfen Dritten gegenüber keine nachteiligen Äußerungen über seinen Arbeitgeber abgegeben werden.

Handels- und Wettbewerbsverbot: Nach dem Gesetz (HGB § 60) darf der Handlungsgehilfe nur mit Einwilligung des Arbeitgebers ein Handelsgewerbe betreiben;

außerdem darf er keine Geschäfte für eigene oder fremde Rechnung tätigen. So darf ein Wohnungswirtschaftler z. B. eine Betreuung auf eigene Rechnung nicht durchführen.

Verletzt der Handlungsgehilfe dieses Wettbewerbsverbot, so kann der Arbeitgeber entweder Schadenersatz fordern oder verlangen, daß das Geschäft für eigene Rechnung gelte. Außerdem kann dem Handlungsgehilfen fristlos gekündigt werden. Die Ansprüche aus Verletzung des gesetzlichen Wettbewerbsverbotes verjähren in drei Monaten vom Zeitpunkt der Kenntnisnahme der Übertretung, spätestens jedoch nach fünf Jahren.

Außer dem gesetzlichen Wettbewerbsverbot kann der Arbeitsvertrag eine Wettbewerbsklausel enthalten. Bei Aufnahme eines solchen Konkurrenzverbotes ist es dem Angestellten untersagt, nach Beendigung seiner Tätigkeit auf die Dauer von höchstens zwei Jahren in ein gleichartiges Konkurrenzunternehmen einzutreten oder ein solches zu eröffnen. Dieses Konkurrenzverbot ist jedoch nur verbindlich, wenn der Arbeitgeber sich gleichzeitig verpflichtet, dem kaufmännischen Angestellten eine angemessene Entschädigung zu zahlen (§§ 74—75 d HGB).

Pflichten des Arbeitgebers (Rechte des Handlungsgehilfen)

Fürsorgepflicht: Der Unternehmer ist verpflichtet, seine Geschäftsräume und den gesamten Geschäftsbetrieb so einzurichten und zu unterhalten, daß die Gesundheit nicht leidet und die guten Sitten und der Anstand gewahrt bleiben. Zur Fürsorgepflicht zählt auch die Anmeldung zur Sozialversicherung, die Wohnungsfürsorge, die betriebliche oder außerbetriebliche Fortbildung und andere soziale Leistungen.

Gehaltzahlungspflicht: Er hat dem Arbeitnehmer das vereinbarte oder das tariflich zustehende Gehalt zu zahlen, und zwar am Ende des Monats. Das Gehalt wird bei Krankheit auf die Dauer von sechs Wochen weitergezahlt, auch wenn der Arbeitgeber das Dienstverhältnis aus Anlaß der Verhinderung kündigt. Er muß nach Anmeldung zur Sozialversicherung die Beiträge für Kranken-, Angestelltenrenten- und Arbeitslosenversicherung sowie Unfallversicherung abführen. Die Hälfte der Pflichtbeiträge zahlt der Arbeitgeber. Die Unfallversicherung hat der Arbeitgeber voll zu tragen.

Urlaubspflicht: Er hat dem Angestellten den vereinbarten oder tariflichen Urlaub im Urlaubsjahr zu gewähren. Der Urlaub dient zur Erholung und zur Wiederherstellung der vollen Arbeitskraft.

Zeugnispflicht: Der Arbeitgeber muß dem kaufmännischen Angestellten beim Ausscheiden aus dem Unternehmen ein Zeugnis ausstellen, aus dem Art und Dauer der Beschäftigung hervorgehen. Nur auf Wunsch des Angestellten werden Vermerke über Führung und Leistung bescheinigt.

Beendigung des Arbeitsverhältnisses

Das Arbeitsverhältnis (Dienstverhältnis) endet nach Ablauf einer im Vertrag bestimmten Zeit oder durch Kündigung. Die Kündigung bewirkt die Beendigung eines bestehenden Arbeitsverhältnisses zu einem bestimmten Zeitpunkt.

Bei der Kündigung unterscheidet man die ordentliche, die außerordentliche und die fristlose Kündigung. Zwischen der Abgabe der Kündigung und der Beendigung des

Arbeitsverhältnisses muß eine bestimmte Frist liegen, die Kündigungsfrist. Durch sie soll der andere Vertragspartner die Möglichkeit erhalten, sich einen anderen Arbeitsplatz bzw. einen anderen Mitarbeiter zu suchen. Die Kündigungsfrist ist durch Gesetz gegeben oder vertraglich vereinbart.

G e s e t z l i c h e K ü n d i g u n g s f r i s t : Ist im Arbeitsvertrag nichts anderes bestimmt, kann das Arbeitsverhältnis gekündigt werden (BGB § 622)

von Angestellten: Zum Quartalsende mit einer Kündigungsfrist von sechs Wochen, d. h. die Kündigung muß 42 Tage vor Ende eines Vierteljahres zugegangen sein;

von Arbeitern: Jederzeit mit einer Kündigungsfrist von zwei Wochen. Besteht das Arbeitsverhältnis nach dem 35. Lebensjahr in demselben Betrieb fünf Jahre und mehr, so gelten andere Kündigungsfristen; sie betragen bei

    5 Jahren = 1 Monat zum Monatsende,
10 Jahren = 2 Monate zum Monatsende,
20 Jahren = 3 Monate zum Quartalsende.

Nach einem Urteil des Bundesverfassungsgerichts sind die unterschiedlichen Kündigungsfristen für Angestellte und Arbeiter des § 622 BGB verfassungswidrig; der Gesetzgeber muß bis 30. 6. 1993 eine einheitliche Fristenregelung verabschieden.

Bei einem Dienstverhältnis, das kein Arbeitsverhältnis ist, richtet sich die Kündigungsfrist nach dem Vergütungszeitraum (BGB § 621).

V e r t r a g l i c h e K ü n d i g u n g s f r i s t u n d K ü n d i g u n g s s c h u t z : Im Vertrag (Arbeitsvertrag, Tarifvertrag) wird meistens eine andere Kündigungsfrist vereinbart. Diese ist bei Angestellten nur für den Schluß eines Kalendermonats zugelassen. Die Frist muß wenigstens einen Monat betragen und für beide Teile gleich sein.

Langjährige Angestellte genießen einen besonderen Kündigungsschutz (Gesetz über die Fristen für die Kündigung von Angestellten [KFG] vom 9. 7. 1926). Für sie beträgt die Kündigungsfrist — jeweils zum Quartalsende — bei einer Beschäftigungsdauer ab 25. Lebensjahr von:

    5 Jahren = 3 Monate,
    8 Jahren = 4 Monate,
10 Jahren = 5 Monate,
12 Jahren = 6 Monate.

Diese Schutzfristen gelten jedoch nur für den Arbeitgeber gegenüber dem Arbeitnehmer.

Wer innerhalb von 30 Kalendertagen in Betrieben von mehr als 20 und weniger als 60 Arbeitnehmern mehr als 5 Arbeitnehmer (60 bis 500 10 % oder mehr als 25 Arbeitnehmer, bei mehr als 500 mindestens 30 Arbeitnehmer) entläßt, muß dies dem Arbeitsamt unter Beifügung der Stellungnahme des Betriebsrates vorher schriftlich anzeigen (KschG § 17), nachdem er vorher rechtzeitig den Betriebsrat unterrichtet und mit ihm beraten hat.

Alle Arbeitnehmer genießen einen besonderen Kündigungsschutz nach dem Kündigungsschutzgesetz (KschG). Danach ist die Kündigung eines Arbeitgebers gegenüber einem Arbeitnehmer rechtsunwirksam, wenn sie sozial ungerechtfertigt ist. Voraussetzung jedoch ist, daß der Arbeitnehmer länger als 6 Monate ununterbrochen im Betrieb beschäftigt war.

Sozial ungerechtfertigt ist eine Kündigung, wenn sie nicht durch Gründe erfolgt, die in der Person oder im Verhalten des Arbeitnehmers liegen oder die sich aus dringenden betrieblichen Erfordernissen ergeben (KschG § 1), ferner bei fristgemäßen schriftlichem Widerspruch des Betriebsrates aufgrund bestimmter Voraussetzungen (Verstoß gegen Richtlinien nach dem Betriebsverfassungsgesetz [§§ 102, 95] oder Möglichkeit der Weiterbeschäftigung an einem anderen Arbeitsplatz, evtl. nach Umschulungs- oder Weiterbildungsmaßnahmen). Hält der Arbeitnehmer die Kündigung für sozial ungerechtfertigt, so kann er innerhalb einer Woche nach der Kündigung Einspruch beim Betriebsrat einlegen und innerhalb drei Wochen Feststellungsklage beim Arbeitsgericht erheben. Eine ohne Anhörung des Betriebsrates ausgesprochene Kündigung ist unwirksam. Bietet der Arbeitgeber dem Arbeitnehmer im Zusammenhang mit der Kündigung die Fortsetzung des Arbeitsverhältnisses zu geänderten Bedingungen an, so kann der Arbeitnehmer Feststellungklage erheben, daß die Änderung der Arbeitsbedingungon sozial ungerecht ist, vorausgesetzt jedoch, er hat das Angebot des Arbeitgebers innerhalb von drei Wochen nur unter dem Vorbehalt angenommen, daß diese Änderungen nicht sozial ungerechtfertigt sind (KschG § 2).

Außerdem genießen Mitglieder des Betriebsrates, der Jugend- und Auszubildendenvertretung, des Wahlvorstands, Schwerbehinderte und werdende Mütter besonderen Kündigungsschutz.

Arbeitgeber und Betriebsrat können vereinbaren, daß Kündigungen stets der Zustimmung des Betriebsrates bedürfen und daß bei Meinungsverschiedenheiten eine Einigungstelle entscheidet.

Fristlose Kündigung: Ohne Einhaltung einer Kündigungsfrist kann das Dienstverhältnis aus wichtigem Grunde von jedem Vertragspartner gekündigt werden, wenn Tatsachen vorliegen, aufgrund derer die Fortsetzung des Dienstverhältnisses bis zum Ablauf der Kündigungsfrist nicht zugemutet werden kann, selbst unter Berücksichtigung aller Umstände des Einzelfalls und unter Abwägung der Interessen beider Vertragsteile. Dabei kann die fristlose Kündigung nur innerhalb von zwei Wochen nach Kenntnis der für die Kündigung maßgebenden Tatsachen erfolgen. Der Kündigende muß auf Verlangen den Kündigungsgrund unverzüglich schriftlich mitteilen (BGB § 626). Kündigt der Arbeitgeber, so ist der Betriebsrat vorher zu hören; er kann innerhalb von drei Tagen schriftlich Widerspruch erheben.

Der Handlungsreisende

Oft werden Handlungsgehilfen oder Handlungsbevollmächtigte im Außendienst eingesetzt, um persönlichen Kontakt mit der Kundschaft herzustellen. Sie reisen umher und schließen Geschäfte im Namen und auf Rechnung des Unternehmens ab. Zur Änderung von Verträgen, insbesondere von Zahlungsfristen, oder zur Entgegennahme von Zahlungen sind sie nicht berechtigt, sofern sie nicht dazu ausdrücklich bevollmächtigt sind. Man nennt sie Abschlußvertreter nach HGB § 55 (Handlungsreisende).

Von ihnen ist der **Handelsvertreter** als selbständiger Kaufmann zu unterscheiden. Dieser ist ständig damit betraut, für das Handelsgewerbe eines anderen Geschäfte zu vermitteln oder in dessen Namen abzuschließen (im fremden Namen und für fremde Rechnung). Er erhält dafür eine Provision (§§ 84 ff. HGB).
Andere selbständige Kaufleute sind **Kommissionär** und **Handelsmakler**. Der Kommissionär kauft oder verkauft gewerbsmäßig Waren oder Wertpapiere im eigenen Namen, aber für fremde Rechnung. Er erhält dafür eine Vergütung (Kommissionsgebühr, Provision). Der Handelsmakler vermittelt gewerbsmäßig den Abschluß von Verträgen im Handelsverkehr, ohne damit ständig betraut zu sein. Er erhält dafür eine Maklergebühr (Courtage).

Die technischen Angestellten und Arbeiter

In Unternehmen der Industrie, der Wohnungswirtschaft u. a. sind neben den kaufmännischen Angestellten (Handlungsgehilfen) auch technische Angestellte und Arbeiter tätig.

Der technische Angestellte
Die technischen Angestellten benötigen eine besondere Vorbildung, die sie an Fachschulen, technischen Lehranstalten oder technischen Hochschulen erworben haben. Ihre Tätigkeit ist meist planender, leitender oder überwachender Art.
Für sie gilt nicht das Handelsgesetzbuch, sondern die privatrechtlichen Vereinbarungen und die Bestimmungen des BGB bzw. des Tarifvertrages (Arbeitsrecht).

Die Arbeiter
Arbeiter werden wie die technischen Angestellten aufgrund eines Arbeitsvertrages angestellt, aus dem sich ihre Rechte und Pflichten ergeben. Zusätzlich gilt für sie die Gewerbeordnung, jedoch nicht das Handelsgesetzbuch. Die Arbeiter (Facharbeiter, angelernte Arbeiter, ungelernte Arbeiter) erhalten Lohn. Der Lohn ist entweder ein Leistungslohn oder ein Soziallohn. Beim Leistungslohn ist die Leistung allein für die Höhe des Lohnes ausschlaggebend, beim Soziallohn werden neben der Leistung auch die sozialen Verhältnisse, wie Anzahl und Alter der Kinder, Dienstalter, berücksichtigt. Der Lohn wird verschieden berechnet. Nach der Berechnung unterscheidet man drei Lohnformen.
    Zeitlohn,
    Akkordlohn,
    Prämienlohn.
Der Zeitlohn wird nach der **Arbeitszeit** bemessen, wobei tüchtige Arbeiter Leistungszulagen erhalten können.
Der Akkordlohn richtet sich nach der geleisteten **Arbeitsmenge**. Beim Einzelakkord ist die geleistete Stückzahl eines einzelnen Arbeiters Berechnungsgrundlage, beim Gruppenakkord die geleistete Arbeitsmenge der gesamten Gruppe. Der Prämienlohn hat eine Mittelstellung zwischen Zeit- und Akkordlohn. Es gibt verschiedene Prämienlohnsysteme, die vom Leistungslohn ausgehen. Ab 1. 1. 1970 erhalten auch die Arbeiter den Lohn bei Krankheit sechs Wochen lang nach den Vorschriften des Lohnfortzahlungsgesetzes weitergezahlt.

2.2.2 Die leitenden Mitarbeiter

Der Unternehmer kann in einem Unternehmen nicht alle Arbeiten allein verantwortlich durchführen. Er muß sich auf bestimmte Mitarbeiter verlassen können. Auch muß er sich bei vielen Rechtsgeschäften und Rechtshandlungen vertreten lassen. Innerhalb des Betriebes (im Innenverhältnis) kann er jederzeit Führungsbefugnisse auf einzelne Mitarbeiter übertragen und diese somit zu Vorgesetzten machen; er braucht jedoch auch Mitarbeiter, die ihn nach außen hin — rechtswirksam — vertreten. Dazu bedarf es einer besonderen Bevollmächtigung. Auf leitende Angestellte findet das Betriebsverfassungsgesetz keine Anwendung. (§ 5 Abs. 3 BetrVG).

Der Handlungsbevollmächtigte (HGB § 54 ff.)

Erteilt ein Kaufmann (auch Minderkaufmann) jemandem das Recht, für ihn rechtsverbindlich zu handeln und zu unterschreiben, so hat dieser eine Handlungsvollmacht erhalten. Sie kann ausdrücklich (mündlich oder schriftlich) und stillschweigend erteilt werden. Eine stillschweigende Erteilung liegt bereits dann vor, wenn ein Kaufmannsgehilfe für eine bestimmte Tätigkeit (z. B. Kassierer) eingestellt wird. Nach dem Umfang der Vollmacht ist zu unterscheiden:

Gesamtvollmacht,
Artvollmacht,
Einzelvollmacht.

G e s a m t v o l l m a c h t : Die Gesamtvollmacht erstreckt sich auf alle Geschäfte und Rechtshandlungen, die der Betrieb gewöhnlich mit sich bringt. Der Handlungsbevollmächtigte ist daher nach dem Gesetz von der Vornahme bestimmter Rechtsgeschäfte ausgeschlossen. Er darf n i c h t (oder nur mit besonderer Vollmacht des Unternehmers):

Grundstücke veräußern oder belasten;
Wechselverbindlichkeiten eingehen;
Darlehen und Kredite aufnehmen;
seine Vollmacht auf andere übertragen.

A r t v o l l m a c h t : Wer nur eine bestimmte Art von Geschäften abzuschließen hat, erhält eine Artvollmacht (Kassierer, Buchhalter, Einkäufer, Verkäufer, Korrespondent, Postvollmacht, Zollvollmacht). Sie erstreckt sich nur auf Rechtshandlungen innerhalb des betreffenden Arbeitsbereiches.

E i n z e l v o l l m a c h t (Sondervollmacht): Sie berechtigt zur Vornahme einer einzelnen Rechtshandlung (Prozeßvollmacht).

Z e i c h n u n g : Der Handlungsbevollmächtigte zeichnet, indem er unter die Firma „i. V." (in Vollmacht) setzt und darunter seinen Namen schreibt.

Der Prokurist (HGB §§ 48—53)

Wer einem Mitarbeiter eine ständige und weitgehende Vollmacht zur Vertretung geben will, erteilt eine Prokura. Die Prokura muß ausdrücklich erteilt werden. Sie wird beim

Handelsregister, bei Genossenschaften beim Genossenschaftsregister angemeldet und eingetragen. Deshalb kann nur ein Vollkaufmann Prokuristen ernennen.

Die Arten der Prokura sind:

Einzelprokura,

Gesamtprokura,

Filialprokura.

Bei einer E i n z e l p r o k u r a hat der Prokurist alleinige Zeichnungsberechtigung.

Bei der G e s a m t p r o k u r a kann der Prokurist immer nur in Verbindung mit einer weiteren Person (Geschäftsführer, Prokurist, Handlungsbevollmächtigter) zeichnen.

Bei der F i l i a l p r o k u r a wird die Prokura nur auf die Zweigstelle des Unternehmens beschränkt.

Z e i c h n u n g : der Prokurist zeichnet, indem er unter die Firma „pp." oder „ppa." setzt (per procura) und darunter seinen Namen schreibt.

Die Prokura wirkt nach außen mit der Erteilung, sie erlischt bei Widerruf und Löschung im Handelsregister.

Vergleich zwischen Handlungsvollmacht und Prokura

	Handlungsvollmacht	Prokura
Arten	Gesamtvollmacht Artvollmacht Einzelvollmacht	Einzelprokura Gesamtprokura Filialprokura
Erteilung	durch Minderkaufleute oder Vollkaufleute stillschweigend oder ausdrücklich mündlich oder schriftlich	durch Vollkaufleute ausdrücklich mündlich oder schriftlich
Handelsregister	keine Eintragung	Eintragung
Umfang	gewöhnliche Geschäfte	gewöhnliche und außergewöhnliche Geschäfte
Einschränkungen	Kein Eingehen von Wechselverbindlichkeiten Keine Darlehnsaufnahme Keine Prozeßvertretung Kein Verkauf und keine Belastung von Grundstücken	Kein Verkauf und keine Belastung von Grundstücken
	Keine Übertragung an Dritte Keine Durchführung von Rechtshandlungen, die nur dem Kaufmann oder Unternehmer vorbehalten sind	
Zeichnung	i.V.	pp., ppa.

2.3 Das Betriebsklima

Die Zusammenarbeit und die Beziehungen der Menschen innerhalb eines Betriebes untereinander sind entscheidend für die richtige Arbeitsleistung. Der Mensch muß von allen seelischen — betrieblich bedingten — Spannungen frei sein. Die Arbeitsfreude darf nicht gedrückt werden. Man spricht von dem Betriebsklima und meint dabei alle die Faktoren, die auf den arbeitenden Menschen hemmend oder fördernd einwirken können. Das Betriebsklima ist abhängig von der richtigen Raum- und Arbeitsplatzgestaltung, der Zusammensetzung innerhalb einer Arbeitsgemeinschaft, der Delegierung, der Abgrenzung der Kompetenzen, der richtigen Verhaltensweise der Mitarbeiter (Bildungsfrage), dem Handeln und Verhalten des Vorgesetzten. Nicht nur soziales Verständnis und Hilfsbereitschaft für die Nöte des einzelnen werden verlangt, sondern Sachlichkeit und Klarheit von Anordnungen, Gerechtigkeit gegenüber den Untergebenen, bestimmte Formen von Lob und Tadel usw. Das Betriebsklima wirkt sich nach außen aus.

2.4 Der Betriebsrat

Das Verhältnis von Unternehmer und Mitarbeiter beruht auf echter Partnerschaft. Beide müssen vertrauensvoll zusammenarbeiten. Die Interessen der Arbeitnehmer nimmt der Betriebsrat wahr. Nach dem Betriebsverfassungsgesetz ist in allen Betrieben von fünf Arbeitnehmern an ein Betriebsrat für die Dauer von vier Jahren zu wählen.

Die Wahlen sind alle vier Jahre in der Zeit vom 1. März bis 31. Mai durchzuführen. Wahlberechtigt sind alle über 18 Jahre alten Betriebsangehörigen. Wählbar sind alle Wahlberechtigten, die dem Betrieb sechs Monate angehören, sowie für den Betrieb hauptsächlich tätige Heimarbeiter, wenn ihnen nicht durch Richterspruch die Wählbarkeit oder die Tätigkeit, öffentliche Ämter zu bekleiden, abgesprochen wurde. Für Angehörige des öffentlichen Dienstes gilt das Personalvertretungsgesetz.

Im Betriebsrat müssen Arbeiter und Angestellte anteilmäßig vertreten sein; Verhältnis der Geschlechter, Beschäftigungsarten, Betriebsabteilungen und unselbständige Nebenbetriebe sollen bei der Zusammensetzung des Betriebsrates berücksichtigt werden. Jugendliche Arbeitnehmer unter 18 Jahren (Mindestzahl fünf) oder die, die zu ihrer Berufsausbildung beschäftigt sind und das 25. Lebensjahr noch nicht vollendet haben, wählen eine betriebliche Jugend- und Auszubildendenvertretung für die Dauer von zwei Jahren. Bestehen in einem Unternehmen mehrere Betriebsräte, so ist ein Gesamtbetriebsrat (bei Konzernen ein Konzernbetriebsrat) zu errichten. Die Zahl der Betriebsratsmitglieder richtet sich nach der Zahl der wahlberechtigten Arbeitnehmer (21 — 50 Arbeitnehmer = 3, 51 — 150 Arbeitnehmer = 5, 151 — 300 Arbeitnehmer = 7 Mitglieder usw.). Der Betriebsrat wählt einen Betriebsratsvorsitzenden und dessen Stellvertreter. Hat der Betriebsrat neun oder mehr Mitglieder, so bildet er einen Betriebsausschuß. Dieser führt die laufenden Geschäfte für die Dauer der Amtszeit. Die Tätigkeit im Betriebsrat ist ehrenamtlich und unentgeltlich. Die Sitzungen sind nicht öffentlich, sie finden meist in der Arbeitszeit statt. Der Arbeitgeber kann zu diesen eingeladen werden. Ein Beauftragter einer im Betriebsrat vertretenen Gewerkschaft sowie ein Vertreter der Vereinigung der Arbeitgeber, in der das Unternehmen Mitglied ist, kann auf Einladung beratend teilnehmen. Die Beschlüsse des Betriebsrates werden mit einfacher Stimmenmehrheit gefaßt. Der Betriebsrat hat einmal im Kalendervierteljahr eine Betriebsversammlung einzuberufen. Auf Wunsch des Arbeitgebers oder eines Viertels der wahlberechtigen Arbeitnehmer muß er eine außerordentliche Betriebsversammlung einberufen (BetrVG § 43).

Der Arbeitgeber muß wenigstens einmal im Jahr an einer Betriebsversammlung über das Personal- und Sozialwesen des Betriebes und über die wirtschaftliche Lage und Entwicklung des Betriebes berichten.

Der Betriebsrat hat ein M i t b e s t i m m u n g s r e c h t in sozialen, personellen und wirtschaftlichen Fragen. Zu den s o z i a l e n Angelegenheiten gehören: Regelung der Arbeitszeiten und Pausen, die Aufstellung des Urlaubsplanes, Festlegung von Zeit und Ort der Lohnzahlung, Verwaltung betrieblicher Sozialeinrichtungen, Zuweisung und Kündigung von Werkswohnungen, allgemeine Festlegung der Nutzungsbedingungen; außerdem besteht ein Mitwirkungsrecht (Unterrichtung und Beratung) bei Arbeitsschutz, Unfallverhütung und bei der Arbeitsgestaltung.

Das p e r s o n e l l e Mitbestimmungsrecht bezieht sich auf Einstellungen, Versetzungen und Entlassungen, sofern der Betrieb mehr als 20 wahlberechtigte Arbeitnehmer beschäftigt (§ 99 ff.). Mitbestimmungs- bzw. Mitwirkungsrecht hat der Betriebsrat auch bei der Berufsausbildung und bei der Einrichtung von betrieblichen oder außerbetrieblichen Berufsbildungsmaßnahmen, insbesondere kann er bei der Bestellung eines Ausbilders widersprechen oder dessen Abberufung verlangen.

Das w i r t s c h a f t l i c h e Mitwirkungsrecht bezieht sich auf Betriebsveränderungen, die für Arbeitnehmer nachteilig sein können, wie Kurzarbeit, Stillegung, Verlegung, Zusammenschluß, grundlegende Änderungen der Betriebsorganisation, des Betriebswerkes oder der Betriebsanlagen. Entstehen dadurch für Arbeitnehmer wirtschaftliche Nachteile, so ist ein S o z i a l p l a n aufzustellen.

In Betrieben mit mehr als 100 ständigen Arbeitnehmern wird ein W i r t s c h a f t s a u s s c h u ß gebildet, der aus 3 bis 7 Mitgliedern besteht. Er hat Anspruch auf Unterrichtung über wirschafltiche Angelegenheiten. Darüber hinaus hat er den Unternehmer zu beraten und den Betriebsrat zu unterrichten (BetrVG § 106 ff.).

Zur Beilegung von Meinungsverschiedenheiten zwischen Arbeitgeber und Betriebsrat ist bei Bedarf eine E i n i g u n g s s t e l l e zu bilden, die paritätisch und mit einem unparteiischen Vorsitzenden zusammengesetzt ist (§ 76).

2.5 Die Mitbestimmung der Arbeitnehmer

Im Unternehmen mit dem wirtschaftlich-politischen Aufgabenkreis liegt die Entscheidungs- und Konfliktebene im Unternehmen und seinen Gremien. Bei der Aktiengesellschaft mit unter 2 000 Arbeitnehmern sowie bei der GmbH und der Genossenschaft mit mehr als 500 Arbeitnehmern bis 2 000 werden von den Mitgliedern des Aufsichtsrates nach dem Betriebsverfassungsgesetz $^2/_3$ der Mitglieder von der Hauptversammlung und $^1/_3$ von den wahlberechtigten Arbeitnehmern gewählt. Im Betrieb, der örtlichen Arbeitsstätte des Unternehmens, zeichnet sich ein technisch sozialer Aufgabenkreis ab, dem die Entscheidungs- und Konfliktebene des Betriebes entspricht. Hier ist der Betriebsrat zuständig.

Für Kapitalgesellschaften und Genossenschaften mit mehr als 2 000 Arbeitnehmern gilt bezüglich der Mitbestimmung das Gesetz über die Mitbestimmung der Arbeitnehmer (Mitbestimmungsgesetz — MitbestG vom 4. 5. 1976). Danach setzt sich der Aufsichtsrat eines Unternehmens mit nicht mehr als 10 000 Arbeitnehmern aus je sechs Aufsichtsratsmitgliedern der Anteilseigner (Aktionäre, Gesellschafter, Genossen) und Arbeitnehmer zusammen, wobei von den Arbeitnehmervertretern vier dem Unternehmen angehören und zwei Vertreter der Gewerkschaften sind. Außerdem muß ein leitender Angestellter vertreten sein. Im Vorstand ist ein Arbeitsdirektor zu berufen. Die Zahl der Aufsichtsratsmitglieder kann sich auf 16 oder 20, je nach der Anzahl der Arbeitnehmer erhöhen. Die Arbeitnehmervertreter werden bis 8 000 Arbeitnehmer direkt (Urwahl), darüber hinaus durch Wahlmänner (indirekte Wahl) gewählt.

Das „Gesetz über die Mitbestimmung der Arbeitnehmer in den Aufsichtsräten und Vorständen der Unternehmen des Bergbaues und der eisen- und stahlerzeugenden Industrie" bringt darüber hinaus ein verstärktes Mitspracherecht der Arbeitnehmer. Hier muß dem Vorstand als Vertreter der Arbeitnehmer ein „Arbeitsdirektor" angehören. In den Aufsichtsrat, der aus elf Mitgliedern zu bestehen hat, werden vier Mitglieder von den Anteilseignern und vier von den Arbeitnehmern gewählt. Jede der beiden Gruppen wählt je einen weiteren Vertreter. Das elfte Mitglied wird mit der Mehrheit beider Gruppen zur Wahl durch die Hauptversammlung vorgeschlagen. Es wird meistens eine Persönlichkeit sein, die neutral zu beiden Gruppen steht und ausgleichend wirken soll.

2.6 Gewerkschaften und Arbeitgeberverbände

2.6.1 Die Gewerkschaften

Die Arbeitnehmer haben sich zur Erreichung bestimmter Ziele und Aufgaben in den Gewerkschaften zusammengeschlossen. Der größte und bedeutendste Gewerkschaftsverband in Deutschland ist der Deutsche Gewerkschaftsbund (DGB). In ihm sind 16 selbständige Gewerkschaften zusammengeschlossen, z. B. die Gewerkschaften „Handel, Banken und Versicherungen", „Bergbau", „Bau — Steine — Erden", „Öffentliche Dienste, Transport und Verkehr", „Erziehung und Wissenschaft".

Mit der Gründung des DGB nach dem Kriege mit Sitz in Düsseldorf wurde versucht, diese Dachorganisation als Einheitsgewerkschaft zu gründen, die weltanschaulich, parteilich und religiös neutral ist. Man wollte einer Zersplitterung vorbeugen. Neben dem DGB bestehen nunmehr u. a.:

Bund Christlicher Gewerkschaften (CGB),
Deutsche Angestelltengewerkschaft (DAG),
Deutscher Handels- und Industrie-Angestelltenverband (DHV),
Verband weiblicher Angestellten (VWA),
Deutscher Beamtenbund (DBB).

Die Gewerkschaften vertreten die wirtschaftlichen, sozialen und arbeitsrechtlichen Belange ihrer Mitglieder. Sie versuchen insbesondere, eine Verbesserung der Lohn- und Arbeitsbedingungen zu erreichen, um den Lebensstandard zu erhöhen. Sie sind Vertragspartner der Arbeitgeberverbände bei Abschluß und Gestaltung der Tarifverträge. Auch wirken sie bei Gesetzen mit, die die Sozialversicherung und den Schutz des arbeitenden Menschen betreffen. Den einzelnen Mitgliedern gewähren sie Rechtsschutz, Hilfe und Unterstützung bei Streiks und Aussperrungen durch die Arbeitgeber. Nach dem Betriebsverfassungsgesetz haben die im einzelnen Betrieb vertretenen Gewerkschaften verschiedene Möglichkeiten zur Unterstützung und Beratung des Betriebsrates. Dabei sind sie verpflichtet, sich an die für Arbeitgeber und Betriebsrat vorgeschriebene vertrauensvolle Zusammenarbeit zum Wohl der Arbeitnehmer und des Betriebes zu halten. (BetrVG § 2).

2.6.2 Die Arbeitgeber

Die Arbeitgeber sind freiwillig in Arbeitgeberverbänden, z. B. Arbeitgeberverband der Wohnungswirtschaft e. V., in Frankfurt, zusammengeschlossen. In der „Bundesvereinigung der Deutschen Arbeitgeberverbände", Köln, sind über 650 Arbeitgeberverbände vereinigt. Sie vertreten die sozialpolitischen Belange der Arbeitgeber.

Den Gewerkschaften und den Arbeitgeberverbänden steht das Recht zu, Tarifverträge abzuschließen. Als Tarifpartner können sie an den Arbeitsgerichten klagen oder verklagt werden.

3 Der Schutz der Arbeitskraft

3.1 Die Sozialversicherung

3.1.1 Wesen

Arbeiter und Angestellte verdienen ihren Lebensunterhalt durch ihr Einkommen als Entgelt für ihre Arbeitsleistung. Sie sind den Wechselfällen des täglichen Lebens ausgesetzt. Krankheit, Arbeitsunfähigkeit, Arbeitslosigkeit und Tod können die Existenzgrundlage des einzelnen und seiner Familie erschüttern. Es besteht die sittliche Pflicht, sich gegen Schadensfälle dieser Art zu sichern. Aus dieser Verpflichtung und der Idee der genossenschaftlichen Selbsthilfe entstand unter Mitwirkung des Staates die Sozialversicherung. Sie umfaßt die:

Krankenversicherung,

Angestelltenrentenversicherung,

Arbeiterrentenversicherung,

Arbeitslosenversicherung,

Unfallversicherung.

Hinzu kommen die Knappschaftsversicherungen und die Altersversorgung des Handwerks.

Daneben geben die Unternehmen durch Vertrag Pensionszusagen oder gründen Pensions- und Unterstützungskassen. Die privaten Pensionszusagen sind durch das „Gesetz zur Verbesserung der betrieblichen Altersversorgung" (Betriebsrentengesetz) sicherer und wirkungsvoller gestaltet worden. Wer Versorgungszusagen unmittelbar oder über eine Direktversicherung oder über eine Unterstützungskasse zusagt, muß zur Insolvenzsicherung dem Pensions-Sicherungs-Verein beitreten und Beiträge zahlen. Dieser übernimmt die Zahlung der Betriebsrente, wenn das Unternehmen in Konkurs gerät. Außerdem verliert der Arbeitnehmer die Ansprüche aus der Versorgungszusage nicht, wenn er dem Betrieb wechselt, vorausgesetzt er ist mindestens 35 Jahre alt und die Zusage besteht 10 Jahre, oder 3 Jahre, wenn er 12 Jahre dem Betrieb angehört.

Arbeiter und Angestellte sind ohne Rücksicht auf die Höhe ihres Verdienstes sozialversicherungspflichtig. Die Beiträge werden von dem Entgelt, beim Übersteigen eines Höchstbetrages (Beitragsbemessungsgrenze) nur von diesem berechnet. Arbeiter und Angestellte sind krankenversicherungspflichtig bis zu einer bestimmten Obergrenze. Überschreiten sie diese, können sie sich jedoch weiter freiwillig versichern lassen oder eine private Krankenversicherung abschließen und erhalten vom Arbeitgeber einen Zuschuß zu ihrem Krankenversicherungsbeitrag in Höhe von 50 % des Höchstbeitrags der Ortskrankenkasse.

Der Beitrag ist einer Tabelle zu entnehmen. Bei der Berechnung der Beiräge ist vom Verdienst und von der Beitragsgruppe auszugehen. Arbeitgeber und Arbeitnehmer bezahlen den Betrag je zur Hälfte in der Form, daß der Arbeitgeber den halben Sozialversicherungsbeitrag vom Entgelt einbehält und ihn zusammen mit dem anderen Teil (Arbeitgeberanteil, der zu den Lohnnebenkosten gehört) an die Krankenkasse abführt. Diese leitet die entsprechenden Teilbeträge an die anderen Träger der Versicherungen weiter.

Eine geringfügig entlohnte oder kurzfristige Beschäftigung ist sozialversicherungsfrei. Jeder Beschäftigte erhält ab den 1. 7. 1991 einen Sozialversicherungsausweis, der seine Versicherungsnummer neben seinem Namen und Vornamen enthält. Dieser ist bei Ausübung der Beschäftigung im Baugewerbe und anderen Bereichen mitzuführen und vorher dem Arbeitgeber vorzulegen. Wird Arbeitslosengeld, Arbeitslosenhilfe, Unterhaltsgeld oder Sozialhilfe gewährt, ist der Sozialversicherungsausweis zu hinterlegen. Das gleiche gilt auch bei Lohn- oder Gehaltsfortzahlung infolge Arbeitsunfähigkeit,. So will man illegale Beschäftigungsverhältnisse oder Leistungsmißbrauch verhindern. Der Arbeitgeber hat der Einzugsstelle die Nichtvorlage des Sozialversicherungsausweises innerhalb einer Frist von drei Tagen zu melden.

3.1.2 Pflichten des Arbeitgebers

Jeder Arbeitgeber ist verpflichtet, die sozialversicherungspflichtigen Arbeitnehmer innerhalb 14 Tagen nach Beginn der Beschäftigung bei der Krankenkasse auf einem Formblatt anzumelden bzw. innerhalb 6 Wochen nach Beendigung der Beschäftigung abzumelden. Versäumt der Arbeigeber die An- und Abmeldung, so erwachsen ihm Nachteile. Er muß sodann die Krankenversicherungbeiträge weiterzahlen und gegebenenfalls zu Unrecht gewährte Leistungen der Krankenkasse erstatten. Außerdem macht er sich strafbar. Eine Meldepflicht innerhalb 14 Tagen besteht ferner, wenn sich durch Lohn- oder Gehaltsänderung die Beitragsstufe ändert bzw. die Versicherungspflicht entfällt.

Der Arbeitgeber ist ferner verpflichtet, zum Wehrdienst oder einer Wehrübung Einberufene zu melden und das Ende des Grundwehrdienstes bzw. der Ausbildungszeit mitzuteilen. Die Beiträge für zum Wehrdienst Einberufene trägt der Bund.

3.1.3 Die Krankenversicherung

Versicherungspflicht

Versicherungspflichtig sind:

Arbeiter und Angestellte mit einem regelmäßigen Jahresarbeitsverdienst bis zur Höhe der Beitragsbemessungsgrenze,

Auszubildende,

Selbständige unter bestimmten Voraussetzungen,

Rentner der Arbeiterrentenversicherung und der Angestelltenrentenversicherung,

Arbeitslose, die Arbeitslosenunterstützung erhalten,

zum Wehrdienst Einberufene, falls sie vor ihrer Einberufung pflichtversichert waren.

Wer als Arbeitnehmer aus einer versicherungspflichtigen Beschäftigung ausscheidet, kann sich oder seine Familienangehörigen auf Antrag innerhalb von drei Wochen nach dem Ausscheiden freiwillig weiterversichern lassen.

Die Beiträge richten sich nach den Satzungen der jeweiligen Krankenkasse. Sie betragen unterschiedlich 11 % bis 16 % (Beitragsobergrenze) des beitragspflichtigen Entgeltes.

Träger der Versicherung

Versicherungsträger sind: Ortskrankenkassen (AOK), Innungskrankenkassen, Betriebskrankenkassen, Ersatzkassen.

Leistungen

Die Leistungen der Krankenversicherung bestehen in:

Krankenpflege: Die Krankenversicherung übernimmt die Kosten der ärztlichen Behandlung, der Arzneien und Heilmittel auf unbegrenzte Zeit, wobei für jedes Rezept eine Gebühr zu entrichten ist. Im Gegensatz zur Privatversicherung gibt es keine „Aussteuerung".

K r a n k e n g e l d : Bei Krankheit zahlt die Versicherung ein Krankengeld ($1^1/_2$ Jahre innerhalb von drei Jahren), wenn der Betrieb im Krankheitsfalle das Gehalt nicht weiterzahlt. Arbeitnehmer erhalten das Gehalt sechs Wochen lang weitergezahlt. Arbeitgeber mit nicht mehr als 20 Beschäftigen erhalten 50 % bzw. 80 % der Lohnfortzahlungen für Arbeiter nach dem Lohnfortzahlungsgesetz erstattet. Die Mittel zur Durchführung des Arbeitgeberausgleichs werden durch eine Umlage von den am Ausgleich beteiligten Arbeitgebern aufgebracht; die Umlagesätze betragen 2,1 % (U_1 bei Krankheit) und 0,1 % (U_2 bei Mutterschaft) der Bruttolohnsumme der Arbeiter. Muß der Versicherte wegen eines erkrankten Kindes der Arbeit fernbleiben, so erhält er unter bestimmten Voraussetzungen Krankengeld (höchstens 5 Tage je Kind im Jahr); in einem solchen Fall hat der versicherte Arbeitnehmer Anspruch auf unbezahlte Freistellung von der Arbeitsleistung (§ 185 c RVO).

K r a n k e n h a u s p f l e g e : Anstelle der Kosten für Krankenpflege und des Krankengeldes übernimmt die Versicherung die Pflegekosten bei stationärer Behandlung in einem Krankenhaus. Unter bestimmten Voraussetzungen erhalten sodann Versicherte Haushaltshilfen (§ 185 b RVO) oder Erstattung der für eine Ersatzkraft entstehenden Kosten.

H a u s g e l d : Während des Aufenthaltes im Krankenhaus erhalten die Familenangehörigen ein Hausgeld, wenn der Versicherte diese ganz oder überwiegend unterhalten hat.

F a m i l i e n h i l f e : Die Unterhaltsberechtigten des Versicherten genießen ebenfalls Krankenpflege und Krankenhauspflege.

S t e r b e g e l d : Diese beträgt das 20 bis 40fache des Grundlohns einer Arbeitsstunde, mindestens jedoch 100,— DM.

M u t t e r s c h a f t s g e l d : Frauen in der gesetzlichen Krankenversicherung erhalten für die Zeit der Schutzfristen sowie für die Zeit ihres Mutterschaftsurlaubs Mutterschaftsgeld nach den Vorschriften der Reichsversicherungsordnung. Wer nicht in der gesetzlichen Krankenversicherung versichert ist, erhält dieses vom Bundesversicherungsamt gezahlt.

Die ärztliche Behandlung erfolgt gegen Krankenschein, der für ein Vierteljahr gilt.

3.1.4 Die Rentenversicherung der Angestellten

Versicherungspflicht

Versicherungspflichtig sind nach dem Sozialgesetzbuch, sechstes Buch, alle Personen, die gegen Arbeitsentgelt oder zu ihrer Berufsausbildung beschäftigt sind, selbständig Tätige, Behinderte u. a. (§§ 1—4). Wer aus einem versicherungspflichtigen Arbeitsverhältnis ausscheidet, damit nicht mehr versicherungspflichtig ist, aber während 60 Kalendermonaten Beiträge gezahlt hat, kann sich freiwillig versichern lassen.

Die Beiträge werden von der Bundesregierung mit Zustimmung des Bundesrates jährlich festgesetzt. Sie betragen z. Z. 17,5 % des Grundlohnes und werden der Bundesversicherungsanstalt über die Krankenkassen zugeführt.

Träger

Träger der Angestelltenrentenversicherung ist die Bundesversicherungsanstalt für Angestellte, Berlin-Wilmersdorf.

Träger der Arbeiterrentenversicherung sind die Landesversicherungsanstalten der einzelnen Länder bzw. die Sonderanstalten (für Versicherte der Deutschen Bundesbahn oder der Seeschiffahrt).

Leistungen

Die Leistungen bestehen nach Erfüllung der Wartezeit in:

1. R e h a b i l i t a t i o n : Um Krankheit oder Behinderung in der Erwerbsfähigkeit entgegenzuwirken, werden medizinische u. a. Leistungen gefördert.
2. R e n t e n wegen Alters, verminderter Erwerbsfähigkeit oder Todes
Anspruch besteht auf:
Regelaltersrente, wenn das 65. Lebensjahr vollendet und die allgemeine Wartezeit (5 Jahre) erfüllt ist,
Altersrente für langjährig Versicherte, wenn das 63. Lebensjahr vollendet und die Wartezeit von 35 Jahren erfüllt ist,
Altersrente für Schwerbehinderte, Berufsunfähige oder Erwerbsunfähige (ab 60. Lebensjahr, Wartezeit von 35 Jahren erfüllt und als solche anerkannt),
Altorsrente wegen Arbeitslosigkeit (ab 60. Lebensjahr und anderen Voraussetzungen),
Altersrente für Frauen (ab 60. Lebensjahr, wenn sie nach dem 40. Jahr mehr als 10 Jahre Pflichtbeitragszeiten und die Wartezeit von 15 Jahren erfüllt haben).
3. Z u s a t z l e i s t u n g e n : Zuschuß zur Krankenversicherung bei Rentenbeziehern, die freiwillig in der Krankenversicherung versichert sind, und Rentenabfindung bei Wiederheirat;
4. R e n t e n a u s k u n f t (ab 55. Lebensjahr von Amts wegen über die Höhe der Anwartschaft auf Rente.)

Die Höhe der Rente richtet sich vor allem nach der Höhe der während des Versicherungslebens durch Beiträge versicherten Arbeitsentgelte und Arbeitseinkommen, das in Entgeltpunkte umgerechnet wird. Der Monatsbetrag der Rente ergibt sich, wenn die persönlichen Entgeltpunkte mit dem Rentenartfaktor und dem aktuellen Rentenwert bei Beginn der Rente miteinander vervielfältigt werden. Der Rentenartfaktor beträgt z. B. bei Renten wegen Alters oder Erwerbsunfähigkeit 1,0, bei Berufsunfähigkeit 0,6667. Die Renten werden zum 1. 7. eines jeden Jahres durch Ersetzen des aktuellen Rentenwertes angepaßt (§§ 64—68 SGB).

Jeder Arbeitnehmer hat zu Beginn des Beschäftigungsverhältnisses sein Versicherungsnachweisheft mit den Versicherungskarten, das bei der Krankenkasse oder dem Versicherungsamt zu beantragen ist, dem Arbeitgeber auszuhändigen. Nach Ablauf eines jeden Kalenderjahres und bei Ausscheiden aus dem Betrieb hat der Arbeitgeber zum Nachweis der Entrichtung der Beiträge die Beschäftigungsdauer, das Bruttoentgelt für das Kalenderjahr und den Namen der Krankenkasse, an die die Rentenversicherungsbeiträge abgeführt worden sind, in die Versicherungskarte einzutragen. Eine Kopie erhält die Krankenkasse, eine Kopie der Arbeitnehmer. Sie dient als Nachweis für die während der Beschäftigungsdauer geleisteten Beiträge und ist gut aufzubewahren.

3.1.5 Die Arbeitslosenversicherung

Versicherungspflicht und Versicherungsträger

Versicherungspflichtig sind alle Arbeitnehmer sowie Auszubildenden (Ausnahmen AFG § 169). Träger der Arbeitslosenversicherung ist die Bundesanstalt für Arbeit in Nürnberg mit ihren Landesarbeitsämtern und Arbeitsämtern. Die Beiträge betragen 6,5 % des Arbeitsentgeltes. Durch Verordnungen kann die Regierung die Beitragserhebung aussetzen oder den Prozentsatz heruntersetzen. Rechtsgrundlage bildet das Arbeitsförderungsgesetz (AFG).

Leistungen

Folgende L e i s t u n g e n werden erbracht.

Arbeitlosengeld (Hauptbetrag und Familienzuschläge nach dem durchschnittlichen Arbeitsentgelt im Bemessungszeitraum) entsprechend einer dem Gesetz beigefügten Tabelle,

Krankenversicherung für Arbeitslose,

Arbeitslosenhilfe (falls kein Anspruch auf Arbeitslosengeld besteht),

Kurzarbeitergeld zur Erhaltung von Arbeitsplätzen,

Schlechtwettergeld zur Förderung ganzjähriger Beschäftigung auf dem Bau.

Ein Arbeitsloser hat sich beim Arbeitsamt unmittelbar als arbeitslos zu melden. Er beantragt A r b e i t s l o s e n g e l d bzw. Arbeitslosenhilfe unter folgenden Voraussetzungen:

Er muß vorübergehend nicht in einem Beschäftigungsverhältnis stehen.

Er muß arbeitsfähig und bereit sein, jede zumutbare Beschäftigung anzunehmen, die er ausüben kann.

Er muß die Anwartschaft erfüllt haben, die dann besteht, wenn der Arbeitnehmer in der Rahmenfrist von 3 Jahren wenigstens 360 Kalendertage versichert war. Der Anspruch von Zahlung auf Arbeitslosengeld richtet sich nach der Versicherungsdauer. Arbeitslosenhilfe erhält man unter der Voraussetzung, daß man innerhalb der letzten 12 Monate Arbeitslosengeld bezogen oder mindestens 150 Kalendertage beitragspflichtig gearbeitet hat. Die Zahlung ist von der Bedürftigkeit abhängig. Dabei werden Einkommen und Vermögen — auch des Ehepartners —, soweit es eine bestimmte Grenze überschreitet, berücksichtigt.

3.1.6 Die Unfallversicherung

Versicherungspflicht

Versicherungspflichtig sind alle Arbeitnehmer mit Ausnahme der Beamten und Angehörigen der freien Berufe (Ärzte, Rechtsanwälte, Wirtschaftsprüfer usw.).

Träger

Träger der Unfallversicherung sind die Berufsgenossenschaften, die nach Gewerbezweigen gegliedert sind. Die Beiträge richten sich nach der Höhe der gesamten Löhne und Gehälter und nach der Gefahrenklasse des Gewerbezweiges und werden im Umlageverfahren nach Ablauf des Versicherungsjahres von den Arbeitgebern erhoben. Der Arbeitgeber zahlt die Beiträge in voller Höhe allein.

Leistungen

Die Leistungen bestehen

bei Verletzung und Berufskrankheit:

in Übernahme der Behandlungskosten des Arztes, Kosten für Arznei und Heilmittel, Zahlung von Krankengeld, Rente, Kinderzuschlag, evtl. Berufszulage.

bei Tod:

in der Zahlung von Sterbegeld, Witwenrente, Hinterbliebenenrente.

Unfall- und Krankenversicherung ergänzen sich und rechnen miteinander auf.

Die Berufsgenossenschaft erläßt U n f a l l v e r h ü t u n g s v o r s c h r i f t e n, um die große Zahl von Unfällen zu mindern. Unfallverhütungsvorschriften sind an der Arbeitsstätte anzubringen. Die Betriebe werden auf die Einhaltung der Unfallverhütungsvorschriften überwacht. Ein Sicherheitsbeauftragter ist zu ernennen.

3.1.7 Knappschaftsversicherung

In der Knappschaftsversicherung sind alle Arbeiter und Angestellten im B e r g b a u versichert. Sie umfaßt sowohl die Kranken- als auch die Rentenversicherung. Träger der Knappschaftsversicherung sind die Knappschaften, die nach Bezirken gegliedert sind.

3.1.8 Die Altersversorgung des Handwerks

Zum Schutze des selbständigen Handwerkers (Alter, Berufsunfähigkeit, Versorgung der Hinterbliebenen) wurde die Altersversorgung für das Deutsche Handwerk ins Leben gerufen. Versicherungsträger ist die Versicherungsanstalt für Angestellte.

Die Beiträge sind vom Handwerker allein entsprechend seinem Einkommen zu tragen. Die Leistungen entsprechen denen der Angestelltenrentenversicherung.

3.2 Gewährung von Kindergeld

Aufgrund des Bundes-Kindergeldgesetzes (BKGG) erhalten Anspruchsberechtigte Kindergeld für Kinder bis zum vollendeten 16 Lebensjahr bzw. bis zum 27. Lebensjahr (auf Antrag), wenn das Kind in der Berufsausbildung steht oder wegen körperlicher und geistiger Gebrechen außerstande ist, sich selbst zu unterhalten, und in einigen anderen Fällen (BKGG § 2). Die Auszahlung erfolgt zweimonatlich durch die Kindergeldkasse (Nürnberg) über die zuständigen Arbeitsämter, bei denen der Antrag einzureichen ist.

3.3 Die Sozialgerichte

Für Streitigkeiten auf dem Gebiete der Sozialversicherung, d. h. zwischen Sozialversicherten und der Versicherung oder zwischen Ärzten und Krankenkassen sowie in bezug auf Arbeitslose, Schwerbeschädigte, Heimkehrer und die Kriegsopferversorgung, sind nach dem Sozialgerichtsgesetz die Sozialgerichte zuständig. Der Aufbau der Gerichte der Sozialgerichtsbarkeit ist dreistufig:

Sozialgericht (erste Instanz),

Landessozialgericht (Berufungsinstanz),

Bundessozialgericht in Kassel (Revisionsinstanz).

Das Sozialgericht (SG) besteht aus Kammern und ist mit einem Berufsrichter als Vorsitzenden und zwei ehrenamtlichen Richtern als Beisitzer besetzt. Klage kann der einzelne persönlich oder durch einen Rechtsanwalt oder einen Vertreter der entsprechenden Verbände erheben. Mit Eingang der Klage (spätestens 1 Monat nach Zustellung des Verwaltungsaktes) ist die Sache rechtshängig.

Das Landessozialgericht (3 Berufsrichter, 2 ehrenamtliche Richter) ist nur Berufungsinstanz. Das Bundessozialgericht, bestehend aus Senaten und dem großen Senat, ist Revisionsinstanz für das Sozialgericht (bei Sprungrevision) oder das Landessozialgericht. Hier besteht Vertretungszwang.

3.4 Die Arbeitsschutzbestimmungen

Die Durchführung der Bestimmungen über den Arbeitsschutz wird von den Gewerbeaufsichtsämtern überwacht. Nach dem Gesetz über „Betriebsärzte, Sicherheitsingenieure und anderen Fachkräften für Arbeitssicherheit" müssen Arbeitgeber Betriebsärzte und Fachkräfte für Arbeitssicherheit bestellen, die sie bei Arbeitsschutz und Unfallverhütung unterstützen. Gleichzeitig hat der Arbeitgeber einen Arbeitsausschuß mit beratender Aufgabe zu bilden.

3.4.1 Unfallverhütungsvorschriften

Die von den Berufsgenossenschaften erlassenen Unfallverhütungsvorschriften müssen an der Arbeitsstätte angebracht werden. Sie weisen die Arbeiter auf die allgemeinen und besonderen Gefahren ihres Betriebes hin. Den Anordnungen der Unfallversicherung ist Folge zu leisten. Die Regierung hat jährlich das Parlament und damit die Öffentlichkeit über die Betriebsunfälle zu unterrichten.

3.4.2 Arbeitszeitregelungen

Die Dauer der Arbeitszeit ist geregelt. Nach der „Arbeitszeitordnung" (AZO) darf die tägliche Arbeitszeit im allgemeinen nicht mehr als acht Stunden betragen.

Durch Tarifvereinbarungen wurde die Arbeitszeit auf 40 Stunden und weniger verkürzt und die Fünftagewoche eingeführt. Durch Tarif- oder Betriebsvereinbarung kann eine weitere Arbeitszeitverkürzung erfolgen. In den einzelnen Betrieben sind die Arbeitspausen festgelegt. Geeignete Räume stehen zum Einnehmen der Mahlzeiten zur Verfügung. Vielfach werden Mahlzeitenzuschüsse geleistet.

Für Einzelhandelsgeschäfte gilt das „Ladenschlußgesetz".

3.4.3 Urlaub

Der Urlaub ist vertraglich, im Tarifvertrag, mitunter in der Betriebsvereinbarung, geregelt. Der volle Urlaubsanspruch entsteht erst, wenn die Wartezeit erfüllt ist. Sie beträgt nach dem Bundesurlaubsgesetz (BUrlG) sechs Monate. Der Urlaub dient zur Erholung, d. h. zur Wiederherstellung der vollen Arbeitskraft. Eine Nebenbeschäftigung während der Urlaubszeit ist daher vom Arbeitgeber zu genehmigen. Innerhalb des Betriebes wird der Urlaub so geregelt, daß die entsprechende Vertretung gewährleistet und der Betriebsablauf nicht gestört ist. Infolgedessen hat jeder Arbeitnehmer auf seine Kollegen Rücksicht zu nehmen. Bei der Eintragung in die Urlaubsliste werden diejenigen mit schulpflichtigen Kindern ein gewisses Vorrecht gegenüber denjenigen ohne schulpflichtige Kinder haben, ihren Urlaub innerhalb der Schulferienzeit zu nehmen.

Jugendlichen stehen 30 Werktage Urlaub zu, wenn sie das 16. Lebensjahr, 27 Werktage, wenn sie das 17. und 25 Werktage, wenn sie das 18. Lebensjahr zu Beginn des Kalenderjahres noch nicht beendet haben und mindestens 6 Monate dem Betrieb angehören. Sonst gelten die tariflichen Urlaubsregelungen. Mütter haben nach dem Mutterschutzgesetz Anspruch auf Erziehungsurlaub im Anschluß an die Schutzfrist. Dieser ist ab 1. 1. 1992 auf drei Jahre ausgedehnt; die Zahlung von Erziehungsgeld erfolgt ab 1. 1. 1993 für zwei Jahre.

3.4.4 Jugendarbeitsschutz

Zum Schutze der Kinder und Jugendlichen (14 bis 18 Jahre) ist das Jugendarbeitsschutzgesetz vom 12. 4. 1976 erlassen worden. Darin ist die Beschäftigung Jugendlicher, Arbeitszeit, Urlaubszeit, ärztliche Betreuung und Berufsschulbesuch geregelt. Kinderarbeit ist grundsätzlich untersagt. Für Jugendliche beträgt die Arbeitszeit täglich höchstens acht Stunden und wöchentlich höchstens 40 Stunden. Sie dürfen grundsätzlich nur an fünf Tagen in der Woche beschäftigt werden. Verboten sind alle gefährlichen Arbeiten und solche, die die körperlichen Kräfte übersteigen oder bei denen sittliche Gefahren bestehen, sowie Akkord- und Fließbandarbeit. Auch besteht ein generelles Beschäftigungsverbot an Sonn- und Feiertagen. Die Ruhezeit zwischen zwei Arbeitstagen hat zwölf Stunden zu betragen. Während der Arbeitszeit sind Ruhepausen nach spätestens $4^1/_2$ Stunden Arbeit zu gewähren.

Der Besuch der Berufsschule gilt als Arbeitszeit. Eine Beschäftigung vor dem Unterricht, der vor neun Uhr beginnt, ist unzulässig. Auch ist der Berufsschulpflichtige (auch über 18 Jahre) von der Arbeit im Betrieb frei, wenn der Berufsschulunterricht einschließlich Pausen mindestens fünf Stunden beträgt. An dem der schriftlichen Abschlußprüfung unmittelbar vorangehenden Arbeitstag ist der Jugendliche freizustellen. (Urlaubsregelung für Jugendliche siehe „Urlaub").

Ärztliche Untersuchungen sind vor Antritt der Ausbildung des Jugendlichen und im 1. Ausbildungsjahr durchzuführen. Eine Bescheinigung über die Untersuchung — innerhalb der letzten neun Monate — muß bei Beschäftigungsbeginn vorliegen. Eine Nachuntersuchung ist vor Ablauf des ersten Beschäftigungsjahres erforderlich. Auch darüber wird eine Bescheinigung ausgestellt, die der Arbeitgeber aufzubewahren hat. Nach Ablauf jedes weiteren Jahres kann sich der Jugendliche erneut nachuntersuchen lassen.

Bei Beschäftigung Jugendlicher im Bergbau unter Tage, im Familienhaushalt, in der Landwirtschaft, in der Binnenschiffahrt u. a. gelten besondere Bestimmungen.

Mit diesen Schutzbestimmungen, die Mindestvorschriften sind, soll dem Jugendlichen der Eintritt ins Berufsleben erleichtert werden, da seine Entwicklung noch nicht abgeschlossen ist. Der Jugendliche soll vor körperlicher und seelischer Überbeanspruchung geschützt werden. Der verantwortungsbewußte Ausbilder wird zudem darauf achten, daß der Jugendliche sich ungefährdet zu einer gesunden und leistungsfähigen Persönlichkeit entwickeln kann. Die Aufsichtsbehörden der Länder wachen über die Einhaltung der Bestimmungen. Bei Verstößen können Ordnungswidrigkeiten mit einer Geldbuße bis zu 20 000,— DM, strafbare Handlungen mit einer Freiheitsstrafe bis zu einem Jahr oder mit Geldstrafe geahndet werden.

3.4.5 Kündigungsschutz

(s. S. 71 ff., Beendigung des Arbeitsverhältnisses)

3.4.6 Die Arbeitsgerichte

Nach dem Arbeitsgerichtsgesetz (ArbGG) sind Arbeitsgerichte zuständig für alle Streitigkeiten zwischen:

Arbeitgebern und Arbeitnehmern aus dem Arbeitsvertrag, einschließlich Mahn- und Vollstreckungsbescheiden,

Arbeitgeber- und Arbeitnehmerverbänden als Tarifpartner aus Tarifverträgen,

den Tarifvertragspartnern und einzelnen Arbeitgebern und Arbeitnehmern,

Arbeitnehmern aus gemeinsamer Arbeit,

ehem. Arbeitnehmern oder ihren Hinterbliebenen auf Leistungen der Insolvenzsicherung nach dem Betriebsrentengesetz.

Der Aufbau der Gerichte der Arbeitsgerichtsbarkeit ist dreistufig:

Arbeitsgericht (erste Instanz),

Landesarbeitsgericht (Berufungsinstanz),

Bundesarbeitsgericht in Kassel (Revisionsinstanz).

Bei Streitigkeiten wird persönlich oder durch den Rechtsanwalt oder durch den Vertreter von Verbänden Klage beim Arbeitsgericht erhoben. Der Vorsitzende versucht zunächst in einer Güteverhandlung, eine Einigung zwischen den Parteien zu erreichen. Gelingt der Vergleich, ist das Verfahren kostenlos. Erst wenn der Versuch scheitert, kommt es zum Streitverfahren vor der Kammer. Grundlage für das daraufhin zu erwartende Urteil bilden Tatsachen und Beweise. Auch während des Streitverfahrens wird der Versuch einer gütlichen Einigung gemacht. Gegen Urteile ist Berufung oder Beschwerde beim Landesarbeitsgericht bzw. Revision möglich.

Das A r b e i t s g e r i c h t besteht aus K a m m e r n, jede Kammer ist mit einem Berufsrichter als Vorsitzenden und zwei auf die Dauer von 4 Jahren gewählten ehrenamtlichen Richtern besetzt, wobei der eine aus Kreisen der Arbeitnehmerschaft und der andere aus Kreisen der Arbeitgeberschaft zu berufen ist. Ein Vertretungszwang besteht nicht. Das Arbeitsgericht ist erste Instanz für alle arbeitsrechtlichen Verfahren, wobei örtlich zuständig das Gericht ist, in dessen Bezirk der Beklagte seinen Wohnsitz hat.

Das L a n d e s a r b e i t s g e r i c h t ist in K a m m e r n gegliedert, die jeweils von einem Berufsrichter als Vorsitzendem und zwei ehrenamtlichen Richtern besetzt sind. Eine persönliche Vertretung ist nicht möglich, es besteht Vertretungszwang (Anwalt oder Vertreter von Gewerkschaften bzw. Verbänden). Das Landesarbeitsgericht ist Berufungsinstanz für alle Urteile des Arbeitsgerichts. Die Streitwertgrenze liegt bei 800,— DM (Wert des Beschwerdegegenstandes), oder wenn Berufung ausdrücklich zugelassen wurde.

Das B u n d e s a r b e i t s g e r i c h t in Kassel ist Revisionsinstanz gegen die Endurteile der Landesarbeitsgerichte. Revision ist nur noch in Fällen von grundsätzlicher Bedeutung und bei abweichenden Rechtsauffassungen der Instanzgerichte möglich. Das Bundesarbeitsgericht besteht aus S e n a t e n und dem Großen Senat. Jeder Senat ist mit drei Berufsrichtern und zwei ehrenamtlichen Richtern besetzt. Die Vertretung der Parteien ist nur durch den Anwalt möglich (Anwaltszwang). Neben dem Urteilsverfahren gibt es noch das Beschlußverfahren in Streitfällen aus dem Betriebsverfassungsgesetz.

4 Die Organisation der Arbeit im Betrieb

Unter Organisation versteht man die zweckmäßige Gestaltung des betrieblichen Ablaufs und der menschlichen Betätigung. In einem Unternehmen muß jeder sich einzeln in den Kreislauf dieses Unternehmens einordnen und unterordnen bzw. gemeinsam mit den anderen eine wirtschaftliche Leistung erbringen. Damit alles aufeinander abgestimmt ist und kein Leerlauf entsteht, ist eine Organisation erforderlich. Sie ist sichtbar im Organisationsplan des Betriebes und in dem Arbeitsablaufplan, den Stellen- und Arbeitsplatzbeschreibungen mit klaren Unterstellungen und Weisungsberechtigungen.

4.1 Die Betriebsorganisation

Das Erbringen einer Leistung nach dem ökonomischen Prinzip zwingt den Unternehmer zur Organisation seines Betriebes, d. h. er muß Personen und Sachen zu einem leistungsfähigen Ganzen so ersetzen, daß der reibungslose Betriebsablauf mit der größten Wirtschaftlichkeit gewährt ist. Deshalb wird jeder Betrieb entsprechend seiner Aufgaben organisiert sein (siehe Gliederung des kaufmännischen Betriebes).

Für den Einsatz der Sachgüter müssen die entsprechenden Arbeitsmittel angeschafft werden. Für den Personeneinsatz und Arbeitsablauf wird ein Organisationsplan aufgestellt, der angibt, wie der Betrieb gegliedert ist. Ein weiterer Plan, Geschäftsverteilungsplan, gibt an, welche einzelnen Arbeiten in den entsprechenden Abteilungen zu verrichten sind. Außerdem erhält jeder Mitarbeiter eine Anweisung, welche Arbeiten von ihm durchzuführen oder vorzubereiten und welche Entscheidungen zu treffen sind.

Wichtig ist, daß jedem einzelnen Mitarbeiter die Abwicklung des ganzen Geschäftsganges bekannt ist und er weiß, welche Mitarbeiter oder Abteilungen von einem Vorgang Kenntnis haben müssen. Das ist in Arbeitsablaufplänen festgehalten.

A Organisationsformen

Organisationsformen bezüglich der Aufgabengliederung unterscheidet man: Aufbauorganisation und Ablauforganisation.

Bei der Aufbauorganisation werden die Aufgaben zur Erreichung des Unternehmensziels analysiert und in Aufgabenbereiche, Abteilungen und Stellen, die die Aufgaben zu erfüllen haben, aufgeteilt. So entsteht die Betriebsstruktur: Unternehmensleitung, Hauptabteilungen, Abteilungen, Gruppe, Sachbearbeitung = Stelle. Die Stelle ist die kleinste organisatorische Einheit. Hier werden bestimmte Aufgaben in einer Stellenbeschreibung zugewiesen. In dieser müssen neben Bezeichnung der Stelle, Dienstrang, Vorgesetzter, Stellvertretung, untergeordnete Stellen, auch die Aufgabenziele, Kompetenzen der Stelle sowie die Anforderungen angegeben sein. Nach Besetzung der Stelle wird der Stelleninhaber vermerkt.

Bezüglich der Entscheidungs- und Weisungsbefugnis unterscheidet man:
- Liniensystem,
- Funktionensystem,
- Stabliniensystem.

Im **Liniensystem** geht der Weg von Anordnungen direkt von oben nach unten und der Meldeweg umgekehrt. Jeder Mitarbeiter erhält von seinem unmittelbaren Vorgesetzten die Anweisung. Ihm gegenüber ist er verantwortlich; auch sind nur ihm gegenüber Meldungen vorzunehmen (Dienstweg, Instanzenweg).

Im **Funktionensystem** werden die Zuständigkeiten nach Funktionen aufgeteilt (kaufmännische Abteilung, technische Abteilung). Die Unternehmensleitung gibt nur die Richtlinien und behält sich die Entscheidung in besonderen Fällen vor. Die tägliche Arbeit wird durch die Abteilungsleiter selbständig erledigt.

Im **Stabliniensystem** stehen der Unternehmensleitung zur Beratung, Vorbereitung von Entscheidungsprozessen und für ggf. Kontrolle Spezialisten zur Verfügung (Organisator, Revisor, Jurist). Sie haben keine Weisungsbefugnis. Weisungen erfolgen stets über die Führungsspitze.

In der Führungsspitze, der obersten Leitungsebene, unterscheidet man das Direktorialsystem vom Kollegialsystem.

Beim Direktorialsystem entscheidet eine Person. Die anderen sind ihm unterstellt. Beim Kollegialsystem entscheidet ein Kollegium.

Die Ablauforganisation analysiert die Arbeitsabläufe und gestaltet dabei die Vorgänge zur Erfüllung von betrieblichen Aufgaben rationell. Durch Arbeitszuordnung erhält entweder der einzelne Aufgabenträger oder eine Gruppe die Arbeit übertragen. Dabei können Arbeitsanweisungen schriftlich als allgemeine Arbeitsanweisung oder im Einzelfall als Randnotiz auf Schriftstücken oder mündlich erteilt werden. Der Arbeitsablauf sollte allen Mitarbeitern in einem Arbeitsablaufdiagramm dargestellt werden.

B Leitung und Führungsstil

Zur Erreichung des Unternehmensziels muß vor allem die menschliche Arbeitskraft richtig eingesetzt werden. Leitungsorgane lenken diesen Einsatz, Leitungsfunktionen sind einer oder mehreren Leitungsebenen zugeteilt, je nachdem wie groß die Unternehmung ist. Man unterscheidet:

obere Leitungsebene (Top-Management). Sie beinhaltet die Zielfestlegung, die Gesamtplanung, Organisation, Kontrolle, Revision, Rechenschaftslegung und Repräsentation.

Mittlere Leitungsebene (Middle Management) beinhaltet Teilziele, Planung für den Betriebsablauf, Organisation, Kontrolle und Revision auf die ihr untergeordneten Bereiche. Zu dieser Ebene gehören hauptsächlich die Abteilungsleiter, Personalleiter.

Untere Leitungsebene (Lower Management). Einzelziele werden verfolgt, Planung ist kurzfristiger Art, die Organisation bezieht sich auf den Tagesablauf. Die Kontrolle besteht gegenüber den ausführenden Mitarbeitern.

Die Leitungsfunktionen Zielsetzung, Planung, Organisation, Kontrolle und Revision sowie Rechenschaftslegung und Repräsentation vollziehen sich meist in drei Phasen:

Orientierungsphase (Information, Erkundung, Sachverhaltsklärung, Suche nach alternativen Lösungsmöglichkeiten),

Entscheidungsphase (Auswahl von verschiedenen Lösungsmöglichkeiten, Übernahme der Verantwortung),

Anweisungsphase (Arbeitsanweisung an ausführende Mitarbeiter).

Im Mittelpunkt einer jeden Betriebsorganisation steht nicht die Funktion, sondern der Mensch. Deshalb muß auch seine Persönlichkeit und seine Eigenart, die sich zwar der Betriebsidee unterzuordnen hat, berücksichtigt werden. Das erfolgt bei auf Zusammenarbeit angewiesenen Menschen dadurch, daß man deren Wesens- und Persönlichkeitsmerkmale in Einklang bringt und klare Entscheidungen über Unterstellungsverhältnisse trifft (Betriebshierarchie). Unklare Unterstellungsverhältnisse und ungenaue Abgrenzung der Zuständigkeiten führen zu Spannungen im Betrieb, die durch eine gute Organisation und klare Führungsgrundsätze zu vermeiden sind.

4.2 Die Organisation der Büroarbeit

Jedes moderne Büro ist mit M a s c h i n e n und t e c h n i s c h e n H i l f s m i t t e l n ausgerüstet. Schreib-, Rechen-, Buchungs- und auch Versandarbeiten werden mit entsprechenden Maschinen oder Geräten erledigt. Für Ordnungsarbeiten richtet man Karteien ein. Der direkte Verkehr wickelt sich über Fernsprecher ab, die Schreib- und Laufarbeiten ersparen. Der Einsatz technischer Hilfsmittel richtet sich stets nach der Frage der Wirtschaftlichkeit. Sie bestimmt, ob eine Maschine oder ein Gerät anzuschaffen ist, d. h. ob die aufzuwendenden Mittel im richtigen Verhältnis zu ihrem Nutzen stehen.

Die kaufmännischen Arbeiten im Büro finden stets schriflichen Niederschlag. Deshalb kommt dem S c h r i f t v e r k e h r, der das Innenleben des Betriebes oder den Verkehr nach außen betrifft, besondere Bedeutung zu.

Zu den innerbetrieblichen Arbeiten zählt man die Arbeiten am Schriftgut, die Arbeiten im betrieblichen Rechnungswesen, einschließlich Wirtschafts- und Finanzplanung sowie Prüfung, die Aufstellung der Wirtschaftlichkeitsberechnung bei der Bauerstellung oder für die Mietkalkulation. Zu den Arbeiten, die den Verkehr nach außen betreffen, gehören alle im Zusammenhang mit Bauerstellung, Vermietung, Betreuung, Kreditgewährung, Einkauf, Verkauf von Eigenheimen und Eigentumswohnungen zusammenhängenden Arbeiten. Organisationsmittel für inner- und außerbetriebliche Arbeiten sind F o r m u l a r e (Formularwesen), V e r t r ä g e und M u s t e r b r i e f e.

4.3 Der Schriftverkehr

Der Schriftverkehr vollzieht sich in der Praxis in Form des Briefwechsels und mit Hilfe von Vordrucken. Während die Vordrucke nur auszufüllen sind, müssen die Briefe als

Einzelschreiben diktiert oder nach Briefvorlagen zusammengesetzt und geschrieben werden.

Im Schriftverkehr werden genormte Papierfomate (DIN) der A-, B-, C- und D-Reihe verwendet. Für das Briefblatt ist es DIN A4. Es ist 210 mm breit und 297 mm hoch. Halbiert man dieses Blatt, erhält man DIN A5, bei einer weiteren Halbierung die Postkartengröße DIN A6. Auch die Briefhüllen (C-Reihe) und der Aufdruck sind genormt. Der Aufdruck enthält neben dem Briefkopf Angaben über die Firma, die Postanschrift des Absenders, das freie Feld für Eingangs- und Bearbeitungsvermerk des Empfängers sowie die Leitwörter (Ihre Zeichen, Unsere Zeichen usw.) und den Betreffvermerk. Durch die Normung des Aufdrucks wird das Auffinden dieser Angaben erleichtert. Auch das für einen rationellen Einsatz von EDV-Anlagen benötigte Endlospapier ist in den Formaten erhältlich. Ebenso gelten für das Schreiben gewisse Normen, die in dem Merkblatt 5008 „Regeln für Maschinenschreiben" zusammengefaßt sind. Richtige Gestaltung und Sauberkeit der Darstellung der Briefe tragen nicht nur zum Aussehen und zum guten Ruf der Firma bei, sie erleichtern auch die Bearbeitung des Schriftgutes.

Posteingang: Die Post wird entweder zugestellt oder vom Betrieb abgeholt. Dafür gibt es das Postfach. Es wird beim Postamt gegen eine Gebühr gemietet. Ist es nicht verschlossen, kann die Post nur während der Öffnungszeiten des Postschalters abgeholt werden.

Bei der ersten Durchsicht der Postsendung werden fehlgeleitete Sendungen als Irrläufer der Post zurückgegeben. Persönlich gehaltene Schreiben oder an die Geschäftsführung adressierte werden ungeöffnet weitergegeben. Die übrige Post wird geöffnet mittels mechanischer Hilfsmittel (Falzbein, mechanische Brieföffner oder elektrisch angetriebene Brieföffner, die den Rand etwa 2 mm abschneiden).

Nach Entnahme des Briefinhalts werden die Anlagen auf ihre Vollzähligkeit geprüft und an das Begleitschreiben geheftet. Weichen Eingangsdatum und Briefdatum erheblich voneinander ab, wird der Umschlag am Brief selbst befestigt. In vielen Betrieben wird die eigegangene Post in ein Posteingangsbuch eingetragen. Danach muß die eingehende Post möglichst schnell zu den einzelnen Sachbearbeitern zwecks Bearbeitung gelangen. Das ist in jedem Betrieb anders organisiert. Einmal kann die eingegangene Post zunächst der Geschäftsleitung oder einem leitenden Angestellten vorgelegt werden, der die Schriftstücke durch Anbringung eines Vermerkes oder eines Laufzettels den Sachbearbeitern durch Verteilung zustellen läßt. In Zweifelsfällen wird der Sachbearbeiter zur Rücksprache mit sämtlichen Unterlagen aufgefordert. In anderen Betrieben kommen die Abteilungsleiter täglich zu einer Postbesprechung zusammen, in der die wichtigsten Posteingänge hinsichtlich ihrer Erledigung besprochen werden. In kleinen Betrieben gibt es auch stichwortartige Erledigungsvermerke.

Besteht ein Posteingangsbuch, wird darin die Weitergabe an die betreffende Abteilung vermerkt. Dadurch kann jederzeit festgestellt werden, in welcher Abteilung sich ein Vorgang befindet.

Postausgang: Im Betrieb machen nicht nur eingehende Schreiben eine Beantwortung erforderlich, sondern es müssen auch neue Geschäftsbeziehungen angebahnt werden. Die Bürogehilfin schreibt die Briefe nach Stenogramm, Ansage des Diktiergerätes oder aufgrund von Vorlagen. Die geschriebenen Briefe werden vom Sachbearbeiter geprüft, abgezeichnet und in Unterschriftenmappen gelegt, um dann von dem einen oder von mehreren Zeichnungsberechtigten unterschrieben zu werden. Die Ausgangspost gelangt dann zur Postabfertigung, wo die Anlagen auf Richtigkeit und Vollständigkeit geprüft werden. Die Briefbogen werden sodann gefalzt (Falzbein, Falzmaschine) und mit den Anlagen in die Briefumschläge gelegt, die entweder gleichzeitig mit dem Brief geschrieben worden sind oder erst in der Postausgangsstelle geschrieben werden müssen. Dabei sind die Bestimmungen der Postordnung (§ 3) über die Aufschrift und Außenseite zu beachten. Die Aufschrift muß von oben nach unten geordnet den Namen des Empfängers, den Bestimmungsort mit den postamtlichen Leitangaben und die Zustell- oder Abholangaben enthalten. Die Postleitzahl muß hervortreten. Zur Aufschrift gehören auch die Vermerke über die Versendungsart oder Versendungsform. Das Verschließen der Umschläge erfolgt mittels Briefschließmaschinen; man kann aber auch eine Anzahl von Umschlägen mit den geöffneten Laschen so übereinanderlegen, daß sie mit einem Schwämmchen angefeuchtet werden können. Drucksachen dürfen nicht verschlossen werden.

Danach werden die Postsachen freigemacht. Die Freimachung erfolgt durch Postwertzeichen, die in die obere rechte Ecke zu kleben sind. Auf das Gewicht, die Art der Sendung und die Postgebühr muß geachtet werden. Größere Betriebe verwenden Freistempelmaschinen. Die Briefdurchschläge werden geordnet und abgelegt (s. S. 42 ff.).

Viele Betriebe führen ein P o s t a u s g a n g s b u c h . Wertsendungen und eingeschriebene Briefe werden in ein Postquittungsbuch eingetragen, in das die Post bei Ablieferung den Empfang der Sendung bestätigt.

4.4 Technische Hilfsmittel im Betrieb

Jeder Kaufmann, ob Unternehmer oder Mitarbeiter, muß wissen, wie und wo arbeitsparende Organisationsmittel zur Verbesserung der Wirtschaftlichkeit einzuschalten sind. Die Organisationsmittel gehen von der einfachen Kartei bis zu automatisierten Datenverarbeitungsanlage.

H i l f s m i t t e l für die B ü r o a r b e i t : Dazu zählen sämtliche Büromöbel wie Schreibmaschinentische, Schränke, Regale, Ablegetische, Bürostühle, Karteikästen usw., die zweckmäßig gestaltet und ausgewählt sein müssen. Auch für die Arbeit am Schreibtisch müssen sachliche Hilfsmittel übersichtlich bereitstehen.

H i l f s m i t t e l für S c h r e i b a r b e i t e n : Hierzu gehören Schreibmaschinen mit Zusatzeinrichtungen, Diktier- und Sprechgeräte, Vervielfältigungs-, Adressier- und Druckmaschinen, Fotokopierapparate, Mikrofilmsysteme (Aufnahmegerät, Entwicklungsgerät, Lesegerät), EDV-Anlagen mit Textverarbeitungsprogrammen.

H i l f s m i t t e l für das R e c h n e n : Dazu dienen Rechentabellen, Rechenschieber, Rechenmaschinen (sie erledigen alle 4 Grundrechnungsarten), Taschenrechner, Geldzähl- und Sortiermaschinen, Registrierkassen, Fakturiermaschinen, die Rechnungen vollautomatisch schreiben und rechnen und die Ergebnisse in einem Arbeitsgang niederschreiben, sowie EDV-Anlagen.

Hilfsmittel für das Buchen: Hier geht die Entwicklung weiter von der Handdurchschreibebuchführung über Buchungsautomaten zu EDV-Anlagen mit der entsprechenden Software als betriebliche oder überbetriebliche Lösung (Rechenzentrum), wobei auch beide Möglichkeiten kombiniert werden.

Hilfsmittel für die Verwaltung von Daten: Die Kartei, ein bewährtes Organisationsmittel im Büro, die als Stehkartei, Hängekartei, Schrägsichtkartei, Buchkartei und in anderer Form besteht, wird immer mehr ersetzt durch die EDV-Anlage mit Datenbankprogrammen. Die EDV-Anlagen vereinfachen um ein Vielfaches die Such- und Sortierverfahren.

Die Deutsche Bau- und Bodenbank hat mit ihrem Rechenzentrum der Wohnungswirtschaft ein integriertes Programm im Dialogverkehr zur Verfügung gestellt. Mit wenigen Stammdaten können alle Bereiche des Wohnungsunternehmens erfaßt und bearbeitet werden.

Der Nachrichtenübermittlung dienen Telefon, Telex, Telefax, BTX, Rohrpost, Rufanlage.

Zu Versandarbeiten werden Brieföffnungs- und Briefschließungsmaschinen, Frankiermaschinen, Adressiermaschinen, Briefwaage und komplexe Poststraßen verwendet.

4.5 Das betriebliche Rechnungswesen

4.5.1 Gliederung

Das betriebliche Rechnungswesen gliedert sich in 4 Bereiche:

    Buchführung und Bilanz,

    Kostenrechnung (Kalkulation),

    Statistik (Vergleichsrechnung),

    Vorschaurechnung (Planung).

Die Buchführung erfaßt alle Geschäftsfälle. In der Bilanz werden die Vermögens- und Schuldbestände sowie der Erfolg am Ende des Geschäftsjahres oder während einer Betriebsperiode (kurzfristige Erfolgsrechnung) ermittelt. Die Buchführung ist damit eine Zeitrechnung.

Die Kostenrechnung oder Kalkulation dient der Preisbildung und der Kostenüberwachung. Sie errechnet die Kosten für eine Einheit (Kosten für eine Wohnung, Verkaufspreis für ein Eigenheim) oder für das Stück bei der Herstellung einer Warenmenge. Sie ist demnach eine Stückrechnung.

Die Statistik dient der Überwachung des Betriebsablaufs. Sie basiert auf den Zahlen der Buchführung und der Kostenrechnung und stellt sie zu vergleichenden Zahlenreihen in Tabellen oder Schaubildern zusammen. Sie ist demnach eine Vergleichsrechnung.

Die Planung versucht, aufgrund der Ergebnisse, die Buchführung, Kostenrechnung und Statistik liefern, die voraussichtliche Entwicklung zu ermitteln. Sie ist somit eine Vorschaurechnung.

4.5.2 Buchführung (HGB §§ 238—339)

Nach dem Handelsgesetzbuch, dessen 3. Buch durch das Bilanzrichtlinien-Gesetz (BiRiLiG), das am 1. 1. 1986 in Kraft getreten ist, neue bzw. ergänzende Vorschriften enthält, muß jeder Vollkaufmann Bücher führen. Sie sollen die einzelnen Geschäftsfälle und die Vermögenslage nach den „Grundsätzen ordnungsmäßiger Buchführung" erkennbar machen.

Für die B u c h f ü h r u n g gelten folgende Grundsätze:

Der Regelfall ist die doppelte kaufmännische Buchführung.

Sie muß klar und übersichtlich sein.

Die Konten und Konteninhalte müssen mit allen Unternehmen eines Wirtschaftszweiges vergleichbar sein, damit Betriebsvergleiche angestellt werden können.

Die Buchführung muß nach einem Kontenrahmen (Kontenrahmen der Wohnungswirtschaft) erfolgen, nach dem sich jedes einzelne Unternehmen seinen betriebseigenen Kontenplan aufstellt. Der Kontenrahmen ist in 10 Klassen (0—9), jede Klasse in 10 Gruppen, jede Gruppe in Kontenarten unterteilt und jede Kontenart kann wiederum in Unterkonten unterteilt werden.

Damit ist der Kontenrahmen zu einem Ordnungsprinzip für das gesamte Rechnungswesen geworden. Eine weitgehende Aufgliederung läßt eine klare Abgrenzung der Geschäftsfälle zu.

Für die B u c h u n g gelten folgende Grundsätze:

Die Geschäftsfälle sind fortlaufend und chronologisch aufzuzeichnen.

Jede Buchung erfolgt nach Belegen.

Jede Buchung muß inhaltlich richtig sein.

Ordnungsgemäß geführte Bücher haben Beweiskraft vor Gericht und Finanzamt.

Die Geschäftsbuchführung (Finanzbuchführung) gibt Aufschluß über den Geschäftsablauf sowie über die Bestände und den Erfolg des Unternehmens.

Daneben werden noch Nebenbücher — meist in Karteiform — geführt (Kontokorrentbuchhaltung, Mietenbuchhaltung, Lagerbuchhaltung, Lohn- und Gehaltsbuchhaltung usw.), wobei vielfach elektronische Datenverarbeitungsanlagen (Rechenzentrum) benutzt werden (s. S. 45).

Der Jahresabschluß setzt sich zusammen aus Bilanz, Gewinn- und Verlustrechnung sowie Anhang (früher Erläuterungen zum Jahresabschluß). Daneben haben Kapitalgesellschaften und Genossenschaften zusätzlich zum Jahresabschluß einen Lagebericht aufzustellen, der den Anhang ergänzt. Insbesondere sind Geschäftsverlauf und die Lage des Unternehmens, die wirtschaftliche Situation und die voraussichtliche Entwicklung darzulegen.

Für die Aufstellung der B i l a n z und der G e w i n n - u n d V e r l u s t r e c h n u n g gelten bestimmte Gliederungsvorschriften gemäß der „Verordnung über Formblätter für die Gliederung des Jahresabschlusses von Wohnungsunternehmen".

4.5.3 Kostenrechnung

Wesen

Die Kostenrechnung — auch Betriebsbuchführung genannt — hat die Aufgabe, die Kosten der Betriebsleistungen zu erfassen, um somit den Selbstkostenpreis oder Verkaufspreis zu ermitteln. Die aus der Betriebsbuchführung sich tatsächlich ergebenden Kosten für die wohnungswirtschaftliche Leistung bilden die Grundlage für die Kalkulation. Darauf können Wirtschaftlichkeitsberechnungen für „neu zu errichtende Bauten" als Vorkalkulation oder Wirtschaftlichkeitsberechnungen für bewirtschaftete Wohnungen als Nachkalkulation aufgestellt werden. Die Selbstkosten sind laufend zu überwachen. Sie dienen der Preisbildung oder zeigen das Verhältnis der Selbstkosten zu dem erzielbaren Marktpreis oder festgesetzten Preis (im öffentlich geförderten Wohnungsbau).

Von den Kosten (Begriff der Betriebsbuchführung) sind Ausgaben (Begriff im Zahlungsverkehr) und Aufwendungen (Begriff der Geschäftsbuchführung) zu unterscheiden.

Ausgaben

Ausgaben sind alle Geldausgänge. Ihnen stehen die Einnahmen (Geldeingänge) gegenüber. Sie finden Niederschlag in den Finanzkonten (Kasse, Postgiro, Bank).

Ausgaben sind kein Aufwand, z. B. beim Kauf von Rohstoffen oder der Tilgung von Darlehen gegen bar. Ausgaben sind gleichzeitig Aufwand bei Zahlungen von Steuern, Löhnen usw. Noch nicht bezahlte Reparaturen oder Prüfungsgebühren sind Aufwand, aber keine Ausgaben.

Aufwand

Aufwand ist jeder Wertverzehr der Unternehmung innerhalb einer Rechnungsperiode (Geschäftsjahr) ohne Rücksicht darauf, ob er für die Erstellung einer betrieblichen Leistung (z. B. Bewirtschaftung) notwendig war oder nicht. Ausgaben und Aufwand decken sich nicht immer (Rückstellung!). Es gibt auch Aufwendungen, die keine Ausgaben sind (Abschreibungen). Den Aufwand, der sich mit den Kosten deckt — weil er für die Erbringung einer betrieblichen Leistung notwendig war (z. B. persönliche und sächliche Verwaltungskosten) — nennt man Zweckaufwand. In der Kostenrechnung entsprechen dem Zweckaufwand die Grundkosten. Von diesem Zweckaufwand ist der neutrale Aufwand abzugrenzen. Darunter versteht man betriebsfremde Aufwendungen (Spenden, Grundsteuer für unbebaute Grundstücke) und außerordentliche Aufwendungen (z. B. Verluste durch Diebstahl). Dem Aufwand steht der Ertrag gegenüber. Aufwand und Ertrag finden in der Gewinn- und Verlustrechnung ihren Niederschlag.

Kosten

Kosten sind Mengen und Werte von Gütern und Leistungen, die bei der betrieblichen Leistungserstellung verbraucht werden. In der Wohnungswirtschaft entstehen Kosten bei der Wohnungserstellung (Produktionsleistung) und bei der Wohnungsbewirtschaftung sowie Betreuung (Dienstleistungen). Die Kostenrechnung erfaßt demnach nur die für die Erstellung der Betriebsleistung erforderlichen Grundkosten (Zweckaufwand). Darüber hinaus umfaßt sie noch Zusatzkosten kalkulatorischer Art (kalkulatorische Abschreibungen, Wagnisse, Zinsen).

Aufwendungen (in der Buchhaltung)

Neutraler Aufwand	Zweckaufwand	
	Grundkosten	Zusatzkosten

Kosten (in der Kalkulation)

Kostenarten in der Wohnungswirtschaft

Kosten bei der Produktion von Wohnungen (Bauerstellung): Die Gesamtkosten eines Wohngebäudes ergeben sich aus den Kosten des Baugrundstückes und den Baukosten (s. S. 29 ff.).

Kosten bei der Wohnungsbewirtschaftung: Die durch die Miete zu deckenden Kosten sind Bewirtschaftungskosten und Kapitalkosten. Die Bewirtschaftungskosten gliedern sich in:

Kosten der Abschreibung, Verwaltungskosten, Betriebskosten, Instandhaltungkosten, Kosten aus der Übernahme des Bewirtschaftungswagnisses (Mietausfallwagnis). Kapitalkosten sind Kosten für die Nutzung des Kapitals. Tilgungen sind keine Kosten. Hypothekendarlehen werden bei gleichbleibender Annuität so verzinst und getilgt, daß der Degression der Zinsen eine gleiche Progression der Tilgung gegenübersteht. Im ersten Jahr besteht eine Übereinstimmung zwischen Kapitalkosten, Aufwand und Ausgaben. Ab zweites Jahr sinken die Kapitalkosten von Jahr zu Jahr, während die Ausgaben gleich bleiben.

Die Zinsen für „Eigenkapital" sind kalkulatorische Zinsen.

Kosten bei der Betreuung: Die bei der Betreuung entstehenden Kosten der Produktion und der Bewirtschaftung stellen Aufwendungen und Ausgaben für Dritte (Bauherr, Eigentümer) dar. Dem Wohnungsunternehmen als Betreuer (Betreuungsunternehmen) fallen an Kosten hauptsächlich Verwaltungskosten an.

Kosten beim Betrieb von Sondereinrichtungen: Die Kosten der von Wohnungsunternehmen eingerichteten Sondereinrichtungen für die Mieterschaft (Kinderhorte, Kindergärten, Büchereien u. a.) und Sondereinrichtungen für die Wohnungsb e w i r t s c h a f t u n g (Instandhaltungsbetriebe, Gärtnereibetriebe, zentrale Heizungsanlagen und Wäschereianlagen) sind gesondert zu erfassen.

Verrechnung der Kosten

Nach der Verrechnung auf die Wirtschaftseinheit oder auf eine bestimmte Leistung sind zu unterscheiden:

E i n z e l k o s t e n (unmittelbare oder direkte Kosten), die sich der Höhe nach einwandfrei zuordnen lassen (z. B. Architektenhonorar bei der Betreuung).

G e m e i n k o s t e n (unmittelbare oder indirekte Kosten), hier kann eine Zuordnung auf eine Wirtschaftseinheit oder eine Leistung nicht vorgenommen werden (z. B. Geschäftsraumkosten, Gehälter der Angestellten). Gemeinkosten sind in der Wohnungswirtschaft persönliche und sächliche Verwaltungskosten, in Betrieben anderer Wirtschaftszweige Verwaltungskosten und Vertriebskosten. (In der Industrie wird zu den Fertigungslöhnen und dem Material als Einzelkosten ein Gemeinkostenzuschlag hinzugerechnet.) Gemeinkosten werden mittels eines Betriebsabrechnungsbogens (BAB) über die Kostenstelle auf die Kostenträger umgelegt. Wohnungsunternehmen haben mindestens vier K o s t e n s t e l l e n :

Geschäftsleitung,
Kaufmännische Abteilung,
Technische Abteilung,
Unternehmen.

Für die Verteilung der Kostenarten auf die Kostenstellen muß ein Schlüssel gefunden werden. Ein zuverlässiger Verteilungsschlüssel für die persönlichen Verwaltungskosten ergibt sich aus den Aufzeichnungen aller Mitarbeiter über die Zeiten (A r b e i t s z e i t s t a t i s t i k), die sie für Tätigkeiten innerhalb der einzelnen Kostenstellen aufwenden. Aufzeichnungen dieser Art können täglich, wöchentlich oder monatlich erfolgen. Aufgrund dieser Arbeitszeitstatistik wird ein Verteilungsschlüssel gefunden, nach dem die zu verechnenden Kosten (Gesamtkosten) auf die Kostenstellen zu verteilen sind. Für die sächlichen Verwaltungskosten des Betriebes muß ebenfalls ein Verteilungsschlüssel errechnet werden, falls eine direkte Zuordnung der Kosten auf die einzelnen Kostenstellen nicht möglich ist.

Nach der Verteilung der K o s t e n a r t e n auf die Kostenstellen mittels „Betriebsabrechnungsbogen für die Kostenstellenrechnung" erfolgt die Zuordnung der K o s t e n s t e l l e n auf die einzelnen Kostenträger mittels „Betriebsabrechnungsbogen für die Kostenträgerrechnung". K o s t e n t r ä g e r sind die einzelnen Betriebsleistungen der Wohnungsunternehmen, und zwar die Hauptleistungen (Wohnungsbau, Wohnungsbewirtschaftung, Betreuung) wie auch die Nebenleistungen (Sondereinrichtungen). Als Verteilungsschlüssel dient wiederum die Arbeitszeitstatistik, die bereits für die Kostenstellenrechnung angefertigt wird.

Kosten und Beschäftigungsgrad

Das in einem Zeitabschnitt technische Produktions- und Leistungsvermögen eines Betriebes nennt man K a p a z i t ä t, wobei sich die Betriebskapazität aus vielen Teilkapazitäten zusammensetzt. Die unter gegebenen Bedingungen tatsächlich in Anspruch genommene Kapazität heißt B e s c h ä f t i g u n g. Das Verhältnis von vorhandener zu tatsächlich genutzter Kapazität drückt der B e s c h ä f t i g u n g s g r a d aus. Mit steigendem oder fallendem Beschäftigungsgrad werden sich auch die gesamten Kosten verändern. Nach der Abhängigkeit der Kosten vom Beschäftigungsgrad sind zu unterscheiden:

F e s t e K o s t e n (fixe Kosten):
Sie stehen fest und sind unabhängig vom Beschäftigungsgrad, z. B. durch Einrichtung einer Waschanlage entstehen Kosten (Abschreibungen, Zinsen, Versicherungsprämien, Steuern usw.), auch wenn die Waschanlage nicht benutzt wird.

V e r ä n d e r l i c h e K o s t e n (variable Kosten):
Sie steigen oder sinken mit dem Grad der Beschäftigung. Je nachdem, ob die Kosten gleichmäßig mit dem Beschäftigungsgrad steigen oder fallen bzw. schneller oder weniger steigen als der Beschäftigungsgrad, sind sie:

p r o p o r t i o n a l e Kosten (Löhne) — verändern sich proportional zur Menge —,

p r o g r e s s i v e Kosten (Überstunden) — verändern sich überproportinal zur Menge —,

d e g r e s s i v e Kosten (Instandhaltung von Maschinen) — verändern sich unterproportional zur Menge.

Bei vorwiegend variablen Kosten wird eine Änderung des Beschäftigungsgrades größere Kostenänderungen bringen. Diese lassen sich durch eine Kennziffer, den E l a s t i z i t ä t s - K o e f f i z i e n t e n (R e a g i b i l i t ä t s g r a d) ausdrücken. Er gibt an, um wieviel Prozent sich die Kosten ändern, wenn die Beschäftigung um 1 % zu- oder abnimmt.

Teilkosten- und Plankostenrechnung

Neben der behandelnden traditionellen Kostenrechnung (Vollkostenrechnung) gibt es auch die Teilkostenrechnung und die Plankostenrechnung. Bei der Teilkostenrechnung wird nur der vom Beschäftigungsgrad abhängige Teil der Kosten (variable) auf die Kostenträger verrechnet. Eine andere Form der Teilkostenrechnung ist das Rechnen mit Einzelkosten und Deckungsbeiträgen (Deckungsbeitragsrechnung), das die Zurechenbarkeit als Einzel- und Gemeinkosten von der unternehmerischen Entscheidung abhängig macht.

Bei der Plankostenrechnung werden die für eine Leistungserstellung anfallenden Kosten geplant und vorausschauend ermittelt. Die Produkte sollten sodann zu Plan-Kosten erstellt werden. Der Vergleich der erzielten Ist-Kosten mit den Soll-Kosten läßt auf die Wirtschaftlichkeit schließen: Ursachen für Abweichungen können untersucht werden. Demnach vollzieht sich die Plankostenrechnung in

Ermittlung und Vorgabe der Plankosten,
Ermittlung der Ist-Kosten,
Errechnung und Analyse der Abweichungen.

4.5.4 Statistik (Vergleichsrechnung)

Aufgabe

Die Statistik hat die Aufgabe, die aus Buchführung und Kostenrechnung gewonnenen Zahlen systematisch zusammenzufassen und übersichtlich darzustellen. Die Darstellung erfolgt in Übersichten (Tabellen, Kurven-, Flächen-, Strich-, Stabflächendiagrammen) oder in Schaubildern. Die statistisch erfaßten Ergebnisse dienen der Überwachung des Betriebsgebarens. Ein B e t r i e b s v e r g e i c h ist möglich. Beim inneren Betriebsvergleich werden die Zahlen verschiedener Jahre miteinander verglichen.

Beim Zwischenbetriebsvergleich werden z. B. die Zweigstellen einer Unternehmung miteinander verglichen.

Beim äußeren Betriebsvergleich wird z. B. die Kostenlage verschiedener Unternehmungen eines Wirtschaftszweiges oder eines Bezirks miteinander verglichen. Dadurch erhalten Unternehmen Hinweise über ihre Lage.

Arten der Statistik

Man unterscheidet:

Produktionsstatistik,

Umsatzstatistik,

Preisstatistik,

Personenstatistik.

Einen anschaulichen Überblick erhält man durch Aufstellung von Reihen, Meßzahlen oder durch grafische Darstellungen (Diagramme).

Verteilungsreihen zeigen die Aufteilung des Bestandes an einem Stichtag (z. B. Gebäudekosten, Gesamtkosten).

Verlaufsreihen zeigen die Entwicklung in einem bestimmten Zeitabschnitt (z. B. Ausgaben mehrerer Jahre für Instandhaltung, Erhöhung der Durchschnittsmieten). Diese Verlaufsreihen kann man auch in einer Indexzahl zum Ausdruck bringen, wobei man ein Jahr als Basisjahr nimmt und gleich 100 % setzt. Mit statistischen Meßzahlen werden Tatbestände in ein Verhältnis zueinander gebracht.

Interessantes Zahlenmaterial aus allen Gebieten unseres Lebens ist in den Bundesstatistiken zu finden, die vom statistischen Bundesamt in Wiesbaden jährlich herausgegeben werden. Der Wohnungswirtschaftler erhält außerdem einen Einblick in die Wohnungswirtschaft durch das jährlich vom Gesamtverband der Wohnungswirtschaft (Köln) herausgegebene Jahrbuch.

4.5.5 Vorschaurechnung (Wirtschaftsplanung)

Die Vorschaurechnung hat die Aufgabe, Aufwendungen und Erträge, Einnahmen und Ausgaben für einen bestimmten Zeitabschnitt im voraus (z. B. ein Geschäftsjahr) zu veranschlagen. Mit den aufgestellten Sollzahlen (Planzahlen) und den aus der Buchführung nachher erhaltenen Istzahlen ist die Betriebsentwicklung jederzeit erkennbar.

Es ist daher üblich, vor einem Geschäftsjahr einen Wirtschaftsplan (Produktionsplan, Finanzplan, Absatzplan, Instandhaltungsplan) und einen Zahlungsplan aufzustellen, der nach Abteilungen oder Funktionen aufgeteilt werden kann (s. Unternehmensfinanzierung).

III. Abschnitt
Der Geschäftsverkehr des kaufmännischen Betriebes

1 Der Warenverkehr

1.1 Bedarfsermittlung und Bezugsquelle

Vor jedem Einkauf von Wirtschaftsgütern ist der richtige B e d a r f zu ermitteln. Der gute Einkauf liegt in der richtigen Ware nach Güte, Art und Beschaffenheit, der richtigen M e n g e, dem richtigen P r e i s und der günstigsten E i n k a u f s z e i t. Dabei müssen die allgemeine Wirtschaftslage, der Einfluß der Jahreszeiten, Wandlungen von Geschmack und Mode, gesetzliche Maßnahmen usw. berücksichtigt werden (vgl. „Einkauf" S. 22 ff.).

1.2 Die Anfrage

Zur Anbahnung von Geschäftsbeziehungen oder bei Bedarf bestimmter Waren, Rohstoffe oder Leistungen richtet der Kaufmann eine Anfrage an seinen ausgewählten Geschäftspartner. Meist wird bei mohreren Lieferanten oder Dienstleistungsbetrieben angefragt, ob und zu welchem Preis sowie zu welchen Bedingungen Lieferung oder Leistung erfolgen kann. Eine Anfrage ist unverbindlich und daher ohne rechtliche Wirkung. Sie kann mündlich oder schriftlich erfolgen.

1.3 Das Angebot

Vor Abgabe eines Angebotes prüft der Kaufmann, ob er aus persönlichen und wirtschaftlichen Gründen zu liefern bereit ist. Ist er voll beschäftigt (z. B. im Bauhaupt- und -nebengewerbe) und an einem Auftrag vorerst nicht interessiert oder waren in den bisherigen Geschäftsbeziehungen Schwierigkeiten aufgetreten, wird er entsprechend teuer oder langfristig anbieten, wenn er nicht die Geschäftsverbindung offen ablehnen will. Im allgemeinen unterbreitet der Kaufmann möglichst schnell ein Angebot, da er das Geschäft machen möchte.

1.3.1 Wesen des Angebotes

Das Angebot ist eine an den Kunden p e r s ö n l i c h gerichtete einseitige Willenserklärung, durch die sich der Anbietende bereiterklärt, eine bestimmte Ware in bestimmter Menge zu einem bestimmten Preis und unter bestimmten Bedingungen zu liefern.

An die Allgemeinheit — nicht persönlich — gerichtete Angebote, Zeitungsanzeigen, Fensterauslagen und sonstige Werbeanschläge sind keine Angebote in rechtlichem Sinne.

1.3.2 Form des Angebots

Ein Angebot kann mündlich, schriftlich oder durch schlüssiges Verhalten abgegeben werden. Um Irrtümer zu vermeiden, sollte ein mündliches Angebot schriftlich bestätigt werden.

1.3.3 Bindung und Annahme

Ein Anbieter ist grundsätzlich an sein Angebot gebunden, wenn er es nicht ausdrücklich freibleibend oder unverbindlich abgegeben hat. Angebote mit sogenannter Freizeichnungsklausel, durch die der Anbieter nicht gebunden ist, erkennt man an Zusätzen, wie „freibleibend", „Lieferung vorbehalten", „ohne Gewähr", „unverbindlich", „Preise freibleibend", „solange Vorrat reicht", „Preiserhöhung vorbehalten". Die Klauseln werden bei Knappheit der Vorräte oder bei Preisschwankungen angewandt.

Nach der Geltungsdauer unterscheidet man mündliche Angebote und schriftliche Angebote. Mündliche Angebote (auch telefonische) müssen sofort angenommen werden. Schriftliche Angebote sind umgehend anzunehmen. Der Lieferant ist daher solange an sein schriftlich abgegebenes Angebot gebunden, wie er unter verkehrsüblichen Umständen eine Antwort erwarten kann; der Empfänger muß jedoch in der gleichen Art, in der das Angebot gemacht wurde, antworten, d. h. ein briefliches Angebot ist unverzüglich brieflich, ein telefonisches Angebot sofort drahtlich zu beantworten, d. h. anzunehmen.

Bei einem befristeten Angebot ist der Lieferant innerhalb der Frist daran gebunden. Der Käufer kann bis zum Ablauf der Frist eine Annahmeerklärung abgeben.

Der Lieferant ist an sein Angebot nicht mehr gebunden, wenn
 die Annahmeerklärung zu spät erfolgte,
 das Angebot mit Abänderungen angenommen wurde,
 der Anbieter rechtzeitig widerruft.

Der Widerruf muß den Empfänger vor, spätestens jedoch gleichzeitig mit dem Angebot erreichen (BGB § 130).

1.3.4 Inhalt des Angebotes

Ein vom Käufer angenommenes Angebot wird Vertragsbestandteil. Deshalb muß es klar und ausführlich gehalten sein, damit nicht später auftretende Unklarheiten zu Streitigkeiten oder Prozessen führen. Das Angebot soll im allgemeinen enthalten:
 Art und Beschaffenheit der Ware (Qualität),
 Menge der Ware (Quantität),
 Preis der Ware,
 Verpackungskosten,
 Lieferzeit,

Lieferungsbedingungen,
Zahlungsbedingungen,
Erfüllungsort.

Bei bestehenden Geschäftsverbindungen kann sich der Kaufmann oft auf die bisherigen Vereinbarungen berufen.

Größere Unternehmen haben ihre eigenen Vertrags- und Zahlungsbedingungen auf den Angebotsbriefen abgedruckt (Rückseite), doch dürfen diese nicht gegen das AGB-Gesetz verstoßen.

Art, Güte und Beschaffenheit der Ware werden genau beschrieben. Abbildungen, Muster, Proben, Kataloge werden oft beigelegt, um Art und Beschaffenheit der Ware zu verdeutlichen.

Oft erfolgt die Kennzeichnung durch Warenzeichen, Gütezeichen, Güte- oder Handelsklassen, Namen, Typen, Standards (Baumwolle).

Beim Kauf nach Muster muß die gelieferte Ware mit dem Muster übereinstimmen.

Beim Typenkauf dürfen Abweichungen in Güte, Farbe usw. vorkommen. Markenware verspricht dem Erwerber eine stets gleichmäßige bestimmte Beschaffenheit.

Die Menge der Ware kann im Angebot als sogenannte Mindestmenge oder Höchstmenge oder gar nicht angegeben sein. Die Angaben erfolgen nach Gewicht (g, kg, t), Länge (mm, cm, m), Fläche (cm^2, m^2), Rauminhalt (l, hl, m^3) oder Zahl (Stück).

Der Preis der Ware bezieht sich auf eine Mengeneinheit oder auf eine ganz bestimmte Menge. Mengenabweichungen können den Preis nach oben oder unten beeinflussen. Geringfügige Abweichungen (Toleranzen) sind sowohl bei Mengen als auch bei Maßen und Farben erlaubt. Bei Angeboten von Maschinen, Apparaturen, Antennen sollten die Kosten für die Aufstellung gesondert angegeben werden. Die Preisangabe erfolgt in Landeswährung oder in fremder Währung. Oft werden Preisabzüge in Form von Skonto oder Rabatt gewährt. Bei Abzahlungsgeschäften müssen Bar- und Teilzahlungspreis sowie Anzahl, Höhe und Fälligkeit der einzelnen Raten angegeben sein.

Erfolgt die Mengenangabe nach Gewicht, kann sich der Preis auf das Reingewicht (Nettogewicht) oder Rohgewicht (Bruttogewicht = Ware einschließlich Verpackung) oder auf das handelsübliche Gewicht beziehen.

Beispiele: „50 kg netto", „brutto für netto", oder die Tara wird in Form einer Stückzahl oder eines Prozentsatzes vom Rohgewicht abgezogen. Handelsüblich sind auch Gewichtsabzüge (Gutgewicht, Lekkage, Bonifikation, Fusti).

Verpackungskosten werden unterschiedlich berechnet. Die Angaben besagen, wer die Kosten des Verpackungsmaterials zu zahlen hat, die ggf. in Rechnung gesetzt werden.

Beispiele: „Verpackung frei", „Verpackung zum Selbstkostenpreis", „Bei freier Rücksendung werden 50 % des für die Verpackung berechneten Betrages gutgeschrieben", „Verpackung leihweise".

Die Lieferungsbedingungen geben an, wer die Kosten für den Versand oder die Beförderung der Ware zu tragen hat. Ist nichts vereinbart, hat der Käufer die Ware zu holen oder die Transportkosten, Fracht-, Verladekosten, Rollgeld zu übernehmen (Warenschulden sind Holschulden). Es kommt vor, daß der Verkäufer die Beförderungskosten ganz oder zu einem Teil übernimmt.

Der Verkäufer kann anbieten:
ab Lager, ab Fabrik, unfrei:
Der Käufer hat sämtliche Beförderungskosten zu tragen.
frei Bahnstation hier:
Der Verkäufer trägt die Beförderungskosten bis zum Versandbahnhof, der Käufer Fracht und Abfuhr.
frei Bahnhof dort, frachtfrei:
Der Verkäufer übernimmt die Kosten für Anfuhr zum Versandbahnhof und Fracht zum Bestimmungsbahnhof.
Der Käufer hat die Kosten der Abfuhr zu tragen.
frei Haus, frei Lager, frei Keller:
Der Verkäufer zahlt sämtliche Beförderungskosten.

Mit der Übernahme der Beförderungskosten ist nicht die Übernahme der Gefahr durch den Lieferanten verbunden. Vielmehr wird die Ware auf Gefahr des Käufers verschickt.

Die Lieferzeit besagt, zu welchem Zeitpunkt die Ware geliefert werden kann. Ist nichts vereinbart, kann der Käufer sofort die Lieferung verlangen. Die Vereinbarung von Lieferzeiten ist jedoch üblich.

Lieferung sofort (Tageskauf), Lieferung 3 Monate nach Auftragseingang, lieferbar Mitte Juli, Lieferung auf Abruf.

Die Zahlungsbedingungen geben an, bis zu welchem Zeitpunkt die Zahlung zu erfolgen hat. Es kann Vorauszahlung, Barzahlung oder nachträgliche Zahlung durch Gewährung eines Zahlungszieles vereinbart sein.

Folgende Zahlungsbedingungen sind üblich:

Zahlung bei Bestellung,

Zahlung im voraus,

Zahlung gegen Nachnahme (Ware wird erst nach erfolgter Zahlung ausgehändigt),

$^1/_3$ bei Bestellung, $^1/_3$ bei Lieferung, $^1/_3$ innerhalb eines Monats nach Lieferung,

netto Kasse (wie „per Kasse"),

zahlbar innerhalb 8 Tagen (der Käufer hat den Rechnungsbetrag innerhalb von 8 Tagen nach Rechnungsdatum zu zahlen, diese Zahlungsart gilt im Großhandel und in der Industrie als Barkauf),

Ziel 3 Monate, zahlbar in 90 Tagen netto Kasse (Zielkauf, der Käufer hat die Rechnung innerhalb 90 Tagen ohne Abzug zu begleichen).

10 Tage 3 % Skonto, 14 Tage 2 % Skonto, 30 Tage netto,

Ziel 3 Monate gegen Akzept (der Käufer hat dem Verkäufer sein Akzept über den vollen Rechnungsbetrag zu geben),

wöchentliche Abschlagszahlungen nach Baufortschritt, Restzahlung 14 Tage nach Schlußabrechnung.

Der Erfüllungsort ist der Ort, an dem jeder der Beteiligten seine Pflichten aus dem Kaufvertrag zu erfüllen hat. Er ist gleichzeitig Gerichtsstand und Ort des Gefahrenüberganges (Beschädigung, Verschlechterung, Vernichtung der Ware). Man unterscheidet den gesetzlichen und den vertraglichen Erfüllungsort. Ist nichts vereinbart, gilt der gesetzliche Erfüllungsort (BGB § 269). Er ist der Ort (Wohnsitz oder Ort der gewerblichen Niederlassung), an dem der Schuldner seine Leistungen zu erbringen hat. Demnach würde gesetzlicher Erfüllungsort für die Warenlieferung oder die Leistungserbringung der Ort des Verkäufers sein, für die Zahlung und Annahme der Ware der Wohnsitz des Käufers; jedoch sind Geldschulden Schickschulden.

Meist wird der Erfüllungsort jedoch v e r t r a g l i c h vereinbart „Erfüllungsort ist für beide Teile der Ort des Lieferers". Hierbei richtet sich auch der Gerichtsstand nach dem Erfüllungsort, doch gilt das nur, wenn beide Vertragspartner Vollkaufleute sind.

Beispiel: Ein Wohnungsunternehmen in Hannover verkauft (vermietet) eine Wohnung in Köln an einen dort ansässigen Käufer (Mieter). Erfüllungsort und Gerichtsstand sollte laut Vereinbarung Hannover sein. Natürlich kann die in Köln gelegene Eigentums- bzw. Mietwohnung nur an diesem Ort überlassen werden; auch ist die mit dem Mietvertrag verbundene Erfüllung der Instandhaltungspflicht usw. an diesem Ort zu erbringen. Der vertragliche Erfüllungsort hat in dem Fall nur die Bedeutung als Zahlstelle. Gerichtsstand ist nach § 24 bzw. § 29 a ZPO Köln.

1.4 Die Bestellung (Auftrag)

Der Kaufmann gibt nach Prüfung und Vergleich der Angebote demjenigen seine Bestellung (Auftrag), dessen Angebot ihm am günstigsten erscheint. Dabei wird er neben Preis und Qualität (Ausführung) auch die Nebenkosten, die Lieferzeit und sonstige Vertragsbedingungen berücksichtigen.

Die Bestellung kann mündlich oder schriftlich erfolgen.

Die Bestellung ist die Annahme des Angebotes. Mit der Annahme des Angebotes kommt der Vertrag (Kaufvertrag) zustande, wodurch Käufer und Verkäufer sich gegenseitig verpflichten, den Vertrag zu erfüllen. Ging der Bestellung kein Angebot voraus, ist noch kein Vertrag zustandegekommen; der Lieferant braucht die Bestellung nicht auszuführen, er kann sich entscheiden, ob er sie annehmen will oder nicht. Schweigen bedeutet in diesem Fall jedoch die Annahme. Der Besteller ist an seine Bestellung gebunden. Der W i d e r r u f einer Bestellung muß vor, spätestens mit der Bestellung beim Lieferanten eingehen. Angebot und Bestellung müssen in allen Bedingungen übereinstimmen. Werden Bedingungen des Angebotes abgeändert, so ist ebenfalls kein Vertragsabschluß zustande gekommen. Auch hier kann der Verkäufer sich entscheiden, ob er die Bestellung annehmen oder ablehnen will.

Um Irrtümer zu vermeiden, sollten deshalb alle Angaben des Angebotes wiederholt werden.

1.5 Auftragsbestätigung

1.5.1 Die rechtssichernde Auftragsbestätigung

Wird nach einem Auftrag oder einer Bestellung die Ware nicht sofort geliefert bzw. die Leistung erbracht, ist es zweckmäßig, dem Besteller (Auftraggeber) wenigstens den Eingang des Auftrages zu bestätigen. Diese Bestätigung erfolgt in Form einer Auftragsbestätigung, die rechtlich ohne Bedeutung ist, da der Vertrag bereits abgeschlossen ist. Sie wird auch bei neuen Kunden bei mündlich oder fernmündlich erteilten Bestellungen abgeschickt, um Irrtümer auszuschließen.

1.5.2 Die rechtsbegründende Auftragsbestätigung

Ist der Bestellung kein Angebot vorausgegangen oder ist nur ein freibleibendes Angebot erfolgt, muß eine Auftragsbestätigung (Annahme des Antrags) abgegeben werden. Erst mit ihr kommt der Vertragsabschluß zustande.
Eine Auftragsbestätigung ist nicht erforderlich, wenn der Verkäufer sofort liefert. In diesem Fall wird eine Versandanzeige oder gleich die Rechnung geschickt.

1.6 Der Kaufvertrag

1.6.1 Wesen und Art des Kaufes

Der Kauf ist in wirtschaftlicher Hinsicht ein Tausch (Ware gegen Geld), in rechtlicher Hinsicht ein Vertrag. Wie alle Verträge durch Angebot (Antrag) und Annahme zustandekommen, wird auch der Kaufvertrag durch zwei übereinstimmende Willenserklärungen (Angebot [Antrag] und Annahme) geschlossen. Dabei kann das Angebot sowohl vom Käufer als auch vom Verkäufer ausgehen. Zum Abschluß des Kaufvertrages bedarf es der Annahme (Bestellung, Auftrag).

Der Antrag des Käufers in Form einer Bestellung ohne vorausgegangenes Angebot bedarf der Annahme durch den Verkäufer (Bestellungsannahme, Auftragsbestätigung).

Durch den Kaufvertrag verpflichtet sich der Verkäufer, eine bestimmte Ware (Grundstücke) gegen eine bestimmte Summe Geldes (Kaufpreis) dem Käufer als Eigentum zu übertragen und zu überlassen. Der Käufer dagegen verpflichtet sich, die Ware anzunehmen und zu bezahlen. Der Verkäufer schuldet zunächst dem Käufer die Erfüllung des Vertrages durch die Lieferung. Nach erfolgter Lieferung wechselt das Schuldverhältnis, der Käufer schuldet dem Verkäufer (Gläubiger) die Erfüllung des Vertrages in Form von Annahme und Bezahlung. Der Kauf zerfällt in zwei Teile: Verpflichtung und Erfüllung.

Die gesetzlichen Bestimmungen über den Kauf sind im BGB (§§ 433—515) geregelt. Für den Kaufmann gelten noch zusätzlich die Bestimmungen über den Handelskauf im HGB (§§ 373—382).

> Ein Handelskauf liegt vor, wenn eine der Vertragsparteien Kaufmann im Sinne des Gesetzes ist (einseitiger Handelskauf) oder wenn beide Vertragsparteien Kaufleute im Sinne des Gesetzes sind und der Gegenstand ein Handelsgeschäft ist (zweiseitiger Handelskauf).
>
> Zwischen Parteien, die ihre Niederlassung im Gebiet verschiedener Staaten haben, gilt das „Einheitliche Gesetz über den internationalen Kauf beweglicher Sachen" vom 17. 7. 1973, wenn sie die Anwendung nicht ausgeschlossen haben.

1.6.2 Pflichten aus dem Kaufvertrag

Für die Vertragspartner ergeben sich folgende Pflichten (Verpflichtungen):
Der V e r k ä u f e r hat die Pflicht,
das E i g e n t u m an der Ware zu verschaffen,
die verkaufte Ware dem Käufer zur rechten Zeit und am rechten Ort zu übergeben und dafür die Kosten der Übergabe zu tragen (B e s i t z verschaffen).

Bei Vertragsabschluß behält sich der Verkäufer oftmals das Eigentum der Ware vor (Kauf unter Eigentumsvorbehalt). Der Verkäufer bleibt bis zur vollständigen Bezahlung Eigentümer der verkauften Ware. Bleibt der Käufer mit der Zahlung im Rückstand, kann der Verkäufer die Ware zurückverlangen. Der Eigentumsvorbehalt muß ausdrücklich vereinbart werden. Der Verkäufer hat im Falle des Konkurses ein Aussonderungsrecht. Er ist dagegen nicht geschützt vor Weiterverkauf oder Verpfändung an g u t g l ä u b i g e D r i t t e . Erwirbt ein außenstehender Dritter vom Käufer den gekauften Gegenstand in der Annahme, daß er der Eigentümer sei, so hat er an den Gegenständen das Eigentum erworben, auch wenn sie dem Veräußerer nicht gehörten (Unterschlagung). Der Dritte hat im guten Glauben erworben; Voraussetzung jedoch ist, daß er nach den allgemeinen Umständen glauben durfte, der Verkäufer ist Eigentümer der Ware. Der wirkliche Eigentümer (Verkäufer) kann Ansprüche auf sein Eigentum sodann nicht geltend machen; es besteht lediglich ein Schadenersatzanspruch gegen den Veräußerer (Käufer).

Der Verkäufer hat den Kaufvertrag nach Treu und Glauben und mit Rücksicht auf die Verkehrssitte zu erfüllen. Er hat insbesondere die Ware frei von Mängeln und Fehlern zu liefern.
Der K ä u f e r hat die Pflicht,
die ordnungsgemäß gelieferte Ware abzunehmen (Abnahme, Prüfung und Annahme),
den vereinbarten Kaufpreis fristgemäß zu zahlen.

Die A b n a h m e der Ware ist die körperliche Hernahme (von Boten, Spediteuren, Post, Frachtführern).

Die A n n a h m e erfolgt, wenn die Ware nach Menge, Art und Beschaffenheit von Fehlern frei ist, so daß eine Beanstandung (Mängelrüge) nicht erforderlich ist. Der Kaufmann hat die Ware unverzüglich (d. h. ohne schuldhafte Verzögerung) nach den Bedingungen des Kaufvertrages (Bestellung) zu prüfen.

Bei Zusendung u n v e r l a n g t e r Ware besteht keine Verpflichtung zur Annahme, da ein Kaufvertrag nicht besteht. Die Ware ist lediglich zur Verfügung zu halten (zwecks Abholung). Erhält man jedoch von einem Lieferanten, mit dem man in Geschäftsverbindung steht, unverlangte Ware, so würde S t i l l s c h w e i g e n eine Annahme bedeuten. Um dies zu verhindern, müßte die Ware auf Kosten des Lieferers zurückgesandt werden.

1.6.3 Form des Vertragsabschlusses

Der Kaufvertrag kann formlos, mündlich oder schriftlich abgeschlossen werden. Eine Ausnahme bildet der Grundstückskauf. Er bedarf der Schriftform und der notariellen Beurkundung. Unterlagen für den schriftlich abgeschlossenen Kaufvertrag sind entweder Schriftstücke (Angebot und Bestellung), ein Kaufvertrag in Form einer (paragraphierten) Vertragsurkunde oder einer Schlußnote (Maklerverkehr).

1.7 Besondere Formen des Kaufs

Besondere Formen des Kaufvertrages sind:

Kauf nach Probe (Muster)
Die gelieferte Ware muß der Probe oder dem Muster entsprechen, der Kaufvertrag ist abgeschlossen.

Kauf auf Probe (Besichtigung)
Die Ware wird für eine bestimmte Zeit probeweise überlassen. Danach kann sie zurückgegeben werden. Wird die Ware behalten, gilt der Kaufvertrag als abgeschlossen.

Kauf zur Probe
Der Käufer kauft eine kleinere Menge, um sie zu probieren. Er stellt dadurch in Aussicht, bei Gefallen oder bei Zusage eine größere Menge nachzubestellen.

Kauf in Bausch und Bogen (Ramschkauf)
Hier wird die Ware gekauft, so wie sie steht und liegt. Anspruch auf bestimmte Eigenschaften oder Güte besteht nicht.

Fixkauf
Hier ist die Ware bis zu einem bestimmten Zeitpunkt oder an einem festen Termin zu liefern. Folgt an dem bestimmten Termin keine Lieferung, so kann der Käufer wahlweise:
sofort vom Vertrag zurücktreten,
Schadenersatz wegen Nichterfüllung verlangen,
auf Lieferung bestehen, wobei er dies dem Verkäufer nach Ablauf der vereinbarten Lieferfrist ausdrücklich mitzuteilen hat.

Spezifikationskauf
Eine bestimmte Warenmenge wird gekauft, wobei sich der Käufer das Recht vorbehält, innerhalb einer bestimmten Frist Maße, Form und Farbe näher zu bestimmen. Unterläßt der Käufer nach einer Abmahnung mit Fristsetzung die Bestimmung zu treffen, gerät er in Verzug. Der Verkäufer kann dann die Bestimmung (Spezifikation) selbst vornehmen oder vom Vertrag zurücktreten, ggf. kann er Schadenersatz wegen Nichterfüllung verlangen.

Kauf auf Abruf
Bei diesem Kauf steht der Zeitpunkt der Lieferung nicht fest. Der Käufer behält sich das Recht vor, die gekaufte Ware innerhalb einer bestimmten Frist in Teilmengen oder im ganzen abzurufen. Unterläßt der Käufer den Abruf, setzt ihm der Verkäufer eine angemessene Nachfrist, nach deren Ablauf der Verkäufer wahlweise
den Käufer auf Abnahme verklagen,
die Ware auf Kosten und Gefahr des Käufers einlagern oder öffentlich versteigern,
vom Vertrag zurücktreten kann.

Vorkauf
Das Vorkaufsrecht (BGB § 504 ff.) ist eine bestehende Vereinbarung, wonach ein Vorkaufsberechtigter den Anspruch hat, in einen Kaufvertrag einzutreten; Voraussetzung ist, daß der Verpflichtete als Verkäufer mit einem Käufer einen Kaufvertrag abgeschlossen hat. Ein Vorkaufsrecht auf ein Grundstück kann durch Eintragung einer Vormerkung im Grundbuch dinglich gesichert sein (dingliches Vorkaufsrecht). Besteht ein Vorkaufsrecht, so hat der Vorkaufsverpflichtete Abschluß und Inhalt des Vertrages dem Vorkaufsberechtigten unverzüglich mitzuteilen. Dieser kann nunmehr durch Erklärung sein Vorkaufsrecht ausüben und damit — an Stelle des Käufers — in den Vertrag eintreten; er kann aber auch von seinem Vorkaufsrecht keinen Gebrauch machen. Der Vorkaufsberechtigte muß sich innerhalb einer Frist erklären. Sie beträgt bei Grundstücken 2 Monate, bei anderen Sachen eine Woche nach Empfang der Mitteilung, falls nichts anderes vertraglich vereinbart ist. Wird die Anzeigepflicht versäumt, so kann der Begünstigte Schadenersatz verlangen.
Das Vorkaufsrecht kann im Falle der Zwangsvollstreckung oder des Konkurses nicht ausgeübt werden.

Wiederkauf
Beim Wiederkauf hat sich der Verkäufer vertraglich das Recht vorbehalten, den Kaufgegenstand zurückzuerwerben. Die Ausübung des Wiederkaufsrechtes ist dem Berechtigten jederzeit möglich, wenn er nicht an bestimmte vertraglich vereinbarte Voraussetzungen gebunden ist. Mit Eintritt dieser Voraussetzung kann demnach vom Wiederkaufsrecht Gebrauch gemacht werden. Bei einem Grundstück kann der Anspruch des Verkäufers auf Rückübertragung durch eine Vormerkung im Grundbuch

gesichert sein. Das Wiederkaufsrecht kann bei Grundstücken nur bis zum Ablauf von 30 Jahren, bei anderen Gegenständen bis zum Ablauf von 3 Jahren nach der Vereinbarung ausgeübt werden, wenn im Vertrag keine andere Frist vereinbart ist.

Kauf mit Wertsicherungsklausel
Wertsicherungsklauseln drücken die Preise nicht in einem DM-Betrag aus, sondern sie machen ihn vom Preis anderer Währungen, Güter oder Leistungen (Goldpreis, Dollar, Getreidepreis, Kohle) abhängig. Wertsicherungsklauseln sind grundsätzlich verboten und können nur ausnahmsweise mit Genehmigung der Deutschen Bundesbank vereinbart werden (Währungsgesetz § 3).

1.8 Erfüllung des Kaufvertrages

Der abgeschlossene Kaufvertrag ist — wie jeder Vertrag — ordnungsgemäß zu erfüllen. Er ist von seiten des Verkäufers erfüllt, wenn die verkaufte Ware dem Käufer zur rechten Zeit am rechten Ort übergeben wurde (Besitzverschaffung) und der Käufer das Eigentum an der Ware erhalten hat.

Der Käufer erfüllt seine Verpflichtung aus dem Kaufvertrag, wenn er die Ware ordnungsgemäß angenommen und den vereinbarten Kaufpreis fristgemäß bezahlt hat.

Haustürgeschäfte und ähnliche Geschäfte sind nur wirksam, wenn der Kunde sie nicht binnen einer Frist von einer Woche schriftlich widerruft. Die Frist beginnt erst, wenn die andere Vertragspartei dem Kunden eine schriftliche Belehrung über sein Widerrufsrecht ausgehändigt hat. Das Widerrufsrecht kann durch ein schriftlich eingeräumtes uneingeschränktes Rückgaberecht ersetzt werden.

1.8.1 Der Eingang der Ware

Der Käufer wird bei der Warenannahme:
die Lieferzeit (Terminkontrolle) mit Bestellbuch oder Terminkalender vergleichen;
als Empfänger einer Ware in Anwesenheit des Überbringers prüfen:
Anzahl der Versandstücke durch Vergleich mit den Warenbegleitpapieren;
Warenbegleitpapiere:
Lieferschein (bei Zustellung durch Boten und Lieferwagen),
Frachtbrief (bei Beförderung durch die Bahn als Frachtgut),
Eilfrachtbrief (bei Beförderung durch die Bahn als Eilgut),
Expreßgutkarte (bei Beförderung durch die Bahn als Expreßgut),
Ladeschein (bei Beförderung durch die Binnenschiffahrt),
Konnossement (Seefracht, bei Beförderung durch Seeschiffe),
Luftfrachtbrief (bei Beförderung durch Flugzeuge).
Anschrift und Aufschrift (Zeichen und Nummern) zwecks Vermeidung von Verwechslungen;
Verpackung, um sich Beschädigungen sofort von dem anwesenden Post- oder Bahnbeamten, Rollfuhrunternehmer, Frachtführer oder Boten bescheinigen zu lassen,

die Ware a u s p a c k e n, auf Mängel p r ü f e n und einsortieren;

Der Wareneingang wird auf dem Lieferschein abgehakt; dieser ist mit der Bestellung und der Rechnung zu vergleichen. Über die Prüfung wird ein Vermerk (Stempel) gemacht. Sollten sich Mängel zeigen, sind diese dem Lieferanten unverzüglich in Form einer Mängelrüge mitzuteilen;

die R e c h n u n g sachlich und rechnerisch genau p r ü f e n und den Zahlungstermin in einen Terminkalender eintragen, wenn nicht sofort unter Ausnutzung von Skonto gezahlt wird;

Die Rechnungen werden oft gleichzeitig mit der Ware abgesandt. Sie ersetzen sodann eine Versandanzeige (Lieferanzeige);

die B u c h u n g vornehmen, und zwar nach dem Wert in der Hauptbuchhaltung, nach der Menge in der Lagerbuchhaltung (Lagerkartei).

1.8.2 Die Zahlung

Die Rechnung kann der Kaufmann in bar, bargeldsparend oder bargeldlos begleichen. Die Zahlung ist fristgemäß erfolgt, wenn der geschuldete Betrag aus der uneingeschränkten Verfügungsgewalt des Schuldners heraus ist, z. B. Übergabe des Schecks an die Post zur Beförderung oder Einwurf in den Briefkasten des Gläubigers, Einzahlung des Betrages bei der Post (Urteil BGH).

1.9 Störungen bei der Abwicklung des Kaufvertrages

Der Verkäufer hat eine Ware frei von Mängeln (Rechts- und Sachmängeln) zu liefern, der Käufer anzunehmen und zu bezahlen. Erfüllt ein Vertragsteil nicht fristgemäß, gerät er in Verzug. Das Gesetz spricht vom Verzug des Gläubigers und vom Verzug des Schuldners, der Kaufmann von

mangelhafter Lieferung,

Lieferungsverzug des Verkäufers,

Annahmeverzug des Käufers,

Zahlungsverzug des Käufers.

1.9.1 Mangelhafte Lieferung

Der Verkäufer einer Sache haftet dem Käufer dafür, daß sie zur Zeit des Überganges frei von Rechten Dritter (Rechtsmängel) und nicht mit Fehlern (Sachmängel) behaftet ist, die den Wert oder die Tauglichkeit aufheben oder mindern, und daß sie die zugesicherten Eigenschaften besitzt.

Durch die Prüfung der Ware können folgende **Mängel** festgestellt werden:

Mängel in der Art (falsche Ware),

Mängel in der Menge (andere als vereinbarte Menge geliefert), wobei der Käufer den Erfüllungsanspruch behält, und der Verkäufer wegen Nichterfüllung des Kaufvertrages ggf. haftet,

Mängel in der Güte (andere Qualität),

Mängel in der Beschaffenheit (beschädigte Ware), wobei der Verkäufer für den Sachmangel — im Gegensatz zu den ersten beiden Mängeln — haftet (Sachmängelhaftung beim Kauf).

Diese können **offene** Mängel oder **versteckte** Mängel sein. Will der Kaufmann diese beanstanden, muß er bei einem **zweiseitigen** Handelskauf

bei offenen Mängeln unverzüglich nach Ablieferung,

bei versteckten Mängeln unverzüglich nach Entdeckung (HGB § 377)

und beim **einseitigen** Handelskauf — nach dem BGB — innerhalb der Gewährleistungspflicht eine **Mängelrüge** erteilen. Darin ist der Mangel genau zu beschreiben. Eine besondere Form ist nicht vorgeschrieben. Ein Handlungsreisender kann sie auch entgegennehmen. Alle Ansprüche aufgrund einer Mängelrüge und aus Gewährleistung müssen innerhalb von sechs Monaten geltend gemacht werden, da sie sonst verjähren (BGB § 477). Diese gesetzlichen Fristen gelten nur, wenn die Vertragsparteien keine anderen Abmachungen vereinbart haben (Garantie, Gewährleistungsfrist) oder wenn der Verkäufer den Mangel nicht arglistig verschwiegen hat.

Aufgrund der rechtzeitig erteilten Mängelrüge kann der Käufer **wahlweise** verlangen (BGB § 462 ff.):

Wandlung (Rücktritt vom Vertrag), ⎫
Minderung (Preisnachlaß), ⎬ bei Sachmängelhaftung
Umtausch (Ersatzlieferung), ⎭

Schadenersatz wegen Nichterfüllung.

Welches Recht der Käufer wählt, hängt von der Lage des Einzelfalles ab. Bei einer über die gesetzliche Gewährleistungspflicht hinausgehenden vertraglichen Garantie erfolgt lediglich die Beseitigung des Mangels durch eine Nachbesserung (Reparatur). Gewährleistungsanprüche bestehen nicht, wenn der Mangel unerheblich ist oder der Käufer die Ware in Kenntnis des Mangels ohne Vorbehalt annimmt. Bei einem Werklieferungsvertrag können die gleichen Rechte geltend gemacht werden, wenn es sich um Gattungsware (vertretbare Ware) handelt.

1.9.2 Der Lieferungsverzug

Der Verkäufer (Lieferer) gerät in Lieferungsverzug, wenn er durch sein Verschulden nicht oder nicht rechtzeitig liefert, und zwar erst nach einer Mahnung, in der eine angemessene **Nachfrist** gesetzt und angedroht wird, danach die Annahme zu verweigern. Beim Fixgeschäft tritt der Lieferungsverzug ohne eine Mahnung ein. Aufgrund des Lieferungsverzuges kann der Käufer wahlweise eines der nachstehenden Rechte geltend machen:

Recht auf **Erfüllung** des Vertrages (d. h. Lieferung) und gegebenenfalls Schadenersatz wegen verspäteter Erfüllung des Kaufvertrages;
Rücktritt vom Vertrag, er verzichtet auf Lieferung und Schadenersatz;
Schadenersatz wegen Nichterfüllung. Er verzichtet auf Lieferung und verlangt Schadenersatz wegen Nichterfüllung, da er die Ware hat anderweitig teurer kaufen müssen (**Deckungskauf**).

Der Verkäufer kann nicht in Lieferungsverzug geraten, wenn er für die Verzögerung der Lieferung nicht verantwortlich gemacht werden kann (höhere Gewalt, Streik, behördliche Maßnahmen, Feuer u. a.).

Die Berechnung der Schadenersatzforderung wegen verspäteter Lieferung oder wegen Nichterfüllung muß der Käufer beweisen können. Bei der konkreten Schadenberechnung (höherer Preis beim Deckungskauf) ist dieser aufgrund der Rechnung nachweisbar. Ein abstrakter Schaden (entgangener Gewinn, Kundenverlust, Schädigung des Rufes) ist schwierig zu berechnen.

Um sich jedoch von vornherein die ordnungsgemäße Lieferung zu sichern, wird oft eine **Vertragsstrafe** (Konventionalstrafe) vereinbart. Aufgrund der im Kaufvertrag getroffenen Vereinbarung muß dem Käufer im Falle des Lieferungsverzuges eine bestimmte Geldsumme gezahlt werden.

1.9.3 Der Annahmeverzug

Der Käufer gerät in Annahmeverzug, wenn er aufgrund einer Bestellung ordnungsgemäß gelieferte Ware nicht annimmt.

Der Verkäufer hat bei Annahmeverzug des Käufers folgende Rechte nach eigener Wahl:

Er kann die Ware zurücknehmen oder in einem öffentlichen Lagerhaus oder anderweitig einlagern. Die Kosten und Gefahr des Untergangs bzw. der Verschlechterung gehen zu Lasten des Käufers.
Er kann Klage auf Abnahme und auf Erstattung der Kosten erheben.
Er kann die Ware im **Selbsthilfeverkauf** — nach vorheriger Androhung — auf Rechnung des Käufers öffentlich versteigern lassen. Bei leicht verderblichen Waren kann die Versteigerung auch ohne vorherige Androhung im **Notverkauf** vorgenommen werden. Vom durchgeführten Verkauf ist der Käufer zu benachrichtigen.
Er kann vom Kaufvertrag zurücktreten, falls er die Ware anderweitig und ohne besondere Kosten veräußern kann.

Der Selbsthilfeverkauf wird einer Klage vorzuziehen sein. Durch ihn kommt der Verkäufer schneller und sicherer zu seinem Geld; er erspart dem Käufer außerdem Gerichts- und Anwaltskosten.

1.9.4 Der Zahlungsverzug

Der Käufer kommt in Zahlungsverzug, wenn er seine vertragliche Verpflichtung zur Zahlung nicht fristgemäß erfüllt, und zwar
bei einem kalendermäßig feststehenden Termin: mit dem Tag der Fälligkeit;
bei einem kalendermäßig vereinbarten Zahlungstag (z. B. 2 Wochen nach

Lieferung) durch eine Mahnung (Klageerhebung oder Zustellung eines Mahnbescheids), falls die Zahlung nicht gestundet wurde. Dabei sind Voraussetzungen: Fälligkeit, Mahnung und ein vom Schuldner zu vertretender Umstand.

Ist der bestimmte Tag der Fälligkeit oder des Fristablaufs ein Sonnabend, Sonntag oder staatlich anerkannter Feiertag, so tritt an die Stelle eines solchen Tages der nächste Werktag.

Beim Zahlungsverzug des Käufers hat der Verkäufer (Gläubiger) das Recht, **Verzugszinsen** geltend zu machen. Die Verzugszinsen betragen

nach dem BGB: 4 % i. J. während des Verzuges (§ 288),

nach dem HGB: 5 % i. J. vom Tag der Fälligkeit an (§ 352 ff.).

Weist der Verkäufer die Zahlung höherer Bankzinsen nach, kann er diese verlangen.

1.9.5 Das Mahnverfahren

Jeder Kaufmann überwacht die Fälligkeitstermine seiner Forderungen, um sofort säumige Kunden festzustellen und zu mahnen. Die **Terminkontrolle** erfolgt in einem Terminbuch, einer Terminkartei, vielfach auch in einem einfachen Ordner, der die Rechnungsdurchschläge nach der Fälligkeit geordnet aufbewahrt, oder über EDV. Der fristgemäße Eingang der Zahlungen ist für den Kaufmann deshalb wichtig, weil er seinen eigenen Verpflichtungen nachkommen muß. Er könnte sonst selbst in Zahlungsschwierigkeiten geraten und müßte teure Bankkredite aufnehmen. Außerdem ist der Grund der Zahlungsverzögerung ungewiß (Versäumnis oder Zahlungsunfähigkeit). Er muß sich jedoch vor Verlusten bei Konkurs eines Kunden oder durch Verjährung von Forderungen schützen. Deshalb muß er mahnen. Man unterscheidet

außergerichtliches Mahnverfahren,

gerichtliches Mahnverfahren.

Ein Schuldner, der nicht pünktlich zahlen kann, sollte sich rechtzeitig an seinen Gläubiger wenden, um Stundung bitten und Zahlungsvorschläge unterbreiten.

Das außergerichtliche Mahnverfahren

Ein säumiger Schuldner wird an seine Zahlungspflicht durch eine Mahnung erinnert. Nach der Reihenfolge der Mahnungen kann man grundsätzlich unterscheiden:

Erinnerungen (Preisliste, Angebot, Rechnungsdurchschrift, Kontoauszug als versteckte Mahnung), jedoch ohne rechtliche Bedeutung,

Brief als erste und **offene Mahnung**,

Brief als zweite und **drohende Mahnung** mit Fristsetzung,

Postnachnahme.

Während das Erinnerungsschreiben den Kunden höflich nur an einen versäumten oder übersehenen Zahlungstermin erinnert, ist der erste Mahnbrief schon eine höfliche

Mahnung. Der schärfere Ton des zweiten Mahnbriefes mit Androhung der Abtretung der Forderung an eine Bank, Einzug der Zahlung durch die Post, durch ein Inkassoinstitut oder mittels Mahnbescheids sollte der Zahlungsaufforderung Nachdruck verleihen. Führt das außergerichtliche Mahnverfahren zu keinem Erfolg, muß mit Hilfe des Gerichtes (Mahnbescheid, Klage) die Forderung eingetrieben werden.

Das gerichtliche Mahnverfahren (§§ 680—703, 339 f. ZPO)

Kommt der Schuldner seinen Zahlungsverpflichtungen — trotz Mahnbriefen, Postnachnahme oder Inkasso — nicht nach, muß der Gläubiger versuchen, sich im Wege der Zwangsvollstreckung durch P f ä n d u n g in das bewegliche Vermögen des Schuldners und V e r w e r t u n g der gepfändeten Gegenstände zu befriedigen. Pfändung und Verwertung im Wege der Zwangsvollstreckung erfolgt durch den Gerichtsvollzieher. Dieser wird erst tätig bei Vorlage eines v o l l s t r e c k b a r e n   T i t e l s. Vollstreckbare Titel sind:

vollstreckbare Endurteile,

vorläufig vollstreckbare Urteile (Urteile im Wechsel- und Scheckprozeß),

Versäumnisurteile,

gerichtlicher Vergleich,

Vollstreckungsbescheid (für vollstreckbar erklärter Mahnbescheid),

vollstreckbare Urkunden, die von einem Notar oder Gericht ausgefertigt werden,

Kostenfestsetzungsbeschlüsse,

Grundpfandrecht (Hypothek, Grundschuld) mit Unterwerfungsklausel, durch die sich der Eigentümer eines Grundstücks der sofortigen Zwangsvollstreckung unterwirft.

Oft wird der Erlaß eines Mahnbescheids auch deshalb notwendig, um die Verjährung einer Forderung zu vermeiden.

Dem schnellen, einfachen und billigen Weg zu einem vollstreckbaren Schuldtitel, ohne daß der Gläubiger den langwierigen Weg der Klage beschreiten muß, dient das (gerichtliche) M a h n v e r f a h r e n. Es ist in der Zivilprozeßordnung (ZPO §§ 688—703) geregelt und wird eingeleitet durch den Erlaß eines Mahnbescheids. Es können Geldbeträge, aber auch Wertpapiere und Leistungen vertretbarer Sachen geltend gemacht werden.

Beim gerichtlichen Mahnverfahren wird dem Antragsgegner ein Mahnbescheid durch das Gericht zugestellt mit der Aufforderung — unter Androhung der Zwangsvollstreckung —, innerhalb einer Frist von zwei Wochen die Schuld nebst Verzugszinsen, Barauslagen und Kosten des Mahnverfahrens zu bezahlen oder bei Einwendungen gegen den Anspruch bei dem Gericht Widerspruch zu erheben. Nach Ablauf der Frist kann der Antragsteller den Erlaß des Vollstreckungsbescheids beantragen, wenn nicht rechtzeitig Widerspruch erhoben wurde. Dieser Vollstreckungsbescheid wird dem Antragsgegner auf Wunsch und bei Vorausentrichtung des Auslagenbetrags durch das

Gericht oder auf Betreiben des Antragstellers zugestellt. Der Antrag auf Erlaß eines Mahnbescheids wird beim zuständigen Amtsgericht unter Verwendung eingeführter Vordrucke gestellt. Das Gericht prüft nicht, ob dem Antragsteller der Anspruch zusteht.

Der Antragsgegner kann innerhalb zwei Wochen

an den Antragsteller z a h l e n ,

W i d e r s p r u c h erheben gegen den Anspruch oder einen Teil des Anspruchs beim zuständigen Amtsgericht,

nichts unternehmen.

Zahlt der Antragsgegner, so ist der Zweck erreicht und das Verfahren erledigt.

Zahlt der Antragsgegner nicht und erhebt innerhalb der Frist beim Amtsgericht Widerspruch, wird der Antragsteller davon benachrichtigt. Antragsteller wie Antragsgegner können daraufhin die Durchführung des streitigen Verfahrens vor dem Amtsgericht und ggf. Verweisung an das Landgericht beantragen. Meist wird dieser Antrag vom Antragsteller zusammen mit dem Antrag auf Erlaß eines Mahnbescheids gestellt. Der Widerspruch kann bis zum Beginn der mündlichen Verhandlung zurückgenommen werden. Ergibt die mündliche Verhandlung, daß die Forderung des Gläubigers zu Recht besteht, erhält er durch Urteil einen vollstreckbaren Titel, mit dem er die Zwangsvollstreckung in das Vermögen des Schuldners betreiben kann. Bei einem „Urkundenmahnbescheid" wird bei Widerspruch des Antragsgegners das Mahnverfahren nicht in das ordentliche Gerichtsverfahren, sondern in den Urkundenprozeß übergeleitet (vgl. Urkunden- und Wechselprozeß Seite 123 f.).

Erfolgt weder Zahlung noch Widerspruch, erläßt das Gericht auf Antrag innerhalb sechs Monaten einen Vollstreckungsbescheid. Er wird von Amts wegen zugestellt, wenn die Kosten für die Zustellung entrichtet und nicht Zustellung im Parteibetrieb beantragt wurde.

Nach Zustellung des V o l l s t r e c k u n g s b e s c h e i d s hat der Schuldner wiederum drei Möglichkeiten. Er kann

z a h l e n (an den Vollstreckungsbeamten),

E i n s p r u c h erheben beim zuständigen Amtsgericht, wenn Einwendungen gegen den Anspruch bestehen,

nichts unternehmen.

Zahlt der Antragsgegner an den Antragsteller, ist der Zweck erreicht und das Verfahren erledigt.

Erhebt er binnen zwei Wochen Einspruch beim Amtsgericht, so gibt es den Rechtsstreit von Amts wegen an das Gericht ab, das im Mahnbescheid bezeichnet worden ist.

Wird weder gezahlt noch Einspruch erhoben, wird die Zwangsvollstreckung durchgeführt.

Bei Arbeitnehmern kann auch durch das Vollstreckungsgericht eine L o h n p f ä n d u n g vorgenommen werden (s. S. 126).

1.9.6 Die Klage im Zivilprozeßverfahren

Der Gläubiger der Zahlung (Leistung) wird bei Gericht Klage erheben, wenn er von vornherein annehmen muß, daß bei bestehenden Streitigkeiten ein Mahnbescheid erfolglos sein wird (Widerspruch). Die Klage leitet einen Prozeß ein und führt aufgrund mündlicher Verhandlungen zu einem Urteil.

Klageantrag

Die Klage aufgrund einer Geldforderung ist eine L e i s t u n g s k l a g e . Bei allen Leistungsklagen stellt der Kläger den Antrag, den Beklagten zu einem bestimmten Tun oder auch Unterlassen zu verurteilen (z. B. auf Zahlung, Herausgabe der Wohnung usw.). Es kann auch eine Klage auf künftige Zahlung oder Räumung erhoben werden, z. B. dann, wenn sich der Schuldner der rechtzeitigen Leistung entziehen will (z. B. Einwendungen gegen künftige Mietzahlung). Von der Leistungsklage ist die F e s t s t e l l u n g s k l a g e zu unterscheiden. Hierbei will ein Kläger einen bestehenden Rechtszustand feststellen lassen, an dem er ein rechtliches Interesse hat.

So wird z. B. eine Wohnungsbaugenossenschaft durch Urteil rechtskräftig feststellen lassen, daß das Nutzungsverhältnis eines ausscheidenden Mitglieds zu einem bestimmten Zeitpunkt endet.

Die Klage wird erhoben:

mündlich (zu Protokoll bei Gericht gegeben),

schriftlich mit einem Schriftsatz (Klageschrift).

Die K l a g e s c h r i f t muß enthalten (ZPO § 253):

die Bezeichnung des Gerichts und der Parteien (Gläubiger und Schuldner);

die bestimmte Angabe des Gegenstandes und des Grundes des erhobenen Anspruchs (Klagegrund);

einen bestimmten Antrag (Klageantrag), denn der Richter kann im Urteil nur auf das eingehen, was beantragt wurde;

die Angabe über den Wert des Streitgegenstandes, da hiervon die Zuständigkeit des Amtsgerichts oder des Landgerichts abhängt;

Angaben über die Begründung der erhobenen Ansprüche (Beweise);

Unterschrift.

Zuständigkeit der Gerichte

Die Klage wird beim örtlich und sachlich zuständigen Gericht erhoben.

Örtliche Zuständigkeit

Örtlich zuständiges Gericht für alle Ansprüche aus schuldrechtlichen Verträgen (Kaufvertrag, Mietvertrag, Darlehensvertrag) ist das Gericht des Ortes, an dem die streitige Verpflichtung zu erfüllen ist. Wird ein Erfüllungsort vereinbart, so richtet sich der Gerichtsstand nach dem Erüllungsort; dies gilt aber nur, wenn beide Vertragspartner Vollkaufleute oder Körperschaften des öffentlichen Rechts sind (§ 29 ZPO).
Bei Klagen, die das Eigentum oder die dingliche Belastung eines Grundstücks betreffen, ist das Gericht zuständig, in dessen Bezirk das Grundstück liegt (Belegenheitsort).
Bei Mietsachen ist ausschließlich das Amtsgericht zuständig, in dessen Bezirk sich der Wohnraum befindet (§ 29 a ZPO).
Bei Klagen gegen eine Person ist der allgemeine Gerichtsstand der Wohnsitz der Person und bei juristischen Personen der Sitz der gewerblichen Niederlassung. Bei

Klagen aus Abzahlungsgeschäften (auch Kauf gegen Wechsel) ist ausschließlich das Gericht zuständig, in dessen Bezirk der Käufer z. Z. der Klage gerade seinen Wohnsitz hat, es sei denn, er ist Vollkaufmann oder hat seinen Wohnsitz im Ausland.

Sachliche Zuständigkeit

Die sachliche Zuständigkeit richtet sich nach der Höhe des Streitwertes (Höhe der Forderung).

Gliederung der Gerichte

Zum persönlichen Rechtsschutz des einzelnen Staatsbürgers und zur Sicherung einer einheitlichen Anwendung und Auslegung der Gesetze dienen die Gerichte.

Die Ausübung dieser staatlichen Hoheitstätigkeit durch unabhängige Richter nennt man Gerichtsbarkeit.

Man unterscheidet:

I. Ordentliche Gerichtsbarkeit, ausgeübt durch die ordentlichen Gerichte (Amtsgerichte — Landgerichte — Oberlandesgerichte — Bundesgerichtshof)
   1. Zivilbarkeit
       a) streitige Zivilgerichtsbarkeit (private streitige Ansprüche sollen durchgesetzt werden),
       b) freiwillige Zivilgerichtsbarkeit (Führung der Register, Grundbücher, Vormundschafts-, Nachlaßsachen).
   2. Strafgerichtsbarkeit.

II. Verwaltungsgerichtsbarkeit, ausgeübt durch Verwaltungsgerichte — Oberverwaltungsgerichte — Bundesverwaltungsgericht,

III. Finanzgerichtsbarkeit, ausgeübt durch Finanzgerichte — Bundesfinanzhof,

IV. Arbeitsgerichtsbarkeit, ausgeübt durch Arbeitsgerichte — Landesarbeitsgerichte — Bundesarbeitsgericht,

V. Sozialgerichtsbarkeit, ausgeübt durch Sozialgerichte — Landessozialgerichte — Bundessozialgericht,

VI. Verfassungsgerichtsbarkeit des Bundes, auf Bundesebene ausgeübt vom Bundesverfassungsgericht.

Nach dem Gerichtsverfassungsgesetz (GVG § 12) wird die ordentliche Gerichtsbarkeit ausgeübt durch:

Amtsgerichte,

Landgerichte,

Oberlandesgerichte,

Bundesgerichtshof (als das Obere Bundesgericht für das Gebiet der ordentlichen Gerichtsbarkeit).

Vor den ordentlichen Gerichten werden alle bürgerlichen Rechtsstreitigkeiten und Strafsachen behandelt, wenn nicht Gerichte anderer Gerichtsbarkeiten zuständig sind.

Amtsgericht
Den Amtsgerichten stehen Einzelrichter vor. Sie sind meist in Abteilungen gegliedert.
Das Amtsgericht ist zuständig:

In der Zivilgerichtsbarkeit:

in vermögensrechtlichen Ansprüchen bis 6 000,— DM Streitwert;

ohne Rücksicht auf den Wert des Streitgegenstandes:

bei Streitigkeiten zwischen dem Vermieter und dem Mieter (Untermieter) wegen Überlassung, Benutzung, Bestehen eines Mietvertrages, Erfüllung, Entschädigung wegen Nichterfüllung oder Räumung von Wohnungen oder Räumen sowie wegen Fortsetzung des Mietverhältnisses aufgrund eines Widerspruchs, wegen Zurückhaltung eingebrachter Sachen,

bei Streitigkeiten zwischen Reisenden und Wirten, Fuhrleuten, Schiffern;

ausschließlich und ohne Rücksicht auf die Höhe des Streitwertes in der freiwilligen Gerichtsbarkeit bei:

Mahnverfahren, Konkursverfahren, Zwangsvollstreckung in Gründstücke und in Forderungen, Vormundschafts- und Nachlaßangelegenheiten, Register- und Grundbuchangelegenheiten.

In der Strafgerichtsbarkeit (Einzelrichter, Schöffengericht) entscheidet es in erster Instanz.

Landgericht
Das Landgericht ist in der streitigen Zivilgerichtsbarkeit zuständig in erster Instanz für:

vermögensrechtliche Ansprüche mit einem Streitwert über 6 000,— DM,

alle nicht vermögensrechtlichen Streitigkeiten,

Warenzeichenstreitigkeiten ohne Rücksicht auf den Streitwert (§ 32 PrPG),

Anfechtung von Hauptversammlungsbeschlüssen;

in zweiter Instanz für:

Entscheidungen über Berufungen und Beschwerden gegen Urteile und Beschlüsse des Amtsgerichts.

In der freiwilligen Gerichtsbarkeit entscheidet es stets als 2. Instanz bei Beschwerden gegen Entscheidungen des Amtsgerichts.

In der Strafgerichtsbarkeit (kleine Strafkammer, große Strafkammer, Schwurgericht) entscheidet es in Strafsachen in 1. Instanz oder in 2. Instanz (Berufung).

Das Landgericht gliedert sich in Kammern (Strafkammern, Zivilkammern), die mit je drei Richtern besetzt sind. Streitigkeiten über bestimmte handelsrechtliche Angelegenheiten (Wechsel, Handelskauf) entscheidet auf ausdrücklichen Antrag des Klägers eine beim Landgericht eingerichtete „Kammer für Handelssachen". Die nach dem Bundesbaugesetz zuständige „Kammer für Baulandsachen" ist mit drei Richtern des Landgerichts und zwei des Verwaltungsgerichts besetzt.

Oberlandesgericht

Beim Oberlandesgericht sind Zivilsenate und Strafsenate gebildet, die mit je drei Berufsrichtern besetzt sind.

Das Oberlandesgericht ist zuständig:

in Z i v i l s a c h e n für Verhandlung und Entscheidung über die Rechtsmittel der Berufung gegen die Endurteile des Landgerichtes,

der Beschwerde gegen Eintscheidungen des Landgerichtes;

in der f r e i w i l l i g e n G e r i c h t s b a r k e i t als Berufungsinstanz;

in der S t r a f g e r i c h t s b a r k e i t für Prozesse in erster oder Berufungsinstanz.

Bundesgerichtshof

Der Bundesgerichtshof ist Revisionsinstanz und entscheidet in Senaten, die mit je 5 Berufsrichtern besetzt sind. Der große Zivilsenat hat 9 Richter, Sitz ist Karlsruhe.

Prozeßablauf

Beim Landgericht sowie bei Oberlandesgericht und Bundesgerichtshof besteht Anwaltszwang; die Parteien müssen sich von einem Rechtsanwalt vertreten lassen.

Der Zivilprozeß wird normalerweise durch Einreichung einer Klageschrift eingeleitet. Nach Zahlung des Gerichtskostenvorschusses (nach Höhe des Streitwertes) stellt das Gericht dem Gegner die Klage abschriftlich zu und lädt beide Parteien zur mündlichen Verhandlung. Mit der Z u s t e l l u n g der Klageschrift wird das Verfahren r e c h t s h ä n g i g, d. h. während der Rechtshängigkeit einer Streitsache kann keine Partei die Sache bei einem anderen Gericht vorbringen, da dann der Gegner die Einrede der Rechtshängigkeit erheben kann.

Die Frist zwischen Zustellung der Klageschrift und dem Verhandlungstermin nennt man E i n l a s s u n g s f r i s t. Die beträgt mindestens 14 Tage (in Ausnahmefällen 24 Stunden bis 3 Tage). Der eigentlichen Verhandlung geht in der Regel ein G ü t e v e r f a h r e n voraus. Es bezweckt einen Vergleich der Parteien. Vergleichen sich die Parteien nicht, verhandeln sie nunmehr streitig, d. h. sie stellen ihre Anträge auf Verurteilung bzw. Klageabweisung. In der Gerichtsverhandlung erfolgt die B e w e i s a u f n a h m e durch Einsichtnahme in Urkunden, Geschäftsbriefe usw. Als weitere Beweismittel dienen A u g e n s c h e i n (Vorlage von Waren, Lokaltermin), Zeugenaussagen, Sachverständigengutachten, Parteivernehmung.

Der Prozeß kann beendet werden durch:

Rücknahme der Klage, wenn der Kläger die Unmöglichkeit der Durchsetzung seines Anspruchs erkennt. Die Klage kann zurückgenommen werden, und zwar ohne Einwilligung des Beklagten bis zum Beginn der mündlichen Verhandlung, mit Einwilligung des Beklagten bis zur Rechtskraft des Urteils.

Anerkenntnisurteil, wenn der Beklagte den Anspruch des Klägers anerkennt.

Versäumnisurteil, wenn eine Person nicht erscheint; gegen ein Versäumnisurteil kann binnen 2 Wochen nach dessen Zustellung Einspruch erhoben werden; dies bewirkt, daß ein neuer Verhandlungstermin bei dem gleichen Gericht stattfindet.
Vergleich, wenn sich beide Parteien mit Hilfe des Gerichtes während der Verhandlung einigen.
Urteil des Gerichtes. Ein Urteil muß, um vollstreckt werden zu können, rechtskräftig sein.
Ein rechtskräftig gewordenes Urteil ist unanfechtbar und unabänderlich. Urteile mit einer Rechtsmittelfrist werden nach Ablauf dieser Rechtsmittelfrist, wenn das zuständige Rechtsmittel (Berufung, Beschwerde, Revision) nicht eingelegt wird, rechtskräftig. Ist die Einlegung eines Rechtsmittels nicht gegeben, wird ein Urteil oder eine Entscheidung mit ihrer Verkündung rechtskräftig.

Rechtsmittel

Rechtsmittel im Zivilprozeß sind:
Beschwerde,
Berufung gegen erstinstanzliche Urteile,
Revision gegen die in der Berufungsinstanz erlassenen Urteile.

Urkunden- und Wechselprozeß (ZPO §§ 592 — 605 a)

Wer einen Anspruch auf Zahlung einer bestimmten Geldsumme (auf Leistung einer bestimmten Menge vertretbarer Sachen oder Wertpapiere) bei Gericht geltend machen will und seine Rechte durch Urkunden nachweisen kann, sollte seine Ansprüche im sog. Urkundenprozeß (Scheckprozeß, Wechselprozeß) geltend machen. Dazu zählen auch Ansprüche aus einer Hypothek, Grundschuld, Rentenschuld oder Schiffshypothek. Beweismittel sind nur Urkunden. Die Klage muß die Erklärung haben, daß im Urkundenprozeß (Wechselprozeß, Scheckprozeß) geklagt wird. Widerspricht der Beklagte dem Klageantrag, wird er zwar verurteilt, das Urteil ist auch sofort vorläufig vollstreckbar, er kann jedoch seine Rechte im ordentlichen Verfahren geltend machen, in dem alle Beweismittel zugelassen sind. Wird das erste Urteil (Vorbehaltsurteil) aufgehoben, muß der Kläger unter Umständen für den Schaden aufkommen, der aus der Zwangsvollstreckung entstanden ist.

Im Wechsel- und Scheckprozeß beträgt die Einlassungsfrist:

am Ort mindestens	24 Stunden,
bei Zustellung der Klage an einem anderen Ort innerhalb des Gerichtsbezirks	3 Tage,
bei jedem anderen Ort im Inland	1 Woche.

Scheck- und Wechselklagen werden als F e r i e n s a c h e n auch innerhalb der Gerichtsferien (vom 15. Juli bis 15. September) behandelt. Während der Gerichtsferien werden nur in Feriensachen Termine abgehalten und Entscheidungen erlassen. Zu den Feriensachen zählen:

> Strafsachen,
>
> Arrestsachen,
>
> eine einstweilige Verfügung betreffende Sachen,
>
> Bausachen, wenn über die Fortsetzung eines angefangenen Baues gestritten wird,
>
> Streitigkeiten zwischen Vermieter und Mieter (Untermieter), wenn es um Überlassung, Benutzung, Räumung oder Fortsetzung des Mietverhältnisses von Räumen (Wohnungen) geht oder um die Zurückbehaltung der vom Mieter eingebrachten Sachen.

Die Gerichtsferien haben auf das Kostenfestsetzungsverfahren, Mahnverfahren, Zwangsvollstreckungsverfahren, Vergleichsverfahren keinen Einfluß (GVG §§ 199 bis 202).

1.9.7 Die Zwangsvollstreckung (ZPO §§ 704—945)

Leistet (zahlt) der Schuldner nicht freiwillig, kann auf Antrag des Gläubigers zwangsweise die Beitreibung der Forderung erfolgen. Voraussetzung für die Zwangsvollstreckung ist ein vollstreckbarer Titel, der mit einer Vollstreckungsklausel versehen ist (vorstehende Ausfertigung wird dem ... [Partei] ... zum Zwecke der Zwangsvollstreckung erteilt).

Die Durchführung der Zwangsvollstreckung ist verschieden, Voraussetzung ist jedoch, daß der Vollstreckungstitel vor der Zwangsvollstreckung, zumindest gleichzeitig mit deren Beginn, zugestellt worden ist.

Die Zwangsvollstreckung wird ausgeführt:

> in das bewegliche Vermögen: durch Pfändung und Versteigerung (Gerichtsvollzieher);
>
> in Forderungen und Vermögenswerte: durch Pfändung und Überweisung (Vollstreckungsgericht);
>
> in das unbewegliche Vermögen: durch Zwangsversteigerung, Zwangsverwaltung oder Eintragung einer Sicherungshypothek (Vollstreckungsgericht).

Zwangsvollstreckung in das bewegliche Vermögen des Schuldners

Die Zwangsvollstreckung in das bewegliche Vermögen des Schuldners (Mobiliarzwangsvollstreckung) erfolgt durch P f ä n d u n g. Sie wird ausgeführt durch den Gerichtsvollzieher, in dessen Bezirk sich die zu pfändenden Sachen befinden. Die Pfändung erfolgt in der Weise, daß der Gerichtsvollzieher Geld, Kostbarkeiten und

Wertpapiere in Besitz nimmt, an den schwer beweglichen Sachen die Pfändung durch Anbringen eines Siegels ersichtlich macht. Dabei wird der gewöhnliche Kaufwert der gepfändeten Sachen geschätzt. Es darf nur soviel gepfändet werden, wie zur Befriedigung des Gläubigers und zur Deckung der Kosten erforderlich ist, die durch die Zwangsvollstreckung entstehen. Über die Vollstreckungshandlung ist ein Protokoll aufzunehmen. Der Gerichtsvollzieher ist befugt, die Wohnung und die Behältnisse des Schuldners zu durchsuchen. Verschlossene Haustüren, Zimmertüren oder Behältnisse kann er öffnen lassen. Bei Widerstand kann er Gewalt anwenden und zur Unterstützung polizeiliche Vollzugsorgane anfordern.

Durch die P f ä n d u n g erwirbt der Gläubiger ein P f a n d r e c h t an dem gepfändeten Gegenstand. Dieses gibt dem Gläubiger dieselben Rechte wie ein durch Vertrag erworbenes Faustpfandrecht. Das durch eine frühere Pfändung begründete Pfandrecht geht stets demjenigen vor, das später begründet wurde. Neben dem vertraglichen Pfandrecht und dem Pfändungspfandrecht gibt es ein gesetzliches Pfandrecht (Vermieterpfandrecht, Pfandrecht des Unternehmers gegenüber dem Besteller usw.). Ein Gläubiger (z. B. Vermieter) kann der Pfändung aufgrund seines Vermieterpfandrechts nicht widersprechen; er kann jedoch seinen Anspruch auf vorzugsweise Befriedigung aus dem Erlös im Wege der Klage geltend machen. Bestimmte bewegliche Sachen dürfen nicht gepfändet werden.

U n p f ä n d b a r e bewegliche S a c h e n sind (ZPO § 811):

dem persönlichen Gebrauch oder dem Haushalt dienende Sachen (Kleidungsstücke, Küchengeräte, Wäsche, Betten, Hausgerät), sofern der Schuldner diese zu seiner Berufsausübung oder seiner Lebens- und Haushaltsführung, die seiner Verschuldung angemessen sein muß, bedarf.

Gartenhäuser, Lauben u. ä., die bewegliches Vermögen darstellen und zur ständigen Unterkunft dienen.

Nahrungs-, Feuerungs- und Beleuchtungsmittel für einen Zeitraum von 4 Wochen oder den Geldbetrag dafür. Alle zur Erwerbstätigkeit notwendigen Gegenstände (Kleintiere, Gartengerät, Dienstkleidung, Bücher usw.)

V e r w e r t u n g der gepfändeten Gegenstände:

Das gegen Quittung gepfändete Geld führt der Gerichtsvollzieher an den Gläubiger ab. Wertpapiere mit einem Börsen- oder Marktpreis verkauft er freihändig zum Tageskurs. Alle anderen Sachen werden verwertet durch öffentliche V e r s t e i g e r u n g .

Die Versteigerung darf grundsätzlich frühestens eine Woche nach der Pfändung erfolgen. Ort und Zeit werden öffentlich bekanntgemacht. Den Zuschlag bekommt der Meistbietende nach dreimaligem Aufruf, wobei der Zuschlag nur auf ein Angebot erteilt werden darf, das mindestens die Hälfte des vorher bekanntzugebenden gewöhnlichen Verkaufswertes (Mindestangebot) erreicht. Die Versteigerung wird eingestellt, sobald der Erlös zur Befriedigung des Gläubigers und zur Deckung der Kosten der Zwangsvollstreckung ausreicht. Bei dem durch Zuschlag erworbenen Gegenstand entfällt ein Anspruch aus Gewährleistung wegen eines Rechtsmangels oder Sachmangels.

Der bei der Versteigerung erzielte Erlös wird an den Gläubiger abgeliefert. Der Schuldner kann die Versteigerung dadurch abwenden, daß er vorher Zahlung leistet; auch kann das Vollstreckungsgericht auf seinen Antrag und unter bestimmten Voraussetzungen die Versteigerung und Anordnung von Zahlungsfristen zeitweilig aussetzen.

Zwangsvollstreckung in Forderungen durch das Vollstreckungsgericht

Während die Zwangsvollstreckung in das bewegliche Vermögen durch den Gerichtsvollzieher durchgeführt wird, erfolgt die Pfändung einer Forderung durch das Vollstreckungsgericht (Amtsgericht am Wohnsitz des Schuldners). Die Pfändung einer Lohn- und Gehaltsforderung oder die Pfändung von Miet- und Pachtzinsen erfolgt durch Pfändung des Betrages beim Arbeitgeber bzw. Mieter und Überweisung. Das Gericht stellt einen **Pfändungs- und Überweisungsbeschluß** aus, falls ein ordnungsgemäßer vollstreckbarer Titel vorliegt und zugestellt ist. Diesen Beschluß muß der Gläubiger dem Drittschuldner zustellen lassen. Mit der Zustellung des Beschlusses ist die Pfändung bewirkt. Dem Drittschuldner ist nunmehr verboten, an den Schuldner zu zahlen. Aufgrund des Überweisungsbeschlusses ist er verpflichtet, die Geldforderung an den Gläubiger zu überweisen. Die Überweisung ist solange durchzuführen, bis der Überweisungsbeschluß aufgehoben und zur Kenntnis des Drittschuldners gelangt ist.

> Vom Nettolohn oder -gehalt ist ein bestimmter Teil unpfändbar, der dem Schuldner zur Bestreitung seines Lebensunterhaltes und zur Erfüllung seiner Unterhaltspflichten verbleibt.

> Die Pfändung von Mietzinsen (Pachtzinsen) beim Mieter für Schulden des Vermieters ist auf Antrag des Vermieters vom Vollstreckungsgericht insoweit aufzuheben, als diese Einkünfte zur laufenden Unterhaltung des Grundstückes oder zur Vornahme notwendiger Instandsetzungsarbeiten unentbehrlich sind.

Die **Pfändung** einer **Hypothekenforderung** erfolgt durch das Vollstreckungsgericht. Außer dem Pfändungsbeschluß ist die Übergabe des Hypothekenbriefes an den Gläubiger erforderlich. Bootcht eine Buchhypothek, erfolgt die Eintragung der Pfändung in das Grundbuch (Abteilung III).

Zwangsvollstreckung in das unbewegliche Vermögen

Die Zwangsvollstreckung in das unbewegliche Vermögen erfolgt wahlweise durch

- Eintragung einer Zwangshypothek,
- Anordnung der Zwangsverwaltung,
- Zwangsversteigerung.

Zwangsverwaltung und Zwangsversteigerung sind im „Gesetz über die Zwangsversteigerung und die Zwangsverwaltung" (Zwangsversteigerungsgesetz = ZVG) geregelt.

Eintragung einer Zwangshypothek

Zwangsvollstreckung in ein Grundstück erfolgt in Form der Eintragung einer Sicherungshypothek im Grundbuch in Höhe der Forderung des Gläubigers. Die Eintragung wird auf dem vollstreckbaren Titel vermerkt. Mit der Eintragung entsteht die Hypothek. Das Grundstück haftet auch für die dem Schuldner zur Last fallenden Kosten der Eintragung.

Der Gläubiger erhält hierbei keine unmittelbare Befriedigung, er schafft sich lediglich eine neue Sicherheit. Wird die Vollstreckung eingestellt oder wieder aufgehoben (Zahlung), erwirbt der Eigentümer des Grundstücks die Hypothek (Eigentümerhypothek).

Zwangsverwaltung von Grundstücken

Bei der Zwangsverwaltung sucht der Gläubiger Befriedigung aus den Erträgen des Grundstückes. Sie erfolgt durch Antrag des Gläubigers beim Vollstreckungsgericht (Amtsgericht, in dem das Grundstück liegt). Das Vollstreckungsgericht veranlaßt die Beschlagnahme des Grundstückes, die Bestellung eines Zwangsverwalters und die Eintragung der Zwangsverwaltung im Grundbuch. Mit Zustellung des Anordnungsbeschlusses (Beschlagnahme) kann der Schuldner das Grundstück weder veräußern noch verwalten oder benutzen. Die Verwaltung obliegt einem bestellten Zwangsverwalter. Er hat das Recht und die Pflicht, alles zu tun, um das Grundstück in seinem Bestande zu erhalten und ordnungsgemäß zu nutzen. Aus dem Nutzungsentgelt des Grundstückes deckt er die Kosten (Vergütung des Verwalters, Betriebskosten usw.). Die weiteren Erträge werden nicht nur an den die Zwangsverwaltung betreibenden Gläubiger, sondern in einer gesetzlich festgelegten Rangordnung an alle Gläubiger (z. B. Lohn- und Steuerschulden) vergeben. Nach Befriedigung des betreibenden Gläubigers hebt das Gericht die Zwangsvollstreckung durch Beschluß auf.

Zwangsversteigerung von Grundstücken

Die Zwangsversteigerung erfolgt auf Antrag des Gläubigers beim Vollstreckungsgericht durch Beschlagnahme des Grundstücks (Zustellung des Beschlusses) und Eintragung des Vermerks im Grundbuch. Mit der Zustellung der Beschlagnahme verliert der Schuldner die Verfügungsmacht über das Grundstück, er darf das Grundstück weder veräußern noch belasten. Die Beschlagnahme umfaßt nicht die Miet- und Pachtzinsforderungen.

Die Versteigerung wird durch das Versteigerungsgericht ausgeführt. Es bestimmt einen Versteigerungstermin und macht ihn mindestens 6 Wochen vor dem Termin öffentlich bekannt. Der Versteigerungstermin ist allen Beteiligten mitzuteilen. Bei der Versteigerung wird nur solches Gebot („geringstes Gebot") zugelassen, durch welches alle dem Anspruch des betreibenden Gläubigers vorgehenden Rechte, die im Grundbuch eingetragen sind (z. B. Hypotheken, Grundschulden) sowie die Kosten des Verfahrens gedeckt werden. Der Zuschlag wird dem Meistbietenden durch Beschluß des Gerichtes erteilt. Mit dem Zuschlag, der mit der Verkündung (Verkündungstermin) wirksam wird, ist der Erwerber Eigentümer des Grundstückes, sofern nicht im Beschwerdeweg der Beschluß rechtskräftig aufgehoben wurde. Das Gericht stellt einen Teilungsplan auf und nimmt in einem besonderen Termin (Verteilungstermin) die Verteilung des Versteigerungserlöses vor, wobei zuerst die Kosten des Verfahrens gedeckt werden. Kosten in Zusammenhang mit dem Zuschlag hat der Erwerber zu tragen. Eine außergerichtliche Einigung über den Versteigerungserlös ist möglich; sie muß dem Gericht jedoch urkundlich nachgewiesen werden. Die eingetragenen Belastungen, die dem Rechte des betreibenden Gläubigers vorgehen, muß der Erwerber übernehmen. Über die Rangordnung s. S. 326.

Nach Verteilung wird das Grundbuchamt um Eintragung des neuen Eigentümers sowie Löschung der untergegangenen Rechte und des Vermerkes über die Zwangsversteigerung ersucht. Erlischt durch den Zuschlag ein Recht, das nicht auf Zahlung eines Kapitals gerichtet ist, so tritt an seine Stelle ein Anspruch auf Ersatz des Wertes aus dem Versteigerungserlös. Die Zwangsversteigerung von Grundstücken kann auf Antrag des Schuldners auf die Dauer von höchstens 6 Monaten eingestellt werden, wenn dadurch die Versteigerung abgewendet werden kann (ZVG § 30 a).

Auf Antrag des Schuldners kann das Vollstreckungsgericht eine Maßnahme der Zwangsvollstreckung ganz oder teilweise aufheben (ZPO § 765 a). Die Zwangsvollstreckung ist außerdem einzustellen auf Anordnung des Prozeßgerichts bei Vorlage einer Urkunde, aus der sich eine Sicherheitsleistung, Hinterlegung, Erlaß oder Stundung des Gläubigers sowie Zahlung ergibt. Das Gericht kann auf Antrag des Schuldners diesem noch weiteren Vollstreckungsschutz gewähren.

Die eidesstattliche Versicherung (ZPO §§ 807 und 900 ff.)

Hat die Pfändung nicht zur vollen Befriedigung des Gläubigers geführt oder war sie fruchtlos, kann der Schuldner auf Antrag des Gläubigers zur Abgabe einer eidesstattlichen Versicherung aufgefordert werden. Voraussetzung ist die Vorlage eines vollstreckbaren Titels und einer Bescheinigung des Gerichtsvollziehers, daß er keine pfändbaren Gegenstände gefunden hat. Der vom Gericht angesetzte Termin zur Abgabe ist nicht öffentlich. Der Schuldner hat lediglich das ihm übersandte Formular als Vermögensverzeichnis vorzulegen und zu Protokoll an Eides Statt zu versichern, „daß or die von ihm verlangten Angaben nach bestem Wissen und Gewissen richtig und vollständig gemacht hat". Bis 30. 6. 1970 wurde statt dessen der Offenbarungseid geleistet.

Aus dem Vermögensverzeichnis müssen ferner ersichtlich sein:

alle im letzten Jahre vorgenommenen entgeltlichen Veräußerungen an seinen Ehegatten, Verwandte und Verschwägerte,

alle im letzten Jahre vorgenommenen unentgeltlichen Verfügungen (ausgenommen gebräuchliche Gelegenheitsgeschenke),

alle in den letzten zwei Jahren vom Schuldner vorgenommenen unentgeltlichen Verfügungen zugunsten seines Ehegatten.

Verweigert der Schuldner die Abgabe der eidesstattlichen Versicherung, so kann das Gericht auf ausdrücklichen Antrag des Gläubigers Haft (höchstens 6 Monate) anordnen. Die Verhaftung des Schuldners erfolgt durch einen Gerichtsvollzieher, der den Haftbefehl vorzuzeigen hat. Die Haftanordnung soll den Schuldner zur Abgabe der eidesstattlichen Versicherung zwingen. Die Haft ist jedoch nur möglich, wenn der Gläubiger die durch Haft entstehenden Kosten sowie die Verpflegungskosten von Monat zu Monat vorausbezahlt.

Nach Abgabe der eidesstattlichen Versicherung oder nach Anordnung der Haft wird der Schuldner in das dafür beim Vollstreckungsgericht geführte Verzeichnis aufgenommen (Schuldnerverzeichnis). Über das Bestehen oder Nichtbestehen einer Eintragung ist jedermann auf Antrag Auskunft zu erteilen. Die Abgabe der eidesstattlichen Versicherung gilt für die Dauer von 3 Jahren (ZPO § 899 ff.), es sei denn, daß glaubhaft gemacht wird, der Schuldner habe später Vermögen erworben.

Arrest und einstweilige Verfügung (ZPO §§ 916—945)

Wird befürchtet, daß der Schuldner sein Vermögen den Zugriffen des Gläubigers im Wege der Zwangsvollstreckung entziehen oder wesentlich erschweren will, kann das Gericht auf Antrag des Gläubigers einen A r r e s t b e f e h l erlassen. Der Anspruch und der Arrestgrund sind glaubhaft zu machen. Zustellung und Vollstreckung des Arrestbefehls ist Angelegenheit des Gläubigers. Gegen den Arrestbefehl kann Widerspruch eingelegt werden, der jedoch die Vollziehung des Arrestes nicht hemmt.

Es gibt den dinglichen Arrest und den persönlichen Sicherheitsarrest. Die Vollziehung des dinglichen Arrestes in das Vermögen des Schuldners erfolgt durch Pfändung. Die Vollziehung des dinglichen Arrestes in ein Grundstück erfolgt durch Eintragung einer Sicherheitshypothek für die Forderung.

Der persönliche Sicherheitsarrest wird durch die Beschränkung der persönlichen Freiheit, durch Haft, vollzogen. Hierbei gelten die gleichen Vorschriften wie bei der Haft gegen den Schuldner, der die eidesstattliche Versicherung nicht abgeben will.

Oftmals kann ein Streitgegenstand eine schnelle Regelung erfordern, vor allem zur Vermeidung von wesentlichen Nachteilen oder zur Verhinderung drohender Gefahr; eine vorzeitige, schnelle Regelung ist durch eine „einstweilige Verfügung" möglich. Mit ihr kann auch dem Gegner eine Handlung geboten oder verboten werden, und zwar bis zur Entscheidung im Hauptprozeß (ZPO § 935 ff.).

Die Verjährung (BGB § 194 ff.).

Wesen

Nach Ablauf einer bestimmten Frist ist eine Forderung (Anspruch) verjährt, d. h. sie kann nicht mehr gerichtlich durchgesetzt werden. Will dann ein Gläubiger die Forderung gerichtlich eintreiben, kann der Schuldner von der „Einrede der Verjährung" Gebrauch machen. Es verjähren dadurch nur die Ansprüche (auf Zahlung, auf Unterlassung usw.), nicht aber das Recht selbst. Wird eine bereits verjährte Forderung bezahlt, kann der Schuldner keine Rückzahlung vom Gläubiger verlangen. Die Verjährung dient der Sicherheit des Rechtslebens; alle Ansprüche sollen nicht auf eine unbestimmte Zeit aufrechterhalten bleiben; der Schuldner kann nach Ablauf einer bestimmten Frist (Verjährungsfrist) seine Belege und Quittungen vernichten, weil der Gläubiger keine Ansprüche mehr geltend machen kann.

Verjährungsfristen

Es gibt verschiedene Verjährungsfristen:

In 30 Jahren verjähren (regelmäßige Verjährungsfrist) Ansprüche aus:

Darlehensforderungen (Krediten),
Schuldanerkenntnissen,
vollstreckbaren Titeln,

Prozeßvorgleichen,
rechtskräftigen Urteilen usw.

Die allgemeine Verjährungsfrist von 30 Jahren beginnt mit dem Tag der Entstehung der Schuld.

In 4 **Jahren** verjähren die Ansprüche:

> der Kaufleute, Fabrikanten und Handwerker untereinander für die zum Wiederverkauf oder zur Weiterverarbeitung gelieferten Waren bzw. erbrachten Leistungen;
>
> der Vermieter (Verpächter) auf rückständige Mietzahlungen (Pachtzahlungen) einschließlich aller Nebenleistungen wie Umlagen, Zuschläge für Vermietung von Wohnungen, Häusern, Grundstücken;
>
> auf rückständige Zinsen (einschließlich der zum Zwecke allmählicher Tilgung ersparten Zinsen bei einer Tilgungshypothek);
>
> auf regelmäßig wiederkehrende Leistungen (Ruhegeld, Unterhaltsbeiträge, Renten usw.).

In 2 **Jahren** verjähren die Ansprüche:

> der Kaufleute, Fabrikanten und Handwerker an Privatleute (d. h. nicht für den Gewerbebetrieb des Schuldners),
>
> der Gastwirte,
>
> der Lohn- und Gehaltsempfänger,
>
> der Agenten, Makler, Lagerhalter, Spediteure und Frachtführer,
>
> der freien Berufe (Ärzte, Rechtsanwälte, Architekten, Ingenieure, Wirtschaftsprüfer, Steuerberater).

Bei den kürzeren Verjährungsfristen (4- und 2jährige Verjährung) beginnt die Verjährungsfrist erst am Schluß des Jahres, in dem der Anspruch entstanden ist (31. Dezember).

Um eine Forderung oder einen Anspruch nicht verjähren zu lassen, kann die Verjährung durch den Gläubiger oder den Schuldner unterbrochen oder gehemmt werden.

Die Unterbrechung der Verjährung

Die Verjährung wird unterbrochen:

vom G l ä u b i g e r durch:
> Klageerhebung,
> Zustellung eines Mahnbescheids im gerichtlichen Mahnverfahren,
> Anmeldung der Forderung im Konkurs,
> Zwangsvollstreckung;

vom S c h u l d n e r durch:
> Abschlagszahlung,
> Zinszahlung,
> Schuldanerkenntnis,
> Sicherheitsleistung.

Durch die Unterbrechung der Verjährung fällt die abgelaufene Zeit weg. Die Verjährungsfrist beginnt von neuem zu laufen, und zwar nach Beendigung der Unterbrechung (z. B. rechtskräftiges Urteil).

Die Hemmung der Verjährung

Die Verjährung kann gehemmt werden:

> durch den Gläubiger, solange er die Forderung dem Schuldner stundet (Stundung);
>
> durch den Schuldner, solange er die Zahlung berechtigterweise verweigern kann (bei Gegenanspruch);
>
> durch höhere Gewalt (Krieg, Naturkatastrophen, ruhende Rechtspflege);
>
> während des Konkurses oder Vergleichs.

Die Verjährungsfrist läuft während der Hemmung nicht weiter; die Hemmungsfrist wird nach Wegfall des hemmenden Ereignisses der Verjährungsdauer hinzugerechnet und verlängert diese.

Andere Verjährungsfristen

In 6 Monaten verjähren:
Ersatzansprüche des Vermieters wegen Veränderungen und Verschlechterungen der vermieteten Sache;
Ansprüche des Mieters auf Ersatz von Aufwendungen oder auf Gestattung der Wegnahme einer Einrichtung;
Ansprüche des Vermieters wegen unterlassener Schönheitsreparaturen oder unterlassener Mängelanzeige;
Ansprüche auf Wiederherstellung des alten Zustandes der Wohnung;
die Ansprüche des Käufers auf Wandlung oder Minderung sowie auf Schadenersatz wegen Mangels einer zugesicherten Eigenschaft bei beweglichen Sachen; (bei Grundstücken in einem Jahr, sofern die Verjährungsfrist durch Vertrag nicht verlängert ist, und zwar ab der Übergabe).

In 4 Jahren verjähren (AO §§ 169, 228):
Steuerfestsetzungen, mit Ausnahme von
hinterzogener Steuer (10 Jahre),
leichtfertig verkürzter Steuer (5 Jahre),
Verbrauchsteuern und Zöllen (1 Jahr),
besonderer Zahlungsverjährung (5 Jahre).

In 3 Jahren verjähren:
Ansprüche auf Ersatz des aus einer unerlaubten Handlung entstandenen Schadens,
Ansprüche nach dem Produktpirateriegesetz vom Zeitpunkt des Bekanntwerdens der Verletzung — ohne Bekanntwerden in 30 Jahren — sowie Ansprüche, wenn durch Fehler eines Produktes jemand Schaden erleidet, und zwar ab Bekanntwerden des Fehlers.
Die Verjährungsfristen der am Wechselverkehr beteiligten Personen: (s. S. 163).
Verjährung von Gewährleistungsansprüchen aus Bauleistungen:
Gewährleistungsansprüche aus dem Bauvertrag richten sich nach BGB § 638, sofern vertraglich nicht ausdrücklich die VOB (Verdingungsordnung für Bauleistungen Teil B § 13 Ziff. 4) gelten sollen.

2 Allgemeine Vertragslehre

2.1 Arten der Verträge

Im täglichen Leben werden von natürlichen oder juristischen Personen Willenserklärungen abgegeben, die auf einen rechtlichen Erfolg gerichtet sind. Man nennt sie Rechtsgeschäfte. Man unterscheidet zwei Arten von Rechtsgeschäften:
einseitige Rechtsgeschäfte,
zweiseitige Rechtsgeschäfte oder Verträge.

2.1.1 Einseitige Rechtsgeschäfte

Sie liegen vor, wenn die Willenserklärung einer Person eine rechtliche Wirkung nach sich zieht. Dabei sind zu unterscheiden:

Empfangsbedürftige Willenserklärungen (Kündigung, Vertragsangebot),
nicht empfangsbedürftige Willenserklärungen (Mängelrüge, Testament).

Empfangsbedürftige Willenserklärungen müssen, um rechtswirksam zu werden, in den Besitz der Person gelangt sein, an die sie gerichtet sind. Sie sind zugegangen mit der Aushändigung an die betreffende Person oder mit Einwurf in deren Briefkasten.

Nicht empfangsbedürftige Willenserklärungen werden im Augenblick der Abgabe rechtswirksam, wobei es unbedeutend ist, ob sie an die bestimmte Person gelangen.

2.1.2 Zweiseitige Rechtsgeschäfte

Verträge sind miteinander übereinstimmende Willenserklärungen zweier Parteien, die durch Antrag und Annahme zustande kommen. Hierunter fallen alle privatrechtlichen Verträge, die im BGB behandelt sind: Kaufvertrag, Mietvertrag, Werkvertrag, Werklieferungsvertrag, Gesellschaftsvertrag usw. Dies sind **zweiseitig verpflichtende Verträge**; daneben gibt es: **einseitig verpflichtende Verträge** (Bürgschaft), bei denen sich nur ein Vertragsteil zu einer Leistung verpflichtet.

Miete

Durch den Mietvertrag verpflichtet sich der Vermieter, den Gebrauch der gemieteten Sache oder der Wohnung während der Mietzeit gegen Entgelt zu gewähren, während sich der Mieter verpflichtet, den vereinbarten Mietzins an den Vermieter zu zahlen (BGB §§ 535—580). Statt Kauf von Anlagegütern hat sich das Leasing (Miete) entwickelt.

Pacht

Durch den Pachtvertrag verpflichtet sich der Verpächter, den Gebrauch des verpachteten Gegenstandes und den Genuß der Früchte (landwirtschaftliches Grundstück, Fischteich, Jagd, Gastwirtschaft) gegen Entgelt zu gewähren, während sich der Pächter verpflichtet, den Pachtzins an den Verpächter zu zahlen (BGB §§ 581—597).

Leihe

Durch den Leihvertrag verpflichtet sich der Verleiher, den Gebrauch einer Sache unentgeltlich dem Entleiher zu gestatten, während sich dieser zur Rückgabe verpflichtet (BGB §§ 598—606).

Darlehn

Ein Darlehn ist ein Vertrag, bei dem Geld und andere vertretbare Sachen (Eier, Getreide, Ziegelsteine) hingegeben und nach einer vereinbarten Zeit — oder gegen Kündigung — in gleicher Menge, Art und Güte zurückzuerstatten sind. Gelddarlehn sind meist verzinslich (BGB §§ 607—610).

Bürgschaft

Die Bürgschaft ist ein Vertrag, durch den sich jemand (der Bürge) gegenüber dem Gläubiger eines Dritten verpflichtet, für die Erfüllung der Verbindlichkeit des Dritten (Hauptschuldner) aufzukommen (BGB §§ 765—778).

Verwahrungsvertrag

Durch den Verwahrungsvertrag verpflichtet sich der Verwahrer, eine ihm vom Hinterleger übergebene Sache aufzubewahren (BGB 688—700).

Werkvertrag

Durch den Werkvertrag verpflichtet sich der Unternehmer zur Erstellung eines versprochenen Werkes (einer Sache oder zur Erbringung einer auf einen bestimmten Erfolg ausgerichteten Leistung), während der Besteller sich verpflichtet, dafür eine vereinbarte Vergütung zu zahlen (BGB §§ 631 — 650). Wenn sich der Unternehmer verpflichtet, für eine auf einen bestimmten Erfolg gerichtete Arbeitsleistung den Stoff zu liefern, heißt der Vertrag Werklieferungsvertrag (BGB § 651).

Ein Werkvertrag ist z. B. der Bauvertrag (vgl. S. 371) und der Architektenvertrag (vgl. S. 342). Bauverträge sind stets Werkverträge, auch wenn der Unternehmer die Baustoffe beschafft, da die Baustoffe im Verhältnis zum Grundstück des Bauherrn von untergeordneter Bedeutung sind.

Dienstvertrag

Durch den Dienstvertrag verpflichtet sich jemand zur Leistung von Diensten bestimmter Art gegen eine Vergütung. Beim Dienstvertrag kommt es auf das Tätigsein an sich, nicht auf die Herbeiführung eines bestimmten Erfolges oder auf die Erstellung oder Veränderung eines Werkes an (BGB §§ 611—630).

Der Zahnarzt schließt bei der Behandlung einen Dienstvertrag. Stellt er dagegen ein künstliches Gebiß her, liegt ein Werkvertrag vor.

Beim Gärtner, der die Pflege der Grünanlagen zu übernehmen hat, kann sowohl ein Dienstvertrag als auch ein Werkvertrag vorliegen. Die Abgrenzung kann schwierig sein. Entscheidend ist, was die Vertragsparteien in Wirklichkeit gemeint haben.

Soll die Arbeit unentgeltlich erfolgen, liegt ein „Auftrag" vor (BGB §§ 662—676).

Geschäftsbesorgungsvertrag

Wer sich jedoch zur Übernahme der Besorgung eines Geschäftes gegen Vergütung verpflichtet (Rechtsanwalt, Bank, Steuerberater), schließt einen Geschäftsbesorgungsvertrag (BGB § 675) ab. Auf ihn finden die meisten Vorschriften über den Auftrag Anwendung. Besorgt jemand jedoch ein Geschäft für einen anderen, ohne von diesem beauftragt oder sonst dazu berechtigt zu sein, liegt „Geschäftsführung ohne Auftrag" vor. Wichtig ist bei der Übernahme der Geschäftsführung ohne Auftrag — z. B. zur Abwendung von Gefahr —, daß nach dem mutmaßlichen Willen des Betreffenden bzw. in seinem Interesse gehandelt wird. In diesem Falle kann er wie ein Beauftragter Ersatz der Aufwendungen verlangen (BGB §§ 677 — 687).

Gesellschaftsvertrag

Durch den Gesellschaftsvertrag verpflichten sich die Gesellschafter gegenseitig, einen vertraglich bestimmten Zweck gemeinsam zu fördern und dafür Beiträge zu leisten. Für die Gesellschaft nach dem BGB gelten die Vorschriften des BGB (§§ 705—740).

In der wirtschaftlichen Praxis sind Vorverträge üblich. Durch den Vorvertrag wird vereinbart, zu einem späteren Zeitpunkt ein Vertragsangebot abzugeben oder einen Vertrag abzuschließen. Es besteht nur ein Anspruch darauf, der notfalls durch Klage geltend gemacht werden kann.

Der Vorvertrag muß in der gleichen Form abgeschlossen werden wie der Hauptvertrag. In der Wohnungswirtschaft sind Vorverträge bei der Veräußerung von Eigenheimen (Bewerbervertrag, Kaufanwärtervertrag) und bei der Betreuung (Betreuungsvorvertrag) üblich.

Zur Vereinfachung und Klarheit der Rechtsbeziehung haben die Fachverbände Vertragsmuster entworfen und eingeführt.

Für Wohnungsunternehmen bestehen folgende Vertragsmuster:

Betreuungsvertrag:	Bei Übernahme der Baubetreuung.
Betreuungsvorvertrag:	Er ist abzuschließen, wenn ein Wohnungsunternehmen zwecks Betreuung eines Bauherrn Ermittlungen über die Durchführung des beabsichtigten Bauvorhabens durchführen soll.

Dauermietvertrag:	(Mietvertrag zur Vermietung von Wohnungen durch Gesellschaften). Er enthält eine sogenannte Dauerklausel, d. h. Verzicht auf das ordentliche Kündigungsrecht.
Mietvertrag:	Er enthält keine Dauerklausel.
Dauernutzungsvertrag:	Er wird von Wohnungsbaugenossenschaften für die Überlassung von Wohnungen angewendet und enthält eine sogenannte Dauerklausel.
Nutzungsvertrag:	Er wird von Wohnungsbaugenossenschaften ohne die Dauerklausel verwendet.
Kaufanwärtervertrag:	Er wird als Vorvertrag zu einem Kaufvertrag angewendet, wenn das Wohnungsbauunternehmen nicht „für Rechnung eines feststehenden Bewerbers", also im eigenen Namen und auf eigene Rechnung baut.
Bewerbervertrag:	Er gilt als Vorvertrag zum Kaufvertrag, wenn das Wohnungsunternehmen auf Rechnung eines feststehenden Bewerbers baut. Das Wohnungsunternehmen ist gegenüber dem Bewerber, der das Risiko trägt, abrechnungspflichtig. Kleinsiedlungen müssen stets für Rechnung des Bewerbers durchgeführt werden.
Kaufvertrag:	Er dient der Übertragung eines Kaufeigenheimes oder einer Kaufeigentumswohnung.

Daneben bestehen noch weitere Vertragsmuster wie Antennenvertrag, Architektenvertrag, besondere Vertragsbedingungen für Bauleistungen, Darlehensvertrag, Garagenmietvertrag mit Garagenordnung, Mietvertrag für gewerbliche Räume, Hausordnung, Untermietvertrag, Kapitalansammlungsvertrag, Kaufvertrag zur Übertragung von Wohnungseigentum, Teilungserklärung zur Begründung von Wohnungseigentum u. a.

2.2 Form der Verträge

Die meisten Verträge können formlos, mündlich oder schriftlich — sogar stillschweigend — abgeschlossen werden. Trotzdem wird man wichtige Willenserklärungen zum Beweis schriftlich festhalten. Das Gesetz fordert bei manchen Verträgen jedoch schriftliche Form, öffentliche Beglaubigung oder öffentliche Beurkundung.

2.2.1 Schriftform

Schriftliche Form ist erforderlich bei:

Miet- und Pachtverträgen, sofern sie für länger als 1 Jahr abgeschlossen werden (BGB § 566),

Schuldversprechen und Schuldanerkenntnissen (BGB § 780 f.),

Abgabe einer Bürgschaftserklärung von Minderkaufleuten oder Privatpersonen (BGB § 766),

Abtretung einer Briefhypothek (BGB § 1154), wenn die Abtretung nicht ins Grundbuch eingetragen wird,

Privattestament, das mit der Hand ausgeschrieben sein muß (BGB § 2247),

Annahmeerklärung des Käufers bei Abzahlungsgeschäften gem. Gesetz betreffend die Abzahlungsgeschäfte, die jedoch erst wirksam wird, wenn sie nicht binnen einer Woche vom Käufer schriftlich widerrufen wird.

2.2.2 Beglaubigung

Öffentliche Beglaubigung ist erforderlich bei:
Schriftlicher Anmeldung,
zum Handelsregister (mit Unterschriftszeichnung),
zum Vereinsregister (BGB § 77),
zum Genossenschaftsregister,
zum Güterrechtsregister (BGB § 1560),
Grundbucheintragungen.

Schreibt das Gesetz öffentliche Beglaubigung vor, so ist die Erklärung schriftlich abzufassen, die Unterschrift des Erklärenden ist von einem Notar zu beglaubigen. Die Beglaubigung stellt demnach ein amtliches Zeugnis über die Echtheit der Unterschrift dar. Die notarielle Beurkundung ersetzt die öffentliche Beglaubigung.

2.2.3 Beurkundung

Die Beurkundung durch den Notar ist eine beweiskräftige Form des Rechtsgeschäfts und seines Inhalts. In der vom Notar auszustellenden Urkunde muß neben den Namen der Vertragspartner und des Notars (s. S. 292 f.) die Niederschrift mit den Erklärungen der Beteiligten enthalten sein.

Öffentliche Beurkundung ist erforderlich bei:
Vermögensübertragung (BGB § 311),
Grundstücksübereignung und Grundstücksbelastungen (BGB §§ 313, 873) sowie auf Grundstückserwerb gerichteten Vorverträge,
Bestellung oder Erwerb eines Erbbaurechts (ErbbauVO § 11),
Beschlüssen der Aktiengesellschaft nach dem Aktiengesetz (AktG § 130),
Ehevertrag (BGB § 1410),
Erbvertrag (BGB § 2276),
Schenkung (BGB § 518),
Einräumung, Erwerbsverpflichtung und Aufhebung des Sondereigentums nach dem Wohnungseigentumsgesetz.

Ist durch das Gesetz eine notarielle Beurkundung vorgeschrieben, so genügt es, wenn der Antrag und später die Annahme des Antrags von einem Notar beurkundet wird. Die Vertragsparteien brauchen nicht zur gleichen Zeit zu erscheinen. Dagegen ist bei Auflassung, beim Ehevertrag und Erbvertrag gleichzeitige Anwesenheit erforderlich.

2.3 Inhalt des Vertrages

2.3.1 Gültige Rechtsgeschäfte

Es gilt der Grundsatz der Vertragsfreiheit, d. h. die Vertragsparteien sind in bezug auf Abschluß und Ausgestaltung ihres Vertrages völlig frei. Nur in Ausnahmefällen wird dieser Grundsatz aufgehoben. So sind die Vertragschließenden beim Abschluß von dinglichen (verfügenden) Verträgen an die im Gesetz vorgesehenen dinglichen Rechte gebunden.

Die Gültigkeit eines Vertrages (Rechtsgeschäftes) ist abhängig von:
der Geschäftsfähigkeit bzw. ordnungsgemäßen Vertretung (BGB § 104 ff.),
dem nach Gesetz und Sitte erlaubten Inhalt (BGB §§ 134, 138),
der Einhaltung der vorgeschriebenen Form (BGB § 125).

Nach dem „Gesetz zur Regelung des Rechts der Allgemeinen Geschäftsbedingungen" (AGB-Gesetz § 9) sind Bestimmungen in „Allgemeinen Geschäftsbedingungen" unwirksam, wenn sie den Vertragspartner des Verwenders entgegen den Geboten von Treu und Glauben unangemessen benachteiligen. Eine unangemessene Benachteiligung ist im Zweifel anzunehmen, wenn eine Bestimmung
1. mit wesentlichen Grundgedanken der gesetzlichen Regelung, von der abgewichen wird, nicht zu vereinbaren ist oder
2. wesentliche Rechte oder Pflichten, die sich aus der Natur des Vertrages ergeben, so einschränken, daß die Erreichung des Vertragszweckes gefährdet ist.

Unter dieses Gesetz fallen alle Verträge, Vertragsbestimmungen, Musterverträge, Hausordnungen, die für mehr als drei Fälle vorgesehen sind, es sei denn, sie sind zwischen den Vertragspartnern einzeln ausgehandelt. Besondere Klauseln, die unwirksam sind, hat das Gesetz aufgeführt (§§ 9, 10, 23, 24).

Bestimmte Tatbestände können zur Nichtigkeit oder Anfechtbarkeit von Verträgen führen.
So können z. B. Kaufpreis-Gleitklauseln oder Preisvorbehalte zwecks Anhebung des Kaufpreises wegen gestiegener Lohn- oder Materialkosten nicht vorgesehen werden, wenn zwischen Vertragsabschluß und Bezugsfertigkeit von Wohnungen eine kürzere Frist als vier Monate liegt.

2.3.2 Nichtige Rechtsgeschäfte

Nichtige Rechtsgeschäfte sind:
Scheingeschäfte (BGB § 117),
Scherzgeschäfte (BGB § 118),
Geschäfte, die gegen die Norm (gesetzliche Bestimmungen oder gegen gute Sitten, Wucher) verstoßen (BGB §§ 134, 138),
Geschäfte geschäftsunfähiger Personen (BGB § 105).

Liegt ein solches Rechtsgeschäft vor, so ist es von vornherein nichtig. Nichtige Rechtsgeschäfte sind von Anfang an unwirksam. Es besteht der Zustand — oder muß wiederhergestellt werden —, der vor dem Rechtsgeschäft bestanden hat.

Die Willenserklärungen von beschränkt geschäftsfähigen Personen bedürfen meist der Zustimmung des gesetzlichen Vertreters. Solange diese aussteht, sind sie schwebend unwirksam. Die Zustimmung kann vorher als „Einwilligung" oder nachher als „Genehmigung" erfolgen. Die von einem Minderjährigen abgeschlossenen Rechtsgeschäfte sind voll rechtswirksam:

bei Erlangung eines rechtlichen Vorteils (Schenkung BGB § 107),
im Rahmen des sog. Taschengeldparagraphen (BGB § 110),
bei Ermächtigung durch den gesetzlichen Vertreter zum Eingehen eines Dienstverhältnisses und der sich daraus ergebenden Verpflichtungen (BGB § 113).

2.3.3 Anfechtbare Rechtsgeschäfte

Es gibt Gründe, die die Anfechtbarkeit eines Rechtsgeschäftes zur Folge haben können. Solche Gründe sind:
Irrtum (BGB § 119),
falsche Übermittlung (BGB § 120).
arglistige Täuschung (BGB § 123),
widerrechtliche Drohung (BGB § 123).
Anfechtbare Verträge sind gültig und bleiben es, solange sie nicht angefochten werden. Folgt die Anfechtung innerhalb der vorgeschriebenen Frist (bei Irrtum unverzüglich, bei Drohung und Täuschung innerhalb eines Jahres), so ist das Geschäft als von Anfang an nichtig anzusehen (BGB §§ 121, 124, 142).

2.4 Erfüllung von Verträgen

Jeder Vertrag, durch den sich jemand verpflichtet, begründet ein Schuldverhältnis. Es erlischt durch Erfüllung, Hinterlegung, Aufrechnung oder Erlaß. Die Erfüllung hat nach dem Grundsatz der Vertragstreue und im Hinblick auf die Vertragsvorschriften zu erfolgen. Alle vertraglichen Vereinbarungen sind zu erfüllen, wie es die Vertragspartner vereinbarten, es sei denn, daß „zwingende gesetzliche Bestimmungen" (Kündigungsfristen für den Vermieter) entgegenstehen. Im Streitfall sind Verkehrssitte und Handelsbräuche zu berücksichtigen.

Abgeschlossene Verträge können nur mit Zustimmung der Gegenseite abgeändert werden. Bei Nichterfüllung eines Vertrages kann der Vertragspartner beim Gericht auf Erfüllung oder Schadenersatz klagen, wobei der den Vertrag nicht erfüllende Teil für eigenes Verschulden und für das seiner Erfüllungsgehilfen haftet, und zwar bei Vorsatz oder Fahrlässigkeit. F a h r l ä s s i g k e i t liegt vor, wenn jemand die im Verkehr erforderliche Sorgfalt außer acht läßt.

Die Haftung ist ausgeschlossen bei h ö h e r e r G e w a l t (Überschwemmung) und Umständen, die von dem Vertragspartner nicht zu vertreten sind (Streik).

Jeder Vertrag ist f r i s t g e m ä ß zu erfüllen. Ist an einem bestimmten Tage oder innerhalb einer Frist eine Willenserklärung abzugeben oder eine Leistung zu bewirken und fällt der bestimmte Tag oder der letzte Tag der Frist auf einen Sonnabend, Sonntag oder staatlich anerkannten Feiertag, so tritt an die Stelle eines solchen Tages der nächste Werktag. Diese Vorschrift findet auch auf einseitige empfangsbedürftige Willenserklärungen (Kündigung) Anwendung.

3 Nachrichten- und Güterverkehr

3.1 Der Nachrichtenverkehr

Im Geschäftsverkehr hat der Austausch von Nachrichten eine besonders große Bedeutung. Nachrichten müssen schnell weitergegeben werden und pünktlich eintreffen; sie müssen richtig sein und dürfen keine hohen Kosten verursachen. Der Nachrichtenverkehr erfolgt als Brief-, Telegramm-, Fernschreib-, Fernsprechverkehr oder als Telex- (Fernschreiber), Teletex- (Bürofernschreiben), Telefax- (Fernkopieren) und BTX-Verkehr (Bildschirmtext über das Telefonnetz).

Das ausschließliche Recht zur Beförderung von Briefsendungen und Tageszeitungen hat der Staat der Post übertragen (Postregal). Es besteht Postzwang. Dadurch ist eine private Nachrichtenübermittlung verboten; für die Post besteht andererseits ein Beförderungszwang (gegen Gebühr). Der Vertrag zwischen dem Absender und der Postverwaltung (Beförderungsvertrag) ist ein öffentlich-rechtliches Vertragsverhältnis, das dem Werkvertrag ähnelt. Es gelten das Gesetz über das Postwesen (PostG) und die Postordnung. Die Gebühren sind in der Postgebührenordnung zusammengestellt, die im Schalterraum jeder Postanstalt aushängt. Außerdem sind in Postgebührenheften, die bei jeder Postanstalt erhältlich sind, die Post-, Postgiro- und Fernmeldegebühren nach dem jeweils neuesten Stand zusammengestellt.

Nach dem Poststrukturgesetz gliedert sich die Post in Postdienst, Postbank und Telekom.

Nach der Postordnung sind alle Postsendungen vom Absender freizumachen. Vom Freimachungszwang ausgenommen sind gewöhnliche Briefe, Postkarten und Pakete. Nicht freigemachte Drucksachen, Warenproben und Päckchen im Inlandsverkehr befördert die Post nicht; bei unzureichend freigemachten Briefen oder anderen Postsendungen wird der fehlende Betrag nebst einer Einziehungsgebühr als Nachgebühr erhoben. Die Postleitzahl darf nicht fehlen. Bei Sendungen in das Ausland muß das Nationalitätenzeichen für Kraftfahrzeuge vor die Postleitzahl gesetzt werden, wenn mit den Ländern im Postverkehr diese Verwendung vereinbart ist (F = Frankreich, A = Österreich, CH = Schweiz). In den übrigen Ländern ist das Bestimmungsland unter den Bestimmungsort zu setzen.

Weitere Dienstleistungen der Post sind:

Postzeitungsdienst,

Fernschreibverkehr,

Geldübermittlung (Wertbrief, Wertpaket, Postanweisung, Postprotestauftrag, Nachnahme, Postgirodienst),

Postsparkassendienst,

Kleingutverkehr (Päckchen, Postpaket, Postgut, Poststücksendungen).

Im Fernsprechverkehr ist bei Nennung von Eigennamen und einzelnen Buchstaben das Buchstabierverfahren anzuwenden.

A = Anton	J = Julius	S = Samuel
Ä = Ärger	K = Kaufmann	Sch = Schule
B = Berta	L = Ludwig	T = Theodor
C = Cäsar	M = Martha	U = Ulrich
D = Dora	N = Nordpol	Ü = Übermut
E = Emil	O = Otto	V = Viktor
F = Friedrich	Ö = Ökonom	W = Wilhelm
G = Gustav	P = Paula	X = Xanthippe
H = Heinrich	Qu = Quelle	Y = Ypsilon
I = Ida	R = Richard	Z = Zacharias

Zahlen sind stets einzeln auszusprechen.

3.2 Der Güterverkehr

Güter können befördert werden
zu Lande: mittels Post, Eisenbahn, Lkw,
zu Wasser: durch die Binnenschiffahrt und die Seeschiffahrt,
in der Luft: durch Flugzeuge.

Derjenige, der es gewerbsmäßig übernimmt, Güter zu befördern, heißt Frachtführer, die Geschäfte sind Frachtgeschäfte. Zwischen dem Absender der Güter und dem Frachtführer wird ein Frachtvertrag abgeschlossen. Meist ist der Frachtvertrag geschlossen, sobald das Gut dem Frachtführer übergeben ist. Für den Frachtvertrag gelten allgemein die Bestimmungen des Handelsgesetzbuches, beim Güterversand durch die Eisenbahn außerdem die Eisenbahnverkehrsordnung (EVO), beim Binnenschiffahrtsverkehr die Vorschriften des Binnenschiffahrtsgesetzes. Die Post jedoch ist nicht Kaufmann im Sinne des HGB und betreibt daher auch keine Frachtgeschäfte. Rechtliche Grundlagen für die Beförderung sind Postgesetz und Postordnung.

4. Der Zahlungsverkehr

4.1 Geld und Währung

4.1.1 Entstehung, Aufgaben und Wert des Geldes

In der geschlossenen Hauswirtschaft deckte die Familie ihren Bedarf selbst. Später tauschten die Menschen Ware gegen Ware (Naturalwirtschaft). In der weiteren Entwicklung der Wirtschaft brauchte man ein Gut, das jeder Mensch begehrt und anerkennt. Es entstand das Geld (Geldwirtschaft), zuerst das Warengeld (Vieh, Muscheln), dann das Metallgeld (Gold, Silber). Später gingen die einzelnen Staaten dazu über, Gold- und Silbermünzen durch das Papiergeld zu ersetzen.

Ist die Währung eines Landes zerrüttet, besitzt das Geld keine Kaufkraft, spielt wieder das Warengeld eine gewisse Rolle (Zigaretten, Kaffee).

Nach den Aufgaben ist Geld:

allgemeines Tauschmittel und anerkanntes Zahlungsmittel,

Wert- und Preismaßstab für alle Güter und Dienstleistungen,

Wertaufbewahrungsmittel,

Wertübertragungsmittel.

Der Binnenwert des Geldes liegt in seiner Kaufkraft. Es ist so viel wert, wie man sich dafür kaufen kann. Deshalb muß die im Umlauf befindliche Geldmenge der Wirtschaft des Landes im bestimmten Verhältnis zur bereitgestellten Gütermenge stehen, wobei Umlaufgeschwindigkeit des Geldes und Güterpreise berücksichtigt werden müssen. Steigende Umlaufgeschwindigkeit wirkt wie eine Vermehrung, sinkende Umlaufgeschwindigkeit wie eine Verminderung der Geldmenge. Es muß für ein gleichbleibendes Verhältnis zwischen Geld- und Gütermenge gesorgt werden.

Steigende Geldmenge führt bei gleichbleibender oder sinkender Gütermenge zur Geldentwertung (Inflation). Steigende Gütermenge führt bei gleichbleibender oder sinkender Geldmenge zur Steigerung des Geldwertes (Deflation).

Bei der Inflation ist die Gütermenge kleiner als die Geldmenge, die Preise steigen; der Wert des Geldes sinkt. Ursachen können sein: übermäßige Geldausgabe des Staates (Notendruck), überhöhte Rüstungsausgaben, zu hohe Lohnforderungen der Arbeitnehmer, übermäßige Kreditgewährung der Banken an die Wirtschaft, zu starke Exporte, denen nicht genügend Importe gegenüberstehen.

Bei der Deflation ist die Gütermenge stets größer als die Geldmenge. Daher fallen die Preise, der Wert des Geldes steigt. Infolgedessen vermindern die Produzenten die Produktion und entlassen Arbeitskräfte. Ursachen sind: übermäßige Geldhortung, zu hohe Besteuerung, zu geringe Kreditgewährung an die Wirtschaft u. a.

Der Außenwert des Geldes wird bestimmt von der Gütermenge, die man für eine bestimmte Einheit in anderen Volkswirtschaften kaufen kann. Die Zahlung erfolgt jeweils in der Währung dieser Länder. Der Preis für eine Einheit der fremden Währung ist der Wechselkurs.

4.1.2 Arten des Geldes

Es gibt: Metallgeld (Münzen), Papiergeld, Buchgeld.

Metallgeld (Kurant- und Scheidemünzen) sind Münzen von bestimmtem Gewicht und Feingehalt, die vom Staat geprägt sind. Kurantmünzen sind vollwertig ausgeprägt, ihr Nennwert stimmt mit dem Metallwert überein (frühe Goldstücke). Scheidemünzen dienen dem Kleingeldverkehr. Ihr Nennwert ist größer als der tatsächliche Materialwert (Kupfer, Nickel, u. a.).

Papiergeld wird von der Deutschen Bundesbank als Banknoten ausgegeben. Es besitzt keinen Stoffwert, ist jedoch unbeschränkt gesetzliches Zahlungsmittel.

Buchgeld (Giralgeld) entsteht auch durch Einzahlung von Bargeld auf ein Konto, von dem ein Teil des Geldes auf ein anderes umgebucht wird; dadurch entstehen bei der Bank Liquiditätsüberschüsse, die als Kredite ausgegeben werden können (siehe Mindestreservepolitik S. 176).

4.1.3 Die Währung

Der Begriff „Währung" kann sich beziehen auf:
das gesetzlich geregelte Geldwesen eines Landes (Deutsche Währung),
auf die zugrundeliegende Einheit (z. B. DM, sfr, US-Dollar),
auf den Stoff des Geldes (Gold-, Silber-, Papierwährung).

Die Neuordnung des deutschen Geldwesens in Westdeutschland brachte mit Wirkung vom 21. Juni 1948 anstelle der Reichsmarkwährung die Deutsche-Mark-Währung. Sämtliche Reichsmarkbeträge wruden eingezogen. Jede Person erhielt eine Kopfquote von 60 RM im Verhältnis 1 : 1 umgetauscht, ebenso jedes Unternehmen den gleichen Betrag von 60 RM je Beschäftigten. Privatpersonen erhielten ihre Reichsmarkkonten bei Kreditinstituten im Verhältnis 100 RM : 6,50 DM umgestellt. Das Altsparergesetz brachte jedoch eine nachträgliche Besserstellung unter bestimmten Voraussetzungen. RM-Verbindlichkeiten aus Schuldverhältnissen wurden im Verhältnis 10 : 1 umgestellt. Der dabei entstandene Schuldnergewinn in Höhe von $^9/_{10}$ der RM-Verbindlichkeit wurde in bestimmtem Umfang durch die Hypothekengewinnabgabe oder Kreditabgabe zur Durchführung des Lastenausgleichs abgeschöpft. Nur wenige RM-Verbindlichkeiten wurden im Verhältnis 1 : 1 umgestellt. Aktien, Geschäftsanteile und Geschäftsguthaben sowie andere Beteiligungsrechte wurden nach den Vorschriften des DM-Bilanzgesetzes der ersten nach der Währungsreform aufzustellenden Bilanz (DM-Eröffnungsbilanz) neu festgesetzt (s. S. 406).

In Ostdeutschland wurde die DM als Währung am 2. 7. 1990 eingeführt.

In der Bundesrepublik haben wir eine freie Währung, die an kein Edelmetall gebunden ist. Die Geldmenge wird von der Deutschen Bundesbank gesteuert.

Gegenüber dem Ausland gibt es fixe und flexible Wechselkurse. Bei fixen Wechselkursen müssen Störungen durch Aufwertung oder Abwertung beseitigt werden. Aufwertung verteuert die Ausfuhr und verbilligt die Einfuhr. Die Auslandsnachfrage sinkt, während die Importe steigen. Abwertung verbilligt die Ausfuhr und verteuert die Einfuhr. Die Auslandsnachfrage steigt, während die Importe zurückgehen. Bei flexiblen Wechselkursen bestimmen Angebot und Nachfrage den Wechselkurs.

Im europäischen Währungssystem haben wir feste Wechselkurse mit Bandbreiten. Dabei können die Währungen im allgemeinen bis zu 2,25 % nach oben oder unten schwanken, in Ausnahmefällen auch mehr. Überschreitet der Kurs die Bandbreite, müßten die Notenbanken in abgestimmter Weise durch Käufe (unterer Interventionspunkt) und Verkäufe (oberer Interventionspunkt) eingreifen.

Die Paritäten der Währungen zueinander sind auf die neu geschaffene Währungseinheit ECU bezogen.

4.2 Die Barzahlung

Der Kaufmann kann seine Rechnung bar, bargeldsparend oder bargeldlos begleichen.

Bei der B a r z a h l u n g zahlt er direkt selbst, durch Boten oder die Post (Wertbrief, Postanweisung).
Bei der b a r g e l d s p a r e n d e n Zahlungsart bedient er sich der Zahlkarte, des Postbarschecks, eines Zahlscheines oder Barschecks.
Die b a r g e l d l o s e Zahlung erfolgt durch Bank- oder Sparkassenüberweisung, Postgiroüberweisung, Verrechnungsscheck, Weitergabe eines Wechsels oder durch Kreditkarte eines Vertragsunternehmens, bei der von diesem der Rechnungsbetrag garantiert und bezahlt wird.
Der B a r z a h l u n g s v e r k e h r spielt nur noch im Einzelhandel eine Rolle und kann noch dann vorkommen, wenn weder Schuldner noch Gläubiger ein Konto haben. Vor- und Nachzählen der Geld-

beträge ist zeitraubend und unbequem. Neben der Unsicherheit (Verlieren, Diebstahl) sind die hohen Postgebühren beim Wertbrief und der Postanweisung zu beachten.

Bei der b a r g e l d s p a r e n d e n Z a h l u n g haben Schuldner oder Gläubiger ein Konto. Dies ist bequemer und sicherer als die Barzahlung.

Bei der b a r g e l d l o s e n Z a h l u n g müssen Schuldner und Gläubiger ein Konto haben. Hier übernimmt die Bank, Sparkasse oder Post die Rolle der Kasse eines Unternehmens. Die bargeldlose Zahlung ist bequem, schnell, billig, sicher und bringt dem Kontoinhaber außerdem noch Zinsen.

4.2.1 Die Barzahlung gegen Quittung

Übergibt der Kaufmann (Schuldner) selbst oder durch einen Boten Bargeld an seinen Gläubiger, so hat dieser auf Verlangen eine Empfangsbestätigung (Quittung) zu geben. Die Quittung enthält den Betrag in Ziffern, in Worten, Angabe des Zahlenden, Zahlungsgrund, Datum und Unterschrift des Empfängers. Im Ladengeschäft wird die Quittung durch den Kassenzettel oder Bon ersetzt. Ein Bote mit einer Quittung (quittierten Rechnung) gilt als ermächtigt, den Geldbetrag in Empfang zu nehmen.

4.2.2 Zahlung durch Vermittlung der Post

Wertbrief

Der Schuldner kann Zahlungen mittels Wertbrief oder Postanweisung vornehmen, wenn Gläubiger und Schuldner keine Konten besitzen. Ebenso kann ein Gläubiger Geldbeträge beim Schuldner durch die Post mittels Nachnahme einziehen lassen. Noten und Münzen können in unbeschränkter Höhe in einem Wertbrief versandt werden, jedoch vermeidet der Kaufmann diese Verwendungsart, da sie umständlich, unpraktisch und teuer ist. Wertbriefe über 500,— DM Wertangabe müssen versiegelt sein, in der Anschrift ist der Betrag des Wertes in Ziffern anzugeben, z. B. Wert 600,— DM.

Postanweisung

Die P o s t a n w e i s u n g ermöglicht eine Barzahlung und wird meist von Privatleuten benutzt, die über kein Bank- oder Postgirokonto verfügen. Das Geld wird beim Postamt eingezahlt und vom Geldbriefträger dem Empfänger ins Haus zugestellt (Höchstbetrag 3 000,— DM). Die Postanweisung (rosa) besteht aus drei Abschnitten. Den rechten erhält der Einzahler abgestempelt als Quittung zurück, der linke Abschnitt wird dem Empfänger des Geldes bei Zahlung als Beleg ausgehändigt; hier ist auf der Rückseite Platz für Mitteilungen an den Empfänger, insbesondere für den Verwendungszweck (Miete, Kassenzeichen). Der mittlere Abschnitt, auf dessen Rückseite der Geldempfänger quittiert, bleibt bei der Post.

Größere Bedeutung hat die t e l e g r a p h i s c h e P o s t a n w e i s u n g (Betrag bis 3 000,— DM beschränkt). Durch sie wird dem Zahlungsempfänger das Geld so schnell, wie ein Telegramm es zuläßt, übermittelt. Das Formblatt besteht aus einer Postanweisung mit anhängendem Überweisungstelegramm.

Nachnahme

Forderungen können durch P o s t n a c h n a h m e mit anhängender Zahlkarte eingezogen werden. Auf der Zahlkarte ist der um die Zahlkartengebühr gekürzte Nachnahmebetrag einzusetzen. Bei Nachnahmebriefen ist der Nachnahmebetrag auf dem Briefumschlag zu vermerken. Der Brief wird nur gegen Zahlung des Nachnahmebetrages ausgehändigt.
Wechsel können mit Postprotestauftrag eingezogen werden.
Bei Postnachnahme und Postprotestauftrag beträgt der Höchstbetrag 3 000,— DM.

4.3 Der Scheckverkehr

4.3.1 Begriff und Wesen des Schecks

Der Kaufmann kann aus vielerlei Gründen sein Geld nicht in der Kasse (Tresorkassenschrank) liegenlassen; er wird es vielmehr einem Bankinstitut zur Aufbewahrung geben (Bank, Sparkasse, Postgiroamt). Dieses richtet ihm ein Konto ein, das sein Guthaben und alle Veränderungen — auch seine Schulden — aufzeigt. Soll eine Rechnung bar bezahlt werden, so wird der Kaufmann nicht seine Kasse, sondern das Bankinstitut anweisen, den Betrag auszuzahlen. Diese Anweisung nennt man Scheck, Rechtsgrundlage bildet das Scheckgesetz vom 14. August 1933.

Der S c h e c k ist demnach eine Anweisung an die bezogene Bank, aus dem Guthaben des Ausstellers bei Sicht die angegebene Geldsumme zu zahlen. Voraussetzung für die Zahlung mittels Scheck ist, daß der Aussteller ein K o n t o besitzt und dieses Konto ein G u t h a b e n aufweist. Der Scheck muß stets Deckung haben; bei Ausstellung ungedeckter Schecks liegt Scheckbetrug vor. Das gleiche gilt für vordatierte Schecks. Zur Durchführung des Scheckverkehrs werden dem Kontoinhaber Scheckformblätter (Loseblatt-Schecks) von den Banken zur Verfügung gestellt; dieser muß sie sorgfältig aufbewahren und vor Verlust schützen (!). Alle Scheckformblätter haben eine unbedruckte Fußleiste (Codierzeile), in die die Banken zwecks maschineller Beleglesung in OCR-A-Schrift Scheck-, Kontonummer und Bankleitzahl drucken. Auf einem Übersichtsblatt im Scheckheft vermerkt der Aussteller Betrag, Empfänger und Zeitpunkt der Scheckausstellung. Scheckformulare sind im internationalen Verkehr bis auf den Farbton gleich, da die Scheckgesetzgebung international angeglichen ist.

4.3.2 Bestandteile des Schecks

Nach dem Scheckgesetz muß der Scheck 6 Bestandteile haben. Fehlt ein gesetzlicher Bestandteil, ist der Scheck ungültig. Zur Erleichterung der Arbeit beim Scheckverkehr sind daneben noch kaufmännische (unwesentliche) Bestandteile eingeführt, die rechtlich keine Bedeutung haben.

Gesetzliche Bestandteile

Die gesetzlichen Bestandteile des Schecks sind:
1. Name der bezogenen Bank,
2. Zahlungsort (Ort des Geldinstitutes),
3. der Betrag, d. h. die unbedingte Anweisung an den Bezogenen, eine bestimmte Summe zu zahlen (in Buchstaben ausgeschrieben),
4. das Wort „Scheck" im Text der Urkunde (Scheckklausel), geschrieben in der Sprache, in der der Scheck ausgestellt ist,
5. Ort und Tag der Ausstellung,
6. Unterschrift des Ausstellers.

Scheckaussteller können alle geschäftsfähigen wie alle juristischen Personen sein. Sie besitzen die aktive Scheckfähigkeit. Die passive Scheckfähigkeit besitzen nur Banken und bankähnliche Einrichtungen. Zur Unterschrift des Scheckausstellers soll wegen der besseren Lesbarkeit der Firmenstempel gesetzt werden.

Kaufmännische Bestandteile

Die kaufmännischen Bestandteile sind:
1. Schecknummer,
2. Kontonummer des Ausstellers,
3. die Bankleitzahl (achtstellig),
4. Wiederholung der Schecksumme in Ziffern,
5. Angabe des Zahlungsempfängers (Schecknehmer),
6. Überbringerklausel.

4.3.3 Die Arten des Schecks

Nach der Art der Einlösung sind zu unterscheiden:
Barscheck,
Verrechnungsscheck.

Barschecks oder Kassenschecks werden von der bezogenen Bank bar ausgezahlt (bargeldsparende Zahlung). Sie sind vor Verlust und Diebstahl besonders zu schützen, da sie durch die Überbringerklausel von jedem Inhaber des Schecks eingelöst werden können.

Verrechnungsschecks haben auf der Vorderseite des Schecks zwischen zwei gleichlaufenden Linien die Worte „Nur zur Verrechnung" stehen. Der Scheckbetrag wird dem Konto des Überbringers gutgeschrieben (bargeldlose Zahlung). Der Bank ist untersagt, den Scheck bar auszuzahlen. Der Scheckempfänger muß den Scheck der Bank zur Gutschrift auf sein Konto einreichen. Verlorene oder gestohlene Verrechnungsschecks sind daher wertlos, weil der unbefugte Dritte jederzeit ermittelt werden kann. Daher ist eine Versendung des Verrechnungsschecks mit gewöhnlichem Brief oder als Briefscheck, der sich für die Verwendung in Fensterumschlägen eignet, möglich. B r i e f s c h e c k s sind immer Verrechnungsschecks.

Jeder Barscheck kann durch Anbringen des Verrechnungsvermerks zum Verrechnungsscheck gemacht werden. Wird der Vermerk „Nur zur Verrechnung" gestrichen, wird der Scheck trotzdem als Verrechnungsscheck behandelt. Der Verrechnungsscheck ist demnach für den Zahlungsverkehr die zweckmäßigste Form.

Auf Antrag der Girokonteninhaber werden diesen vom Kreditinstitut S c h e c k k a r t e n ausgestellt. Unter Vorzeigen dieser werden Schecks bis 400,— DM von jedem Kreditinstitut innerhalb der Vorlegungsfrist eingelöst. Im Rahmen dieses Betrages sind Widerruf bzw. Sperre solcher EC-Schecks innerhalb der Vorlegungsfrist von 8 bzw. 20 Tagen ausgeschlossen. Institute, die Scheckkartenschecks einlösen, sind durch ein Schild mit den Buchstaben „EC" und dem Wort „eurocheque" kenntlich gemacht.

Spezialschecks wie Tankschecks, Reiseschecks werden von Kreditinstituten unter entsprechenden Voraussetzungen ausgegeben und ohne weiteres eingelöst.

Nach dem Scheckempfänger wird unterschieden:

Inhaberschecks (Überbringerscheck),

Namens- oder Orderscheck.

Der reine I n h a b e r s c h e c k (Überbringerscheck) enthält keine Namensangabe des Scheckempfängers. Er kann formlos weitergegeben werden und ist beim Postgiroverkehr üblich. Der jeweilige Scheckinhaber kann den Scheck einlösen.

Der N a m e n s s c h e c k enthält den Namen des Scheckempfängers (Namensscheck) und kann dabei mit oder ohne den ausdrücklichen Vermerk „an Order" ausgestellt werden (O r d e r s c h e c k), da der Scheck ein sog. Orderpapier ist. Wird der Scheck an eine bestimmte Person zahlbar gestellt mit dem zusätzlichen Vermerk „Nicht an Order" (Rektascheck), wird die Weitergabe des Schecks verhindert. Im Inlandsverkehr enthalten alle Schecks den Zusatz „oder Überbringer" (Überbringerklausel) mit dem Vermerk, daß sie ohne diese Klausel (oder mit durchgestrichener) nicht eingelöst werden; die Banken müßten sonst prüfen, ob der den Scheck Vorzeigende berechtigt ist, den Betrag zu erhalten. Dadurch ist jeder Namens- oder Orderscheck in Wirklichkeit ein I n - h a b e r s c h e c k . Die Bank schließt die Haftung für irrtümliche Auszahlung aus. Der reine Namensscheck kommt jedoch im Postgiroverkehr noch vor.

Nach dem Bezogenen kann man unterscheiden:

Bankscheck,

Sparkassenscheck,

Postscheck (s. S. 153),

Landeszentralbankscheck.

Der b e s t ä t i g t e L a n d e s z e n t r a l b a n k s c h e c k . Landeszentralbanken haben allein das Recht, auf sie gezogene Schecks auf der Rückseite mit einem Bestätigungsvermerk zu versehen. Sie verpflichten sich dadurch, den Scheck einzulösen, wenn er innerhalb von 8 Tagen vom Ausstellungstage an vorgelegt wird. Nach Ablauf dieser Frist behandeln sie ihn wie einen unbestätigten Scheck und nach 15 Tagen wird der Betrag wieder gutgeschrieben, wenn der Scheck nicht eingelöst wurde.

4.3.4 Verwendung von Schecks

Die Einlösung des Schecks

Der Scheck dient als Zahlungsmittel, nicht als Kreditmittel; er strebt nach Einlösung und muß bei S i c h t von der bezogenen Bank eingelöst werden. Das gilt auch für vordatierte Schecks, bei denen am Ausstellungstag ein späteres Datum eingesetzt wurde. Die Vorlegungsfrist für Inlandschecks beträgt 8 T a g e , für Schecks, in denen sich Ausstellungsort und Zahlungsort in verschiedenen Ländern des gleichen Erdteils befinden 20 Tage, sonst (bei verschiedenen Erdteilen) 70 T a g e ab Ausstellungsdatum. Ein W i d e r r u f des Schecks ist erst nach Ablauf der Vorlegungsfrist wirksam, d. h. die Bank haftet nicht, wenn bei einem Widerruf die Einlösung innerhalb der Vorlegungsfrist erfolgt.

Nach Ablauf der Vorlegungsfrist kann die Bank den Scheck einlösen, falls er nicht widerrufen ist.

Die bezogene Bank löst den Scheck gegen Aushändigung der Scheckurkunde bar ein, falls er nicht gutgeschrieben wird. Üblich ist die Empfangsbestätigung des Scheckinhabers durch Unterschrift auf der Rückseite. Vor der Einlösung prüft die Bank im allgemeinen Laufzeit des Schecks, Schecknummer, Kontostand und Unterschrift des Ausstellers.

Verrechnungsschecks werden dem Konto des Einreichers sofort gutgeschrieben, jedoch behält sich die Bank den Eingang vor (E. v., u. V.). Dadurch behält sich die Bank das Recht der Rückbelastung vor, falls der Scheck nicht eingelöst wird.

Die Weitergabe des Schecks

Der Scheck kann auch als Zahlungsmittel zum Ausgleich einer Forderung weitergegeben werden. Bei Orderpapieren (Scheck, Wechsel) ist die Weitergabe grundsätzlich durch einen Ü b e r t r a g u n g s v e r m e r k („An die Order von Herrn . . .", Unterschrift" = Giro oder Indossament) möglich. Durch die Überbringerklausel ist der Scheck jedoch ein Inhaberpapier und kann ohne Übertragungsvermerk weitergegeben werden; dadurch ist der Vormann von der Haftung ausgeschlossen. Der letzte Scheckempfänger kann im Falle der Nichteinlösung kein Rückgriffsrecht geltend machen. Daher läßt man sich den Scheck aus Sicherheitsgründen von seinem Vormann girieren (indossieren). Das Indossament überträgt alle Rechte aus dem Scheck, der Indossant haftet jedoch für die Zahlung.

Die Nichteinlösung des Schecks

Lehnt die bezogene Bank innerhalb der Vorlegungsfrist die Einlösung des Schecks ab (ungedeckter Scheck), kann sich der Scheckinhaber die Nichteinlösung bestätigen lassen oder Protest erheben. Die Bank bescheinigt dann: „Vorgelegt und nicht eingelöst". Der Inhaber hat seinen unmittelbaren Vormann und den Aussteller innerhalb von 4 Tagen von der Nichteinlösung schriftlich zu benachrichtigen, während jeder Vormann wiederum seinen Vormann innerhalb von 2 Tagen zu benachrichtigen hat. Daraufhin hat der Scheckinhaber ein Rückgriffs- oder R e g r e ß r e c h t. Er kann vom Aussteller oder von seinem Vormann, falls der Scheck durch Übertragungsvermerk an ihn weitergegeben wurde, die Zahlung des Scheckbetrages zuzüglich 6 % Zinsen seit der Vorlegung, Provision ($^1/_3$ %) und Auslagen verlangen. Die Rückgriffsansprüche verjähren in sechs Monaten. Bleibt der Rückgriff erfolglos, kann der Scheckinhaber die S c h e c k - k l a g e anstrengen. Scheckprotest und Scheckklage verlaufen wie bei Wechselprotest und Wechselklage.

Der Verlust des Schecks

Bei Verlust eines Barschecks muß man die Bank sofort benachrichtigen und den Scheck sperren lassen. Entstehen Schäden, trägt diese der Scheckeigentümer, falls der Scheck nicht vom Amtsgericht im Wege des Aufgebotsverfahrens (Amortisationsverfahren) für kraftlos erklärt wurde.

4.3.5 Die Bedeutung des Scheckverkehrs

Die Zahlung mit Scheck bietet sowohl dem Bankkunden wie der Bank, aber auch der Volkswirtschaft Vorteile. Der Bankkunde kann die Zahlungen bequem vom Schreibtisch aus leisten, das Anstehen, Geldzählen und Bündeln bzw. Einrollen fällt weg, Verrechnungsschecks lassen sich billig versenden. Eine kleine Kassenhaltung schützt vor Geldverlust durch Diebstahl usw., Guthaben werden zudem verzinst.

Die Bank braucht die Guthaben nicht auf einmal auszuzahlen; sie kann daher kurzfristige Kredite geben, die der Wirtschaft zugute kommen.

4.4 Die Überweisung

4.4.1 Das Konto

Zur Abwicklung des Zahlungsverkehrs richten sich Kaufleute, Unternehmungen, Landwirte, freiberuflich Tätige, Körperschaften und viele Privatpersonen (Gehaltsüberweisungen!) bei einem Geldinstitut ein Konto ein. Man nennt dieses laufende Konto Girokonto (Spargirokonto bei Sparkassen). Es unterscheidet sich wesentlich von dem Sparkonto und dem Depositenkonto.

Spar- und Depositenkonto

Auf S p a r k o n t e n werden die der Anlage dienenden Spareinlagen verbucht. Die Bank behält von den Zinsen 30 % Kapitalertragsteuer (Zinsabschlagsteuer) ein, falls nicht ein Freistellungsantrag im Rahmen der Freibeträge (s. S. 390, 395) gestellt wurde. Die Kündigungsfrist beträgt mindestens 3 Monate (gesetzliche Kündigungsfrist). Darüber hinaus können andere Kündigungsfristen (12 Monate, 24 Monate und darüber) vereinbart sein (zwischen Kündigung und Auszahlung müssen je nach der Kündigungsfrist 90 Tage bzw. 360 Tage liegen). Die Zinssätze sind demgemäß gestaffelt nach Spareinlagen:

1. mit gesetzlicher Kündigungsfrist und vereinbarter Kündigungsfrist von weniger als 12 Monaten,
    a) von natürlichen Personen und von juristischen Personen, die gemeinnützigen, mildtätigen oder kirchlichen Zwecken dienen;
    b) von sonstigen juristischen Personen und Personengesellschaften, mit Kündigungsfrist von mindestens 6 Monaten;
2. mit vereinbarter Kündigungsfrist von 12 Monaten und darüber.

Depositenkonten dienen zur Anlage von Geldern, die erst zu einem bestimmten Termin (Festgelder) oder nach einer vereinbarten Kündigungsfrist (Kündigungsgelder) zurückgezahlt werden. Je länger die Frist, desto höher ist der Zinssatz.

Beim Depotkonto geben Kunden der Bank ihre Wertpapiere in Verwahrung, die darauf die Wertpapierumsätze bucht.

Für ein gewährtes Darlehn wird ein Darlehnskonto geführt.

Nach der Verfügbarkeit unterscheidet man demnach Sicht-, Termin- und Spareinlagen.

Das Konto kann als Einzelkonto oder Gemeinschaftskonto geführt werden, letzteres als „Oder-Konto" oder als „Und-Konto", je nachdem, ob jede Person allein oder nur gemeinsam mit einer anderen verfügungsberechtigt ist.

Nach § 154 Abgabenordnung (AO) haben die Kreditinstitute bei Kontoeröffnung eine Legitimationsprüfung durchzuführen. Damit sollen Steuerhinterziehungen verhindert oder erschwert werden, weil niemand auf einen falschen oder erdichteten Namen für sich oder einen Dritten ein Konto errichten, Buchungen vornehmen lassen, Wertsachen (Wertpapiere, Geld) in Verwahrung geben oder sich ein Schließfach geben lassen darf. Wer ein Konto führt, Wertsachen verwahrt oder ein Schließfach überläßt, hat sich zuvor Gewißheit über die Person und die Anschrift des Verfügungsberechtigten zu verschaffen und dies in geeigneter Form, z. B. auf dem Konto festzuhalten. Er hat sicherzustellen, daß er jederzeit Auskunft darüber geben kann, über welche Konten oder Schließfächer eine Person verfügungsberechtigt ist.

Ändert sich der gesetzliche Vertreter bei einer juristischen Person, wird von dem zuständigen Organ ein neuer Vertreter bestellt, der der Bank seine Legitimation zur Erhaltung der Verfügungsberechtigung vorlegt. Stirbt eine private Einzelperson, so können über das Konto verfügungsberechtigt sein:

ein Bevollmächtigter über den Tod hinaus, Bevollmächtigte für den Todesfall, Erben (lt. Erbschein) durch Testament oder Gesetz, Testamentsvollstrecker oder Nachlaßverwalter.

Testamentsvollstrecker ist derjenige, der die letztwilligen Verfügungen eines Erblassers zur Ausführung zu bringen hat ((BGB § 2203), Nachlaßverwalter der, der den Nachlaß eines Erblassers verwaltet.

Girokonto

Das Girokonto ist rechtlich gesehen ein Kontokorrentkonto im Sinne des HGB §§ 355 bis 357. Alle Veränderungen (Zugänge, Abgänge, d. h. Gutschriften, Lastschriften) werden fortlaufend gebucht und das Konto halbjährlich, mindestens aber jährlich, abgeschlossen. Der Kontoinhaber erhält dann die Abschlußrechnung mit einer Zinsstaffel, die neben dem letzten Saldo die Berechnung von Zinsen, Umsatz-, Kredit-, Überziehungsprovision und Auslagen aufweist. Nach Prüfung wird die Richtigkeit der Schlußabrechnung der Bank bestätigt. Geldinstitute senden nach jeder Veränderung des Kontostandes oder nach einer bestimmten Zeit dem Kunden einen Kontoauszug. Dieser wird zur Abstimmung mit der eigenen Buchführung benutzt.

Ist ein Kontokorrentkredit aufgrund eines besonderen Vertrages — meist gegen Sicherheit — eingeräumt, kann dieser in laufender Rechnung in Anspruch genommen werden. Wird dieser überschritten, verlangen die Banken meist Überziehungsprovision.

Wer seinen Zahlungsverkehr durch ein Geldinstitut durchführen lassen will, muß die Eröffnung eines Kontos beantragen. Der Antragsteller hat sich dabei persönlich auszuweisen und seine Unterschrift abzugeben. Auf einer Unterschriftskarte werden die Personen genannt, die außer dem Kontoinhaber über das Girokonto verfügungsberechtigt sein sollen. Die zeichnungsberechtigten Personen haben Unterschriftsproben abzugeben. Die allgemeinen Geschäftsbedingungen, unter denen das Girokonto geführt wird, werden dem Kontoinhaber ausgegeben. Er muß sie für den Geschäftsverkehr der Bank verbindlich anerkennen. Meist erfolgt mit der Kontoeröffnung die erste Einzahlung und die Aushändigung der für den Geschäftsverkehr erforderlichen F o r m b l ä t t e r :

Z a h l s c h e i n e , die zu Einzahlungen und Gutschriften auf dem Girokonto benutzt werden. Auch Nichtkontoinhaber (z. B. Mieter) können damit Einzahlungen auf das Konto ihres Gläubigers (Vermieters) vornehmen.

S c h e c k f o r m u l a r e (Scheckheft), mit denen der Kontoinhaber sich selbst oder Dritten Geld auszahlen lassen kann.

Ü b e r w e i s u n g s a u f t r ä g e , mit denen der Kontoinhaber Zahlungen bargeldlos durchführen kann.

Das Formblatt besteht aus drei Teilen (Original und zwei Durchschlägen). Das Original mit der Unterschrift behält die Bank als Buchungsbeleg. Es ist der eigentliche Überweisungsauftrag. Eine Durchschrift erhält der Auftraggeber (Kontoinhaber) als Quittung. Die andere Durchschrift ist der Überweisungsträger; sie erhält der Zahlungsempfänger als Gutschriftanzeige.

L a s t s c h r i f t e n dienen dem Einzug von Forderungen. Der Gläubiger bestimmt den Zeitpunkt der Zahlungseingänge selbst. Er kann über die eingezogenen Geldmittel disponieren. Der Schuldner hat keinerlei Arbeit. Er muß jedoch die Verfügung über sein Konto dulden. Das erschwert seine Gelddisposition und führt oft zur Inanspruchnahme von Kredit.

Daneben gibt es noch andere Formblätter. Die Auflösung eines Kontos ist jederzeit möglich. Unbenutzte Schecks und andere Formulare sind sodann zurückzugeben.

4.4.2 Begriff und Wesen der Überweisung

Haben Gläubiger und Schuldner ein Bankkonto (Käufer und Verkäufer, Mieter und Vermieter, Bauherr und Bauunternehmer), wird man den Zahlungsverkehr durch die Geldinstitute durchführen lassen, ohne daß man selbst mit barem Geld in Berührung kommt. Die bargeldlose Zahlung (Überweisung) erfolgt dadurch, daß der Schuldner seiner Bank den Auftrag erteilt, einen bestimmten Betrag (Guthaben) von einem Konto auf das Konto des Gläubigers zu übertragen. Die Lastschrift erfolgt auf dem Konto des

Schuldners, die Gutschrift auf dem Konto des Gläubigers, der davon benachrichtigt wird. Dabei ist nicht erforderlich, daß Gläubiger und Schuldner ihre Konten bei ein und derselben Bank haben; sie können ihre Konten vielmehr bei Bankinstituten verschiedener Orte und verschiedener Girokreise haben, da die einzelnen Banken miteinander in Verbindung stehen. Jede Bank hat eine achtstellige Bankleitzahl, um Verwechslungen auszuschalten und den Bankverkehr zu erleichtern.

4.4.3 Die Träger des Überweisungsverkehrs

Bankinstitute der gleichen Art haben sich zu Girokreisen oder Girozentren zusammengeschlossen, innerhalb der sich der bargeldlose Zahlungsverkehr abwickelt.

Es gibt 5 Girokreise:

1. den Landeszentralbank-Giroverkehr,
2. den Giroverkehr der Sparkassen mit ihren Girozentralen,
3. den Ringgiroverkehr der Kreditgenossenschaften,
4. den Überweisungsverkehr der Kreditbanken (Privatbanken),
5. den Postgiroverkehr.

Girokonten bei der Landeszentralbank werden von großen Unternehmen und Banken unterhalten. Das Konto wird gebühren- und kostenfrei geführt. Die Stammeinlage beträgt mindestens 5,— DM, Guthaben werden nicht verzinst. Im Geschäftsverkehr besteht Vordruckstrenge, d. h. es dürfen nur die vorgesehenen Vordrucke verwendet werden.

Am Giroverkehr der Sparkassen (Spargiro) nehmen Kaufleute, Gewerbetreibende, Privatleute, die Stadt- und Kreisverwaltung u. a. teil. Im Geschäftsverkehr besteht Vordruckstrenge. Die Guthaben werden verzinst. Die Sparkassen sind regional in Girozentralen zusammengeschlossen.

Die Genossenschaftsbanken (Volksbanken), Spar- und Darlehnskassen, Raiffeisenbanken usw. sind in Zentralkassen zusammengeschlossen und über das Spitzeninstitut (Deutsche Genossenschaftsbank in Frankfurt) miteinander verbunden. Sie waren ursprünglich Selbsthilfeeinrichtungen des gewerblichen und landwirtschaftlichen Mittelstandes. Kredite dürfen nur an Mitglieder gewährt, Einlagen dagegen von jedem angenommen werden. Die Bankgeschäfte erfolgen ähnlich denen der Kreditbanken und Sparkassen.

Bei den Kreditbanken unterhalten hauptsächlich Geschäftsleute Konten.

Jede Bank oder Sparkasse unterhält Konten bei ihrer Zentralstelle (Girozentrale, Zentralkasse) sowie bei der Landeszentralbank oder dem Postgiroamt. Sie sind daher miteinander verbunden und können Gutschriften und Belastungen vornehmen, so daß Überweisungen aus einem Girokreis in einen anderen möglich sind. Im Abrechnungsverkehr (Clearingverkehr) werden Forderungen und Verbindlichkeiten der Banken untereinander bargeldlos ausgeglichen.

4.4.4 Sonderformen der Überweisung

Beim Überweisungsverkehr sind folgende Sonderformen üblich:

    Eilüberweisungen,

    Daueraufträge,

Lastschriftverfahren (Rückläufige Überweisung) durch Dauerauftrag oder Einzugsermächtigung,

Sammelüberweisungen.

E i l ü b e r w e i s u n g : Sie wird zur Verkürzung der Zeit zwischen Auftragserteilung und Gutschrift auf dem Empfängerkonto benutzt. Dabei übersendet die Bank des Schuldners die Gutschriftsanzeige (Überweisungsträger) unmittelbar der Bank des Gläubigers zur Gutschrift. Die Verrechnung über die Zentralen erfolgt nachträglich.

D a u e r a u f t r a g : Für regelmäßig wiederkehrende Zahlungen, die in ihrer Höhe stets gleich sind (Miete, Zinsen, Tilgungsraten, Beiträge usw.) kann man dem Geldinstitut einmalig einen Überweisungsauftrag erteilen. Die Überweisung wird sodann unaufgefordert bis auf Widerruf oder Änderung durchgeführt.

A b b u c h u n g s a u f t r a g : Für regelmäßig wiederkehrende Zahlungen, die jedoch in ihrer Höhe veränderlich sind (Fernsprechrechnungen, Strom-, Gas-, Wasserrechnungen usw.), wird das Geldinstitut beauftragt, bei Eingang dieser Rechnungen, die unmittelbar an die Bank geschickt werden, die Rechnungsbeträge abzubuchen. Die Rechnung wird mit dem Kontoauszug zugestellt.

L a s t s c h r i f t v e r f a h r e n : Der Zahlungspflichtige erteilt dem Gläubiger unmittelbar schriftlich eine „Ermächtigung zum Einzug von Forderungen". Dieser zieht den Betrag unter Hinweis darauf mittels Lastschrift ein. Um einen Mißbrauch auszuschalten, kann der Zahlungspflichtige innerhalb von 6 Wochen Widerspruch gegen die Lastschrift erheben. In diesem Falle wird der abgebuchte Betrag rückwirkend wieder gutgeschrieben. Die dem Zahlungspflichtigen zugehenden Rechnungen tragen den Vermerk „wird abgebucht".

S a m m e l ü b e r w e i s u n g : Sollen mehrere Beträge an verschiedene Kunden überwiesen werden, spart man durch die Verwendung eines Sammelauftragsformblattes Zeit in der Buchhaltung und bei der Unterschriftsleistung.

4.5 Der Postgiroverkehr

Der Scheck- und Überweisungsverkehr erfolgt nicht nur innerhalb der Girokreise der Landeszentralbanken, Sparkassen, Privatbanken und Genossenschaftsbanken, sondern auch durch Postgiroämter der Deutschen Bundespost Postbank.

Das Postgirokonto wird bei einem Postgiroamt geführt. Der Antrag auf Eröffnung eines Postgirokontos unter gleichzeitiger Einzahlung der Gebühr für die Formblätter und gelben Briefumschläge ist bei jedem Postamt zu stellen (außer Erstausstattung). Man wählt am besten das Postamt, in dessen Bezirk man wohnt (wegen des Firmennachweises). Das Postgiroamt teilt dem Kunden die Postgironummer mit und übersendet die gewünschten Formblätter und gelben Briefumschläge. Der neue Kunde wird in das „Verzeichnis der Postgiroteilnehmer" aufgenommen, das jedes Postgiroamt für seinen Bezirk herausgibt. Zahlungsaufträge werden erst nach Vorlage der Unterschriftsformblätter ausgeführt, auf denen alle zur Verfügung über das Konto berechtigten Personen ihre Unterschrift abzugeben haben. Das Guthaben auf dem Postgirokonto ist u n v e r z i n s l i c h . Für die Kontoführung wird eine geringe gestaffelte Gebühr erhoben. Die Postbank räumt unter bestimmten Bedingungen ein Dispolimit bis zu drei Monaten ein. Die Höhe des eingeräumten Dispolimits wird dem Kunden in jedem Kontoauszug mitgeteilt. In Anspruch genommene Beträge werden verzinst.

Dem Geschäftsverkehr dienen folgende Formblätter:

die Z a h l k a r t e für Einzahlungen (blau-grün),

die g e b ü h r e n f r e i e Zahlkarte zu Einzahlungen auf das eigene Konto (blau),

Auszahlungsscheine in Verbindung mit der Postbank Card — zur Barabhebung vom Girokonto am Postschalter,

der **Postscheck**,

Überweisungsaufträge an das Postgiroamt,

die **Zahlungsanweisung** (zur Auszahlung von Geldbeträgen durch den Zusteller), die nur in Ausnahmefällen erforderlich ist,

den **Postgiroauftrag** im Lastschriftverfahren sowie bei Sammelaufträgen und Scheckeinreichungen,

die gelben **Postgirobriefumschläge**, mit denen alle Zahlungsaufträge gebührenfrei dem Postgiroamt zugeschickt werden können,

die Anlagen zur Sammelüberweisung mit **Ersatzüberweisungen**.

Daneben können im Postgiro-Datendienst Postgirokunden, die eine elektronische Datenverarbeitungsanlage benutzen, Sammelaufträge DV erteilen, bei denen Zahlungsfälle auf Magnetband, Magnetband-Kassette oder Diskette aufgezeichnet sind.

4.5.1 Einzahlungen durch Zahlkarte

An Inhaber eines Postgirokontos können Zahlungen geleistet werden mittels Zahlkarte. Die Einzahlung des Betrages erfolgt bei einem Postamt zur Gutschrift auf dem angegebenen Postgirokonto. Davon machen Einzahler Gebrauch, die selbst kein Konto besitzen. Die Zahlkartengebühren sind niedriger als für eine Postanweisung (halbbare Zahlung).

> Die Zahlkarte besteht aus drei Teilen:
>
> Den linken Abschnitt erhält der Zahlungsempfänger als Beleg; kurze Mitteilungen auf der Rückseite sind möglich (Kassenzeichen, Verwendungszweck).
>
> Den mittleren Abschnitt (Stammabschnitt) behält das Postgiroamt.
>
> Der rechte Abschnitt (Posteinlieferungsschein) wird dem Einzahler als Quittung abgestempelt zurückgegeben.
>
> Oft hat sich der Postgiroeinzahler auf Zahlkarten die eigenen Angaben eindrucken lassen, um sie Rechnungen oder Mahnungen beizulegen.

Zur Zahlung des Kontoinhabers auf sein eigenes Postgirokonto werden gebührenfreie blaue Zahlkarten verwendet.

4.5.2 Der Überweisungsauftrag

Der Überweisungsauftrag ist eine Anweisung an das Postgiroamt, eine Umbuchung von Konto zu Konto durchzuführen (Überweisungsvorgang). Voraussetzung ist, daß Schuldner und Gläubiger ein Postgirokonto besitzen. Die Überweisungen sind gebührenfrei.

Das Überweisungsformular mit Datum und Unterschrift wird dem Postgiroamt in einem gelben Briefumschlag gebührenfrei übersandt, andernfalls ist das übliche Porto zu zahlen.

Sollen mehrere Überweisungsaufträge auf einmal erteilt werden, so kann man durch die S a m m e l ü b e r w e i s u n g Zeit einsparen. Der Gesamtbetrag wird auf eine einzige Sammelüberweisung bzw. auf einen Sammelscheck gesetzt und unterschrieben. An die Stelle der Empfängerangabe tritt der Vermerk „Lt. Anlage". In der „Anlage zur Sammelüberweisung" (oder „Anlage zum Sammelscheck") werden die einzelnen Überweisungen bzw. Zahlungen nach Empfänger, Postgiroamt, Kontonummer und Betrag aufgeführt und unterschrieben. Außerdem ist für jede Überweisung ein vereinfachtes Formblatt (Ersatzüberweisung) ausgeschrieben und beigelegt. Ersatzüberweisung und Anlagen zur Sammelüberweisung können im Durchschreibeverfahren ausgefüllt werden.

Postgiroteilnehmer können auch Überweisungsaufträge mit Lochkarten oder Magnetband erteilen. Über den Gesamtbetrag stellt man eine Sammelüberweisung DV (DV = Datenverarbeitung) aus, die mindestens zwei Tage vor dem Lastschrifttag bei der Datenstelle des Postgiroamtes vorliegen muß. Der Gutschriftempfänger erhält eine Ersatzuberweisung DV als Gutschriftanzeige.

Daueraufträge für Überweisungen und Barzahlungen sind wie beim Überweisungsverkehr der Banken und Sparkassen möglich.

4.5.3 Der Postscheck

Die Postgirovordrucke mit blauem Aufdruck entsprechen den von der Deutschen Bundesbank bekanntgegebenen Richtlinien für einheitliche Zahlungsverkehrsvordrucke.

Der Postscheck wird verwendet:

für Barabhebungen mit Postbarscheck beim Postamt,

mit Kassenscheck bei der Zahlstelle des Postgiroamtes,

für Zahlungen an Dritte mit Verrechnungsscheck.

Mit dem Postbarscheck oder dem Auszahlungsschein für Barabhebungen kann jeder Überbringer — gegen Vorlage der Postbank Card oder der Postbank ec-Karte — bei Postämtern Geld abheben. Mit der Postbank Card und einer persönlichen Geheimzahl sind auch Beträge aus allen Geldautomaten der Postbank kostenfrei erhältlich. Mit dem Kassenscheck, der ein Inhaberscheck ist, kann jeder in der Zahlstelle des kontoführenden Postgiroamtes einen Barbetrag aus dem verfügbaren Postgiroguthaben abheben. Es wird stets an den Vorleger des Schecks gezahlt. Bei dem durch die Worte „Nur zur Verrechnung" gekennzeichneten Verrechnungsscheck ist die Bareinlösung ausgeschlossen.

Hat der Kontoinhaber Verrechnungsschecks (Bankschecks oder Postschecks) in Zahlung genommen, kann er diese an das Postgiroamt einsenden. Dieses zieht die Beträge ein und schreibt sie auf dem Postgirokonto gut. Mehrere Schecks sind auf einem Scheckeinreichungsverzeichnis zusammenzustellen. Über den Gesamtbetrag ist eine Zahlkarte auszustellen. Bei einzelnen Schecks genügt jedoch nur die Zahlkarte.

Die Deutsche Bundespost ist dem eurocheque-System angeschlossen. Wenn ein Postgirokonto mindestens 3 Monate besteht und der Zahlungsverkehr überwiegend über dieses Konto abgewickelt wird, kann dem Postgirokunden eine Scheckkarte ausgestellt werden.

Nur in seltenen Fällen wird die Zahlungsanweisung benutzt. Sie ist dann unumgänglich, wenn Barauszahlung eines Betrages durch den Postzusteller erforderlich ist.

Zahlungen mit Hilfe des Postgirokontos bieten daher vielerlei Vorteile. Der Kontoinhaber kann Zahlungen zu jeder Zeit und von jedem Ort nach überallhin leisten (durch die Postverbindung). Überweisungen sind kostenlos. Durch die Zentralisation der Konten bei wenigen Postgiroämtern ist die Umbuchung (Überweisung) schnell erfolgt. Der Postgirokontoinhaber kann außerdem bei dem Postamt seines Wohn- oder Geschäftsortes beantragen, daß alle bei der Post eingehenden Zahlungen auf seinem Postgirokonto gutgeschrieben werden. Außerdem sind Überweisungen auf das Postsparbuch möglich.

Einziehungsaufträge sind gebührenfrei (z. B. Abbuchen der Fernsprech-, Fernseh- und Rundfunkgebühren, Postfachgebühr oder Zeitungsgeld).

Im P o s t s p a r k a s s e n d i e n s t nehmen die Postanstalten Spargelder gegen Verzinsung — mit einer Zusatzvereinbarung beim „Sparbuch 3000 plus" zu einem höheren Zins — an. Einzahlungen und Abhebungen können bei jedem Postamt gegen Vorlage des Postsparbuches (und der Ausweiskarte bei Abhebungen) erfolgen. Rückzahlungen sind auch im Ausland möglich.

4.6 Der Wechselverkehr

4.6.1 Der gezogene Wechsel

Der Wechsel ist im 12. Jahrhundert entstanden. Nach den Kreuzzügen wickelte sich der Handel auf den Märkten und Messen Italiens sowie Mittel- und Westeuropas ab. Für die reisenden Kaufleute war es jedoch gefährlich und unbequem, größere Mengen von Münzen mitzuführen. Außerdem mußten die Münzen in den einzelnen Ländern umgewechselt werden. Das besorgten die Geldwechsler, die miteinander in Verbindung standen. Der einheimische Kaufmann zahlte den für die Geschäfte bei der Messe erforderlichen Geldbetrag beim Geldwechsler seines Heimatortes ein. Dieser stellte dafür eine Anweisung an einen befreundeten Bankier in der Messestadt aus, den Gegenwert in der Währung des Landes oder der Stadt auszuzahlen. Diese Urkunde nannte man Wechsel. Diese zweckmäßige Art des Geldverkehrs verbreitete sich so, daß man den Wechsel nicht nur auf Messeplätzen und zur Zeit der Messe, sondern auch in jedem anderen Ort und zu jedem anderen Zeitpunkt zahlbar stellte. Aus dieser Auszahlungsanweisung ist im Laufe der Zeit der heutige Wechsel entstanden, der mit dem mittelalterlichen Wechsel nur den Namen gemeinsam hat.

Begriff und Wesen des Wechsels

Während beim Scheckverkehr der Scheckaussteller den Bezogenen, d. h. die Bank, anweist, an den Schecknehmer eine bestimmte Summe auszuzahlen, ist beim Wechselverkehr der Bezogene als Schuldner eine natürliche oder juristische Person. Ein Gläubiger (Wechselaussteller) weist seinen Schuldner (Bezogener) an, eine bestimmte Geldsumme zu einem bestimmten Zeitpunkt an eine bestimmte Person (Wechselnehmer) zu zahlen.

Ein Bauhandwerker, der an der Entstehung eines Bauvorhabens für den Bauherrn (Wohnungsunternehmen) mitwirkt, kauft beim Baustoffgroßhändler Baustoffe und vereinbart Zahlung gegen Wechsel. Der Bauunternehmer „A", Aachen, zieht auf das Wohnungsunternehmen „Sch und B" einen Wechsel in Höhe von 2 500,— DM. Darin wird das Wohnungsunternehmen aufgefordert, an einem bestimmten Tage (31. Mai 19..) an die Baustoffgroßhandlung „N und G" zu zahlen.

Der gezogene W e c h s e l ist demnach eine Urkunde, durch die jemand seinen Schuldner auffordert, ihm selbst oder einer anderen genannten Person zu einem bestimmten Zeitpunkt eine bestimmte Geldsumme zu zahlen.

Der Bauunternehmer ist gegenüber dem Bauherrn (Wohnungsunternehmen) Gläubiger, gegenüber der Baustoffhandlung Schuldner. Er würde vom Wohnungsunternehmen für seine Leistung (Baumaterial plus Arbeitszeit) Zahlung erhalten und davon an den Baustoffhändler den Gegenwert für die gekauften Baumaterialien leisten. Er vereinfacht die Zahlung, indem er das Wohnungsunternehmen anweist, direkt an den Baustoffhändler zu zahlen. Hier wird der Wechsel als Zahlungsmittel benutzt.

Der Wechsel braucht vom Bauherrn (Bezogenen) erst am Verfalltag eingelöst zu werden. Er erhält demnach bis zu diesem Zeitpunkt einen Kredit. Also ist der Wechsel ein Kreditmittel. Außerdem kann jeder am Wechselverkehr Beteiligte (Aussteller, Wechselnehmer usw.) den Wechsel vorzeitig, d. h. vor dem Verfalltag, einer Bank verkaufen (diskontieren), wodurch er bei der Bank Wechselkredit in Anspruch nimmt.

Der w i r t s c h a f t l i c h e n B e d e u t u n g nach ist der Wechsel heute

Zahlungsmittel,

Kreditmittel,

Sicherungsmittel.

Die gesetzliche Grundlage des Wechselverkehrs ist das Wechselgesetz vom 21. Juni 1933, das am 1. April 1934 in Kraft getreten ist. Das Wechselrecht ist im internationalen Verkehr vereinheitlicht. In der Bundesrepublik wird der vom deutschen Normenausschuß geschaffene Einheitswechsel verwendet.

Am Wechselverkehr sind zunächst 3 P e r s o n e n beteiligt:

der A u s s t e l l e r (Trassant), der den Wechsel ausstellt oder zieht (trassiert);

der B e z o g e n e (Trassat), auf den der Wechsel gezogen wurde, der ihn anzunehmen (akzeptieren) und am Verfalltag einzulösen hat;

der W e c h s e l n e h m e r (Remittent), der den Wechsel vom Aussteller in Zahlung nimmt.

Der gezogene Wechsel heißt T r a t t e , der angenommene Wechsel A k z e p t . Den als Zahlungsmittel weitergegebenen Wechsel nennt man R i m e s s e .

Für den Bezogenen ist der Wechsel stets ein S c h u l d w e c h s e l (Wechselverbindlichkeit). Für alle anderen am Wechselverkehr beteiligten Personen bleibt er ein B e - s i t z w e c h s e l (Wechselforderung).

Die Bestandteile des Wechsels

Nach dem Wechselgesetz (WG Art. 1) muß der gezogene Wechsel 8 Bestandteile enthalten:

Die gesetzlichen Bestandteile

Die g e s e t z l i c h e n Bestandteile sind:

1. **Ort** und **Tag** der Ausstellung,
2. das Wort **Wechsel** im Text der Urkunde (Wechselklausel),
3. Angabe der **Verfallzeit**, d. h. Zeitpunkt der Fälligkeit der Wechselschuld,
4. **Name** des Wechselnehmers (Remittent), d. h. Name dessen, an den oder dessen Order gezahlt werden soll,
5. **Wechselbetrag** mit der unbedingten Zahlungsanweisung,
6. **Bezogener** (Trassat), d. h. Name dessen, der zahlen soll,
7. **Zahlungsort**,
8. **Unterschrift** des Ausstellers (Trassant).

Ausstellungsort und Jahreszahl sind auszuschreiben, der Monat des Ausstellungsdatums muß in Buchstaben geschrieben werden, doch sind Abkürzungen, z. B. Jan., Sept. usw. erlaubt.

Das Wort „Wechsel" muß im Text der Urkunde stehen, und zwar in der Sprache, in der der Wechsel ausgestellt ist. Ohne dieses Wort wäre die Urkunde kein Wechsel, sondern nur eine Anweisung im Sinne des BGB, auf die die „Wechselstrenge" nicht zutrifft.

Der **Verfalltag** kann auf vier verschiedene Arten angegeben sein. Nach ihm kann der Wechsel sein ein

Tagwechsel,

Datowechsel,

Sichtwechsel,

Zeitsichtwechsel.

Beim **Tagwechsel** (Datenwechsel) ist der Verfalltag genau festgelegt („Gegen diesen Wechsel zahlen Sie am 31. Mai 19.."). Diese Angabe ist üblich.

Beim **Datowechsel** ist der Verfalltag aufgrund einer angegebenen Frist zu ermitteln. („... zahlen Sie heute in drei Monaten"). Diese seltene Form der Verfalltagsangabe wählt man dann, wenn der Tag der Ausstellung noch nicht genau feststeht oder wenn der Aussteller dem Bezogenen die Wahl des Ausstellungstages und damit des Verfalltages überlassen will.

Beim **Sichtwechsel** ist der Wechsel innerhalb eines Jahres, wenn keine kürzere oder längere Frist angegeben ist, zu bezahlen, sobald er — wie beim Scheck — dem Bezogenen zur Zahlung vorgelegt wird („... zahlen Sie bei Sicht").

Beim **Nachsichtwechsel** ist eine bestimmte Frist „nach Sicht" angegeben („... zahlen Sie 30 Tage nach Sicht"). In diesem Falle ist beim Akzept das Datum der Annahme zu vermerken, damit daraufhin der Verfalltag (z. B. 30 Tage danach) errechnet werden kann. Der Nachsichtwechsel kommt meist im Überseeverkehr vor.

Wird die Angabe der Verfallzeit versäumt, so gilt der Wechsel als Sichtwechsel.

Der **Wechselnehmer** (Remittent) muß angegeben sein, da der Wechsel ein Orderpapier und kein Inhaberpapier ist. Der Aussteller kann entweder einen seiner Gläubiger (Wechsel an fremde Order) oder sich selbst (Wechsel an eigene Order) einsetzen; an Stelle des Namens eines Gläubigers setzt der Aussteller die Worte „an mich selbst" oder „an eigene Order" ein. Er behält sich die Weiterverwendung vor und kann den Wechsel dann selbst mittels eines Übertragungsvermerks (Indossament) weitergeben. Will der Aussteller die Weitergabe des Wechsels verhindern, setzt er zu dem Namen des Wechselnehmers die Worte „... nicht an dessen (deren) Order ..." (**Rektawechsel**). Trotzdem kann der Wechsel in Form einer gewöhnlichen Abtretung weitergegeben werden; der Aussteller haftet jedoch nicht mehr den späteren Wechselinhabern gegenüber, die den Wechsel vom Wechselnehmer erhalten haben.

Die **Wechselsumme** soll nach Möglichkeit in Buchstaben angegeben werden. Ist die Wechselsumme in Buchstaben und in Ziffern angegeben, so gilt bei Abweichungen die in Buchstaben angegebene Summe. Lautet die Wechselsumme auf eine ausländische Währung, so ist der Betrag am Verfalltag in der fremden Währung oder zum Tageskurs in deutscher Währung zu zahlen. Soll jedoch nur in ausländischer Währung gezahlt werden, so ist hinter die Wechselsumme der Vermerk „effektiv", „in natura" oder „tatsächlich" zu setzen (**Effektivwechsel**).

Der Name des Bezogenen muß mit genauer Anschrift angegeben sein, da Wechselschulden Holschulden sind; der Gläubiger muß sich den Betrag beim Wechselschuldner (Bezogenen) holen. Existiert die Person des Bezogenen nicht (Kellerwechsel), handelt es sich um Betrug. Der Wechsel ist jedoch gültig, der Aussteller wird bestraft. Die Angabe einer „Notadresse" ist möglich; die darin genannte Person soll im Notfall den Wechsel annehmen oder zahlen, falls er vom Bezogenen nicht angenommen oder eingelöst wird („... notfalls bei...").

Zahlungsort ist der Wohnort oder der Geschäftssitz des Bezogenen, wenn nicht ein besonderer Zahlungsort angegeben ist. Oft wird der Wechsel vom Bezogenen — durch einen Zahlstellenvermerk — bei einer Bank zahlbar gestellt (Zahlstellenwechsel); weicht der Bankort vom Wohnort des Bezogenen ab, wenn also Wohnort des Bezogenen und Zahlungsort verschieden sind, spricht man vom Domizilwechsel.

Die Unterschrift des Ausstellers erfolgt stets handschriftlich. Faksimilestempel (gestempelte Unterschriften) dürfen nicht verwendet werden. Wegen der besseren Lesbarkeit der Unterschrift sollte zu der Unterschrift der Firmen- oder Namensstempel (ohne Umrandung) gesetzt werden. Die genaue Anschrift ist erforderlich. Wechselunterschriften dürfen nur voll geschäftsfähige Personen vollziehen, in Unternehmen der Geschäftsinhaber, Vorstandsmitglieder, Geschäftsführer, Prokuristen oder ausdrücklich Bevollmächtigte.

Die kaufmännischen Bestandteile

Neben den gesetzlich notwendigen Bestandteilen des Wechsels, ohne die ein Wechsel nicht gültig ist, gibt es zur Erleichterung des Wechselverkehrs Zusätze, die jedoch ohne rechtliche Bedeutung sind.

Die unwesentlichen oder kaufmännischen Bestandteile sind:

1. Nummer des Zahlungsortes,
   sie soll Verwechslungen ausschließen;
2. Wiederholung des Zahlungsortes;
3. Wiederholung des Verfalltages,
   sie dient — wie bei Zahlungsort und Wechselbetrag — der Erleichterung der kaufmännischen Arbeit im Wechselverkehr;
4. Wiederholung der Summe in Ziffern;
5. Zusatz „Erste Ausfertigung",
   er deutet darauf hin, daß von einem Wechsel mehrere Ausfertigungen ausgeschrieben sein können. Alle Ausfertigungen gelten zusammen jedoch nur als ein Wechsel. Doppelschriften werden zur Sicherheit im Überseeverkehr verwendet. Wechselvervielfältigungen des Ausstellers mit seiner Unterschrift nennt man Wechselduplikat (Wechseldoppelschrift), spätere Vervielfältigungen durch Wechselinhaber nennt man Wechselkopien (Wechselabschrift);
6. Ordervermerk (Orderklausel),
   er hat keine weitere Bedeutung, da der Wechsel ein geborenes Orderpapier ist;
7. Zahlstellenvermerk bzw. Domizilvermerk, mit ihm vermerkt der Bezogene, daß der Wechsel nicht in seinem Geschäft oder Büro, sondern in einer Zahlstelle (Bank) vorzulegen ist. Er erleichtert dem letzten Inhaber die Einlösung. Voraussetzung ist, daß der Bezogene die Bank mit der Einlösung beauftragt, ein entsprechendes Guthaben unterhält oder die Wechselsumme vorher rechtzeitig einsendet. Beim Domizilvermerk weicht der Wohnort des Bezogenen vom Zahlungsort ab. Unternehmen, die ihren Sitz an keinem Bankplatz haben, lassen ihre eigenen Wechsel domizilieren, um sie umlauffähig zu machen und Kosten des Einzugs zu sparen.

Meist liegt dem Wechsel ein Warengeschäft zugrunde. Deshalb spricht man vom Warenwechsel. Dient der Wechsel zur reinen Geldbeschaffung, nennt man ihn Finanzwechsel.

Ziehen zur Beschaffung flüssiger Mittel Personen in betrügerischer Absicht gegenseitig aufeinander Finanzwechsel, spricht man von Wechselreiterei. Diese ist eine strafbare Handlung.

Der einfache Wechselverkehr

Die Ausstellung des Wechsels
Mit der Unterschrift des Wechselausstellers ist die Wechselurkunde eine Zahlungsaufforderung an den Bezogenen. Der Wechselaussteller ist daran interessiert, daß sich der Bezogene auch zur Zahlung verpflichtet (Zahlungsverpflichtung). Dies erfolgt durch die Annahme (Akzept).

Die Annahme des Wechsels
Der Aussteller legt dem Bezogenen den Wechsel zur Annahme vor. Er kann dies selbst (Boten), durch einen Geschäftsfreund oder eine Bank durchführen lassen. Der Bezogene schreibt quer auf den linken Wechselrand seinen Namen, d. h. er nimmt den Wechsel an, akzeptiert ihn. Der Bezogene hat für die Annahme eine Bedenkfrist von einem Tag; er kann vom Aussteller verlangen, daß ihm der Wechsel am folgenden Tage nochmals vorgelegt wird. Mit der Annahme (A k z e p t) verpflichtet sich der Bezogene zur unbedingten Zahlung der Wechselsumme.

Die Annahmeerklärung kann in verschiedener Form erfolgen. Man unterscheidet folgende A r t e n :

V o l l a k z e p t (angenommen, Datum, Unterschrift);

K u r z a k z e p t, es besteht lediglich aus der Unterschrift und ist ausreichend;

T e i l a k z e p t, angenommen für DM 2 000,—, Unterschrift (statt DM 2 500,—);

B l a n k o a k z e p t, dabei steht die Annahmeerklärung auf einem teilweise oder nicht ausgefüllten Wechselformblatt. Es bleibt dem Aussteller überlassen, den Wechsel auszufüllen. Der Annehmer haftet jedoch für den Betrag, den der Aussteller nachträglich einsetzt; deshalb ist das Blankoakzept gefährlich;

Bürgschaftsakzept (Avalakzept);
Verlangt ein Wechselnehmer, daß eine als zahlungsfähig bekannte Person sich für den Bezogenen verbürgt, schreibt diese zum Akzept des Bezogenen noch „als Bürge angenommen ..." oder „Per Aval ...". Der Bürge haftet stets selbstschuldnerisch, d. h. der Wechselinhaber kann vom Bürgen sofort Zahlung verlangen.

Der Annahmevermerk kann von einem späteren Wechselinhaber eingeholt werden. Angenommene Wechsel werden kurz als „Akzept" bezeichnet.

Die Verwendungsmöglichkeiten des Wechsels
Jeder Wechselinhaber kann den Wechsel nach einer der drei folgenden Möglichkeiten verwenden. Er kann:

den Wechsel zum Verfalltag a u f b e w a h r e n und dem Bezogenen zur Einlösung vorlegen oder einer Bank zum Einzug (Inkasso) geben;

den Wechsel an einen Gläubiger — mittels Indossament — w e i t e r g e b e n, d. h. in Zahlung geben;

den Wechsel vor dem Verfalltag einer Bank verkaufen (d i s k o n t i e r e n) .

Die Einlösung des Wechsels

Der Wechsel ist vom letzten Inhaber jeweils am Verfalltag, spätestens an einem der zwei folgenden Werktage (bis 18.00 Uhr) dem Bezogenen zur Zahlung vorzulegen (präsentieren). Ist der Verfalltag ein Sonnabend, Sonntag oder gesetzlicher Feiertag, gilt der nächste Werktag als Verfalltag. Die Wechselschuld ist eine Holschuld. Deshalb muß die Einziehung des Wechselbetrages durch den Eigentümer persönlich, durch Boten, durch die Bank, durch einen Geschäftsfreund oder durch die Post mittels Protestauftrag (bis zu 1 000,— DM, wenn der Wechsel in deutscher Sprache ausgestellt und auf deutsche Währung lautet) erfolgen. Domizil- und Zahlstellenwechsel sind an der angegebenen Stelle einzulösen. Legt der Wechselinhaber den Wechsel nicht fristgemäß vor, verliert er seine Wechselansprüche gegenüber seinen Vormännern.

Der Bezogene p r ü f t den zur Zahlung vorgelegten Wechsel, bevor er zahlt, auf:

Ordnungsmäßigkeit des Wechsels (Richtigkeit der gesetzlichen Bestandteile),

seine Verpflichtung zur Einlösung durch Vergleich mit dem Akzeptbuch,

die lückenlose Indossamentenkette (ein Übertragungsvermerk muß sich aus dem anderen ergeben),

die Identität des Wechselinhabers (Paß, Ausweis) mit dem Namen des im letzten Indossament genannten Indossatars, wobei der Einziehende auch ein durch Prokuraindossament Bevollmächtigter sein kann.

Die Zahlung erfolgt gegen Aushändigung des ordnungsgemäß quittierten Wechsels („Betrag erhalten", Datum, Unterschrift). Die Q u i t t u n g wird unter das letzte Indossament gesetzt. Erfolgen Teilzahlungen des Bezogenen, werden diese auf dem Wechsel vermerkt; der Wechselinhaber gibt eine besondere Quittung und behält den Wechsel bis zur vollen Bezahlung.

Die Weitergabe des Wechsels

Der Wechselinhaber kann einen Wechsel zum Zahlungsausgleich an seinen Gläubiger weitergeben. Dies erfolgt durch einen Übertragungsvermerk (Indossament oder Giro) auf der Rückseite des Wechsels (Rücken des Ausstellers). Reicht die Rückseite des Wechsels für alle Indossamente nicht aus, wird ein Anhang (Allonge) angeheftet. Darauf sind Betrag, Verfalltag, Zahlungsort sowie die Namen des Ausstellers, des Bezogenen und des Übertragers zu wiederholen. Der Übertragende setzt seinen Firmenstempel auf die Nahtstelle mit dem Wechsel. Derjenige, der den Wechsel überträgt, wird Indossant, der Empfänger des Wechsels Indossatar (Indossat) genannt. Beim Wechsel an eigene Order ist der Wechselaussteller, beim Wechsel auf fremde Order der Wechselnehmer der erste Indossant.

Die wichtigsten Arten der I n d o s s a m e n t e sind:

V o l l i n d o s s a m e n t : „Für uns an die Firma Düsseldorfer Bausteinwerk GmbH, Düsseldorf, oder deren Order", Datum, Unterschrift — möglichst Firmenstempel —);

B l a n k o i n d o s s a m e n t (Kurzindossament): Es besteht lediglich in der Unterschrift des Indossanten und wird meist verwendet, wenn der Indossant nicht sicher ist, ob der Gläubiger den Wechsel als Zahlungsmittel annehmen wird. Das Blankoindossament macht aus dem Namenspapier ein Inhaberpapier. Der Empfänger kann den Wechsel nunmehr ohne Übertragungsvermerk weitergeben, wodurch er mit seiner Unterschrift auf dem Wechsel nicht erscheint und infolgedessen auch nicht haftet.

Er kann jedoch nachträglich sich selbst einsetzen und somit das unvollständige Kurz-Indossament zu einem Vollindossament machen. Darüber hinaus könnte er auch einen neuen Empfänger einsetzen. Mit dem Blankoindossament wird zunächst die Indossamentenkette unterbrochen.

I n k a s s o i n d o s s a m e n t : („Für uns an das Bankhaus Konrad Lampe KG, Düsseldorf, zum Einzug", Ort, Datum, Unterschrift). Weitere Zusätze wie „zum Inkasso" oder „in prokura" oder „Wert zum Einzug" besagen, daß durch dieses Inkassoindossament die Bank oder ein Geschäftsfreund nicht Eigentümer des Wechsels, sondern nur Besitzer wird. Sie haften deshalb nicht wechselmäßig und haben lediglich (die Bank) den Wechsel dem Bezogenen vorzulegen, das Geld einzuziehen und den Wechselbetrag auf der Rückseite des Wechsels zu quittieren. Eine Bank schreibt den eingezogenen Betrag dem Konto des Indossanten gut.

Neben diesen Arten der Indossamente gibt es noch seltener vorkommende, wie Angst-Indossamente, Rektaindossamente.

Das A n g s t i n d o s s a m e n t ist ein Vollindossament mit sogenannter Angstklausel, durch die die Haftung ausgeschlossen wird („ohne Obligo", „ohne Haftung").

Das R e k t a i n d o s s a m e n t ist ein Vollindossament mit Weitergabeverbot (Rektaklausel), mit der der Indossant die Weitergabe des Wechsels untersagen will („für uns an ..., nicht an deren Order"). Eine Weitergabe ist jedoch möglich, nur haftet im Falle der weiteren Übertragung der Indossant nur seinem Nachmann.

Die Bedeutung des Indossaments liegt in seinen rechtlichen Wirkungen:

Durch das Indossament gehen alle Rechte aus dem Wechsel an den Empfänger (Indossatar) über (Transportfunktion).

Der Indossant übernimmt durch seine Unterschrift jedem seiner Nachmänner gegenüber die Haftung für die Einlösung des Wechsels (Garantiefunktion).

Der Wechselinhaber kann sich durch die lückenlose Reihe der Übertragungsvermerke (Indossamentenkette) als Eigentümer des Wechsels ausweisen (Legitimationsfunktion).

Die Diskontierung des Wechsels

Braucht der Wechselinhaber Bargeld, kann er den Wechsel vor dem Verfalltag unter bestimmten Voraussetzungen einer Bank verkaufen (diskontieren), d. h. der Bank zum Diskont einreichen. Die Bank zahlt den Gegenwert des Wechsels unter Abzug von Zinsen (Diskont) und Spesen bar aus oder schreibt ihn dem Konto gut. Sie räumt damit dem Wechselinhaber einen kurzfristigen Kredit ein.

Die H ö h e d e s D i s k o n t s a t z e s richtet sich nach der Bonität des Wechsels und dem Landeszentralbankdiskontsatz. Sichere Wechsel von besonders guten Unternehmen, die über hohe Beträge lauten, werden als privatdiskontfähige Wechsel zu einem Privatdiskontsatz angekauft, der unter dem Diskontsatz der Landeszentralbanken liegt. Er schwankt je nach Lage des Geldmarktes.

Die Banken können wiederum die von ihnen aufgekauften Wechsel an die Landeszentralbank verkaufen (r e d i s k o n t i e r e n) , wobei sie gem. Bundesbankgesetz besondere Anforderungen an den Wechsel stellen. Bundesbankfähige oder rediskontfähige Wechsel müssen folgende Voraussetzungen erfüllen:

Der Wechsel darf höchstens noch eine L a u f z e i t von 3 M o n a t e n haben;

er muß in der Regel die U n t e r s c h r i f t e n von drei als zahlungsfähig bekannten Unternehmen oder Personen tragen;

der Wechsel muß bei einem Kreditinstitut an einem B a n k p l a t z zahlbar gestellt sein. Bankplätze sind alle Orte, an denen sich eine Stelle der Landeszentralbank befindet;

der Wechsel soll ein H a n d e l s w e c h s e l sein.

Selbstverständlich müssen die Wechsel den Formvorschriften entsprechen. So darf nicht radiert, verbessert oder gestrichen worden sein.

Landeszentralbanken diskontieren die Wechsel im allgemeinen gebührenfrei zum Landeszentralbankdiskontsatz.

Der gestörte Wechselverkehr

Löst der Bezogene den von ihm akzeptierten Wechsel am Verfalltag — oder zwei Tage danach — nicht oder nur teilweise ein, muß der Wechselinhaber die rechtzeitige Vorlegung und die Nichtzahlung beurkunden lassen. Dies geschieht durch den Wechselprotest.

Der Wechselprotest

Der Wechselprotest ist eine öffentliche Beurkundung. Beim Protest mangels Zahlung wird beurkundet, daß der Wechsel dem Bezogenen zur rechten Zeit und am rechten Ort ohne Erfolg vorgelegt wurde. Der Protest kann nur an den beiden auf den Zahlungstag folgenden Werktagen (Protesttage) erhoben werden. Wird diese Frist versäumt, verliert der Wechselinhaber das Rückgriffsrecht. Der Akzeptant dagegen haftet noch drei Jahre für die Einlösung des Wechsels.

Protest wird in den Geschäftsräumen bzw. der Wohnung des Bezogenen erhoben. Bei einem Zahlstellenwechsel wird an der Zahlstelle, beim Domizilwechsel am Domizil protestiert. Wird der Bezogene am Verfalltage und an den zwei darauffolgenden Werktagen nicht angetroffen, wird sog. Wandprotest erhoben. Vom Windprotest spricht man, wenn der angegebene Wohn- oder Geschäftsort des Bezogenen nicht existiert.

Beim Protest wegen teilweiser Zahlung wird beurkundet, daß der Annehmer nur einen Teil des Wechselbetrages bezahlt hat.

Daneben gibt es noch den Protest mangels Annahme, wobei Protest erhoben wird, weil der Bezogene sein Akzept verweigert.

Verschlechtern sich die Vermögensverhältnisse des Bezogenen bereits vor dem Verfalltag (Zahlungseinstellung, Eröffnung des Konkursverfahrens oder des gerichtlichen Vergleichsverfahrens), so kann bereits vor dem Verfalltag Protest mangels Sicherheit erhoben werden.

Die mit dem Wechsel zu verbindende Protesturkunde kann ausstellen:

der Gerichtsvollzieher,

der Notar,

die Deutsche Bundespost (bei Protestauftrag bis 3 000,— DM).

Die Benachrichtigungspflicht ist nach der Protesterhebung für den Wechselinhaber eine besondere Pflicht. Er muß den Aussteller und seinen unmittelbaren Vormann innerhalb von 4 Werktagen nach Protesterhebung benachrichtigen. Außerdem hat jeder Vormann wiederum innerhalb von 2 Werktagen nach Empfang der eigenen Benachrichtigung seinen Vormann von dem zu Protest gegangenen Wechsel in Kenntnis zu setzen. Aus Beweisgründen ist der Einschreibebrief zu empfehlen. Beim Versäumen der Benachrichtigungspflicht bleibt das Rückgriffsrecht erhalten, doch haftet derjenige für den durch seine Nachlässigkeit entstandenen Schaden bis zur Höhe des Wechselbetrages.

Die Protesterhebung ist nicht erforderlich, wenn der Aussteller des Wechsels neben seine Unterschrift „ohne Protest" (o. P.) oder „ohne Kosten" (o. K.) oder einen ähnlichen Zusatz angebracht hat. Hier ist die Benachrichtigung innerhalb von 4 Tagen nach der Vorlegung des Wechsels vorzunehmen. Erhebt der Inhaber trotzdem Protest, muß er die Kosten selbst tragen. Der Wechsel soll bei Nichtzahlung ohne Protest sofort an den Aussteller zurückgelangen, um die Kosten des Protestes und des Rückgriffs zu sparen.

Der Wechselrückgriff

Alle, die einen Wechsel ausgestellt, angenommen, indossiert oder mit einer Bürgschaftserklärung versehen haben, haften dem Inhaber als Gesamtschuldner (WG Art. 47). Der Inhaber kann jeden einzeln oder mehrere zusammen in Anspruch nehmen, ohne an die Reihenfolge der Wechselweitergabe gebunden zu sein. Voraussetzung ist, daß er den notleidenden Wechsel ordnungsgemäß protestieren ließ und seiner Benachrichtigungspflicht genügte. Daher kann sich der Wechselinhaber an einen seiner Vormänner wenden und die sofortige Befriedigung seiner Wechselforderung verlangen. Der in Anspruch genommene Vormann hat wiederum die gleichen Rechte gegenüber seinen Vormännern; er wendet sich seinerseits an seinen Vormann, bis schließlich als letzter in dieser Reihe der Wechselaussteller den Wechsel einlösen muß. Beim Rückgriff unterscheidet man den

Reihenrückgriff,

Sprungrückgriff.

Beim Reihenrückgriff wendet sich der Rückgriffsberechtigte an seinen unmittelbaren Vormann. In umgekehrter Reihenfolge der Indossamente wird ein Vormann nach dem anderen regreßpflichtig gemacht.

Beim Sprungrückgriff nimmt der Rückgriffsberechtigte irgendeinen Vormann oder sofort den Aussteller in Anspruch, wobei andere übersprungen werden. Der Rückgriffsberechtigte verliert jedoch im Falle des Sprungrückgriffs seinen Regreßanspruch gegenüber den übersprungenen Vormännern nicht, sofern diese nicht gestrichen worden sind.

Der rückgriffsberechtigte Wechselinhaber übersendet meistens dem in Anspruch genommenen Vormann eine Rückrechnung, die sich zusammensetzt aus:

Wechselsumme,

Protestkosten,

Verzugszinsen seit dem Verfalltag bis zum Eingang des Wechselbetrages, und zwar 2 % über dem Landeszentralbankdiskontsatz, mindestens aber 6 %, Provision in Höhe von $1/3$ % der Wechselsumme,

Auslagen (Postgebühren).

Jeder Rückgriffsberechtigte rechnet seinerseits der Rückgriffssumme, die er bezahlt hat, wiederum Verzugszinsen seit dem Tage der Einlösung, Provision und Auslagen hinzu.

Möglichkeiten zur Einsparung von Rückgriffskosten sind:

Sprungregreß,

Vermerk des Ausstellers „ohne Kosten" oder „ohne Protest",

Angabe einer Notadresse,

Angabe eines Bürgen,

Ehreneintritt eines Geschäftsfreundes an Stelle eines Bezogenen.

Der Rückgriffsberechtigte sendet die Rückrechnung seinem Vormann mit der Bitte um Begleichung. Diese kann erfolgen durch Scheck oder Überweisung, durch Einzug der Rückgriffssumme mittels Postnachnahme oder indem der Rückgriffsberechtigte auf seinen Vormann einen Rückwechsel zieht, der bei Sicht fällig und von einem Geschäftsfreund, der Post oder der Bank vorgelegt wird. Der protestierte Wechsel wird dem Vormann übergeben, sobald er die Rückrechnung bezahlt hat.

Jeder Indossant, der den Wechsel eingelöst hat, kann sein Indossament und die Indossamente seiner Nachmänner (beim Sprungregreß) streichen.

Die Wechselklage

Im Falle eines Rückgriffs steht der Wechselaussteller an letzter Stelle. Er muß sehen, wie er vom Bezogenen (Akzeptanten) das Geld erhält. Zur Zwangsvollstreckung braucht er schnell einen vollstreckbaren Titel. Diesen erhält er durch die Wechselklage oder durch einen Wechselzahlungsbefehl. Durch den Wechselprozeß kommt der Kläger schneller zu seinem Geld als im gewöhnlichen Zivilprozeßverfahren. Der Klageschrift mit dem Vermerk „Klage im Wechselprozeß" ist die Wechselurkunde und gegebenenfalls die Protesturkunde beizufügen. Die Wechselklage unterscheidet sich von der gewöhnlichen Klage:

Die Einlassungsfrist, d. h. die Zeit zwischen Zustellung der Klageschrift und dem Verhandlungstermin ist kurz.

Sie beträgt:

24 Stunden, wenn der Beklagte am Ort des zuständigen Amtsgerichtes seinen Wohnsitz hat;

3 Tage, wenn der Beklagte innerhalb des Amtsgerichtsbezirks seinen Wohnsitz hat;

1 Woche, wenn er außerhalb des Amtsgerichtsbezirks seinen Wohnsitz hat.

Die Wechselklage wird als Feriensache auch während der Gerichtsferien verhandelt. Als Urkundsklage sind nur beschränkte Einreden zulässig, und zwar

gegen die Wechselurkunde (Verjährung, nicht rechtzeitiger Protest, Fälschung),

gegen den Kläger (Gegenforderung).

Zeugenvernehmungen und Sachverständigengutachten entfallen.

Das in kürzester Frist ergehende Urteil ist sofort vorläufig vollstreckbar.

Die Vorteile der Wechselklage in Verbindung mit der unbedingten Haftung jedes Wechselbeteiligten nennt man Wechselstrenge. Wechselklage kann nicht nur der Aussteller, sondern jeder Rückgriffsberechtigte, d. h. auch ein Nachmann gegen seinen Vormann oder den Aussteller erheben.

Die Banken werden über eine Zentralstelle von dem zu Protest gegangenen Wechsel benachrichtigt.

Die Wechselverjährung

Die Ansprüche aus dem Wechsel verjähren:

3 Jahre nach dem Verfalltag die Ansprüche gegenüber dem Bezogenen,

1 Jahr nach dem Tage des Protestes — im Falle des Vermerks „ohne Kosten" nach dem Verfalltag — die Ansprüche des letzten Wechselinhabers gegen seine Vormänner und den Wechselaussteller,

6 Monate vom Tag der Einlösung an die Ansprüche eines Vormannes gegenüber den anderen Indossanten oder dem Aussteller.

Der Verlust eines Wechsels

Bei Verlust eines Wechsels hat der Verlierer den Aussteller, den Bezogenen und die Vormänner zu benachrichtigen. War der Wechsel angenommen, muß man ihn im Wege des A u f g e b o t s v e r f a h r e n s (Amortisation) beim Amtsgericht des Zahlungsortes für k r a f t l o s erklären lassen. Das Gericht fordert sodann den augenblicklichen Wechselinhaber öffentlich auf (Anheftung an die Gerichtstafel, Veröffentlichung im Bundesanzeiger und anderen Blättern), sich zu melden und seine Ansprüche oder Rechte geltend zu machen. Hat der gegenwärtige Wechselinhaber den Wechsel nicht im guten Glauben erworben oder beim Erwerb grob fahrlässig gehandelt, muß er den Wechsel herausgeben. Meldet sich niemand, wird der verlorene Wechsel für ungültig erklärt.

Die Wechselverlängerung (Prolongation)

Kann der Bezogene voraussichtlich am Verfalltag den Wechsel nicht einlösen, so kann er die für ihn geschäftsschädigenden Folgen dadurch abwenden, daß er den Wechselaussteller rechtzeitig bittet, den Wechsel zu verlängern (prolongieren). Der Wechselaussteller wird der Bitte um Prolongation nachkommen, wenn er überzeugt ist, daß der Bezogene später zahlen kann und er ihm den Protest ersparen will.

> Die Verlängerung eines Wechsels erfolgt meist in der Form, daß der Bezogene einen neuen Wechsel mit einem späteren Verfalltag akzeptiert. Ist der Aussteller noch im Besitz des alten Wechsels, so schickt er diesen an den Bezogenen zurück. Meist ist der alte Wechsel jedoch im Umlauf; daher überweist der Aussteller dem Bezogenen den Betrag zur Einlösung des alten Wechsels. Den neuen Wechsel kann er der Bank zum Diskont geben. Die entstehenden Diskontspesen gehen zu Lasten des Bezogenen. Oftmals wird der neue Wechsel auch um die Diskontspesen (Zinsen, Postgebühren) erhöht. Der Bezogene löst den neuen Wechsel am Verfalltag ein, während er den alten Wechsel mit Hilfe der Zahlung des Ausstellers bereits eingelöst hatte.
>
> Eine Änderung des Verfalltages auf dem alten Wechsel durch Streichen des alten Verfalltages und Hinzufügen eines späteren Verfalldatums ist kostspielig, umständlich und meist auch geschäftsschädigend, da alle Personen, die an dem Wechselverkehr durch Unterschrift beteiligt sind, einverstanden sein müssen; sie haften sonst nicht mehr für den Wechsel.

4.6.2 Der eigene Wechsel (Solawechsel)

Der gezogene Wechsel enthält eine Zahlungsaufforderung an den Bezogenen („Zahlen Sie . . ."). Er war ein Zahlungs- und Kreditmittel. Will dagegen der Aussteller seinem Gläubiger eine aufgrund der Wechselstrenge bedingte Sicherheit geben, stellt er einen eigenen Wechsel (Solawechsel) aus. Der eigene Wechsel ist damit ein Z a h l u n g s - v e r s p r e c h e n („gegen diesen Wechsel zahle ich/zahlen wir . . .") und dient als Sicherheitsmittel. Er hat nur 7 gesetzliche Bestandteile. Der Aussteller ist selbst der Bezogene, und der Ausstellungsort ist meist der Zahlungsort. Außerdem fehlt der Annahmevermerk. Der Solawechsel ist meist ein Sichtwechsel, der ein Jahr gültig ist, wenn keine andere Zeit angegeben ist.

In der Praxis kommt der Solawechsel meist nur als Sicherheitsleistung bei Darlehn vor (anstelle eines Schuldscheines) oder zur Sicherung von Gewährleistungsansprüchen beim Wohnungsbau. Bauunternehmer erhalten aufgrund ihrer Rechnung den vollen

Betrag ausgezahlt; es wird keine Sicherheitsleistung als Garantiebetrag einbehalten. Der Unternehmer gibt dem Wohnungsunternehmen einen Solawechsel in Verwahrung. Kommt der Unternehmer seiner Verpflichtung aus Gewährleistung innerhalb der Gewährleistungsfrist nicht nach, kann das Wohnungsunternehmen seine Ansprüche wechselrechtlich geltend machen, nachdem es den Wechsel dem Unternehmer präsentiert hat, ohne daß dieser den Wechsel einlöste. Nach Ablauf der Gewährleistungsfrist wird der Solawechsel zurückgegeben.

5 Der Kreditverkehr

5.1 Begriff und Bedeutung des Kredits

Im Geschäftsverkehr folgt nicht immer der Leistung (Warenlieferung, Erbringung von Diensten) die Gegenleistung (Geld); das Geschäft wickelt sich nicht Zug um Zug ab. Meist fallen Leistungen und Gegenleistungen zeitlich auseinander (Vorausbezahlung, Anzahlung, Ziel). Dabei erfolgt die Leistung im Vertrauen auf die später zu erbringende Gegenleistung. Ein solches Geschäft nennt man K r e d i t g e s c h ä f t. Das Wort K r e - d i t hat dreifache Bedeutung:

Unter dem Kredit versteht man einmal das V e r t r a u e n in die Fähigkeit einer Person oder eines Unternehmens, ihren Zahlungsverpflichtungen ordnungs- und termingemäß nachzukommen;

zum anderen den Vorgang der K a p i t a l ü b e r t r a g u n g ; in diesem Falle gewährt z. B. eine Bank einer Person (Wohnungsunternehmen) einen Kredit für bestimmte Zwecke (Wohnungsbau, Modernisierungsmaßnahmen, Beschaffung von Rohstoffen);

letztlich kann man das in einer bestimmten Höhe übertragene oder zur Verfügung gestellte K a p i t a l selbst Kredit nennen (Kredit in Höhe von . . .).

Der Kredit spielt in der Wirtschaft eine entscheidende Rolle. Gründung oder Erweiterung eines Geschäftes, Ausstattung mit Maschinen, die dem neuesten Stand der Technik entsprechen (Produktionsmaschinen), Einführung rationeller Arbeitsmethoden (Arbeitsablauf, Fertigbauweise, vorproduzierte Bauteile), günstige Einkaufsmöglichkeiten, Anschaffung von Rohstoffen und Betriebsstoffen usw. machen die Aufnahme eines Kredits erforderlich, weil dem Kaufmann oft das entsprechende Eigenkapital fehlt. In der Wohnungswirtschaft wird durch Kredit das erforderliche Fremdkapital zur Finanzierung der Gesamtkosten zur Verfügung gestellt.

Auch die Gemeinden oder der Staat nehmen Kredite zur Durchführung größerer öffentlicher Vorhaben auf (öffentliche Kreditaufnahme); dadurch werden die Ausgaben auf einen längeren Zeitraum verteilt.

Die K r e d i t a u f n a h m e erfolgt auf dem Geld- oder Kapitalmarkt. Hier muß das Kapital gesammelt werden, damit es in Form von Krediten der Wirtschaft zur Verfügung gestellt werden kann. Der Kreditnehmer zahlt als Preis für die Inanspruchnahme des Kredits den Z i n s an den Kreditgeber (Gläubiger).

5.2 Vertragliche Grundlagen

Die Kreditgewährung erfolgt aufgrund einer Vereinbarung (Kreditvertrag). Die Banken erteilen durch ein „Kreditbewilligungsschreiben" (Darlehnszusage) die Höhe des Kredits, die Bedingungen (Konditionen), Sicherheiten, Teilvalutierungen usw. mit; die Kunden oder Kreditnehmer (Wohnungsunternehmen) schicken ein „Bestätigungsschreiben". Der K r e d i t v e r t r a g ist somit ein Vorvertrag für Gewährung eines Darlehns (Darlehnsversprechen). Der Darlehnsgeber kann das Darlehn vor Hingabe widerrufen, und zwar bei wesentlicher Verschlechterung der Vermögensverhältnisse des Darlehnsnehmers oder Kreditnehmers, wenn dadurch der Anspruch auf Rückerstattung gefährdet wird (BGB § 610).

Mit der Hingabe und dem Empfang des Geldes oder der vertretbaren Sachen kommt der D a r l e h n s v e r t r a g zustande (BGB § 607), und zwar formlos, meist durch Übergabe eines Schuldscheins. In der Praxis werden die Begriffe Kredit und Darlehn meist im gleichen Sinne gebraucht. In der Wohnungswirtschaft wird das Darlehn auch als Hypothek (richtiger: Hypothekendarlehn) bezeichnet, weil es durch Grundpfandrechte, d. h. durch die Eintragung als Grundschuld oder Hypothek dinglich gesichert wird.

Die R ü c k z a h l u n g des Darlehns erfolgt nach Vereinbarung. Ist keine Zeit vereinbart, wird der zu erstattende Darlehnsbetrag fällig nach Kündigung.

Die gesetzliche K ü n d i g u n g s f r i s t beträgt:

bei Darlehn bis zu 300,— DM: e i n e n Monat,

bei Darlehn über 300,— DM: d r e i Monate.

5.3 Die Arten des Kredits

Man unterscheidet:

W a r e n k r e d i t (Warenverkäufe auf Ziel, Stundung),

G e l d k r e d i t (Bankkredit als Kontokorrentkredit, Wechselkredit, Akzeptkredit, Hypothekarkredit).

Der K o n t o k o r r e n t k r e d i t ist ein Kredit in laufender Rechnung, wobei die Bank mit dem Kunden vertraglich vereinbart, sein Konto bis zu einer bestimmten Höhe und für eine bestimmte Zeit zu „überziehen". Er kann als gedeckter oder ungedeckter Kredit gewährt werden. Durch den Kontokorrentkredit ist der Kaufmann in der Lage, sich bei Bedarf kurzfristige Geldmittel zu beschaffen (Einkauf von Ware oder Rohstoffen, Lohnzahlung usw.).

Beim W e c h s e l k r e d i t (Diskontkredit) kauft die Bank Wechsel unter Abzug von Zinsen bis zu einem Höchstbetrag. Sicherheit bietet die Wechselstrenge.

Beim A k z e p t k r e d i t akzeptiert die Bank einen gezogenen Wechsel (Tratte); der Kunde verpflichtet sich der Bank gegenüber, die Wechselsumme am Verfalltag bereitzustellen. Diese Bankakzepte können zum Privatdiskontsatz, der unter dem LZB-Diskontsatz liegt, verwendet werden.

Beim L o m b a r d k r e d i t gewährt die Bank einmalig ein kurzes Darlehn gegen Verpfändung von lombardfähigen Sachen (Ware oder Wertpapiere); diese werden mit einem bestimmten Prozentsatz ihres Wertes beliehen.

Nach der Dauer der Kreditgewährung sind zu unterscheiden:

kurzfristiger Kredit (bis zu 6 Monaten),

mittelfristiger Kredit (bis zu etwa 4 Jahren Laufzeit),

langfristiger Kredit (Laufzeit mehr als 4 Jahre).

Der kurzfristige Kredit kommt als B e t r i e b s k r e d i t in der Form von Wechsel-, Akzept-, Kontokorrent- und Lombardkredit (Geldmarkt) vor.

Mittel- und langfristige Kredite werden auf dem Kapitalmarkt beschafft. Sie kommen in der Wohnungswirtschaft bei der Z w i s c h e n f i n a n z i e r u n g vor. Der Zwischenkredit überbrückt bei der Bauerstellung den Zeitraum bis zur Auszahlung der zugesagten langfristigen Darlehn (Dauerfinanzierung), damit Bauleistungen sofort bezahlt werden können.

Der langfristige Kredit dient der Anlage (I n v e s t i t i o n) gegen entsprechende Sicherheit.

Nach dem Verwendungszweck teilt man die Kredite ein:

Investitionskredit,

Betriebskredit,

Zwischenkredit (Überbrückungskredit).

Der Investitionskredit kann als Gründungs-, Erweiterungs- und Aufbaukredit vorkommen. Diese Kredite (Produktivkredite) nutzen der Wirtschaft, weil durch sie neue Güter (Wohnungen entstehen oder Dienstleistungen erbracht werden können. Die Konsumkredite dienen dem Verzehr oder dem Lebensunterhalt des Verbrauchers, damit aber auch der Umsatzsteigerung von Industrie und Handel.

5.4 Kreditsicherung

Nach der Sicherung unterscheidet man:

Personalkredit,

Realkredit.

5.4.1 Der Personalkredit

Der reine Personalkredit

Der Personalkredit (Blankokredit) ist ungesichert und beruht auf dem persönlichen Vertrauen zum Kreditnehmer. Die Bank verlangt keine besondere Sicherheit. Ihr bieten die wirtschaftlichen Verhältnisse und die Persönlichkeit des Kreditnehmers die beste Sicherung. Der Personalkredit wird meist kurz- oder mittelfristig gewährt. Das Kreditrisiko des Kreditgebers kann durch Mithaftung anderer Personen gemindert werden. Das kann erfolgen durch:

Bürgschaft,

Zession (Forderungsabtretung).

Die Bürgschaft

Die Bürgschaft (BGB § 765 ff., HGB § 349) kann als drittschuldnerische (Ausfallbürgschaft) oder als selbstschuldnerische Bürgschaft gegeben werden. Ein Vollkaufmann verbürgt sich stets selbstschuldnerisch. Auch kann er mündlich Bürgschaft leisten, doch wird die schriftliche Form vorgezogen.

Bei der **selbstschuldnerischen** Bürgschaft haftet der Bürge selbst wie der Schuldner, da er auf die „Einrede der Vorausklage" verzichtet hat oder ihm diese nicht zusteht (Vollkaufmann). Der Gläubiger kann ohne weiteres Befriedigung vom Bürgen verlangen.

Bei der **drittschuldnerischen** Bürgschaft kann der Bürge von der „Einrede der Vorausklage" Gebrauch machen, d. h. der Bürge kann verlangen, daß der Gläubiger vom Schuldner die Zahlung im Wege der Zwangsvollstreckung (vollstreckbarer Titel!) einzutreiben versucht; erst bei Erfolglosigkeit der Zwangsvollstreckung muß der Bürge leisten. Beruft sich in einem Prozeß der Bürge nicht auf diese Einrede, kann er zur Zahlung verurteilt werden.

Bei der **Ausfallbürgschaft** hat der Bürge von vornherein seine Haftung nur auf den Ausfall beschränkt, den der Gläubiger nach durchgeführter Zwangsvollstreckung gegen den Schuldner noch erleidet.

Zahlt der Bürge an den Gläubiger, so geht dessen Forderung an den Schuldner mit allen Nebenrechten (z. B. Pfandrechten) auf ihn über.

In der Wohnungswirtschaft übernehmen oft Land, Bund oder Gemeinde Bürgschaften (Landesbürgschaft usw.) als Ausfallbürgschaft für eine zweite Hypothek, damit das Risiko des Ausfalls bei einer Zwangsversteigerung an das der ersten Hypothek angeglichen wird; so können Bauherren zweite Hypotheken zu den gleichen Bedingungen der erststelligen am Kapitalmarkt als sog. Ib-Hypothek erhalten. Die Bürgschaftsgebühren sind in den Ländern verschieden.

Die Zession

Ein Kreditnehmer kann auch eine oder mehrere Forderungen an eine Bank oder eine dritte Person abtreten. Die **Abtretung** kann als offene Zession oder als stille Zession erfolgen.

Bei der **offenen Zession** wird der Schuldner des Kreditnehmers von der Abtretung benachrichtigt und angewiesen, künftig direkt an die betreffende Bank (Kreditgeber) zu zahlen. Sie kommt beim Realkredit, bei Aufnahme eines Zwischenkredits beim Wohnungsbau und beim Factoring (Kauf der Kundenforderung) durch eine Factoring-Gesellschaft vor.

Bei der **stillen Zession** wird der Schuldner des Kreditnehmers von der Abtretung der Forderung nicht benachrichtigt. Der Kreditnehmer hat sich der Bank gegenüber verpflichtet, die eingehenden, jedoch abgetretenen Zahlungen an den Kreditgläubiger zu leiten, was für den Kreditgeber eine gewisse Unsicherheit mit sich bringt.

5.4.2 Der Realkredit

Der Realkredit (gedeckter Kredit) ist ein Kredit gegen Verpfändung, Sicherheitsübereignung oder Eintragung von Grundpfandrechten. In der Wohnungswirtschaft versteht man unter Realkredit im engeren Sinne die Gewährung eines Kredits durch Verpfändung eines Grundstücks (Bodenkredit, Immobiliarkredit, Hypothekarkredit). Bei dem gedeckten Kredit haften außer dem Kreditnehmer noch zusätzlich Sachen und Rechte. Dabei ist zu unterscheiden:

Verpfändung beweglicher Gegenstände,

Sicherungsübereignung,

Hinterlegung von Wechseln (Kautionswechsel),

Verpfändung von Grundstücken (s. S. 327).

Die Verpfändung beweglicher Gegenstände erfolgt durch Übergabe von Waren, Wertpapieren, Sparbüchern, Lebensversicherungspolicen an den Kreditgeber. Sie dienen als Faustpfand. Der Gläubiger wird Besitzer, der Schuldner jedoch bleibt Eigentümer (BGB § 1204 ff.). Die Übergabe von Waren oder Wertpapieren an die Bank nennt man Lombardgeschäft. Wertpapiere werden der Bank zur Aufbewahrung übergeben, während bei Verpfändung von Waren der Schlüssel oder der Lagerschein des Lagerhauses übergeben wird. Die Bank beleiht diese Ware höchstens zu $2/3$ des Marktpreises, Wertpapiere höchstens mit $3/4$ des Kurswertes. Wird der gewährte Kredit nicht fristgemäß zurückgezahlt, ist die Bank stets berechtigt, die verpfändeten Waren oder Wertpapiere nach vorheriger Benachrichtigung des Schuldners auf dessen Rechnung und Kosten zu veräußern. Der Zinssatz für Lombarddarlehen (Lombardsatz) ist meist 1 bis 2 % höher als der Diskontsatz für Wechsel.

Bei der Sicherungsübereignung (BGB § 929 ff.) werden dem Gläubiger genau bestimmte Gegenstände (Büroeinrichtungen, Lastwagen, Maschinen) übereignet, d. h. es wird das Eigentum übertragen. Der Gläubiger wird somit Eigentümer, während er dem Schuldner den Besitz und damit die geschäftliche Nutzung überläßt.

5.4.3 Der Realkredit in der Wohnungswirtschaft

Wird ein Kredit durch die Verpfändung eines Grundstücks gesichert, spricht man — im engeren Sinne — von Realkredit (Immobiliarkredit oder Hypothekarkredit). Die Verpfändung erfolgt in der Weise, daß ein Grundstück mit einem bestimmten Pfandbetrag einschließlich Zinsen und Kosten einer Rechtsverfolgung belastet wird. Die Belastung erfolgt durch Eintragung einer Hypothek oder Grundschuld oder Rentenschuld ins Grundbuch. Das im Grundbuch eingetragene Pfandrecht (Grundschuld, Hypothek, Rentenschuld) gibt dem Gläubiger bei einer Zwangsvollstreckung das Recht, sich aus dem Erlös an erster Stelle voll zu befriedigen. Daher spielt der eingetragene Rang des Grundpfandrechtes, erste, zweite oder dritte Stelle, eine besondere Rolle, da bei der Zwangsvollstreckung zuerst die Forderung mit dem ersten Rang voll befriedigt wird, ehe die mit dem zweiten Rang folgen kann. Es kann daher passieren, daß die mit dem letzten Rang eingetragenen Grundpfandrechte nur teilweise oder gar nicht befriedigt werden können. Wegen dieses Risikos müßten einem solchen Gläubiger höhere Zinsen (Risikoprämie) geboten werden. Das jedoch würde die Kapitalkosten und damit die Mieten erhöhen. Das Risiko, das bei der nachrangigen Hypothek besteht, kann dem Gläubiger durch Landes- oder Bundesbürgschaften als Ausfallbürgschaften abgenommen werden. Wird bei einer Zwangsvollstreckung der nachrangige Hypothekengläubiger aus dem Grundstück nicht voll befriedigt, tritt der Bürge ein, so daß die volle Rückzahlung des Darlehens einschließlich der Zinsen und Kosten gewährt ist.

Ein Realkredit wird dem Bauherrn als Darlehn gewährt, in der Wohnungswirtschaft zumeist als Tilgungsdarlehn. Die Höhe des Kredits wird von den Kreditinstituten nach ihren Beleihungsgrundsätzen ermittelt. Die Bedingungen, wie Zinssatz, Tilgungssatz, Auszahlungskurs, Provisionen usw. hängen vom Kapitalmarkt ab.

Die von der öffentlichen Hand gewährten Kredite (öffentliche Mittel wie Landesdarlehn, Familienzusatzdarlehn, Zinszuschüsse) sind keine Realkreditmittel.

5.5 Geldmarkt und Kapitalmarkt

Der Kreditmarkt umfaßt das Angebot und die Nachfrage von Geld als Kredit unter bestimmten Voraussetzungen und zu bestimmten Bedingungen. Er zerfällt in den Geld- und Kapitalmarkt. Der Geldmarkt vermittelt kurzfristige Kredite (Umlaufmittel, Betriebsmittel), der Kapitalmarkt langfristige Kredite (Investitionsmittel). Spargelder, Kassenbestände der Unternehmen, Bankguthaben usw. suchen kurzfristige oder langfristige Anlage (Angebot), während der Finanzbedarf zur betrieblichen Produktion (Wohnungen, Industrieerzeugnisse) Befriedigung sucht, und zwar kurzfristig, mittelfristig oder langfristig (Nachfrage). Der größte Teil des Kreditverkehrs wickelt sich durch Kreditinstitute ab, aber auch durch Zeitungen sowie private und gewerbsmäßige Vermittlung (Finanzmakler).

5.5.1 Der Geldmarkt

Der Geldmarkt besteht bei den Bankinstituten und umfaßt folgende Geschäfte:

Effektenbeleihungsgeschäft,

Diskontkreditgeschäft,

Kontokorrentkreditgeschäft,

Lombardkreditgeschäft,

Akzeptkreditgeschäft,

Depositengeschäft.

Für Guthaben vergüten die Kreditinstitute Habenzinsen, während sie für die Kredite Kreditkosten in Form von Sollzinsen, Kredit-, Umsatz- und Überziehungsprovision berechnen. Bis zur Aufhebung der Zinsverordnung und damit zur Freigabe der Zinsen (1. 4. 1967) waren die Zinssätze als Höchstsätze angegeben; sie sind wie folgt gegliedert:

   I. für Habenzinsen
      A. Sichteinlagen
      B. Kündigungsgelder
         mit vereinbarter Kündigungsfrist
      C. Festgelder
         mit vereinbarter Laufzeit
      D. Spareinlagen

II. für Kreditzinsen
A. Sollzinsen
 1. Gelddarlehen
 2. Wechseldiskontkredite
 3. Akzeptkredite: Diskontsatz + 3$^1/_2$ %
B. Umsatzprovision
C. Kreditprovision für nicht in Anspruch genommenen Kredit
D. Überziehungsprovision

Für Kreditinstitute in der Rechtsform einer eingetragenen Genossenschaft, einer Personen- oder Kapitalgesellschaft und bei Privatbankiers erhöhen sich unter Berücksichtigung der Bilanzsumme diese Höchstsätze um einen Prozentsatz (Zinsvoraus), der bei Spareinlagen $^1/_4$ % beträgt (bei einer Bilanzsumme bis zu 20 Millionen DM).

Der Diskontsatz wird von der Deutschen Bundesbank zusammen mit dem Lombardsatz festgesetzt und der Wirtschaftslage angepaßt. Ebenso werden die Kreditinstitute ihre Kreditkosten der jeweiligen Marktsituation anpassen.

Werden die Höchstsätze für Habenzinsen herabgesetzt, so werden die Kreditinstitute Kündigungsgelder und Spareinlagen, deren vereinbarte Verzinsung über den neuen Höchstsätzen liegt, zur Anpassung an die neuen Höchstsätze unverzüglich kündigen, sofern nicht aufgrund der Vereinbarungen mit der Kundschaft die Anpassung zu einem früheren Zeitpunkt erfolgt.

5.5.2 Der Kapitalmarkt

Der Kapitalmarkt ist organisiert oder nicht organisiert. Der organisierte Kapitalmarkt ist bei Börsen und Banken zu finden, während der nicht organisierte Kapitalmarkt den Verkehr zwischen Privaten umfaßt. Außerhalb von Banken und Börsen versuchen Kreditgeber (Handwerker, Beamte, Angestellte, Angehörige freier Berufe) aufgrund von Zeitungsanzeigen oder Vermittlern Hypothekendarlehn zu geben oder sich an Gesellschaften zu beteiligen, denen der Börsenmarkt nicht offensteht.

Der organisierte Kapitalmarkt umfaßt die Ausgabe (Emission) und den Handel von festverzinslichen Wertpapieren (Rentenpapiere) oder von Wertpapieren mit veränderlichem Zinsertrag (Dividendenpapiere) und gliedert sich in die Teilmärkte:

Aktienmarkt (Markt für Aktien, Genußscheine, Kuxe, Investmentzertifikate = Beteiligungspapiere),

Rentenmarkt (Markt für Anleihen, Obligationen und Pfandbriefe als festverzinsliche Schuldverschreibungen),

Hypothekenmarkt (Markt für dinglich gesicherte Darlehn).

Die Ausgabe von Schuldverschreibungen bedarf der staatlichen Genehmigung (BGB § 795).

5.5.3 Kapitalbildung

Kapital entsteht durch Abzweigung von Einkommensteilen (Sparen) und Verwendung des Nichtverbrauchten durch Anlage in der Wirtschaft (Investition). Nicht angelegtes gespartes Einkommen führt daher zu keiner Kapitalbildung. Die Anlage erfolgt bei Kapitalsammelstellen (Kreditinstituten), die daraufhin Kredite der Wirtschaft zuführen. Für die Bedürfnisse der Wohnungswirtschaft haben sich besondere Kapitalsammelstellen (Realkreditinstitute) entwickelt. Die lange Lebensdauer des Wirtschaftsgutes Wohnung, der große Kapitalbedarf sowie die Auswirkung auf die Mietpreisgestaltung erfordern langfristige Investitionsmittel besonderer Art.

Kapitalsammelstellen für die Wohnungswirtschaft (Bodenkreditinstitute, Realkreditinstitute), die einerseits Kapital sammeln oder beschaffen (Passivgeschäft) und es andererseits als Darlehen (Aktivgeschäft) ausgeben, sind:

- private Hypothekenbanken,
- öffentlich-rechtliche Kreditinstitute,
- Girozentralen und Sparkassen,
- Bausparkassen,
- Sozialversicherungsanstalten,
- private Versicherungsunternehmen,
- Pensionskassen.

Im Passivgeschäft beschaffen sich die Kapitalsammelstellen für die Wohnungswirtschaft ihr Kapital, und zwar:

- die **Hypothekenbanken** durch Ausgabe von Schuldverschreibungen, wie Pfandbriefe und Kommunalobligationen,
- die **Sparkassen** durch Hereinnahme von Sparbeträgen,
- die **Bausparkassen** durch Abschluß von Bausparverträgen und Hereinnahme der laufenden Sparraten,
- die **Lebensversicherungen** durch Abschluß von Versicherungsverträgen und Annahme der Prämien.

Diese Einrichtungen sammeln für die Wohnungswirtschaft Kapital und stellen ihr langfristige, gesicherte Darlehn zur Verfügung. Die Bedingungen für die Gewährung von Hypotheken richten sich nach dem entsprechenden Passivgeschäft (Refinanzierung). Realkreditinstitute (private Hypothekenbanken, öffentlich-rechtliche Kreditanstalten), die die Gewährung von Realkrediten als Hauptgeschäft betreiben, refinanzieren sich durch Pfandbriefe. Sie können daher einen gleichbleibenden Zins vereinbaren, da der Pfandbrief als festverzinsliches Wertpapier den festen Zinssatz unverändert garantiert. Neuerdings werden zur Finanzierung von Wohnungsbauvorhaben Darlehn gewährt, deren Zinssätze für einen bestimmten Zeitraum (5, 8, 10 oder 15 Jahre) festgeschrieben sind. Man spricht von Abschnittsfinanzierung. Nach Ablauf der vereinbarten Zeit werden Zinsen und Damnum neu vereinbart (Konditionsanpassungsklausel).

Sparkassen werden sich wegen des schwankenden Zinssatzes für Spareinlagen die Anpassung der Hypothekenzinsen vorbehalten. Manche Sparkassen verzichten jedoch für eine bestimmte Zeit auf die Anwendung der sogenannten Zinsgleitklausel.

Die Darlehen sind im Regelfall von seiten der Bank unkündbar, von seiten des Schuldners nach Ablauf einer fünfjährigen oder längeren Sperrfrist kündbar.

Bausparkassen gewähren einen festen Guthabenzins; sie können deshalb einen unkündbaren Realkredit mit einem festen Zinssatz geben. Dafür ist die Tilungsrate höher.

Die öffentlich-rechtlichen Versicherungsunternehmen (Träger der Rentenversicherungen) gewähren Kredite als Tilgungshypotheken mit festen Annuitäten oder mit festen Tilgungsbeträgen, die privaten Versicherungen meist mit einer Laufzeit von 10 Jahren, wobei Teilrückzahlungen innerhalb der Gesamtlaufzeit oder eine Verlängerungsmöglichkeit vereinbart werden. Bei einer Verlängerung ist ein nochmaliges Damnum zu zahlen. Bei einer Versicherungshypothek wird oftmals eine Lebensversicherung abgeschlossen. Versicherung und Darlehn sind an einem bestimmten Zeitpunkt fällig.

Im nicht organisierten Kapitalmarkt spielt die Kreditgewährung durch Private meist nur in Form von Mieterdarlehen oder -vorauszahlungen eine Rolle.

Als Anreiz für den Abschluß von Bausparverträgen zum Zwecke der Kapitalbildung für den Wohnungsbau gibt der Staat unter bestimmten Voraussetzungen und Bedingungen Wohnungsbauprämien (s. S. 360 f.).

5.5.4 Der Handel mit Wertpapieren

Wer Wertpapiere kaufen oder verkaufen will, gibt seiner Bank einen entsprechenden Auftrag. Dieser kann limitiert, d. h. mit einer Preisgrenze, oder „bestens" erteilt werden. In diesem Falle können Aufträge ohne Rücksicht auf die Höhe des Kurses ausgeführt werden. Die Bank führt den Auftrag in der Regel als Kommissionär aus, d. h. in eigenem Namen, für fremde Rechnung, wenn sie nicht von ihrem Selbsteintrittsrecht gemäß HGB § 400 Gebrauch macht und die Wertpapiere aus eigenen Beständen verkauft oder kauft. Die Bank berechnet Provision, Courtage (Maklergebühr) und Börsenumsatzsteuer.

5.6 Kreditinstitute

Kreditinstitute, auch Banken genannt, sind alle kaufmännischen Unternehmungen, die B a n k g e s c h ä f t e gewerbsmäßig betreiben:
   Annahme und Abgabe von Geldern,
   Ankauf und Verkauf von Wertpapieren,
   Verwahrung und Verwaltung von Wertpapieren,
   Ankauf von Wechseln und Schecks,
   Durchführung von Zahlungsgeschäften (Girogeschäften u. a.).

Die Banken (Kreditinstitute) benötigen zu ihrer Gründung die Genehmigung des Bundesaufsichtsamtes für das Kreditwesen in Berlin, das ihre Geschäfte nach dem Gesetz über das Kreditwesen (KWG) zusammen mit der Deutschen Bundesbank überwacht. Der Aufsicht des Bundesaufsichtsamtes für das Kreditwesen unterliegen auch Wohnungsunternehmen mit Spareinrichtungen. Aufgrund eines Antrags über den Prüfungsverband wird die Erlaubnis erteilt, wenn die Voraussetzungen gegeben sind: ausreichend haftendes Eigenkapital, Zahlungsbereitschaft, Zuverlässigkeit des Geschäftsleiters, erforderliche Eignung, hauptberuflich mindestens zwei tätige Geschäftsleiter u. a. Bilanz- und Prüfungsbericht sind stets einzureichen.

5.6.1 Arten der Banken

Man unterscheidet:

Geschäftsbanken (Kreditgenossenschaften, Sparkassen, Girozentralen, Großbanken, Privatbanken, Bausparkassen und sonstige Banken mit Sonderaufgaben),

Staatsbanken (Deutsche Bundesbank, Landeszentralbanken).

Nach dem Hauptgeschäftszweig unterscheidet man:

Kreditbanken (Großbanken, Privatbanken, Spezialbanken zur Erledigung aller Bankgeschäfte),

Hypothekenbanken (Private Hypothekenbanken, öffentlich-rechtliche Gundkreditanstalten u. a. zur Abwicklung des langfristigen Kreditgeschäftes mittels Ausgabe von Pfandbriefen),

Girozentralen und Sparkassen,

Notenbanken zur Ausgabe von Noten und zur Bankenaufsicht,

Kreditgenossenschaften,

Teilzahlungskreditinstitute,

Kreditinstitute mit Sonderaufgaben (Sonderbanken, z. B. Deutsche Bau- und Bodenbank, Bausparkassen).

Im Gegensatz zu den Kreditinstituten bezeichnet man Unternehmen als Finanzinstitute, wenn deren Haupttätigkeit darin besteht, Beteiligungen oder Geldforderungen zu erwerben, Leasingverträge abzuschließen, mit Wertpapieren oder Sorten zu handeln, Darlehn zu vermitteln o. ä.

5.6.2 Geschäfte und Aufgaben der Banken

Der Kreditverkehr

Die Banken sammeln Geld und lenken es dorthin, wo es für wirtschaftliche Zwecke benötigt wird. Im Kreditverkehr betreiben die Banken das Passivgeschäft kurzfristig als Spargeschäft und Girogeschäft, langfristig als Pfandbriefgeschäft. Das Aktivgeschäft der Banken wird kurzfristig als Kontokorrentgeschäft, Diskontgeschäft, Lombardgeschäft, Akzeptgeschäft, Kreditbriefgeschäft, Akkreditivgeschäft und langfristig als Hypothekengeschäft durchgeführt.

Der Zahlungsverkehr

Der Zahlungsverkehr der Banken dient der Erleichterung des Zahlungsausgleichs als
Giroverkehr,
Abrechnungsverkehr,
Inkassogeschäft,
Börsengeschäft.

Der Kapitalverkehr

Der Kapitalverkehr besteht aus der Ausgabe (Emission), dem Kauf und Verkauf sowie der Aufbewahrung und Verwaltung von Wertpapieren. Danach unterscheidet man das
Finanzierungsgeschäft,
Wertpapiergeschäft,
Depotgeschäft.

Nach dem Depotgesetz unterscheidet man Sonderverwahrung, Drittverwahrung und Sammelverwahrung.

5.6.3 Die Deutsche Bundesbank

Der Deutschen Bundesbank unterliegen:
der Geldumlauf (Noten und Münzen),
die Kreditversorgung der Wirtschaft,
die Sicherung der Währung,
der Zahlungsverkehr im Inland und mit dem Ausland.

Die Verwaltungsorgane der Deutschen Bundesbank sind:
Direktorium (leitet und verwaltet die Deutsche Bundesbank),
Zentralbankrat (er bestimmt die Währungs- und Kreditpolitik der Bundesbank und gibt ihr Richtlinien für die Geschäftsführung).

Die Deutsche Bundesbank unterstützt die allgemeine Wirtschaftspolitik der Bundesregierung. Zur Vermehrung bzw. Verminderung der umlaufenden Geldmittel und damit zur Einflußnahme auf die Konjunktur bedient sie sich geldpolitischer Instrumente. Dazu gehören als zinspolitische Maßnahmen:

— Diskont- und Lombardpolitik,

— Offenmarktpolitik;

als mengenpolitische Maßnahmen:

— Mindestreservepolitik,

— Rediskontkontingentpolitik.

Mit der Diskontpolitik kann die Bundesbank den Diskontsatz (bei Re-Diskontierung) erhöhen oder senken, um Wechselkredite teurer oder billiger zu machen. Damit wird gleichzeitig das Zinsniveau erhöht oder gesenkt. Ein hoher Zins zieht den Zufluß ausländischen Kapitals nach sich, niedriger Zins führt zu Kapitalabfluß. Die Bundesbank gewährt den Banken Lombardkredite, d. h. es werden festverzinsliche Wertpapiere verpfändet. Der Lombardsatz, der im allgemeinen über dem Diskontsatz liegt, wird verändert, um Kredite teurer oder billiger zu machen. Die Banken nehmen den Lombardkredit in Anspruch, wenn sie die Diskontkontingente ausgeschöpft haben.

Die Offenmarktpolitik beeinflußt den Ankauf und Verkauf von Wertpapieren am Markt. Sie nimmt dadurch Einfluß auf den Geldmarkt. Verkauft die Bundesbank Wertpapiere, wird dem Kreislauf Geld entzogen. Umgekehrt fließt bei Fälligkeit Geld zu.

Alle Kreditinstitute müssen nach dem Bundesbankgesetz einen bestimmten Prozentsatz ihrer Einlagen zinslos bei der Deutschen Bundesbank auf einem Konto festlegen. Mit der Mindestreservepolitik nimmt die Deutsche Bundesbank Einfluß auf die Bankenliquidität sowie die Kreditschöpfungsmöglichkeiten.

Mit der Festsetzung von Rediskontkontingenten setzt die Bundesbank den Betrag fest, bis zu dem die Banken noch nicht fällige Wechsel rediskontieren lassen können. Mit der Veränderung dieses Kontingents wird das Kredit- bzw. Geldvolumen eingeschränkt bzw. ausgeweitet.

Die neun L a n d e s z e n t r a l b a n k e n führen ihren Namen mit dem Zusatz „Hauptverwaltung der Deutschen Bundesbank" weiter und bestehen aus dem Vorstand und dem Beirat.

5.7 Wertpapiere

Wertpapiere sind Urkunden über Vermögensansprüche. Sie können über Waren, Geld oder Teilhaberrechte lauten. Man unterscheidet daher:

W a r e n w e r t p a p i e r e (Ladeschein, Lagerschein, Konnossement),

G e l d w e r t p a p i e r e (Banknote, Scheck, Wechsel),

K a p i t a l w e r t p a p i e r e (Aktie, Obligation, Pfandbrief, Anleihe, Zertifikat).

Effekten (Kapitalwertpapiere) bringen dem Besitzer einen Ertrag; ist er unveränderlich, spricht man von Zins- oder Rentenpapieren (Gläubigerpapiere); ist er veränderlich und schwankend, von Dividendenpapieren (Teilhaberpapiere).

Jedes Wertpapier besteht aus:
Mantel (d. h. Schuldurkunde),
Zinsscheinbogen mit Erneuerungsschein (Talon).
Der Zinsscheinbogen (Dividendenbogen) fällt in einzelne Abschnitte (Kupons) mit dem Aufdruck des Fälligkeitstages.

5.7.1 Festverzinsliche Wertpapiere (Rentenpapiere)

Bei festverzinslichen Wertpapieren wird der Inhaber Gläubiger (Gläubigerpapiere) und hat Anspruch auf den in der Schuldurkunde festgelegten Zins (vom Nennwert) und auf die Rückzahlung des Kapitals. Sie werden vom Schuldner (Emittent) ausgegeben als:
Anleihen des Bundes, der Länder, der Gemeinden und sonstiger öffentlich-rechtlicher Körperschaften,
Pfandbriefe und Kommunalobligationen von Realkreditinstituten,
Industrieobligationen von Industrieunternehmen.

Anleihen

Anleihen des Bundes, der Länder, der Gemeinden und sonstiger öffentlich-rechtlicher Körperschaften dienen den Aufgaben des Staates, für deren Durchführung er aus den laufenden Einnahmen (ordentlicher Haushalt) keine Mittel beschaffen kann. Er verwendet sie zur Deckung des außerordentlichen Haushalts. Der Staat kann solche Staatspapiere kurz-, mittel- oder langfristig ausgeben. Kurzfristig sind die Schatzwechsel des Bundes, die bei der Bundesbank zahlbar gestellt sind, die er bei vorübergehendem Geldbedarf ausgibt. Langfristige Anleihen laufen 10 bis 20 Jahre und länger. Die Staatspapiere werden getragen vom Vertrauen der Bevölkerung in den Staat. Sie sind in normalen Zeiten erstklassige Anlagepapiere, sind mündelsicher und ohne besondere Genehmigung an allen westdeutschen Börsen zugelassen.

Pfandbriefe

Die Ausgabe von Pfandbriefen erfolgt durch die Realkreditinstitute. Die von den Hypothekenbanken ausgegebenen Pfandbriefe müssen im gleichen Nennbetrag durch erststellige Hypotheken (Pfandbriefhypothek) gedeckt sein, die einzeln in ein Register einzutragen sind, das von einem Treuhänder überwacht wird. Dadurch sind die Pfandbriefe für den Gläubiger sehr sicher. Die Pfandbriefe sind nach verschiedenen Werten gestückelt und werden an der Börse gehandelt; sie sind mündelsicher und lombardsicher. Die Rückzahlung erfolgt durch Kündigung, Auslösung oder freihändigen Rückkauf, und zwar stets zu 100 % (= pari). Um einen Kaufanreiz zu bieten, werden sie dagegen unter pari — mit Disagio — ausgegeben.

Das Disagio dient zur Deckung der einmaligen Kosten der Emission. Die Emission der Pfandbriefe erfolgt entweder durch ein Konsortium von Banken, oder man gibt befreundeten Banken die Möglichkeit, diese Pfandbriefe wegen der großen Streuung zu verkaufen. Dafür werden Provisionen gezahlt.

Der Erlös aus den Pfandbriefverkäufen wird als Kredit für Hypothekendarlehen oder Grundschulddarlehen verwendet; der Auszahlungskurs einer Hypothek muß daher unter dem Pfandbriefkurs liegen (D a m n u m). Die Zinsen für die Hypothek müssen $\frac{1}{2}$ bis 1 % über dem Zinssatz der Pfandbriefe liegen, da dieser Betrag zur Deckung der laufenden Kosten dient.

Kommunalobligationen

Kommunalobligationen sind festverzinsliche Schuldverschreibungen von Realkreditinstituten und durch das Vermögen sowie die Steuerkraft der Gemeinden gesichert. Unmittelbarer Schuldner ist das Kreditinstitut, bei Kommunalanleihen dagegen die Gemeinde. Kommunalobligationen unterscheiden sich daher nur in bezug auf die Haftung von den Pfandbriefen, die durch erststellige Hypotheken oder Grundschulden gedeckt sein müssen. Kommunalobligationen sind auf den Inhaber ausgestellt und daher leicht veräußerlich. Wie bei allen Inhaberpapieren erfolgt die Weitergabe durch Übergabe des Papiers.

Industrieobligationen

Industrieobligationen (Industrie-Anleihen) sind Schuldverschreibungen von Industrieunternehmen, die durch Hypotheken- oder Grundschulden auf den Grundbesitz gesichert sind. Sie dienen als langfristiger Anlagekredit der Betriebserweiterung, Rationalisierung usw. Bei der Beurteilung dieser Papiere spricht neben der sonstigen Sicherung die wirtschaftliche Lage des Unternehmens mit. Eine besondere Form von Industrieschuldverschreibungen sind die Wandelschuldverschreibungen. Sie können nach einer bestimmten Zeit in Aktien umgetauscht werden.

5.7.2 Dividendenpapiere

Zu den Dividendenpapieren gehören A k t i e n (Industrieaktien, Bankaktien, Verkehrsaktien, Versicherungsaktien) und K u x e (Urkunde über die Beteiligung an einer Berggewerkschaft). Der Inhaber eines Dividendenpapiers ist gleichzeitig Teilhaber mit allen Teilhaberrechten (Stimmrecht, Recht auf anteiligen Liquidationserlös u. a.), der Anteil am Reingewinn (Dividende) hat.

Nach den Rechten, die die Aktien gewähren, unterscheidet man Stammaktien und Vorzugsaktien; letztere werden bei der Gewinnverteilung und der Verteilung des Gesellschaftsvermögens bevorzugt behandelt.

Nach dem Zeitpunkt der Ausgabe unterscheidet man alte Aktien und junge Aktien (bei Kapitalerhöhung). Eigentümer alter Aktien erhalten meist ein Bezugsrecht auf neue Aktien.

5.7.3 Investmentzertifikate

Investmentzertifikate sind Anteile an einem W e r t p a p i e r f o n d s (Bestand an Wertpapieren), den eine Investmentgesellschaft (englisch: to invest = investieren, anlegen) durch Kauf von Aktien der verschiedensten Branchen und Unternehmungen gebildet hat; darüber gibt sie Anteilscheine (Zertifikate) aus. Investmentzertifikate haben keinen Nennwert. Der Wert eines Anteils wird von der Investmentgesellschaft täglich errechnet und bekanntgegeben.

5.7.4 Immobilienzertifikate

Immobilienzertifikate sind Anteile an einem Immobilien-Fonds, den eine Kapitalgesellschaft durch Ausgabe von Zertifikaten zwecks Anlage in Baugrundstücken gebildet hat. Man spricht hierbei von offenen Fonds, da die Zahl der Zertifikate nicht begrenzt ist; vielmehr können durch Neuausgabe von Zertifikaten neue Grundstücke erworben werden. Im Gegensatz dazu steht der geschlossene Fonds, bei dem das Zertifikatskapital begrenzt ist und zur Finanzierung eines Bauobjektes dient. Ist das aufgelegte Zertifikatskapital gezeichnet, wird die Ausgabe geschlossen. Beim geschlossenen Fonds unterscheidet man zwei Arten:

Bruchteilseigentum-Fonds,

Kommanditgesellschafts-Fonds.

Das Fondskapital dient zur Finanzierung des Wohnungsbaues. Daher ist der Erwerb von Immobilienzertifikaten zur langfristigen Anlage von Kapital geeignet. Die erwirtschafteten Überschüsse aus der Vermietung und Verpachtung der bebauten und unbebauten Grundstücke des Fondsvermögens werden ausgeschüttet. Der Zertifikatsinhaber der geschlossenen Fonds erhält außerdem einen Wertzuwachs durch die fortschreitende Tilgung des bei der Baufinanzierung eingesetzten Fremdkapitals.

Offene Fonds

Nach dem „Gesetz zur Änderung und Ergänzung des Gesetzes über Kapitalanlagegesellschaften" gibt es für die offenen Immobilien-Fonds eine gesetzliche Regelung. Die Kapitalgesellschaften, die das angelegte Geld in Grundstücken anlegen, sind Kreditinstitute und unterliegen damit der Bankaufsicht. Der Zertifikatsinhaber wird indirekt an den Liegenschaften beteiligt. Er kann das Zertifikat dem Fonds jederzeit — börsenumsatzsteuerfrei — zurückgeben. Bei einer Veräußerung muß — wie bei den Wertpapierfonds — Börsenumsatzsteuer gezahlt werden. Die Erträge aus den Zertifikaten gelten als „Einkünfte aus Kapitalvermögen" und müssen versteuert werden.

Die geschlossenen Fonds

Beim Bruchteilseigentum-Fonds wird der Zertifikatsinhaber wirtschaftlicher Bruchteilseigentümer der Grundstücke. Er ist daher berechtigt, die Abschreibungen selbst vorzunehmen, da er Einkünfte aus Vermietung oder Verpachtung bezieht. Bei der Veräußerung des Zertifikats fällt jedoch Grunderwerbsteuer an. Zum Erwerb von Zertifikaten können bei dieser Art auch Bausparverträge vor Ablauf der steuerlichen Sperrfrist verwendet werden, ohne daß die Prämie bzw. der Steuervorteil verloren geht.

Den Fonds nach der gesellschaftsrechtlichen Lösung verwaltet eine Kommanditgesellschaft; die Zertifikatsinhaber sind die Kommanditisten, wobei das Kommanditkapital häufig von einer Treuhandbank verwaltet wird. Eigentümer der Grundstücke und Gebäude ist die Kommanditgesellschaft. Dadurch fällt bei Erwerb und Verkauf von Zertifikaten keine Grunderwerbsteuer an. Die Kommanditgesellschaft ist nicht steuerpflichtig. Die Ausschüttungen sind „Einkünfte aus Vermietung und Verpachtung". Der Zertifikatsinhaber als Kommanditist kann daher die steuerlichen Abschreibungen geltend machen.

5.7.5 Die Effektenbörse

Effektenbörsen sind regelmäßig stattfindende Märkte, die dem Handel mit Wertpapieren dienen. Sie befinden sich in Bremen, Düsseldorf, Frankfurt, Hamburg, Hannover, München, Stuttgart und Westberlin.

An der Börse werden nur ausdrücklich zugelassene Effekten amtlich gehandelt. Antrag auf Zulassung kann ein Börsenmitglied schriftlich stellen. Ein Prospekt muß alles enthalten, was zur Beurteilung der Bonität des Papieres notwendig ist (Emittent, Grundkapital, Höhe und Zweck der Emission, Verzinsung, Kündigungs- und Rückzahlungsbedingungen, Sicherstellung, letzte Bilanz mit Gewinn- und Verlustrechnung). Nach der Zulassung wird der Prospekt veröffentlicht.

Die Organe der Wertpapierbörse sind Börsenvorstand mit Börsenpräsident, das Ehrengericht und das Börsenschiedsgericht.

Man unterscheidet:

Amtlicher Börsenhandel,

Freiverkehr,

Telefonverkehr.

Beim amtlichen Börsenhandel stellen vereidigte Kursmakler die Effektenkurse fest. Im Freiverkehr der Börse werden Wertpapiere, die zum amtlichen Börsenhandel nicht zugelassen sind, gehandelt. Amtliche Kursmakler wirken nicht mit, eine amtliche Kursnotiz findet nicht statt, die Freiverkehrswerte müssen jedoch ebenfalls zum Freiverkehr der Börse zugelassen sein. Im Telefonverkehr wird außerhalb des offiziellen Börsenhandels gehandelt.

Der Kurs eines Wertpapieres ist sein Preis, bezogen auf 100,— DM seines Nennwertes (Prozentkurs) oder auf ein Stück (Stückkurs), abgestellt auf die Aktie mit dem niedrigsten Nennbetrag (z. B. 50,— DM).

Man unterscheidet:
Nennwert,
Kurswert.
Der N e n n w e r t (Nominalwert) ist der Wert, der auf dem Wertpapier aufgedruckt ist.
Sein K u r s w e r t entsteht aufgrund von Angebot und Nachfrage und wird beeinflußt von

der allgemeinen Wirtschaftslage,
der Lage am Geldmarkt und Kapitalmarkt,
der Verzinsung bzw. der zu erwartenden Dividende,
vom Unternehmen selbst.

Den Angebotskurs nennt man B r i e f k u r s, den Nachfragekurs nennt man G e l d - k u r s. Die Kurse werden täglich im Kursblatt (Kurszettel) veröffentlicht. Ein allgemeines Steigen der Kurse nennt man Hausse, ein allgemeines Sinken bezeichnet man als Baisse.

Im Kursblatt und im Wirtschaftsteil der Zeitungen werden die verschiedenen Kurse bekanntgegeben und durch folgende Zeichen hinter den Kursen ergänzt:

G	= Geld	Nachfrage war vorhanden, Angebote wurden nicht gemacht.
B	= Brief	Angebot war nur vorhanden.
bz	= bezahlt	Alle Aufträge wurden ausgeführt, Angebot und Nachfrage sind ausgeglichen.
—	= gestrichen	Kein Angebot, keine Nachfrage vorhanden.
bzG	= bezahlt Geld	Kaufanträge konnten nicht vollständig erledigt werden.
bzB	= bezahlt Brief	Verkaufsanträge konnten nicht vollständig erledigt werden.
rep.	= repartiert	Von jedem Auftrag konnte nur ein gewisser Teil ausgeführt werden.
T	= Taxkurs	Geschätzter Kurs.

II. Teil

WOHNUNGSWIRTSCHAFTLICHES GRUNDWISSEN

1 Die Grundlagen der Wohnungswirtschaft

1.1 Entwicklung der Wohnungswirtschaft als Wirtschaftszweig

Solange die Urmenschen nicht seßhaft waren, suchten sie Schutz in Höhlen oder errichteten Zelte und Hütten. Erst als sie seßhaft wurden, entstand der Wunsch nach einem Wohnhaus, das anfangs aus Holz oder Lehm bestand. Später wurde es stattlicher ausgebaut und zum Gehöft erweitert, das die gesamte Familie aufnahm. Bei stabil bleibender Bevölkerungszahl und gleichbleibendem Lebensstandard herrschte die Bedarfsdeckung auch im Wohnungsbau vor, d. h. es wurde nur zur Selbstversorgung gebaut. In der Wohnung spielte sich das gesamte Familienleben einschließlich der Arbeitsverrichtung sowie der Erholung von der Arbeitsmühe ab. Es mußte daher eine Großwohnung sein, die neben den Wohn- und Arbeitsmöglichkeiten für die Familie auch die Wohn- und Arbeitsmöglichkeiten für die ledig bleibenden Familienangehörigen, die weiteren Verwandten sowie die Arbeitskräfte enthalten mußte.

Auch in der Stadtwirtschaft bestand Selbstversorgung mit Wohnraum (Hof des Bauern oder Eigenheim des Städters), wenn auch eine Wohnung an Portiers, Diener, Hausverwalter abgegeben wurde. Eine Vermietung im marktwirtschaftlichen Sinne gab es nicht.

Eine abgewandelte Form der Selbstversorgung bestand darin, daß private Bauherren für ihre Angestellten oder Arbeiter Wohnungen bauten (Dienstwohnungen für Beamte, Geistliche, Werkswohnungen, Wohnungen für Hausverwalter usw.). Der Wohnungsbau beschränkte sich zudem nur auf den Ersatz der Wohnhäuser, die durch Feuersbrünste oder durch Krieg zerstört wurden. Größere Wohnungsbauaufgaben entstanden in Deutschland durch die Binnenwanderungen im Zusammenhang mit der Kolonisation des deutschen Ostens oder durch den Städtebau der Fürsten.

Durch die starke B e v ö l k e r u n g s v e r m e h r u n g und die sich ausbreitende I n d u - s t r i a l i s i e r u n g sowie durch die damit verbundene L a n d f l u c h t der Bevölkerung entstand plötzlich und schnell ein ständig größer werdender Wohnungsbedarf. Die Bevölkerung stieg seit 1700 von 13 bis 14 Mill. auf rund 62 Mill. im Westen und 16 Mill. im Osten von Deutschland. Mit dem Steigen der Bevölkerungszahl erfolgte gleichzeitig ein Rückgang der Personenzahl der einzelnen Haushalte. Der D u r c h s c h n i t t s h a u s - h a l t zählte im Mittelalter etwa fünf Köpfe, während er heute im Durchschnitt 2,5 Personen je Haushalt zählt. Das bedeutet, daß bei einer Kopfzahl von fünf Personen je Haushalt 12,4 Mill. Wohnungen, bei einer Kopfzahl von 2,5 im Durchschnitt jedoch rund 25 Mill. Wohnungen benötigt wurden. Diese Wohnungen aber waren nicht vorhanden. Die Folge waren Wohnungsmangel und dadurch entstehendes Wohnungselend.

Zu den privaten Bauherren als S e l b s t v e r s o r g e r kam nunmehr in den größeren Städten der R e n t n e r t y p hinzu, der Wohnungen zum Zwecke der Kapitalanlage und der damit verbundenen Sicherung der Rente baute. Auch B a u u n t e r n e h m e r bauten Wohnungen auf Vorrat, um sie an jene zu veräußern, die ihr Kapital anlegen wollten. Man baute nicht mehr zur Bedarfsdeckung, sondern aus Interesse an Kapitalanlage sowie aus Gewinnspekulation. Dieses Streben in Verbindung mit dem Wohnungselend brachte eine wohnungsreformerische Gegenbewegung hervor. Sozial eingestellte Personen gründeten Unternehmungen und bauten Wohnungen für die wohnungswirtschaftliche Bedarfsdeckung aus einer anderen Gesinnung heraus. Ihre **ethische Grundhaltung** war nicht das Interesse an der Kapitalanlage oder an der Erzielung eines großen Gewinns, es war auch nicht das Interesse der Bauunternehmung an einer Vollbeschäftigung, sondern das Bemühen, den wirtschaftlich Schwachen zu einer gesunden und billigen Wohnung zu verhelfen. Ihre Einstellung war zudem auf die ständige Verbesserung der Wohnverhältnisse gerichtet, um gesundheitliche, sittliche und auch politische Gefahren abzuwenden. So entstand eine andere Wirtschafts- und Denkweise. Man wollte gute und gesunde Wohnungen bauen, und zwar zu Selbstkosten. Das führte auch bei Vermietung und Bewirtschaftung der Wohnung zu einer Mietpreisgestaltung nach dem Kostendeckungsprinzip, die nicht marktwirtschaftlich orientiert war. So entstand Mitte des 19. Jahrhunderts ein **neuer Wirtschaftszweig**, die Wohnungswirtschaft. Wohnungsgesellschaften und Baugenossenschaften (Viktor Aimé Huber) setzten sich als Unternehmenszweck die Wohnungsversorgung der Menschen. Daher unterscheidet man die unternehmerische Wohnungswirtschaft von dem privaten Haus- und Grundbesitz, wobei die Unternehmungen dieses Wirtschaftszweiges sich wiederum in ihrer **Grundhaltung** unterscheiden:

Die einen haben sich lt. Satzung eine gemeinnützige Verhaltensweise als Wirtschaftsverfassung zugelegt, während die anderen sich nach dem erwerbswirtschaftlichen Prinzip verhalten.

1.2 Wohnungswirtschaft und Marktwirtschaft

Die Wohnung gehört wie Nahrung und Kleidung zu den Existenzbedürfnissen des Menschen. Sie ist für den einzelnen wie für das ganze Volk von großer Bedeutung, da Familienleben, Kinderzahl, Volksgesundheit, Kultur, Entfaltung der Persönlichkeit, Lebensfreude und Arbeitsmoral von der Wohnweise beeinflußt werden. Ausreichender, **familiengerechter Wohnraum und gesunde Wohnverhältnisse** sind für den Staat nicht nur soziale, sondern auch politische Fragen. Der Bau von Wohnungen, unabhängig von der Nutzungsform oder Rechtsform, bestimmt oft für Generationen das Wohnen und prägt zudem das Bild unserer Städte und Dörfer. Deshalb wird der Staat die Wohnverhältnisse und den Städtebau zu beeinflussen versuchen. Er kann entweder den Wohnungsbestand nach dem eigenen Wirtschaftssystem verstaatlichen und die Wohnungen bewirtschaften sowie die Neubautätigkeit selbst durchführen; er kann aber auch Wohnungswirtschaft und Wohnungsbau dem Marktmechanismus von Angebot und Nachfrage überlassen und sich lediglich auf die Bauaufsicht beschränken, um Gefährdungen seiner Bürger zu verhindern. Zwischen diesen beiden Wirtschaftssystemen gibt es verschiedene andere Formen.

Die industrielle Entwicklung Deutschlands im Laufe des 19. Jahrhunderts brachte große Menschenmassen in die Städte und Industriegebiete. Die Nachfrage nach Befriedigung des Wohnbedürfnisses war groß, das Angebot an Wohnungen gering. Private Initiative nutzte den Grund und Boden zur Bebauung aus, ohne Gärten und Freiflächen zu berücksichtigen. Es kam zu den Hinterhofsiedlungen und den licht- und luftlosen

Mietskasernen. Die Mietpreise wurden immer höher, der Lohnarbeiter konnte sie nicht aufbringen. Es kam zu Wohnungsnot und Wohnungselend. Das war die Geburtsstunde der gemeinnützigen Wohnungsunternehmen, die die Auswüchse des freien Spiels der Kräfte am Markt zu beeinflussen suchten. Es entstanden außerdem Bestrebungen, den Staat zu einem umfassenden Eingreifen zu bewegen.

Aber erst die große Wohnungsnot nach dem Ersten Weltkrieg veranlaßte den Staat zu Schutzmaßnahmen. Die rückkehrenden Soldaten mußten vor Verlust der Wohnung durch Kündigung sowie vor starken Mietsteigerungen geschützt werden. Es kam daher zum Mieterschutz und zu gesetzlichen Vorschriften über die Mietpreisbildung. Da die gesetzlich festgelegten Mieten einen Ausgleich zwischen Angebot und Nachfrage am Wohnungsmarkt nicht mehr brachten, war eine öffentliche Wohnraumbewirtschaftung erforderlich. Steigende Baukosten jedoch bei festgesetzten Mieten (Höchstpreise) führen zu Unrentabilität von Neubauten und bringen den Wohnungsneubau zum Erliegen. Deshalb muß der Staat eingreifen, um den Wohnungsbau durch direkte oder indirekte Subventionen zu fördern.

1.3 Die Wohnungszwangswirtschaft

1.3.1 Mieterschutz

Im Jahre 1917 erging die erste „Bekanntmachung zum Schutze des Mieters", der 1918 weitere Maßnahmen folgten. Am 1. Juli 1923 trat das Mieterschutzgesetz (MSchG) in Kraft, das durch verschiedene Gesetze und Verordnungen in geänderter Fassung bis zum Abbau der Wohnungszwangswirtschaft Gültigkeit hatte. Es gewährte dem Mieter einer Wohnung gesetzlichen Schutz gegen eine Kündigung durch den Vermieter und war zwingendes Recht, d. h. seine Vorschriften konnten durch Vertrag nicht abgeändert oder ausgeschlossen werden. Von seiten des Vermieters war die Auflösung eines Mietverhältnisses gegen den Willen des Mieters nur bei einem gesetzlichen Mietaufhebungsgrund, und zwar durch Mietaufhebungsklage vor dem zuständigen Amtsgericht zulässig. Mietaufhebungsgründe waren Mietrückstand, erhebliche Belästigung, keine vertragsgemäße Nutzung nach Abmahnung sowie Eigenbedarf.

Das Mieterschutzgesetz trat mit Ende der Wohnungsbewirtschaftung außer Kraft. Es wurde durch ein Wohnraumkündigungsschutzgesetz abgelöst. Das 2. WKSchG vom 18. 12. 74 brachte eine Änderung des BGB über Voraussetzungen der Kündigung durch den Vermieter und das Gesetz zur Regelung der Miethöhe.

1.3.2 Miepreisrecht

Die Vereinbarung über die Höhe des Mietzinses ist nach dem Grundsatz des BGB der allgemeinen Vertragsfreiheit Mieter und Vermieter überlassen. Diesen privatrechtlichen Vereinbarungen sind zum Schutze des Mieters durch staatliche Gesetze Obergrenzen gesetzt worden, erstmals durch die Bekanntmachung zum Schutze der Mieter im Jahre 1917 und 1918, wodurch Mieteinigungsämter ermächtigt wurden, neu vereinbarte, überhöhte Mietpreise auf eine angemessene Miete herabzusetzen. Das Reichsmietengesetz von 1922 brachte eine gesetzlich zulässige Miete, deren Grundlage die sogenannte Friedensmiete war, die am 1. 7. 1914 vereinbart war. Nach verschiedenen Ausführungsverordnungen zum Reichsmietengesetz (RMG) folgten Vorschriften der Preisstoppverordnung 1936. Danach durfte der Mietzins nach dem Stand vom 17. 10. 1936 nicht überschritten werden. Diese Stoppmiete berücksichtigte nicht die Kriegsschäden des zweiten Krieges und die folgenden Preissteigerungen, so daß die Wirtschaftlichkeit des Hausbesitzes bedroht wurde. Erst ab 1950 gab es Auflockerungen.

Bis zur Aufhebung der mietpreisrechtlichen Bedingungen galten für:

Altbauwohnungen (bis 20. 6. 1948 bezugsfertig): 1. bis 12. Bundesmietengesetz, Altbaumietenverordnung.

Neubauwohnungen ab 1. 1. 1950: mietpreisrechtliche Vorschriften des I. und II. Wohnungsbaugesetzes, Neubaumietenverordnung.

Die Freigabe der Mietpreise erfolgte spätestens ab 1. 1. 1969, wenn sie nicht schon vorher in den sogenannten weißen Kreisen (ab 1. 11. 1963) freigegeben worden sind. In Berlin-West können freiwerdende Wohnungen ab 1. 1. 1988 vermietet werden. Sie unterliegen sodann dem Gesetz zur Regelung der Miethöhe. Alle anderen Altbauwohnungen werden ab 1. 1. 1990 aus der Bindung entlassen.

Als weiße Kreise bezeichnete man Kreise, in denen die Wohnungszwangswirtschaft aufgehoben worden ist, nachdem das Wohnungsdefizit unter 3 % lag. Das Wohnungsdefizit ist die statistisch ermittelte Zahl der Wohnparteien gegenüber der Zahl der vorhandenen Normalwohnungen zu einem bestimmten Stichtag.

Nach der Mietpreisfreigabe gelten jedoch für die öffentlich geförderten Wohnungen (preisgebundene Wohnungen) bis zur Rückzahlung der öffentlichen Baudarlehn die Vorschriften des Wohnungsbindungsgesetzes (Gesetz zur Sicherung der Zweckbestimmung von Sozialwohnungen — Wohnungsbindungsgesetz — WoBindG vom 24. 8. 1965 in der heute geltenden Fassung sowie II. Berechnungsverordnung (II. BV) und Neubaumietenverordnung (NMV).

Zur Durchsetzung von Mieterhöhungen nicht preisgebundener Wohnungen ist das Gesetz zur Regelung der Miethöhe zu beachten.

1.3.3 Wohnraumbewirtschaftung

Die öffentliche Wohnraumbewirtschaftung erfolgte seit 1918. Mit dem sogenannten Wohnungsmangelgesetz vom 26. 7. 1923 hatte der Staat die Grundlage für die Wohnungszwangswirtschaft geschaffen. Die Neubautätigkeit nach den Inflationsjahren brachte eine Lockerung der Wohnraumbewirtschaftung mit sich, doch wurden bereits im Jahre 1936 neue Wohnraumbewirtschaftungsvorschriften notwendig. Danach durften Wohnräume in Räume anderer Art grundsätzlich nicht umgewandelt werden. Der Zweite Weltkrieg machte weitere Maßnahmen erforderlich. Die Situation nach dem Zweiten Weltkrieg brachte die Wohnungswirtschaft vor kaum zu lösende Aufgaben.

1918 bestanden in Deutschland etwa 13,5 Mill. Wohnungen, zu denen bis 1940 etwa 5 Mill. hinzukamen (in 20 Jahren jährlich etwa $^1/_4$ Mill. im Durchschnitt). In der Bundesrepublik kamen vor dem Zweiten Weltkrieg bei 40 Mill. Einwohnern und 10,63 Mill. Wohnungen 3,7 Personen auf eine Wohnung. Nach dem II. Weltkrieg waren in der Bundesrepublik

unzerstört	5,88 Mill. Wohnungen
beschädigt	2,5 Mill. Wohnungen
total zerstört	2,25 Mill. Wohnungen
Gesamtbestand	10,63 Mill. Wohnungen

Rechnet man den Zustrom von 2 Mill. Flüchtlingen und etwa 8,5 Mill. Vertriebenen hinzu, so kamen auf jede unzerstörte Wohnung 7,9 Personen. Die Verluste von Wohnungen durch die Auswirkungen des Zweiten Weltkrieges machen einige Beispiele deutlich:

	Bestand 1939	Verluste	Bestand 1945
Essen	198 100	107 800	90 300
Hamburg	552 500	285 900	266 600
Kassel	63 300	40 500	22 800

Die Besatzungsmächte erließen deshalb Vorschriften über die öffentliche Wohnraumbewirtschaftung, die später durch das Wohnraumbewirtschaftungsgesetz vom 31. 3. 1953 abgelöst wurden. Wohnungsämter erfaßten alle freien zu Wohnzwecken geeigneten und bestimmten Räume und vergaben sie entsprechend der Dringlichkeit. Die Zuteilung erfolgte aufgrund von Benutzungsgenehmigung oder Zuweisung. Spätestens am 1. 1. 1969 endete die Wohnraumbewirtschaftung, soweit sie nicht schon vorher aufgehoben worden war. Die öffentliche Bewirtschaftung wurde deshalb laufend gelockert, weil der Wohnungsmangel immer mehr durch die große Neubautätigkeit gemildert wurde, die der Staat mit verschiedenen Mitteln, vor allem durch öffentliche Baudarlehn und Steuervergünstigungen gefördert hatte. Zur Förderung des Wohnungsbaus erließ der Bund Wohnungsbaugesetze:

Erstes Wohnungsbaugesetz vom 24. 4. 1950 i. F. vom 25. 8. 1953 (Novellenfassung).

Zweites Wohnungsbaugesetz vom 27. 6. 1956 (Wohnungsbau- und Familienheimgesetz) i. F. vom 11. 7. 1985, das seit 1. 1. 1957 gilt.

So wurden nach 1945 in der Bundesrepublik rund 19 Mill. Wohnungen gebaut; an dieser Leistung war die gemeinnützige Wohnungswirtschaft mit mehr als einem Viertel beteiligt. Die sich jährlich steigernde Bauleistung und die damit verbundene Wohnversorgung veranlaßte den Gesetzgeber, 1960 ein „Gesetz über den Abbau der Wohnungszwangswirtschaft und über ein soziales Miet- und Wohnrecht" in Kraft zu setzen, das den Übergang in die soziale Marktwirtschaft einleitete.

1.4 Der Wohnungsmarkt

Mit dem Abbau der Wohnungszwangswirtschaft gilt auch in der Wohnungswirtschaft wieder die marktwirtschaftliche Ordnung. Damit ist das im Grundgesetz garantierte Grundrecht der Unverletzlichkeit der Wohnung (Artikel 13) wieder hergestellt; es hatte bisher infolge der Wohnungsnot durch staatliche Bewirtschaftungsmaßnahmen (z. B. Zuweisung nach dem Wohnraumbewirtschaftungsgesetz) keine volle Gültigkeit, was im Grundgesetz bei Notständen u. a. zur Behebung der Raumnot usw. (Artikel 13 Abs. 3) auch vorgesehen ist. Das Grundrecht der Freizügigkeit (Artikel 11) gewinnt praktische Bedeutung, da jeder Staatsbürger mit seiner Familie sich auch an jedem beliebigen Ort eine Wohnung ohne behördliche Genehmigung mieten oder kaufen kann.

Die rund 62 Mill. Einwohner der Bundesrepublik und Westberlins verteilen sich auf rund 27 Mill. Wohnungen, von denen 2/3 Neubauwohnungen sind. 14 % der Wohnungen werden von ehemals gemeinnützigen Wohnungsunternehmen bewirtschaftet. Bei einer durchschnittlichen Haushaltsgröße von 2,4 Personen je Haushalt lebten rd. 10 Mill. Menschen in diesen Wohnungen. Von den Haushalten wohnten 46 % in Ein- oder Zweifamilienhäusern, 52 % in Mehrfamilienhäusern, 2 % in Nichtwohngebäuden mit Wohnraum. Altbauten bewohnten 38 %, Neubauten 62 %, wobei 22 % in öffentlich geförderten und 40 % in nicht öffentlich geförderten Wohnungen wohnten. 30 % aller privaten Haushalte waren Einzelpersonenhaushalte (davon 21 % Frauen, 9 % Männer).

In der marktwirtschaftlichen Ordnung der sozialen Marktwirtschaft besteht in der Wohnungswirtschaft kein einheitlicher Markt (Arbeitsmarkt, Geldmarkt), sondern es gibt nur Teilmärkte, die regional und örtlich durch Lage, Wohnumfeld, Nutzungsform, Rechtsform, Baujahr, Größe und Ausstattung (Bad, Balkon, Einbauküchen, Fahrstuhl usw.) der Wohnung oder der gewerblichen Räume verschieden sind. Zudem kann man das Gut „Wohnung" nur in der Nähe oder in nicht allzu großer Entfernung seiner Arbeitsstätte oder des gewählten Ortes seines Aufenthaltes beschaffen. Deshalb wird der Wohnungsmarkt mit Angebot und Nachfrage in landwirtschaftlichen Gegenden, in Großstädten oder Ballungszentren unterschiedlich sein. Auch innerhalb des Wohnungsmarktes eines Ortes bestehen Unterschiede, weil z. B. größere Wohnungen angeboten werden, es aber keine Zweizimmer- oder Appartementwohnungen zu mieten gibt.

Je nach Angebot und Nachfrage wird sich der Mietpreis bilden, der unter den Vertragspartnern vereinbart wird (Marktmiete). Ein hoher Mietpreis wird sich dort erzielen lassen, wo die Nachfrage größer ist als das Angebot und umgekehrt. Wohnungsbedarf wird es laufend geben durch:

Eheschließungen und die damit verbundenen Haushaltsgründungen,

fortschreitende Emanzipationstendenz bei Jugendlichen mit frühzeitigeren Haushaltsgründungen;

steigendes Haushaltseinkommen durch Doppelerwerb,

Anwachsen der Altersgruppen 20—35 Jahre sowie der Rentnerhaushalte neben Rückgang der Mehrkinderhaushalte,

Wohnungsabgänge infolge Abriß wegen Überalterung, Sanierungsmaßnahmen, Zusammenlegung von Wohnungen,

Zuzüge von außerhalb,

Schaffung von Arbeitsplätzen usw.

Nach dem objektiven Wohnungsbedarf ist der subjektive Wohnungsbedarf am Wohnungsmarkt zu erforschen (Marktforschung); er umfaßt die Einzelbedürfnisse der Wohnungskonsumenten hinsichtlich Wohnungsgröße, Wohn- und Eigentumsform, Ausstattung (Zentralheizung, Müllschluckanlage), die veränderlich sind und in einem Zusammenhang mit steigendem Einkommen, Lebensstandard und fortschreitender Technik stehen.

Bei Wohnungsbedarf müssen neue Wohnungen gebaut und aufgrund der Marktforschung Fehldispositionen vermieden werden.

Anreiz zum Wohnungsbau bieten:

auf dem Markt erzielbare hohe Mietpreise,

staatliche Förderungsmaßnahmen, durch die der Staat einen Ausgleich zwischen Angebot und Nachfrage zu erreichen versucht; der Staat kann somit indirekt durch seine Wohnungsbaupolitik auf die Mietpreisbildung einwirken.

Doch liegt in der Subventions-, Steuer- und Vermögenspolitik sowie den Maßnahmen zur Energieeinsparung ein Unsicherheitsfaktor, weil weder die Zeit noch die Auswirkungen im voraus abzusehen sind.

Auf der Angebotsseite wird der Vermieter interessiert sein, einen hohen Mietzins zu erzielen, um die laufenden Aufwendungen zu decken und darüber hinaus neben einer guten Eigenkapitalverzinsung einen Gewinn zu erzielen. Er kann jedoch mit dem Mietpreis nur so hoch gehen, daß er gerade noch einen Abnehmer (Mieter) findet, der bereit ist, diesen Mietzins zu zahlen. Kommt nun ein anderer Vermieter mit niedrigen Mietpreisen hinzu — etwa ein sich gemeinnützig verhaltendes Wohnungsunternehmen oder ein Vermieter von öffentlich geförderten Wohnungen, die an die Kostenmiete gebunden sind —, so muß der erste Vermieter den Mietpreis senken, wenn er die Wohnung nicht leerstehen lassen will. Hierbei zeigt sich die große Bedeutung der sich gemeinnützig verhaltenden Wohnungsunternehmen, da sie durch ihre Mietpreisbildung am Wohnungsmarkt regulierend wirken.

Für alle Wohnungen einer Wirtschaftseinheit wird sich nicht der gleiche Mietpreis erzielen lassen, weil die Wohnwerte sich unterscheiden. Der Wohnwert wird beeinflußt von der Lage des Hauses und der Wohnung, Größe und Zuschnitt, Ausstattung, Heizungsart, Alter, Baujahr, Bauweise, Mieterstruktur, Umweltgestaltung, Freizeitwert u. a.

Auf der Nachfrageseite sucht sich jeder Mieter die Wohnung entsprechend seinen Wohnwünschen, wobei diese und die Höhe des Mietzinses, bis zu dem der einzelne Mieter gehen kann, von den sozialen Verhältnissen (Einkommen, Familiengröße, Alter der Kinder), Lage zu Arbeitsplatz, Einkaufsmöglichkeiten, Schule, Freizeitwert (Infrastruktur der Wohnung) usw. abhängen.

Gleichen sich Angebot und Nachfrage auf dem Wohnungsmarkt nicht aus und besteht ein ungedeckter Wohnungsbedarf, würden nach den marktwirtschaftlichen Spielregeln die Mietpreise auf dem örtlichen Wohnungsmarkt steigen, wovon gerade die wirtschaftlich schwachen Bevölkerungskreise betroffen werden. Der Staat jedoch schützt diese durch die Gewährung von Wohngeld (Miet- und Lastenzuschüsse) und durch ein sozial gestaltetes Mietrecht.

Durch den Rechtsanspruch auf Wohngeld gibt der Staat unter bestimmten Voraussetzungen Zuschüsse zu den Mieten und garantiert so jedem Staatsbürger ein Mindestmaß von Wohnraum zum Zwecke eines menschenwürdigen und gesunden Wohnens.

Das soziale Mietrecht schützt die Mieter vor ungerechtfertigter oder willkürlicher Kündigung, gibt Mieter und Vermieter längere Kündigungsfristen, damit während dieser Zeit der Mieter sich eine Wohnung beschaffen oder der Vermieter einen neuen Mieter suchen kann. (Wohnungsunternehmen verzichten in ihren Dauermietverträgen [Dauernutzungsverträgen] ausdrücklich auf das Recht, dem Mieter zu kündigen, es sei denn, daß ein Grund zu fristloser Kündigung vorliegt.) Es schützt den Mieter vor laufenden und unangemessenen Mieterhöhungen und gibt ihm auch einen Rechtsanspruch auf Gewährung von Wohngeld bei Vorliegen der Voraussetzungen.

Auf dem Wohnungsmarkt finden sich Mieter und Vermieter durch:

Zeitungsanzeige,

Aushang bei Neubauwohnungen: „Zu vermieten",

Makler,

Wohnungsvermittlungsbüros,

Arbeitgeber (Betriebsräte), wenn diese werksgebundene Wohnungen bauen bzw. verwalten,

Nachfrage bei Wohnungsunternehmen.

1.5 Die Wohnungsunternehmen

A. Wesen

Am Wohnungsmarkt findet man die einzelnen privaten Vermieter und die unternehmerische Wohnungswirtschaft. Der Einzelbauherr baut in der Regel nur einmalig (eigener Bedarf, Kapitalanlage, Alterssicherung) und vermittelt gegebenenfalls auch die Wohnungen selbst. Die unternehmerische Wohnungswirtschaft stellt Wohnungen am Markt bereit. Es sind Wohnungsunternehmen tätig, die gewerbsmäßig und mit dem Risiko sowie den Aufgaben des Unternehmers die Vermietung von Wohnungen sowie deren Bewirtschaftung betreiben.

Etwa $^2/_3$ der Wohnungsunternehmen machten die bis 1989 bestehenden 1798 gemeinnützigen Wohnungsunternehmen aus, die sich aus Wohnungsbaugesellschaften und Wohnungsbaugenossenschaften zusammensetzten, welche in Prüfungsverbänden zusammengeschlossen waren. Zur gemeinnützigen Wohnungswirtschaft zählten ferner die „Heimstätten" und Landesentwicklungsgesellschaften, Bauvereinsbanken sowie Treuhandstellen für das Wohnungs- und Siedlungswesen. Ab 1. 1. 1990 gilt nicht mehr das Wohnungsgemeinnützigkeitsgesetz.

Ehemals gemeinnützige Wohnungsunternehmen, die ihre Leistungen und Bilanzen veröffentlichten, bauten ab 1950 rund 5 Mill. Wohnungen in Einfamilienhäusern, Zweifamilienhäusern, Kleinsiedlungen und Mehrfamilienhäusern, die der Wohnungsversorgung von über 12 Mill. Menschen dienten. Über 40 % sind Eigentum natürlicher Personen geworden.

Sie verwalten heute rund 3,4 Millionen eigene Mietwohnungen, in denen über 8 Millionen Menschen leben.

1.5.2 Die Arten der Wohnungsunternehmen

In der unternehmerischen Wohnungswirtschaft gibt es:

sich lt. Satzung gemeinnützig verhaltende Wohnungsunternehmen,

freie Wohnungsunternehmen,

reine Vermietungsgenossenschaften.

Die gemeinnützigen Wohnungsunternehmen unterschieden sich bis 1989 von freien nicht in den Aufgaben, sondern in ihrer Verhaltensweise und in den Bindungen, denen sie sich unterworfen hatten.

Die Wohnungsunternehmen sind von den gemeinnützigen Siedlungsunternehmen zu unterscheiden. Diese sind Träger der ländlichen Ansiedlung. Ihre Siedlungsaufgaben führen sie auf kaufmännischer Grundlage durch. Nach dem Reichssiedlungsgesetz sind sie von Steuern befreit.

1.6 Die Aufgaben der Wohnungsunternehmen

Die unternehmerische Wohnungswirtschaft ist auf die Bedarfsdeckung des Wohnungsmarktes gerichtet, und ihre Betriebe erbringen wohnungswirtschaftliche Dienstleistungen (Betriebsleistungen). Die B e t r i e b s l e i s t u n g e n kann man in Haupt- und Nebenleistungen einteilen.

H a u p t l e i s t u n g e n sind:

Wohnungserstellung,

Wohnungsbewirtschaftung (Bestandsbewirtschaftung),

Betreuung,

Modernisierung,

Veräußerung von bebauten Verkaufsgrundstücken und Wohnungseigentum,

Übernahme von Aufgaben im Rahmen von Städtebau und Raumordnung.

Durchführung von Erschließungsmaßnahmen. Die Gemeinde kann die Erschließung durch Vertrag auf einen Dritten (Wohnungsunternehmen) übertragen.

N e b e n l e i s t u n g e n sind:

Sondereinrichtungen für die Mieterschaft,

Sondereinrichtungen für die Wohnungsbewirtschaftung,

Verwaltung von Aktivhypotheken,

Verwaltung unbebauter Grundstücke,

Verwaltung aufgelassener Eigenheime und Kleinsiedlerstellen,

Tätigkeit als Verwalter von Wohnungseigentum.

Die W o h n u n g s e r s t e l l u n g ist der Bau von abgeschlossenen Wohnungen durch Neubau, Ausbau, Umbau, Anbau in Ein- und Zweifamilienhäusern, Mehrfamilienhäusern sowie von Wohnheimen, Geschäftsräumen, Garagen, Gebäuden für Gemeinschaftsanlagen, Sondereinrichtungen und Folgeeinrichtungen. Das Wohnungsunternehmen tritt als B a u h e r r auf und baut in e i g e n e m N a m e n und für e i g e n e R e c h n u n g. Die Ausführung der Arbeiten wird dem Baugewerbe (Bauhauptgewerbe und Baunebengewerbe) aufgrund von Werkverträgen übertragen.

Unter W o h n u n g s b e w i r t s c h a f t u n g versteht man die Überlassung von Wohnraum oder gewerblichem Raum zur Miete (genossenschaftlichen Nutzung) und in diesem Zusammenhang alle Tätigkeiten, die ausgeübt werden müssen, um das Gut „Wohnung" vermietbar zu erhalten und Erträge daraus zu erwirtschaften.

Die B e t r e u u n g kann als Dienstleistung für die Rechnung Dritter bei Wohnungserstellung und Wohnungsbewirtschaftung durchgeführt werden. Man spricht dann von Baubetreuung oder von Betreuung bei der Wohnungsbewirtschaftung oder Wohnungsverwaltung.

Modernisierung erfolgt im Rahmen der Bestandsbewirtschaftung und umfaßt alle Maßnahmen, die den Gebrauchswert der Wohnung erhöhen und die Wohnverhältnisse verbessern. Sie ist durch das Modernisierungs- und Energieeinsparungsgesetz eine öffentliche Aufgabe, die aber auch vom Wohnungsunternehmen erfüllt wird.

Bei der V e r ä u ß e r u n g von bebauten Verkaufsgrundstücken und Wohnungseigentum faßt man alle Strategien und Arbeiten zusammen, die sich auf den Absatz von Eigenheimen, Eigentumswohnungen und Kleinsiedlungen richten.

Nach dem Baugesetzbuch können Wohnungsunternehmen unter bestimmten Voraussetzungen als Sanierungsträger oder Entwicklungsträger sowie als Betreuer von Eigentümern bei der Durchführung von Sanierungs- und Entwicklungsmaßnahmen tätig sein, durch die städtebauliche Mißstände behoben und strukturelle Verbesserungen vorgenommen werden.

Zu den G e m e i n s c h a f t s a n l a g e n zählen bauliche Anlagen, die im Zusammenhang mit Wohnungsbauten errichtet werden und den M i e t e r n zur gemeinsamen Nutzung dienen, z. B. gemeinsame Heizungsanlage, Wasch- und Trockenanlage, Gemeinschaftsantenne, Personenaufzüge, Müllschlucker, Kinderspielanlagen, Abstellplätze für Kraftfahrzeuge.

Unter S o n d e r e i n r i c h t u n g e n f ü r d i e M i e t e r s c h a f t versteht man Spareinrichtungen, Sportplätze, Büchereien, Lesezimmer, Gemeinschaftsräume, Kindergärten, Grünstreifen, Blumenanlagen, Herausgabe von Mitteilungsblättern und Zeitschriften u. a. im Interesse der Mieter ohne vertragliche Verpflichtung.

Zu den S o n d e r e i n r i c h t u n g e n f ü r d i e W o h n u n g s b e w i r t s c h a f t u n g zählen alle die zum Zwecke der Wohnungsbewirtschaftung unterhaltenen Teilbetriebe, wie Instandhaltungsbetriebe, Gärtnereibetriebe (Regiebetriebe), zentrale Heizungs- und Warmwasseranlagen u. a. Ihre Einrichtung und Unterhaltung kann nur dann erfolgen, wenn die Regiebetriebe günstigere Leistungen gegenüber Fremdaufträgen erbringen. Sie dienen der Vertragserfüllung des Vermieters.

Die V e r w a l t u n g von A k t i v h y p o t h e k e n erfolgt bei dinglich gesicherten Darlehn an Dritte (Restkaufgeld).

Bei der Verwaltung aufgelassener Eigenheime und Kleinsiedlerstellen übernimmt das Wohnungsunternehmen vertraglich das Inkasso für Hypothekenzinsen und -tilgungen oder für Betriebskosten nach dem Eigentumsübergang.

Wohnungsunternehmen werden oft als Verwalter von Wohnungseigentum bestellt (s. S. 302 f.).

1.7. Die Gemeinnützigkeit in der Wohnungswirtschaft

1.7.1 Begriff und Wesen

Unter Gemeinnützigkeit in der Wohnungswirtschaft versteht man eine bestimmte wirtschaftliche und soziale Verhaltensweise, die darauf abgestellt ist, gesunde und billige Wohnungen für breite Schichten unseres Volkes zu bauen und auf dem Wohnungsmarkt bereitzustellen, und zwar unter Berücksichtigung des Kostendeckungsprinzips. Wohnungsunternehmen, die sich diese Verhaltensweise zu eigen gemacht haben, konnten sich den vom Staat erlassenen Gesetzen und Verordnungen unterwerfen und wurden als gemeinnütziges Wohnungsunternehmen von der Anerkennungsbehörde anerkannt. Sie unterlagen den Bestimmungen des Gesetzes über die Gemeinnützigkeit im Wohnungswesen (Wohnungsgemeinnützigkeitsgesetz = WGG) vom 29. Februar 1940 und der Verordnung zur Durchführung des Wohnungsgemeinnützigkeitsgesetzes. Diese Bestimmungen wurden am 31. 12. 1989 außer Kraft gesetzt.

1.7.2 Die Entwicklung des Gemeinnützigkeitsgedankens

Wohnungsunternehmen betätigten sich bereits gemeinnützig, ehe der Gesetzgeber die Grundsätze der gemeinnützigen Verhaltensweise in ein Gesetz übernommen hatte. Durch Wohnungsnot und Wohnungselend in der Mitte des 19. Jahrhunderts haben human und sozial eingestellte Vertreter des Bürgertums und der Wirtschaft die sich aus einer unzureichenden Wohnversorgung ergebenden Gefahren erkannt. Sie gründeten Wohnungsunternehmen, die unter Verzicht auf erwerbswirtschaftliche Vorteile und Gewinnstreben wirtschaftlich schwache Bevölkerungskreise mit gesunden und billigen Wohnungen versorgten. Aus ethischem Verantwortungsbewußtsein unterwarfen sie sich freiwillig einer Vermögensbindung und stellten die eigenen Unternehmensinteressen unter die der Allgemeinheit. Sie beschränkten sich auf einen geringen Gewinn und wollten Wohnungen nach dem Prinzip der Kostendeckung bereitstellen (Selbstkostenprinzip). So wurde 1848 die Berliner gemeinnützige Baugesellschaft und 1852 die „Aktienbaugesellschaft Alexandra-Stiftung" in Berlin gegründet, denen weitere Gesellschaften folgten. Auf Anregung von Viktor Aimé Huber wurden gleichzeitig nach denselben Prinzipien, vor allem nach dem Selbsthilfeprinzip, Wohnungsbaugenossenschaften ins Leben gerufen.

Gemeinnützige Wohnungsunternehmen erhielten in den Ländern Steuervorteile. Bis 1930 gab es jedoch keine einheitlichen Vorschriften oder Gesetze. Deshalb wurde der Begriff der Gemeinnützigkeit unterschiedlich angewendet. Erst am 1. Dezember 1930 führte eine Gemeinnützigkeitsverordnung zu einer gewissen rechtlichen Ordnung, die später durch das Wohnungsgemeinnützigkeitsgesetz geschaffen wurde. Dieses Gesetz in Verbindung mit der Durchführungsverordnung (WGGDV) bildete bis 31. 12. 1989 die Rechtsgrundlage für die gemeinnützige Wohnungswirtschaft. Damit war die von dem Wirtschaftszweig entwickelte Verhaltensweise gesetzlich geregelt. Gemeinnützige Wohnungsunternehmen unterlagen diesem Gesetz und erhielten Vergünstigungen im:

Steuerrecht, Gebühren- und Kostenrecht sowie im Firmenrecht.

Im S t e u e r r e c h t waren gemeinnützige Wohnungsunternehmen bis 31. 12. 1989, auf Antrag bis 31. 12. 1990, befreit von:

Körperschaftsteuer, Vermögensteuer und Gewerbesteuer.

Im Gebühren- und Kostenrecht waren gemeinnützige Wohnungsunternehmen bis dahin von den Gerichtsgebühren (Beurkundungs- und Beglaubigungsgebühren) befreit (Gesetz über Gebührenbefreiungen beim Wohnungsbau § 2).

Die als gemeinnützig anerkannten Wohnungsunternehmen konnten das Wort „gemeinnützig" in der Firmenbezeichnung führen.

Der Gesetzgeber hat das Wohnungsgemeinnützigkeitsgesetz mit dem Steuerreformgesetz zum 1. 1. 1990 aufgehoben. Betroffen waren rund 1 800 Wohnungsunternehmen mit 3,4 Mill. Wohnungen.

Mit Beginn der Steuerpflicht ist gemäß § 13 KStG eine steuerliche Eröffnungsbilanz aufzustellen, in der die Wirtschaftsgüter mit den Teilwerten anzusetzen sind.

Ein gemeinnütziges Wohnungsunternehmen unterlag bis zu diesem Zeitpunkt Bindungen und Zwängen des Gemeinnützigkeitsgesetzes.

Bindungen:

Es durfte nur Kleinwohnungen bauen und bewirtschaften. Nur bestimmte Rechtsgeschäfte waren ihm im Zusammenhang mit Wohnungsbau, Wohnungsbewirtschaftung und Betreuung erlaubt. Die Preisbindung legte das Selbstkostenprinzip bei Vermietung von Wohnungen und Veräußerung von Wohnungsbauten fest. Durch die Vermögensbindung und Gewinnbegrenzung durften Mitglieder oder Gesellschafter keine Vermögensvorteile erhalten; der auszuschüttende Reingewinn war jährlich auf höchstens 4 % begrenzt. Jedes als gemeinnützig anerkannte Wohnungsunternehmen mußte einem Prüfungsverband angehören und sich regelmäßigen Prüfungen unterwerfen.

Zwänge:

Für gemeinnützige Wohnungsunternehmen bestand ein Bauzwang und ein Musterzwang. Es durfte keine Baupause einlegen und mußte bestimmte Vertragsmuster anwenden. Außerdem durften Angehörige des Baugewerbes keinen Einfluß, d. h. keine Mehrheit in den Organen erhalten.

Mit Wirkung vom 1. 1. 90 traten nach dem Steuerreformgesetz 1990 das WGG und die WGGDV außer Kraft. Damit entfällt die Steuerfreiheit und die Gebührenbefreiung der gemeinnützigen Wohnungsunternehmen mit der Begründung, daß das „Wohnungsgemeinnützigkeitsgesetz den ordnungspolitischen Belangen sowie den Bedürfnissen einer starken am Markt ausgerichteten Wohnungswirtschaft nicht mehr entspricht". Damit wurde die gemeinnützige Wohnungswirtschaft in die Wettbewerbswirtschaft überführt, wobei die gemeinnützige Verhaltensweise der Wohnungsunternehmen gemäß Satzung und Aufgabenstellung von vielen Unternehmen beibehalten wurde. Die Steuerfreiheit besteht noch im Jahre 1989. Die Steuerpflicht (Körperschaftsteuer, Gewerbesteuer, Vermögensteuer) beginnt am 1. 1. 90, es sei denn, es wird ein Antrag auf Verlängerung der Steuerfreiheit in 1990 um 1 Jahr gestellt.

Eine Ausnahme von der Steuerbefreiung bilden die sogenannten Vermietungsgenossenschaften. Nach § 5 Abs. 1 Nr. 10 KStG n. F. sind von der Körperschaftsteuer Genossenschaften und Vereine befreit, soweit sie Wohnungen herstellen bzw. erwerben und diese genossenschaftlichen Mitgliedern zum Gebrauch überlassen; Voraussetzung ist, daß die Einnahme aus anderen Aktivitäten als aus dieser Tätigkeit 10 % der gesamten Einnahmen nicht übersteigen. — Wenn der Geschäftskreis einer Genossenschaft oder eines Vereins den Befreiungsvorschriften entspricht, gilt die Steuerbefreiung ab 1. 1. 90. Diese Vermietungsgenossenschaften können sich weiter gemeinnützig nennen. Ein Antragsverfahren ist nicht erforderlich. Es genügt die Abgabe einer Körperschaftsteuererklärung, die dann mit dem Körperschaftsteuer- und Freistellungsbescheid abschließt; darin kommt zum Ausdruck, daß die Steuerfreiheit vorliegt. Voraussetzungen für die Steuerbefreiung bei Vermietungsgenossenschaften ist stets die Einhaltung des steuerbefreiten Geschäftskreises.

Dazu gehören:
— Wohnungen herstellen oder erwerben und sie Mitgliedern zum Gebrauch überlassen.
— Gemeinschaftsanlagen oder Folgeeinrichtungen in diesem Zusammenhang herstellen oder erwerben und sie betreiben, wenn sie überwiegend für Mitglieder bestimmt sind und der Betrieb durch die Genossenschaft oder den Verein notwendig ist,
— der Verkauf von nicht mehr benötigtem Inventar,
— die Veräußerung von Betriebsgrundstücken oder Teilen davon, wenn der Grundstückshandel keinen gewerblichen Charakter hat,
— die Annahme und verzinsliche Anlage von Mietkautionen für vermietete Wohnungen,
— die Annahme von Baukostenzuschüssen, Aufwendungszuschüssen und sonstigen Baufinanzierungsmitteln,
— die Ersatzleistungen für Versicherungsschäden,
— die Anlage liquider Mittel, die entsprechend der Instandhaltungs- und Investitionsplanung mittelfristig (bis zu fünf Jahren) bereitgehalten werden müssen,
— die vorübergehende Verpachtung von Grundstücken, die in naher Zukunft für den Bau von Mietwohnungen vorgesehen sind.

Dagegen gehören zu den nicht begünstigten Geschäften u. a. die Annahme von Spenden für Mieterfeste, Durchführung von Reparaturen, zu denen vertraglich die Mieter verpflichtet sind. Übersteigen die Einnahmen aus nichtbegünstigten Tätigkeiten 10 % der gesamten Einnahmen, ist das Einkommen aus der gesamten Tätigkeit zu versteuern. Liegen sie unter 10 %, sind nur diese zu versteuern.

Gemeinnützige Wohnungsunternehmen, die nach einer Befreiung nunmehr steuerpflichtig werden, haben zu Beginn der Steuerpflicht eine Anfangsbilanz aufzustellen. Nach § 13 KStG sind die Wirtschaftsgüter in der Anfangsbilanz mit den Teilwerten anzusetzen. „Teilwert ist der Betrag, den ein Erwerber des ganzen Betriebes im Rahmen des Gesamtkaufpreises für das einzelne Wirtschaftsgut ansetzen würde; dabei ist davon auszugehen, daß der Erwerber den Betrieb fortführt." (§ 6 Absatz 1 Nr. 1 Satz 3 EStG bzw. § 10 BewG (Bewertungsgesetz).

Dieser Teilwert ist ein steuerlicher Bewertungsgrundsatz, der außerhalb der handelsrechtlichen Bewertungen steht. Insofern wird die steuerliche Anfangsbilanz von der bisher erstellten Handelsbilanz abweichen, insbesondere bei den Grundstücken im Anlage- und Umlaufvermögen.

Um den Wohnungsunternehmen das Risiko zu nehmen, daß die Steuerverwaltung gegen die Teilwerte Widerspruch erhebt, hat der Bundesminister der Finanzen den obersten Finanzbehörden der Länder einen „Nichtbeanstandungserlaß" geschickt.

Danach ist nicht zu beanstanden, wenn die bislang gemeinnützigen Wohnungsunternehmen bei der Ermittlung der Teilwerte ein bestimmtes, im Erlaß beschriebenes Verfahren anwenden.

Schied am 31. 12. 89 ein gemeinnütziges Wohnungsunternehmen aus dem gesetzlichen Prüfungsverband aus, so hat es entsprechend dem Verhältnis seines Beitrages im Gesamtbeitragsaufkommen des Prüfungsverbandes durch Zahlung dazu beizutragen, daß die bis zum Inkrafttreten des Gesetzes vom Prüfungsverband gegebenen Zusagen für die Gewährung von Alters- und Hinterbliebenenversorgung erfüllt werden können.

Nach § 4 dieses Gesetzes sind die Landesregierungen ermächtigt, für Gebiete mit erhöhtem Wohnungsbedarf durch Rechtsverordnung zu bestimmen, daß Mieterhöhungen nach § 2 Miethöhegesetz jährlich nicht mehr als 5 % betragen dürfen. Davon haben bis jetzt die meisten Länder Gebrauch gemacht.

2 Die Rechtsformen der Unternehmung

Die Unternehmung (Wohnungsunternehmen) kommt in verschiedenen Rechtsformen vor. Es gibt:

    Einzelunternehmungen,

    Gesellschaftsunternehmungen:

        Personengesellschaften (OHG, KG, GmbH & Co.),

        Kapitalgesellschaften (AG, GmbH KGaA),

        unvollkommene Gesellschaften (stille Gesellschaft, Gesellschaft des bürgerlichen Rechts),

    Genossenschaften (eG).

Sie unterscheiden sich vor allem in bezug auf Gründung und Firmierung, Geschäftsführung, Vertretung nach außen, Haftung gegenüber Dritten, Aufbringung des Kapitals, Gewinnverteilung.

Der Anlaß zur Gründung einer Gesellschaftsunternehmung kann liegen in unzureichendem Kapital, mangelnden kaufmännischen oder technischen Kenntnissen, Begrenzung der Arbeitskraft, Teilung des Risikos, Gründung von Zweigniederlassungen, familiäre und verwandtschaftliche Beziehungen, Ausnutzung steuerlicher Vorteile, Vereinigung mit anderen Unternehmungen, um die Konkurrenz auszuschalten oder den Markt zu beherrschen u. a.

Nach dem Gesetz über die Rechnungslegung von bestimmten Unternehmen und Konzernen (Publizitätsgesetz) haben Einzelunternehmen, Personengesellschaften, Stiftungen, Vereine und Körperschaften des öffentlichen Rechts den Jahresabschluß nach den Vorschriften des HGB aufzustellen, durch Abschlußprüfer prüfen zu lassen und nach Feststellung unverzüglich im Bundesanzeiger bekanntzumachen, wenn an drei aufeinanderfolgenden Stichtagen zwei der drei nachfolgenden Merkmale zutreffen:

1. Die Bilanzsumme übersteigt 125 Mill. DM,
2. die Umsatzerlöse eines Jahres übersteigen 250 Mill. DM,
3. die durchschnittliche Zahl der beschäftigten Arbeitnehmer betrug mehr als 5 000 im Jahr.

2.1 Die Einzelunternehmung

Die Einzelunternehmung kommt am häufigsten in Klein- und Mittelbetrieben, insbesondere im Handel vor. Der Inhaber nimmt allein die Unternehmerfunktion wahr, er

führt und organisiert das Unternehmen,

vertritt es nach außen,

bringt allein das Kapital auf,

trägt das volle Geschäftsrisiko,

haftet gegenüber allen Gläubigern mit seinem Privat- und Geschäftsvermögen.

Die Kreditfähigkeit ist jedoch begrenzt.

2.2 Die Gesellschaftsunternehmungen

Schließen sich zwei oder mehrere Personen zum gemeinsamen gewerbsmäßigen Betrieb von Handelsgeschäften zusammen, so entsteht eine Handelsgesellschaft. Die Teilhaber an einer solchen Gesellschaft nennt man Gesellschafter. Man unterscheidet Personen- und Kapitalgesellschaften. Bei Personengesellschaften steht die persönliche Mitarbeit und die Haftung der Inhaber im Vordergrund.

Bei Kapitalgesellschaften (juristische Personen) ist das aufgebrachte Kapital entscheidend. Der Teilhaber ist lediglich Kapitalgeber und haftet Dritten gegenüber meist nur mit dem eingebrachten Kapital; er ist im Unternehmen nicht tätig. Bei Genossenschaften haben sich die Mitglieder zusammengeschlossen mit dem Ziel, durch einen gemeinsamen Geschäftsbetrieb ihre wirtschaftlichen Interessen zu fördern.

Bei der Gründung einer Gesellschaft wird zwischen den Beteiligten ein **Gesellschaftsvertrag** abgeschlossen. Er enthält Angaben u. a.

a. über

Gesellschaftsverhältnis,

Recht zur Geschäftsführung und zur Vertretung der Gesellschaft,

Gewinnbeteiligung,

Verteilung von Gewinn oder Verlust.

Das damit vertraglich geschaffene Recht wird ergänzt durch die gesetzlichen Vorschriften im HGB, Aktiengesetz, GmbH-Gesetz, Genossenschaftsgesetz u. a. Ausnahmen bestehen nur dann, wenn zwingende Vorschriften des Gesellschaftsrechts (z. B. beim Genossenschaftsgesetz) eine vertragliche Abweichung vom Gesetz nicht zulassen. Über die Rechnungslegung von bestimmten Gesellschaften gelten besondere Vorschriften. Die Vorschriften über Handelsbücher, Jahresabschluß, Bewertungsvorschriften u. a. sind durch das Bilanzrichtliniengesetz von 1985 neu gefaßt und erweitert worden.

Bei der Rechnungslegung von Kapitalgesellschaften und Genossenschaften gibt es Erleichterungen bei kleinen und mittelgroßen Unternehmungen bezüglich Aufstellungsfrist, Gliederung von Bilanz und Gewinn- und Verlustrechnung, Offenlegung und Angabenpflicht im Anhang. Größenkriterien sind: Bilanzsumme, Umsatzerlöse und Zahl der Arbeitnehmer. Von diesen Größenkriterien müssen stets zwei an zwei aufeinanderfolgenden Stichtagen unterschritten werden, um nicht als große Kapitalgesellschaft zu gelten oder als kleine bzw. mittlere Erleichterungen in Anspruch nehmen zu können. Größenklassen gem. § 267 HGB bzw. 339 Abs. 2:

Kleine Unternehmen: Bilanzsumme bis 3,9 Millionen, Umsatzerlöse bis 8 Millionen, Arbeitnehmer bis 50;

mittelgroße Unternehmen: bis 15,5 Millionen Bilanzsumme, bis 32 Millionen Umsatzerlöse, bis 250 Arbeitnehmer;

große Unternehmen: mehr als 15,5 Millionen Bilanzsumme, über 32 Millionen Umsatzerlöse, ab 250 Arbeitnehmer (im Jahresdurchschnitt).

2.2.1 Personengesellschaften

Die offene Handelsgesellschaft (HGB §§ 105 — 160)

Begriff und Haftung

Die offene Handelsgesellschaft ist der Zusammenschluß von mindestens zwei oder mehr Gesellschaftern zum Betreiben eines Handelsgewerbes unter gemeinsamer Firma. Jeder Gesellschafter hat gleiche Rechte und Pflichten, er haftet unbeschränkt, unmittelbar und solidarisch.

Unbeschränkt haften alle Gesellschafter durch die Haftung mit ihrem gesamten Geschäfts- und Privatvermögen (wie der Inhaber der Einzelunternehmung).

Unmittelbar besagt, jeder Gläubiger kann sich wegen einer Forderung an den einzelnen Gesellschafter direkt und nicht nur an die Firma halten.

Solidarisch haften die Gesellschafter, weil ein Gesellschafter für alle anderen Gesellschafter mithaftet. Wer in eine bestehende Gesellschaft eintritt, haftet für bereits bestehende Verbindlichkeiten der Gesellschafter. Ausscheidende Gesellschafter haften noch weitere fünf Jahre für die beim Austritt bestehenden Verbindlichkeiten der Gesellschaft.

Entstehung und Firma

Die OHG wird mit Abschluß eines — formlosen — Gesellschaftsvertrages gegründet. Notarielle Beurkundung ist dann erforderlich, wenn ein Gesellschafter ein Grundstück einbringen will. Die Gesellschaft ist bei dem zuständigen Amtsgericht zur Eintragung ins Handelsregister anzumelden. Die Anmeldung hat den Namen, Vornamen, Stand und Wohnort jedes Gesellschafters, die Firma der Gesellschaft, ihren Sitz und den Zeitpunkt des Beginns zu enthalten. Handelt es sich jedoch bei der Gründung um ein Handelsgewerbe, das nicht im § 1 HGB aufgezählt ist, so ist die Gesellschaft erst mit der Eintragung ins Handelsregister entstanden. Anzumelden ist jede Änderung der Firma, des Sitzes, der Gesellschafter, der Vertretungsbefugnis usw.

Die F i r m a einer offenen Handelsgesellschaft hat den Namen wenigstens eines Gesellschafters mit einem das Gesellschaftsverhältnis andeutenden Zusatz oder die Namen aller Gesellschafter zu enthalten.

Rechtsstellung der Gesellschafter

Die rechtliche Stellung der Gesellschafter untereinander richtet sich nach dem Gesellschaftsvertrag, ergänzend nach den Vorschriften des HGB. Grundsätzlich sind alle Gesellschafter zur Geschäftsführung berechtigt und verpflichtet, sofern sie nicht vertraglich davon ausgeschlossen sind. Das vollzieht sich in der Form, daß jeder von ihnen allein zu handeln berechtigt ist, wenn nicht ein anderer geschäftsführender Gesellschafter widerspricht. Die Geschäftsführung erstreckt sich grundsätzlich auf alle Handlungen, die der gewöhnliche Betrieb des Handelsgewerbes mit sich bringt. Zur Vornahme von Handlungen, die darüber hinausgehen, ist ein Beschluß sämtlicher Gesellschafter erforderlich. Für die von den Gesellschaften zu fassenden Beschlüsse bedarf es der Zustimmung aller Gesellschafter, falls vertraglich nicht die Stimmenmehrheit vereinbart wurde. Die Befugnis zur Geschäftsführung kann einem Gesellschafter auf Antrag durch gerichtliche Entscheidung entzogen werden, wenn ein wichtiger Grund vorliegt, z. B. grobe Pflichtverletzung oder Unfähigkeit zur ordnungsmäßigen Geschäftsführung. Jeder Gesellschafter hat, auch wenn er von der Geschäftsführung ausgeschlossen ist, ein persönliches Kontrollrecht, d. h. er darf sich von den Angelegenheiten der Gesellschaft persönlich unterrichten, die Handelsbücher und die Papiere der Gesellschaft einsehen und sich aus ihnen eine Bilanz anfertigen.

Die V e r t r e t u n g der Gesellschaft obliegt jedem Gesellschafter, wenn er nicht durch Gesellschaftsvertrag davon ausgeschlossen ist. Jeder kann allein für die Firma zeichnen und die Gesellschaft anderen gegenüber verpflichten. Ein Ausschluß von der Vertretung oder den Beschränkungen in der Form, daß nur eine Gesamtvertretung oder die Vertretung in Verbindung mit einem Prokuristen möglich ist, bedürfen der Eintragung ins Handelsregister.

Die Gesellschafter unterliegen dem W e t t b e w e r b s v e r b o t. Ein Gesellschafter darf ohne Einwilligung der anderen im gleichen Gewerbezweig auf eigene Rechnung keine

Geschäfte abschließen oder sich an gleichartigen Unternehmen als unbeschränkt haftender Gesellschafter beteiligen. Die Feststellung von Gewinn und Verlust und der Anteil für jeden Gesellschafter erfolgt am Schluß jeden Geschäftsjahres aufgrund der Bilanz. Ist im Vertrag nichts anderes vereinbart, erhält jeder Gesellschafter vom Reingewinn zunächst 4 % seines Jahresanfangskapitals als Zinsen; ein darüber hinausgehender Restgewinn wird nach Köpfen verteilt. Gewinnanteile werden den einzelnen Kapitalkonten gutgeschrieben. Jeder Teilhaber darf innerhalb des Geschäftsjahres bis zu 4 % seines am Jahresanfang festgestellten Einlagekapitals als Privatentnahme entnehmen.

Ein Verlust ist unabhängig vom Kapitalanteil gleichmäßig auf alle zu verteilen.

Auflösung

Die OHG wird aufgelöst durch:

Zeitablauf,

Beschluß der Gesellschafter,

Eröffnung des Konkurses über das Vermögen,

Tod eines Gesellschafters, falls es vertraglich nicht ausgeschlossen ist,

Eröffnung des Konkurses über das Vermögen eines Gesellschafters,

Kündigung,

gerichtliche Entscheidung.

Die Kündigung eines Gesellschafters kann nur für den Schluß eines Geschäftsjahres mit einer Kündigungsfrist von 6 Monaten erfolgen.

Durch die Auflösung (Liquidation) hört die OHG auf zu bestehen.

Die Kommanditgesellschaft (HGB §§ 161—177)

Begriff und Haftung

Die Kommanditgesellschaft (KG) ist eine Personengesellschaft, bei der ein Handelsgewerbe unter einer gemeinsamen Firma von mindestens einem Vollhafter und mindestens einem Teilhafter betrieben wird. Man unterscheidet daher zwei Arten von Gesellschaftern:

Vollhafter (Komplementäre oder persönlich haftende Gesellschafter) haften wie die Gesellschafter der OHG unbeschränkt für die Verbindlichkeiten der Gesellschaft;

Teilhafter (Kommanditisten) haften nur mit ihrer Kapitaleinlage.

Die Kommanditgesellschaft ist eine Weiterentwicklung der offenen Handelsgesellschaft, bei der die persönlich haftenden und geschäftsführenden Gesellschafter von dritter Seite Kapital zur Verfügung gestellt erhalten, ohne daß diese Kapitalgeber an der Geschäftsführung beteiligt sind.

Entstehung und Firma

Die KG entsteht mit Abschluß des Gesellschaftsvertrages und muß durch alle Gesellschafter zum Handelsregister angemeldet werden. Das Verfahren entspricht demjenigen der OHG. Die F i r m a der KG hat den Namen wenigstens eines Vollhafters mit einem das Gesellschaftsverhältnis andeutenden Zusatz zu enthalten.

Rechtsstellung der Gesellschafter

Die rechtliche Stellung der Gesellschafter richtet sich nach dem Gesellschaftsvertrag und wird ggf. durch die Vorschriften des HGB ergänzt.

G e s c h ä f t s f ü h r u n g und V e r t r e t u n g der Gesellschaft stehen ausschließlich den Komplementären zu; die Kommanditisten sind davon ausgeschlossen, doch steht ihnen ein Widerspruchsrecht bei allen Handlungen zu, die über den gewöhnlichen Betrieb des Handelsgewerbes hinausgehen. Das Widerspruchsrecht hat jedoch nur im Innenverhältnis der Gesellschafter Bedeutung. Ein von einem persönlich haftenden Gesellschafter (Komplementär) rechtsgültig abgeschlossenes Rechtsgeschäft ist trotz Widerspruch dem Vertragspartner gegenüber wirksam.

Nur die Komplementäre unterliegen wie die Gesellschafter der OHG dem W e t t b e w e r b s v e r b o t.

Die K o m m a n d i t i s t e n haben ein beschränktes Kontrollrecht; sie haben Anspruch auf Abschrift der jährlichen Bilanz und deren Überprüfung durch Einsicht in die Bücher und Papiere.

Die G e w i n n v e r t e i l u n g richtet sich nach dem Vertrag, bei einer fehlenden vertraglichen Vereinbarung nach dem Gesetz. Danach erhalten alle Gesellschafter zunächst 4 % ihres Kapitalanteils verzinst, der Rest wird — ebenso wie ein Verlust — in einem angemessenen Verhältnis auf Voll- und Teilhafter verteilt. Auf Privatentnahmen hat der Kommanditist keinen Anspruch. Der Gewinnanteil des Komplementärs wird auf sein Kapitalkonto, der Gewinnanteil des Kommanditisten auf ein Gewinngutschriftkonto verteilt. Die Auszahlung von Gewinnen kann ein Kommanditist nicht beanspruchen, solange sein Kapitalanteil unter dem Betrag seiner Einlage liegt.

Auflösung

Für die Auflösung gilt das gleiche wie für die OHG, jedoch mit der Ausnahme, daß der Tod eines Kommanditisten die Auflösung der Gesellschaft nicht zur Folge hat.

In der Praxis ist noch die GmbH & Co. KG zu finden. Der einzige Vollhafter ist eine GmbH. Die Teilhafter sind gleichzeitig die Gesellschafter der GmbH. Dadurch beschränkt sich die Haftung des Vollhafters auf das GmbH-Vermögen und die Haftung der Teilhafter auf ihre Kapitaleinlage und ihren Anteil am Stammkapital der GmbH.

Die stille Gesellschaft und die Gelegenheitsgesellschaft

Die stille Gesellschaft (HGB §§ 230—237)

Beteiligt sich ein Kapitalgeber an einem Handelsunternehmen mit einer Vermögenseinlage, ohne nach außen hervorzutreten, spricht man von einer stillen Gesellschaft.

Die Einlage des stillen Gesellschafters geht in das Vermögen des Handelsunternehmens über. Durch G e s e l l s c h a f t s v e r t r a g wird der Gesellschafter am Gewinn beteiligt, vom Verlust kann er ausgeschlossen sein. Der G e w i n n a n t e i l wird am Schluß des Geschäftsjahres ausgezahlt. Der stille Gesellschafter hat lediglich ein K o n t r o l l r e c h t, das dem des Kommanditisten entspricht. Von Geschäftsführung und Geschäftsvertretung ist er ausgeschlossen, da er nur als Darlehnsgeber mit Gewinnbeteiligung gilt. Durch Gesellschaftsvertrag kann ihm im Innenverhältnis durchaus die Stellung eines Mitunternehmers eingeräumt werden.

Im Falle des Konkurses meldet der stille Gesellschafter seine Einlage, vermindert um den Verlustanteil, als Konkursforderung an.

Das Gesellschaftsverhältnis endet mit Ablauf des Vertrages, nach Vereinbarung, durch Kündigung, bei Konkurs und Tod des Inhabers, nicht durch Tod des stillen Gesellschafters. Nach der Auflösung hat sich der Geschäftsinhaber mit dem stillen Gesellschafter auseinanderzusetzen und dessen Guthaben in Geld auszuzahlen.

Gesellschaft des bürgerlichen Rechts (Gelegenheitsgesellschaft) (BGB §§ 705—740)
Verpflichten sich mehrere Personen oder Kaufleute durch Gesellschaftsvertrag, Handelsgeschäfte auf gemeinsame Rechnung durchzuführen, spricht man von einer Gelegenheitsgesellschaft, auch Gesellschaft bürgerlichen Rechts genannt. Gelegenheitsgesellschaften entstehen bereits, wenn mehrere Personen gemeinsam ein Lotterielos spielen oder mehrere Kaufleute ein Außenhandelsgeschäft durchführen oder mehrere Bauunternehmen sich zur Durchführung eines Bauvorhabens zusammenschließen oder gemeinsam Waren beziehen wollen. Die Gesellschaft ist demnach ein loser und vorübergehender Zusammenschluß zur Erreichung eines bestimmten Zweckes. Sie endet meist mit Abwicklung des Geschäftes. Eine vorzeitige Kündigung ist jedoch nicht möglich.

Die Gesellschafter verpflichten sich, die vereinbarten Beiträge zu leisten, die gemeinschaftliches Vermögen (Gesamthandseigentum) werden. Geschäftsführung und Vertretung stehen allen Gesellschaftern gemeinsam zu, wenn nicht durch Vertrag ein Gesellschafter zur Führung der Geschäfte beauftragt wird. Gewinn oder Verlust werden meist nach der Höhe der Einlagen verteilt.

2.2.2 Kapitalgesellschaften

Die Aktiengesellschaft (AktG vom 6. 9. 1965)

Wesen und Haftung

Die Aktiengesellschaft (AG) ist eine Handelsgesellschaft, deren Grundkapital in zahlreiche kleine Anteile (A k t i e n) zerlegt ist; die Inhaber der Aktien heißen Aktionäre. Sie sind wirtschaftliche Eigentümer des Unternehmens und haften für die Verbindlichkeiten der Gesellschaft nur mit ihrer Einlage (Aktie); sie sind weder zur Geschäftsführung noch zur Vertretung berechtigt, besitzen aber (in der Hauptversammlung) gewisse Mitsprache- und Kontrollrechte.

Die Aktiengesellschaft ist eine Rechtsform für große Unternehmen mit besonders hohem Kapitalbedarf; sie faßt viele kleine Kapitalien zusammen und führt sie der Volkswirtschaft zu. Anreiz zur Kapitalhingabe, d. h. zum Kauf von Aktien, bieten:

Eigentumsbildung am Produktionsvermögen der Wirtschaft,

Ausschüttung eines hohen Gewinnes (Dividende) am Schluß des Geschäftsjahres,

Verkauf an der Börse, der jederzeit möglich ist.

Durch den Verkauf kann

das festgelegte Kapital flüssig gemacht werden,

bei günstigem Kursstand ein Gewinn realisiert werden.

Rechtsgrundlage bildet das Aktiengesetz vom 6. September 1965, das das „Gesetz über Aktiengesellschaften und Kommanditgesellschaften auf Aktien" (Aktiengesetz) vom 30. Januar 1937 ablöste.

Neben den Vorschriften des Aktiengesetzes gelten die §§ 238 bis 335 HGB über Buchführung und Bilanzierung.

Gründung und Firma

Zur Gründung einer Aktiengesellschaft sind mindestens fünf Personen erforderlich, die den Gesellschaftsvertrag (Satzung) festlegen und Aktien gegen Einlagen übernehmen. Beurkundung des Gesellschaftsvertrages und Eintragung ins Handelsregister sind erforderlich. Das Grundkapital muß mindestens DM 100 000,— betragen; es wird in Aktien zerlegt. Der Mindestnennbetrag der Aktie lautet DM 50,—. Höhere Aktiennennbeträge müssen auf volle DM 100,— lauten.

Die Gründer haben den ersten Aufsichtsrat und die Abschlußprüfer für das erste volle oder Rumpfgeschäftsjahr zu bestellen und einen Gründungsbericht zu erstatten. Der Hergang der Gründung ist besonders durch Vorstand und Aufsichtsrat zu prüfen. Außerdem wird vom Gericht auf Vorschlag der Industrie- und Handelskammer ein Gründungsprüfer bestellt, wenn eine Gründung mit Sacheinlagen oder Sachübernahmen vorliegt, ein Mitglied des Vorstandes oder Aufsichtsrats zu den Gründern gehört oder auf ihre Rechnung Aktien übernommen worden sind oder ihnen besondere Vorteile eingeräumt wurden.

Die Firma soll in der Regel vom Gegenstand des Unternehmens abgeleitet werden und den Zusatz Aktiengesellschaft enthalten (Wohnungsbauaktiengesellschaft).

Alle Geschäftsbriefe, die an einen bestimmten Empfänger gerichtet werden, müssen enthalten

Namen der Vorstandsmitglieder mit Angabe ihres Vorsitzenden,

Name des Vorsitzenden des Aufsichtsrates,

Sitz der Gesellschaft, Rechtsform, Registergericht und Nummer.

Diese Vorschrift des § 125 a HGB gilt für alle Gesellschaften, bei denen kein Gesellschafter eine natürliche Person ist.

Aktie und Aktionär
Die Aktie ist ein Wertpapier, in dem das Anteilrecht an einer Aktiengesellschaft verbrieft ist. Ihr Mindestnennwert beträgt 50,— DM. Auf diesen (50,— DM oder 100,— DM) ist der Ausgabebetrag oder die an der Börse notierte Stücknotiz (Kurswert) bezogen. Eine Ausgabe unter Nennwert (mit D i s a g i o) ist nicht zulässig. Die Aktie besteht aus der Aktienurkunde (Mantel) und dem Dividendenschein mit Erneuerungsschein. Die Aktienurkunde muß auf besonderem Papier und durch besonderen Druck gegen Fälschung gesichert sein. Sie enthält die Angabe des Nennbetrages, den Namen des Ausstellers, bei Namensaktien den Namen des Berechtigten und die Unterschrift.

Nach der Übertragungsweise unterscheidet man:

I n h a b e r a k t i e n als die übliche Form der gehandelten Papiere; sie lauten auf den Inhaber und werden durch E i n i g u n g und Ü b e r g a b e übertragen;

N a m e n s a k t i e n, die satzungsgemäß auf einen bestimmten Namen lauten; der Name des Inhabers der Aktie, sein Wohnort und sein Beruf werden in das Aktienbuch der Gesellschaft eingetragen. Nur der im Aktienbuch Eingetragene gilt im Verhältnis zur Aktiengesellschaft als Aktionär. Jedem Aktionär ist auf Verlangen Einsicht in das Aktienbuch zu gewähren. Namensaktien werden durch I n d o s - s a m e n t — wie beim Wechsel — übertragen;

v i n k u l i e r t e Namensaktien sind gebundene Namensaktien, d. h., nach der Satzung ist die Übertragung der Aktie an die Zustimmung des Vorstandes oder eines anderen Organes der Aktiengesellschaft gebunden. Gemeinnützige Wohnungsbauaktiengesellschaften mußten vinkulierte Namensaktien ausgeben.

Nach den mit dem Eigentum verbundenen Rechten gibt es:

S t a m m a k t i e n, die dem Aktionär das S t i m m r e c h t und die sonstigen Rechte gewähren;

V o r z u g s a k t i e n, die als Aktien ohne Stimmrecht einen Vorzug bei Verteilung des Gewinns oder des Gesellschaftsvermögens geben. Ist der Vorzug aufgehoben, gewähren die Aktien das Stimmrecht. Das gleiche gilt für die Zeit, während der der Vorzugsbetrag nicht gezahlt werden kann.

Nach den Zeitpunkten der Ausgabe unterscheidet man:

alte A k t i e n,

n e u e Aktien, die bei Kapitalerhöhungen ausgegeben werden. Sie stehen den Aktionären im Verhältnis ihrer Anteile am bisherigen Grundkapital zu.

Rechte der Aktionäre
S t i m m r e c h t : Jede Aktie gewährt das Recht zur Stimmabgabe (Stimmrecht) in der Hauptversammlung (Ausnahme: Vorzugsaktien ohne Stimmrecht). Mehrstimmrechte sind unzulässig; Ausnahmen bedürfen der Genehmigung der für die Wirtschaft zuständigen obersten Landesbehörden. Das Stimmrecht wird n a c h A k t i e n n e n n b e t r ä g e n in der Hauptversammlung ausgeübt. Beschlüsse der Hauptversammlung bedürfen der Mehrheit der abgegebenen Stimmen (einfache Stimmenmehrheit), soweit nicht Gesetz

oder Satzung eine größere Mehrheit vorschreiben. Das Stimmrecht kann durch einen B e v o l l m ä c h t i g t e n ausgeübt werden. Die Vollmacht bedarf der schriftlichen Form und wird von der Gesellschaft in Verwahrung genommen.

Wird das Stimmrecht der Aktionäre von Kreditinstituten oder Vereinigungen von Aktionären ausgeführt, so haben diese dem Aktionär Vorschläge über die Ausübung des Stimmrechts zu den einzelnen Gegenständen der Tagesordnung mitzuteilen und um Erteilung von Weisungen für die Ausübung des Stimmrechts zu bitten.

A u s k u n f t s r e c h t : Jedem Aktionär ist auf Verlangen in der Hauptversammlung vom Vorstand Auskunft über Angelegenheiten der Gesellschaft zu geben, soweit sie zur sachgemäßen Beurteilung des Gegenstandes der Tagesordnung erforderlich ist. Der Vorstand darf die Auskunft nur aus bestimmten, im Gesetz festgelegten Gründen (Befürchtung des Nachteils, Strafbarkeit u. a.) verweigern. Wird die Auskunft verweigert, muß auf Verlangen des Aktionärs Frage und Verweigerungsgrund in die Niederschrift über die Verhandlung (Protokoll) aufgenommen werden. Der Aktionär kann W i d e r s p r u c h zur Niederschrift erklären und daraufhin innerhalb von zwei Wochen nach der Hauptversammlung vom zuständigen L a n d g e r i c h t klären lassen, ob der Vorstand die Auskunft geben muß.

R e c h t a u f D i v i d e n d e : Jeder Aktionär hat das Recht auf Gewinnanteil in Form von Dividende, die bei Einreichen des Gewinnanteilscheines überwiesen wird. Die Dividende wird in DM pro Stück oder in Prozent vom Aktiennennbetrag angegeben.

R e c h t a u f A n t e i l a m L i q u i d a t i o n s e r l ö s : Das bei Auflösung der Gesellschaft verbleibende Vermögen wird im Verhältnis der Aktiennennbeträge unter die Gesellschafter verteilt.

Organe der Aktiengesellschaft

Man unterscheidet bei der Aktiengesellschaft

V o r s t a n d als g e s c h ä f t s f ü h r e n d e s Organ,

A u f s i c h t s r a t als ü b e r w a c h e n d e s Organ,

H a u p t v e r s a m m l u n g als b e s c h l u ß f a s s e n d e s Organ.

Der V o r s t a n d hat die Gesellschaft unter eigener Verantwortung nach Satzung und Geschäftsanweisung zu leiten und gerichtlich sowie außergerichtlich zu vertreten. Er übernimmt die Unternehmerfunktionen und besteht aus einer oder mehreren Personen, die vom Aufsichtsrat jeweils für die Dauer von f ü n f Jahren bestellt werden. Eine Wiederholung der Bestellung oder Verlängerung der Amtszeit ist möglich. Bei Gesellschaften mit einem Grundkapital von mehr als drei Mill. DM hat er aus mindestens zwei Personen zu bestehen, falls die Satzung nicht ausdrücklich eine Person bestimmt. Der Aufsichtsrat kann jedoch ein Vorstandsmitglied zum Vorsitzenden des Vorstandes ernennen.

Der Vorstand hat dem Aufsichtsrat mindestens einmal vierteljährlich über die Geschäftslage, die Rentabilität u. a. zu berichten.
Sofern die Satzung nichts anderes bestimmt, beschließen mehrere Vorstandsmitglieder gemeinsam.

Der Aufsichtsrat überwacht die Geschäftsführung der Gesellschaft und kann zu diesem Zweck Bücher und Schriften der Gesellschaft einsehen sowie Vermögensgegenstände (Kasse, Wertpapiere) prüfen. Er kann vom Vorstand jederzeit Bericht verlangen, darf aber nicht Maßnahmen, die der Geschäftsführung zustehen, übernehmen. Satzung oder Geschäftsanweisung können bestimmen, daß gewisse Arten von Geschäften nur mit Zustimmung des Aufsichtsrates vorgenommen werden dürfen. Verweigert der Aufsichtsrat die Zustimmung, so kann der Vorstand verlangen, daß die Hauptversammlung über die Zustimmung beschließt. Der Beschluß bedarf einer Mehrheit von drei Vierteln der abgegebenen Stimmen. Der Aufsichtsrat hat Jahresabschluß, Lagebericht und Gewinnvorschlag zu prüfen und der Hauptversammlung darüber zu berichten.

Der Aufsichtsrat besteht aus mindestens drei Mitgliedern; die Satzung kann eine höhere Zahl festsetzen, die jedoch durch drei teilbar sein muß. Die Höchstzahl der Aufsichtsratsmitglieder beträgt bei Gesellschaften mit einem

Grundkapital bis zu 3 Mill. DM neun,

von mehr als 3 Mill. DM fünfzehn,

von mehr als 20 Mill. DM einundzwanzig,

wobei nach dem Betriebsverfassungsgesetz $^2/_3$ der Mitglieder von der Hautpversammlung und $^1/_3$ von den wahlberechtigten Arbeitnehmern gewählt werden. Bei Aktiengesellschaften mit mehr als 2 000 Arbeitnehmern setzt sich der Aufsichtsrat nach dem Mitbestimmungsgesetz wie folgt zusammen:

bis 10 000 Arbeitnehmer je sechs Aufsichtsratsmitglieder der Anteilseigner und der Arbeitnehmer;

von mehr als 10 000 Arbeitnehmern aus je acht Aufsichtsratsmitgliedern der Anteilseigner und der Arbeitnehmer;

von mehr als 20 000 Arbeitnehmern aus je zehn Aufsichtsratsmitgliedern der Anteilseigner und der Arbeitnehmer.

Unter den 6 (bzw. 8, 10) Aufsichtsratsmitgliedern der Arbeitnehmer müssen sich zwei (bzw. 2, 3) Vertreter von Gewerkschaften, die im Unternehmen vertreten sein müssen, befinden. Die Arbeitnehmer des Unternehmens müssen das 18. Lebensjahr vollendet haben, ein Jahr dem Unternehmen angehören und die weiteren Wählbarkeitsvoraussetzungen nach dem Betriebsverfassungsgesetz (§ 8) erfüllen. Nicht mehr Mitglied des Aufsichtsrates kann werden, wer bereits in zehn Handelsgesellschaften oder bergrechtlichen Gewerkschaften Aufsichtsratsmitglied ist, oder wer gesetzlicher Vertreter eines von der Gesellschaft abhängigen Unternehmens ist.

Aufsichtsratsmitglieder können nicht für längere Zeit als bis zur Beendigung der Hauptversammlung bestellt werden, die über die Entlastung für das vierte Geschäftsjahr nach Beginn der Amtszeit beschließt. Das Geschäftsjahr, in dem die Amtszeit beginnt, wird nicht mitgerechnet.

<small>Bei Unternehmen des Bergbaus und der eisen- und stahlerzeugenden Industrie setzt sich der Aufsichtsrat nach dem Montan-Mitbestimmungsgesetz und dem Mitbestimmungsergänzungsgesetz aus Aktionären, Arbeitnehmern und weiteren zu wählenden Mitgliedern bzw. einem weiteren Mitglied zusammen (AktG § 96); bei Gesellschaften, für die das Betriebsverfassungsgesetz gilt, besteht der Aufsichtsrat nur aus Mitgliedern der Aktionäre und der Arbeitnehmer.</small>

Den Aufsichtsratsmitgliedern kann für ihre Tätigkeit eine Vergütung gewährt werden. Die Bezüge bzw. Gewinnbeteiligungen der Aufsichtsratsmitglieder müssen genau wie die Bezüge der Vorstandsmitglieder angemessen sein. Der Aufsichtsrat wird darauf achten, daß die Gewinnverteilung in einem angemessenen Verhältnis zu den Aufwendungen zugunsten der Belegschaft und von sozialen Einrichtungen steht.

Der Aufsichtsrat wählt aus seiner Mitte einen Vorsitzenden und dessen Stellvertreter. Die Gewählten und die Namen der Aufsichtsratsmitglieder hat der Vorstand unverzüglich zum Handelsregister anzumelden und in den Gesellschaftsblättern bekanntzumachen.

Der Aufsichtsrat soll in der Regel einmal im Kalendervierteljahr einberufen werden. Jedes Aufsichtsratsmitglied oder der Vorstand kann unter Angabe des Zwecks und der Gründe verlangen, daß der Vorsitzende des Aufsichtsrates unverzüglich diesen einberuft. Die Sitzung muß binnen zwei Wochen nach der Einberufung stattfinden. Entspricht der Aufsichtsratsvorsitzende diesem Wunsch nicht, so können die Antragsteller unter Mitteilung des Sachverhaltes selbst den Aufsichtsrat einberufen, wenn das Verlangen von mindestens zwei Aufsichtsratsmitgliedern oder vom Vorstand geäußert wurde.

Der Aufsichtsrat entscheidet durch Beschluß. Die Beschlußfähigkeit des Aufsichtsrates besteht, wenn mindestens die Hälfte der Mitglieder an der Beschlußfassung teilnimmt, sofern sie nicht durch Satzung anders geregelt ist. Abwesende Aufsichtsratsmitglieder können auch dadurch an der Beschlußfassung teilnehmen, daß sie schriftlich ihre Stimmabgabe überreichen lassen, sofern kein Mitglied diesem Verfahren widerspricht.

Die H a u p t v e r s a m m l u n g ist die Zusammenkunft der Aktionäre oder ihrer Vertreter, bei der sie ihre Rechte ausüben. Man unterscheidet:

die o r d e n t l i c h e Hauptversammlung, die mindestens einmal jährlich, und zwar in den ersten acht Monaten eines Geschäftsjahres, für das abgelaufene Geschäftsjahr abgehalten wird,

die a u ß e r o r d e n t l i c h e Hauptversammlung aus wichtigem Anlaß.

Die E i n b e r u f u n g erfolgt durch den Vorstand; sie muß Firma, Sitz der Gesellschaft, Zeit und Ort der Hauptversammlung, die Tagesordnung sowie die Bedingungen enthalten, von denen die Teilnahme und die Ausübung des Stimmrechtes abhängen, und in allen Gesellschaftsblättern öffentlich bekanntgemacht werden. Die Einberufung muß mindestens einen Monat vor dem Tag der Hauptversammlung erfolgen.

Der Vorstand hat ferner innerhalb von zwölf Tagen nach der Bekanntmachung der Einberufung im Bundesanzeiger die Einberufung, Tagesordnung, etwaige Anträge und Wahlvorschläge von Aktionären m i t z u t e i l e n an:

K r e d i t i n s t i t u t e , die sie an alle die Aktionäre weiterzugeben haben, für die sie Aktien verwahren;

V e r e i n i g u n g e n von Aktionären, die in der letzten Hauptversammlung Stimmrechte für Aktionäre ausgeübt oder diese Mitteilung verlangt haben; sie sind zur Weitergabe auf Verlangen verpflichtet;

alle die A k t i o n ä r e , die eine Aktie bei der Gesellschaft hinterlegt haben, die es nach der Veröffentlichung im Bundesanzeiger verlangen;

die als Aktionäre im Aktienbuch der Gesellschaft eingetragen sind und deren Stimmrecht in der letzten Hauptversammlung nicht durch ein Kreditinstitut ausgeübt worden ist;

jedes A u f s i c h t s r a t s m i t g l i e d , das dies verlangt.

Von der Einberufung an sind Jahresabschluß, Lagebericht und Bericht des Aufsichtsrates sowie der Vorschlag des Vorstandes über die Verwendung des Bilanzgewinns in den Geschäftsräumen der Gesellschaft zur E i n s i c h t durch die Aktionäre auszulegen. Auf Verlangen ist ihnen unverzüglich eine Abschrift zu erteilen.

Die Hauptversammlung wird vom Aufsichtsratsvorsitzenden geleitet. Beschlüsse der Hauptversammlung sind gerichtlich oder notariell zu beurkunden. Eine beglaubigte Abschrift der Niederschrift, des Teilnehmerverzeichnisses und der Belege über die Einberufung sind dem Handelsregister zur Eintragung einzureichen. Jeder Aktionär, der eine Aktie bei der Gesellschaft hinterlegt oder als Aktionär im Aktienbuch der Gesellschaft eingetragen ist, sowie jedes Aufsichtsratsmitglied kann verlangen, daß der Vorstand ihm die gefaßten Beschlüsse schriftlich mitteilt.

Der B e s c h l u ß f a s s u n g der Hauptversammlung unterliegen:

Bestellung und Abberufung der Mitglieder des Aufsichtsrates;

Entlastung der Mitglieder des Vorstandes und des Aufsichtsrates innerhalb der ersten 8 Monate des Geschäftsjahres;

die Verwendung des Bilanzgewinnes;

Bestellung der Abschlußprüfer;

Entscheidungen über Satzungsänderungen mit einer $^3/_4$-Mehrheit des bei der Beschlußfassung vertretenen Grundkapitals, wenn die Satzung nichts anderes bestimmt;

Maßnahmen der Kapitalbeschaffung und Kapitalherabsetzung;

Bestellung von Prüfern zur Sonderprüfung (Vorgänge bei Gründung oder der Geschäftsführung);

Auflösung der Gesellschaft.

Über Fragen der Geschäftsführung kann die Hauptversammlung nur auf ausdrückliches Verlangen des Vorstandes entscheiden.

Durch die E n t l a s t u n g billigt die Hauptversammlung die Verwaltung der Gesellschaft durch die Mitglieder des Vorstandes und des Aufsichtsrates für das abgelaufene Geschäftsjahr. Sie enthält jedoch keinen Verzicht auf Ersatzansprüche.

Der Vorstand hat den durch den Aufsichtsrat und die Abschlußprüfer geprüften und bestätigten J a h r e s a b s c h l u ß , Lagebericht, Bericht des Aufsichtsrates und Gewinnvorschlag vorzulegen und zu erläutern. Ebenso hat der Aufsichtsrat seinen Bericht zu erläutern. Nach Aussprache und Auskunftserteilung wird darüber abgestimmt (siehe Stimmrecht). Billigt der Aufsichtsrat den Jahresabschluß, nachdem der Abschlußprüfer ihn geprüft hat, so ist er f e s t g e s t e l l t . Allerdings können Vorstand und Aufsichtsrat die Feststellung des Jahresabschlusses der Hauptversammlung überlassen. Diese ist auch zuständig, wenn der Aufsichtsrat den Jahresabschluß nicht billigt. An einem vom

Vorstand und Aufsichtsrat gemeinsam festgestellten Jahresabschluß ist die Hauptversammlung gebunden. Sie kann also die Bilanz nicht ändern, um einen höheren als vorgeschlagenen Gewinn zu verteilen.

Für die Abstimmung gilt der Grundsatz der einfachen Stimmenmehrheit, soweit nicht Gesetz oder Satzung anderes vorschreiben (z. B. bei Satzungsänderungen $^3/_4$-Mehrheit).

Rechnungslegung

Der Vorstand hat in den ersten drei Monaten des Geschäftsjahres den Jahresabschluß sowie den Lagebericht für das vergangene Geschäftsjahr aufzustellen und den Abschlußprüfern, die Wirtschaftsprüfer oder Wirtschaftsprüfungsgesellschaften sein können, vorzulegen. Der Jahresabschluß besteht aus der Jahresbilanz und der Gewinn- und Verlustrechnung, für die zwingende Gliederungsvorschriften und Bewertungsvorschriften bestehen, sowie dem Anhang (HGB §§ 266—285).

Gegenstände des Anlagevermögens sind mit den Anschaffungs- oder Herstellungskosten, vermindert um Abschreibung zu bewerten. Dabei dürfen angemessene Anteile der Betriebs- und Verwaltungskosten im Zeitraum der Herstellung angerechnet werden. Die Gegenstände des Umlaufvermögens sind zu den Anschaffungs- und Herstellungskosten anzusetzen, soweit nicht ein niedrigerer Wertansatz erforderlich ist (Niederstwertprinzip). Das Grundkapital ist zum Nennbetrag, Verbindlichkeiten zu ihrem Rückzahlungsbetrag, Rentenverpflichtungen zu ihrem Barwert zu bilanzieren.

Für den Jahresabschluß werden bestimmte Formblätter für Kapitalgesellschaften und Genossenschaften herausgegeben. Für die Gewinn- und Verlustrechnung kann nur noch die Staffelform verwandt werden.

Der Jahresabschluß wird durch den Lagebericht ergänzt. Er soll nach § 289 HGB:

den Geschäftsverlauf und die Lage der Gesellschaft darlegen;

über Vorgänge von besonderer Bedeutung berichten, die nach Schluß des Geschäftsjahres eingetreten sind;

auf die voraussichtliche Entwicklung der Kapitalgesellschaft und den Bereich Forschung und Entwicklung eingehen.

Der Anhang will den Jahresabschluß gemäß §§ 268, 284 und 285 erläutern. Insbesondere sollen Bewertungs- und Abschreibungsmethoden angegeben, Abweichungen des Jahresabschlusses von den vorherigen dargelegt werden. Auch sind Angaben über die Einbeziehung von Zinsen für Fremdkapital in die Herstellungskosten sowie über Haftungsverhältnisse zu machen.

Die Abschlußprüfer haben den Jahresabschluß unter Einbeziehung der Buchführung und des Lageberichtes zu prüfen. Die Prüfung erstreckt sich darauf, ob die Bestimmungen des Gesetzes und der Satzung über den Jahresabschluß eingehalten sind und die Angaben im Lagebericht richtig sind und daß sie keine falschen Vorstellungen über die Lage der Gesellschaft erwecken. Über die Prüfung wird ein Prüfungsbericht schriftlich erstattet. Werden keine Einwendungen erhoben, wird der Bestätigungsvermerk erteilt. Er lautet: Die Buchführung, der Jahresabschluß und der Lagebericht entsprechen nach meiner (unserer) pflichtmäßigen Prüfung Gesetz und Satzung. Bei Einwendungen wird der Bestätigungsvermerk eingeschränkt oder versagt (§ 322 HGB).

Der Vorstand hat nach Eingang des Prüfungsberichtes diesen mit Jahresabschluß, Lagebericht und einem Gewinnvorschlag unverzüglich dem Aufsichtsrat vorzulegen, der nach Prüfung dazu innerhalb eines Monats schriftlich Stellung nimmt und erklärt, ob er den Jahresabschluß billigt. Billigt der Aufsichtsrat den Jahresabschluß, so ist dieser festgestellt. Entscheiden sich Vorstand und Aufsichtsrat für die Feststellung des Jahresabschlusses durch die Hauptversammlung oder billigt der Aufsichtsrat den Jahresabschluß nicht, so stellt die Hauptversammlung den Jahresabschluß fest. Hat keine Prüfung stattgefunden, so kann der Jahresabschluß nicht festgestellt werden; ein trotzdem festgestellter Jahresabschluß ist nichtig. Unmittelbar nach der ordentlichen Hauptversammlung hat der Vorstand der AG den festgestellten Jahresabschluß mit Bestätigungsvermerk, der vom Abschlußprüfer unterschrieben sein muß, sowie den Lagebericht nebst Bericht des Aufsichtsrates zum Handelsregister einzureichen und bekanntzumachen (HGB § 325).

Die Mitglieder von Vorstand und Aufsichtsrat, die Abwickler und die Prüfer unterliegen Straf- und Bußgeldvorschriften. Falsche Angaben, unrichtige Darstellung, Pflichtverletzung bei Verlust, Überschuldung oder Zahlungsunfähigkeit sowie Verletzung der Geheimhaltungspflicht werden mit einer Freiheitsstrafe bis zu 3 Jahren oder mit Geldstrafe bestraft (HGB §§ 331 ff.).

Über die G e w i n n v e r w e n d u n g beschließt die Hauptversammlung, wobei sie an den festgestellten Jahresabschluß gebunden ist. Im Beschluß ist anzugeben:

dor Bilanzgewinn;

der an Aktionäre auszuschüttende Betrag;

die den Rücklagen zuzuführenden Beträge;

ein Gewinnvortrag;

der zusätzliche Aufwand aufgrund des Beschlusses.

Nach dem Gesetz sind vom Jahresüberschuß (Reingewinn) zunächst 5 % der gesetzlichen Rücklage (Gewinnrücklage) solange zuzuführen, bis diese 10 % oder einen nach der Satzung höheren Prozentteil des Grundkapitals erreicht hat. Der Kapitalrücklage wird das Aufgeld bei Ausgabe von Aktien (Agio) zugeführt. (Die gesetzliche Rücklage darf unter bestimmten Voraussetzungen zum Ausgleich eines Verlustes verwandt werden.) Danach können weitere Gewinnrücklagen gebildet werden, die jedoch nach AktG § 58 begrenzt sind. Rücklagen stärken das Eigenkapital der Aktiengesellschaft.

Von dem nunmehr festgestellten Bilanzgewinn erhält der Vorstand eine Tantieme in Form eines prozentualen Anteiles. Die Tantieme für die Aufsichtsratsmitglieder wird vom Bilanzgewinn berechnet, nachdem jedoch dieser um mindestens 4 % der auf den Nennbetrag der Aktien geleisteten Einzahlungen gemindert wurde. Nach der Dividende wird ein etwaiger Gewinnrest auf neue Rechnung vorgetragen.

Auflösung

Die Aktiengesellschaft wird aufgelöst durch:

Zeitablauf,

Beschluß der Hauptversammlung,

Konkurs.

Mit Auflösung findet die Abwicklung durch bestellte Abwickler (Konkursverwalter) statt. Meist ist es der Vorstand. Die Abwickler haben

die Gläubiger aufzufordern, ihre Ansprüche anzumelden,
die laufenden Geschäfte zu beenden,
die Forderungen einzuziehen,
das übrige Vermögen in Geld umzusetzen,
die Gläubiger zu befriedigen.

Das danach verbleibende Vermögen wird unter die Aktionäre verteilt, und zwar frühestens ein Jahr nach dem Tage, an dem der Aufruf an die Gläubiger zum dritten Mal bekanntgemacht worden ist. Nach Beendigung der Abwicklung und Legung der Schlußrechnung ist der Schluß der Abwicklung zur Eintragung ins Handelsregister anzumelden. Die Gesellschaft wird gelöscht.

Die Kommanditgesellschaft auf Aktien

Die Kommanditgesellschaft auf Aktien ist dem Wesen nach eine Verbindung zwischen KG und AG. Mindestens ein Gesellschafter ist Vollhafter (Komplementär), die Kommanditisten erhalten für ihre Einlagen Aktien und sind Kommanditaktionäre. Sie haften als reine Kapitalgeber nur mit der in der Aktie verbrieften Einlage.

Die Firma muß den Zusatz „Kommanditgesellschaft auf Aktien" führen. Der oder die Vollhafter bilden den Vorstand, der die Geschäfte verantwortlich führt und die Gesellschaft nach außen vertritt. Die Vollhafter haften unbeschränkt. Rechtsgrundlage bildet das Aktiengesetz (§§ 278—290) und die ergänzenden Vorschriften des HGB (§ 264 ff.). Das Rechtsverhältnis der persönlich haftenden Gesellschafter bestimmt sich nach den Vorschriften des HGB über die Kommanditgesellschaft.

Die Gesellschaft mit beschränkter Haftung

Begriff und Haftung

Die Gesellschaft mit beschränkter Haftung (GmbH) ist eine Vereinigung von Personen, die mit bestimmten Anteilen (Stammanteile) am Gesellschaftsvermögen beteiligt sind und nur in dieser Höhe haften. Der notariell beurkundete G e s e l l s c h a f t s v e r t r a g muß enthalten:

Firma und Sitz der Gesellschaft,

Gegenstand des Unternehmens,

Betrag des Stammkapitals,

Betrag der Einlage, die von jedem Gesellschafter auf das Stammkapital zu leisten ist (Stammeinlage).

Rechtsgrundlage bildet das „Gesetz, betreffend die Gesellschaft mit beschränkter Haftung" (GmbHG) in der heute gültigen Fassung.

Die Gesellschaft mit beschränkter Haftung steht zwischen einer offenen Handelsgesellschaft und einer Aktiengesellschaft. Die Gesellschafter können im Betrieb als Geschäftsführer mitarbeiten, ihre Haftung jedoch beschränkt sich auf die Einlage wie bei der Aktiengesellschaft. Die Anzahl der Gesellschafter ist meist nicht hoch, deshalb eignet sie sich besonders für Familiengründungen. Das neue Gesetz erlaubt auch die „Ein-Mann-GmbH". Durch ein geringes Mindestkapital, die Haftungseinschränkung und das Fehlen der Veröffentlichungspflicht ist die Kreditbasis gering. Deshalb ist im Gesellschaftsvertrag oft eine Nachschußpflicht bestimmt.

Gründung und Firma

Zur Gründung ist ab 1. 1. 1981 ein Stammkapital von mindestens 50 000,— DM erforderlich. Die S t a m m e i n l a g e jedes Gesellschafters muß mindestens 500,— DM betragen und durch 100 teilbar sein. Die GmbH ist zur Eintragung in das Handelsregister anzumelden, wobei 25 % (mindestens 25 000,— DM) auf die Stammeinlage eingezahlt sein müssen. Der Gesellschaftsvertrag, die Legitimation der Geschäftsführer, die Liste der Gesellschafter und die Unterschrift der Geschäftsführer sind mit einzureichen. Die Eintragung der Gesellschaft hat rechtsbegründende Wirkung.

Die Höhe der Stammeinlage eines jeden Gesellschafters bestimmt dessen G e - s c h ä f t s a n t e i l . Nach ihm richtet sich das S t i m m r e c h t und die G e w i n n v e r - t e i l u n g . Die Geschäftsanteile sind veräußerlich und vererblich. Die Veräußerung muß jedoch notariell beurkundet werden. Meist wird sie von der Zustimmung der Gesellschafter abhängig gemacht.

Die F i r m a der Gesellschaft, die eine Personen- oder Sachfirma sein kann, muß den Zusatz „mit beschränkter Haftung" haben. Für Geschäftsbriefe sind die gleichen Angaben wie bei der AG vorgeschrieben.

Organe der Gesellschaft

Es werden ein oder mehrere G e s c h ä f t s f ü h r e r, die Gesellschafter sein können, von der Gesellschafterversammlung bestellt. Sie führen die Geschäfte der Gesellschaft in eigener Verantwortung und vertreten die Gesellschaft gerichtlich und außergerichtlich. Falls der Gesellschaftsvertrag nichts anderes bestimmt, haben Zeichnung und Abgabe von Erklärungen durch alle Geschäftsführer gemeinsam zu erfolgen. Die Geschäftsführer, die die Geschäfte nach Vertrag und Geschäftsanweisung führen, sind der Gesellschaft gegenüber verpflichtet, Beschränkungen einzuhalten, die durch Vertrag oder Gesellschafterbeschlüsse festgelegt sind. Nach außen hat eine Beschränkung keine rechtliche Wirkung; sie gilt nur im Innenverhältnis. Hier haften die Geschäftsführer solidarisch für entstehenden Schaden. Die Bestellung als Geschäftsführer ist jederzeit widerruflich und unabhängig von dem bestehenden Arbeitsvertrag. Der Widerruf kann aus wichtigem Grunde erfolgen, insbesondere bei grober Pflichtverletzung oder bei Unfähigkeit zur ordnungsmäßigen Geschäftsführung.

Ein A u f s i c h t s r a t ist nach dem GmbH-Gesetz nicht erforderlich. Er muß jedoch bestehen bei Gesellschaften mit mehr als 500 Arbeitnehmern nach dem Betriebsverfassungsgesetz, und zwar zu $^1/_3$ aus Vertretern der Arbeitnehmer, oder auf Grund der Satzung.

Die G e s e l l s c h a f t e r v e r s a m m l u n g ist die Hauptversammlung der GmbH. Ihr obliegen:

Bestellung, Abberufung und Entlastung von Geschäftsführern,

Feststellung des Jahresabschlusses und der Verteilung des daraus sich ergebenden Reingewinns,

Anforderung von Einzahlungen auf die Stammeinlagen,

Teilung und Einziehung von Geschäftsanteilen,

Maßregeln zur Prüfung und Überwachung der Geschäftsführung,

Bestellung von Prokuristen und Handlungsbevollmächtigten zum gesamten Geschäftsbetrieb,

Wahrnehmung weiterer satzungsgemäß eingeräumter Rechte.

Beschlüsse der Gesellschafter werden in der Gesellschafterversammlung gefaßt. Oft bedarf es der Abhaltung einer solchen nicht, weil sämtliche Gesellschafter schriftlich zustimmen oder sich mit der schriftlichen Abgabe der Stimmen einverstanden erklären.

Die B e s c h l u ß f a s s u n g erfolgt durch Abstimmung nach der Mehrheit der abgegebenen Stimmen. Dabei gewähren j e d e 1 0 0 , — D M eines Geschäftsanteils e i n e Stimme. Gesellschafter, die selbst durch die Beschlußfassung entlastet oder von einer Verbindlichkeit befreit werden sollen, haben kein Stimmrecht.

Rechnungslegung

Der J a h r e s a b s c h l u ß wird nach den Richtlinien für Kapitalgesellschaften aufgestellt. Die Wohnungsbaugesellschaften mit beschränkter Haftung haben das vorgeschriebene Formblatt anzuwenden und unterliegen der Prüfungspflicht eines Abschlußprüfers oder eines Prüfungsverbandes. Bei ihnen ist die Prüfung alljährlich vor Feststellung des Jahresabschlusses durchzuführen. Sie erstreckt sich auf den Jahresabschluß unter Einbeziehung der Buchführung und des Lageberichtes. Über die stattgefundene Prüfung wird ein Bestätigungsvermerk erteilt. Ein ohne Prüfung festgestellter Jahresabschluß ist nichtig (§ 316 ff. HGB).

Bilanz, Gewinn- und Verlustrechnung, Anhang und Lagebericht sind von den Geschäftsführern je nach Größendifferenzierung innerhalb von drei bzw. sechs Monaten nach Ende des abgelaufenen Geschäftsjahres aufzustellen. Die Verteilung des Reingewinnes erfolgt nach dem Verhältnis der Geschäftsanteile, wenn im Vertrag nicht ein anderer Maßstab festgesetzt ist.

Im Gesellschaftsvertrag kann eine **Nachschußpflicht** vereinbart sein. Es gibt beschränkte Nachschußpflicht, unbeschränkte Nachschußpflicht.

Eine beschränkte Nachschußpflicht kann auf einen bestimmten Betrag beschränkt sein. Kommt der Gesellschafter der Einzahlung von Nachschüssen nicht nach, so wird er nach fruchtlosem Ablauf einer in einer Mahnung festgesetzten Frist seines Geschäftsanteils zugunsten der Gesellschaft verlustig erklärt (Kaduzierung).

Bei unbeschränkter Nachschußpflicht hat der Gesellschafter das Recht, sich von der Zahlung des geforderten Nachschusses dadurch zu befreien, daß er seinen Geschäftsanteil zur Befriedigung zur Verfügung stellt (Abandonrecht).

Auflösung

Die Gesellschaft mit beschränkter Haftung wird aufgelöst durch:

Zeitablauf gemäß Gesellschaftsvertrag,

Beschluß der Gesellschafter mit $^{3}/_{4}$-Mehrheit der abgegebenen Stimmen,

gerichtliches Urteil,

Eröffnung des Konkursverfahrens.

Liquidation und Konkurs vollziehen sich ähnlich wie bei der Aktiengesellschaft.

2.2.3 Andere Gesellschaftsformen

Die Berggewerkschaft

Die bergrechtliche Gewerkschaft ist eine Gesellschaftsform, die es — neben der Aktiengesellschaft — noch im Bergbau gibt. Sie dient zur Ausbeutung eines Bergwerks, bei dessen Erschließung der Kapitalbedarf nicht vorher zu bestimmen ist. Die Mitglieder sind durch Anteilscheine (**Kuxe**) beteiligt. Der Kux lautet über einen Bruchteil des Gesamtvermögens der Gewerkschaft, die kein festes Grundkapital hat. Der Gewinnanteil (**Ausbeute**) wird nach dem Verhältnis der Kuxe verteilt. Bei Verlust oder Kapitalbedarf ist der Gewerke zur Zahlung von Zubußen verpflichtet. Dieser Nachschußpflicht kann er sich durch das Abandonrecht entziehen. Organe sind Grubenvorstand und Gewerkenversammlung.

Die Reederei

Eigentümer von Schiffen nennt man Reeder, seinen Gewerbebetrieb Reederei. Die Mitglieder (Mitreeder) sind mit einem Anteil (Schiffpart) beteiligt und haften unbeschränkt. Beitragsleistung, Stimmrecht, Gewinn- und Verlustrechnung richten sich nach der Höhe des Schiffparts.

2.3 Zusammenschlüsse von Unternehmungen

In der Wirtschaft schließen sich oft größere Unternehmungen in loser oder enger Form zusammen. Der Vorteil liegt in Rationalisierung, Überwindung von Krisen u. a. Der Zusammenschluß führt jedoch auch zu Marktbeherrschung und damit verbundener Preiserhöhung zum Nachteil des Verbrauchers. Daher verbietet der Gesetzgeber in der Bundesrepublik manche Zusammenschlüsse bzw. verlangt, daß sie vom Bundeskartellamt (Sitz Berlin), das ein Kartellregister führt, genehmigt bzw. bei ihm angezeigt werden. Zusammenschlüsse sind:

Kartell, rechtlich und wirtschaftlich selbständige Unternehmen mit bestimmten Absprachen;

Konzern, herrschendes und unabhängiges Unternehmen unter Leitung des herrschenden (Beherrschungsvertrag) oder rechtlich selbständige Unternehmen unter einheitlicher Leitung (Konzernunternehmen); das Konzernrecht und der Konzernabschluß (konsolidierte Bilanz) sind im HGB §§ 290—315 geregelt;

Trust, Unternehmen verlieren rechtliche und wirtschaftliche Selbständigkeit.

Nach dem „Gesetz gegen Wettbewerbsbeschränkungen" (GWB) sind Preiskartelle, Produktionskartelle, Kalkulationskartelle, Gebietskartelle grundsätzlich verboten. Bei Gesellschaften zum Vertrieb (Vertrieb von Erzeugnissen verschiedener Unternehmen über eine gemeinsame Verkaufsstelle mit eigener Rechtsform), Rationalisierungskartellen und Krisenkartellen besteht Genehmigungspflicht. Dagegen sind Konditionskartelle (einheitliche Geschäftsbedingungen) und Rabattkartelle (gleichmäßige Rabattgewährung) anmeldepflichtig. Legalisierte Kartelle werden ins Kartellregister, in das jeder Einsicht nehmen kann, eingetragen. Das Gesetz bestimmt ferner, daß die „Preisbindung der zweiten Hand" (Bindung der Verkäuferendpreise vom Hersteller aus) verboten ist; sie besteht nur bei Verlagserzeugnissen.

2.4 Die Erwerbs- und Wirtschaftsgenossenschaft

Gesetz, betreffend die Erwerbs- und Wirtschaftsgenossenschaft (Genossenschaftsgesetz vom 1. Mai 1889 in der heute gültigen Fassung).

2.4.1 Begriff und geschichtliche Entwicklung

Die Genossenschaft ist eine Unternehmensform, in der sich eine nicht begrenzte Zahl von Mitgliedern vereinigt, um mit dem gemeinschaftlichen Geschäftsbetrieb ihre eigenen gewerblichen oder wirtschaftlichen Interessen zu fördern. Damit unterscheidet sich die Genossenschaft grundsätzlich von den Gesellschaften.

Die Vereinigung von Personen unter der genossenschaftlichen Idee der Selbsthilfe führt zu einer menschlichen und wirtschaftlichen Verbundenheit. Die genossenschaftliche Idee beruht auf dem Selbsthilfewillen, auf der freiwilligen Einordnung in die Gemeinschaft („Alle für einen, einer für alle") und auf der Treuepflicht. Die genossenschaftlich geführte Unternehmung will dem einzelnen freien Menschen — als Mitglied — wirtschaftlich helfen. Sie erkennt die Persönlichkeit der Mitglieder an und bietet ihnen wirtschaftliche Vorteile, die sie nur in Verbindung mit den gemeinschaftlichen Leistungen aller anderen Mitglieder aufbringen kann.

Die Genossenschaft ist demnach ein wirtschaftliches und soziologisches Gebilde, das sich unter bestimmten Voraussetzungen (Eintragung ins Genossenschaftsregister) die Rechtsform als Genossenschaft geben kann. Genossenschaftliche Vorbilder bestanden in den germanischen Sippenverbänden (blutmäßige Verbundenheit), bei den Marktgenossenschaften (gemeinsame Ackerwirtschaft, gemeinsame Marktnutzung) u. a. Diese genossenschaftlich ausgerichtete Wirtschaftsform wurde jedoch abgelöst durch eine Wirtschaftsverfassung, die die Wirtschaft dem freien Spiel der Kräfte überließ. Auswirkungen des „kapitalistischen" Wirtschaftssystems führten zu Wirtschaftskampf und begründeten damit die „soziale Frage". Sie bezog sich auf wirtschaftlich Schwache, d. h. auf Lohnarbeiter, Kleinbauern und Handwerker. Hier liegt die Geburtsstunde des modernen Genossenschaftswesens. Schöpfer der Genossenschaftsbewegung waren in Deutschland Viktor Aimé Huber, Schulze-Delitzsch und Friedrich Wilhelm Raiffeisen.

> Viktor Aimé Huber (1800—1869) war der theoretische Wegbereiter des genossenschaftlichen Gedankens, er propagierte zur Bekämpfung der wirtschaftlichen Not die Gründung von Verbraucher-, Siedlungs- und Baugenossenschaften. Auf seine Anregung wurde in Berlin 1849 die erste „gemeinnützige Baugesellschaft" gegründet, der 1862 die Gründung der ersten Wohnungsbaugenossenschaft in Hamburg folgte. 1864 wurde auf Kongressen und Vereinstagen die Errichtung von Arbeiterwohnungen auf genossenschaftlichem Wege besprochen. Weitere Gründungen folgten in anderen Städten. 1848 erschien seine Schrift „Die Selbsthilfe der arbeitenden Klasse durch Wirtschaftsvereine und innere Ansiedlung".
>
> Hermann Schulze aus Delitzsch (1808 bis 1883), Richter und Mitglied der preußischen Nationalversammlung, prüfte 1848 die Notlage der Handwerker. Er stellte das Prinzip der Selbsthilfe und Solidarhaftung an die Stelle von Staatshilfe und gründete 1849 in Delitzsch die erste Rohstoffvereinigung der Tischler und Schuhmacher sowie eine Kranken- und Sterbekasse. Es folgte 1850 die Gründung von Konsumvereinen und Vorschußvereinen, die den Handwerkern Kredite zur Verfügung stellten. Auf ihn gehen die gewerblichen Genossenschaften zurück.
>
> Friedrich Wilhelm Raiffeisen (1818 bis 1888) ist der Begründer von landwirtschaftlichen Genossenschaften. Als Bürgermeister einer Gemeinde im Westerwald gründete er 1847 den ersten Konsumverein, dem die Gründung von Darlehnskassenvereinen folgten (Ausbreitung der Raiffeisen-Genossenschaften).

Durch das Genossenschaftsgesetz von 1867 wurden die bestehenden wirtschaftlichen Gebilde als Genossenschaften — durch Eintragung ins Genossenschaftsregister — anerkannt. Auf diesem baute das „Gesetz, betreffend die Erwerbs- und Wirtschaftsgenossenschaften" vom 1. 5. 1889, auf. Es brachte die Einführung der beschränkten Haftpflicht, die Zulassung von Zentralgenossenschaften, die Einführung der gesetzlichen Prüfungspflicht, später (1934) den Verbandszwang und ausführliche Strafbestimmungen für die Mitglieder des Vorstands und des Aufsichtsrates. Mit dem „Gesetz zur Änderung des Gesetzes betreffend die Erwerbs- und Wirtschaftsgenossenschaften" vom 9. 10. 1973 wurde das Genossenschaftsrecht den wirtschaftlichen Erfordernissen angepaßt und später in einzelnen Bestimmungen geändert.

2.4.2 Arten der Genossenschaften

Man kann die rund 20 000 Genossenschaften in der Bundesrepublik einteilen nach dem organisatorischen Zusammenschluß:

ländliche und gewerbliche Genossenschaften (Spitzenverband, zugleich Prüfungsverband: Deutscher Genossenschafts- und Raiffeisenverband e. V., Bonn, mit drei Bundesfachverbänden: Bundesverband der Deutschen Volksbanken und Raiffeisenbanken, Bundesverband der Raiffeisen-Warengenossenschaften, Revisionsverband der genossenschaftlichen Großhandels- und Dienstleistungsunternehmen, e. V. Bonn.

Wohnungsbaugenossenschaften (Spitzenverband: Gesamtverband der Wohnungswirtschaft e. V., Köln, mit den Mitgliedsverbänden als zuständige Prüfungsverbände),

Konsumgenossenschaften (Revisionsverband Deutscher Konsumgenossenschaften e. V., Hamburg),

diese Spitzenverbände treffen sich im freien Ausschuß der deutschen Genossenschaftsverbände; im internationalen Genossenschaftsbund (IGB) sind über 600 000 Genossenschaften mit über 230 Mill. Mitgliedern vertreten;

nach dem Zweck der Förderung ihrer Mitglieder:

Einkaufsgenossenschaften als Warenbezugs- oder Einkaufsgenossenschaften für Handel, Handwerk oder Landwirtschaft zum gemeinschaftlichen Großeinkauf von Rohstoffen und Waren (niedriger Bezugspreis, größere Rabattsätze);

Absatzgenossenschaften zum gemeinsamen Verkauf landwirtschaftlicher Erzeugnisse (Molkereigenossenschaften, Winzergenossenschaften);

Lieferungsgenossenschaften zur Erzielung von Großaufträgen für das Handwerk;

Kreditgenossenschaften zur Gewährung von günstigen Krediten und zur Durchführung anderer Bankgeschäfte an Mitglieder;

Verkehrsgenossenschaften zur gemeinsamen Beschaffung von Beförderungsaufträgen;

Wohnungsbaugenossenschaften zur Erfüllung wohnungswirtschaftlicher Aufgaben, ggf. als Vermietungsgenossenschaft;

Verbrauchergenossenschaften (Konsumvereine) zum verbilligten Großeinkauf zugunsten der Endverbraucher;

landwirtschaftliche Nutzungsgenossenschaften zur Beschaffung und gemeinsamen Benutzung von Maschinen u. a.;

Produktionsgenossenschaften zur Herstellung von Ware;

nach dem räumlichen Bereich:

Einzelgenossenschaften,

Zentralgenossenschaften.

2.4.3 Gründung

Die Zahl der Genossen muß mindestens s i e b e n betragen. Die Gründer stellen ein Statut (Satzung) schriftlich auf, das nur von der Generalversammlung mit $^3/_4$-Stimmenmehrheit der abgegebenen Stimmen geändert werden kann, und wählen Vorstand und Aufsichtsrat. Der Vorstand meldet die Genossenschaft zur Eintragung in das G e n o s - s e n s c h a f t s r e g i s t e r unter Einreichung der von den Gründern unterzeichneten Satzung, einer Liste der Mitglieder und von Urkunden über die Bestellung des Vorstandes und des Aufsichtsrates sowie eines Bescheides über die Zugehörigkeit zu einem Prüfungsverband an; dieser muß sich gutachtlich äußern, daß nach den persönlichen oder wirtschaftlichen Verhältnissen (Vermögenslage) eine Gefährdung der Mitglieder oder der Gläubiger der Genossenschaft nicht zu befürchten ist. Mit der Eintragung wird die Genossenschaft juristische Person und gilt gleichzeitig als Kaufmann im Sinne des HGB. Das Genossenschaftsregister wird bei dem zuständigen Amtsgericht geführt.

Die F i r m a muß vom Gegenstand des Unternehmens abgeleitet und mit dem Zusatz eG versehen sein. Die Geschäftsbriefe der Genossenschaft müssen die gleichen Angaben enthalten wie die der AG oder GmbH.

In der Satzung (Statut) müssen Bestimmungen enthalten sein, die besagen, daß der Genosse im Falle des Konkurses der Genossenschaft Nachschüsse zur Konkursmasse unbeschränkt, auf eine Haftsumme beschränkt oder überhaupt nicht zu leisten hat; in der Firmenbezeichnung darf jedoch darauf nicht hingewiesen werden.

2.4.4 Mitgliedschaft

Zum Erwerb der Mitgliedschaft einer Genossenschaft bedarf es der B e i t r i t t s e r - k l ä r u n g in schriftlicher Form. Der Vorstand hat diese Erklärung im Falle der Zulassung unverzüglich dem Registergericht zuzuleiten, damit das Mitglied in die L i s t e d e r G e n o s s e n eingetragen werden kann. Erst durch die Eintragung in die Liste der Genossen entsteht die Mitgliedschaft des Beitretenden. Von der Eintragung werden Vorstand und eintretender Genosse benachrichtigt. Die Beitrittserklärung wird in Urschrift bei dem Gericht aufbewahrt.

In der Beitrittserklärung verpflichtet sich das künftige Mitglied, die in der Satzung der Genossenschaft bestimmten Beträge auf den Geschäftsanteil einzuzahlen und gegebenenfalls Nachschüsse zur Befriedigung der Gläubiger zu leisten, falls das Statut diese vorsieht. Der G e s c h ä f t s a n t e i l für Wohnungsgenossenschaften beträgt mindestens 300,— DM; die Einzahlungen auf den Geschäftsanteil sollen innerhalb von 3 Jahren geleistet sein (Monatsrate 8,40 DM). Jedes Mitglied kann mehrere Anteile übernehmen, doch müssen bei Übernahme eines weiteren Geschäftsanteils die Geschäftsanteile davor, außer bei einer Pflichtbeteiligung, voll eingezahlt (erreicht) sein (GenG § 15 b). Das Statut kann eine Höchstzahl von Geschäftsanteilen oder eine Pflichtbeteiligung festsetzen; diese muß jedoch für alle gleich sein; sie kann sich aber auch nach dem Umfang der Inanspruchnahme von Einrichtungen (Wohnungen, Räumen) richten.

Durch Einzahlungen auf den Geschäftsanteil entsteht das G e s c h ä f t s g u t h a b e n . Solange dieses noch nicht voll eingezahlt ist, wird die Dividende dem Geschäftsguthaben voll zugeschrieben. Die Dividende wird vom Guthaben berechnet, das am Anfang des Jahres bestanden hat. Das Geschäftsguthaben kann sich um abgeschriebene Verlustanteile mindern. Das Statut kann bestimmen, daß die Geschäftsguthaben verzinst werden. Fehlt die Angabe eines festen Zinssatzes, muß wenigstens ein Mindestzinssatz angegeben sein (§ 21 a).

Für die Verbindlichkeiten der Genossenschaft haftet den Gläubigern nur das Vermögen jeder Genossenschaft. Jeder einzelne Genosse haftet mit seinem Geschäftsguthaben — auch für die vor seinem Eintritt eingegangenen Verbindlichkeiten (§ 23). Außerdem ist jeder Genosse verpflichtet, Nachschüsse zur Konkursmasse zu zahlen, wenn dies die Satzung nicht ausschließt und die Gläubiger im Konkursfalle nicht voll befriedigt werden können (§ 105); die Nachschußpflicht kann durch Statut auf eine Haftsumme beschränkt sein, die jedoch nicht niedriger als der Geschäftsanteil sein kann (§ 119.) Auch kann bestimmt sein, daß bei Beteiligung mit mehreren Geschäftsanteilen eine Erhöhung der Haftsumme nicht eintritt.

Unabhängig von den Einzahlungen auf den Geschäftsanteil wird meist einmalig ein E i n t r i t t s g e l d erhoben.

Die M i t g l i e d s c h a f t e n d e t durch

Kündigung,

Übertragung des Geschäftsguthabens,

Tod,

Ausschluß.

Ein Mitglied kann zum Schluß eines Geschäftsjahres durch Kündigung seinen Austritt aus der Genossenschaft erklären. Die K ü n d i g u n g muß mindestens drei Monate vorher schriftlich erfolgen. Bei vielen Wohnungsbaugenossenschaften beträgt die Kündigungsfrist zwei Jahre, doch kann das Statut eine längere, höchstens jedoch fünfjährige Kündigungsfrist festsetzen; in diesem Falle hat der Genosse ein außerordentliches Kündigungsrecht, wenn ihm nach seinen persönlichen und wirtschaftlichen Verhältnissen nicht zugemutet werden kann, bis zum Ablauf der Kündigungsfrist in der Genossenschaft zu bleiben (§ 65). Ist ein Genosse mit mehreren Geschäftsanteilen beteiligt, so kann er auch einen oder mehrere Anteile kündigen, ohne auszuscheiden; Voraussetzung jedoch ist, daß er nicht zur Beteiligung mit mehreren Anteilen verpflichtet ist.

Ein Mitglied kann jederzeit, auch innerhalb des Geschäftsjahres, ein Geschäftsguthaben durch schriftliche Vereinbarung auf einen anderen übertragen und somit aus der Genossenschaft ohne Auseinandersetzung mit ihr ausscheiden. Dabei darf das Geschäftsguthaben des Erwerbers nach Zuschreibung des Geschäftsguthabens des Veräußeres den Gesamtbetrag aller übernommenen Geschäftsanteile des Erwerbers nicht übersteigen (§ 76). Die Ü b e r t r a g u n g bedarf der Zustimmung des Vorstandes. Die Mitgliedschaft endet mit dem Tag, an dem das Gericht die Übertragung des Geschäftsguthabens in die Liste der Genossen einträgt.

Stirbt ein Mitglied, so geht die Mitgliedschaft auf den Erben über. Sie endet am Ende des Geschäftsjahres, in dem der Tod eingetragen ist, falls die Satzung nichts anderes bestimmt (§ 77). Bis dahin können Erben die Rechte aus der Mitgliedschaft durch einen gemeinschaftlichen Vertreter ausüben. Der Vorstand hat eine Anzeige von dem Tode des Genossen ohne Verzug dem Gericht zur Liste der Genossen einzureichen.

Ein Mitglied kann aus der Genossenschaft a u s g e s c h l o s s e n werden bei Mitgliedschaft in einer anderen Genossenschaft, welche an demselben Ort ein gleichartiges Geschäft betreibt, oder aus anderen im Statut aufgeführten Gründen.

Mit dem Ausgeschiedenen hat sich die Genossenschaft auseinanderzusetzen. Die Grundlage für die Auseinandersetzung bildet die nach den Grundsätzen ordnungsmäßiger Rechnungslegung aufgestellte Bilanz für das Geschäftsjahr, zu dessen Ende das Mitglied ausscheidet. Der Ausgeschiedene hat danach ein Recht auf sein A u s e i n - a n d e r s e t z u n g s g u t h a b e n, das nach den Einzahlungen des Mitglieds — vermehrt um Zuschreibung von Gewinnanteilen bzw. Abschreibungen von Verlustteilen, nicht aber als Anteilen an den Rücklagen — berechnet wird. Das Auseinandersetzungsguthaben des Ausgeschiedenen ist binnen sechs Monaten nach dem Ausscheiden auszuzahlen. Satzungsgemäß jedoch erst nach Feststellung der Bilanz. Reicht das Vermögen einschließlich Rücklagen und aller Geschäftsguthaben nicht zur Deckung aller Schulden aus, so muß der Ausgeschiedene einen Anteil des Fehlbetrags an die Genossenschaft zahlen, falls er bei Konkurs dazu laut Satzung verpflichtet wäre. Der Anspruch des Genossen auf Auszahlung verjährt in zwei Jahren (§ 74).

Alle Mitglieder haben die gleichen Rechte und Pflichten. Die einzelnen üben ihr Recht in der Generalversammlung durch Beschlußfassung aus.

2.4.5 Organe der Genossenschaft

Die O r g a n e der Genossenschaft sind
Vorstand,
Aufsichtsrat,
Generalversammlung bzw. Vertreterversammlung.

Vorstand

Der Vorstand besteht mindestens aus zwei Mitgliedern, die persönlich Mitglieder der Genossenschaft sein müssen. E r v e r t r i t t gemeinschaftlich die Genossenschaft gerichtlich und außergerichtlich, falls das Statut nichts Abweichendes bestimmt, und f ü h r t die Geschäfte der Genossenschaft selbstverantwortlich nach Gesetz, Satzung und Geschäftsanweisung. Die Vorstandsmitglieder haben dabei die Sorgfalt eines ordentlichen und gewissenhaften Geschäftsleiters einer Genossenschaft anzuwenden, wobei sie im Streitfall die Beweislast trifft. Sie werden entweder vom Aufsichtsrat oder der Generalversammlung bestellt und können besoldet oder unbesoldet sein. Die

Bestellung ist jederzeit widerruflich, unbeschadet der Entschädigungsansprüche aus bestehenden Verträgen.

Der Vorstand ist der Genossenschaft gegenüber verpflichtet, Beschränkungen einzuhalten, die ihm durch Statut gesetzt sind. Gegen dritte Personen hat die Beschränkung keine rechtliche Wirkung. Vorstandsmitglieder, die ihre Pflichten verletzen, sind der Genossenschaft zum Ersatz des daraus entstehenden Schadens als Gesamtschuldner verpflichtet. Freiheitsstrafe bis zu 3 Jahren oder Geldstrafe droht Vorstandsmitgliedern, gegebenenfalls auch Aufsichtsratsmitgliedern und Prüfern bei vorsätzlich falschen Angaben, Versicherungen, Verschleierungen u. a. (§§ 148 ff.).

Die Erteilung von Prokura gemäß HGB §§ 48—53 wird in das Genossenschaftsregister eingetragen. Für Handlungsbevollmächtigte gilt HGB § 54 entsprechend.

Aufsichtsrat

Der Aufsichtsrat besteht aus mindestens drei Mitgliedern, die ehrenamtlich tätig sind. Sie werden von der Mitgliederversammlung für eine bestimmte Zeit — nach der Mustersatzung für Wohnungsbaugenossenschaften für drei Jahre — gewählt. Die Mitgliederversammlung kann eine höhere Zahl festsetzen. Bei vielen Wohnungsbaugenossenschaften muß sie laut Statut durch 3 teilbar sein, weil zugleich $1/3$ der Mitglieder alljährlich ausscheidet und durch Neuwahl zu ersetzen ist. Eine Wiederwahl ist zulässig. Bei vorzeitigem Ausscheiden eines Aufsichtsratsmitgliedes beschränkt sich die Amtsdauer des Nachfolgers auf die restliche Amtsdauer des Ausgeschiedenen. Bei Genossenschaften mit mehr als 500 Arbeitnehmern wird $1/3$ der Aufsichtsratsmitglieder von den wahlberechtigten Arbeitnehmern gewählt. Bei Genossenschaften mit mehr als 2 000 Arbeitnehmern setzt sich der Aufsichtsrat nach den Vorschriften des Mitbestimmungsgesetzes zusammen.

Aufsichtsratsmitglieder m ü s s e n ebenfalls Mitglied der Genossenschaft sein. Sie dürfen nicht zugleich dem Vorstand angehören oder in einem Arbeitsverhältnis zur Genossenschaft stehen. Jedes Mitglied des Aufsichtsrates hat die Sorgfalt eines ordentlichen und gewissenhaften Geschäftsmannes anzuwenden. Mitglieder von Vorstand und Aufsichtsrat, die ihre Pflichten verletzen, haften der Genossenschaft persönlich und solidarisch für den dadurch entstandenen Schaden. Die Ansprüche verjähren in fünf Jahren.

Der Aufsichtsrat ist dem Vorstand mit selbständigem und getrenntem Arbeitsgebiet nebengeordnet. Er hat den Vorstand bei seiner Geschäftsführung in allen Zweigen der Verwaltung zu ü b e r w a c h e n und sich über die Angelegenheiten der Genossenschaft zu u n t e r r i c h t e n. Er hat zu diesem Zweck Berichte des Vorstandes e n t g e g e n z u n e h m e n oder auch anzufordern. Daher kann er selbst oder durch einzelne von ihm bestimmte Mitglieder Bücher und Schriften der Genossenschaft einsehen sowie den Bestand der Kasse und die Bestände an Effekten, Handelspapieren und Waren untersuchen. Dieses Recht steht dem Aufsichtsrat zu, nicht einzelnen Mitgliedern. Schließlich hat er die Jahresrechnung, die Bilanzen und die Vorschläge zur Verteilung von Gewinn oder Verlust zu prüfen und der Generalversammlung vor Genehmigung der Bilanz zu berichten.

Der Aufsichtsrat ist nach dieser Satzung beschlußfähig, wenn mehr als die Hälfte seiner Mitglieder in der Sitzung zugegen ist. Er faßt seine Beschlüsse mit einfacher Stimmenmehrheit der Erschienenen; bei Stimmengleichheit gilt der Antrag als abgelehnt. Über Beschlüsse werden Niederschriften angefertigt, die vom Vorsitzenden und vom Schriftführer unterschrieben sind. Niederschriften sind in einem Buch einzutragen oder so abzuheften, daß ihre Vollständigkeit gesichert ist.

Mitgliederversammlung (Generalversammlung)

In der Mitgliederversammlung nehmen die Genossen ihre Rechte in bezug auf die Führung der Geschäfte, Prüfung der Bilanz, Verteilung des Gewinns und Verlustes durch Beschlußfassung der erschienenen Genossen wahr. Bei Genossenschaften mit m e h r als 3 0 0 0 Mitgliedern besteht die Generalversammlung als V e r t r e t e r v e r s a m m l u n g aus mindestens fünfzig Vertretern der Genossen. Beträgt die Mitgliederzahl mehr als 1 500, kann das Statut bestimmen, daß eine Vertreterversammlung gebildet wird. Die Vertreter müssen Genossen sein. Für jeden Vertreter ist gleichzeitig ein Ersatzmann zu wählen. Die Liste der Vertreter und der Ersatzmänner ist zwei Wochen lang ab Bekanntmachung der Auslegungsfrist in den Geschäftsräumen auszulegen. Jeder Genosse kann eine Abschrift verlangen. Die Mitglieder üben ihre Rechte durch die Wahl der Vertreter für die Vertreterversammlung durch Beschlußfassung aus. Sinkt die Zahl der Mitglieder auf weniger als 3 001 oder laut Statut auf weniger als 1 501 herab, so tritt automatisch an die Stelle der Vertreterversammlung die Mitgliederversammlung. Das Statut bestimmt auch, auf wie viele Genossen ein Vertreter entfällt sowie die Amtszeit der Vertreter. Bestimmungen über die Wahl können in einer Wahlordnung getroffen werden.

In der Mitgliederversammlung hat jedes Mitglied eine Stimme, falls das Statut nicht die Gewährung von Mehrstimmrechten bei Genossen, die den Geschäftsbetrieb der Genossenschaft besonders fördern, vorsieht. Bis höchstens drei Stimmen können einem Genossen gewährt werden; er kann jedoch immer nur dann e i n e Stimme abgeben, wenn bei Wahlen eine Mehrheit von drei Vierteln der abgegebenen Stimmen erforderlich ist (§ 43). Der Genosse soll sein Stimmrecht persönlich ausüben. Er kann Stimmvollmacht in schriftlicher Form erteilen, doch kann ein Bevollmächtigter nicht mehr als zwei Genossen vertreten. Handlungsunfähige und beschränkt geschäftsfähige Personen üben ihr Stimmrecht durch ihren gesetzlichen Vertreter aus, mehrere Erben eines verstorbenen Mitgliedes durch eine mit schriftlicher Vollmacht versehene Person.

Man unterscheidet

    ordentliche Mitgliederversammlung,

    außerordentliche Mitgliederversammlung.

Die o r d e n t l i c h e M i t g l i e d e r v e r s a m m l u n g ist jährlich unter Angabe der Tagesordnung mit einer Frist von mindestens einer Woche einzuberufen. Die Einberufung erfolgt vom Vorstand, kann nach der Satzung auch durch den Vorsitzenden des Aufsichtsrates oder durch beide erfolgen, und zwar durch schriftliche Mitteilung an die Mitglieder oder laut Satzung durch einmalige Veröffentlichung in einer bestimmten

Zeitung. Die Mitgliederversammlung ist außerdem einzuberufen, wenn es der zehnte Teil oder der im Statut festgelegte geringere Teil der Genossen mit Angabe der Gründe und des Zwecks verlangt (§ 45).

B e s c h l ü s s e können nur über Gegenstände der Tagesordnung gefaßt werden. Nachträglich können Anträge auf Beschlußfassung aufgenommen werden, wenn sie mindestens drei Tage vor der Generalversammlung angekündigt wurden. Dagegen bedarf es keiner Ankündigung zur Stellung von Anträgen und zur Verhandlung ohne Beschlußfassung. Statutenänderungen haben erst rechtliche Wirkung, wenn sie in das Genossenschaftsregister eingetragen sind. Über die Beschlüsse der Mitgliederversammlung ist eine Niederschrift anzufertigen und aufzubewahren, deren Einsicht jedem Genossen gestattet werden muß. Sie muß neben Ort und Tag der Versammlung den Namen des Vorsitzenden sowie Art und Ergebnis der Abstimmung und die Feststellung des Vorsitzenden über die Beschlußfassung enthalten. Bei qualifizierter Mehrheit ($^3/_4$) ist dem Protokoll noch ein Verzeichnis der anwesenden und vertretenen Genossen und deren Stimmenzahl beizufügen (§ 47). Die Niederschrift ist gemäß der Satzung vom Versammlungsleiter und den anwesenden Mitgliedern des Vorstandes zu unterschreiben. Ihr sind die Belege über die Einberufung als Anlagen beizufügen.

Für die Feststellung, ob ein Beschluß zustande gekommen ist, werden nur die abgegebenen Stimmen gezählt.

Die Mitgliederversammlung ist zur Beschlußfassung zuständig:

m i t e i n f a c h e r S t i m m e n m e h r h e i t der abgegebenen Stimmen für:

Geschäftsbericht des Vorstandes mit Bericht des Aufsichtsrates und Bericht über die gesetzliche Prüfung;

Genehmigung des Jahresabschlusses, Verteilung des Reingewinns bzw. Deckung des Verlustes;

Entlastung von Vorstand und Aufsichtsrat;

Wahl von Aufsichtsratsmitgliedern;

mit $^3/_4$- M e h r h e i t der abgegebenen Stimmen für:

Änderung der Satzung;

Änderung des Gegenstandes des Unternehmens;

Abberufung von Aufsichtsratsmitgliedern;

Bestellung und Widerruf von Vorstandsmitgliedern, falls die Satzung nicht einfache Mehrheit vorsieht;

Erhöhung des Geschäftsanteils;

Einführung oder Erweiterung einer Pflichtbeteiligung mit mehreren Geschäftsanteilen;

Einführung oder Erweiterung der Verpflichtung der Genossen zur Leistung von Nachschüssen;

Verlängerung der Kündigungsfrist auf mehr als 2 Jahre;

Einführung oder Erweiterung von Mehrstimmenrechten;

Zerlegen von Geschäftsanteilen;

Auflösung und Verschmelzung, wenn das Statut keine andere Mehrheit vorsieht.

Werden Satzungsänderungen angestrebt, durch die eine Verpflichtung der Genossen zur Inanspruchnahme von Einrichtungen der Genossenschaft oder zur Leistung von Sachen oder Diensten eingeführt oder erweitert werden soll, bedarf es einer Mehrheit von neun Zehntel der abgegebenen Stimmen.

Wird eine Änderung des Statuts beschlossen, so hat der Genosse unter der Voraussetzung, daß er in die Mitgliederversammlung Widerspruch zu Protokoll gegeben hat oder daß er wegen nicht ordnungsgemäßer Einberufung oder Ankündigung nicht teilgenommen hat, ein außerordentliches Kündigungsrecht. Die Kündigung muß innerhalb eines Monats zum Ende des Geschäftsjahres erfolgen und bewirkt, daß die Änderung des Statuts für den Genossen nicht gilt (§ 67 a).

Ein B e s c h l u ß der Generalversammlung kann wegen Verletzung des Gesetzes oder des Statuts m i t t e l s K l a g e innerhalb eines Monats a n g e f o c h t e n werden. Zur Anfechtung berechtigt ist jeder in der Generalversammlung anwesende Genosse, sofern er gegen den Beschluß Widerspruch zu Protokoll erklärt hat. Darüber hinaus ist auch jeder nicht erschienene Genosse berechtigt, sofern er zur Generalversammlung unberechtigterweise nicht zugelassen worden ist oder weil er glaubt, daß die Berufung oder Ankündigung des Gegenstandes der Beschlußfassung nicht ordnungsgemäß erfolgt sei. Auch kann der Vorstand oder jedes Mitglied des Vorstandes und des Aufsichtsrates einen Beschluß anfechten, wenn sie sich bei der Ausführung des Beschlusses strafbar oder den Gläubigern der Genossenschaft gegenüber haftbar machen würden. Die Klage ist gegen die Genossenschaft zu richten und beim zuständigen Landgericht zu erheben (§ 51).

Eine a u ß e r o r d e n t l i c h e M i t g l i e d e r v e r s a m m l u n g ist einzuberufen, wenn:

es im Interesse der Genossenschaft erforderlich ist;

der Prüfungsverband die Einberufung für notwendig hält;

die Zahl der Aufsichtsratsmitglieder unter die zur Beschlußfähigkeit erforderliche Zahl herabsinkt;

der zehnte Teil der Mitglieder der Genossenschaft in einer von ihnen unterschriebenen Eingabe die Einberufung verlangt, falls die Satzung keine andere Minderheit vorsieht.

Die Eingabe muß den Zweck und die Gründe der Berufung enthalten. Wird dem Verlangen nicht entsprochen, so kann das Gericht diese Genossen zur Einberufung der Generalversammlung oder zur Ankündigung des Gegenstandes ermächtigen. Mit der Einberufung oder Ankündigung ist die gerichtliche Ermächtigung bekanntzumachen.

2.4.6 Prüfungsverband und Prüfungszwang

Jede Genossenschaft muß einem Prüfungsverband angehören, dem das Prüfungsrecht verliehen ist. Scheidet eine Genossenschaft aus dem Verband aus, so hat der Verband das Gericht unverzüglich zu benachrichtigen. Das Gericht hat die Auflösung der

Genossenschaft auszusprechen, falls diese nicht innerhalb einer bestimmten Frist einem anderen Prüfungsverband beitritt, der demselben Spitzenverband der Genossenschaft angehört.

Der Prüfungsverband p r ü f t durch seine angestellten Prüfer die Führung der Geschäfte, die betriebliche Organisation, die Vermögenslage, den Jahresabschluß mit Lagebericht und stellt die wirtschaftlichen Verhältnisse und die Ordnungsmäßigkeit der Geschäftsführung fest.

Die ordentlichen Prüfungen haben in jedem Geschäftsjahr, bei kleineren Genossenschaften mit einer Bilanzsumme bis zwei Mill. DM mindestens alle zwei Jahre stattzufinden (§ 53). Der Vorstand der Genossenschaft hat dem Prüfer die Einsicht in die Bücher und Schriften der Genossenschaft sowie alle Aufklärungen und Nachweise zu geben, die der Prüfer für eine sorgfältige Prüfung benötigt. Das gilt auch bei außerordentlichen Prüfungen, die der Verband bei Vorliegen besonderer Gründe durchführen kann. Dem Aufsichtsrat ist der Beginn der Prüfung anzuzeigen.

Über das Ergebnis der Prüfung erstattet der Verband einen P r ü f u n g s b e r i c h t . Dieser ist dem Vorstand der Genossenschaft unter gleichzeitiger Benachrichtigung des Aufsichtsratsvorsitzenden vorzulegen. Über das Ergebnis der Prüfung haben Vorstand und Aufsichtsrat in gemeinsamer Sitzung unverzüglich nach Eingang des Berichtes zu beraten. Verband und Prüfer sind berechtigt, an der Sitzung teilzunehmen. Deshalb hat der Vorstand den Verband von dem Sitzungstermin zu benachrichtigen. Die Organe der Genossenschaft sind verpflichtet, Beanstandungen und Auflagen des Prüfungsverbandes nachzukommen. Der Prüfungsverband ist ferner berechtigt, den Mitgliederversammlungen der Genossenschaften beizuwohnen.

2.4.7 Rechnungslegung

Der Jahresabschluß der Genossenschaft ist nach besonderen F o r m b l ä t t e r n und unter Berücksichtigung besonderer Gliederungs- und Bewertungsvorschriften aufzustellen (HGB § 336 ff.). Bilanz, Gewinn- und Verlustrechnung, Anhang sowie Lagebericht mit dem Bericht des Aufsichtsrates sind der Generalversammlung vorzulegen und spätestens eine Woche vor der Mitgliederversammlung in der Geschäftsstelle der Genossenschaft zur Einsicht der Mitglieder auszulegen. Bekanntmachung und Geschäftsbericht sind dem Genossenschaftsregister einzureichen. Die Aufstellung des Jahresabschlusses und Lageberichtes muß innerhalb 5 Monaten nach Ablauf eines jeden Geschäftsjahres erfolgen. Die Offenlegung hat unmittelbar nach der Generalversammlung zu erfolgen.

Im Anhang sind anzugeben (§ 338 HGB):
  Name und Anschrift des zuständigen Prüfungsverbandes,
  Mitglieder des Vorstands und des Aufsichtsrats,
  im Geschäftsjahr eingetretene Genossen,
  im Geschäftsjahr ausgeschiedene Genossen,
  Zahl der angehörigen Genossen,
  Gesamtbetrag der Haftsummen, für den am Jahresende alle Genossen aufzukommen haben,

Gesamtbetrag, um den sich das Geschäftsguthaben sowie die Haftsummen vermehrt oder vermindert haben,
rückständige Einzahlung auf den Geschäftsanteil.

Die Satzung bestimmt Einzelheiten über Rücklagen, Gewinnverteilung und Verlustdeckung. Der R e i n g e w i n n wird nach Abzug der Zuweisungen an die Rücklagen als Gewinnanteil im Verhältnis der Geschäftsguthaben verteilt. Die Gewinnanteile (Dividenden) sind vierzehn Tage nach der Mitgliederversammlung fällig.

Wohnungsbaugenossenschaften sind als reine Vermietungsgenossenschaften von der Körperschaft-, Gewerbe- und Vermögensteuer befreit, wenn sie sich auf die Vermietung eigener Wohnungen beschränken; dabei dürfen höchstens 10 % ihrer Gesamteinnahmen aus anderen Geschäften herrühren (s. S. 197).

2.4.8 Auflösung und Abwicklung

Die Genossenschaft wird aufgelöst: durch Beschluß der Mitgliederversammlung, durch Eröffnung des Konkursverfahrens, durch Beschluß des Gerichtes, wenn die Zahl der Mitglieder weniger als sieben beträgt.

Die Auflösung der Genossenschaft wird ohne Verzug in das Genossenschaftsregister eingetragen. Die Liquidation erfolgt durch den Vorstand, sie muß öffentlich bekanntgemacht werden, wobei die Gläubiger aufgefordert werden, sich bei der Genossenschaft zu melden. Die Liquidatoren (meist Vorstandsmitglieder) haben die laufenden Geschäfte zu beenden, die Verpflichtungen der aufgelösten Genossenschaft zu erfüllen, die Forderungen derselben einzuziehen und das Vermögen der Genossenschaft in Geld umzusetzen.

Genossenschaften gleicher Haftart können unter Ausschluß der Liquidation verschmolzen werden. Bei der Verschmelzung kann entweder das Vermögen der übertragenden Genossenschaft als Ganzes auf die übernehmende Genossenschaft überführt oder das Vermögen auf eine neue Genossenschaft übertragen werden (Verschmelzung durch Neubildung § 93 a ff.).

Das Konkursverfahren (§ 98) findet statt im Falle der Zahlungsunfähigkeit oder bei Überschuldung, wenn das Vermögen die Schulden nicht mehr deckt. Soweit die Konkursgläubiger wegen ihrer Forderung aus dem vorhandenen Vermögen nicht befriedigt werden können, sind die Genossen verpflichtet, Nachschüsse zur Konkursmasse zu leisten, sofern das Statut die Nachschußpflicht nicht ausgeschlossen oder begrenzt hat (§ 105).

Nachschußpflichtig sind alle in der Liste der Genossenschaften eingetragenen Mitglieder zur Zeit der Konkurseröffnung, auch wenn sie vorher ihren Austritt erklärt haben, sowie die innerhalb von sechs Monaten vor Konkurseröffnung ausgeschiedenen Mitglieder (§ 75). Gegebenenfalls können auch Genossen zur Nachschußpflicht herangezogen werden, die innerhalb der letzten 18 Monate ausgeschieden sind (§ 115 b). Beiträge, die einzelne Genossen nicht leisten können, werden auf die übrigen verteilt.

3 Die Wohnungsbewirtschaftung

3.1 Grundbegriffe

3.1.1 Wohnung

Unter Wohnung versteht man eine Anzahl von Räumen, die in einem festen Gebäude liegen, zu Wohnzwecken bestimmt sind und eine selbständige Haushaltsführung ermöglichen. Die Wohnung braucht nicht abgeschlossen zu sein, doch muß sie eine Küche oder einen Raum mit Kochgelegenheit besitzen und den sanitären und hygienischen Anforderungen unserer Zeit genügen.

Keine Wohnungen im wohnungswirtschaftlichen Sinne sind: Notunterkünfte in Barakken, Bunkern oder Nissenhütten, Arbeiter-Schutzhütten, Wohnwagen, Behelfsheime oder Wochenendhäuser, die nur vorübergehend zu Wohnzwecken bestimmt sind.

Man unterscheidet folgende R ä u m e :

Wohn- und Schlafzimmer von mindestens 10 m² Wohnfläche,

Wohn- und Schlafkammern von 6 bis unter 10 m² Wohnfläche,

Küchen (Wohnküchen, Kochküchen),

Nebenräume (Dielen, Flure, Treppen, Aborte, Waschräume, Baderäume, Speisekammern, Besenkammern, Veranden, Schrankräume, Abstellräume, nicht beheizbare Wintergärten, Balkone und gedeckte Freisitze).

Außerdem können zur Wohnung gehören: Bodenräume, Kellerräume, Garagen usw.

Zur Mitbenutzung stehen zur Verfügung:

Treppenhäuser, Trockenböden, Waschküchen, Fahrrad- und Kinderwageneinstellräume, Kinderspielanlagen, Grünanlagen, Teppichklopfstangen, Müllkästen usw.

Die G r ö ß e einer Wohnung wird ausgedrückt:

durch Zimmerzahl (3 Zimmer, Küche und Bad) und Wohnfläche oder:

durch Raumzahl (4 Räume) und Wohnfläche.

Neben den zu Wohnzwecken dienenden Räumen (Wohnräumen) gibt es:

gewerbliche Räume (Läden, Werkstätten, Büroräume usw.),

Wirtschaftsräume (Vorratsräume, Ställe, Scheunen usw.).

Man spricht bei Wohnungen: von Wohnfläche,

bei gewerblichen Wirtschaftsräumen: von Nutzfläche.

Für die Berechnung von Wohnfläche und Nutzfläche gelten besondere Vorschriften.

Das II. WoBauG stellte anfänglich Mindesanforderungen an eine Wohnung, die längst überschritten waren. Nunmehr sind von einer Arbeitsgruppe des Gesamtverbandes der Wohnungswirtschaft in Verbindung mit internationalen Verbänden Ansprüche an eine Wohnung und deren Umgebung veröffentlich worden. Sie lauten:

1. Bedürfnisse und Ansprüche in bezug auf die Wohnung

a. Physische und physiologische Aspekte

Stabilität und Solidität der Konstruktion unter Berücksichtigung der örtlichen Gegebenheiten

Dauerhaftigkeit, Widerstandsfähigkeit

Pflegeleichtigkeit, einfache Instandhaltung und Bedienung der technischen Ausstattung

Wasserdichtigkeit, keine Feuchtigkeit und Tauwasserbildung

Kein Durchzug und Windwirbel (Hochhäuser)

Schutz vor Brand

Übereinstimmung der Sanitäreinrichtung mit der Familiengröße

Natürliche oder mechanische Lufterneuerung

Natürliche Durchlüftung

Orientierung der Wohnung unter dem Gesichtspunkt der Sonneneinstrahlung

Natürliche Belichtung

Sonnenschutz

Optimale thermische Isolierung

Schallisolierung:
— Standort abseits von Lärmzonen (Verkehr, Kreuzungen, Diskothek, usw.)
— durch planerische Mittel (Treppen, Aufzüge, Badezimmer, usw. nicht an Wohnräume und Zimmer angrenzend)
— durch technische Mittel wie Isolierung der Zwischenwände, der Fußböden, der Installationsrohre

Keine Belästigung durch Staub, Verbrennungsgase, usw.

Vorhandensein von Invalidualräumen für jeden Bewohner

Interne Organisation der Wohnung:
— Übereinstimmung zwischen Funktion und Größe der Räume und Öffnungen (Türen und Fenster)
— räumliche Trennung der nicht miteinander zu vereinbarenden Aktivitäten
— bequeme Bewegungsflächen (auch für körperlich Behinderte)

Flexibilität und Anpassungsfähigkeit:
— Möglichkeit eines unterschiedlichen Gebrauchs der Räume
— Möglichkeit der Trennung oder Zusammenlegung der Räume
— Möglichkeit, die Wohnung den spezifischen Bedürfnissen älterer oder behinderter Menschen anzupassen

Die inneren Verkehrsflächen müssen geräumig genug sein, um die nachbarschaftlichen Beziehungen, den Krankentransport oder den Umzug zu erleichtern.

Versorgungseinrichtungen
— Wasser, Gas, Elektrizität, Heizung
— Kanalanschluß und Müllbeseitigung
— Telekommunikation

Intimität der Individualräume, des Gartens, der Balkone und der Terrassen

Verfügung über einen Gemeinschaftsraum für mehrere Familien oder Haushalte (selbstverwaltet)

Mögliche Kontakte mit der Außenwelt:
— Vorhandensein eines privaten Außenraums, um die Kontakte zwischen Nachbarn zu erleichtern
— Ausblick auf Grünflächen
— Ausblick auf die Straße

Orientierungsmöglichkeit:
— leichter Zugang zur Wohnung für Besucher, Ärzte, Fußgänger, Behinderte und Fahrzeuge
— Vorhandensein von Abstellräumen für Fahrräder, Kinderwagen usw.

b. Psychologische und soziologische Aspekte

Positiver Eindruck der Wohnung nach außen hin, architektonische Qualität, erkennbare Gestaltung und Ästhetik des Gebäudes

Keine Monotonie, keine übermäßige Standardisierung, keine erdrückenden Dimensionen

Harmonische Verbindung zwischen Innen- und Außenräumen

Ästhetik und Abwechslung der Außenräume

Personalisierung der Wohnung unter Berücksichtigung des Gebäudecharakters:
— Soziale Identifizierung, Stellung der Nachbarschaft
— funktionierender Pannendienst

Nachbarschaft von Freunden, Familienmitgliedern

Sichtbare Anwesenheit von Nachbarn
— Möglichkeit gewollter Kontakte
— Möglichkeit, unerwünschte Kontakte zu vermeiden

c. Kriterien der Wirtschaftlichkeit

Die Qualitätswohnung muß folgenden Kriterien entsprechen:
— der Miet- oder Kaufpreis sollte keine Verzerrung des Haushaltsbudgets bewirken
— geringe Bewirtschaftuns- und Instandhaltungskosten (vom Gebäude abhängig)
— begrenzte Nebenkosten: wie Fahrtkosten (Arbeitsplatz, Schule, Einkaufszentren) und Umzugskosten

2. Bedürfnisse und Forderungen bezüglich der Nahumwelt der Wohnung

Vorhandensein in unmittelbarer Nähe von Grünflächen, Spielplätzen, Schulen, Kinderkrippen, Kindergärten, Geschäften, Sozialdiensten, medizinischen und kulturellen Infrastrukturen

Freizeit- und Sportanlagen

Möglichkeit zur Miete von Gemüsegärten

Zugänglichkeit dieser Einrichtungen zu Fuß, mit dem Fahrrad, mit dem Auto

Sicherheit außerhalb der Gebäude

Verkehrswege, Parkplätze, Garagen

Fußgängerwege, Schulweg

Beleuchtung der öffentlichen Verkehrswege

Größe der Wohnung und das Wohnumfeld sind bedeutend für die Entwicklung der Kinder. Oft sind Verhaltensstörungen auf zu kleine Wohnungen oder das Wohnumfeld sowie Wohnkonflikte auf die Wohnqualität zurückzuführen. Statistiker haben auch die geringe Kinderzahl mti zu kleinen Wohnungen in Beziehung gebracht.

3.1.2 Grundfläche und Wohnfläche

Die W o h n f l ä c h e hat große Bedeutung

für Wohnungsunternehmen,

für staatliche Förderungsmaßnahmen,

für die Berechnung des Mietpreises.

Deshalb ist die Wohnflächenberechnung in der II. Berechnungsverordnung (§§ 42—44) geregelt.

Danach ist die W o h n f l ä c h e einer Wohnung die Summe der anrechenbaren Grundflächen der Räume, die ausschließlich zu der Wohnung gehören. Zur Wohnfläche gehört jedoch nicht die Grundfläche von:

Zubehörräumen (Keller, Waschküche, Abstellräume außerhalb der Wohnung, Dachböden, Schuppen, Garagen u. a.),

Wirtschaftsräumen,

gewerblichen Räumen.

Bei der Ermittlung der Wohnfläche sind Grundflächen anzurechnen:

v o l l :

Grundflächen von Räumen und Raumteilen mit einer lichten Höhe von mindestens 2 m;

zur H ä l f t e :

Grundflächen von Räumen und Raumteilen mit einer lichten Höhe von mindestens 1 m und weniger als 2 m, von Wintergärten, Schwimmbädern und ähnlichen nach allen Seiten geschlossenen Räumen;

bis zur H ä l f t e :

Grundflächen von Balkonen, Loggien, Dachgärten oder gedeckten Freisitzen;

n i c h t :

Grundflächen von Räumen oder Raumteilen mit einer lichten Höhe von weniger als 1 m, von nicht gedeckten Terrassen.

Die G r u n d f l ä c h e eines Raumes kann nach den F e r t i g m a ß e n oder den R o h b a u m a ß e n ermittelt werden (II. BV § 43 f.).

F e r t i g m a ß e sind die lichten Maße zwischen den Wänden ohne Berücksichtigung von Wandgliederungen, Wandbekleidungen, Scheuerleisten, Öfen, Heizkörpern, Herden.

Werden Rohbaumaße (Maße aus der Bauzeichnung, d. h. ohne Verputz) zugrunde gelegt, werden die errechneten Grundflächen um 3 % gekürzt (oder mit 0,97 multipliziert).

Der Bauherr bleibt für alle späteren Berechnungen an die Wahl der Grundflächenberechnung nach Fertigmaß oder Rohbaumaß gebunden.

Die Wände der Räume verlaufen meist nicht geradlinig, sondern sind mit Einbuchtungen oder Ausbuchtungen versehen. Deshalb sind von den ermittelten Grundflächen bestimmte Abzüge oder Zuschläge vorzunehmen.

Abzuziehen sind die Grundflächen von:

Schornsteinen und anderen Mauervorlagen, freistehenden Pfeilern und Säulen, wenn sie in der ganzen Raumhöhe durchgehen und ihre Grundfläche mehr als 0,1 m² beträgt.

Treppen mit über drei Steigungen und deren Treppenabsätze.

Hinzuzurechnen sind die Grundflächen von

Fenster- und offenen Wandnischen, die bis zum Fußboden herunterreichen und mehr als 0,13 m tief sind,

Erkern und Wandschränken, die eine Grundfläche von mindestens 0,5 m² haben,

Raumteilen und Treppen, soweit die lichte Höhe mindestens 2 m ist.

Die Grundflächen der Türnischen sind nicht hinzuzurechnen.

Bei mehrgeschossigen Mietwohnungen wird das Treppenhaus nicht in die Wohnflächenberechnung einbezogen, da es keiner Wohnung zugerechnet werden kann. Dies ist bei Einfamilienhäusern anders. Deshalb kann bei diesen 10 % der ermittelten Grundfläche der Wohnung für das Treppenhaus abgezogen werden.

3.1.3 Wesen der Wohnungsbewirtschaftung

Unter der Wohnungsbewirtschaftung versteht man alle die Tätigkeiten, die das Wohnungsunternehmen leisten muß, um aus dem Gut „Wohnung" sowie den Sondereinrichtungen Erträge zu erwirtschaften. Die Wohnungsbewirtschaftung ist eine Dienstleistung. Das Wohnungsunternehmen hält Wohnungen am Markt bereit, vermietet sie gegen Entgelt und stellt diesem Ertrag die Aufwendungen aus der Betriebsleistung gegenüber.

Nach den betrieblichen Funktionen unterscheidet man:

Wohnungsverwaltung,

Betrieb der Wohnungen,

Instandhaltung,

Kapitaldienst.

Im Sprachgebrauch bestehen vielfach keine klaren Unterscheidungen. Der private Haus- und Grundbesitz sieht die Wohnungsbewirtschaftung — im Gegensatz zur unternehmerischen Wohnungswirtschaft — nur nach rechtlichen Gesichtspunkten der Vermietung und Verwaltung. Daher können sogenannte „Wohnungsverwaltungen" oder „Hausverwaltungen" privater Grundstückseigentümer auch Tätigkeiten übernehmen, die hier anderen Bereichen (Teilfunktionen) zugeordnet sind.

3.2 Wohnungsverwaltung

3.2.1 Arten

Die Wohnungsverwaltung ist eine Teilfunktion der Wohnungsbewirtschaftung. Nach der Rechtsform unterscheidet man:
Eigenverwaltung, Fremdverwaltung.

Eigenverwaltung liegt vor bei:
privaten Hauseigentümern, die die Verwaltung ihrer Mietwohnungen selbst durchführen und alle vorkommenden Arbeiten übernehmen;
Behörden, die meist Beamte oder Angestellte einer besonderen Dienststelle damit beauftragen;
gewerblichen Unternehmen, die meist eigene Abteilungen bilden;
Wohnungsunternehmen, wenn sie die Wohnungsverwaltung als Unternehmerzweck oder als Betriebsleistung ausführen.

Fremdverwaltung erfolgt auftragsgemäß für Rechnung Dritter (Betreuung).

Sie kommt vor bei:
Zwangsverwaltungen;
Konkursen;
Hauseigentümern, die Makler, Treuhandgesellschaften, Wohnungsunternehmen u. a. mit der Wohnungsverwaltung beauftragen;
örtlichen Haus- und Grundeigentümervereinen, die meist selbständige Wohnungsverwaltungen oder Gesellschaften unterhalten;
öffentlich-rechtlichen Hauseigentümern und Unternehmen, wenn sie gemeinnützige Wohnungsunternehmen mit der Verwaltung des Wohnungsbestandes (Verwaltungsbetreuung) beauftragen.
Die Aufgaben der Fremdverwaltung regelt im einzelnen der Vertrag.

Eine besondere Rechtsstellung hat das Wohnungseigentumsgesetz dem Verwalter von Wohnungseigentum, der gesetzlich vorgeschrieben ist, eingeräumt. Diese Form der Fremdverwaltung ist fest umrissen, da Aufgaben, Befugnisse, Wirtschaftsplan und Abrechnung gesetzlich festgelegt sind.

Nach der Organisation unterscheidet man:
Zentrale Wohnungsverwaltung,
dezentrale Wohnungsverwaltung.

Bei örtlich oder räumlich begrenzten Wohnungsunternehmen wird die Wohnungsverwaltung meist zentral von der Geschäftsstelle aus durchgeführt. Teilaufgaben können nach außen auf hauptamtliche oder ehrenamtliche Mitarbeiter (Hauswarte) übertragen werden. So werden z. B. bei Wohnungsgenossenschaften Teilaufgaben, wie Mietinkasso, Umlagen, Reparaturmeldungen u. a. durch die Genossen selbst durchgeführt, die satzungsgemäß dazu verpflichtet sind.

Überörtliche Wohnungsunternehmen haben meist dezentralisierte Wohnungsverwaltungen (Wohnungsverwalter); ihre Aufgaben und ihre Zuständigkeit sind unterschiedlich geregelt; ihre Verfügungsgewalt ist auf bestimmte Beträge begrenzt. Darüber hinausgehende Aufgaben und Aufträge (größere Reparaturen) werden von der zentralen Geschäftsstelle (Hauptverwaltung) übernommen.

3.2.2 Aufgaben

In der unternehmerischen Wohnungswirtschaft beschränkt sich die Wohnungsverwaltung nicht nur auf den Abschluß von Mietverträgen, den Einzug von Mieten, Beaufsichtigung der Gebäude, Zahlung von Hypothekenzinsen, Versicherungsprämien, Grundsteuern, Gemeindeabgaben, Auftragserteilung für Instandhaltungsarbeiten wie bei privatem Haus- und Grundbesitz; sie erfolgt vielmehr nach betriebswirtschaftlichen Gesichtspunkten und zerfällt in wirtschaftliche, technische und soziale Bereiche. Aus der ethischen Grundeinstellung der sich gemeinnützig verhaltenden Wohnungsunternehmen, die ihren Mitgliedern eine Wohnung als Heim auf die Dauer zur Verfügung stellen, entspricht die Gestaltung der sozialen Seite einem besonderen Anliegen. Eine Familie verlangt nach einem Heim. Es gibt ihr Schutz und Geborgenheit vor den Unbilden der Natur und schafft die Intimsphäre der Familie und ihrer Angehörigen, die nötig ist, damit sich ein gesundes und glückliches Familienleben entfalten kann. In der Gestaltung des Heimes liegt eine aufbauende Kraft für die Entwicklung des Lebensgefühls des einzelnen und die Entfaltung seiner Gesamtpersönlichkeit. Deshalb schützt der Staat durch das Grundgesetz die Wohnung vor Eingriffen; oft verzichten Wohnungsunternehmen in ihren Dauer-Mietverträgen (Dauer-Nutzungsverträgen) auf eine einseitige Kündigung und tragen soweit dem Bedürfnis nach Sicherheit, Schutz und Geborgenheit Rechnung.

3.2.3 Mieterauswahl und Wohnungsvergabe

Die Wohnungen werden am Wohnungsmarkt bereitgehalten. Angebote und Nachfragen sind zu finden:

in Tageszeitungen oder als Aushang bei Wohnungsunternehmen, Maklern

oder Wohnungsvermittlungsbüros.

Bei gewerbsmäßiger Wohnungsvermittlung darf ein Wohnungsvermittler nach dem „Gesetz zur Regelung der Wohnungsvermittlung" (WoVermittG) vom 4. 11. 1971 Wohnungen nur anbieten unter der Angabe seines Namens, der Bezeichnung als Wohnungsvermittler, des Mietpreises und eines Hinweises auf sonstige Nebenkosten; außerdem muß er einen Auftrag von dem Vermieter haben (s. auch S. 292).

Um die subjektiven und objektiven Wohnbedürfnisse befriedigen zu können, ist Marktforschung und Marktbeobachtung erforderlich. Vielfach müssen Wohnungen modernisiert oder neu gebaut werden, wenn sie am Markt nicht absetzbar sind.

Nicht jede Wohnung ist frei vermietbar. Oft bestehen Zweckbindungen. Zweckgebundene Wohnungen sind Wohnungen, bei denen Bindungen einzuhalten oder Auflagen zu erfüllen sind. Bedingungen können sein:

bestimmte Einkommensgrenzen bei Sozialwohnungen,

bestimmte Personenkreise,

Auflagen der Hypothekengläubiger (Wohnungsbelegungsrecht).

Bei Werk-, Bundesbediensteten-, Landesbediensteten- und werkgeförderten Wohnungen behalten sich die Arbeitgeber das Recht der Wohnungsbesetzung vor (Wohnungsbelegungsrecht). Eine zweckgebundene Wohnung kann nur ihren Zwecken und Bedingungen entsprechend vermietet werden.

Die Bindungen der Sozialwohnungen werden nach dem Wohnungsbindungsgesetz von der dafür zuständigen Stelle, die alle öffentlich geförderten Wohnungen erfaßt, überwacht. Ihr sind alle bezugsfertig oder freiwerdenden Sozialwohnungen unverzüglich unter Angabe des voraussichtlichen Zeitpunktes schriftlich anzuzeigen.

Der Vermieter darf diese Wohnung nicht leerstehen lassen und dem Wohnungssuchenden nur überlassen, wenn dieser ihm vorher eine „Bescheinigung über die Wohnberechtigung" vorgelegt hat. Diese wird von der dafür zuständigen Stelle auf Antrag des Wohnungssuchenden erteilt, wenn das Gesamteinkommen die Einkommensgrenze (S. 354) nach § 25 II. WoBauG nur unwesentlich übersteigt — oder wenn der Wohnungssuchende durch den Bezug der Wohnung eine andere öffentlich geförderte Wohnung freimacht, deren Miete niedriger ist oder deren Größe die für ihn angemessene Wohnungsgröße übersteigt — oder wenn er aufgrund des Städtebaus oder der Verkehrsplanung eine öffentlich geförderte Wohnung oder eine sonstige Wohnung aufgeben muß, und sein Gesamteinkommen die Einkommensgrenze um nicht mehr als 40 % übersteigt; dabei dürfen dem Wohnungswechsel nach den örtlichen wohnungswirtschaftlichen Verhältnissen keine öffentlichen Interessen entgegenstehen — oder wenn die Versagung der Bescheinigung eine besondere Härte bedeuten würde (WoBindG § 5).

In der Bescheinigung kann die für den Wohnberechtigten angemessene Wohnungsgröße (nach Raumzahl oder Wohnfläche) angegeben sein. Die Bescheinigung gilt für die Dauer eines Jahres vom Ersten des auf die Ausstellung der Bescheinigung folgenden Monats. Liegt das Jahreseinkommen eines Wohnberechtigten mindestens 20 % unter der Einkommensgrenze, so erhält er einen Wohnberechtigungsschein für den Bezug von Wohnungen, für die die öffentlichen Mittel vor dem 1. 1. 1966 bewilligt worden sind.

Der Vermieter hat binnen zwei Wochen, nachdem er die Wohnung einem Wohnungssuchenden überlassen hat, der zuständigen Stelle den Namen des Mieters mitzuteilen und die ihm übergebene Bescheinigung vorzulegen (WoBindG § 4).

Sind Wohnungen mit Mitteln der Gemeinde unter der Auflage gefördert worden, daß die Wohnung einem von der zuständigen Stelle benannten Wohnungssuchenden zu überlassen ist, so sind von dieser drei Wohnungssuchende zur Auswahl zu benennen. Mit einem davon ist der Mietvertrag abzuschließen; einer Bescheinigung über die Wohnberechtigung bedarf es nicht.

Mit Aufwendungsdarlehn oder Aufwendungszuschüssen geförderte steuerbegünstigte Wohnungen dürfen nach § 88 a II. WoBauG nur an Personen überlassen werden, die entweder eine öffentlich geförderte Wohnung freimachen oder deren Jahreseinkommen die Einkommensgrenze um nicht mehr als 40 % übersteigt.

Bei der Auswahl unter mehreren Bewerbern sollten ungeeignete oder zahlungsunfähige Mieter ausgeschieden werden. Die Beurteilung der persönlichen Verhältnisse des Mieters zwecks Ausschaltung späterer Schwierigkeiten kann erfolgen durch Nachprüfung früherer Mietverhältnisse, Vorlage von Mietquittungen des Vorvermieters, Einsichtnahme in eine „schwarze Liste". Diese sollte auf örtlicher Ebene geführt werden und die Mieter enthalten, denen aus Zahlungsunfähigkeit oder aus sonstigen schwerwiegenden Gründen gekündigt wurde.

3.2.4 Miete und Mietrecht (BGB §§ 535—580)

Begriff

Unter M i e t e versteht man:

das Vertragsverhältnis, durch das sich der Vermieter verpflichtet, dem Mieter den Gebrauch der vermieteten Räume (Sache) während der Mietzeit zu gewähren, und durch das sich der Mieter verpflichtet, dem Vermieter den vereinbarten Mietzins zu entrichten;

den M i e t z i n s (Mietpreis) als Entgelt für die Gebrauchsüberlassung.

Vertrag

Der Mietvertrag kommt durch Antrag und Annahme zustande. Er kann mündlich, schriftlich oder durch Briefwechsel abgeschlossen werden. Auch stillschweigend kann ein Vertragsverhältnis zustande kommen, wenn der Vermieter gegen den Gebrauch der Mietsache keine Einwendungen erhebt und den Mietzins vorbehaltlos annimmt. Die schriftliche Form ist bei einem Mietvertrag, der für längere Zeit als 1 Jahr (langfristiger Mietvertrag) abgeschlossen wird, vorgeschrieben; wird die schriftliche Form nicht berücksichtigt, gilt der Vertrag als auf unbestimmte Zeit geschlossen. Der Austausch einseitiger Erklärungen, z. B. Briefwechsel, genügt in diesem Fall nicht.

Werden in den Mietvertrag besondere Vereinbarungen aufgenommen, die zu ihrer Rechtswirksamkeit der notariellen Beurkundung bedürfen, z. B. ein Vorkaufsrecht für den Mieter eines Geschäftsraumes, so bedarf es der notariellen Beurkundung des Vertrages.

Der schriftliche Abschluß eines Mietvertrages ist anzustreben, da mündliche Vereinbarungen oft in Frage gestellt werden. Der Mietvertrag sollte enthalten:

Name der vertragschließenden Parteien (Vermieter und Mieter),
Gegenstand (genaue Bezeichnung),
Zeitraum,
Höhe des Mietzinses und der Nebenleistungen,
Datum und Unterschriften.

Meist werden Musterverträge (Formblatt-Mietverträge) angewendet.

Wohnungsunternehmen können den vom Gesamtverband der Wohnungswirtschaft herausgegebenen „Dauermietvertrag" oder „Mietvertrag" bzw. „Dauernutzungsvertrag" oder „Nutzungsvertrag" (für Genossenschaften) anwenden. Andere Vermieter verwenden den „Mustermietvertrag des Bundesjustizministers" oder den „Einheitsmietvertrag". In diesen Verträgen bzw. den dazugehörigen allgemeinen Vertragsbedingungen haben Vermieter und Mieter die gegenseitigen Rechte und Pflichten festgelegt. Die gesetzlichen Bestimmungen des BGB finden daher nur Anwendung, soweit die Parteien nichts anderes vereinbart haben.

Meist wird der Vertrag über Mietwohnungen mit beiden Ehepartnern abgeschlossen, damit beide für die Mietschuld haften. Bei Genossenschaftswohnungen läßt man den Ehepartner des Mitglieds der Genossenschaft zusätzlich unterschreiben. Bei einem Mietvertrag mit einem Ehepaar oder mehreren Personen haftet vereinbarungsgemäß jeder gesamtschuldnerisch, d. h. der Vermieter kann nach seinem Belieben die gesamte Forderung von jedem Mieter ganz oder teilweise fordern.

Ein abgeschlossener Mietvertrag kann einseitig nicht geändert werden. Nur in beiderseitigem Einvernehmen ist eine Vertragsänderung möglich. Oft genügt ein Briefwechsel (Vorschlag der Vertragsänderung und Bestätigung). Ist die Hausordnung Inhalt des Mietvertrages, so kann sie ebenfalls nicht einseitig geändert werden.

Eine Ausnahme besteht nur dann, wenn sich der Vermieter ein Recht auf einseitige Abänderung mit Bindung an die Kostenmiete vertraglich vorbehält.

Beim Tod des Mieters wird das Mietverhältnis mit dem überlebenden Ehegatten fortgesetzt, wenn beide Eheleute gemeinschaftlich Mieter waren; andernfalls treten der überlebende Ehegatte oder die Familienangehörigen in das Vertragsverhältnis ein, sofern sie mit dem Mieter im gemeinsamen Hausstand lebten. Der Ehegatte des Mieters kann innerhalb eines Monats nach dessen Tod dem Vermieter gegenüber erklären, daß er das Mietverhältnis nicht fortsetzen will; dann gilt sein Eintritt in das Mietverhältnis als nicht erfolgt. Sind keine im Hausstand lebenden Familienangehörigen vorhanden, ist sowohl der Erbe als auch der Vermieter berechtigt, unter Einhaltung der gesetzlichen Kündigungsfrist zu kündigen.

Rechte und Pflichten aus dem Mietvertrag

Nach dem BGB haben Vermieter und Mieter folgende Rechte und Pflichten:

Der Vermieter:

    Überlassungspflicht; er hat die Wohnung in gebrauchsfähigem und verkehrssicherem Zustand, frei von Sach- und Rechtsmängeln, dem Mieter während der Mietzeit zu überlassen;

    Schadensersatzpflicht bei Nichterfüllung des Vertrages;

    Recht auf fristlose Kündigung bei

    Unzumutbarkeit des Mietverhältnisses,

    fortgesetztem vertragswidrigem Gebrauch,

    Zahlungsverzug in Höhe von mindestens zwei Monatsmieten oder nicht unerheblicher Rückstand des Mietzinses von zwei aufeinanderfolgenden Monaten;

    Vermieterpfandrecht;

    Selbsthilferecht.

Der Mieter:

    Obhutspflicht

    Anzeigepflicht bei

        Mängeln,

unvorhergesehener Gefahr,
Anmaßung von Rechten durch Dritte,
Zahlungspflicht,
Schadensersatzpflicht bei Unterlassung der Meldepflicht,
Rückgabepflicht bei Beendigung des Mietverhältnisses,
Recht auf Mietminderung bei Mängeln in der Mietsache,
Recht auf Aufrechnung,
Recht auf Mängelbeseitigung,
Recht auf fristlose Kündigung bei
gesundheitsschädlicher Wohnung,
Nichtgewährung des vertragsmäßigen Gebrauchs.

Pflichten und Rechte des Vermieters

Überlassungspflicht: der Vermieter hat die Pflicht, dem Mieter die Wohnung oder Mietsache von Beginn bis zur Beendigung des Mietverhältnisses zum vertragsmäßigen Gebrauch zu überlasen. Dem Mieter wird der Besitz der Wohnung eingeräumt.

Meist erfolgt dies durch Aushändigung der Schlüssel zu den Mieträumen (2 Haus-, 2 Wohnungstüren sowie je 1 Zimmerschlüssel und etwaige Schlüssel zu Nebenräumen). Der Vermieter darf sich keinen Schlüssel zurückbehalten. Bei Verlust eines Schlüssels kann der Eigentümer Ersatz verlangen, u. U. auch den Einbau eines neuen Schlosses. Die vertragsmäßige Gebrauchsüberlassung bringt mit sich, daß dem Mieter die Zustimmung zur Installierung eines Breitband- oder Fernsprechanschlusses („Hausbesitzererklärung"), zum Anbringen von Namens- und Firmenschildern oder einer Antenne gegeben werden muß, wenn der Vermieter nicht selbst Anlagen dieser Art geschaffen hat (Gemeinschaftsantennen). Der Vermieter kann das Anbringen von Firmenschildern für Geschäftsleute und die Angehörigen freier Berufe (Ärzte, Steuerberater, Architekten, Rechtsanwälte usw.) von seiner Genehmigung abhängig machen, er kann sie jedoch nicht untersagen. Der Mieter von Geschäftsräumen hat das Recht, die Außenwände seiner Mieträume zu Werbezwecken zu benutzen, wenn dadurch nicht das Gesamtbild verunstaltet wird, oder öffentlich-rechtliche Bestimmungen entgegenstehen.

Mit der Vermietung der Hauptmieträume ist die normale Benutzung der Nebenräume und der Gemeinschaftseinrichtungen sowie der Hauszugänge und des Hofraumes verbunden. Der Vermieter kann bestimmte Verhaltensmaßregeln nicht erteilen. Wünsche über die Benutzung müssen vor Abschluß des Mietvertrages vorgebracht werden.

Der Vermieter hat den Gebrauchswert der Wohnung zu erhalten. Abnutzung der Mietsache aufgrund vertragsgemäßen Gebrauchs geht zu Lasten des Vermieters (BGB § 548). Der bestimmungsmäßige Gebrauch der Wohnungen zwingt den Vermieter, seine Mieter vor Störungen zu schützen, die über das übliche Maß hinausgehen. So muß er gegen Störungen einschreiten, die den einzelnen Mieter im Genuß oder in der Benutzung seiner Mieträume beeinträchtigen (Lärmen oder Musizieren nach 22.00 Uhr, Herumtoben von Kindern, Ausdünstungen bei Kleintierhaltung, Einschleppen von Ungeziefer u. a.). Die Beseitigung der Störungen erfolgt in Form einer Abmahnung oder Unterlassungsklage.

Aus der Pflicht, dem Mieter die Wohnung zum vertragsmäßigen Gebrauch zu überlassen, ergibt sich bei gewerblichen Räumen auch als Nebenpflicht ein Konkurrenzverbot. Der Vermieter darf auf dem Grundstück keine gleichgeartete gewerbliche Tätigkeit vornehmen und keine Räume an Dritte vermieten, in denen gewerbliche Tätigkeit Konkurrenz für den ersten Mieter bedeuten würde.

Die Verkehrssicherheit des Grundstückes muß gewährleistet sein; für sie hat der Eigentümer zu sorgen. Aus der Verkehrssicherungspflicht ergibt sich die Haftung des Hauseigentümers für Unfälle infolge

Schadhaftigkeit des Treppengeländers oder der Treppe,

Vernachlässigung der Streupflicht,

mangelhafter Beleuchtung der Zugangswege zum Grundstück und des Treppenhauses.

Auftretende Gefahren (Treppe zu stark gebohnert, loser Treppenbelag usw.) hat er sofort zu beseitigen.

Aus der Ortssatzung ergibt sich die Pflicht zur Reinigung und Freihaltung der Gehwege vor den Häusern, der Hauszugänge, Vorplätze.

Für die Beseitigung von Schnee und Glatteis sind oft Zeiten festgelegt, die sich nach Ortsstatut oder örtlicher Übung richten. Der Hauseigentümer kann die Reinigungs- und Streupflicht auf Dritte (z. B. Erdgeschoßmieter) übertragen. Ist dies im Ortsstatut mit Billigung des Ordnungsamtes jedoch nicht vorgesehen, kommt er von seiner Haftung nur frei, wenn er nachweisen kann, daß er die Verrichtung einem zuverlässigen Dritten übertragen, ihn mit den erforderlichen Belehrungen und Anweisungen versehen und deren Befolgung laufend überwacht hat. Grundsätzlich haftet der Grundstückseigentümer, der eine Haftpflichtversicherung abschließen sollte. Hat der Vermieter durch Vertrag die Pflicht zur Schneebeseitigung und zum Streuen übertragen, und zwar mit Zustimmung des Ordnungsamtes, haftet der Dritte bzw. die Mietergemeinschaft, die zusätzlich in die Haftpflichtversicherung des Haus- und Grundstückseigentümers eingeschlossen werden sollte.

Das Schließen der Haustür richtet sich nach Mietvertrag, Hausordnung oder Ortssitte.

Falls vertraglich nichts anderes vereinbart ist, hat der Vermieter die Lasten öffentlich-rechtlicher Art (Grundsteuer, Schornsteinfegergebühr, Müllabfuhrgebühr, Kanalisationsabgabe, Straßenreinigungsgebühr) oder privatrechtlicher Natur (Kapitalkosten, übrige Betriebskosten, Instandhaltungskosten) zu tragen. Im Mietpreis sind diese Kosten einkalkuliert, wenn sie nicht umgelegt werden.

Der Vermieter haftet für Sachmängel und Rechtsmängel.

Bei Sachmängeln ist die gemietete Sache mit einem Fehler behaftet, der den vertragsmäßigen Gebrauch mindert oder gar aufhebt. Feuchtigkeit macht einen Raum unbewohnbar.

Sachmängel können sein:

gefährliche Beschaffenheit von Fußböden, Ungeziefer in der Wohnung, Eindringen unerträglicher Gerüche durch chemische Fabrik, schlecht schließende Fenster, Unbenutzbarkeit von Öfen oder Bad, schlechter Ruf der Wohngegend oder des Hauses usw.

Hat der Vermieter der Mietsache eine besondere Eigenschaft zugesichert, so haftet er hierfür wie für einen Sachmangel (Mieträume haben statt zugesicherter 80 m^2 Wohnfläche nur 60 m^2).

Durch einen Rechtsmangel wird der ordnungsmäßige Gebrauch infolge des Rechtes eines anderen entzogen oder behindert (Kellerraum ist von einem anderen Mieter in Besitz genommen).

Bei Vorliegen eines Rechts- oder Sachmangels hat der Mieter wahlweise folgende
Ansprüche:
Herstellung des vertragsmäßigen Zustandes,
Beseitigung des Mangels durch den Vermieter,
Minderung des Mietzinses bei Gebrauchsminderung,
Befreiung von der Mietzahlung bei Aufhebung der Tauglichkeit (Zerstörung durch Brand),
Schadenersatz wegen Nichterfüllung des Vertrages,
Ersatz der erforderlichen Aufwendungen, wenn der Mieter bei Verzug des Vermieters die Mängel selbst beseitigen läßt.

Voraussetzung für den Verzug ist, daß der Mieter dem Vermieter eine angemessene Frist zur Beseitigung des Mangels gesetzt hat. Die Aufwendungen kann er durch Aufrechnung von der Miete abziehen, wobei vertraglich geregelt sein kann, daß Aufrechnungen einen Monat vorher anzuzeigen sind.

Die Mängelhaftung ist ausgeschlossen, wenn der Mangel dem Mieter bei Vertragsabschluß bekannt war. Ebenso entfallen die Rechte des Mieters, wenn er seine Anzeigepflicht verletzt hat oder infolge grober Fahrlässigkeit den Mangel nicht erkannt hat und der Vermieter daraufhin den Mangel beseitigen konnte.

Erstattungspflicht besteht auch
bei Aufwendungen, die der Vermieter genehmigt hat,
sowie für Auslagen, die zur Erhaltung des vertragsmäßigen Zustandes erforderlich waren (z. B. Instandsetzungsarbeiten an Installationsleitungen).

Auslagen, die zwar nützlich jedoch nicht notwendig waren, sind nach den Regeln der „Geschäftsführung ohne Auftrag" zu erstatten (BGB § 683); dabei ist stets zu prüfen, ob die Übernahme der Geschäftsführung (Durchführung der Arbeiten) dem Interesse und dem wirklichen Willen des Vermieters entsprach.

Gewährt der Vermieter dem Mieter nicht rechtzeitig den vertragsmäßigen Gebrauch oder wird er wieder entzogen, so kann der Mieter nach Androhung und Ablauf einer gesetzten Frist fristlos kündigen.

Vermieterpfandrecht: Der Vermieter hat für seine Forderungen aus dem Mietverhältnis ein gesetzliches Pfandrecht an den eingebrachten Sachen. Es entsteht im Zeitpunkt ihres Einbringens, sofern sie Eigentum des Mieters und pfändbar sind. An den Sachen der Ehefrau des Mieters besteht das Pfandrecht, wenn die Ehefrau ebenfalls Mieterin ist oder den Mietvertrag mitunterschrieben hat. Eine Veräußerung der Sachen hat auf das Vermieterpfandrecht keinen Einfluß, sofern diese in den Mieträumen verbleiben (z. B. Sicherungsübereignung); der Vermieter kann seine Ansprüche gegen den Erwerber geltend machen, weil dieser das Eigentum mit der Belastung des gesetzlichen Vermieterpfandrechtes erworben hat.

Sind Sachen des Mieters von einem anderen Gläubiger gepfändet, so hat der Vermieter aufgrund des Vermieterpfandrechtes das Vorrecht, weil das ältere Recht gegenüber anderen Pfändungsrechten vorgeht; der Vermieter kann sein gesetzliches Pfandrecht wegen des Mietzinses dem anderen Gläubiger gegenüber nur für das letzte Jahr vor der Pfändung geltend machen. Dagegen besteht es für künftige Ansprüche des Vermieters, und zwar für das laufende und das folgende Mietjahr. Im Falle des Konkurses des Mieters hat der Vermieter eine Absonderungsforderung.

Das Vermieterpfandrecht erlischt mit der Entfernung der Sachen vom Grundstück, es sei denn, die Entfernung der Sachen erfolgte ohne Wissen des Vermieters oder unter ausdrücklichem Widerspruch. In diesem Falle kann der Vermieter die Herausgabe oder Überlassung der Sachen verlangen und diesen Anspruch innerhalb eines Monats, nachdem er von der Entfernung der Sachen Kenntnis erlangt hat, gerichtlich geltend machen. Bringt der Mieter eingebrachte Sachen unter Verletzung des dem Vermieter zustehenden Vermieterpfandrechtes heimlich fort, so kann er mit Freiheitsstrafe bis zu drei Jahren bestraft werden oder zu einer Geldstrafe verurteilt werden (StGB § 289). Strafverfolgung tritt jedoch nur auf Antrag ein.

Der Vermieter hat ein S e l b s t h i l f e r e c h t ; er ist berechtigt, die Entfernung auch ohne Anrufen des Gerichts zu verhindern. Er darf daher die Sachen dem Mieter, wenn er auszieht, wegnehmen, verwahren und sich im Wege des Pfandverkaufs befriedigen; die öffentliche Versteigerung ist dem Mieter einen Monat vorher anzudrohen.

Der Mieter kann zur Abwendung des Vermieterpfandrechtes Sicherheit leisten.

Pflichten und Rechte des Mieters

O b h u t s p f l i c h t : Der Mieter nimmt mit der Vermietung die gemietete Wohnung (Sache) in Besitz. Dadurch kann der Vermieter sein Eigentum nicht mehr selbst betreuen. Er vertraut dabei darauf, daß der Mieter die Sache pfleglich behandelt, in seine Obhut nimmt, vor Gefahren schützt und bestimmungsgemäß nutzt. Es entsteht ein Vertrauensverhältnis zwischen Mieter und Vermieter, das in keiner Weise gestört werden sollte. Zur vertragsmäßigen Benutzung gehört aber auch die Rücksichtnahme des Mieters auf die Interessen des Vermieters und der anderen Mitbewohner. Daraus ergibt sich:

Der Mieter hat die Mieträume pfleglich zu behandeln, zu lüften, in gewissen Zeitabständen zu reinigen und die Heizung sachgemäß zu bedienen.

Zur Vermeidung von Schäden hat er Vorkehrungen zu treffen, wie Feststellen offener Fensterflügel, Schließen der Fenster bei Unwetter, Vermeidung von Frostschäden an den Installationen, Vernichtung von eingeschlepptem Ungeziefer.

Auch bei längerer Abwesenheit muß er der Obhutspflicht nachkommen; er soll eine Vertrauensperson bestellen, damit diese auftretende Gefahren abwenden kann (Schlüsselübergabe an den Vermieter oder eine dem Vermieter bekannte andere Person).

Der Mieter ist im allgemeinen zum Gebrauch der Räume berechtigt, nicht verpflichtet; er kann im einzelnen jedoch verpflichtet sein, z. B. zum Gebrauch von Geschäftsräumen, zum Bewohnen eines alleinstehenden Hauses.

Die Räume dürfen Dritten nicht zum Gebrauch überlassen werden (unerlaubte Untervermietung).

Zu vertragswidrigem und unangemessenem Gebrauch der Wohnung zählt man:
Waschen und Trocknen von Wäsche in Mieträumen (Ausnahme: sog. kleine Wäsche),
Bauliche Veränderung der Wohnung,
Einrichten eines Gewerbebetriebes,
Vernachlässigung der Sorgfaltspflicht (Ungeziefer),
Verschütten von Wasser (Gefahr von Fäulnis, Hausschwamm),

unerlaubte Haltung von genau bezeichneten Tieren,
unerlaubte Untervermietung,
erhebliche Belästigung, Beleidigungen oder Tätlichkeiten gegenüber Vermieter oder sonstigen Mitbewohnern.

Der Vermieter hat dem Mieter einen vertragswidrigen Gebrauch zu verbieten. Dies erfolgt in Form einer A b m a h n u n g . Sie muß die genaue Beschreibung des Tatbestandes enthalten, der verboten wird, und ist, wenn eine mündliche Belehrung zu keinem Erfolg führte, schriftlich per Einschreiben vorzunehmen. Nach erfolgloser Abmahnung kann der Vermieter beim Amtsgericht auf U n t e r l a s s u n g klagen. Im Klageantrag muß genau die Unterlassung der bestimmten Handlung aufgeführt sein. Der Antrag sollte gleichzeitig die Androhung einer entsprechenden Geldstrafe für den Fall enthalten, daß der Mieter weiterhin zuwiderhandelt. Unabhängig davon kann der Vermieter das Mietverhältnis fristlos kündigen.

Aus der Obhutspflicht ergibt sich für den Vermieter ein B e s i c h t i g u n g s r e c h t , das er turnusmäßig in längeren Zeitabständen oder in Ausnahmefällen (Rohrbruch) ausüben darf. Verweigert der Mieter den Zutritt zu seiner Wohnung oder die Durchführung von Reparaturen sowie die erforderlichen baulichen Veränderungen innerhalb seiner Mieträume, muß der Vermieter das Gericht in Anspruch nehmen. Er darf sich nicht Zutritt im Wege der Selbsthilfe verschaffen; das wäre Hausfriedensbruch und strafbar. Der Vermieter wird daher eine einstweilige Verfügung erwirken oder Klageantrag stellen, den Mieter zu verurteilen, die Besichtigung zu dulden (u. U. mit Käufern oder neuen Mietern bei Kündigung des alten Mietverhältnisses).

Modernisierungsmaßnahmen hat der Mieter nach § 541 b BGB zu dulden, sofern diese in bezug auf die Arbeiten, die baulichen Folgen, vorausgegangene Verwendungen des Mieters oder zu erwartende Mieterhöhungen eine für den Mieter oder seine Familie keine nicht zu rechtfertigende Härte bedeuten würden; dabei ist die zu erwartende Mieterhöhung nicht zu berücksichtigen, wenn die Räume lediglich in einen Zustand versetzt werden, wie er allgemein üblich ist.

Außerdem ist die Duldung von Modernisierungsmaßnahmen oftmals auch im Mietvertrag vereinbart. Bei einem Mietverhältnis über Wohnraum ist eine zum Nachteil des Mieters abweichende Vereinbarung unwirksam.

Der Vermieter hat zwei Monate vor Durchführung von Modernisierungs- und Energiesparmaßnahmen dem Mieter Beginn, Art, Umfang und Dauer sowie die sich voraussichtlich ergebende Mieterhöhung schriftlich mitzuteilen. Teilt der Vermieter dem Mieter nicht die voraussichtliche Mieterhöhung mit, oder weicht die Mieterhöhung gegenüber dieser Mitteilung um mehr als 10 % nach oben ab, so verlängern sich die Fristen gemäß § 3 Miethöhegesetz um 3 Monate. Modernisierungsmaßnahmen öffentlich geförderter Wohnungen bedürfen der Genehmigung. Bei der Mieterhöhung nach § 3 hat der Vermieter die Vorschrift von § 5 Wirtschaftsstrafgesetzbuch zu beachten. Er darf keine unangemessenen Entgelte fordern. Unangemessen ist nach der Rechtsprechung eine Miete, die 20 % über der ortsüblichen Vergleichsmiete liegt. Der Mieter hat ein außerordenliches Kündigungsrecht. Kündigt er bis zum Ablauf des der Mitteilung folgenden Monats zum Ende des nächsten Monats, so kann der Vermieter erst mit Ende der Mietzeit mit der Maßnahme beginnen. Diese Vorschriften gelten nicht bei kleineren Maßnahmen, die mit keinen oder nur unerheblichen Einwirkungen auf die vermieteten Räume verbunden sind und auch zu keiner oder nur zu einer unerheblichen Mieterhöhung führen. Muß der Mieter bei Durchführung der Maßnahme Aufwendungen machen, so hat der Vermieter diese in einem angemessenen Umfang zu ersetzen und auf Verlangen einen Vorschuß zu leisten.

A n z e i g e p f l i c h t : In Auswirkung der Obhutspflicht besteht für den Mieter eine Anzeigepflicht bei:

Mängeln,

unvorhergesehener Gefahr,

Anmaßung von Rechten durch Dritte.

Der Mieter muß a l l e Schäden (vom tropfenden Wasserhahn bis zu Mauerrissen, Ungeziefer, Schwammverdacht) in seiner Wohnung und den von ihm benutzten Treppen und Nebenräumen oder Gemeinschaftseinrichtungen dem Vermieter anzeigen, es sei denn, daß der Mangel dem Vermieter oder dem von ihm Beauftragten (Hausverwalter, Hauswart) nicht verborgen bleiben konnte.

Der Mieter hat den Vermieter zu benachrichtigen, wenn eine nicht vorhergesehene G e f a h r eintritt, die Schutzmaßnahmen durch den Vermieter erforderlich macht, z. B. Gemeinschaftsantenne oder Dachziegel haben sich gelockert.

Ein Dritter kann sich dadurch R e c h t e anmaßen, daß er z. B. auf dem Zufahrtsweg zum Grundstück ein Fahrzeug abstellt oder Material lagert.

Kommt der Mieter der Anzeigepflicht nicht nach, ist er zum Ersatz des Schades verpflichtet, der durch eine unterlassene oder verspätete Anzeige entsteht. Der Vermieter muß allerdings beweisen, daß der Mieter den Mangel gekannt hat oder ihm hätte kennen müssen.

Z a h l u n g s p f l i c h t : Das Entgelt oder die Vergütung für die Gebrauchsüberlassung nennt man Mietzins. Nach dem Gesetz ist der Mietzins nachträglich, vertraglich meist im voraus zu zahlen, wobei oft eine Wartezeit bis zu drei Tagen (Karenztage) eingeräumt wird. Nach Ablauf dieser Frist gerät der Mieter bei Nichtzahlung in Verzug. Ist der letzte Tag der Frist ein Sonnabend, Sonntag oder Feiertag, gilt erst der nächste Werktag als Tag des Fristablaufs.

Mit der Miete sind Nebenkosten gleichzeitig zu entrichten. Mietschulden sind B r i n g s c h u l d e n . Daher hat der Mieter den Mietzins auf seine Gefahr und Kosten an den Vermieter oder an dessen Wohnsitz zu übermitteln. Der Vermieter ist zur Annahme von Teilzahlungen nicht verpflichtet. Bei Mietrückständen wird durch die Zahlung einer Mietrate zuerst die ältere Schuld getilgt, falls der Schuldner keine andere Bestimmung getroffen hat; in einem solchen Falle wäre der Vermieter an die Angabe des Mieters gebunden. Werden mit einer Mietrate Hauptschuld, Zinsen und Kosten der Beitreibung nur zum Teil beglichen, so wird die Zahlung zuerst auf die Kosten, dann auf die Zinsen und zuletzt auf die Hauptschuld angerechnet. Bestimmt der Mieter eine andere Anrechnung, dann kann der Vermieter die Annahme der Zahlung ablehnen, ohne in Annahmeverzug zu kommen (BGB § 367).

R ü c k g a b e p f l i c h t bei Beendigung des Mietverhältnisses: Nach Beendigung des Mietverhältnisses ist der Mieter verpflichtet, die Wohnung oder die gemieteten Räume zurückzugeben. Das geschieht durch R ä u m u n g (Möbel, Untermieter), Entfernung der Namensschilder und Ü b e r g a b e der Schlüssel. Angehörige freier Berufe haben das Recht, während einer angemessenen Zeit ein Schild mit dem

Hinweis auf die neue Wohnung anzubringen. Die Räume sind „besenrein" zu übergeben, d. h. ausgekehrt und aufgeräumt. Es empfiehlt sich eine Übergabeverhandlung mit Übergabeprotokoll, das von beiden Vertragsparteien unterzeichnet wird und sämtliche Schäden feststellt. Der Mieter haftet für alle Schäden, die durch das Transportieren seiner eingebrachten Sachen entstehen.

Grundsätzlich kann der Mieter alle Sachen, mit denen er die Mieträume während seiner Mietzeit ausgestattet hat, mitnehmen. Vertraglich kann eine Übernahme durch den Vermieter vereinbart sein. Sie erfolgt zumeist gegen Entschädigung, da sie als Wertverbesserung der Wohnung zu einer ungerechtfertigten Bereicherung führen kann (BGB § 812). Wurde nichts vereinbart, und der Mieter nimmt die von ihm angebrachten Einrichtungen (Maschinen, Lichtanlagen, Rolläden usw.) mit, muß er die Räume auf seine Kosten in den alten Zustand versetzen (BGB § 258).

Die R ü c k g a b e der Wohnung hat spätestens in den Morgenstunden des auf die Beendigung der Mietzeit folgenden Tages zu erfolgen. Bei einem Samstag, Sonntag und Feiertag ist dies der nächste Werktag. Mitunter bestehen abweichende Bestimmungen durch Ortsgebrauch. Erfolgt die Rückgabe nicht rechtzeitig, so kann der Vermieter für die Dauer der Vorenthaltung als Entschädigung den bisher vereinbarten Mietzins verlangen, unabhängig von der Geltendmachung eines weiteren Schadens. Diese Ansprüche verjähren in sechs Monaten.

Die Durchführung von Schönheitsreparaturen richtet sich nach dem Vertrag. Ist nichts vereinbart, geht die normale Abnutzung zu Lasten des Vermieters; der Mieter ist nur zur Behebung des über die normale Abnutzung hinausgehenden Schadens verpflichtet. Hat der Mieter vertraglich die Schönheitsreparaturen übernommen und ist er damit an einen Fristenplan gebunden, muß er die fälligen Schönheitsreparaturen bis zur Beendigung des Mietverhältnisses nachholen oder deren Kosten übernehmen. Für die nach einem Fristenplan noch nicht fälligen Schönheitsreparaturen hat er einen Anteil zu leisten.

Grundstücksverkauf und Mietvertrag

Wird ein Miethaus veräußert, so tritt der Käufer anstelle des bisherigen Eigentümers in alle Rechte und Pflichten aus dem Mietverhältnis ein. „Kauf bricht nicht Miete".

Erfüllt der Käufer seine Verpflichtungen nicht, so haftet der alte Vermieter wie ein selbstschuldnerischer Bürge. Dieser kann sich jedoch von seiner Haftung durch Mitteilung des Eigentumsübergangs an den Mieter befreien, wenn nicht der Mieter das Mietverhältnis für den nächstzulässigen Termin kündigt.

Wurde dem Mieter der Eigentumsübergang nicht bekannt und zahlt er an den alten Vermieter weiter oder nimmt er in bezug auf die Mietzinsforderung ein Rechtsgeschäft vor, so muß der Käufer dies gegen sich gelten lassen. Dabei kann es sich stets nur um den Mietzins handeln, der bis zu dem Kalendermonat fällig ist, in welchem der Mieter vom Eigentumswechsel Kenntnis erlangt; erfolgt die Kenntnisnahme nach dem 15. eines Monats, so wird auch der Mietzins des folgenden Monats betroffen. Die gleiche Regelung gilt für Mietvorauszahlungen.

Der Käufer muß jedoch nach einer Entscheidung des Bundesgerichtshofes die als B a u k o s t e n z u s c h u ß geleistete Mietvorauszahlung immer gegen sich gelten lassen, auch wenn sie nicht von vornherein im Mietvertrag vereinbart war. Übernimmt der

Mieter mit Zustimmung des Vermieters die Kosten für Modernisierungsmaßnahmen, so wird der Vermieter während der Abwohndauer auf sein ordentliches Kündigungsrecht verzichten. Die Abwohndauer beträgt im allgemeinen jeweils 4 Jahre für Aufwendungen in Höhe einer Jahresmiete.

Wird eine öffentlich geförderte Mietwohnung in eine Eigentumswohnung umgewandelt, hat der Verfügungsberechtigte der zuständigen Stelle die Umwandlung unter Angabe des Namens des betroffenen Mieters unverzüglich mitzuteilen. Eine Abschrift der Teilungserklärung ist zu übersenden. Mindestens einen Monat nach Beurkundung des Vertrages ist gleichfalls Name und Anschrift des vorgesehenen Erwerbers mitzuteilen. Die zuständige Stelle hat daraufhin den betroffenen Mieter zu unterrichten. Dieser hat ein Vorkaufsrecht. Er kann es bis zum Ablauf von 6 Monaten seit Mitteilung des Verfügungsberechtigten über den Inhalt des mit dem Dritten geschlossenen Vertrages ausüben (WoBindG § 2 b). Bis zur Rückzahlung der öffentlichen Mittel genießt er Kündigungsschutz.

Hausordnung

Die Haus- und Benutzungsordnung dient dem reibungslosen Zusammenleben aller Hausbewohner. Sie gibt Verhaltensweisen und bezweckt Schutz und Sicherheit des Gebäudes und seiner Bewohner. Im einzelnen regelt sie:

Die Benutzung und Reinigung von Treppenhaus, Waschküche und Boden;

den abendlichen Haustürverschluß;

die Ruhezeiten im Haus, in denen ruhestörender Lärm zu vermeiden ist;

Zeit und Ort des Teppichklopfens, des Waschens und Trocknens von Wäsche;

die Lüftung und Reinigung im Hause und in der Wohnung;

die Pflege der Fußböden;

Maßnahmen zur Schadenverhütung;

Regelung der Benutzung von Gemeinschaftseinrichtungen.

Eine in den Mietvertrag aufgenommene Hausordnung wird Bestandteil des Mietvertrages und ist dann für den Mieter und für alle in den Haushalt des Mieters aufgenommenen Personen verbindlich. Ein Verstoß gegen die Hausordnung ist damit eine Vertragsverletzung. Ihre Abänderung bedarf der Zustimmung des Mieters. Dieser wird die Zustimmung nicht versagen können, wenn es zur Aufrechterhaltung der Ordnung im Hause erforderlich ist; vertraglich sollte sich jedoch der Vermieter die Abänderung der Hausordnung vorbehalten.

Ist die Hausordnung nicht Bestandteil des Vertrages, so ist sie trotzdem für den Mieter verbindlich. Der Vermieter ist berechtigt, eine Hausordnung einseitig zu erlassen oder abzuändern; sie darf dem Mieter jedoch nur Ordnungsaufgaben stellen, ihm aber keine vertraglichen Pflichten auferlegen.

Die meisten Konflikte entstehen durch Verstöße gegen die Hausordnung. Daher sollte in bestimmten Zeitabständen überprüft werden, ob durch ihre Verbesserung das Zusammenleben der Mieter reibungsloser erfolgen kann. Oft führen Reinigungsordnung des Treppenhauses und Benutzungsordnung der Waschküche, wenn sie zu wenig

Spielraum lassen, zu Spannungen, die das Zusammenleben von Mietern oft unerträglich machen. Hier wird außerdem der persönliche Kontakt im Sinne eines Vertrauensverhältnisses zwischen Vermieter und Mieter erforderlich sein.

Mietpreisbildung und Mietpreisrecht

Der Mietpreis wird zusammen mit den Nebenleistungen im Mietvertrag vereinbart. Grundlage bildet das Angebot des Vermieters. Er kann den Mietpreis selbstverantwortlich bilden, wenn die Wohnungen nicht preisgebunden sind. Bei der Mietpreisbildung wird er sich von der Deckung der laufenden Aufwendungen und einer angemessenen Verzinsung seines investierten Eigenkapitals leiten lassen. Der gerechte Zins darf nicht zum Wucherzins werden. Wucher liegt nach § 302 a StGB dann vor, wenn jemand die Zwangslage oder Unerfahrenheit ausnutzt und Vermögensvorteile versprechen oder gewähren läßt, die in einem auffälligen Mißverhältnis zur Leistung stehen. Nach dem Wirtschaftsstrafgesetz (WiStG § 5) kann der Richter Vermieter wegen Mietpreisüberhöhung zu einer Geldbuße bis zu 50 000,— DM verurteilen. Diese Überhöhung ist als Ordnungswidrigkeit gegeben, wenn Wohnungen leichtfertig oder vorsätzlich zu unangemessenen Entgelten vermietet werden. Unangemessen ist der Mietzins, der infolge der Ausnutzung eines geringen Angebots an vergleichbaren Räumen die üblichen Entgelte nicht unwesentlich übersteigt, die in der Gemeinde für die Vermietung von vergleichbaren Räumen in den letzten drei Jahren vereinbart oder, von Erhöhungen der Betriebskosten abgesehen, geändert worden sind. Entgelte sind nicht unangemessen hoch, wenn sie zur Deckung der laufenden Aufwendungen des Vermieters erforderlich sind, sofern sie nicht in einem auffälligen Mißverhältnis zur Vermieterleistung stehen.

Der Mietpreis wird aufgrund der Kostenrechnung für bestimmte Wirtschaftseinheiten ermittelt (vgl. Kalkulationsschema für die Wohnungswirtschaft S. 32 f.). Es sind an die Kostenmiete gebunden:

1. Die öffentlich geförderten Wohnungen (Sozialwohnungen) nach dem Wohnungsbindungsgesetz (§ 8) als preisgebundene Wohnungen;
2. Die für Angehörige des öffentlichen Dienstes mit Wohnungsfürsorgemitteln gebauten steuerbegünstigten oder freifinanzierten Wohnungen, bei denen ein Wohnungsbesetzungsrecht vereinbart ist, gem. §§ 87 a, 111 II. WoBauG;
3. Die durch Aufwendungszuschüsse und Aufwendungsdarlehn geförderten steuerbegünstigten Wohnungen während der Dauer der Zweckbestimmung gem. § 88 b II. WoBauG.

    Für öffentlich geförderte Wohnungen in einem Eigenheim oder in einer Kleinsiedlung gilt die Vergleichsmiete (Kostenmiete vergleichbarer Wohnungen).

    Alle Wohnungen, die dem Wohnungsbindungsgesetz unterliegen, sind preisgebundener Wohnraum.

Oft wird in einem Mietvertrag Sicherheitsleistung (Kaution) vereinbart. Sie darf nach § 550 b BGB das Dreifache der Monatsmiete — ohne Nebenkosten — nicht übersteigen. Besteht die Sicherheit aus einer Geldsumme, so ist der Mieter berechtigt, diese in drei gleichen monatlichen Teilleistungen zu erbringen, wobei die erste Teilleistung zu Beginn des Mietverhältnisses fällig ist. Die Kaution hat der Vermieter von seinem Vermögen getrennt bei einer öffentlichen Sparkasse oder bei einer Bank anzulegen und mit einem für Spareinlagen (mit gesetzlicher Kündigungsfrist) üblichen Zinssatz zu verzinsen. Dabei stehen dem Mieter die Zinsen zu und erhöhen die Sicherheit. Eine Verpflichtung zur Verzinsung entfällt bei Wohnraum, der Teil eines Studenten- oder Jugendwohnheimes ist. Eine zum Nachteil des Mieters abweichende Vereinbarung über die Verzinsung ist unwirksam. Sind Kautionen in vor dem 1. 1. 1983 abgeschlossenen Mietverträgen vereinbart, so sind sie auch zu verzinsen, wenn dies seinerzeit nicht ausdrücklich ausgeschlossen war. Bei öffentlich geförderten Wohnungen ist die Vereinbarung einer Sicherheitsleistung nur zulässig, soweit sie dazu bestimmt ist, Ansprüche des Vermieters gegen den Mieter aus Schäden an der Wohnung oder wegen unterlassener Schönheitsreparaturen zu sichern.

Die öffentlich geförderten Wohnungen bleiben an die Kostenmiete gebunden (preisgebundener Wohnraum); sie ist aufgrund einer Wirtschaftlichkeitsberechnung zu ermitteln. Im öffentlich geförderten Wohnungsbau und im Wohnungsbau, der mit Wohnungsfürsorgemitteln gefördert worden ist, dürfen ab 1. 5. 1984 die Betriebskosten nicht in der Wirtschaftlichkeitsberechnung angesetzt werden. Eine Umstellung auf das neue Betriebskostenrecht (Umlagezwang) mußte Ende 1986 vollzogen sein. Beim Bau von Wohnungen hat die Bewilligungsstelle die Durchschnittsmiete zu genehmigen und diese dem Bauherrn mitzuteilen. Auf der Grundlage der Durchschnittsmiete hat der Vermieter die Einzelmiete für die Wohnungen unter angemessener Berücksichtigung ihrer Größe, Lage und Ausstattung zu berechnen. Der Durchschnitt der Einzelmieten muß der Durchschnittsmiete entsprechen. Der Vermieter hat dem Mieter auf Verlangen Einsicht in die Unterlagen für die Berechnung der Einzelmieten zu gewähren (II. WoBauG § 72, WoBindG §§ 8, 8 a, 8 b).

Erhöhen sich nach der Genehmigung der Durchschnittsmiete die laufenden Aufwendungen, ohne daß dies der Bauherr zu vertreten hat, so tritt an Stelle der genehmigten eine entsprechend erhöhte Durchschnittsmiete (WoBindG § 8 a Abs. 3, NMV § 4). Der Verfügungsberechtigte darf für eine Sozialwohnung kein höheres Entgelt verlangen. Übersteigt der Mietpreis trotzdem die Kostenmiete, ist eine solche Vereinbarung unwirksam; eine empfangene Leistung ist zurückzuzahlen und zu verzinsen. Der Rückzahlungsanspruch verjährt nach Ablauf von vier Jahren nach der jeweiligen Leistung, jedoch spätestens nach Ablauf eines Jahres von der Beendigung des Mietverhältnisses an.

Erhöhen sich während der Mietzeit die laufenden Aufwendungen für die Wohnung, so darf der Vermieter dem Mieter gegenüber schriftlich erklären, daß das Entgelt um einen bestimmten Betrag bis zur Höhe des zulässigen Entgelts erhöht werden soll, wobei die Erhöhung zu berechnen und zu erläutern ist. Eine Wirtschaftlichkeitsberechnung oder ein Auszug daraus mit der Höhe der laufenden Aufwendungen ist beizufügen, falls diese nicht durch eine Genehmigung der Bewilligungsstelle ersetzt werden kann. Mieterhöhungen, die sich bis zur Anerkennung der Schlußabrechnung, spätestens jedoch bis zu 2 Jahren nach Bezugsfertigkeit ergeben, bedürfen stets der Genehmigung durch die Bewilligungsstelle (WoBindG § 10).

Die Erklärung des Vermieters bewirkt die Mieterhöhung von dem Ersten des auf die Erklärung folgenden Monats; wird sie nach dem 15. eines Monats abgegeben, so tritt die Wirkung erst vom Ersten des übernächsten Monats an ein. Der Mieter hat in diesem Falle ein außerordentliches Kündigungsrecht. Kündigt er spätestens bis zum 3. Werktag des Kalendermonats, von dem an die Miete erhöht werden soll, zum Ablauf des nächsten Kalendermonats, so tritt die Mieterhöhung nicht ein (WoBindG § 11). Wurden die Betriebskosten rückwirkend erhöht, so kann die Erklärung auch rückwirkend, höchstens jedoch auf den Beginn des der Erklärung vorangehenden Kalenderjahres, abgegeben werden, sofern der Vermieter die Erklärung innerhalb von drei Monaten nach Kenntnis der Erhöhung abgibt.

Nach dem Gesetz zur Regelung der Miethöhe, Artikel 3 des Zweiten Wohnraumkündigungsschutzgesetzes, kann der Mietzins von **nicht preisgebundenem Wohnraum** nach § 2 nur erhöht werden, wenn der bisherige Mietzins seit einem Jahr unverändert fortbesteht und der angestrebte Mietzins die üblichen Entgelte nicht übersteigt, die in der Gemeinde oder in vergleichbaren Gemeinden für die Vermietung von Räumen vergleichbarer Art und Größe, Ausstattung, Beschaffenheit und Lage in den letzten drei Jahren vereinbart (ortsübliche Vergleichsmiete) oder — von Betriebskostenerhöhungen abgesehen — geändert worden sind, wobei der Mietzins innerhalb eines Zeitraums von drei Jahren nicht mehr als um 30 %, ggf. nach Landesrecht 5 % nach Aufhebung des WGG erhöht werden darf; Erhöhungen nach §§ 3—5 bleiben unberücksichtigt.

Diese Erhöhung ist nicht mehr einseitig durchzuführen. Der Vermieter muß vielmehr dem Mieter schriftlich gegenüber unter Angabe der das Erhöhungsverfahren rechtfertigenden Gründe seinen Anspruch geltend machen und um Zustimmung bitten. Dabei kann er sich auf einen Mietspiegel der Gemeinde, der alle zwei Jahre der Marktentwicklung angepaßt werden muß, oder auf ein mit Gründen versehenes Gutachten eines öffentlich bestellten oder vereidigten Sachverständigen oder auf die Entgelte vergleichbarer drei Wohnungen berufen. Stimmt der Mieter diesem Verlangen nicht bis zum Ablauf des 2. Kalendermonats zu, der auf den Zugang des Verlangens folgt, so kann der Vermieter bis zum Ablauf von zwei weiteren Monaten auf Erteilung der Zustimmung klagen. Ist bei einer Klage kein wirksames Erhöhungsverlangen vorausgegangen, so kann dies der Vermieter im Rechtsstreit nachholen; dabei steht dem Mieter auch die entsprechende Zustimmungsfrist zu.

Ist die Zustimmung vom Mieter erteilt, so steht dem Vermieter der erhöhte Mietzins vom Beginn des 3. Kalendermonats ab, der auf den Zugang des Verlangens folgt, zu.

Der Mieter hat jedoch ein außerordentliches Kündigungsrecht. Kündigt er bis zum Ablauf der Zustimmungsfrist zum Ablauf des übernächsten Monats, tritt die Mieterhöhung nicht ein (§ 9).

Eine Ausnahme bilden Mieterhöhungen infolge Erhöhungen von Betriebskosten und Kapitalkosten. Nach §§ 4 und 5 MiethöheG ist der Vermieter berechtigt, Erhöhungen der Betriebskosten im Sinne des § 27 II. BV und der Kapitalkosten durch einseitige schriftliche Erklärung anteilig — wie bei der Modernisierung nach § 3 — auf den Mieter umzulegen, und zwar rückwirkend bis zum Beginn des der Erklärung vorangehenden Kalenderjahres, sofern der Vermieter die Erklärung innerhalb von drei Monaten nach Kenntnis von der Erhöhung abgibt. Diese Erklärung ist jedoch nur wirksam, wenn in ihr der Grund für die Umlage bezeichnet und die Berechnung mitgeteilt ist. Der Mieter schuldet sodann den auf ihn entfallenden Teil der Umlagen neben dem sonstigen Entgelt vom nächstfolgenden 1., wenn diese Erklärung bis zum 15. des vorhergehenden Monats eingegangen ist; andernfalls erst von dem übernächsten Monatsersten an. Auch hier hat der Mieter ein außerordentliches Kündigungsrecht (3 Monate).

Die Regelungen von Mieterhöhungen nach dem MiethöheG gelten nicht bei Wohnraum, der nur zum vorübergehenden Gebrauch vermietet ist, sowie bei möbliertem

Raum. Für Bergmannswohnungen gelten besondere Vorschriften. Beim Eingehen neuer Mietverhältnisse kann für bestimmte Zeiträume, höchstens bis zu 10 Jahren, eine S t a f f e l m i e t e vereinbart werden. Der gestaffelte Mietzins muß ein Jahr lang unverändert bleiben und betragsmäßig ausgewiesen werden. Eine Erhöhung des Mietzinses nach §§ 2, 3 und 5 ist während dieser Zeit ausgeschlossen. Eine Beschränkung des Kündigungsrechtes des Mieters ist unwirksam, soweit sie sich auf einen Zeitraum von mehr als vier Jahren seit Abschluß der Vereinbarung erstreckt.

In den neuen Bundesländern durfte nach der ersten Grundmietenverordnung (1. GrundMV) der höchstzulässige Mietzins, der sich am 2. 10. 1990 aus damaligen Rechtsvorschriften ergab, ab 1. 10. 1991 um 1,— DM je m^2 Wohnfläche monatlich erhöht werden (1,15 DM bei Wohnungen mit Bad oder Zentralheizung sowie bei Wohnungen in Gemeinden mit mehr als 100 000 Einwohnern; eine Verringerung von 0,15 DM bei Außen-WC sowie fehlendem Abschluß). Nach der zweiten Grundmietenverordnung, die am 1. 1. 1993 in Kraft trat, kann die Grundmiete um einen Sockelbetrag von höchstens 1,20 DM je m^2 — mit Abschlägen von 0,15 DM bei fehlendem Innen-WC und 0,30 DM bei fehlendem Bad — sowie um einen Beschaffenheitszuschlag bis 0,90 DM — mit Abschlägen um jeweils 0,30 DM, wenn Dach, Außenwände oder Fenster erhebliche Schäden aufweisen —, erhöht werden. Ab 1. 1. 1994 wird ein zusätzlicher Beschaffenheitszuschlag von 0,60 DM je m^2 monatlich erhoben, der sich um jeweils 0,30 DM verringert, wenn in einem Gebäude Hausflur, Treppen oder Installationen erhebliche Schäden aufweisen. Der Beschaffenheitszuschlag muß begründet werden. Die Mieterhöhung wird am 1. des übernächsten Monats nach Eingang der schriftlichen Mitteilung des Vermieters wirksam. Eine freiwillige Mieterhöhung nach Vereinbarung kann bis zu einem Drittel der Grundmiete erfolgen, wenn der Vermieter erhebliche Instandsetzungsmaßnahmen durchgeführt hat. (Betriebskostenumlage s. S. 253)

Berechnung von Umlagen und Nebenkosten

Der Mieter ist oft vertraglich verpflichtet, neben der Einzelmiete (Mietzins) noch U m l a g e n, V e r g ü t u n g e n und Z u s c h l ä g e an den Vermieter zu zahlen. Diese zusätzlichen Leistungen werden zwar neben der Miete erhoben, sind jedoch Bestandteil dieser. Sie sind entweder Entgelt für Nebenleistungen des Vermieters oder dienen zur vollen oder teilweisen Deckung der Betriebskosten, die in der Miete nicht enthalten sind. Nach § 27 Abs. 3 II. BV müssen ab 1. 5. 1984, spätestens ab 1. 1. 1987 bei Sozialwohnungen und bei mit Wohnungsfürsorgemitteln errichteten Wohnungen die Betriebskosten zuzüglich Umlageausfallwagnis neben der Einzelmiete umgelegt werden. Dabei dürfen nur solche Betriebskosten als Umlagen angesetzt werden, die bei gewissenhafter Abwägung aller Umstände und bei ordentlicher Geschäftsführung gerechtfertigt sind. Diese sind nach Art und Höhe den Mietern bei Überlassung der Wohnung bekanntzugeben (NMV §§ 20 ff.). Monatliche Vorauszahlungen sind in angemessener Höhe zulässig. Am Ende eines Abrechnungszeitraumes (Jahr) ist über die Betriebskosten, den Umlegungsbetrag und die Vorauszahlungen abzurechnen. Die jährliche Abrechnung ist den Mietern spätestens bis zum Ablauf des zwölften Monats nach Ende des Abrechnungszeitraumes zuzustellen; diese Frist ist für Nachforderungen eine Ausschlußfrist, es sei denn, der Vermieter hat die Geltendmachung erst nach Ablauf der Jahresfrist nicht zu vertreten.

V e r g ü t u n g e n sind:

Entgelte für besondere Leistungen (Überlassung von Garage, Stellplatz, Hausgarten, genehmigte Mitvermietung von Einrichtungs- und Ausstattungsgegenständen, genehmigte laufende Leistungen zur persönlichen Betreuung und Versorgung).

Zuschläge sind:
Beträge, die als Aufgeld auf die Miete aufgeschlagen werden (gewerbliche Nutzung, Untermietzuschlag), oder die als Ausgleichszahlungen wegen Freistellung von den Bindungen erhoben werden u. a. (§ 26 NMV).

Die Berechnung der Umlagen erfolgt nach einem vertraglich festgelegten Verteilungsschlüssel (Umlegungsschlüssel), wobei der Verordnungsgeber eine verbrauchsabhängige Abrechnung der Heizungs- und Warmwasserkosten vorgeschrieben und Verteilungsschlüssel festgelegt hat (HeizkostenV §§ 7—9, NMV §§ 22—25).

Mit Ausnahme der Kosten der Versorgung mit Wärme und Warmwasser sowie der Kosten des Betriebs der mit einem Breitbandkabelnetz verbundenen privaten Verteilungsanlage sind die Betriebskosten nach dem Verhältnis des umbauten Raumes oder der Wohn- und Nutzfläche aufzuteilen (NMV § 20).

Zur Deckung von Ausfällen durch uneinbringliche Betriebskosten, Leerstehen von Wohnungen oder Rechtsverfolgung kann ein Umlageausfallwagnis von 2 % der Betriebskosten erhoben werden, sofern nicht anderweitige Sicherung, z. B. durch den Anspruch gegenüber einem Dritten, besteht (NMV § 25 a).

Kosten der Wasserversorgung und Entwässerung (Wassergeld)
Zu den Kosten der Wasserversorgung zählen die Kosten des Wasserverbrauchs, die Grundgebühren, die Kosten der Anmietung oder anderer Arten der Gebrauchsüberlassung von Wasserzählern sowie die Kosten ihrer Verwendung einschließlich der Kosten der Berechnung und Aufteilung, Kosten des Betriebs hauseigener Wasserversorgungs- oder Aufbereitungsanlagen einschließlich der Aufbereitungsstoffe. Zu den Kosten der Entwässerung gehören die Gebühren für die Benutzung der Kanalisation und ggf. die für eine Entwässerungspumpe.

Die Verteilung muß nach einem Verteilungsschlüssel erfolgen. Von dem Wasserverbrauch wird zunächst der Sonderverbrauch abgezogen. Die Kosten für den Sonderverbrauch sind von den Mietern zu tragen, die für bestimmte Zwecke Wasser verbrauchen, z. B. für Wassermotoren. Der umzulegende Betrag wird sodann nach dem Verhältnis der Wohnflächen oder einem anderen Maßstab auf den Mieter umgelegt und mit Vorauszahlungen verrechnet. Wird der Wasserverbrauch jedoch für alle Wohnungen durch Wasserzähler erfaßt, hat der Vermieter die auf die Wohnungen entfallenden Kosten nach dem erfaßten unterschiedlichen Wasserverbrauch der Wohnparteien umzulegen.

Umlegung der Kosten der Müllabfuhr
Die Kosten der Müllabfuhr, zu denen die Gebühren und die Kosten entsprechender nicht öffentlicher Maßnahmen zählen, sind nach einem Maßstab, der der unterschiedlichen Müllverursachung durch die Wohnparteien Rechnung trägt, oder nach dem Verhältnis der Wohnflächen umzulegen.

Kosten der Versorgung mit Wärme und Warmwasser
Zu den Kosten des Betriebs von zentralen Heizungs- und Warmwasserversorgungsanlagen einschließlich der Abgasanlage gehören nach der „Verordnung über die verbrauchsabhängige Abrechnung der Heiz- und Warmwasserkosten (Verordnung über Heizkostenabrechnung — HeizkostenV)" die Kosten der verbrauchten Brennstoffe und ihre Anlieferung, die Kosten des Betriebsstroms, der Bedienung, Überwachung und Pflege der Anlage, der regelmäßigen Prüfung ihrer Betriebsbereitschaft und Betriebssicherheit, der Reinigung der Anlage und des Betriebsraums, der Messungen nach dem

Bundes-Immissionsschutzgesetz und die Kosten der Anmietung einer Ausstattung zur Verbrauchserfassung einschließlich der Kosten der Berechnung und Aufteilung. Bei Versorgung mit Fernwärme gehören dazu die Kosten der Wärmelieferung (Grund- und Arbeitspreis) und die Kosten des Betriebs der zugehörigen Hausanlage. Von der Fernwärme gem. Fernwärmeverordnung ist die Nahwärme und Direktwärme zu unterscheiden. Liegt die zentrale Heizungsanlage in demselben Wohnblock, sprechen wir von Direktwärme, liegt sie in anderen angrenzenden Wohnblocks, die mit ihr zusammen eine natürliche Wirtschaftseinheit bilden, bezeichnet man dies als Nahwärme. Die rechtlichen Verhältnisse spielen dabei keine Rolle.

Zu den Kosten des Betriebs der zentralen Warmwasserversorgungsanlage gehören die Kosten der Wasserversorgung und die Kosten der Wassererwärmung, entsprechend den Bestimmungen über die Erfassung des Wasserverbrauchs und der Heizkosten. Bei Lieferung von Fernwarmwasser zählen zu den Kosten für Warmwasser der Grund-, Arbeits- und Verrechnungspreis sowie die Kosten des Betriebs der zugehörigen Hausanlage.

Von den Kosten des Betriebs der zentralen Heizungsanlage sind mindestens 50 %, höchstens 70 % nach dem erfaßten Wärmeverbrauch der Nutzer zu verteilen. Die restlichen Kosten sind nach der Wohn- oder Nutzfläche oder nach dem umbauten Raum zu verteilen, wobei auch die Wohn- oder Nutzfläche bzw. der umbaute Raum der beheizten Räume zugrunde gelegt werden kann.

Von den Kosten des Betriebs der zentralen Warmwasserversorgungsanlage sind ebenfalls mindestens 50 %, höchstens 70 % nach dem erfaßten Warmwasserverbrauch, die übrigen Kosten nach der Wohn- oder Nutzfläche zu verteilen, Vereinbarte Prozentsätze, die über 70 % liegen, sind möglich. Bei anderen Vereinbarungen dagegen gehen die Vorschriften der Heizkostenverordnung den rechtsgeschäftlichen Bestimmungen vor (Ausnahmen sind im § 11 HeizkostenV aufgeführt).

Ist die zentrale Heizungsanlage mit der zentralen Warmwasserversorgungsanlage verbunden, so sind die einheitlich entstandenen Kosten des Betriebs nach einer Formel aufzuteilen. Der Brennstoffverbrauch der zentralen Warmwasserversorgungsanlage kann auch nach den anerkannten Regeln der Technik errechnet werden. Falls die Menge des verbrauchten Warmwassers nicht gemessen werden kann, ist als Brennstoffverbrauch der zentralen Warmwasserversorgungsanlage ein Anteil von 18 % der insgesamt verbrauchten Brennstoffe zugrunde zu legen.

Nach der Heizkostenverordnung hat der Gebäudeeigentümer die Pflicht, die Kosten des Verbrauchs von Wärme und Warmwasser zu erfassen und zu verteilen. Zur Erfassung des anteiligen Warmwasserverbrauchs sind Wärmezähler oder Heizkostenverteiler, zur Erfassung des anteiligen Warmwasserverbrauchs, Warmwasserzähler oder Warmwasserkostenverteiler zu verwenden. Der Gebäudeeigentümer hat dazu die Räume mit Ausstattungen zur Verbrauchserfassung zu versehen, und die Nutzer haben dies zu dulden. Will er diese Ausstattung mieten, so hat er dieses den Nutzern vorher unter Angabe der dadurch entstehenden Kosten mitzuteilen, wobei diese Maßnahme unzulässig ist, wenn die Mehrheit der Nutzer innerhalb eines Monats nach Zugang der Mitteilung widerspricht.

Ist die verbrauchsbedingte Abrechnung nicht möglich, hat der Nutzer das Recht, bei der nicht verbrauchsabhängigen Abrechnung der Kosten seinen Anteil um 15 % zu kürzen; das gilt nicht für Wohnungseigentümer gegenüber der Wohnungseigentümergemeinschaft.

Kosten für Gemeinschaftsantenne und Kabelfernsehen

Die Kosten des Betriebs der Gemeinschaftsantennenanlage (Kosten des Betriebsstromes und der regelmäßigen Prüfung und Einstellung sowie ggf. Nutzungsentgelt für angemietete Anlagen) und die Kosten des Betriebs der mit einem Breitbandkabelnetz verbundenen privaten Verteilanlage dürfen nach dem Verhältnis der Wohnflächen umgelegt werden, sofern nicht im Einvernehmen mit allen Mietern ein anderer Umlegungsmaßstab vereinbart ist. Die laufenden monatlichen Grundgebühren für Breitbandanschlüsse dürfen nur zu gleichen Teilen auf die Wohnungen umgelegt werden, die mit Zustimmung des Nutzungsberechtigten angeschlossen worden sind. — Anschlüsse an das Breitbandkabelnetz sind als Modernisierungskosten mit Mieterhöhung nach § 3 MiethöhG bzw. § 11 II. BV nur dann durchzusetzen, wenn keine mietvertraglichen Vereinbarungen entgegenstehen.

In den neuen Bundesländern kann der Vermieter die Betriebskosten nach der Betriebskosten-Umlageverordnung (BetrKostUV) vom 17. 6. 1991 durch schriftliche Erklärung anteilig auf die Mieter umlegen und Vorauszahlungen in angemessener Höhe verlangen. Umlagemaßstäbe dürften im allgemeinen die Wohnflächen mit Ausnahme bei eingebauten Wasserzählern für die Wohnparteien und bei unterschiedlicher Müllverursachung (§§ 3 und 3 a) sein. Die Kosten der Heizung und der Warmwasserversorgung sind bis zu einem Betrag von 3,— DM je m^2 Wohnfläche monatlich (ab 1. 1. 1994: 2,50 DM) umlagefähig; er vermindert sich auf 2,60 DM, wenn nur Heizkosten umgelegt werden. Spätestens ab 1996 müssen Heiz- und Warmwasserkosten verbrauchsabhängig abgerechnet werden.

Wohngeld nach dem Wohngeldgesetz

Zu den sozialen Aufgaben der Wohnungsverwaltung gehört auch die Beratung über die Gewährung von Wohngeld nach dem Wohngeldgesetz (WoGG). Dieses Gesetz ist eine Ergänzung des sozialen Mietrechtes; es soll jeden Mieter in die Lage versetzen, eine seiner Familie und seinem Einkommen angemessene Wohnung zu bezahlen. Daher besteht bei gegebenen Voraussetzungen ein Rechtsanspruch darauf. Das Wohngeld, das nicht zurückzuzahlen ist, wird auf Antrag als Mietzuschuß oder als Lastenzuschuß gewährt. **Mietzuschüsse** erhalten Mieter von Wohnraum, Nutzungsberechtigte einer Genossenschaftswohnung, Untermieter, Bewohner eines Wohnheims, Eigentümer eines Mehrfamilienhauses für die von ihnen bewohnte Wohnung u. a. **Lastenzuschüsse** können gewährt werden für Eigentümer von Eigenheimen, Kleinsiedlungen, eigengenutzten Eigentumswohnungen, Wohnungen mit einem Dauerwohnrecht.
Antragsberechtigt ist für einen Mietzuschuß: der Mieter oder Nutzungsberechtigte von Wohnraum, Heimbewohner; für einen Lastenzuschuß: der Eigentümer; bei mehreren antragsberechtigten Familienmitgliedern: der Haushaltsvorstand.
Der Anspruch auf Wohngeld kann nicht vererbt, übertragen, verpfändet oder gepfändet werden.
Der Anspruch auf Wohngeld besteht, wenn das Familieneinkommen eine bestimmte **Einkommensgrenze**, die in den Wohngeldtabellen angegeben ist, nicht übersteigt. Stirbt ein Familienmitglied, so bleibt dies 24 Monate ohne Auswirkung. **Familieneinkommen** ist die Summe der Jahreseinkommen der zum Haushalt zählenden Familienangehörigen, wie Ehegatte, Verwandte oder Verschwägerte bis zum dritten

Grad, Pflegekinder und -eltern, vermindert um Kinderfreibeträge, die Beträge in Höhe des gesetzlichen Kindergeldes und um die Werbungskosten (mindestens in Höhe der Werbungskostenpauschalen) bzw. Betriebsausgaben sowie ggf. vermögenswirksame Leistungen. Unterhaltsverpflichtete und Schwerbehinderte erhalten einen Freibetrag (§§ 12 a, 15 und 16). Von diesem Jahreseinkommen wird ein pauschaler Abzug von 30 % abgesetzt bei Familienmitgliedern, die Steuern vom Einkommen sowie Pflichtbeiträge zur gesetzlichen Kranken- und Rentenversicherung zahlen, 20 % bei Familienmitgliedern, die Pflichtbeiträge zur gesetzlichen Kranken- und Rentenversicherung entrichten oder die Steuern vom Einkommen entrichten und zusätzlich Pflichtbeiträge zur Kranken- oder Rentenversicherung leisten; 12,5 % bei Familienmitgliedern, die Pflichtbeiträge zur gesetzlichen Krankenversicherung oder Rentenversicherung oder Steuern vom Einkommen entrichten; in allen anderen Fällen beträgt der Freibetrag 6 %. Das somit ermittelte Familieneinkommen darf die in einer Tabelle angegebene Einkommensgrenze nicht übersteigen, wenn ein Anspruch auf Wohngeld bestehen soll.

Zahl der zum Haushalt rechnenden Familienmitglieder	Höchstbetrag des berücksichtigungsfähigen monatlichen Familieneinkommens (nach den Wohngeldtabellen)	Zahl der zum Haushalt rechnenden Familienmitglieder	Höchstbetrag des berücksichtigungsfähigen monatlichen Familieneinkommens (nach den Wohngeldtabellen)
1	1 420 DM	5	3 660 DM
2	2 000 DM	6	4 000 DM
3	2 480 DM	7	4 320 DM
4	3 260 DM	8	4 640 DM

Das Wohngeld wird als Miet- oder Lastenzuschuß zu der zu berücksichtigenden Miete oder Belastung nach einer dem Gesetz beigefügten Tabelle gewährt. In der Tabelle sind zuschußfähige Höchstbeträge angegeben. Diese richten sich nach dem örtlichen Mietenniveau. Jede Gemeinde gehört entsprechend dem Mietenniveau einer bestimmten Mietenstufe an. Das Wohngeldgesetz hat sechs Mietenstufen festgelegt (z. B. Mietenstufe 1: Mietenniveau unter 15 % gegenüber dem Bundesdurchschnitt, Mietenstufe 6: Mietenniveau liegt 25 % und mehr über dem Bundesdurchschnitt). Miete ist das Entgelt für die Gebrauchsüberlassung von Wohnraum einschl. Umlagen, Zuschlägen und Vergütungen. Außer Betracht bleiben Kosten der Heizungs- und Warmwasserversorgung, Untermiet- und Gewerbezuschläge, Vergütungen für Überlassung von Möbeln, Kühlschränken, Waschmaschinen, Garage, Stellplatz und Hausgarten (§ 5).

Die Belastung wird aus dem Kapitaldienst und aus der Bewirtschaftung in einer Wohngeld-Lastenberechnung ermittelt (§§ 13, 14).

Bei der Berechnung von Wohngeld wird die Miete oder Belastung nicht berücksichtigt, die die in § 8 angegebenen Beträge übersteigt.

> Aufgrund der zu berücksichtigenden Miete, der Zahl der Familienmitglieder und des zu berücksichtigenden monatlichen Familieneinkommen erhält man das Wohngeld aus einer der dem Gesetz beigefügten Tabellen.
>
> Das Wohngeld kann nicht gewährt werden, wenn
>
> die wirtschaftliche Sicherung von Wohnraum anderweitig gewährt wird,

für andere Wohnungen bereits Wohngeld bewilligt ist,

ein zum Haushalt rechnendes Familienmitglied im Jahre der Antragstellung auf Wohngeld Vermögensteuer zu entrichten hat (§ 18) u. a.

Das Wohngeld wird in der Regel für 12 Monate vom Monat der Antragstellung ab bewilligt und an den Wohngeldempfänger im voraus gezahlt. Es soll für jeweils zwei Monate (Zahlungsabschnitt) gezahlt werden. Beträge, die der Wohngeldempfänger zu Unrecht erhalten hat, müssen zurückgezahlt werden. Das von einem Bundesland jährlich gezahlte Wohngeld wird zur Hälfte vom Bund erstattet, wobei der Bund für die Hälfte, die die Länder zu zahlen haben, noch einen Festbetrag zahlt.

Für die neuen Bundesländer gilt das Wohngeldsondergesetz bis 31. 12. 1994. Die zu berücksichtigende Miete oder Belastung wird um einen Zuschlag für Wärme und Warmwasser erhöht (§ 21).

Auflösung des Mietverhältnisses

Das Mietverhältnis endet:

mit A b l a u f d e r Z e i t, falls es nicht stillschweigend fortgesetzt wird;

durch v e r t r a g l i c h e Ve r e i n b a r u n g zum vereinbarten Zeitpunkt;

e i n s e i t i g durch K ü n d i g u n g bei allen anderen — auf unbestimmte Zeit geschlossenen — Mietverhältnissen.

Die K ü n d i g u n g ist eine einseitige Erklärung einer Mietpartei (Mieter oder Vermieter) an die andere, das Mietverhältnis zu einem bestimmten Zeitpunkt zu beenden. Sie muß daher der anderen Partei zugehen (bekannt werden).

Eine Kündigung gilt als zugegangen mit dem Einlegen in den Briefkasten des Mieters, so daß die Vertragspartei die Möglichkeit hat, davon Kenntnis zu nehmen. Leugnet eine Vertragspartei das Zugehen der Kündigung, muß die abgebende Partei den Zugang beweisen (Zeugen, Einschreibebrief).

Die Kündigung eines Mietverhältnisses über Wohnraum, der nicht zu vorübergehendem Gebrauch vermietet ist, bedarf der s c h r i f t l i c h e n Form. Das Wort „kündigen" braucht nicht erwähnt zu werden. Der kündigende Vertragspartner muß nur unmißverständlich zum Ausdruck bringen, daß er das Mietverhältnis beenden will. Eine mündliche Kündigung ist unwirksam, wenn sie nicht ausdrücklich angenommen wird. Die R ü c k n a h m e der Kündigung kann nur mit Zustimmung des Vertragspartners erfolgen. Eine Anfechtung wegen Irrtums, Täuschung und arglistiger Drohung ist möglich.

Wenn ein Zeitpunkt zur Beendigung des Mietverhältnisses nicht angegeben ist, so gilt die Kündigung für den nächst zulässigen Kündigungstermin. Eine verspätet eingehende Kündigung ist nicht unwirksam; sie gilt für den folgenden zulässigen Kündigungstermin. Der Vermieter soll den Mieter auf die Möglichkeit des Widerspruchs nach § 556 a, auf die Form und die Widerspruchsfrist rechtzeitig hinweisen. In dem Kündigungsschreiben sollen die Gründe der Kündigung angegeben werden (BGB § 564 a).

Die Kündigung ist nur zur Auflösung des ganzen Mietverhältnisses möglich; daher können Teilkündigungen (z. B. Mietpreis zwecks Mieterhöhung) nicht erfolgen. Man unterscheidet:

die ordentliche Kündigung,

die außerordentliche Kündigung mit Frist und ohne (fristlose Kündigung).

Die ordentliche Kündigung

Die Kündigung ist eine einseitige empfangsbedürftige Willenserklärung, ein Mietverhältnis zu beenden. Sie muß schriftlich unter Einhaltung der gesetzlichen oder vertraglichen Kündigungsfristen erfolgen. Unter Kündigungsfrist versteht man den Zeitraum, der mindestens zwischen Abgabe der Kündigung und Erlöschen des Mietverhältnisses liegen muß. Kündigungstermin ist der Tag, an dem das Mietverhältnis nach Kündigung endet. Es darf zum Ende eines jeden Monats gekündigt werden, auch wenn eine vertragliche Vereinbarung die Kündigung nur für bestimmte Kalendermonate vorsieht; eine solche Vereinbarung wäre bei Mietverhältnissen über Wohnraum unwirksam.

Kündigungsgründe

Ein auf unbestimmte Zeit abgeschlossenes Mietverhältnis über Wohnraum kann der Vermieter nur kündigen, wenn er ein berechtigtes Interesse an der Beendigung des Mietverhältnisses hat. Als berechtigtes Interesse gilt schuldhaft nicht unerhebliche Vertragsverletzung, Eigenbedarf, Hinderung an einer angemessenen wirtschaftlichen Verwertung des Grundstücks (Sanierung, ggf. Modernisierung) oder Ausbau zu Wohnraum von nicht zum Wohnen bestimmten Nebenräumen zwecks Vermietung, wenn der Vermieter die Kündigung auf diese Räume beschränkt und sie dem Mieter vor dem 1. Juni 1995 mitteilt, wobei der Mieter eine angemessene Herabsetzung des Mietzinses verlangen kann. Die Kündigung wegen Eigenbedarfs darf nicht willkürlich und mißbräuchlich sein; nach Auffassung des Bundesverfassungsgerichts muß der Vermieter vernünftige und nachvollziehbare Gründe nachweisen. Eine Kündigung zum Zwecke der Mieterhöhung ist ausgeschlossen. Diese Vorschriften gelten nicht für Mietverhältnisse, bei denen Wohnraum nur zum vorübergehenden Gebrauch vermietet wurde, oder über Wohnraum, der Teil eines Studenten- oder Jugendheimes ist, sowie über Wohnraum, der Teil der vom Vermieter selbst bewohnten Wohnung ist und den der Vermieter ganz oder überwiegend mit Einrichtungsgegenständen ausgestattet hat, sofern dieser nicht zum dauernden Gebrauch für eine Familie überlassen wurde. Eine Ausnahme bildet lediglich die Zweitwohnung in einem Eigenheim oder ggf. ein Wohngebäude mit drei Wohnungen, von denen eine der Vermieter bewohnt und eine Wohnung durch Ausbau nach dem 31. 5. 1990 und vor dem 1. 6. 1995 fertiggestellt wurde, wobei sich die Kündigungsfrist um drei Monate verlängert (§ 564 b BGB). Eigenbedarf kann in den neuen Bundesländern vorerst nicht geltend gemacht werden.

Bei Umwandlung von Mietwohnungen in Eigentumswohnungen und deren Veräußerung kann Eigenbedarf erst nach Ablauf von drei Jahren, durch Rechtsverordnung der Länderregierungen ggf. nach fünf Jahren — für die Dauer von fünf Jahren —, wenn die ausreichende Versorgung der Bevölkerung mit Mietwohnungen gefährdet ist, geltend gemacht werden (BGB § 564 b).

Bei Mietverträgen über Wohnraum auf bestimmte Zeit mit der Vereinbarung einer Verlängerung, wenn vorher nicht gekündigt wird, tritt die Verlängerung ein, wenn nicht form- bzw. fristgerecht vorher gekündigt wurde. Bei über Wohnraum abgeschlossenen Mietverträgen auf bestimmte Zeit kann der Mieter spätestens zwei Monate vor Beendigung des Mietverhältnisses durch schriftliche Erklärung die Fortsetzung desselben verlangen, wenn nicht der Vermieter ein entgegenstehendes berechtigtes Interesse hat. Bei einem Mietverhältnis auf bestimmte Zeit, das für nicht mehr als 5 Jahre eingegangen ist, kann der Mieter keine Fortsetzung des Mietverhältnisses verlangen, wenn der Vermieter Eigenbedarf geltend machen will oder die Räume in zulässiger Weise beseitigen bzw. wesentlich verändern oder instandsetzen will, wobei die Maßnahmen bei Fortsetzung des Mietverhältnisses erheblich erschwert würden; außerdem muß der Vermieter dem Mieter diese Absicht bei Vertragsabschluß schriftlich mitgeteilt haben und dem Mieter drei Monate vor Ablauf der Mietzeit nochmals schriftlich mitteilen, daß diese Verwendungsabsicht besteht. Verzögert sich die beabsichtigte Verwendung der Räume ohne Verschulden des Vermieters, kann der Mieter eine Verlängerung des Mietverhältnisses um einen entsprechenden Zeitraum verlangen. Würde durch diese Verlängerung die Dauer des Mietverhältnisses 5 Jahre übersteigen, kann der Mieter die Fortsetzung auf unbestimmte Zeit verlangen (BGB § 564 c). Ist bei Beendigung eines Mietverhältnisses auf Zeit (nicht mehr als 5 Jahre) eine Zwangsräumung erforderlich, entfällt die Räumungsfrist.

Kündigungsfristen bei Wohnraum (BGB § 565)

Bei Wohnraum, der nicht nur zum vorübergehenden Gebrauch vermietet ist, gilt die gesetzliche Kündigungsfrist, falls vertraglich nichts anderes vereinbart ist. Danach kann die Kündigung spätestens am dritten Werktag eines Kalendermonats für den Ablauf des übernachsten Monats erfolgen (drei Monte abzüglich 3 Tage). Diese Frist verlängert sich, wenn 5, 8 oder 10 Jahre seit der Überlassung des Wohnraums vergangen sind, um jeweils drei Monate. Sie beträgt:

nach fünfjähriger Überlassung 6 Monate,

nach achtjähriger Überlassung 9 Monate,

nach zehnjähriger Überlassung 12 Monate.

Eine vertraglich vereinbarte kürzere Kündigungsfrist gilt nur für den Mieter, nicht aber für den Vermieter. Ist Wohnraum mit Rücksicht auf das Bestehen eines Dienstverhältnisses vermietet, gelten Sondervorschriften (BGB §§ 565 c, d).

Kündigungsfristen bei Grundstücken, Geschäftsräumen und möblierten Zimmern

Bei Grundstücken, Räumen, Geschäftsräumen, ins Schiffsregister eingetragenen Schiffen richtet sich die Kündigungsfrist nach der Bemessung des Mietzinses, nicht nach der Fälligkeit. Es kann gekündigt werden:

bei Bemessung nach Tagen: an jedem Tag für den Ablauf des folgenden Tages;

bei Bemessung nach Wochen: am ersten Werktag der Woche für den Ablauf des folgenden Sonnabends;

bei Bemessung nach Monaten oder längeren Zeitabschnitten: bis zum 3. Werktag eines Kalendermonats für den Ablauf des übernächsten Monats, bei einem Mietverhältnis über Geschäftsräume und gewerblich genutzte unbebaute Grundstücke jedoch nur zum Ablauf eines Quartals. Bei Wohnraum, den der Vermieter ganz oder überwiegend mit Einrichtungsgegenständen ausgestattet hat und der nicht zum dauernden Gebrauch für eine Familie überlassen wurde, kann bis zum 15. eines Monats für den Ablauf des gleichen Monats gekündigt werden.

Kündigungsfristen bei beweglichen Sachen

Bei einem Mietverhältnis über bewegliche Sachen ist die Kündigung zulässig:

bei Bemessung des Mietzinses

nach Tagen: an jedem Tag für den Ablauf des folgenden Tages;
nach längeren Zeitabschnitten: spätestens am 3. Tag vor Ablauf des Tages, an dem das Mietverhältnis enden soll.

Widerspruchsrecht des Mieters gegen Kündigung
Um den M i e t e r nicht der willkürlichen Kündigung eines Vermieters auszusetzen, wurde ihm zu seinem und seiner Familie Schutz ein W i d e r s p r u c h s r e c h t eingeräumt (BGB § 556 a = Sozialklausel), das mit dem Wegfall des Mieterschutzes nach dem Mieterschutzgesetz in Kraft trat. Der Mieter kann demnach einer Kündigung des Vermieters widersprechen und vom Vermieter verlangen, das Mietverhältnis fortzusetzen, wenn die Beendigung des Mietverhältnisses für den Mieter oder seine Familie eine Härte bedeuten würde, die auch unter Würdigung der berechtigten Interessen des Vermieters nicht zu rechtfertigen sei. Zu den Härtefällen zählen: hohes Alter, Kinderreichtum, schwere Erkrankung des Mieters oder seiner engeren Familienangehörigen, bevorstehende Mutterschaft, Schwierigkeiten bei der Umschulung von Kindern, mehrfacher Wohnungswechsel, Fehlen einer angemessenen Ersatzwohnung zu zumutbaren Bedingungen. Dabei kann der Mieter verlangen, das Mietverhältnis so lange fortzusetzen, wie dies unter Berücksichtigung aller Umstände angemessen ist.

Die Erklärung des Widerspruchs muß schriftlich und auf Verlangen des Vermieters unter Angabe der Gründe erfolgen und dem Vermieter gegenüber spätestens 2 Monate vor Beendigung des Mietverhältnisses abgegeben werden. Nach Ablauf dieser Frist kann der Vermieter die Fortsetzung des Mietverhältnisses ablehnen. Hat der Vermieter nicht rechtzeitig vor Ablauf der Widerspruchsfrist den darauf gerichteten Hinweis erteilt, so kann der Mieter den Widerspruch noch im 1. Termin des Räumungsrechtsstreites erklären.

Ist dem Vermieter die Fortsetzung des Mietverhältnisses zu den bisherigen Bedingungen nicht zuzumuten, so kann der Mieter nur die Fortsetzung des Mietverhältnisses unter angemessener Änderung der Vertragsbedingungen verlangen.

Kommt aufgrund des Widerspruchs keine Einigung zustande, muß das Gericht durch Urteil über die Dauer des Mietverhältnisses und die Vertragsbedingungen entscheiden, unter denen das Mietverhältnis fortgesetzt wird. Es wird auf unbestimmte Zeit fortgesetzt werden können, wenn nicht abzusehen ist, wann die Umstände wegfallen, unter denen der Widerspruch erfolgte. Bei Fortsetzung des Mietverhältnisses nach Einigung oder Urteil steht dem Mieter bei erneuter Kündigung ein Widerspruchsrecht zu (BGB § 556 c).

Der Mieter kann eine Fortsetzung des Mietverhältnisses nicht verlangen, wenn er selbst gekündigt hat oder wenn ein Grund für fristlose Kündigung vorliegt.

Die Sozialklausel ist zwingendes Recht und kann vertraglich nicht ausgeschlossen werden. Sie gilt jedoch nicht für Wohnraum, der nur zu vorübergehendem Gebrauch vermietet ist, für Ferienwohnungen sowie für möblierten Wohnraum, der nicht zum dauernden Gebrauch für eine Familie überlassen wurde (BGB § 556 a Abs. 8).

Die außerordentliche Kündigung nach BGB

Bei der a u ß e r o r d e n t l i c h e n Kündigung unterscheidet man: mit Kündigungsfrist und ohne, d. h. fristlos.

Eine fristlose Kündigung, bei der das Mietverhältnis mit sofortiger Wirkung endet, kann erfolgen durch den Vermieter bei:

vertragswidrigem Gebrauch nach erfolgloser Abmahnung (§ 553);

Unzumutbarkeit des Mietverhältnisses (§ 554 a): Bedrohung, schwere Beleidigung, nachhaltige Störung des Hausfriedens.

Zahlungsverzug (§ 554), wenn der Mieter für zwei aufeinanderfolgende Termine mit der Entrichtung des Mietzinses oder eines Teiles (bei Wohnraum mehr als eine Monatsmiete) in Verzug ist oder wenn er Mietrückstände in Höhe von 2 Monatsmieten hat. Die fristlose Kündigung ist unwirksam, wenn der Mieter unverzüglich nach der Kündigung eine berechtigte Aufrechnung erklärt oder wenn innerhalb eines Monats seit Zustellung der Räumungsklage der Vermieter befriedigt wird oder eine öffentliche Stelle sich dazu verpflichtet.

Durch den Mieter bei:

Unzumutbarkeit des Mietverhältnisses;

Nichtgewährung des vertragsmäßigen Gebrauchs (nach erfolgloser Fristsetzung, § 542);

gesundheitsschädlicher Wohnung (§ 544).

Ein außerordentliches Kündigungsrecht mit gesetzlicher Kündigungsfrist (drei Monate abzüglich drei Werktage) steht zu

beiden Vertragsparteien bei:

Konkurs des Mieters (KO § 19),

Tod des Mieters zum ersten zulässigen Kündigungstermin, falls keine Familienangehörigen in das Mietverhältnis eintreten (BGB §§ 569 ff.)

dem Mieter bei:

Versetzung von Beamten, Militärpersonen, Geistlichen oder Lehrern an öffentlichen Unterrichtsanstalten (§ 570) zum erstmöglichen Termin,

Mieterhöhungen von öffentlich geförderten Wohnungen,

Mieterhöhungen von nicht preisgebundenen Wohnungen,

Duldung von öffentlich geförderten Modernisierungsmaßnahmen (s. S. 243).

Der Mieter einer öffentlich geförderten Wohnung (Sozialwohnung) hat im Falle einer einseitigen Mieterhöhung des Vermieters aufgrund WoBindG § 10 ein außerordentliches Kündigungsrecht. Er kann das Mietverhältnis spätestens am 3. Werktag des Kalendermonats, von dem an die Miete erhöht wird, für den Ablauf des folgenden Kalendermonats kündigen. In diesem Fall tritt die Mieterhöhung nicht ein (WoBindG § 11).

Verlangt der Vermieter eine Mieterhöhung nach dem Gesetz zur Regelung der Miethöhe, so kann der Mieter bis zum Ablauf der Zustimmungsfrist (Ende des zweiten auf das Verlangen folgenden Monats) zum Ablauf des übernächsten Monats kündigen. Erfolgt die Mieterhöhung wegen Modernisierungsmaßnahmen oder Erhöhung der Betriebs- oder Kapitalkosten, so kann das Mietverhältnis spätestens am dritten Werktag des Monats, von dem an der erhöhte Mietzins gezahlt werden soll, zum Ablauf des übernächsten Monats gekündigt werden. Bei Kündigung des Mieters tritt die Mieterhöhung nicht ein.

In einem förmlich festgelegten Sanierungsgebiet oder städtebaulichen Entwicklungsbereich kann die Gemeinde auf Antrag des Eigentümers ein Miet- oder Pachtverhältnis, das der alsbaldigen Beseitigung eines Hauses oder einer baulichen Anlage entgegensteht, mit einer Frist von mindestens sechs Monaten aufheben, wenn Ersatzwohnraum zu zumutbaren Bedingungen zur Verfügung steht (Baugesetzbuch §§ 182 ff.).

Räumungsklage und Zwangsvollstreckung (ZPO)

Räumt der Mieter nach Beendigung des Mietverhältnisses die Wohnung nicht, muß der Vermieter die R ä u m u n g s k l a g e erheben. Die Klageschrift enthält:

Bezeichnung der Parteien und des Gerichtes,

den klar formulierten Klageantrag,

die genaue Begründung des Antrages, wobei sämtliche Tatsachen ausführlich darzustellen sind.

S a c h l i c h   z u s t ä n d i g ist für alle Mietstreitigkeiten im Zusammenhang mit Überlassung, Benutzung, Bestehen oder Nichtbestehen eines Mietvertrages über Wohnraum, Erfüllung und Entschädigung wegen Nichterfüllung des Mietvertrages, Fortsetzung des Mietverhältnisses aufgrund eines Widerspruchs, Räumung von Mieträumen sowie in bezug auf das Zurückbehaltungsrecht der in Mieträumen eingebrachten Sachen das Amtsgericht ohne Rücksicht auf die Höhe des Streitwertes, es sei denn, der Wohnraum ist möbliert oder vorübergehend vermietet (ZPO § 29 a).

Ö r t l i c h   z u s t ä n d i g ist das Amtsgericht, in dessen Bezirk der Mieter wohnt bzw. die Räume liegen, falls vertraglich kein anderer Gerichtsstand vereinbart ist.

Der Räumungsklage wird durch ein R ä u m u n g s u r t e i l stattgegeben. Im Räumungsurteil kann dem Mieter eine R ä u m u n g s f r i s t bewilligt werden, die im Ermessen des Gerichtes liegt (ZPO § 721); sie kann auch auf Antrag bei einem Räumungsvergleich gewährt werden (ZPO § 794 a). Eine Verlängerung der Räumungsfrist ist auf Antrag bis zu insgesamt einem Jahr, gerechnet ab Rechtskraft des Urteils, möglich. Gegen ein Räumungsurteil ist das Rechtsmittel der Berufung beim Landgericht zulässig. In bezug auf die Räumungsfrist ist eine sofortige Beschwerde statthaft.

Kommt der Mieter dem Urteil freiwillig nicht nach, muß der Vermieter den Gerichtsvollzieher mit der Zwangsräumung beauftragen. Voraussetzung ist ein vollstreckbarer Titel, der dem Gerichtsvollzieher vom Vermieter mit einem schriftlichen Antrag auf Vollstreckung zuzustellen ist. Die Zustellung des Vollstreckungstitels erfolgt durch den Gerichtsvollzieher, der die Wohnung räumt, jedoch erst nach Ablauf der Räumungsfrist. Der Mieter kann das Vollstreckungsgericht um V o l l s t r e c k u n g s s c h u t z (ZPO § 765 a) bitten; die Vollstreckung durch den Gerichtsvollzieher wird sodann vorübergehend eingestellt.

Die K o s t e n eines Mietprozesses werden nach dem Gerichtskostengesetz (GKG) berechnet (Prozeßgebühr, Urteilsgebühr). Die Zahl der abgehaltenen Termine hat keine Bedeutung. In der Berufungsinstanz erhöhen sich die Gerichtskosten um die Hälfte, in der Revisionsinstanz auf das Doppelte.

Der A n w a l t erhebt Prozeß-, Verhandlungs- und Vergleichsgebühren sowie eine Beweis- und Nachverhandlungsgebühr, die ebenfalls nebeneinander erhoben werden. Mitunter werden Pauschalvergütungen vereinbart.

Neben diesen Gebühren müssen A u s l a g e n für Porto, Telefon, Schreibgebühr, Zeugen- und Sachverständigenentschädigungen sowie Tagegelder erstattet werden.

Die Kosten des Prozesses hat im allgemeinen der sogenannte Verlierer zu tragen. Die Kosten der Zwangsvollstreckung gehen zu Lasten des Räumungsschuldners. Das

Gericht kann die Kosten jedoch ganz oder teilweise dem Vermieter als Kläger auferlegen, wenn dieser nicht bei Widerspruch des Mieters seine berechtigten Interessen bekanntgegeben hat. Das gleiche gilt auch umgekehrt für den Mieter, wenn er nicht unverzüglich über die Gründe des Widerspruchs Auskunft gab (ZPO § 93 b).

Verjährung: Mietzinsen einschließlich Umlagen, Vergütungen und Zuschläge verjähren nach 4 Jahren. Die Laufzeit der Verjährungsfrist beginnt am Ende des Jahres, in dem der Anspruch entstanden ist.

Ersatzansprüche des Vermieters wegen Veränderung oder Verschlechterung der vermieteten Sache verjähren 6 Monate nach Übergabe.

Ansprüche des Mieters auf Ersatz von Verwendungen oder auf Gestattung der Wegnahme einer Einrichtung verjähren 6 Monate nach Beendigung des Mietverhältnisses.

3.2.5 Kontrolle der Kosten der Hausbewirtschaftung

Für jede Verwaltungseinheit werden die Kosten erfaßt. Das kann statistisch, in Karteioder Kontenform oder über EDV erfolgen. Es ist ein Hausbewirtschaftungsbuch für eine Wirtschaftseinheit zu führen. Dieses zeigt die Summe der Kosten aus der Hausbewirtschaftung im Verhältnis zum Mietsoll, bezogen am 1 m^2 der Wohn- und Nutzfläche, und dient zur Ermittlung und Überprüfung der Wirtschaftlichkeit. Die Kostenentwicklung ist laufend zu überwachen. Bei Kostenabweichungen muß die Hausverwaltung die Ursachen des unterschiedlichen Kostenanfalls feststellen und entsprechende Maßnahmen treffen. Liegt Kostenunterdeckung vor, ist unter Umständen der Mietzins zu erhöhen. Bei öffentlich geförderten Wohnungen und bei mit Wohnungsfürsorgemitteln errichteten Wohnungen sind die Betriebskosten genau zu erfassen und auf die Mieter anteilmäßig umzulegen und mit der Vorauszahlung abzurechnen.

3.2.6 Wohnungsakten und Wohnungskataster

Zur betrieblichen Organisation gehört die Anlage
 eines Wohnungskatasters, in dem wichtige Einzelheiten verzeichnet sind,
 der Wohnungsakte, die auch in Karteiform geführt oder als Daten gespeichert werden kann.

Die Wohnungsakte enthält:
 Grundriß, Größe, Ausstattung der Wohnung,
 bauliche Veränderungen,
 Modernisierungs- und Energieeinsparungsmaßnahmen, auch wenn sie vom Mieter auf dessen Kosten durchgeführt wurden,
 durchgeführte Berechnungen, Aufmaße,

Mietpreis, Berechnung und Entwicklung, Mietnebenkosten,
Verträge,
Schriftwechsel mit dem Mieter.

Dadurch ist:

die Abgabe eines Angebotes mit allen Auskünften aus der Wohnungsakte heraus möglich,

die Erteilung von genauen Aufträgen für Reparatur und Instandhaltung ohne eine vorherige Besichtigung durch Verwalter oder Unternehmer aus Gründen der Zeit- und Kostenersparnis durchführbar,

für die Rechnungsprüfung von Instandhaltungsarbeiten Aufmaß, Anzahl, Art usw. sofort greifbar.

Die Wohnungsakten oder Karteien sind nach Gebäuden oder Verwaltungseinheiten zusammengefaßt. Auch für das Gebäude und seine technischen Einrichtungen werden mit einer Gebäudebeschreibung die gleichen Angaben gesammelt.

3.2.7 Überwachungsaufgaben

Das Wohnungsunternehmen hat zu ü b e r w a c h e n

im k a u f m ä n n i s c h e n Bereich:

den pünktlichen Eingang der Mieten und Nebenleistungen, um Mahnungen absenden zu können;

die Einhaltung der bei Genehmigung erteilten Auflagen zur Kontrolle;

die Kosten aus der Hausbewirtschaftung und die Kostendeckung (Wirtschaftlichkeit), um bei Kostensteigerungen Maßnahmen ergreifen zu können (Ursachen beseitigen, Mieten erhöhen);

die Sondereinrichtungen nach Nutzung, Aufwand und Ertrag zu beobachten, um unwirtschaftliche Einrichtungen abzuschaffen;

im t e c h n i s c h e n Bereich:

die Mängelbeseitigung aufgrund von Reparaturmeldungen;

die Pflege der Grünanlagen;

die Durchführung von Schönheitsreparaturen und die Kontrolle des Zustandes von Wohnungen;

die rechtzeitige und ordnungsgemäße Schneebeseitigung sowie Voraussetzungen und Durchführung des Streuens bei Glätte;

die Organisation der Überwachung von technischen Betriebseinrichtungen wie Heizungen (Brenner, Tank), Fahrstühle, Fernsehantennen, Müllschluckanlagen;

die Wohnungsübergabe;

Einhaltung der Instandhaltungspläne;

erforderliche Durchführung von Modernisierungsmaßnahmen;

im sozialen Bereich:

das Wohnklima, das von der Gestaltung des Mieter-Vermieter-Verhältnisses, der Durchführung der Aufsicht und dem Verhalten der Mieter untereinander u. a. abhängt;

die Gestaltung der Haus- und Benutzungsordnung auf die praktische Brauchbarkeit;

Bedürfnisse für Gemeinschaftseinrichtungen (Kinderheime, Lesehallen, Wohnheime für Senioren, Abstell- und Garagenplätze, Einrichtungen eines Kundendienstes).

Entscheidend für ein gutes Wohnklima ist die Zufriedenheit der Mieter; Spannungen und Konflikte wird es immer geben. Sie resultieren entweder aus verschiedenen Verhaltensmustern der Mieter untereinander oder von Mieter und Vermieter oder aus individuellen Wunschvorstellungen des Mieters und den Möglichkeiten der Verwirklichung. Insofern muß der Vermieter auf die Sozialstruktur und das soziale Verhalten achten. Fehlende Kommunikationsmöglichkeiten, Mangel an Grünanlagen oder fehlende Infrastruktur führen oft zu Unzufriedenheit. Hinzu kommt, daß während der Mietzeit die Ansprüche an Wohnkomfort und Wohnungsstandard sowie an Wohnumfeld wachsen. Dies muß auch der Vermieter erkennen und nach Lösungsmöglichkeiten suchen.

In den sozialen Bereich der Wohnungsverwaltung fällt auch die Betreuung der Mieter:

bei Einzug

durch eine Möblierungsberatung;

durch das Bekanntmachen mit den Nachbarn;

während der Mietzeit

durch eine Mieterzeitschrift;

durch Schlichtung bei Mietstreitigkeiten;

durch Erteilung von Ratschlägen (Bodenpflege, Frostschutzmaßnahmen u. a.).

Die Mieterbetreuung erfordert psychologisches Anpassungsvermögen, Takt und Fingerspitzengefühl. Es gibt Wohnungsunternehmen, die dafür — ähnlich wie in Holland und England — sogenannte Wohnungspfleger oder -pflegerinnen einsetzen. Sie können Mieter auf die sozialen Rechte und ihre möglichen Ansprüche nach dem Sozialgesetzbuch (SGB) hinweisen. Mit dem Sozialgesetzbuch werden die gesetzlichen Regelungen für die Sozialleistungsbereiche Ausbildungs- und Arbeitsförderung, Sozialversicherung, Kinder- und Wohngeldrecht, Jugend- und Sozialhilfe zusammengefaßt.

Zur Überwachung und zur Beseitigung von Störungen können mit den von den Herstellerfirmen eingerichteten Kundendiensten oder mit bestimmten Reparaturhandwerkern Wartungsverträge gegen Pauschalvergütung abgeschlossen werden. Die Wohnungsunternehmen eines Ortes können auch selbst solche Wartungsdienste als Kunden- oder Notdienst für ihre Mieterschaft unterhalten. Der Mieter kann sich bei einer Störung sofort direkt an den Wartungsdienst wenden.

3.3 Der Betrieb der Wohnungsbewirtschaftung und die Betriebskosten

Während die Wohnungsverwaltung eine rein kaufmännisch-wirtschaftliche Funktion ist, deren Aufgaben in der Organisation und Überwachung der Wohnungsbewirtschaftung liegen, sind der Betrieb innerhalb der Wohnungsbewirtschaftung und die Instandhaltung technische Funktionen; sie beziehen sich auf die Durchführung der Wohnungsbewirtschaftung. In der Kostenrechnung finden sie Niederschlag als Verwaltungskosten, Betriebskosten, Instandhaltungskosten (Kostenarten). (Betriebskosten siehe Seite 33, Umlagen Seite 250 ff.).

3.3.1 Ordnungs- und Aufsichtspflicht durch den Hauswart

Der Begriff des Hauswartes, der haupt- oder nebenamtlich tätig sein kann, ist nicht einheitlich festgelegt. Das liegt in seinen verschiedenen Aufgaben begründet, die ihm unterschiedlich zugeordnet sein können. Zu seinen A u f g a b e n zählen:

Ordnung und Überwachung des Hauses,

Öffnen und Schließen der Haustüren,

Ein- und Ausschalten der Treppenhausbeleuchtung,

Beseitigung von Schnee und Glatteis,

Entgegennahme von Reparaturanzeigen zur weiteren Veranlassung,

Überwachung der Reparaturdurchführung und Abnahme der Leistung,

Überprüfung von Gemeinschaftseinrichtungen (Sammelheizung, Warmwasserbereitung).

Je nach Beruf und Vorbildung kann er auch mit der Durchführung kleinerer Reparaturen, der Pflege der Grünanlagen oder mit Verwaltungsaufgaben (z. B. Mietinkasso) betraut sein.

Ein hauptamtlicher Hauswart kann zuständig sein für die technische Überwachung der Beleuchtung, Aufzüge, Pumpen, Heizungsanlagen, Sanitäranlagen, Feuerlöscheinrichtungen, Fernsehantennen. Er muß außerdem die technischen Sonderbestimmungen für den Betrieb von Fahrstühlen, für die Lagerung von Brennmaterial und für den Brandschutz kennen. Auch können ihm kleinere Reparaturarbeiten, Reinigungsarbeiten (Entwässerungsrinnen, Papierkörbe, Spielplätze) sowie Sicherheitsarbeiten zugewiesen werden. Darüber hinaus ist er die Ansprechperson der Mieter für Fragen im Zusammenhang der Haus- und Benutzungsordnung, für das Ablesen von Wasser- und Warmwasser- sowie Stromverbrauch, für die Wohnungsübergabe, d. h. Schlüsselaushändigung u. a. gemäß Vertrag und Stellenbeschreibung.

Ob die K o s t e n des Hauswartes reine Betriebskosten sind oder ob u. U. diese Kosten anderen Kostenarten der Bewirtschaftung (Verwaltungskosten, Instandhaltungskosten) anteilig übertragen werden müssen, entscheidet die Art seiner Tätigkeit.

3.3.2 Hausreinigung

Die Reinigung eines Hauses umfaßt alle Treppen einschließlich Treppenabsätze, Flure, Keller, Böden und Nebenräume. Sie wird meist vertraglich auf die Mieter abgewälzt, die die Reinigung nach einer bestimmten Ordnung selbst vorzunehmen haben. In diesem Falle entstehen keine Kosten. Obliegt sie dem Vermieter, so fallen an Kosten der Hausreinigung die Entgelte für die beauftragten Reinigungsinstitute oder Raumpflegerinnen und für das Reinigungsmaterial an.

3.3.3 Treppenhausbeleuchtung

Die Verpflichtung zur Beleuchtung des Treppenhauses und der der Allgemeinheit dienenden Räume wie Keller, Boden sowie erforderlichenfalls die Außenbeleuchtung obliegt allgemein dem Vermieter. Sie beruht auf der Haftpflicht des Eigentümers, der das Haus in einem verkehrssicheren Zustand zu halten hat. K o s t e n der Beleuchtung sind:

Stromkosten einschließlich Zählermiete,
Kosten für Erneuerung elektrischer Birnen.

Die Kosten der Erneuerung der elektrischen Anlagen sind Instandhaltungskosten. Die Beleuchtungskosten lassen sich im voraus ermitteln. Man berechnet den Stromverbrauch aller Birnen unter Berücksichtigung der durchschnittlichen Brenndauer, der Nebenkosten (Zählermiete) und eines Erfahrungssatzes für die Erneuerung der Birnen.

3.3.4 Gartenpflege

Durch die aufgelockerte Bauweise entstanden größere Gartenanlagen. Sie verbessern die Wohnkultur und fördern ein gesundes Wohnen. Zu den Gartenanlagen gehören Grünanlagen, Ziergärten und Vorgärten, die zu pflegen sind. Zur G a r t e n p f l e g e rechnet:

Pflege der Rasen- und Grünanlagen (mehrere Rasenschnitte),
Pflege und Ersatzpflanzungen der Gehölz-, Stauden- und Blumenrabatten.

Die Gartenpflege wird Gärtnern, Hauswarten oder einzelnen Mietern übertragen, wenn das Wohnungsunternehmen nicht einen eigenen Gärtner beschäftigt oder einen Gärtnereifachbetrieb (Regiebetrieb) unterhält.

Zu den Kosten der Gartenpflege, die als Betriebskosten zu erfassen sind, gehören die Entgelte für die geleisteten Arbeiten, die der Erhaltung und Pflege der Gartenanlagen dienen. Sie entstehen durch Ausschreibung, Vergabe, Abrechnung und Überwachung. Bei der Unterhaltung eines Gärtnereibetriebes sind es Löhne, Gehälter, Transportkosten, Nebenkosten und anteilige Gemeinkosten.

Von diesen K o s t e n der Gartenpflege, die Betriebskosten sind, sind die Kosten für die Anlage von Rasenflächen, für Saatgut, Pflanzen, Sträucher, Bäume, Blumenzwiebeln sowie die mit der Erstanlage verbundenen Kosten zu trennen, die als Kosten der Außenanlagen zu den aktivierungsfähigen Gesamtkosten der Wohnanlage gehören.

3.3.5 Versicherungsschutz

Jeder Hauseigentümer muß sich gegen unvorhergesehene Schadenfälle sichern. Das erfolgt durch Bildung von Rückstellungen oder durch Abwälzung des Risikos auf Versicherungen, die die Lasten auf einen größeren Personenkreis verteilen. S c h a d e n - f ä l l e können sein:

Feuerschäden,

Leitungswasserschäden,

damit verbundener Mietausfall,

Sturmschäden,

Schäden an Glasscheiben (Schaufenster-, Türscheiben usw.),

Haftpflichtansprüche dritter Personen infolge von Schäden durch:

Einsturz von Mauern, Gerüsten,

Ablösung von Mauerteilen,

Unterlassung der Streupflicht von Glatteis,

mangelhafte Reinigung,

einen schadhaften Zaun,

schlechte Beleuchtung,

schadhafte Fußböden und Treppen,

Auslaufen von Mineralöl (Gewässerschäden) u. a.

Die Risiken des Hausbesitzers werden durch die Sachversicherungen und die Haftpflichtversicherungen gegen Zahlung einer Versicherungsprämie gedeckt, wobei die Versicherungssumme dem tatsächlichen Versicherungswert angepaßt sein muß.

Deckt sich der Wert der versicherten Gegenstände nicht mit der Versicherungssumme, so liegt eine Unter- oder eine Überversicherung vor. Im Schadenfall hat in beiden Fällen der Versicherungsnehmer den Nachteil. Bei einer vorliegenden U n t e r v e r s i c h e r u n g erhält er nur den prozentualen Anteil des Schadens erstattet; bei einer Überversicherung nur den tatsächlichen Wert des Schadens ersetzt.

Feuerversicherung

Die Feuerversicherung deckt Schäden, die durch Brand, Blitzschlag, Explosion, Anprall oder Absturz eines bemannten Flugkörpers und damit zusammenhängende Maßnahmen (Löschen, Niederreißen) entstanden sind. Sie wird nicht mehr als Zeitwertversicherung, sondern als gleitende Neuwertversicherung abgeschlossen.

Bei der Zeitwertversicherung wird im Schadenfall der Bauwert unter Berücksichtigung von Alter und Abnutzung berechnet. Bei der Neuwertversicherung wird der Wiederbeschaffungspreis ersetzt.

Bei einer gleitenden N e u w e r t v e r s i c h e r u n g ist der Neubauwert an den Baukostenindex gebunden. Der zugrunde gelegte Wert wird ermittelt (Brandkassenwert). Die Prämie berechnet sich nach der Versicherungssumme von 1914 und der jeweils festgesetzten Prämienrichtzahl (Beitragsbemessungsrichtzahl). Die Prämienrichtzahl wird unter Berücksichtigung der nach Vertragsabschluß veröffentlichten Meßzahlen des statistischen Bundesamtes vom Versicherer festgesetzt.

Leitungswasserversicherung

Die Leitungswasserversicherung deckt die Schäden, die durch Rohrbruch oder Frost einschließlich der Kosten der Nebenarbeiten und des Auftauens an den Zu- und Ableitungsrohren der Wasserversorgung und den Rohren der Warmwasser- oder Dampfheizungsanlage entstehen. Auch Frostschäden an Badeeinrichtungen, Waschbecken, Spülklosetts, Wasserhähnen, Wassermessern, Heizkörpern, Heizkesseln und gleichartigen Anlagen fallen darunter.

Sturmschädenversicherung

Der Versicherungsschutz für fertiggestellte Gebäude erstreckt sich auf die durch starke Stürme hervorgerufenen Schäden. Als Sturm gilt eine atmosphärisch bedingte Luftbewegung von mindestens Windstärke 8. Die Versicherung tritt nur für die Zerstörung oder Beschädigung einer Sache ein, wenn sie auf der unmittelbaren Einwirkung des Sturmes beruht oder dadurch hervorgerufen wird, daß der Sturm Gebäudeteile, Bäume oder andere Gegenstände auf die versicherte Sache wirft. Durch besondere Vereinbarungen können auch Scheiben, Fenster, Schilder und andere angebrachte Sachen versichert werden.

Glasversicherung

Die Glasversicherung dient der Deckung von Schäden, die an Glas-, Spiegel-, Schaufenster- und Türscheiben des Hauses entstehen. Die Scheiben dürfen nicht von ihrem bestimmungsgemäßen Platz entfernt oder mit lichtundurchlässiger Farbe bestrichen werden. Die Schäden, die übernommen oder nicht übernommen werden, sind in den allgemeinen Versicherungsbedingungen oder besonderen Vereinbarungen aufgezählt. Es empfiehlt sich, vorher stets ein Angebot einzuholen.

Grundstückshaftpflichtversicherung

Die Haftpflichtversicherung deckt alle Personen- und Sachschäden, sofern ein D r i t t e r berechtigte A n s p r ü c h e gegen den Grundstückseigentümer geltend machen kann.

Oft schließen Wohnungsunternehmen einen Kollektivvertrag über die Gebäudehaftpflicht ab, der sich auf den gesamten bebauten Grundbesitz ab Bezugsfertigkeit der Wohnungen und Eigenheime erstreckt; die unbebauten Grundstücke können als Sonderrisiko aufgenommen werden.

Gewässerschadenhaftpflichtversicherung

Die Versicherung ist für die Inhaber von Anlagen mit gewässerschädlichen Stoffen, z. B. Heizöltanks, geschaffen worden. Diese haften nach § 22 des Wasserhaushaltsgesetzes (WHG) ohne Verschulden.

Die wesentliche Leistung des Versicherers liegt im Ersatz von Rettungskosten beim Auslaufen solcher Stoffe und im dadurch unmittelbar drohenden Gewässerschaden. Diese Kosten können ein erhebliches Ausmaß annehmen. Es ist daher üblich, bei der Gewässerschadenhaftpflichtversicherung eine Deckungssumme von 1 Mill. DM zu versichern. Diese Versicherungsart hat insbesondere durch das gesteigerte Umweltbewußtsein an Bedeutung gewonnen.

3.3.6 Be- und Entwässerung

Die Be- und Entwässerung erfolgt durch Rohrleitungen und Kanäle. Das Trinkwasser wird zugeführt; die Abwässer werden — vielfach getrennt nach Schmutzwasser und Niederschlagswasser — so abgeführt, daß sie in gesundheitlicher und ästhetischer Beziehung keine Schädigungen oder Belästigungen hervorrufen können. Die Verwaltung des Kanals ist wie dessen Anlage (Erschließung) Aufgabe der Gemeinde. Diese erhebt Kanalbenutzungsgebühren, deren Berechnung in den einzelnen Gemeinden unterschiedlich ist. Erhebungsgrundlage kann u. a. sein: Grundsteuermeßbescheid, Wohnfläche der Räume, laufender Meter Straßenfront, Wasserverbrauch im Vorjahr u. a.

3.3.7 Straßenreinigung und Müllabfuhr

Die Straßenreinigung gehört an sich zu den Pflichten des Grundstückseigentümers; in den Städten und in vielen Gemeinden wird sie jedoch als gemeindliche Aufgabe von öffentlichen Einrichtungen durchgeführt. Durch Ortssatzung ist die Durchführung der Straßenreinigung durch die öffentlichen Einrichtungen sodann zwingend vorgeschrieben.

Ebenso verhält es sich mit der Müllabfuhr. Zu diesem Zweck setzt die Gemeinde meist ihre eigenen Einrichtungen ein, oder sie überträgt die Müllabfuhr privaten Unternehmern.

Kosten für die Straßenreinigung und Müllabfuhr sind — wie die Kosten für die Be- und Entwässerung — Betriebskosten öffentlich-rechtlicher Art. Die Bemessungsgrundlage für die Gebühren ist in den einzelnen Gemeinden unterschiedlich. Bemessungsgrundlage für die Straßenreinigung kann sein: laufender Meter Straßenfront (Frontmeter), Quadratmeter der Reinigungsfläche, Grundsteuermeßbescheid u. a.

Bemessungsgrundlage für die Müllabfuhr: Grundsteuermeßbescheid, Fläche und Zahl der Räume, Größe und Anzahl der Tonnen und Gefäße, Anzahl der Personen je Haushalt oder Haus u. a. Die Müllabfuhrkosten hängen mit dem System der Müllabfuhr und der Häufigkeit der Leerung zusammen.

3.3.8 Schornsteinreinigung

Die Reinigung der Schornsteine erfolgt im öffentlichen Interesse, um Brände zu verhindern. Daher besteht für alle Gebäude mit Schornsteinen und Feueranlagen ein K e h r - z w a n g. Bezirksschornsteinfegermeister reinigen und überprüfen die kehr- und überprüfungspflichtigen Anlagen.

Die Kehrgebühr ist eine Abgabe öffentlich-rechtlicher Art. Sie ist aus der Kehrgebührenordnung der einzelnen Länder ersichtlich. Die Umsatzsteuer wird zugeschlagen.

3.3.9 Sonstige Betriebskosten

Zu den Betriebskosten öffentlich-rechtlicher Art gehört außerdem die Grundsteuer (s. S. 396). Wassergeld und Heizungskosten sowie Kosten für die Aufzugsanlagen zählen zu den sonstigen Betriebskosten, wenn sie nicht auf die Vermieter vertraglich abgewälzt oder umgelegt sind.

3.4 Verwaltungskosten

Durch die Verwaltung bei der Wohnungsbewirtschaftung entstehen Kosten für die zur Verwaltung der Wohnung erforderlichen Arbeitskräfte und Einrichtungen, für die Kosten der Aufsicht und der Prüfung von Jahresrechnung und Geschäftsführung; auch der Wert der vom Vermieter persönlich geleisteten Verwaltungsarbeit fällt hierunter. Die Verwaltungskosten sind keine Einzelkosten wie im allgemeinen die Betriebskosten und Instandhaltungskosten und können daher nicht direkt einer Wirtschaftseinheit zugerechnet werden. Außerdem entstehen sie gleichzeitig durch andere Betriebsleistungen (Bauerstellung, Betreuung). Am Ende eines Geschäftsjahres sind die Verwaltungskosten deshalb als Kostenarten über den B e t r i e b s a b r e c h n u n g s b o g e n auf Kostenstellen und Kostenträger zu verteilen. Die so ermittelten Verwaltungskostensätze je Wohnung können in der Kalkulation angesetzt werden (s. S. 33).

Bei den öffentlich geförderten Wohnungen dürfen als Verwaltungskosten die Sätze der II. BV mit einem Höchstbetrag jährlich je Wohnung oder je Wohngebäude angesetzt werden. Ein Überschreitung dieses Satzes ist unzulässig (§ 26).

3.5 Wagniskosten

Für das Wohnungsunternehmen besteht bei der Vermietung das Einzelwagnis einer Ertragsminderung (M i e t a u s f a l l w a g n i s):

Wohnungen stehen leer,
Mieten sind uneinbringlich,
Kosten fallen durch Rechtsverfolgung auf Zahlung und Räumung an.

Soweit die Deckung von Mietausfällen nicht anderweitig gewährleistet ist, muß das Wohnungsunternehmen einen Wagniszuschlag kalkulatorisch berücksichtigen. Das Mietausfallwagnis kann nach der II. BV mit einem Satz von 2 % der Jahresmiete angesetzt werden.

Bei leerstehenden Wohnungen besteht nicht nur ein Mietausfall, sie müssen laufend gewartet, d. h. gereinigt, geheizt, gelüftet und zu Besichtigungszwecken bereitgehalten werden.

In dem Mietausfallwagnis sind nicht die allgemeinen Wagnisse des Unternehmens erfaßt und gedeckt, wie Verluste durch Schäden, erhöhte Aufwendungen für Instandhaltungen und Schönheitsreparaturen bei Mieterwechsel oder Tod des Mieters, Veränderungen des Wohnwertes u. a.

3.6 Instandhaltung

3.6.1 Begriffe

Die Instandhaltung ist eine technische Funktion der Wohnungsbewirtschaftung. Dabei ist Instandhaltung, Instandsetzung und Modernisierung zu unterscheiden.

Instandhaltung ist die Erhaltung des bestimmungsmäßigen Gebrauchs, zu der der Vermieter verpflichtet ist;

Instandsetzung ist die Behebung von baulichen Mängeln, insbesondere von Mängeln, die infolge Abnutzung, Alterung, Witterungseinflüssen oder Einwirkungen Dritter sowie durch Brand oder höhere Gewalt entstanden sind, zur Wiederherstellung des bestimmungsgemäßen Gebrauchs;

Modernisierung ist die Verbesserung von Wohnungen durch bauliche Maßnahmen, die den Gebrauchswert der Wohnungen nachhaltig erhöhen oder die allgemeinen Wohnverhältnisse auf die Dauer verbessern oder nachhaltig Einsparungen von Heizenergie bewirken sowie Ausbau und Umbau (II. BV § 11).

Arten der Instandhaltung

Die Instandhaltung und Instandsetzung gliedert sich in:
    laufende Instandhaltung,
    große Instandhaltung (außerordentliche Instandhaltung),
    Schönheitsreparaturen.

Unter laufender Instandhaltung versteht man die anfallenden kleineren Arbeiten (Reparaturen) einschließlich Kleinstreparaturen (Bagatellschäden). Oft werden sog. Bagatellschäden durch vertragliche Vereinbarung auf den Mieter abgewälzt.

Die kleineren Instandhaltungen umfassen nur das Beheben kleiner Schäden:
an den Installationsgeräten für Elektrizität, Wasser, Gas,
an den Heiz- und Kochleitungen,
an den Fenster- und Türverschlüssen,
an den Verschlußvorrichtungen von Fensterläden.

Unter g r o ß e r I n s t a n d h a l t u n g (außerordentlicher oder periodisch wiederkehrender) versteht man alle die Instandhaltungsarbeiten, die zur Erhaltung des Gebrauchs in ziemlich gleichbleibenden Zeitabschnitten vorgenommen werden müssen. Hierzu gehören:

Außenanstriche der Fenster, Haustüren, Dachrinnen und Abfallrohre;

Innenanstriche der Treppenhäuser, Treppengeländer;

Erneuerung der Holzeinfriedungen, Sandspielkästen, Drahtzäune, Heizölbrenner, Durchlauferhitzer usw.

Die große Instandhaltung wird nach einem Instandhaltungsplan durchgeführt.

Die S c h ö n h e i t s r e p a r a t u r e n umfassen nach der II. BV:

das Tapezieren, Anstreichen oder Kalken der Wände und Decken, das Streichen der Fußböden, Heizkörper einschließlich Heizrohre, der Innentüren sowie der Fenster und Außentüren von innen.

Die Durchführung der Schönheitsreparaturen obliegt an sich dem Vermieter, doch kann er sie auf den Mieter vertraglich abwälzen. Das ist betriebswirtschaftlich dann notwendig, wenn Kosten der Schönheitsreparaturen in der Kostenmiete nicht einkalkuliert sind.

> Übernimmt der Vermieter die Durchführung der Schönheitsreparaturen vertraglich, so kann er dafür bei öffentlich geförderten Wohnungen einen Höchstbetrag je m^2 Wohnfläche im Jahr ansetzen (II. BV § 28 Abs. 4), wobei zu überprüfen ist, ob dieser Satz mit den durch die Übernahme der Schönheitsreparaturen anfallenden Kosten übereinstimmt.
>
> Zur Durchführung von Schönheitsreparaturen wird ein Fristenplan aufgestellt. Er regelt, in welchen Zeitabständen die einzelnen Räume zu renovieren sind, und schafft beim Auszug des Mieters die Anspruchsgrundlage zur Übernahme der Kosten für Schönheitsreparaturen oder eines Teiles davon. Zustand der Räume und Kostenübernahme wird in einem Übergabeprotokoll festgehalten.

Instandhaltungsplan

Verschiedene Instandhaltungsarbeiten müssen während der Lebensdauer (z. B. 100 Jahre) des Bauwerkes in bestimmten Zeitabständen wiederholt werden (z. B. Außenanstrich der Fenster/Türen alle 5 Jahre, d. h. 19mal). Erfaßt man alle diese Arbeiten, entsteht ein I n s t a n d h a l t u n g s k a t a l o g mit Angabe der Zahl der Wiederholungen. Dadurch kann für einen längeren Zeitraum ein Instandhaltungsplan aufgestellt werden. Er enthält für diesen Zeitraum:

alle periodisch wiederkehrenden Instandhaltungsarbeiten für ein Haus oder eine Wirtschaftseinheit;

den Zeitpunkt der Durchführung (Fristenplan).

Der Instandhaltungsplan gibt der Geschäftsführung eine Dispositionsgrundlage und dient der Aufstellung von Wirtschafts- und Finanzplänen.

3.6.2 Durchführung der Instandhaltung

Die Durchführung der Instandhaltung fällt in den technischen Bereich der Wohnungsverwaltung. Die Ausführung erfolgt durch Handwerksbetriebe, wobei Ausschreibung, Vergabe, Durchführung und Abrechnung der Verwaltung obliegen. Neben selbständigen Handwerksbetrieben können auch in einschlägigen Berufen ausgebildete Hauswarte mit der Durchführung der Instandhaltung beauftragt werden, insbesondere mit:

der Durchführung kleinerer Reparaturarbeiten,

der Entgegennahme von Reparaturmeldungen,

der Feststellung von Schäden,

der Beseitigung von Schäden,

dem Sammeln von Kleinreparaturen,

der Beaufsichtigung und Abnahme der Mängelbeseitigung.

Wohnungsunternehmen können auch die Instandhaltung durch eigene Instandhaltungsbetriebe (R e g i e b e t r i e b e) durchführen lassen. Die Wirtschaftlichkeit eines solchen Instandhaltungsbetriebes muß gewährleistet sein und die Arbeitskräfte (Facharbeiter bzw. Hilfsarbeiter) müssen das ganze Jahr hindurch beschäftigt werden können. Zur Ausstattung eines Regiebetriebes gehören:

Arbeitsgeräte, kleine Maschinen, Werkstoffe, Ersatzteile, Lager sowie eingerichteter Werkstattraum.

Der Zweck eigener Regiebetriebe oder der Einsatz eigener Arbeitskolonnen (z. B. Anstreicher, Gärtner usw.) liegt in der schnellen und kostengünstigen Durchführung.

Organisation und Durchführung von Reparaturen (laufende Instandhaltung) aufgrund von Reparaturmeldungen ist nicht nur ein technisches, sondern auch ein wirtschaftliches Problem, da die Kosten unter Kontrolle gehalten werden müssen. Viele Kleinreparaturen verursachen hohe Kosten (Stundenlöhne, Anfahrtzeiten, Fahrtkosten). Außerdem ist es schwierig, in Zeiten der Vollbeschäftigung Handwerker für Reparaturen zu bekommen. Besondere organisatorische Maßnahmen sind daher erforderlich:

Sammeln von Kleinreparaturen, bis ein Handwerker einen Tag beschäftigt ist;

Organisation und Durchführung der Reparaturen durch haupt- oder nebenamtliche Hauswarte oder Beauftragte;

Einrichtung eines Kundendienstes, der in gewissen Zeitabständen die Mieter aufsucht, um kleinere Reparaturen an Ort und Stelle beheben zu können, die oftmals noch nicht gemeldet wurden (tropfender Wasserhahn);

Einrichtung von Regiebetrieben;

Verpflichtung von Handwerksbetrieben zu vertraglich geregelten Einheitspreisen u. a.

Die Organisation und Durchführung der großen Instandhaltung zur Erhaltung des Nutzungswertes sowie der Pflege der Grünanlagen richtet sich nach dem Instandhaltungsplan.

Die Durchführung der Schönheitsreparaturen wird nicht von allen Mietern nach der vertraglichen Regelung (Fristenplan) erfolgen. Daher wird eine Kontrolle in bestimmten Zeiträumen erforderlich sein; das Ergebnis ist in einem Bericht (Zustandsbericht) festzuhalten.

3.6.3 Instandhaltungskosten

Instandhaltungskosten sind Kosten, die während der gesamten Nutzungsdauer (Lebensdauer) eines Hauses zur Erhaltung des bestimmungsmäßigen Gebrauchs aufgewendet werden müssen, um die durch Abnutzung, Alterung und Witterungseinwirkung entstehenden baulichen oder sonstigen Mängel ordnungsgemäß zu beseitigen (II. BV § 28). Dazu gehören:

die Kosten für die l a u f e n d e Instandsetzung, die Kosten für die große Instandhaltung einschließlich eines Risikozuschlages, die Kosten der V e r w a l tungsleistung für die Durchführung der Instandhaltung (meist Personalkosten).

Aufgrund langjähriger Erfahrungen und mit Hilfe des Instandhaltungskataloges mit Preisverzeichnis werden die für einen Zeitraum (100 Jahre, 80 Jahre, 50 Jahre) anfallenden Instandhaltungskosten ermittelt und auf den Quadratmeter Wohnfläche der Verwaltungseinheit bezogen, wobei die Preise durch einen Instandhaltungsindex laufend korrigiert werden müssen. Der so ermittelte Satz bildet den Kostenansatz der Instandhaltungskosten zur Ermittlung der Kostenmiete. Er enthält auch den Erfahrungssatz für die Kosten der laufenden Instandhaltung (Reparaturen).

Während die Kosten im voraus kalkulierbar sind, fallen die Ausgaben für die Instandhaltung unterschiedlich an. Sie sind in den ersten Jahren gering und steigen mit der Dauer der Nutzung an. Daher werden jährlich von den kalkulierten Instandhaltungskosten die nicht verbrauchten Beträge einem Konto „Bauerneuerungsrücklage" zugeführt. Liegen die Ausgaben für Instandhaltung über den jährlich kalkulierten und durch die Miete gedeckten Instandhaltungskosten, wird der Mehrbetrag der Bauerneuerungsrücklage entnommen. Dadurch steht in der Gewinn- und Verlustrechnung eines jeden Jahres ein gleichmäßiger Instandhaltungsaufwand einem gleichbleibenden Mieterat gegenüber. Nicht gleich dagegen sind die mit der Miete vereinnahmten Gelder für Instandhaltungen und die Ausgaben für Instandhaltung, so daß der Überschuß zwischen Einnahmen und Ausgaben für Instandhaltung zinsbringend angelegt werden kann. Der Zinsertrag ermöglicht wiederum, den kalkulierten Instandhaltungssatz zu mindern.

3.6.4 Modernisierung

Mit Modernisierungsmaßnahmen will man den Wohnwert erhöhen oder sichern, die städtebauliche Funktion vor allem älterer Stadtviertel erhalten oder verbessern sowie Energie einsparen. Es handelt sich demnach um Objekterneuerung (Wohnhaus- oder Wohnungsmodernisierung), Stadt- und Dorferneuerung (Sanierung), energieeinsparende Maßnahmen. Man unterscheidet Voll-, Teilmodernisierung oder Ausbau.

Vollmodernisierung umfaßt Maßnahmen in allen Bereichen, die unter dem üblichen Wohnungsstandard liegen;

Teilmodernisierung bezieht sich auf einzelne Bereiche, wobei sie oft auf Antragstellung der Mieter erfolgt und der Modernisierungsaufwand in einem günstigen Verhältnis zur Wohnwertverbesserung steht.

A u s b a u , Umbau oder Erweiterung liegen vor, wenn Dachgeschoß ausgebaut, Räume umgewandelt, Gebäude aufgestockt oder angebaut werden.

M o d e r n i s i e r u n g s m a ß n a h m e n können erfolgen als

haustechnische Verbesserung (Gemeinschaftsantennenanlage, Müllschlucker, Telefonanschlüsse, Sprech- und Türöffneranlage, Installation),

wohntechnische Verbesserungen (Fenstervergrößerung, Einbau von Küchen, Bädern, Veränderung von Grundrissen und Raumzuordnungen, Diebstahlsicherungen),

bautechnische Verbesserungen (Erhöhung von Wärmedämmung und Schallschutz),

erschließungstechnische Verbesserungen (Zufahrtswege, Versorgung mit Gas, Elektrizität, Wasser, Telefon, Fernheizung),

umweltbezogene Verbesserungen (Vergrößerung von Grünflächenanlagen, Schaffen von Spielplätzen, Parkplätzen, Altenecken, Gemeinschaftsanlagen).

E n e r g i e e i n s p a r e n d e M a ß n a h m e n können erfolgen zur

Verbesserung der Wärmedämmung von Fenstern und Außentüren (Isolier- und Mehrfachverglasung, Rolläden),

Verbesserung der Wärmedämmung von Außenwänden (Wärmedämmaterial auf der Außenseite),

Verbesserung der Wärmedämmung von Dächern (Wärmedämmaterial im Gebälk oder auf dem Flachdach),

Verbesserung der Wärmedämmung von Decken (Wärmedämmaterial an der Unterseite der Kellerdecke und der obersten Geschoßdecke),

Verbesserung von zentralen Warmwasser-, Heizungs- und Brauchwasseranlagen (Anpassung der Wasservolumenströme oder der Heizkörperflächen an den Wärmebedarf der einzelnen Räume u. a.),

Umstellung auf Fernwärme,

Einbau von Anlagen zur Rückgewinnung von Wärme oder Wärmepumpen bzw. Solaranlagen sowie durch andere bauliche Maßnahmen, wenn nachgewiesen wird, daß sie nachhaltige und wesentliche Einsparungen von Heizenergie bewirken.

Die Planung von Modernisierungsmaßnahmen erfolgt mittels einer Bestandsaufnahme durch Befragung und Begehung, an die sich eine genaue Analyse anschließt. Daraus ergeben sich die zu beabsichtigenden Maßnahmen, über die die betroffenen Mieter zu informieren sind, insbesondere über

- Umfang und Art der Modernisierung,
- Durchführungsform (verbleiben in Wohnung, werden nur kurzfristig umgesetzt, müssen Haus räumen),
- Zeitpunkt und Zeitraum,
- Kosten des Umzugs in sog. Springerwohnung,
- Mieterhöhung.

Der Modernisierungsaufwand ist zu finanzieren durch Eigenkapital, Fremdmittel oder durch öffentliche Mittel von Bund und Ländern. Modernisierungsmaßnahmen führen zu Mieterhöhungen, doch müssen die in der Modernisierungsmaßnahme enthaltenen Kostenanteile für Instandhaltung oder Instandsetzung, die in der Miete einkalkuliert sind, berücksichtigt werden. Auch führt Erhaltungsaufwand zur sofortigen Steuerminderung, da er sofort oder über 2 bis 5 Jahre verteilt abgesetzt werden kann, während Herstellungsaufwand auf die restliche Nutzungsdauer zu verteilen ist. Im Gegensatz zu § 7 EStG können Herstellungskosten für bestimmte Anlagen zur Energieeinsparung nach § 82 a EStDV mit jährlich 10 % abgeschrieben werden. Darunter fallen: Anschluß an Fernwärmeversorgung, Einbau von Wärmepumpen, Solaranlagen oder Anlagen zur Gewinnung von Gas u. a., sofern für diese Maßnahmen keine Investitionszulage gewährt wird.

Bei nicht preisgebundenen Wohnungen kann der Mietzins um 11 % der Modernisierungskosten im Jahr erhöht werden (§ 3), wobei Zinsvergünstigungen oder Zinszuschüsse und Aufwendungsbeihilfen diesen Betrag verringern. Der Vermieter kann jedoch auch nach § 2 MiethöheG erhöhen (s. S. 249).

Bei preisgebundenen Wohnungen ist eine neue Wirtschaftlichkeitsberechnung aufzustellen.

Gemäß Vereinbarung zwischen Vermieter und Mieter kann auch der Mieter Modernisierungsmaßnahmen durchführen. Im Zusatzvertrag werden die Arbeiten beschrieben, die Höhe der Modernisierungskosten und deren Finanzierung festgelegt, der Mieter verpflichtet, eine Privathaftpflicht-, ggf. Bauherrenpflichtversicherung abzuschließen, sowie Vereinbarungen getroffen über Verzicht auf das ordentliche Kündigungsrecht während der Abwohndauer, über Mieterhöhungen während der gesamten Dauer des Mietverhältnisses, wobei bei der Vergleichsmiete der alte Wohnungsstandard zugrunde zu legen ist, und die Abwohndauer. Sie beträgt jeweils 4 Jahre für Aufwendungen in Höhe einer Jahresmiete.

3.7 Kapitaldienst

Die Gesamtkosten der Wohnungen wurden mit Eigen- und Fremdkapital finanziert. Fremdkapital muß verzinst und getilgt werden. Nur die Tilgung vermindert die Schuld.

Der Zins ist das Entgelt für die Kapitalhergabe. Die für Tilgung und Zinsen regelmäßig anfallende Jahresleistung nennt man A n n u i t ä t.

Man unterscheidet Tilgungs- und Abzahlungshypothek. T i l g u n g s h y p o t h e k : Die Tilgung erfolgt nach einem Tilgungsplan. Die durch die Tilgung verminderte Restschuld verringert auch die jährlich zu zahlenden Zinsen. Bei jährlich gleichbleibender Annuität werden die durch die fortlaufende Tilgung jährlich ersparten Zinsen der Tilgungsquote zugeschlagen. Der Tilgungsanteil nimmt ständig zu, der Zinsanteil ab (Tilgungsprogression — Zinsdegression). Die Verrechnung kann viertel- oder halbjährlich, die Zahlung verschieden vereinbart sein. Nach einem Urteil des Bundesgerichtshofs sind jedoch Tilgungsverrechnungsklauseln ohne Berücksichtigung der während des Jahres erbrachten Tilgungsbeträge nichtig; trotzdem kann eine dem entgegenstehende Klausel ausdrücklich vereinbart werden, z. B. wenn ein vollständiger Tilgungsplan zugrunde liegt. Die Laufzeit des Darlehens einer Tilgungshypothek richtet sich nach Zins- und Tilgungssatz, d. h. bei 6 % Zinsen und 1 % Tilgung beträgt die Laufzeit 33,4 Jahre. Bei steigendem Zinssatz oder Tilgungssatz verkürzt sich die Laufzeit. In Höhe der Tilgungsquote werden die investierten Fremdmittel Eigenkapital. Da Eigenkapital auch zu verzinsen ist, wird in der Mietkalkulation das in der ursprünglichen Wirtschaftlichkeitsberechnung angesetzte Fremd- und Eigenkapital mit den ursprünglichen Zinsen angesetzt (Einfrierungsgrundsatz).

Bei einer A b z a h l u n g s h y p o t h e k bleibt die Tilgungsquote gleich, während sich Zinsen und Annuität verringern.

Zinsen sind Aufwand und in gleicher Höhe Ausgaben. Bei gleichbleibender Annuität bleiben die jährlichen Ausgaben gleich; es verringert sich jedoch der Aufwand (Zinsen) — neben der Schuld. In der Gewinn- und Verlustrechnung stehen somit gleichbleibende Mieterträge einem sich verringernden Aufwand gegenüber.

4 Erwerb, Veräußerung und Belastung von Grundstücken

4.1 Grundstück (BGB §§ 93—98, 890, GBO § 5 ff.)

Wer baut, muß ein Grundstück haben. Die unternehmerische Wohnungswirtschaft benötigt für die Produktion von Wohnungen Grundstücksvorräte. Aber auch private Bauherren, Industrie, Handel und Gewerbe, Gemeinden, Länder und Bund brauchen für ihre Zwecke Grund und Boden. Dieser ist ein Produktionsfaktor, der nicht in unbegrenztem Umfang zur Verfügung steht.

Wird ein Acker für Bauzwecke als Bauland verkauft, so wird der Grund und Boden in einzelne Flurstücke (Parzellen) aufgeteilt, vom Vermessungsamt oder einem öffentlich bestellten Vermessungsingenieur (Landmesser) vermessen, durch Grenzsteine markiert, ihr Flächeninhalt ausgemessen, in den Lageplan und in die amtlichen Karten des Katasteramtes eingetragen. Für jedes Grundstück wird sodann ein Grundbuchblatt beim zuständigen Grundbuchamt angelegt, in das Grundstück und Eigentümer eingetragen werden.

Ein G r u n d s t ü c k ist demnach ein räumlich abgegrenzter Teil der Erdoberfläche, der im Grundbuch auf einem besonderen Grundbuchblatt eingetragen ist. Stehen auf demselben Grundbuchblatt noch andere Grundstücke desselben Eigentümers, so erhält jedes Grundstück im Bestandsverzeichnis eine besondere Nummer. Ein Grundstück kann aus einem oder mehreren Flurstücken (zusammengesetztes Grundstück) bestehen.

Das Grundstück wird geführt:

beim Katasteramt:	als F l u r s t ü c k
beim Grundbuchamt:	als G r u n d s t ü c k
beim Wohnungsunternehmen:	als W i r t s c h a f t s e i n h e i t (Verwaltungseinheit)
beim Darlehensgeber:	als B e l e i h u n g s e i n h e i t.

In der Praxis besteht oft ein Grundstück aus mehreren Flurstücken (Parzellen), und mehrere Grundstücke werden zu einer Wirtschaftseinheit und Beleihungseinheit zusammengefaßt.

Ein Grundstück kann geteilt oder vereinigt werden. Dadurch wird der Bestand und die Größe des Grundstücks geändert. Im Grundbuch wird ein Teil des Grundstücks auf dem Grundbuchblatt abgeschrieben und als neues Grundstück auf einem Grundbuchblatt eingetragen (G r u n d s t ü c k s t e i l u n g). Bei einer V e r e i n i g u n g von Grundstücken bilden mehrere Grundstücke ein neues Grundstück. Wird ein Grundstück als Bestandteil eines anderen Grundstücks eingetragen, spricht man von Zuschreibung. Teilung und Vereinigung von Grundstücken ist nur auf Antrag möglich. Werden z. B. bei der Veräußerung von Verkaufsgrundstücken (Eigenheimen, Kleinsiedlungen) Vermessungen erforderlich, führt das Vermessungsamt (Katasteramt) auf Antrag des Eigentümers oder eines sonstigen Berechtigten eine Fortführungsvermessung durch und stellt in einem „V e r ä n d e r u n g s n a c h w e i s " alten und neu entstandenen Bestand gegenüber. Der Veränderungsnachweis dient in Verbindung mit der Flurkarte als Unterlage für die Abschreibung im Grundbuch.

Werden Grundstücke vereinigt, die ungleichmäßig belastet sind, so müssen entweder

die unbelasteten Grundstücke dem Grundstück, das in Abteilung III belastet ist, als Bestandteil zugeschrieben werden,

oder die unbelasteten Grundstücke müssen für die Belastung des Hauptgrundstücks nachverpfändet werden.

Zum Grundstück gehören wesentliche und unwesentliche Bestandteile und meist auch das Zubehör.

W e s e n t l i c h e B e s t a n d t e i l e sind:

alle mit dem Grund und Boden fest verbundenen Sachen, insbesondere Gebäude;

alle Erzeugnisse des Grundstücks, solange sie mit dem Boden verbunden sind.

U n w e s e n t l i c h e B e s t a n d t e i l e eines Grundstückes sind:

andere im Grundbuch zugeschriebene Grundstücke;

alle mit dem Eigentum am Grundstück verbundenen Rechte (Grunddienstbarkeit).

Wesentliche Bestandteile können nicht getrennt werden; sie stehen stets im Eigentum des Grundstückseigentümers (Ausnahme Wohnungseigentum). Unwesentliche Bestandteile teilen das Schicksal des Grundstücks, wenn sie nicht ausdrücklich getrennt werden.

Zu einem Grundstück gehören n i c h t :

alle Sachen, die zu einem vorübergehenden Zwecke mit dem Grund und Boden verbunden sind oder in ein Gebäude eingefügt wurden.

Das Zubehör (z. B. Inventar einer Gaststätte, Maschinen des Betriebes, Gerät, Vieh, Saatgut eines landwirtschaftlichen Betriebes) dient der Hauptsache; es gehört zwar nicht zum Grundstück, geht aber meist in das Eigentum des Käufers über, falls nichts anderes vereinbart ist.

Dem Grundstück gleichgestellt sind Erbbaurecht und Wohnungseigentum (grundstücksgleiche Rechte).

4.2 Rechte am Grundstück

4.2.1 Eigentum am Grundstück (BGB § 903 ff.)

Der Eigentümer eines Grundstücks kann mit seinem Eigentum nach Belieben verfahren und andere von jeder Einwirkung ausschließen. Sein Recht erstreckt sich auch auf den Raum über und unter der Erde. Er hat über sein Eigentum freie Verfügungsmacht, die ihm erlaubt, rechtliche Verfügungen wie Veräußerung und Belastung zu treffen. Der Besitz, d. h. die tatsächliche Gewalt darüber, gestattet ihm, Veränderungen vorzunehmen oder Nutzungen zu ziehen.

Nach dem Grundsatz „Eigentum verpflichtet" ist der Eigentümer in der Ausübung der Herrschaftsgewalt gebunden an:

Gesetze,

Nachbarrechte,

Rechte Dritter.

Auch das Grundgesetz (Art. 14) verlangt den Gebrauch des Eigentums zum Wohle der Allgemeinheit (Sozialgebundenheit des Eigentums). Eine dazu erforderliche Enteignung kann nur nach den bestehenden Gesetzen durchgeführt werden, wobei Art und Ausmaß der Entschädigung zu regeln sind.

Man unterscheidet:

Alleineigentum (Eigentümer ist eine Person),

Miteigentum (mehrere Personen können gemeinschaftlich Eigentümer sein),

Miteigentum nach Bruchteilen (Bruchteilseigentum),

Gesamthandseigentum.

Beim Miteigentum nach Bruchteilen gehört ein Grundstück oder eine Sache mehreren Personen in der Form, daß jedem ein bestimmter Bruchteil als selbständiges Recht (Bruchteilseigentum) zusteht. Jeder Miteigentümer kann über seinen Anteil frei verfügen oder diesen belasten. Dies ist bei einem Eigenheim, das in das Eigentum von Eheleuten übergehen soll, nicht möglich. Daher wird hier das Bruchteilseigentum zur ideellen Hälfte im Grundbuch eingetragen. Die ideelle Hälfte ist veräußerlich, pfändbar und verpfändbar, jedoch nicht real teilbar.

Beim Gesamthandseigentum (Gütergemeinschaft, Erbengemeinschaft) steht den Miteigentümern nur ein bestimmter Anteil an dem gemeinschaftlichen Vermögen zu, über den sie jedoch nicht frei verfügen können.

Neben dem Volleigentum gibt es Treuhandeigentum und wirtschaftliches Eigentum.

Beim Treuhandeigentum wird Eigentum einem Treuhänder zur Wahrnehmung bestimmter Aufgaben übertragen. Ein als Treuhänder der Gemeinde tätiger Sanierungsträger hat das gebildete Treuhandvermögen getrennt von anderem Vermögen zu verwalten und Rechenschaft zu geben. In Erfüllung der Aufgaben hat er seinem Namen einen Zusatz hinzuzufügen, der das Treuhandverhältnis kennzeichnet.

Das wirtschaftliche Eigentum ist eine steuerliche Betrachtungsweise, die besondere Bedeutung durch die steuerliche Abschreibungsvergünstigung hat. Während rechtlicher Eigentümer eines Grundstücks bis zur Auflassung der Bauherr bleibt, überträgt er das wirtschaftliche Eigentum eines Kaufeigenheimes, einer Trägerkleinsiedlung oder einer Kaufeigentumswohnung an den Bewerber oder Kaufinteressenten (Kaufanwärter). Von der Fertigstellung bis zur Übertragung des Eigentums (Auflassung) gehen die Lasten und der Nutzen auf den Bewerber über, der lediglich an den Bauherrn als rechtlichem Eigentümer ein sogenanntes Nutzungsentgelt zahlt. Beim Bauherrn verbleiben Risiko und Schuldhaftung. Der wirtschaftliche Eigentümer kann Sonderausgaben nach § 10 e EStG geltend machen. Wohnungsunternehmen stellen in diesem Falle eine Bescheinigung zur Vorlage beim Finanzamt aus.

4.2.2 Nachbarrechte (BGB §§ 903—924)

Jeder Grundstückseigentümer hat das Recht auf ungestörte Nutzung seines Grundstücks. Wird er darin beeinträchtigt oder gestört, kann er die Beseitigung verlangen und auf Unterlassung klagen. Er unterliegt jedoch einer Duldungspflicht, die sich aus dem nachbarlichen Gemeinschaftsverhältnis ergibt. Danach muß er Einwirkungen dulden:

bei Notstand (Abwendung einer gegenwärtigen Gefahr oder eines drohenden Schadens),

bei Reparatur von Grenzzäunen,

im Zusammenhang mit der Zuführung von Gasen, Dämpfen, Gerüchen, Rauch, Ruß, Wärme, Geräusch, Erschütterungen, sofern sie nicht über das normale Maß hinausgehen.

Zu den Nachbarrechten gehören ferner:

Einhaltung bestimmter Grenzabstände nach den Bestimmungen der Bauaufsicht,

Fenster- und Lichtrecht,

Grenzanlagen,

Recht der Grenzabmarkung durch Grenzzeichen,

Recht auf einen Notweg,

Recht des Überbaues (Überbaurente),

Recht des Überhanges von Wurzeln und Zweigen, wenn sie die Benutzung des Grundstücks nicht beeinträchtigen,

Recht auf Überfall von Früchten u. a.

Neben dem BGB sind die Nachbarrechte in den örtlich geltenden Bauordnungen geregelt.

4.2.3 Dingliche Rechte

Die mit dem Eigentum verkörperte Herrschaftsgewalt über das Grundstück wird weiterhin eingeschränkt, wenn Rechte, die andere (Dritte) am Grundstück erworben haben, eingetragen sind. Durch die Eintragung eines solchen Rechtes am Grundstück erhält ein D r i t t e r ein Recht, das Grundstück zu gebrauchen oder zu nutzen, durch Veräußerung und Verwaltung zu verwerten oder später einmal selbst Eigentümer zu werden. Diese Rechte sind dem Gesetz nach beschränkt, ihr Inhalt ist festgelegt; man nennt sie dingliche Rechte. Sie können einer einzelnen Person zustehen (z. B. Nießbrauch u. a.), sie können aber auch auf den jeweiligen Eigentümer eines Grundstückes bezogen sein (Grunddienstbarkeiten, gelegentlich auch Reallast und dingliches Vorkaufsrecht).

D i n g l i c h e R e c h t e sind:

Erbbaurecht,

Grunddienstbarkeiten,

beschränkte persönliche Dienstbarkeiten,

Dauerwohnrecht (Dauernutzungsrecht),

Nießbrauch,

Reallast,

dingliches Vorkaufsrecht,

Wiederkaufsrecht (Heimfallansprüche),

Grundpfandrechte (Hypothek, Grundschuld, Rentenschuld).

Die dinglichen Rechte entstehen

durch Vertrag mit E i n i g u n g der Beteiligten und E i n t r a g u n g im Grundbuch,

aufgrund von Gesetzen (Vorkaufsrechte nach Baugesetzbuch, Reichssiedlungsgesetz, Heimfallansprüche nach Reichsheimstättengesetz und Erbbaurechtsverordnung).

Die durch Vertrag entstandenen dinglichen Rechte werden grundsätzlich durch Aufgabeerklärung des Berechtigten und Löschung des Rechts im Grundbuch (Löschungsvermerk und Rötung) aufgehoben.

Erbbaurecht

Das Erbbaurecht ist das Recht des Erbbauberechtigten, auf oder unter dem Grundstück des Eigentümers ein Bauwerk zu errichten oder zu haben. Es ist vererblich und veräußerlich. Das Erbbaurecht belastet nur das Grundstück des Eigentümers (s. S. 298 f.).

Grunddienstbarkeit (BGB § 1018 ff.)

Die Grunddienstbarkeit ist ein bestimmtes Recht des Eigentümers eines Grundstücks (herrschendes Grundstück), das er an einem anderen Grundstück (dienendes Grundstück) hat; es muß für die Benutzung des herrschenden Grundstücks von V o r t e i l sein. Das Recht wird als Belastung des dienenden Grundstücks eingetragen. Durch die Grunddienstbarkeit kann ein Grundstück zugunsten des Eigentümers eines anderen Grundstücks in der Weise belastet werden, daß

 dieser es in bestimmter Weise benutzen darf (Wegerecht),

 gewisse Handlungen nicht vorgenommen werden dürfen (Grundstück nicht zu bebauen, bestimmte Bauten oder Betriebe nicht zu errichten),

 die Ausübung bestimmter Rechte ausgeschlossen ist.

Den Inhalt der Grunddienstbarkeit (Art, Gegenleistung) regelt ein Vertrag. Das daraus herrührende Recht wird als Belastung im Grundbuch Abt. II des dienenden Grundstücks eingetragen.

Der Berechtigte hat gegen eine Beeinträchtigung der Grunddienstbarkeit einen Anspruch auf Abwehr bzw. Unterlassung.

Die Dienstbarkeiten sind so auszuüben, daß das Interesse des Eigentümers des dienenden Grundstücks geschont wird. Bei Teilung des herrschenden oder des dienenden Grundstücks bleibt die Grunddienstbarkeit grundsätzlich für alle Teile bestehen. Ausnahmsweise erlischt die Grunddienstbarkeit an einzelnen Teilstücken, wenn

 bei Teilung des herrschenden Grundstücks die Grunddienstbarkeit an den Teilstücken nicht mehr zum Vorteil gereicht;

 bei Teilung des dienenden Grundstücks Teilstücke außerhalb des Bereichs der Grunddienstbarkeit liegen.

Bei Veräußerung des herrschenden oder des dienenden Grundstücks bleibt die Grunddienstbarkeit bestehen.

Beschränkte persönliche Dienstbarkeit (BGB § 1090 ff.)

Die beschränkte persönliche Dienstbarkeit ist ein dinglich gesichertes Recht einer natürlichen oder juristischen Person, ein anderes Grundstück in bestimmter Weise zu nutzen; bei diesem ist das Recht als Belastung im Grundbuch einzutragen. Der Inhalt kann der gleiche wie bei den Grunddienstbarkeiten sein, doch ist die Dienstbarkeit nicht für den Eigentümer eines Grundstücks, sondern für e i n e b e s t i m m t e P e r s o n bestellt (Errichtung einer Tankstelle, Wohnungsbelegungsrecht). Die Dienstbarkeit ist nicht vererblich; sie erlischt mit dem Tode des Berechtigten oder dem Erlöschen der juristischen Person.

Als beschränkte persönliche Dienstbarkeit kann auch ein W o h n u n g s r e c h t in der Form bestellt werden, daß ein Gebäude oder ein Teil eines Gebäudes unter Ausschluß des Eigentümers als Wohnung benutzt werden kann (BGB § 1093).

Das Wohnungsrecht des BGB ist — wie der Nießbrauch — nicht vererblich und nicht veräußerlich. Im Gegensatz dazu steht das Dauerwohnrecht nach dem Wohnungseigentumsgesetz.

Dauerwohnrecht

Das Dauerwohnrecht ist das nach dem W o h n u n g s e i g e n t u m s g e s e t z geschaffene dingliche Recht an einem fremden Grundstück, eine darauf abgeschlossene Wohnung auf eine beschränkte oder unbeschränkte Zeit zu nutzen. Es ist veräußerlich und vererblich. Der nähere Inhalt des Dauerwohnrechts (Instandhaltung, öffentliche Lasten usw.) ist bei der Bestellung des Wohnrechts durch Vereinbarung zu regeln. Entstehung und Erlöschen des Dauerwohnrechts richten sich nach den allgemeinen Vorschriften über die dinglichen Rechte an Grundstücken.

Das Dauerwohnrecht nach dem Wohnungseigentumsgesetz ist nicht zu verwechseln mit den Dauermietverträgen bzw. Dauernutzungsverträgen, durch die sich Wohnungsunternehmen verpflichten, eine als Heim dienende Wohnung grundsätzlich nicht zu kündigen.

Nießbrauch (BGB § 1030 f.)

Der N i e ß b r a u c h an Sachen und Grundstücken ist ein Recht des Begünstigten (Nießbrauchers), Erträge aus der Sache zu erwirtschaften. Durch den Nießbrauch wird demnach ein Grundstück in der Weise belastet, daß derjenige, zu dessen Gunsten die Belastung erfolgt (Nießbraucher), berechtigt ist, nach den allgemeinen Regeln einer ordnungsgemäßen Wirtschaft die Nutzungen zu ziehen. Der Nießbraucher

ist zum Besitz der Sache berechtigt,

hat für die gewöhnliche Unterhaltung zu sorgen

und die öffentlichen und privaten Lasten zu tragen.

Der Nießbrauch ist nicht vererblich und nicht veräußerlich. Er erlischt:

durch den Tod des Nießbrauchers oder durch das Erlöschen der juristischen Person, die Nießbraucher ist,

durch Verzicht (Aufgabeerklärung und Eintragung im Grundbuch).

> Der Grundstücksnießbrauch kommt gelegentlich dann vor, wenn sich der Gläubiger aus den Grundstückserträgen befriedigen soll. Der Schuldner bestellt dem Gläubiger sodann einen Nießbrauch an seinem Grundstück, während sich der Gläubiger verpflichtet, nach Tilgung seiner Forderung den Nießbrauch löschen zu lassen.

Reallasten (BGB § 1105 ff.)

Reallasten sind Rechte an Grundstücken, die dem Berechtigten einen Anspruch auf wiederkehrende Leistungen aus dem Grundstück geben. Die Reallast ist demnach die

Belastung eines Grundstücks in der Form, daß dem Berechtigten wiederkehrende Leistungen aus dem Grundstück zu entrichten sind. Berechtigter kann sein:

eine — natürliche oder juristische — Person,

der jeweilige Eigentümer eines anderen Grundstücks.

W i e d e r k e h r e n d e L e i s t u n g e n können Geldzahlungen oder Naturalleistungen sein, aber auch z. B. das Recht auf Instandhaltung eines über das Grundstück führenden Weges. Den Inhalt der Reallast regelt ein Vertrag.

Dingliches Vorkaufsrecht (BGB § 1094 ff.)

Das dingliche Vorkaufsrecht ist die Belastung eines Grundstückes in der Weise, daß der Vorkaufsberechtigte dem Grundstückseigentümer gegenüber zum Vorkauf berechtigt ist, falls dieser verkaufen will. Voraussetzung für die Begründung des Vorkaufsrechtes ist also der Verkaufswille des Eigentümers, der einen Kaufvertrag bereits abgeschlossen haben muß. Es gibt:

vertragliches Vorkaufsrecht,

gesetzliches Vorkaufsrecht.

Das v e r t r a g l i c h e Vorkaufsrecht kann bestellt sein:

zugunsten einer bestimmten Person,

zugunsten des jeweiligen Eigentümers eines anderen Grundstücks.

Es wird im allgemeinen nur für den e r s t e n Fall der Veräußerung des Grundstücks gelten und erlischt demnach, wenn die erste Veräußerung des Grundstücks kein Vorkaufsfall ist (Tausch, Schenkung) oder wenn es beim ersten Fall der Veräußerung nicht ausgeübt wurde. Das Vorkaufsrecht kann aufgrund einer Vereinbarung auch für mehrere oder alle Fälle der Veräußerung des Grundstücks gelten.

Macht der Vorkaufsberechtigte von dem Vorkauf Gebrauch, so tritt er in den Kaufvertrag zu denselben Bedingungen ein, die der Grundstückseigentümer mit einem Dritten vereinbart hatte. Der durch das Vorkaufsrecht verpflichtete Grundstückseigentümer muß das Grundstück an den Vorkaufsberechtigten auflassen. Erwirbt ein Käufer ein Grundstück und macht der Vorkaufsberechtigte von seinem Recht Gebrauch, so ist der Erwerb des Käufers gegenüber dem Vorkaufsberechtigten unwirksam. Um zu vermeiden, daß bei Ausübung des Vorkaufsrechtes der Verkäufer zwei Verkaufsverpflichtungen hat, und um gegebenenfalls Schadenersatzansprüchen auszuweichen, sollte im Kaufvertrag vereinbart werden, daß der Eigentümer von seiner Leistung frei wird, wenn das Vorkaufsrecht ausgeübt wird.

Im Erbbauvertrag wird meist ein gegenseitiges dingliches Vorkaufsrecht bestellt.

Der E r b b a u b e r e c h t i g t e bestellt es an seinem Haus zugunsten des Eigentümers des Grundstücks,

der G r u n d s t ü c k s e i g e n t ü m e r bestellt es an seinem Grundstück zugunsten des Eigentümers des Hauses.

Zur Begründung des dinglichen Vorkaufsrechtes ist Einigung und Eintragung im Grundbuch erforderlich.

G e s e t z l i c h e Vorkaufsrechte bestehen nach dem
B a u g e s e t z b u c h zugunsten der Gemeinden,
B a u g e s e t z b u c h als allgemeines Vorkaufsrecht im Geltungsbereich eines Bebauungsplans bei Flächen für öffentliche Zwecke im Umlegungsgebiet, im förmlich festgelegten Sanierungsgebiet bzw. städtebaulichen Entwicklungsbereich sowie im Geltungsbereich einer Erhaltungssatzung;
B a u g e s e t z b u c h als besonderes Vorkaufsrecht, das die Gemeinden im Geltungsbereich eines Bebauungsplans durch Satzung für unbebaute Grundstücke begründen, oder in Gebieten, in denen städtebauliche Maßnahmen ein Vorkaufsrecht erforderlich machen;
M a ß n a h m e g e s e t z zum Baugesetzbuch beim Kauf von Grundstücken im Geltungsbereich eines Flächennutzungsplanes, soweit es sich um Flächen im Außenbereich und um darin ausgewiesene Wohnbauflächen oder Wohngebiete handelt,
R e i c h s h e i m s t ä t t e n g e s e t z zugunsten des Ausgebers,
R e i c h s s i e d l u n g s g e s e t z (bei landwirtschaftlichen Grundstücken) zugunsten gemeinnütziger Siedlungsunternehmen,
W o h n u n g s b i n d u n g s g e s e t z bei Umwandlung von öffentlich geförderten Mietwohnungen in Eigentumswohnungen zugunsten des betroffenen Mieters,
D e n k m a l s c h u t z g e s e t z zugunsten der Gemeinde, wenn Denkmäler in der Denkmalliste eingetragen sind.

Bei dem allgemeinen Vorkaufsrecht hat die Gemeinde den Verwendungszweck des Grundstücks anzugeben. Er darf nur ausgeübt werden, wenn das Wohl der Allgemeinheit dies rechtfertigt. Beim Kauf von Rechten nach dem Wohnungseigentumsgesetz und der Erbbaurechtsverordnung steht der Gemeinde kein Vorkaufsrecht zu. Ebenfalls ist das Vorkaufsrecht ausgeschlossen beim Verkauf des Grundstücks an Ehegatten oder Verwandte oder Verschwägerte bis zum dritten Grad u. a.

Das gesetzliche Vorkaufsrecht ruht auf dem Grundstück und ist nicht eingetragen. Damit das Vorkaufsrecht ausgeübt werden kann, muß der verpflichtete Grundstückseigentümer oder ein Dritter den Vorkaufsberechtigten benachrichtigen und ihn vom Inhalt des Vertrages unterrichten.

Das Vorkaufsrecht kann bei Grundstücken nur bis zum Ablauf von zwei Monaten, bei anderen Gegenständen nur bis zum Ablauf einer Woche nach dem Empfang der Mitteilung ausgeübt werden, wenn keine andere Frist vereinbart ist (BGB § 510).

Wiederkaufsrecht (BGB § 497 ff.)

Das Wiederkaufsrecht kann bei Abschluß eines Kaufvertrages bestellt werden. Es ist praktisch ein Vorbehalt des Verkäufers, die Rückübertragung des verkauften Grundstücks zu verlangen. Im Gegensatz zum dinglichen Vorkaufsrecht kann die Ausübung des Wiederkaufsrechtes jederzeit erfolgen, sie ist nicht von dem Veräußerungswillen des ehemaligen Käufers (Eigentümer) abhängig. Ofmals werden jedoch Vereinbarungen getroffen, die Ausübung des Wiederkaufsrechts nur unter bestimmten Voraussetzungen vorzunehmen (H e i m f a l l a n s p r u c h). Solche sind:
    nicht ordnungsgemäßige Bewirtschaftung,
    Überlassung an Dritte u. a.

Zur Sicherung des Anspruchs des Verkäufers auf Rückübertragung wird er sich im Grundbuch eine V o r m e r k u n g eintragen lassen. Wird von dem Wiederkaufsrecht Gebrauch gemacht, gelten die für den Rückkauf im ursprünglichen Kaufvertrag getroffen Vereinbarungen, insbesondere über den Wiederkaufspreis.

Das Wiederkaufsrecht erlischt:
mit der Ausübung,
bei Grundstücken nach Ablauf von 30 Jahren seit der Vereinbarung, falls keine andere Frist vertraglich vereinbart ist.

Neben dem vertraglichen Wiederkaufsrecht gibt es ein g e s e t z l i c h e s in Form des Heimfallanspruchs nach

dem Reichssiedlungsgesetz,
dem Reichsheimstättengesetz,
der Erbbaurechtsverordnung.

Der Ausgeber der Reichsheimstätte kann verlangen, daß ihm diese übertragen wird, wenn der Heimstätter die Heimstätte nicht dauernd selbst bewohnt oder bewirtschaftet, er grobe Mißwirtschaft betreibt u. a.

Grundpfandrechte (BGB §§ 1113—1203)

Grundpfandrechte sind dingliche Rechte an einem Grundstück, das für die Zahlung einer bestimmten Geldsumme haftet. Zu den Grundpfandrechten gehören:

Hypotheken
Grundschulden,
Rentenschulden;

sie sind im Grundbuch des belasteten Grundstücks eingetragen. Die wirtschaftliche Bedeutung liegt vor allem in der Beschaffung von Kredit gegen Bestellung von Grundpfandrechten.

Die einzelnen Grundpfandrechte unterscheiden sich insbesondere darin, daß die Hypothek von dem Bestehen einer gesicherten Forderung abhängig, die Grund- oder Rentenschuld von dem Bestehen einer Forderung unabhängig ist; Grund- und Rentenschuld brauchen überhaupt nicht zur Sicherung einer Forderung zu dienen. Gemeinsam ist:

ein Grundpfandrecht kann in ein Grundpfandrecht anderer Art umgewandelt werden;
sie sind frei übertragbar, veräußerlich und vererblich;
sie können gepfändet oder verpfändet werden.

(s. S. 327 ff.).

4.2.4 Andere Eigentumsbindungen

Vertragliche Bindungen

Die Übereignung von Wohnungen (Eigenheimen) soll grundsätzlich ohne Verfügungsbeschränkung erfolgen. Aus bestimmten Gründen kann das Eigentum jedoch durch besondere Bedingungen vertraglich beschränkt sein. Solche G r ü n d e sind:

Erhaltung des Charakters einer geschlossenen Wohnanlage;
Bekämpfung gemeinschaftswidrigen Handelns einzelner (gewerbliche oder berufliche Tätigkeit, die besondere Geruchs- oder Lärmeinwirkung mit sich bringt);
Erhaltung der Zweckbestimmung des Grundstücks;
Sicherung der Belange der Wohngemeinschaft.

Zur Sicherung wird eine **beschränkte persönliche Dienstbarkeit** im Grundbuch eingetragen.

Die Reichsheimstätte

Grundstücke, die aus einem Einfamilienhaus mit Nutzgarten bestehen, können die Reichsheimstätteneigenschaft erlangen. Ausgeber von Reichsheimstätten sind Bund, Länder, Gemeinden, bestimmte Wohnungsunternehmen. Die Reichsheimstätteneigenschaft wird aufgrund eines Vertrages mit der Eintragung in das Grundbuch (Abteilung II) begründet. Die Eintragung kann nur an erster Rangstelle erfolgen; eingetragen werden der Ausgeber der Heimstätte und der Bodenpreis im Zeitpunkt der Begründung

Der V o r t e i l der Heimstätte liegt in dem Schutz vor der Zwangsvollstreckung gegen den Eigentümer wegen einer dinglich nicht gesicherten Schuld (§ 20).

Durch die Beschränkung der Zwangsvollstreckung soll die Heimstätte als Eigentum für die breiten Schichten des Volkes k r i s e n f e s t sein.

Den Vorteilen stehen jedoch B i n d u n g e n gegenüber. Der Ausgeber hat:

    eine Aufsichtspflicht,

    ein Vorkaufsrecht,

    einen Heimfallanspruch,

    beim Erwerb eine bestimmte Bemessungsgrundlage für den Kaufpreis (§ 15), wobei man den Wiederbeschaffungswert (Baukosten ./. Abschreibung) zugrunde legen wird.

Der Ausgeber kann vom Heimstätter die Übertragung der Heimstätten an sich oder an einen bezeichneten Dritten verlangen, wenn der Heimstätter:

    einen Kaufvertrag abschließt,

    die Heimstätte nicht dauernd selbst bewohnt oder bewirtschaftet,

    grobe Mißwirtschaft treibt,

    bauliche Veränderungen ohne Zustimmung des Ausgebers vornimmt,

    in Konkurs gerät.

Durch die Bindungen soll verhindert werden, daß der Eigentümer sein Eigentum zu gewerblichen Zwecken benützt, nicht selbst bewohnt, es schlecht bewirtschaftet oder

mit Gewinn verkauft. Um die Wirtschaftlichkeit zu gewährleisten, hat der Ausgeber seine Z u s t i m m u n g zu geben bei:
Teilung, Zuschreibung, Vereinigung von Grundstücken sowie
Veräußerung und Belastung der Heimstätte.

Im Falle der Löschung der Heimstätteneigenschaft auf Antrag des Heimstätters sollen ihm gewährte Vergünstigungen rückgängig gemacht werden (AVRHG § 52), sofern sie nach dem 20. 6. 1948 gewährt worden sind. Dabei dürfte die Umsatzsteuerrückvergütung nicht mehr zurückgefordert werden.

4.3 Grundstücksmarkt

Der Grundstücksmarkt umfaßt:
landwirtschaftlichen und städtischen Grundbesitz neben Wohnungseigentum, der verkauft oder verpachtet werden soll;
bebaute und unbebaute Grundstücke.

Käufer und Verkäufer finden sich durch Zeitungsanzeigen, vor allem aber durch Vermittlung der Grundstücksmakler, die private Interessenten, für die der Markt nicht übersehbar ist, noch beraten.

In verschiedenen Großstädten, wie Dortmund, Münster, Köln, Bonn (überregional), Hamburg, Wiesbaden, Hannover, Braunschweig, Kaiserslautern, München, sind Grundstücks- und Immobilien-Börsen eingerichtet. Die in der Immobilien-Daten-Zentrale eG (IDZ) Hamburg zusammengeschlossenen Makler müssen Angebote allen Mitgliedern über den Computer zugänglich machen. Man unterscheidet den ländlichen vom städtischen Grundstücksmarkt.

Beim s t ä d t i s c h e n Grundstücksmarkt gibt es viele Einzelmärkte mit einander ähnlichen Grundstücken. Die Unterschiede liegen in Lage, Größe, Beschaffenheit, Möglichkeit und Art der Bebauung, Änderungsmöglichkeiten der Verkehrsverhältnisse sowie in Bebauungsplänen u. a.

Die Nachfrage steht im Zusammenhang mit
der Planung der Gemeinden aufgrund von Stadtsanierung und Dorferneuerung, wodurch ganze Stadt- oder Dorfteile neu gestaltet werden sollen,
der wertbeständigen Anlage von Kapital,
der Beschaffung des Produktionsfaktors Grund und Boden.

Ein beschränktes A n g e b o t , vor allem in Ballungsgebieten, kann die Nachfrage nicht befriedigen, so daß oft nicht genügend Baugrundstücke zur Verfügung stehen. Dadurch sind die Bodenpreise in letzten Jahren ständig gestiegen.

Durch steigende Preise der Grundstücke erhöht sich ihr Wert. Zum Zwecke der E r m i t t l u n g v o n G r u n d s t ü c k s w e r t e n sind in den kreisfreien Städten und den Landkreisen selbständige Gutachterausschüsse gebildet worden, die auf Antrag zur Ermittlung des Verkehrswertes ein Gutachten erstatten (BauGB § 1492). Der V e r -

kehrswert wird durch den Preis bestimmt, der in dem Zeitpunkt, auf den sich die Ermittlung bezieht, im gewöhnlichen Geschäftsverkehr unter Berücksichtigung von Eigenschaften, Beschaffenheit und Lage zu erzielen wäre. Die Gutachten haben keine bindende Wirkung, wenn nichts anderes vereinbart wird.
Nach der Wertermittlungsverordnung (WertV i. F. 15. 8. 1972), die bei der Ermittlung von Grundstückswerten nach dem Baugesetzbuch anzuwenden ist, sind zur Ermittlung des Verkehrswertes das Vergleichswertverfahren, das Ertragswertverfahren oder das Sachwertverfahren heranzuziehen.

Beim Vergleichswertverfahren (für den Boden) soll der Verkehrswert durch Preisvergleich ermittelt werden. Die Kaufpreise geeigneter Vergleichsgrundstücke sind in ausreichender Anzahl heranzuziehen.

Beim Ertragswertverfahren (für Mehrfamilienhäuser) ist der Bodenwert zu ermitteln; um den Gebäudeertragswert zu erhalten, geht man vom Rohmietvertrag eines Jahres aus und vermindert diesen um die Bewirtschaftungskosten; der so ermittelte Reinertrag — vermindert um eine angemessene Verzinsung des Bodenwertes — wird kapitalisiert, d. h. mit einem Vervielfältiger multipliziert, der einer Vervielfältigertabelle zu entnehmen ist; maßgeblich ist derjenige Vervielfältiger, der nach der Restnutzungsdauer der baulichen Anlage und nach dem zugrundegelegten Zinssatz in Betracht kommt.

Beim Sachwertverfahren (für Eigenheime) sind Bodenwert und Bauwert im allgemeinen durch Preisvergleich zu ermitteln, wobei sich der Bauwert errechnet aus dem Herstellungswert der Gebäude und der Außenanlagen sowie der besonderen Betriebseinrichtungen unter Berücksichtigung der technischen und wirtschaftlichen Wertminderung.

Die Gutachterausschüsse führen Kaufpreissammlungen. Zu diesem Zweck haben alle beurkundenden Stellen die Abschriften von Grundstückskaufverträgen dem Gutachterausschuß zu übersenden. Aufgrund der Kaufpreissammlung werden für die einzelnen Teile des Gemeindegebietes oder für das gesamte Gemeindegebiet durchschnittliche Lagewerte (Bodenrichtwerte) ermittelt; sie werden in regelmäßigen Abständen ortsüblich in der Gemeinde bekanntgemacht und der höheren Verwaltungsbehörde mitgeteilt, die eine Übersicht der Richtwerte zusammenstellt (Bodenrichtwertkarte).

Die Teilung eines Grundstücks innerhalb des Geltungsbereiches eines Bebauungsplanes oder innerhalb im Zusammenhang bebauter Ortsteile bedarf zu ihrer Wirksamkeit der Genehmigung (Teilungsgenehmigung nach BauGB § 19, § 144); im Außenbereich nur, wenn das Grundstück bebaut oder seine Bebauung genehmigt ist oder wenn die Teilung zum Zwecke der Bebauung oder kleingärtnerischen Dauernutzung vorgenommen wird.

Auch Teilung, Veräußerung und Belastung eines Grundstücks im förmlich festgelegten Sanierungsgebiet und darauf gerichtete schuldrechtliche Verträge bedürfen zu ihrer Wirksamkeit der schriftlichen Genehmigung.

Bei land- und forstwirtschaftlichen Grundstücken bedürfen nach dem Grundstücksverkehrsgesetz Grundstücksveräußerung und Vertrag hierüber der Genehmigung der nach Landesrecht zuständigen Behörde (Grundstücksverkehrsgenehmigung). Diese kann nach einem Urteil des BGH die Zustimmung verweigern, wenn sich der Preis in einem Mißverhältnis zum Verkehrswert (mehr als 50 %) befindet.

Zum Zwecke der Erschließung oder Neugestaltung bestimmter Gebiete kann die Gemeinde im Geltungsbereich eines Bebauungsplanes bebaute und unbebaute Grundstücke durch Umlegung in der Weise neu ordnen, daß nach Lage, Form und Größe zweckmäßig gestaltete Grundstücke entstehen (BauGB §§ 45 ff.).

Zur besseren Gestaltung der Städte, Beseitigung von Mängeln und Mißständen oder zur Erhaltung bzw. Verbesserung der städtebaulichen Funktion älterer Stadtviertel kann die

Gemeinde von dem im Baugesetzbuch bestehenden Bau-, Pflanz-, Nutzungs-, Abbruchs- oder Modernisierungs- und Instandsetzungsgebot (§§ 175 ff.) Gebrauch machen. Sie soll jedoch vorher mit den betroffenen Eigentümern, Mietern oder sonstigen Nutzungsberechtigten diese Maßnahmen erörtern und sie beraten. Das Ergebnis dieser Erörterungen und Prüfungen ist schriftlich in einem sogenannten Sozialplan festzuhalten. Auch kann die Gemeinde zur Vermeidung oder zum Ausgleich wirtschaftlicher Nachteile auf Antrag einen Härteausgleich in Geld gewähren.

In festgelegten Sanierungsgebieten hat der Eigentümer eines Grundstückes einen Ausgleichsbetrag zu zahlen, der der durch die Sanierung entsprechenden Wertsteigerung entspricht (BauGB § 154 f.).

In den neuen Bundesländern bedürfen Grundstücksveräußerung und Bestellung eines Erbbaurechts der Grundstücksverkehrsgenehmigung.

4.4 Der Grundstücks- und Hypothekenmakler

4.4.1 Wesen

Im Grundstücks- und Hypothekenverkehr (Immomiliengeschäft) bedient man sich häufig eines Maklers. Er hat einen Überblick über die Marktverhältnisse, kennt die gesetzlichen und steuerlichen Bestimmungen und kann die Beratung in allen mit dem Verkauf zusammenhängenden Fragen durchführen. Man unterscheidet Zivilmakler und Handelsmakler.

Der Zivilmakler kann sein:

Grundstücksmakler (Immobilienmakler),

Hypothekenmakler,

Finanzmakler.

Grundstücksmakler, Hypothekenmakler oder Finanzmakler ist, wer gewerbsmäßig für andere Personen Verträge über Grundstücke, Wohnungen oder Nutzungsräume, Darlehen oder Unternehmensbeteiligungen als Maklerleistungen

vermittelt (Vermittlungsmakler) oder

Abschlußmöglichkeiten solcher Verträge nachweist (Nachweismakler).

Sie sind Zivilmakler und unterliegen lediglich den Bestimmungen des BGB (§ 652 ff.). Oft haben sie sich Dienstleistungsabteilungen wie Hausverwaltung, Wohnungsverwaltung, Baubetreuung, Bauträger angeschlossen oder sind als Sachverständige eingesetzt. Läßt sich ein Zivilmakler ins Handelsregister eintragen, ist er Kaufmann im Sinne des HGB. Nach der Gewerbeordnung bedarf die Ausübung dieser Tätigkeit der Erlaubnis (s. S. 51 f.).

Im Gegensatz zum Zivilmakler vermittelt der Handelsmakler, für den die Bestimmungen des HGB (§§ 93—104) gelten, Verträge im Handelsverkehr, ohne für einen Auftraggeber ständig betraut zu sein.

Der Handelsmakler kann Warenmakler, Wertpapiermakler, Frachtenmakler, Schiffsmakler, Versicherungsmakler sein. Er muß nach dem HGB ein Tagebuch führen und nach Geschäftsabschluß jeder Partei eine Schlußnote zustellen, in der die Namen der Kaufvertragsparteien, der Gegenstand und die Bedingungen des Geschäftes enthalten sind.

Für den Grundstücks- und Hypothekenmakler oder den Finanzmakler sowie für Betreuungsunternehmen und Bauträger gilt die Verordnung über die Pflichten der Makler, Darlehen- und Anlagevermittler, Bauträger und Baubetreuer (Makler- und Bauträgerverordnung MaBV). Danach bestehen folgende Pflichten:

1) Anzeigepflicht (Name, Geburtstag, Anschrift, Staatsangehörigkeit des Geschäftsführers)
2) Buchführungspflicht und Aufzeichnungen der Maklervertragsdaten (genaue Angaben über Grundstück, Wohnung oder Räume und Darlehen)
3) Aufbewahrungspflicht sämtlicher Geschäftsunterlagen (5 Jahre)
4) Auskunftspflicht gegenüber der Behörde, die den Geschäftsbetrieb überwacht
5) Pflicht zur Sammlung von Inseraten und Prospekten
6) Prüfungspflicht (jährlich)
7) Rechnungslegungspflicht über Verwendung fremder Vermögenswerte
8) Sicherheitsleistungen

Bevor die Makler und Bauträger Vermögenswerte des Auftraggebers erhalten, haben sie dem Auftraggeber in Höhe dieser Vermögenswerte Sicherheit zu leisten oder zu diesem Zweck eine geeignete Versicherung abzuschließen. Die Vermögenswerte dürfen erst entgegengenommen werden, wenn ein rechtswirksamer Grundstückskaufvertrag bzw. Erbbaurechtsvertrag sowie eine Auflassungsvormerkung nebst einer Bescheinigung über Freistellung des Vertragsobjektes von allen Grundpfandrechten und die Baugenehmigung vorliegen. Dabei dürfen die Vermögenswerte nur in Teilbeträgen nach Baufortschritt entgegengenommen werden. Die überlassenen Vermögenswerte hat der Gewerbetreibende von seinem eigenen Vermögen und dem seiner sonstigen Auftraggeber getrennt zu verwalten und auf einem Sonderkonto, das Name, Vorname und Anschrift des Auftraggebers trägt, bei einem Kreditinstitut zu belassen.

Zur Wahrung ihrer Interessen haben sich die Makler zum Teil zusammengeschlossen im **Ring Deutscher Makler** (RDM) oder im **Verband deutscher Makler für Grundbesitz und Finanzierungen** e. V. (VDM).

Diese Verbände haben Standesregeln, Wettbewerbsregeln, die vom Bundeskartellamt genehmigt wurden, und Richtlinien (Geschäftsbräuche) für Gemeinschaftsgeschäfte herausgegeben.

4.4.2 Aufgaben

Die Hauptaufgaben des Maklers sind:

Nachweis oder **Vermittlung** von unbebauten Grundstücken, Häusern, gewerblichen Objekten (Industrieunternehmen), landwirtschaftlichen Objekten, Beteiligungen und Darlehn im Hypothekengeschäft.

Als Nachweismakler wird er Exposés erstellen, Besichtigungen organisieren und durchführen (Serviceleistung) und individuelle Beratung bei Objektsuche oder Objektauswahl vornehmen (Beratungsleistung). Als Vermittlungsmakler wird der Makler mithelfen am Zustandekommen eines Vertrages. Einige Makler haben sich spezialisiert.

Als Nebenleistung tritt oft die Bauträgerschaft, Betreuung, Hausverwaltung oder die Wohnungsvermittlung hinzu, für die das „Gesetz zur Regelung der Wohnungsvermittlung" gilt (s. S. 235, 292).

Die Funktionen eines Maklerbetriebes: Akquisition (Beschaffung), Leistungserstellung (Angebotsreife), Absatz, d. h. Verkauf oder Vermietung. Aufgabe der Auftragsakquisition ist das Hereinholen von Angebotsobjekten. Dabei können nur die Aufträge übernommen werden, bei denen Verkaufschancen bestehen und die marktrealistisch sind. Das erfordert Untersuchung, Besichtigung, Begutachtung. Gegebenenfalls muß der Auftraggeber aufgeklärt oder beraten werden, was wiederum einen Marktüberblick voraussetzt.

4.4.3 Maklervertrag

Zwischen dem Auftraggeber und dem Makler wird ein formloser Maklervertrag (mündlich oder schriftlich) abgeschlossen. Hierbei verpflichtet sich allein der Auftraggeber zur Zahlung eines Maklerlohnes für den Fall, daß ein in Auftrag gegebenes Geschäft zustande kommt. Der Makler verpflichtet sich zu keiner Gegenleistung (einseitiger Vertrag). Der Makler arbeitet auf eigenes Risiko und eigene Rechnung. Die dadurch entstehenden Kosten kann er dem Auftraggeber nicht in Rechnung setzen. Anders ist es, wenn der Auftraggeber dem Makler einen Alleinauftrag erteilt.

Der A l l e i n a u f t r a g ist ein zweiseitiger Vertrag. Hierbei verpflichtet sich der Makler:

für den Auftraggeber tätig zu werden;

der Auftraggeber:

keinen weiteren Makler einzuschalten,

Interessenten auf die Maklerbindung hinzuweisen,

das Entgelt zu zahlen bei rechtswirksamem Abschluß des Geschäftes.

Vereinbarte Vertragsstrafen bei vorzeitiger Kündigung des Alleinauftrages durch den Auftraggeber sind nach einer Entscheidung des Bundesgerichtshofes nichtig. Der Maklervertrag kann ausdrücklich oder stillschweigend zustande kommen. Schwierigkeiten ergeben sich, wenn ein Interessent ohne Auftrag die Dienste des Maklers entgegennimmt. Ob ein Maklervertrag bei Anknüpfung von Verhandlungen zustande kam, wird aufgrund von Treu und Glauben und mit Rücksicht auf die Verkehrssitte zu entscheiden sein; im allgemeinen wird es darauf ankommen, daß der Makler das Tätigsein für einen Auftraggeber unter Beanspruchung der Maklergebühr zu erkennen gibt oder daß er aus dem Verhalten des Interessenten schließen konnte, ein Maklervertrag sei zustande gekommen. Ein Maklervertrag, in dem sich der Auftraggeber verpflichtet, ein Grundstück zu festgelegten Bedingungen jedem zugeführten Interessenten zu verkaufen, bedarf der notariellen Beurkundung (BGH — Urteil v. 1. 7. 1970).

4.4.4 Maklerlohn

Der Anspruch auf Zahlung der Maklergebühr besteht nur bei Herbeiführen des Erfolges, d. h. wenn das in Auftrag gegebene Geschäft zustande kommt. Bei Grundstücksgeschäften wird die Gebühr fällig mit dem rechtswirksamen Abschluß des Grundstückskaufvertrages vor dem Notar, es sei denn, der Kaufvertrag bedarf einer Genehmigung oder ist unter einer aufschiebenden Bedingung geschlossen worden.

Bei Darlehnsvermittlungen ist die Gebühr bei der rechtsverbindlichen Darlehnszusage des Realkreditinstituts fällig. Ein Widerruf der Darlehnszusage, eine Vertragsaufhebung oder eine Nichtabnahme des Darlehns durch den Darlehnsnehmer ist für den Anspruch auf Maklergebühr ohne Bedeutung.

Die Höhe der M a k l e r g e b ü h r kann frei vereinbart werden. Ist sie jedoch von vornherein nicht vereinbart worden, so ist bei dem Bestehen einer Taxe der taxmäßige Lohn, in Ermangelung einer Taxe der übliche Lohn als vereinbart anzusehen (BGB § 653 Abs. 2). Unter ortsüblichem Lohn ist die Vergütung zu verstehen, die nach der Ortssitte und den persönlichen Verhältnissen der Beteiligten gewöhnlich gewährt wird. Die ortsüblichen Maklergebühren für den Nachweis oder die Vermittlung von Grundstücken, Häusern, Hypotheken und Wohnungen sind in den Ländern unterschiedlich (z. B. bei Immobilien je 3 % vom Käufer und Verkäufer, bei Hypotheken bis zu 3 %). Die Aufwendungen des Maklers sind normalerweise durch die Gebühr gedeckt. Vertraglich kann jedoch die Erstattung von Aufwendungen vereinbart sein. Hat der Makler Auslagen außerhalb seines Tätigseins als Makler gemacht, z. B aufgrund besonderer Weisung, sind ihm diese zu erstatten. Die Umsatzsteuer ist in der Gebühr enthalten, wenn es vertraglich nicht anders geregelt ist.

Bei Wohnungsvermittlungen besteht ein Anspruch auf Entgelt für die Vermittlung nur, wenn infolge der Vermittlung oder des Nachweises ein Mietvertrag erstmals zustande kommt. Dabei darf der Wohnungsvermittler nicht selbst Eigentümer, Verwalter oder Vermieter dieser Wohnräume oder Beteiligter einer juristischen Person sein, die Wohnungen vermittelt. Ein Anspruch besteht nicht bei Sozialwohnungen und sonstigen preisgebundenen Wohnungen. Vorschüsse dürfen nicht gefordert, vereinbart oder angenommen werden. Abweichende Vereinbarungen sind stets unwirksam. Das Entgelt selbst ist in einem Bruchteil oder Vielfachen der Monatsmiete anzugeben. Außer diesem Entgelt dürfen keine weiteren Gebühren wie Schreibgebühren, Auslagen usw. genommen werden. Eine Ausnahme besteht dann, wenn die nachgewiesenen Auslagen eine Monatsmiete übersteigen. Es kann jedoch vereinbart werden, daß bei Nichtzustandekommen eines Mietvertrages die in Erfüllung des Auftrages nachweisbar entstandenen Auslagen zu erstatten sind oder daß bei Nichterfüllung von vertraglichen Verpflichtungen eine Vertragsstrafe zu zahlen ist, die 10 % des vereinbarten Entgelts, höchstens jedoch DM 50,— nicht übersteigen darf. Soweit Zahlungen über das zustehende Entgelt geleistet worden sind, können sie zurückgefordert werden; der Anspruch verjährt jedoch in einem Jahr von der Leistung an. Wohnungsvermittler, die ordnungswidrig handeln und gegen die Vorschriften verstoßen, können mit einer Geldbuße bis zu DM 50 000,— belegt werden (WoVermG s. S. 235).

4.5 Der Notar

Notare sind vom Staat bestellte juristische Amtspersonen, die mit ö f f e n t l i c h e m G l a u b e n ausgestattet sind. Ihr Amt ist das Notariat. Ihre Hauptaufgaben umfassen:

Beurkundung von Rechtsgeschäften,
Auflassung von Grundstücken,
Beglaubigung von Unterschriften,
Errichtung von Testamenten und Erbverträgen,
Beurkundung der Gründung von Kapitalgesellschaften,
Beurkundung der Hauptversammlung der AG und KGaA.
Für die Wohnungswirtschaft hat der Beurkundungszwang besondere Bedeutung. Der B e u r k u n d u n g unterliegen: Grundstückskaufverträge, Kaufanwartschaftsverträge, Bewerberverträge, Hypothekenbestellungen, wenn die Unterwerfung unter die sofortige Zwangsvollstreckung vereinbart wird, Bestellung und Übertragung von Erbbaurechten, Auflassungen. B e g l a u b i g u n g e n sind erforderlich bei: Eintragungsbewilligungen, Unterschriften, Handzeichen, Abschriften. Daneben können die Notare Teilhypothekenbriefe und Teilgrundschuldbriefe ausstellen, freiwillige Versteigerungen durchführen, Geld und Wertpapiere treuhänderisch aufbewahren oder zur Ablieferung an Dritte übernehmen und über Urkundenentwürfe beraten.

Der Notar ist für die Beurkundung ausschließlich zuständig. Sein Amtsbezirk erstreckt sich auf den Oberlandesgerichtsbezirk, in dem er den Amtssitz hat.

Die Notare haben Anspruch auf Gebühren (Notargebühren) und Auslagenerstattung. Die G e b ü h r e n richten sich nach der Kostenordnung über die Kosten der Notare. Sind die Notare Beamte, wie in einigen Ländern, fließen die Gebühren der Staatskasse zu.

Die in einer Gebührentafel ermittelte Gebühr wird bei Beurkundung einseitiger Erklärungen voll erhoben, bei Beurkundung von Verträgen in doppelter Höhe der vollen Gebühr usw.

Mehrere Beteiligte (Kostenschuldner) haften für die Gebühren als G e s a m t s c h u l d n e r.

4.6 Erschließung

Unter Erschließung versteht man im allgemeinen:
    die Baureifmachung eines Grundstücks;
im engeren Sinne nach dem B a u g e s e t z b u c h (§§ 123—135):
    die Erschließungsanlagen (Verkehrs-, Anliegerstraßen, Plätze, Parkflächen und Grünanlagen),
im weiteren Sinne noch zusätzlich (nach der II. BV):
    die Anlagen zur Ableitung von Abwasser (Kanalisation),
    die Anlagen zur Versorgung mit Elektrizität, Gas, Wärme und Wasser.

4.6.1 Die Erschließung nach dem Baugesetzbuch

Die Erschließung ist Aufgabe der Gemeinde (E r s c h l i e ß u n g s t r ä g e r). Sie kann die Erschließung durch Vertrag einem Dritten (Wohnungsunternehmen) übertragen, der die Erschließungsanlagen errichtet (Unternehmerstraße) und sie danach an die Gemeinde überträgt. Zur Deckung des Aufwandes der Erschließungsanlagen erhebt die Gemeinde Erschließungsbeiträge, wobei sie mindestens 10 % des Erschließungsaufwandes selbst zu tragen hat. E r s c h l i e ß u n g s a u f w a n d sind die K o s t e n für Erschließungsanlagen. Das sind:

die erstmalige Herstellung von S t r a ß e n , Wegen und Plätzen (Unterbau, Oberbau, Bürgersteig, Parkflächen);

den dazu erforderlichen Erwerb der Flächen und die Freilegung derselben;

die nach dem Bebauungsplan erforderliche Anlage von Parkflächen, Grünflächen, Fußwege, Anlagen zum Schutz von Baugebieten gegen schädliche Umwelteinwirkungen im Sinne des Bundes-Immissionsschutzgesetzes oder Sammelstraßen (nicht für Anbau bestimmt).

Daneben können Abgaben für Anlagen zur Ableitung von Abwasser sowie zur Versorgung mit Elektrizität, Gas, Wärme und Wasser erhoben werden.

Der beitragsfähige Erschließungsaufwand ist auf die erschlossenen Grundstücke zu verteilen.

V e r t e i l u n g s s c h l ü s s e l sind:

Art und Maß der baulichen Nutzung,

Grundstücksflächen,

Grundstücksbreite an der Erschließungsanlage.

Einzelheiten regelt die O r t s s a t z u n g . Sie enthält insbesondere Angaben über.

Art und Umfang der Erschließungsanlagen,

Ermittlung und Verteilung des Aufwandes,

Höhe des Einheitssatzes der Erschließungskosten,

Kostenspaltung (selbständige Erhebung von Erschließungsbeiträgen für Grunderwerb, Freilegung oder Teile der Erschließungsanlagen);

Merkmale der endgültigen Herstellung einer Erschließungsanlage u. a.

Der Erschließungsbeitrag wird einen Monat nach der Zustellung des Beitragsbescheides fällig. Beitragspflichtig ist derjenige, der im Zeitpunkt der Zustellung des Beitragsbescheides Eigentümer (Erbbauberechtigter) ist. Der Beitrag ruht als ö f f e n t l i c h e L a s t auf dem Grundstück.

4.6.2 Erschließungsanlagen im weiteren Sinne

Zu den Erschließungsanlagen im weiteren Sinne gehören die Anlagen für Be- und Entwässerung sowie zur Versorgung mit Elektrizität, Gas und Wärme. Zu ihrer Errichtung kann die Gemeinde außer dem Erschließungsbeitrag nach dem Baugesetzbuch noch besondere Abgaben erheben. Diese Abgaben bei der Erschließung sind Erschließungskosten und von den laufenden Betriebskosten (Kanalisationsbeiträge, Straßenreinigung) zu unterscheiden.

4.6.3 Erschließungskosten

Die Kosten der Erschließung erhöhen den Grundstückswert. Sie sind daher den Grund- und Bodenkosten hinzuzurechnen und zu bilanzieren (s. S. 30).

4.7 Der Erwerb eines Grundstücks

Wer Grundstücke erwerben will, hat viele Überlegungen anzustellen. Vor dem Erwerb eines u n b e b a u t e n — oder bebauten — Grundstückes zum Zwecke der Bebauung erstreckt sich eine P r ü f u n g auf:

Größe, Lage des Grundstücks zu den Verkehrsverbindungen, den Himmelsrichtungen, den Nachbargrundstücken;

Zulässigkeit der Bebauung (Bauverbot, Bausperre, Naturschutzgebiet usw.), wobei Ausnahmegenehmigungen oft erhältlich sind;

Ausnutzungsgrad des Grundstücks (Abstände, Verhältnis der bebauten zu den unbebauten Flächen, Geschoßzahl);

Höhe des Grundstückspreises einschließlich Erschließungskosten in bezug auf die Gesamtkosten;

Eigentumsverhältnisse;

fällige oder noch entstehende Erschließungsbeiträge;

Nutzungsbeschränkungen und Belastungen, Vorkaufsberechtigte;

bestehende Baulasten im Baulastenverzeichnis der Gemeinde;

erforderlichen Befreiungsantrag von den Verboten der Satzung zum Schutz des Baumbestandes der Gemeinde (Baumsatzung);

wirtschaftliche Verhältnisse des Verkäufers, da bei Übernahme des gesamten Vermögens der Käufer auch die Schulden übernimmt und dafür mit dem übernommenen Vermögen haftet (BGB § 419).

Die Prüfung beim Erwerb eines b e b a u t e n Grundstückes zu Wohnzwecken bezieht sich auf:

Größe und Lage des Grundstücks zur Straße, zu den Himmelsrichtungen, zum Einkaufszentrum, zu den Verkehrsverbindungen;

Größe und Beschaffenheit des Gartens;

Größe und Beschaffenheit des Gebäudes, und zwar:

bebaute Fläche,

Rauminhalte der Räume,

Zahl und Anordnung der Zimmer bzw. Wohnungen,

Beschaffenheit der Mauern,

Beschaffenheit des Daches, der Öfen und der Schornsteine,

Beschaffenheit der Holzteile (Schwammgefahr),

erforderliche Instandhaltungskosten,
erforderliche Modernisierungsmaßnahmen,
Ruf und Ansehen der Straße und der Nachbarschaft,
Eigentumsverhältnisse,
Vorkaufsberechtigungen,
Eintragung von Denkmälern in der Denkmalliste, weil nach dem Denkmalschutzgesetz der Länder bestimmte Maßnahmen der Erlaubnis der Gemeinden unterliegen bzw. ein Vorkaufsrecht für die Gemeinde besteht,
Rentabilität (Verzinsung des investierten Eigenkapitals),
wirtschaftliche Verhältnisse des Veräußerers, d. h. ob das Haus das gesamte Vermögen des Verkäufers darstellt,
Möglichkeiten des Erwerbs auf Rentenbasis oder im Mietkaufsystem.

Gelegentlich kann ein Grundstück auch im L e a s i n g erworben werden. Der Vertrag regelt die Gebrauchs- und Nutzungsüberlassung für eine bestimmte Zeit gegen Entgelt. Die Leasingraten decken u. a. Anschaffungs- oder Herstellungskosten und Finanzierungskosten sowie Betriebskosten des Leasinggebers. Der Leasingnehmer gelangt mit wenig Eigenkapital in den Genuß der Vorteile als Grundstückseigentümer. In den Vertrag kann auch ein Kaufrecht eingebaut sein.

Der E r w e r b eines Grundstücks zur Bebauung kann erfolgen:
durch Kauf (Tausch), durch Erbbaurecht, durch Enteignung, als Miteigentumsrecht zwecks Begründung von Wohnungseigentum, durch Erbschaft, durch Schenkung, durch Zuschlag bei der Zwangsversteigerung.

Die beim Grundstückskauf anfallenden Erwerbs- und Erschließungskosten erhöhen den Wert des Grundstücks. Sie sind daher als Anschaffungskosten zu bilanzieren. Steuerlich gesehen sind sie jedoch nach dem Verhältnis des Verkehrswertes des Grund und Bodens zum Gebäudeanteil aufzuteilen, da eine steuerliche Absetzung nur vom Gebäudeanteil vorgenommen werden kann. Ein besseres Ergebnis wird man erhalten, wenn man das Verhältnis aus dem Feuerkassenwert des ermittelten Sachwertes des gesamten Gebäudes zu dem nach der Richtwertkarte ermittelten Grundstückswert berücksichtigt.

4.7.1 Grundstückskauf

Der Grundstückserwerb durch Kauf vollzieht sich in d r e i Stufen:
1. Kaufvertrag,
2. Auflassung,
3. Eintragung im Grundbuch.

Grundstückskaufvertrag

Durch den Grundstückskaufvertrag wird verpflichtet:
der Verkäufer: das Eigentum zu übertragen,
der Käufer: das Entgelt dafür zu zahlen.

Ein Vertrag, durch den sich der eine Teil verpflichtet, Eigentum an einem Grundstück zu übertragen oder zu erwerben, bedarf der notariellen Beurkundung (BGB § 313). Der Veräußerer soll dadurch vor unüberlegten Handlungen geschützt werden. Der Notar verliest das Protokoll, das vom Käufer und Verkäufer zu unterschreiben ist. Bei Veräußerung einer größeren Zahl von Eigenheimen können Sammelurkunden ausgestellt werden. Oft werden Antrag und Annahme gesondert beurkundet.

Ein nicht beurkundeter Grundstückskaufvertrag ist nicht rechtswirksam, es sei denn, Auflassung und Eintragung ins Grundbuch sind erfolgt. Ein Grundstückskaufvertrag, der falsche Vereinbarungen enthält (z. B. niedriger Kaufpreis zwecks Steuerumgehung), ist nichtig. Eine nachträgliche Änderung wesentlicher Punkte eines Grundstückskaufvertrages bedarf der Beurkundung.

Der Grundstückskaufvertrag enthält Namen der Vertragsparteien, Bezeichnungen des Grundstücks, Kaufpreis, Übenahme von Hypothekendarlehen, Fälligkeit der Zahlung, Termin der Übergabe, Auflagen, gegebenenfalls Vorkaufsrechte, Wiederkaufsrechte, Bewilligung und Antrag einer Auflassungsvormerkung. Um Ansprüche auf Gewährleistung wegen offener oder versteckter Mängel vertraglich auszuschalten, wird in den Grundstückskaufvertrag meist die Klausel „wie es liegt und steht" aufgenommen.

Auch können langfristige Forderungen (Renten, Darlehen, Erbbauzinsen, Miete, Pacht) durch Wortsicherungsklausel u. a. mit Genehmigung der Deutschen Bundesbank vor Entwertung geschützt werden (s. S. 112). Dabei kann der Umfang der Geldforderung von einer Bezugsgröße (Jahresgehalt, Index u. a.) abhängig gemacht werden. Es darf sich jedoch keine automatische Erhöhung ergeben.

Mit dem Tage der Übergabe gehen alle Lasten, die Nutzungen und die Gefahr des zufälligen Untergangs sowie die Haftpflicht aus dem Grundstück auf den Käufer über. Er ist verpflichtet, die durch den Vertragsabschluß entstehenden Kosten (Grundstücksnebenkosten) zu tragen; vertraglich wird er auch die anfallende Grunderwerbsteuer übernehmen müssen; für die Zahlung haften jedoch Käufer und Verkäufer.

Solange der Kaufvertrag nicht erfüllt ist, kann Rücktritt oder Auflösung ohne Beurkundung erfolgen. Ein mit der Auflassung erfüllter Kaufvertrag muß jedoch durch beurkundeten Vertrag aufgehoben werden.

Vorverträge sind ebenfalls formbedürftig. Aufgrund des Vorvertrages verpflichtet sich jemand nur zum Abschluß eines Vertrages (Kaufanwärter-Vertrag und Bewerber-Vertrag als Vorverträge zum Kaufvertrag, Betreuungsvorvertrag zum Betreuungsvertrag). Formlos abgeschlossene Vorverträge sind nichtig. Einem Wohnungsunternehmen könnten jedoch Schadenersatzansprüche entstehen, wenn ein Vertrag dadurch nichtig ist, daß es den Formfehler verschuldet hat (BGH, Urt. v. 29. 1. 65).

Mit Abschluß des Kaufvertrages ist der Käufer noch nicht Eigentümer; der Kaufvertrag muß erst erfüllt werden. Daher kann der Verkäufer u. U. das Grundstück einem anderen noch einmal verkaufen. Zahlungen sollten erst dann erfolgen, wenn nach erfolgter Auflassung eine Vormerkung auf Auflassung (Auflassungsvormerkung) bewilligt und im Grundbuch eingetragen ist. Bis dahin kann auch der Kaufpreis hinterlegt werden. Meist wird er bei Auflassung auf ein Notar-Anderkonto eingezahlt.

Auflassung (BGB § 925)

Der Kaufvertrag wird erfüllt durch die Auflassung. Sie ist die zur Übereignung eines Grundstücks erforderliche Einigung zwischen Verkäufer und Käufer über den Eigentumsübergang an dem Grundstück (BGB § 925). Sie ist ein dinglicher Ver-

Auflassung (BGB § 925)

Der Kaufvertrag wird erfüllt durch die Auflassung. Sie ist die zur Übereignung eines Grundstücks erforderliche E i n i g u n g zwischen Verkäufer und Käufer über den Eigentumsübergang an dem Grundstück (BGB § 925). Sie ist ein dinglicher Vertrag. Käufer und Verkäufer sind sich darüber einig, daß das Eigentum übergeht; sie bewilligen und beantragen gleichzeitig die Eintragung im Grundbuch. Meist erfolgt die Auflassung im Anschluß an den Kaufvertrag, es sei denn, es fehlen erforderliche Unterlagen (Vollmachten, Erbschein, Vermessungsergebnis u. a.)

> Die Auflassung muß bei gleichzeitiger Anwesenheit beider Vertragsteile vor dem Notar erklärt werden. Sie darf unter keiner Bedingung oder Zeitbestimmung erfolgen. Die Vertragsparteien können im Kaufvertrag einen Bevollmächtigten beauftragen, die Auflassung unter Befreiung von den Beschränkungen des § 181 BGB (Selbstkontrahieren) für sie zu erklären.

Der Verkäufer sollte eine Auflassung erst bewilligen, wenn die Zahlung des Kaufpreises sichergestellt oder die Eintragung einer Restkaufgeldhypothek gesichert ist.

Eintragung ins Grundbuch

Erst mit der Eintragung des neuen Eigentümers im Grundbuch ist das Grundstück in das Eigentum des Käufers übergegangen. Vor der U m s c h r e i b u n g des neuen Eigentümers prüft der Grundbuchbeamte Zuständigkeit, Eintragungsfähigkeit, Antragsberechtigung und Vertretungsvollmacht. Außerdem müssen folgende Unterlagen vorliegen:

> Auflassung und ggf. Kaufvertrag,
> Unbedenklichkeitsbescheinigung des Finanzamtes,
> Bescheinigungen nach § 24 ff. BauGB,
> Genehmigung der Aufsichtsbehörden bei Grundstücken von Kirchen, Kommunen und Körperschaften des öffentlichen Rechts,
> gegebenenfalls ist eine Zustimmung des Vormundschaftsgerichtes, des Nachlaßgerichtes, des Ehegatten, der Landwirtschaftsbehörde (Grundstücksverkehrsgenehmigung) oder von gemeinnützigen Siedlungsunternehmen nach dem Reichssiedlungsgesetz erforderlich.

Von der erfolgten Umschreibung im Grundbuch werden alle Beteiligten benachrichtigt. Die gegenstandslos gewordene Auflassungsvormerkung wird auf Antrag gelöscht.

Der Grundstückserwerb durch Tausch erfolgt in derselben Form. Als Entgelt wird nicht ein Preis, sondern ein anderes Grundstück bestimmt. Oft werden baureife Grundstücke gegen Hergabe von Grund und Boden in anderen Gebieten erworben.

4.7.2 Erbbaurecht (ErbbauVO)

Grundstücke, die aus verschiedenen Gründen zum Zwecke des Wohnungsbaus nicht käuflich sind (Werterhaltung, Kirchenland u. a.), können durch Erbbaurecht zur Bebauung herangezogen werden. Der Eigentümer behält sein Eigentum und dem Bauherrn bleibt die Finanzierung der Grund- und Bodenkosten erspart. Grundlage des Erbbaurechts ist die Verordnung über das Erbbaurecht vom 15. Januar 1919.

Durch das Erbbaurecht kann ein Grundstück in der Weise belastet werden, daß dem Berechtigten das Recht zusteht, auf oder unter der Oberfläche des Grundstücks ein Bauwerk zu haben. Dieses Erbbaurecht ist veräußerlich und vererblich. Es darf in der Abteilung II des Grundbuches nur an 1. Rangstelle eingetragen werden. Mit der Eintragung des Erbbaurechtes im Grundbuch des Grundstückseigentümers wird gleichzeitig ein besonderes Grundbuchblatt (Erbbaugrundbuch) angelegt, in dem der Eigentümer des Grundstücks vermerkt wird. Eigentümer des Hauses ist der Erbbauberechtigte. Das Erbbaurecht wird auf eine bestimmte Zeit vereinbart. Nach dem II. WoBauG muß die Dauer des Erbbaurechtes für öffentlich geförderte Wohnungsbauten mindestens 99 Jahre, bei Vorliegen besonderer Gründe 75 Jahre betragen. Das Erbbaurecht e r - l i s c h t mit Zeitablauf oder nach vorheriger Vereinbarung. Das Bauwerk geht sodann in das Eigentum des Grundstückseigentümers über, der dafür an den Erbbauberechtigten eine Entschädigung zu leisten hat. Ist das Erbbaurecht zur Befriedigung des Wohnbedürfnisses minderbemittelter Bevölkerungskreise bestellt, so muß die Entschädigung mindestens $^2/_3$ des gemeinen Wertes des Bauwerks betragen. Vor Ablauf des Erbbaurechts kann der Grundstückseigentümer seine Entschädigungsverpflichtung dadurch abwenden, daß er dem Erbbauberechtigten das Erbbaurecht verlängert; lehnt der Erbbauberechtigte die Verlängerung ab, so erlischt der Anspruch auf Entschädigung (§§ 27, 32).

Für die Bestellung des Erbbaurechtes wird als Entgelt ein E r b b a u z i n s vereinbart, der nach Zeit und Höhe für die ganze Erbbauzeit im voraus bestimmt sein muß. Bei einer vereinbarten Zinsgleitklausel kann ein Anspruch auf Erhöhung des Erbbauzinses, wenn das aufgrund eines Erbbaurechts errichtete Bauwerk Wohnzwecken dient, nur verlangt werden, wenn die zu errechnende Erhöhung nicht über die eingetretene Änderung der allgemeinen wirtschaftlichen Verhältnisse hinausgeht und in den letzten drei Jahren keine Erhöhung erfolgte (§ 9 a). Der Grundstückseigentümer hat gegenüber dem Erbbauberechtigten einen H e i m f a l l a n s p r u c h, der für bestimmte Fälle vorgesehen sein kann; er wird begründet bei Zahlungsverzug des Erbbauzinses in Höhe von mindestens zwei Jahresbeträgen.

Der E r b b a u v e r t r a g regelt im einzelnen: Errichtung, Instandhaltung und Verwendung des Bauwerks, Versicherung des Bauwerks, Zahlung der öffentlichen und privatrechtlichen Lasten und Abgaben, Voraussetzungen für den Heimfall und die Verpflichtung des Erbbauberechtigten, das Erbbaurecht sodann zu übertragen, ein gegenseitiges Vorkaufsrecht, Verlängerungsmöglichkeit des Erbbaurechtes nach Zeitablauf.

Durch den Wegfall des Grundstückskaufpreises infolge Bestellung eines Erbbaurechtes ermäßigen sich die Gesamtkosten. In der Wirtschaftlichkeitsberechnung werden die Erschließungskosten zu den Baukosten gerechnet, ebenso die Erbbauzinsen bis zur Bezugsfertigkeit (Baunebenkosten). Nach der Bezugsfertigkeit sind sie Kapitalkosten.

Erbbauzinsen sind:
für fremde Grundstücke: Kapitalkosten,
für eigene Grundstücke: Erträge.

4.7.3 Enteignung (BauGB §§ 85—122)

Die Bebauung nach dem B e b a u u n g s p l a n der Gemeinde kann auf Schwierigkeiten stoßen, weil die erforderlichen Grundstücke im fremden Eigentum stehen und nicht verkauft werden. Trotz ernsthafter Bemühungen und Angebote ist oft das erforderliche Bauland für Wohnungsbau, Industriebau, Kirchen, Schulen, Verkehr, Grünflächen oder zur Schließung von Baulücken sowie für die Entschädigung in Land nicht zu erwerben. Es kann ein E n t e i g n u n g s v e r f a h r e n zum Zwecke der Enteignung gegen Entschädigung eingeleitet werden. Die Voraussetzungen und die Zulässigkeit der Enteignung, die Entschädigung und das Enteignungsverfahren sind im Baugesetzbuch geregelt.

Der Antrag auf Enteignung ist bei der Gemeinde, in deren Gemarkung das zu enteignende Grundstück liegt, einzureichen. Die Gemeinde legt ihn innerhalb eines Monats der E n t e i g n u n g s b e h ö r d e vor; Enteignungsbehörde ist die höhere Verwaltungsbehörde, in den meisten Bundesländern die Bezirksregierung. Diese bereitet die Entscheidung vor. Sie ermittelt den Sachverhalt, holt Gutachten der beteiligten Behörden und des Gutachterausschusses über den Grundstückswert ein, setzt einen Verhandlungstermin fest und ladet die Beteiligten ein.

> Eine Zustimmung der obersten Landesbehörde ist dann erforderlich, wenn die Enteignung eines Grundstückes zum Zwecke einer industriellen Anlage beantragt wird. Die Landwirtschaftsbehörde ist zu hören, wenn landwirtschaftlich genutzte Grundstücke außerhalb des Bebauungsplanes zum Zwecke der Entschädigung in Land enteignet werden sollen.

Soweit in einer mündlichen Verhandlung eine Einigung nicht zustande kommt, entscheidet die Enteignungsbehörde durch B e s c h l u ß . Der Enteignungsbeschluß enthält neben dem Gegenstand und dem Umfang der Enteignung gleichzeitig die Entschädigung. Sie bemißt sich nach dem Verkehrswert und kann in Geld, in Ersatzland oder durch Gewährung anderer Rechte (Miteigentumsanteil) erfolgen. Der Enteignungsbeschluß ist ein Verwaltungsakt und kann innerhalb eines Monats nach Zustellung durch Antrag auf gerichtliche Entscheidung angefochten werden. Die Enteignungsbehörde hat den Antrag unverzüglich zusammen mit ihren Akten dem zuständigen Landgericht, K a m m e r f ü r B a u l a n d s a c h e n , vorzulegen, die über den Antrag entscheidet (BauGB § 217).

Ist der Enteignungsbeschluß nicht mehr anfechtbar, so ordnet die Enteignungsbehörde auf Antrag eines Beteiligten seine Ausführung an. Die Ausführungsanordnung wird den Beteiligten und dem Grundbuchamt zugestellt. Mit dem in der Ausführungsanordnung festgesetzten Tag wird der alte Rechtszustand durch den neuen ersetzt. Zum Zwecke der schnelleren Bauausführung aus Gründen des Wohls der Allgemeinheit ist nach einer mündlichen Verhandlung auf Antrag eine vorzeitige Besitzeinweisung möglich.

Die Kosten des Verfahrens hat der Antragsteller zu tragen, wenn der Antrag abgelehnt oder zurückgenommen wird. Kommt ein Enteignungsbeschluß zustande, hat diese der Entschädigungsverpflichtete zu zahlen.

4.7.4 Wohnungseigentum

Begriff

Das Wohnungseigentum ist ein Sondereigentum an einer Wohnung in Verbindung mit dem Anteil an dem gemeinschaftlichen Eigentum (Miteigentumsanteil). Rechtsgrundlage ist das Gesetz über das Wohnungseigentum und das Dauerwohnrecht (Wohnungseigentumsgesetz) vom 15. März 1951.

Nach dem Gesetz unterscheidet man:
Gemeinschaftliches Eigentum (Miteigentumsanteil),
Grundstück sowie Teile, Anlagen und Einrichtungen des Gebäudes, die nicht im Sondereigentum oder Einzeleigentum eines Dritten stehen,
Sondereigentum
an einer Wohnung = Wohnungseigentum
an nicht zu Wohnzwecken dienenden Räumen = Teileigentum.

Begründung

Wohnungseigentum kann begründet werden:
durch vertragliche Einräumung von Sondereigentum (§ 3), wobei das Miteigentum an einem Grundstück durch Vertrag der Miteigentümer beschränkt wird;
durch Teilung (§ 8), wobei der Eigentümer eines Grundstücks durch Erklärung gegenüber dem Grundbuchamt (Teilungserklärung) das Eigentum an dem Grundstück in Miteigentumsanteile in der Weise teilen läßt, daß mit jedem Miteigentumsanteil das Sondereigentum an einer bestimmten Wohnung oder von bestimmten Räumen begründet wird.

Zur Einräumung und zur Aufhebung des Sondereigentums ist die Einigung und Eintragung in das Grundbuch erforderlich. Im Wohnungsgrundbuch (Teileigentumsgrundbuch) wird der Miteigentumsanteil (in Tausendstel) und das in einem Aufteilungsplan genau bezeichnete Sondereigentum eingetragen. Mit der Eintragungsbewilligung ist ein von der Baubehörde beurkundeter Aufteilungsplan einzureichen, aus dem die Aufteilung des Gebäudes, die Lage und Größe der im Sondereigentum und der im gemeinschaftlichen Eigentum stehenden Gebäudeteile ersichtlich sind, sowie eine Bescheinigung über die Abgeschlossenheit der Wohnungen. Garagenstellplätze — nicht Stellplätze — gelten auch dann als abgeschlossen, wenn ihre Flächen dauerhaft markiert sind. Einzelnen Wohnungseigentümern können Sondernutzungsrechte (Gartennutzung) eingeräumt werden. In den neuen Bundesländern ist die Abgeschlossenheit von vor dem 3. 10. 1990 genehmigten Wohnungen nicht dadurch ausgeschlossen, daß Wohnungstrennwände und -decken nicht den bauordnungsrechtlichen Anforderungen entsprechen. Diese Regelung gilt bis 31. 12. 1996.

Die Wohnungseigentümer

Alle Wohnungseigentümer bilden eine unauflösliche Gemeinschaft (Wohnungseigentümergemeinschaft), die durch Vereinbarung den Gebrauch des Sonder- und Miteigentums in der Gemeinschaftsordnung regelt.
In der Gemeinschaftsordnung kann geregelt sein:
Gegenstand des Sondereigentums und des Gemeinschaftseigentums sowie Beschränkungen, z. B. Erneuerung des Fensteranstrichs von außen nur mit Zustimmung des Verwalters oder der Gemeinschaft; Vorschriften über Wiederaufbau, Wiederherstellung bei Zerstörung oder Beschädigung, Einberufung der Eigen-

tümerversammlung, Durchführung, Stimmrecht, Beschlußfähigkeit, Wirtschaftsplan, Hausgeld, Verwalter, Verwaltungsbeirat u. a.

Jeder Wohnungseigentümer kann mit seinem Sondereigentum nach Belieben verfahren; er kann es (Eigentumswohnung) selbst bewohnen, vermieten, verpachten oder in sonstiger Weise nutzen und andere von der Einwirkung ausschließen, sofern nicht Gesetz oder Rechte Dritter entgegenstehen. Vertraglich wird oft eine Veräußerung oder Vermietung von der Zustimmung anderer Wohnungseigentümer oder eines Dritten (Verwalters) abhängig gemacht. Die Zustimmung darf nur aus wichtigem Grunde versagt werden.

Bei grober Verletzung der Pflichten eines Wohnungseigentümers können die anderen Wohnungseigentümer die Veräußerung seines Wohnungseigentums durch Beschluß verlangen. Der Beschluß bedarf der Mehrheit von mehr als der Hälfte der stimmberechtigten Wohnungseigentümer (qualifizierte Mehrheit).

Jeder Wohnungseigentümer ist verpflichtet, die Lasten des gemeinschaftlichen Eigentums sowie die Kosten der Instandhaltung, Instandsetzung und Verwaltung nach dem Verhältnis seines Anteils zu tragen, seine im Sondereigentum stehenden Gebäudeteile so instandzuhalten und so zu nutzen, daß keinem anderen Wohnungseigentümer ein Nachteil erwächst.

Jeder Wohnungseigentümer kann eine Verwaltung verlangen, die Vereinbarungen und Beschlüssen sowie dem Interesse der Gesamtheit entspricht. Dazu gehört insbesondere

die Aufstellung der Hausordnung,

die ordnungsgemäße Instandhaltung und Instandsetzung des gemeinschaftlichen Eigentums,

die Feuerversicherung des gemeinschaftlichen Eigentums zum Neuwert sowie die angemessene Versicherung der Wohnungseigentümer gegen Haftpflichtansprüche,

die Ansammlung einer angemessenen Instandhaltungsrückstellung,

die Aufstellung eines Wirtschaftsplanes,

die Duldung aller Maßnahmen, die zugunsten eines Wohnungseigentümers zwecks Herstellung von Fernsprech- und Energieanschlüssen u. a. erforderlich sind, wobei der dadurch begünstigte Wohnungseigentümer Ersatz für den entstehenden Schaden leisten muß.

Verwaltung

Die Verwaltung des Wohnungseigentums obliegt den Wohnungseigentümern und einem Verwalter. Der Verwalter muß bestellt werden, und zwar jeweils auf höchstens fünf Jahre. Wiederbestellung ist zulässig. Im Verwaltervertrag, der zwischen der Gemeinschaft und dem Verwalter abgeschlossen wird, werden seine Bestellung und Abberufung, seine Aufgaben und Befugnisse, Vorschriften über Vorbereitung und

Durchführung der Versammlung, Abrechnung u. a. sowie seine Vergütung geregelt. Die ihm schriftlich zu erteilende Vollmacht berechtigt ihn zur Durchführung der im einzelnen darin aufgeführten Rechtsgeschäfte. Der Verwalter ist berechtigt und verpflichtet (§ 27) u. a.:

die Beschlüsse der Wohnungseigentümer durchzuführen;

die Einhaltung der Hausordnung zu überwachen;

für die ordnungsmäßige Instandhaltung zu sorgen;

die gemeinschaftlichen Gelder zu verwalten;

den vereinbarten Betrag zur Kostendeckung anzufordern und den Kapitaldienst sowie sonstige Zahlungen (Betriebskosten) durchzuführen;

Der Verwalter stellt für jeweils ein Kalenderjahr einen Wirtschaftsplan auf, der die voraussichtlichen Einnahmen (Garagenmiete von Garagen als gemeinschaftliches Eigentum) und Ausgaben, die aus den Betriebskosten — mit Ausnahme der Grundsteuer —, dem Instandhaltungskostenbeitrag einschließlich der vorgesehenen Beträge für die Instandhaltungsrückstellung, den Verwaltungskostenbeitrag + Umsatzsteuer bestehen, enthält. Daraus ergibt sich auch das Hausgeld (Wohnlast).

Nach Ablauf des Kalenderjahres hat der Verwalter eine Abrechnung aufzustellen. Sie besteht aus der Summe der Betriebskosten nach Gesamtbetrag und Einzelbetrag für den Wohnungseigentümer, dem Instandhaltungskostenbeitrag und dem Verwaltungskostenbeitrag einschließlich Umsatzsteuer. Die geleisteten monatlichen Zahlungen werden abgezogen. Außerdem ist bei der Abrechnung die Entwicklung der Instandhaltungsrücklage aufzuzeigen. Die Betriebskosten und Instandhaltungskosten werden nach Miteigentumsanteilen verteilt, wenn in der Gemeinschaftsordnung für einzelne Kostenarten kein anderer Abrechnungsschlüssel vereinbart ist.

Über Wirtschaftsplan, Abrechnung und Rechnungslegung des Verwalters beschließen die Wohnungseigentümer durch Stimmenmehrheit.

Zur Unterstützung des Verwalters bei der Durchführung seiner Aufgaben können die Wohnungseigentümer einen Verwaltungsbeirat bestellen. Er ist ehrenamtlich tätig und besteht aus drei Personen. Von einzelnen Mitgliedern des Beirates erwartet man neben wirtschaftlichen ggf. steuerliche oder rechtliche oder technische Kenntnisse. Ihnen können folgende Aufgaben zugewiesen werden:

Prüfung der Belege und Stellungnahme zur Rechnungslegung und zu Kostenanschlägen,

Hilfestellung bei Vorbereitung und Durchführung der Eigentümerversammlung,

Unterstützung des Verwalters bei der Durchführung von Beschlüssen und bei Einhaltung der Hausordnung,

Hilfestellung bei erforderlichen Maßnahmen zur Instandhaltung und Modernisierung u. a.

Die Wohnungseigentümer ordnen ihre Angelegenheiten durch Beschlußfassung in der Eigentümerversammlung. Die Wohnungseigentümerversammlung wird vom Verwalter mindestens einmal im Jahr einberufen. Ist eine Versammlung nicht beschlußfähig, so beruft der Verwalter eine neue Versammlung mit dem gleichen Gegenstand unter Hinweis darauf ein, daß diese Versammlung ohne Rücksicht auf die Höhe der vertretenen Anteile beschlußfähig ist.

Jeder Wohnungseigentümer hat für die Beschlußfassung eine Stimme, falls in der Gemeinschaftsordnung kein anderes Stimmrecht nach Wohnungen oder Miteigentumsanteilen vereinbart ist.

Eigentümerversammlungen sind ordentlich vorzubereiten. Dazu gehören Termin- und Zeitfestsetzung, Festlegung von Ort und Raum, Klärung der Frage der Bewirtung, Aufstellung der Tagesordnung. Nur über Tagesordnungspunkte kann ein Beschluß herbeigeführt werden. Aus Rationalisierungsgründen werden oft Einladungsvordrucke verwendet. Entscheidend ist die Beachtung der Einladungsfrist und die Beifügung von Abrechnung, Wirtschaftsplan und evtl. sonstiger Unterlagen (Kostenanschläge).

Zur Durchführung der Wohnungseigentümerversammlung gehört die entsprechende Sitz- und Tischordnung, die Anwesenheitsliste mit den entsprechenden Anteilen, damit die Beschlußfähigkeit festgestellt werden kann. Beschlußfähigkeit liegt nach dem Gesetz vor, wenn mehr als die Hälfte der Miteigentumsanteile vertreten ist. Um Beschlußfähigkeit zu erreichen, müssen die Wohnungseigentümer selbst anwesend sein oder sich durch schriftliche Vollmacht vertreten lassen. Die Ausübung des Stimmrechts ist übertragbar, auch auf den Verwalter.

Nach der Begrüßung und der Feststellung der ordnungsgemäßen Einberufung der Eigentümerversammlung, die der Verwalter als Vorsitzender leitet, falls kein anderer Vorsitzender gewählt wird, werden die einzelnen Tagesordnungspunkte einzeln aufgerufen und entsprechende Beschlüsse gefaßt. Vor der Beschlußfassung sollte der Versammlungsleiter klären, ob der Beschluß einstimmig, durch qualifizierte oder einfache Mehrheit zu fassen ist. Vor Stimmabgabe hat der Versammlungsleiter die Beschlußfähigkeit festzustellen. Bei größeren Gemeinschaften empfiehlt sich vorher die Ausgabe von unterschiedlich farbigen Stimmkarten. Steht das Wohnungseigentum mehreren Personen gemeinschaftlich zu (Ehepaaren), so können sie das Stimmrecht nur einheitlich ausüben. Nach der Abstimmung soll der Versammlungsleiter das Ergebnis bekanntgeben, und zwar Anzahl der abgegebenen Stimmen, der Stimmenthaltungen, der Ja-Stimmen und Nein-Stimmen. Ein in der Wohnungseigentümerversammlung zustandekommender Beschluß ist als gültig anzusehen. Er kann nur durch das Gericht für ungültig erklärt werden. Fehlerhafte Beschlüsse sind daher nicht von vornherein nichtig. Der Antrag auf Überprüfung des Beschlusses ist innerhalb eines Monats seit Beschlußfassung beim Amtsgericht, in dessen Bezirk das Grundstück liegt, zu stellen. Der Richter entscheidet im Rahmen der freiwilligen Gerichtsbarkeit. Gegen die Entscheidung ist die sofortige Beschwerde zulässig, wenn der Wert des Beschwerdegegenstandes 50,— DM übersteigt. Der Richter bestimmt, welche Beteiligten die Gerichtskosten zu tragen haben. Die Beschlußfassung über die Abrechnung umfaßt auch die Entlastung des Verwalters über den Abrechnungszeitraum. Er haftet damit nicht mehr für die in diesen Zeitraum vorgenommenen Maßnahmen und Handlungen. Bei mangelhafter Rechnungslegung oder Abrechnung oder sonstigen Vergehen kann keine Entlastung erteilt werden.

Über die Eigentümerversammlung muß eine Niederschrift abgefaßt werden. Sie sollte enthalten: Wohnungseigentümergemeinschaft, Tag und Uhrzeit der Versammlung, Teilnehmerliste, Beschlußfähigkeit, Texte der Beschlüsse, Angabe des Abstimmungsergebnisses sowie die Unterschriften des Vorsitzenden der Versammlung, des Protokollführers und wenigstens eines Wohnungseigentümers sowie des Verwaltungsbeirats. Die Niederschrift sollte möglichst innerhalb von vier Wochen vorliegen. Jeder Eigentümer hat das Recht, die Niederschrift einzusehen.

Nach der Versammlung hat der Verwalter für die Ausführung der Beschlüsse, vor allem bezüglich Reparaturen, Modernisierungsmaßnahmen, Hausgeldeinzug u. a. zu sorgen.

Die Rechtswirksamkeit von Beschlüssen bedarf der einfachen Stimmenmehrheit. E i n s t i m m i g e Beschlußfassung ist erforderlich,

wenn Änderungen von Vereinbarungen der Wohnungseigentümer oder der Gemeinschaftsordnung erfolgen sollen,

für die Durchführung von schriftlichen Umlaufbeschlüssen,

bei großen baulichen Veränderungen und Aufwendungen, die über die ordnungsgemäße Instandhaltung und Instandsetzung des gemeinschaftlichen Eigentums hinausgehen, und

wenn die Rechte eines Miteigentümers über ein bestimmtes Maß hinaus beeinträchtigt werden (§ 14, § 22 Abs. 1).

4.7.5 Grundstückserwerb durch Erbfolge und Zwangsversteigerung

Beim Erwerb eines Grundstücks durch Erbfolge geht das Eigentum des Grundstücks mit dem T o d e des Erblassers auf die Erben über. Das Grundbuch muß berichtigt werden. Ebenso geht bei der Zwangsversteigerung das Eigentum am Grundstück mit dem Z u s c h l a g an den Erwerber über.

4.8 Raumordnung und Bauleitplanung

4.8.1 Bebaubarkeit und bauliche Nutzung

Gesundes und besseres Wohnen bezieht sich nicht nur auf die Wohnqualität und die Umwelt; es müssen auch die Lebensbedingungen, der Standort der Wohnung in bezug auf die Arbeitsplätze und die Freizeitgestaltung sowie die für die Bevölkerung notwendigen Gesundheits-, Verkehrs-, Einkaufs-, Bildungseinrichtungen berücksichtigt werden. Kompetenz für die Raumordnung der Bundesrepublik liegt beim Bund als Rahmen-Kompetenz. Im Raumordnungsgesetz (ROG) hat er Grundsätze für die Raumordnung aufgestellt (z. B. Gebiete mit gesunden Lebensbedingungen schaffen, Gebiete mit ausgewogenen wirtschaftlichen, sozialen, kulturellen und ökologischen Verhältnissen sichern und weiter entwickeln u. a.). Die Länder füllen sie aus und geben Landesentwicklungspläne heraus. Der Landesentwicklungsplan weist besondere Verdichtungsgebiete, Planungskerne, Planungsrandzonen, solitäre Verdichtungsgebiete und ländliche Zonen aus. Damit ist das Land in Regionen aufgeteilt (Regionalplan). Kompetenz für die städtebauliche Raumordnung liegt bei den Gemeinden.

Um die städtebauliche Entwicklung in Stadt und Land zu ordnen, wird die bauliche und sonstige Nutzung von Grundstücken durch Bauleitpläne vorbereitet (Flächennutzungsplan) und verbindlich geleitet (Bebauungsplan). Bauleitpläne werden von den Gemeinden in eigener Verantwortung aufgestellt und von der höheren Verwaltungsbehörde genehmigt. Sie haben sich u. a. nach den sozialen und kulturellen Bedürfnissen der Bevölkerung, ihrer Sicherheit und Gesundheit zu richten; sie dienen damit den Wohnbedürfnissen und fördern die Eigentumsbildung im Wohnungswesen (BauGB § 1 ff.). Bei ihrer Aufstellung sind insbesondere zu berücksichtigen: die Bevölkerungsentwicklung, die Bedürfnisse der Familien, der jungen und alten Menschen, der Behinderten, die Belange des Bildungswesens, Sportfreizeit und Erholung, die Erhaltung, Erneuerung und Fortentwicklung vorhandener Ortsteile, die Belange des Denkmalschutzes und der Denkmalpflege, die Belange des Umweltschutzes, des Naturschutzes, die Belange der Wirtschaft, der Verteidigung und des Zivilschutzes. Mit Grund und Boden soll sparsam und schonend umgegangen werden. Bei Aufstellung der Bauleitpläne sind die Bürger zu hören (Anhörung), nachdem die Gemeinde Ziele und Zwecke der Planung bekanntgemacht hat. Mit den Bauleitplänen und der Sanierung will man den Wohnwert, die Infrastruktur und damit die Lebensqualität verbessern. Zur Ausschaltung von Konflikten dient das Anhörungsverfahren, wenn man den Einwendungen Rechnung trägt. Die Entwürfe der Bauleitpläne sind mit dem Erläuterungsbericht oder der Begründung auf die Dauer eines Monats öffentlich auszulegen, wobei die Auslegung mindestens 1 Woche vorher bekanntzumachen ist. Über die Genehmigung durch die höhere Verwaltungsbehörde ist binnen drei Monaten zu entscheiden. Die Erteilung der Genehmigung ist ortsüblich bekanntzumachen. Danach wird der Flächennutzungsplan wie auch der Bebauungsplan wirksam.

Zur Vorbereitung der Bebauung innerhalb einer Gemeinde wird für das ganze Gemeindegebiet ein Flächennutzungsplan aufgestellt, in dem die Bauflächen und Baugebiete (B II/o = Baugebiet, zweigeschossig, offene Bauweise) dargestellt sind.

Bauflächen (allgemeine Art der baulichen Nutzung) sind:

Wohnbauflächen (W), Gemischte Bauflächen (M), Gewerbliche Bauflächen (G), Sonderbauflächen (S).

Die Bauflächen gliedern sich in Baugebiete (Baunutzungsverordnung § 1 ff.):

Kleinsiedlungsgebiete (WS), reine Wohngebiete (WR), allgemeine Wohngebiete (WA), besondere Wohngebiete (WB), Dorfgebiete (MD), Mischgebiete (MI), Kerngebiete (MK), Gewerbegebiete (GE), Industriegebiete (GI), Sondergebiete (SO).

Aus dem Flächennutzungsplan haben die Gemeinden einen Bebauungsplan entwickelt (BauGB § 8 ff.). Er ist als Satzung beschlossen, von der höheren Verwaltungsbehörde genehmigt, öffentlich bekanntgemacht und daher für jeden rechtsverbindlich (Ortsgesetz). Im Bebauungsplan ist festgelegt:

Bauweise (o = offene, g = geschlossene oder andere Weise), Art und Maß der baulichen Nutzung, Geschoßflächenzahl, Grundflächenzahl, Zahl der Vollgeschosse, höchstzulässige Zahl der Wohnungen in Wohngebäuden, Mindestgröße, -breite und -tiefe der Baugrundstücke sowie Freiflächen, Verkehrsflächen, Flächen für Gemeinschaftsanlagen, Schutzflächen, Flächen mit Bindungen für Bepflanzungen, Kennzeichnung der mit umweltgefährdenden Stoffen belasteten Flächen (Altlasten) u. a.

Oft werden Bauvorhaben erst für zulässig erklärt, wenn der öffentliche Verkehr, die Erschließungsanlagen, Gemeinbedarf- und Folgeeinrichtungen gesichert sind (= Infrastruktursperre). Ist zu erwarten, daß ein Bebauungsplan sich nachteilig auf die persönlichen Lebensumstände der wohnenden oder arbeitenden Menschen auswirken wird, insbesondere im wirtschaftlichen oder sozialen Bereich, so hat die Gemeinde einen S o z i a l p l a n aufzustellen. Darin wird dargelegt, wie nachteilige Auswirkungen möglichst vermieden oder gemildert werden können.

Die Geschoßflächenzahl (GFZ) gibt das zulässige Verhältnis der Geschoßfläche zur Grundstücksfläche an.
Die Grundflächenzahl (GRZ) gibt das zulässige Verhältnis der zu bebauenden Fläche zur gesamten Grundstücksgröße an.

Grundflächenzahl $= \dfrac{\text{Bebaubare Fläche}}{\text{Grundstücksgröße}} = \dfrac{10 \times 40}{25 \times 40} = 0{,}4$

Geschoßflächenzahl $= \dfrac{\text{Geschoßfläche}}{\text{Grundstücksgröße}} = \dfrac{10 \times 40 \times 2}{25 \times 40} = 0{,}8$

Das zulässige Höchstmaß der baulichen Nutzung innerhalb der einzelnen Baugebiete ist in § 17 der „Verordnung über die bauliche Nutzung der Grundstücke" (Baunutzungsverordnung) festgelegt.

Im Geltungsbereich des Bebauungsplanes ist ein Bauvorhaben zulässig, wenn es den Festsetzungen im Bebauungsplan — Art und Maß der baulichen Nutzung, überbaubare Grundstücksflächen, örtliche Verkehrsflächen — nicht widerspricht und die Erschließung gesichert ist (BauGB § 30). Ausnahmen und Befreiungen sind möglich (§ 31).

Innerhalb der im Zusammenhang gebauten Ortsteile ist ein Bauvorhaben zulässig, wenn es sich nach Art und Maß der baulichen Nutzung, der Bauweise und der Grundstücksfläche, die überbaut werden soll, in die Eigenart der näheren Umgebung einfügt und die Erschließung gesichert ist. Das Ortsbild darf nicht beeinträchtigt werden (§ 34).

Im Außenbereich ist ein Bauvorhaben nur zulässig, wenn öffentliche Belange nicht entgegenstehen, die ausreichende Erschließung gesichert ist und wenn es z. B. landwirtschaftlichen oder anderen gemeindlichen Zwecken dient (§ 35).

Für die Bebauung eines Grundstückes kann eine A u s n a h m e g e n e h m i g u n g oder die Z u - s t i m m u n g von anderen Behörden erforderlich sein, wenn das Grundstück an Bundesfernstraßen, Wasserläufen, im Zollgrenzgebiet, in der Nähe von Luftverkehrsanlagen, im Trinkwasserschutzgebiet oder Naturschutzgebiet u. a. liegt. Die Bestimmungen über den Abstand der Bauten von Straßen und Wegen, von Eisenbahnen, Starkstromleitungen und von anderen Grundstücksgrenzen sind einzuhalten.

Im Geltungsbereich eines Bebauungsplanes

hat die Gemeinde ein allgemeines Vorkaufsrecht für öffentliche Zwecke (BauGB § 24),

kann die Gemeinde durch Satzung ein besonderes Vorkaufsrecht an unbebauten Grundstücken begründen, oder durch Satzung Flächen bezeichnen, an denen ihr ein Vorkaufsrecht an Grundstücken zusteht, um geordnete städtebauliche Entwicklung zu sichern,

besteht für die Gemeinde eine Veräußerungspflicht für Grundstücke, die sie durch Ausübung des Vorkaufsrechts erworben hat, sobald der verfolgte Zweck verwirklicht ist (§ 89),

bedarf die Teilung eines Grundstückes zu ihrer Wirksamkeit der Genehmigung durch die Gemeinde (§ 19),

kann die Gemeinde durch Umlegung die bebauten und unbebauten Grundstücke eines Gebietes in der Weise neu ordnen, daß für die Bebauung zweckmäßig gestaltete Grundstücke entstehen. Das Umlegungsverfahren bezweckt die Neugestaltung oder Erschließung bestimmter Gebiete (Stadtsanierung),

kann die Gemeinde ein Baum-, oder Pflanzgebot, ein Nutzungs-, Abbruch-, Modernisierungs- oder Instandsetzungsgebot anordnen (§ 175 ff.).

Im förmlich festgelegten Sanierungsgebiet oder Entwicklungsbereich.

hat die Gemeinde ein allgemeines Vorkaufsrecht und ein durch Satzung begründetes besonderes Vorkaufsrecht,

bedürfen zur Rechtswirksamkeit Veräußerung, Belastung und Teilung von Grundstücken oder Häusern sowie die Abschlüsse von Nutzungsverträgen mit mehr als einjähriger Dauer der schriftlichen Genehmigung (§§ 51, 144, 172),

gelten besondere Vorschriften über Beendigung bzw. Aufhebung von Miet- und Pachtverhältnissen (§ 182).

Der Eigentümer eines im Sanierungsgebiet gelegenen Grundstücks hat nach Abschluß der Sanierung zum Ausgleich der dadurch bedingten Werterhöhung einen Ausgleichsbetrag an die Gemeinde zu entrichten. Ebenso kann eine Ausgleichsleistung im Umlegungsgebiet von den begünstigten Grundeigentümern erhoben werden (§ 154).

4.8.2 Liegenschaftskataster

Das Liegenschaftskataster ist ein amtliches Verzeichnis von Grundstücken, das bei den Katasterämtern (Vermessungsämtern) geführt wird. Es diente ursprünglich als Grundlage für eine gerechte Besteuerung der Grundstücke (Steuerkataster). Heute ist es hauptsächlich ein Verzeichnis im Sinne der Grundbuchordnung, nach welchem die Grundstücke in den Grundbüchern benannt werden. Es enthält alle Grundstücke (einschließlich Erbbaurecht und Wohnungseigentum), auch wenn im Grundbuch ein

Grundstück nicht eingetragen ist. Die Angaben über das Grundstück genießen öffentlichen Glauben. Die Einsicht ist dem gestattet, der ein berechtigtes Interesse nachweisen kann.

Das Kataster ist in Katasterbezirke oder Gemarkungen aufgeteilt. Die Gemarkung ist meist der Gemeindebezirk, der in der Regel dem Grundbuchbezirk entspricht. Die Gemarkung ist in genau vermessene und numerierte Gebiete aufgeteilt, die man Flur nennt. Für jede Flur ist ein F l u r b u c h und eine F l u r k a r t e angelegt. Jede Flur zerfällt in Flurstücke (Parzellen), deren Veränderungen und Berichtigungen in der Flurkarte laufend in rot ergänzt werden.

Bei der Aufteilung der Flur in Flurstücke erfolgte die Numerierung durchlaufend im Uhrzeigersinn. Wird ein Flurstück geteilt, erhält jedes einzelne Stück eine neue Flurstücknummer. Die alte Flurstücknummer entfällt und wird nicht wieder verwendet. Die T e i l u n g eines Grundstücks nennt man katastertechnisch Fortführung. Die Numerierung erfolgt im Anschluß an die innerhalb einer Flur zuletzt vergebene Nummer. Eigentümer und Grundbuch erhalten eine „Fortführungsmitteilung zum Veränderungsnachweis".

Katasterbücher sind:

Das Flurbuch als Verzeichnis der Flurstücke in der Reihenfolge der Numerierung,

das Liegenschaftsbuch als Verzeichnis der Grundstücke eines Gemeindebezirks, nach Eigentümern geordnet (es entspricht im wesentlichen dem Bestandsverzeichnis des Grundbuchblattes); es wird in Karteiform geführt,

eine alphabetische Namenskartei, die zum Auffinden der Grundstücke eines bestimmten Eigentümers dient.

Als Beleihungsunterlagen werden ein Auszug aus dem Liegenschaftsbuch und eine Abzeichnung der Flurkarte benötigt. Für Vermessungen, Erteilung von Bescheinigungen und andere Leistungen erheben die Katasterämter Gebühren.

4.9 Grundbuch und Grundbuchrecht

4.9.1 Das Grundbuch

Grundbücher sind beim Grundbuchamt geführte Bücher, aus denen die Rechtsverhältnisse am Grund und Boden hervorgehen. Sie geben an:

den Eigentümer,

die Rechte, mit denen das Grundstück belastet ist.

Grundbuchämter sind im allgemeinen die Amtsgerichte, die Grundbücher für die einzelnen Grundstücksbezirke (Gemeindebezirke) führen. Für jedes Grundstück wird ein Grundbuchblatt angelegt (Grundbuchzwang). Eine Ausnahme bilden Grundstücke im Eigentum der öffentlichen Hand, der Kirchen, Klöster und Schulen. Hier wird ein

Grundbuchblatt erst auf Antrag angelegt. Grundbücher werden entweder in festen Bänden oder nach dem Lose-Blatt-System (Registerform) geführt. Jedes Grundbuchblatt enthält:

Bezeichnung des Amtsgerichts,

Grundbuchbezirk,

Nummer des Grundbuchblattes (Nummer des Bandes).

Das Grundbuch ist eingeteilt in:

Bestandsverzeichnis, das Angaben des Grundstücks in Übereinstimmung mit dem Kataster (Flur, Flurstück), lfd. Nr. des Grundstücks, Wirtschaftsart, Größe, Zuschreibung, Abschreibung enthält.

Drei Abteilungen:

erste Abteilung (Eigentümer, Eigentumsverhältnisse, Grundlage der Eintragung),

zweite Abteilung (Lasten, Beschränkungen, Verfügungen),

dritte Abteilung (Hypotheken, Grund- und Rentenschulden).

Jedes Grundstück erhält ein besonderes Grundbuchblatt bzw. eine besondere Stelle (Realfoliensystem). Es kann aus einer oder mehreren Parzellen bestehen.

Wird innerhalb eines Grundbuchbezirkes für den Eigentümer von mehreren Grundstücken ein gemeinschaftliches Grundbuchblatt geführt, spricht man vom Personalfoliensystem. Danach tritt an die Stelle des Bestandsverzeichnisses die Bezeichnung des Eigentümers, während in Abteilung I alle dem Eigentümer gehörenden Grundstücke aufgeführt worden.

Arten der Grundbücher

Außer dem Grundbuch gibt es spezielle Grundbücher für grundstücksgleiche Rechte:

Erbbaugrundbuch,

Wohnungsgrundbuch und Teileigentumsgrundbuch,

Wohnungserbbaugrundbuch und Teileigentumserbbaugrundbuch.

Neben dem Grundbuch wird für jedes Grundstück die G r u n d a k t e geführt. Die Grundakten, die getrennt von den Grundbüchern aufbewahrt werden müssen, nehmen alle Unterlagen für die Eintragungen im Grundbuch auf (Urkunden, Protokolle, Anträge, Vermerke usw.). Dadurch kann ein Grundbuch neu angelegt werden, wenn es vernichtet wurde.

Die Grundbücher werden öffentlich geführt, die Grundakte dagegen nicht. Daher kann jeder, der ein berechtigtes Interesse darlegt, in das Grundbuch einsehen. Er muß jedoch — im Gegensatz zur Einsichtnahme ins Handelsregister — das berechtigte Interesse dem Grundbuchbeamten darlegen, der über den Antrag auf Grundbucheinsicht entscheidet. Bei Ablehnung der Entscheidung kann der Grundbuchrichter angerufen werden, über dessen Bescheid die Beschwerde beim Landgericht zulässig ist. Aus besonderem Interesse kann auch die Grundakte eingesehen werden, die oft unerledigte Anträge auf Eintragungen enthält.

Die Anfertigung von Abschriften aus dem Grundbuch und den Grundakten ist zulässig. Das Grundbuchamt stellt jedoch Grundbuchauszüge oder Abschriften von Urkunden gegen Erstattung der Schreib- und Beglaubigungsgebühr zur Verfügung.

Öffentlicher Glaube

Zum Schutze des Hypotheken- und Grundstücksverkehrs wurde dem Inhalt des Grundbuchs der sogenannte öffentliche Glaube verliehen. Dadurch kann sich jeder auf die Eintragungen im Grundbuch verlassen und berufen, da vermutet wird, daß ein im Grundbuch eingetragenes Recht dem Begünstigten auch zustehe oder daß ein nicht eingetragenes oder gelöschtes Recht nicht bestehe (BGB § 891). Die Eintragungen im Grundbuch (ohne Bestandsverzeichnis) besitzen kraft des öffentlichen Glaubens Beweiskraft. Wer gutgläubig ein Recht an einem Grundstück durch Rechtsgeschäft erwirbt, ist g u t g l ä u b i g e r E r w e r b e r, da der Inhalt des Grundbuchs für ihn als richtig gilt. Eine Ausnahme besteht dann, wenn im Grundbuch ein W i d e r s p r u c h eingetragen ist oder wenn dem Erwerber die Unrichtigkeit bekannt ist.

Das Grundbuch ist unrichtig, wenn sein Inhalt mit der tatsächlichen Rechtslage nicht übereinstimmt. Derjenige, dessen Recht nicht eingetragen oder nicht richtig eingetragen ist oder der durch die Eintragung einer nicht bestehenden Belastung oder Beschränkung beeinträchtigt wird, hat einen Berichtigungsanspruch. Bis zur endgültigen Berichtigung des Grundbuches kann zur vorläufigen Sicherung ein Widerspruch aufgrund einer e i n s t w e i l i g e n V e r f ü g u n g oder einer B e w i l l i g u n g des Betroffenen eingetragen werden. Durch Eintragung des Widerspruchs ist der öffentliche Glaube aufgehoben, der gutgläubige Erwerber eines Rechtes kann sich nicht auf seinen guten Glauben berufen.

Der öffentliche Glaube bezieht sich nicht auf öffentlich-rechtliche Lasten und Beschränkungen. Öffentliche Lasten sind:

Grundsteuer,

kommunale Gebühren,

Erschließungsbeiträge,

Ausgleichsleistungen im Umlegungsgebiet (§ 64 BauGB).

Öffentliche Lasten und gesetzliche Vorkaufsrechte sind ohne Grundbucheintragung entstanden und bestehen, auch wenn sie nicht eingetragen sind.

Der Käufer eines Grundstücks muß mit den darauf ruhenden öffentlichen Lasten, vor allem mit den Erschließungsbeiträgen rechnen. Bei einer Zwangsversteigerung und Zwangsverwaltung gehen die öffentlichen Lasten, die im Range gleichstehen, den privatrechtlich begründeten Lasten vor.

4.9.2 Eintragungen in das Grundbuch

Entstehung, Erwerb, Änderungen von Rechten an Grundstücken

Zur Entstehung oder zum Erwerb von Rechten an Grundstücken sowie zur Änderung des Inhalts von Rechten bedarf es der

Einigung (Einigungsgrundsatz) und
Eintragung ins Grundbuch (Eintragungsgrundsatz).

Zur Einigung gehört:

nach dem BGB (m a t e r i e l l e s Recht): die Einigung durch beiderseitiges Einverständnis (d i n g l i c h e r Vertrag),

nach der Grundbuchordnung (f o r m e l l e s Recht): die Eintragungsbewilligung (in öffentlich beglaubigter Form).

Zur Eintragung in das Grundbuch ist im allgemeinen ein Eintragungsantrag erforderlich. Erst durch die Eintragung ins Grundbuch entsteht das Recht. Die Eintragung hat demnach rechtsbegründende (konstitutive) Wirkung. Um den Grundbuchverkehr zu vereinfachen, erfolgt eine Grundbucheintragung in der Regel durch:

Eintragungsbewilligung und

Eintragungsantrag.

Eintragungsantrag

Zur Stellung des Antrages auf Eintragung sind berechtigt:

der Betroffene, d. h. der von der Eintragung betroffen wird,

der Begünstigte, d. h. zu dessen Gunsten die Eintragung erfolgen soll.

Die Antragstellung erfolgt formlos, die Rücknahme derselben dagegen mit Beglaubigung der Unterschrift. Sanierungsvermerk oder Entwicklungsvermerk wird auf Ersuchen der Gemeinde, Konkursvermerk oder Veräußerungsvermerk auf Ersuchen des Gerichts eingetragen.

Eintragungsbewilligung

Der Grundbuchbeamte prüft in formeller Hinsicht die zur Eintragung erforderliche einseitige Bewilligung des von der Eintragung Betroffenen. Betroffene sind:

bei Eigentumsübertragung: der bisherige Eigentümer,

bei Eintragung von Belastungen in Abt. II: der Grundstückseigentümer,

bei Bestellung von Hypotheken: der Grundstückseigentümer,

bei Löschung von Hypotheken: der Begünstigte und der Grundstückseigentümer.

Die Eintragungsbewilligung bedarf der öffentlichen Beglaubigung der Unterschrift.

Nach Prüfung erfolgt die Eintragung des Rechtes in der Reihenfolge des Eingangs der Anträge, die deshalb mit genauer Zeitangabe des Eingangs versehen werden. Nach der Eintragung richtet sich die laufende Nummer, die das Rangverhältnis bei einer Zwangsversteigerung bestimmt. Werden mehrere Eintragungen, die nicht gleichzeitig beantragt sind, in verschiedenen Abteilungen unter Angabe desselben Tages bewirkt, so ist im Grundbuch zu vermerken, daß die später beantragte Eintragung der früher beantragten im Range nachsteht. Bei der Eintragung wird auf die Eintragungsbewilligung Bezug genommen und der Tag der Eintragung zu den Unterschriften gesetzt.

Aufhebung eines Grundstücksrechtes (Löschung)
(BGB §§ 875, 1183, GBO § 23 ff.).

Löschung von Grundstücksrechten

Die Löschung eines Grundstücksrechtes (z. B. Erbbaurecht, Grunddienstbarkeit, Reallast) in Abt. II erfolgt:

durch einseitige Aufgabeerklärung (Löschungsbewilligung) des Inhabers des betreffenden Rechts und

Löschung im Grundbuch.

Löschung von Hypotheken oder Grundschulden.

Zur Löschung von Hypotheken oder Grundschulden ist erforderlich:

Löschungsbewilligung oder löschungsfähige Quittung des Begünstigten,

Zustimmung des Eigentümers,

bei Briefpfandrechten: Vorlage des Briefes.

Die Zustimmung des Grundstückseigentümers bei Löschung eines Grundpfandrechtes ist deshalb erforderlich, da mit der Rückzahlung der Darlehensforderung die Hypothek auf den Grundstückseigentümer übergegangen ist (Eigentümergrundschuld). Der Eigentümer könnte unter Ausnutzung der Rangstelle des Grundstücks bis zur Höhe der Eintragung wieder neu beleihen, wobei die nachfolgenden Hypothekengläubiger benachteiligt wären. Sie behalten bei einer Zwangsversteigerung ihren Rang und laufen Gefahr, nicht voll befriedigt zu werden. Um dies zu verhindern, lassen sie sich meist eine Löschungsvormerkung eintragen. Sie haben außerdem einen Anspruch nach dem BGB (§ 1179 a) auf Löschung der vorhergehenden Hypothek, wenn sich diese mit dem Eigentümer vereinigt. Eine Verwendung der Rangstelle ist damit nicht möglich. Nach Rückzahlung der Hypothekenforderung rücken die im Range nachstehenden Gläubiger vor. In der Praxis werden daher Baudarlehen meist durch Grundschulden gesichert.

> Wird vom Gläubiger statt einer Löschungsbewilligung eine löschungsfähige Quittung ausgestellt, so muß Zeitpunkt der Zahlung und Person des Zahlenden angegeben sein, da zur Löschung derjenige Eigentümer zustimmen muß, der im Zeitpunkt der geleisteten Zahlung Eigentümer war.

Eine zur Löschung erforderliche „Zustimmung des Eigentümers" liegt in seinem Löschungsantrag.

Die Löschung im Grundbuch erfolgt durch einen Löschungsvermerk und durch Rötung, (d. h. rot unterstreichen).

> Derjenige, der sich durch Vertrag verpflichtet hat, eine Eintragungsbewilligung, Abtretungserklärung, Verpfändungserklärung oder Löschungsbewilligung abzugeben, schuldet diese. Kommt er dieser Verpflichtung nicht nach, kann die Bewilligung durch Urteil ersetzt werden. Die Erklärung gilt als abgegeben, sobald das Urteil Rechtskraft erlangt.

Die Vormerkung (BGB §§ 883 ff., 1179, GBO § 25)

Eine Vormerkung kann im Grundbuch eingetragen werden:

zur Sicherung des Anspruchs auf Einräumung eines Rechtes (Auflassungsvormerkung);

zur Aufhebung eines Rechtes (Löschungsvormerkung);

auf Änderung des Inhalts oder des Ranges eines Rechtes.

Die Eintragung erfolgt aufgrund:

einer Bewilligung des Betroffenen oder

einer einstweiligen Verfügung.

Vormerkbar sind alle Rechte, die später selbst eintragungsfähig sind. Durch die Vormerkung sind alle danach getroffenen Verfügungen des Grundstückseigentümers über das Grundstück oder das Recht insoweit unwirksam, als sie den vorgemerkten Anspruch vereiteln oder beeinträchtigen würden.

Die Vormerkung hat außerdem Rangwirkung, da das eingetragene Recht den Rang der Vormerkung einnimmt.

Amtsgericht Ratingen

Grundbuch

von

Hösel

Band 14   Blatt 2000

Bemerkung:
Die punktierten Eintragungen sind gelöschte Eintragungen,
die im Grundbuch rot unterstrichen sind (gerötet).

Lfd. Nummer der Grundstücke	Bisherige lfd. Nummer der Grundstücke	Bezeichnung der Grundstücke und der mit dem Eigentum verbundenen Rechte						Bestands Größe		
		Gemarkg. (Vermessungsbezirk)	Karte		Kataster		Wirtschaftsart u. Lage	ha	a	m²
			Flur	Flurstück	Lieg. Buch	Geb. Buch				
		a	b		c	d	e			
1	2	3						4		
1		Hösel	10	25	2555		Ackerland Am Steinkrug		18	76
2	1	Hösel	10	51	2555		Bauland Am Steinkrug		6	26
3	1	Hösel	10	52	2555		Bauland Am Steinkrug		6	50
4	1	Hösel	10	53	2555		Bauland Am Steinkrug		6	00

verzeichnis			
Bestand und Zuschreibungen		Abschreibungen	
Zur laufenden Nummer der Grundstücke		Zur laufenden Nummer der Grundstücke	
5	6	7	8
1	Aus Blatt 1850 hierher übertragen am 15. Juni 1946. gez. Schnell gez. Kurz	4	Übertragen nach Blatt 3200 am 2. September 1958. gez. Schnell gez. Kurz
1/ 2, 3, 4	Auf Grund Veränderungsnachweis 1958 Nr. 16 ist das Grundstück lfd. Nr. 1 fortgeschrieben in die Grundstücke lfd. Nr. 2, 3 und 4 am 5. August 1958. gez. Schnell gez. Kurz		

Erste Abteilung

Laufende Nummer der Eintragungen	Eigentümer	Laufende Nummer der Grundstücke im Bestandsverzeichnis	Grundlage der Eintragung
1	2	3	4
1	Peter Hoffmann, Landwirt in Hösel.	1	Aufgelassen am 5. Mai 1946 und eingetragen am 15. Juni 1946. gez. Schnell gez. Kurz
2 a) b)	Hans Müller, Kaufmann in Hösel dessen Ehefrau Herta Müller, geborene Stock, in Hösel zu 2 a–b: zu je ½ Anteil	2, 3, 4	Aufgelassen am 16. Juli 1958 und eingetragen am 28. August 1958. gez. Schnell gez. Kurz

Erste Abteilung

Laufende Nummer der Eintragungen	Eigentümer	Laufende Nummer der Grundstücke im Bestandsverzeichnis	Grundlage der Eintragung
1	2	3	4

Zweite

Laufende Nummer der Eintragungen	Laufende Nummer der betroffenen Grundstücke im Bestandsverzeichnis	Lasten und Beschränkungen
1	2	3
1	1 2, 3, 4	Vormerkung zur Sicherung des Anspruchs auf Eigentumsübertragung zugunsten der Eheleute Kaufmann Hans Müller und Herta, geborene Stock, in Hösel zu je ½ Anteil. Unter Bezugnahme auf die Bewilligung vom 16. Juli 1958 eingetragen am 20. Juli 1958. gez. Schnell gez. Kurz
2	2, 3	Wegerecht zugunsten des jeweiligen Eigentümers des Grundstücks Hösel, Flur 10, Flurstück 53 – eingetragen in Blatt 3200 –. Unter Bezugnahme auf die Bewilligung vom 16. Juli 1958 eingetragen am 28. August 1958. gez. Schnell gez. Kurz

Abteilung

Veränderungen		Löschungen	
Laufende Nummer der Spalte 1		Laufende Nummer der Spalte 1	
4	5	6	7
1	Nach Fortschreibung des Grundstücks lfd. Nr. 1 haften nunmehr die Grundstücke lfd. Nr. 2, 3, 4 für nebenstehendes Recht. Eingetragen am 5. August 1958. gez. Schnell gez. Kurz	1	Gelöscht am 28. August 1958. gez. Schnell gez. Kurz
2	Nebenstehendes Recht hat dem Recht Abt. III Nr. 2 den Vorrang eingeräumt. Eingetragen am 10. Oktober 1958. gez. Schnell gez. Kurz		

Laufende Nummer der Eintragungen	Laufende Nummer der belasteten Grundstücke im Bestandsverzeichnis	Betrag	Dritte Hypotheken, Grundschulden, Rentenschulden
1	2	3	4
1	2, 3	8.000 DM	Hypothek für eine Forderung aus Schuldversprechen in Höhe von achttausend Deutsche Mark mit 8,5 vom Hundert Jahreszinsen für die Wohnungsbauförderungsanstalt des Landes Nordrhein-Westfalen in Düsseldorf. Der jeweilige Eigentümer ist der sofortigen Zwangsvollstreckung unterworfen. Unter Bezugnahme auf die Bewilligung vom 5. September 1958 – brieflos – eingetragen am 12. September 1958. gez. Schnoll gez. Kurz
2	2, 3	15.000 DM –3.000 DM 12.000 DM	Darlehnstilgungshypothek von fünfzehntausend Deutsche Mark mit 6 gegebenenfalls bis zu 8 vom Hundert Jahreszinsen und einer einmaligen Entschädigung von 2 vom Hundert des Darlehnsbetrages und einem Verwaltungskostenbeitrag von $1/2$ vom Hundert des Darlehnsbetrages für die Städtische Sparkasse in Bonn. Der jeweilige Eigentümer ist der sofortigen Zwangsvollstreckung unterworfen und hat kein Widerspruchsrecht gemäß BGB § 1160. Unter Bezugnahme auf die Bewilligung vom 20. September 1958 eingetragen am 30. September 1958. gez. Schnell gez. Kurz
3	2, 3	5.000 DM	Grundschuld von fünftausend Deutsche Mark nebst 6 vom Hundert Jahreszinsen für den Kaufmann Kurt Schulz in Essen. Der jeweilige Eigentümer ist der sofortigen Zwangsvollstreckung unterworfen. Unter Bezugnahme auf die Bewilligung vom 6. Oktober 1958 eingetragen am 15. Oktober 1958. gez. Schnell gez. Kurz

Abteilung					
	Veränderungen		Löschungen		
Laufende Nummer der Spalte 1	Betrag		Laufende Nummer der Spalte 1	Betrag	
5	6	7	8	9	10
1	8.000 DM	Rangvorbehalt für die Eintragung eines Grundpfandrechtes in Höhe von 15.000 DM – fünfzehntausend Deutsche Mark – nebst einer einmaligen Entschädigung von 2 vom Hundert, einem Verwaltungskostenbeitrag von $1/2$ vom Hundert des Darlehnsbetrages sowie bis zu 8 vom Hundert Jahreszinsen. Eingetragen am 12. September 1958. gez. Schnell gez. Kurz	2	3.000 DM	Teilbetrag von dreitausend Deutsche Mark gelöscht am 10. Oktober 1958 gez. Schnell gez. Kurz
1 2	8.000 DM 15.000 DM	Unter Ausnutzung des Rangvorbehalts bei dem Recht Abt. III Nr. 1 hat das Recht Abt. III Nr. 2 Rang vor diesem Recht. Eingetragen am 30. September 1958. gez. Schnell gez. Kurz			
2	15.000 DM	Löschungsvormerkung zugunsten des jeweiligen Gläubigers des Rechts Abt. III Nr. 1. Unter Bezugnahme auf die Bewilligung vom 5. September 1958 eingetragen am 30. September 1958. gez. Schnell gez. Kurz			

Dritte

Laufende Nummer der Eintragungen	Laufende Nummer der belasteten Grundstücke im Bestandsverzeichnis	Betrag	Hypotheken, Grundschulden, Rentenschulden
1	2	3	4

Abteilung

Veränderungen			Löschungen	
Laufende Nummer der Spalte 1	Betrag		Laufende Nummer der Spalte 1	Betrag
5	6	7	8	9	10
2	12.000 DM	Nebenstehendes Recht hat Rang vor dem Recht Abt. II Nr. 2. Eingetragen am 10. Oktober 1958. gez. Schnell gez. Kurz		
3	5.000 DM	Nebenstehendes Recht ist mit den Zinsen seit dem 30. Oktober 1958 abgetreten an den Kaufmann Otto Reuter in Wuppertal. Eingetragen am 8. November 1958. gez. Schnell gez. Kurz		

4.9.3 Die Rangfolge

Das Rangverhältnis unter mehreren Rechten richtet sich in der gleichen Abteilung:

nach der Reihenfolge der Eintragungen (laufende Nummern 1, 2, 3, 4);

in verschiedenen Abteilungen:

nach dem Datum der Eintragung.

Das unter Angabe eines früheren Tages eingetragene Recht hat den Vorrang. Mit gleichem Datum eingetragene Rechte haben den gleichen Rang. Das Rangverhältnis kann jedoch von der Eintragung abweichen durch:

Rangänderung,

Rangvorbehalt.

Eine nachträgliche Rangänderung kann durch Einigung der Betroffenen erfolgen und ist im Grundbuch einzutragen. Bei den eingetragenen Rechten in Abteilung III muß außerdem der Eigentümer zustimmen.

Bei der Belastung eines Grundstücks mit einem Recht (z. B. Hypothek) kann der Eigentümer sich die Befugnis vorbehalten, ein anderes Recht mit dem Rang vor jenem Recht eintragen zu lassen (Rangvorbehalt). Die Eintragung erfolgt bei dem Recht, das zurücktreten soll.

Die Rangstelle ist praktisch erst bei der Zwangsversteigerung von Bedeutung. Dabei erhält das rangbessere Recht Deckung bzw. Befriedigung vor dem rangschlechteren, und zwar in voller Höhe, sofern der Erlös ausreicht. Die bevorzugte Befriedigung der rangbesseren Rechte wirkt sich insofern aus, daß erststellige Hypotheken leichter und zu günstigeren Zinsbedingungen als zweitrangige oder drittrangige zu bekommen sind. Eine Angleichung der Zinsen von nachrangigen Hypotheken an die der erststelligen Hypotheken erfolgt dadurch, daß das Risiko der Nicht- oder Teilbefriedigung bei der Zwangsversteigerung durch Übernahme einer Bürgschaft durch das Land oder den Bund genommen wird (I b-Hypothek mit Landes- oder Bundesbürgschaft). Vgl. Zwangsversteigerung S. 127).

Das „Gesetz über die Zwangsversteigerung und Zwangsverwaltung" (§ 10) regelt die Befriedigung aus dem Grundstück nach folgender Rangordnung, wobei jede Klasse zuerst befriedigt wird. Bei gleichem Range (z. B. alle öffentlichen Lasten) erfolgt die Befriedigung nach dem Verhältnis der Beträge.

Nach folgender Rangordnung werden befriedigt:

1. Klasse

Ansprüche auf Erstattung der Kosten der Zwangsverwaltung und der damit im Zusammenhang erfolgten Ausgaben zwecks Erhaltung oder notwendiger Verbesserung des Grundstücks.

2. Klasse

Bei land- oder forstwirtschaftlichen Grundstücken die Ansprüche der Arbeitnehmer auf Lohn, Gehalt, Kostgeld usw. für die laufenden und aus dem letzten Jahre rückständigen Beträge.

3. Klasse

Die Ansprüche auf Entrichtung öffentlicher Lasten wegen der aus den letzten vier Jahren rückständigen Beträge, bei Grundsteuern, Zinsen, Tilgungen jedoch die Rückstände der letzten zwei Jahre.

4. Klasse
die Ansprüche aus Rechten an dem Grundstück, wobei wiederkehrende Leistungen das Vorrecht dieser Klasse nur wegen der laufenden und der aus den letzten zwei Jahren rückständigen Beträge genießen.

5. bis 8. Klasse
Ansprüche der Gläubiger, soweit sie nicht in den vorhergehenden Klassen befriedigt wurden (ältere Rückstände).

4.9.4 Die Hypothek (BGB §§ 1113—1190)

Begriff und Wesen der Hypothek

Die Hypothek dient zur Beschaffung von Kredit (Realkredit) für den Wohnungsbau. Sie hat demnach für den Grundstückseigentümer große wirtschaftliche Bedeutung. Die dazu notwendige Verpfändung von Grund und Boden gibt dem Kreditgeber Sicherheit.

Der Hypothek liegt zweierlei zugrunde:

die Hergabe (Valutierung) eines Darlehns, die an den Schuldner eine Forderung begründet; für sie haftet der Schuldner mit seinem Gesamtvermögen;

die dingliche Sicherheit, die im Wert des Grundstücks liegt, unabhängig von der Person und dem Vermögen des Schuldners.

Die Hypothek ist die Belastung eines Grundstücks in der Weise, daß an den im Grundbuch eingetragenen Gläubiger eine bestimmte Geldsumme zwecks Befriedigung einer ihm zustehenden Forderung zu zahlen ist. Die Hypothek ist ein Grundpfandrecht und wird im Grundbuch Abteilung III eingetragen.

Bei Bestellung einer Hypothek gibt der Grundstückseigentümer zwei Erklärungen ab:

Schuldverpflichtung oder Schuldanerkenntnis (Darlehnsvertrag),

Bewilligung der Eintragung einer Hypothek für die Schuld zur dinglichen Sicherung der Forderung (Verpfändung des Grundstücks = Hypothekenbestellungsurkunde).

Daraus ergibt sich die:

persönliche Haftung,

dingliche Haftung.

Persönliche Haftung

Aufgrund der persönlichen Forderung haftet der Schuldner mit seinem gesamten Vermögen (Geschäfts- und Privatvermögen). Zahlt er Abzahlungsraten für das Darlehn oder Zinsen nicht rechtzeitig, kann der Gläubiger durch die Zwangsvollstreckung in das bewegliche Vermögen (vollstreckbarer Titel) Befriedigung suchen; er kann aber auch durch Zwangsverwaltung oder Zwangsversteigerung sofort Befriedigung aus dem belasteten Grundstück fordern, um aus dem Erlös seinen Anspruch zu decken. Wird dieser nicht voll gedeckt, (z. B. bei zweitstelligen Hypotheken), so kann der Gläubiger von seinem persönlichen Schuldner aufgrund eines vollstreckbaren Urteils seinen Anspruch während der nächsten 30 Jahre geltend machen.

Dingliche Haftung

Unabhängig von der persönlichen Forderung haftet das Grundstück; der Eigentümer kann gezwungen werden, Zwangsverwaltung oder Zwangsversteigerung zur Befriedigung des Gläubigers aus dem Grundstück zu dulden.

Die dingliche Haftung erstreckt sich auf:

das Grundstück,

das Grundstückszubehör,

die Miet- und Pachtzinsforderungen,

die Versicherungsforderungen.

Die Haftung von Grundstück und Zubehör wird erst wirksam, wenn diese Gegenstände im Wege der Zwangsvollstreckung „beschlagnahmt" werden. Die Haftung des Zubehörs für die Hypothek erlischt, wenn deren wirtschaftlicher Zusammenhang mit dem Grundstück vor Eintritt der Beschlagnahme gelöst wurde. Ebenfalls haften Miet- und Pachtzinsforderungen erst mit der Beschlagnahme für die Hypothek. Wurde über Mietforderungen vor der Beschlagnahme durch andere Gläubiger (Finanzamt) verfügt, so werden sie von der Haftung für die Hypothek frei.

> Nach der Beschlagnahme sind Vorausverfügungen über Mietzinsen gegenüber dem Hypothekengläubiger insoweit unwirksam, als sie sich über den laufenden Monat, in dem die Beschlagnahme erfolgt, erstrecken; folgt die Beschlagnahme nach dem 15. des Monats, so ist die Verfügung nur insoweit wirksam, als sie sich auf die Mietzinsen für den laufenden und den folgenden Kalendermonat bezieht. Das bedeutet im Falle der Zwangsverwaltung für einen Mieter, der den Mietzins für 12 Monate im voraus gezahlt hat, daß er diesen an den Zwangsverwalter noch einmal zahlen muß, und zwar für 11 Monate, wenn die Beschlagnahme vor dem 15. des ersten Monats, für 10 Monate, wenn die Beschlagnahme nach dem 15. des ersten Monats erfolgte.

Das belastete Grundstück haftet für:

die eingetragene Hauptforderung,

die eingetragenen vereinbarten Zinsen (ohne Eintragung bis zu 5 %),

die Verzugszinsen der Forderung,

die Kosten der Beitreibung (Kündigung, Klage, Zwangsvollstreckung).

Rechte der Hypothekengläubiger

Der Hypothekengläubiger hat ein berechtigtes Interesse an dem Grundstück, da durch Verschlechterung oder unwirtschaftliche Veräußerung von Zubehörteilen die Sicherheit der Hypothek gefährdet wird. Zum Schutz gegen eingetretene Verschlechterung hat er bestimmte Rechte. Er kann wahlweise:

dem Grundstückseigentümer eine angemessene Frist zur Beseitigung der Gefährdung setzen;

bei fruchtlosem Ablauf der Frist die sofortige Befriedigung aus dem Grundstück verlangen;

gegebenenfalls Schadenersatz fordern.

Zur vorherigen Abwendung von Verschlechterungen kann der Hypothekengläubiger:

auf Unterlassung klagen,

gerichtliche Maßregeln zur Abwendung der Gefährdung beantragen.

Arten der Hypothek

Die Hypothek gibt es als:
Verkehrshypothek (gewöhnliche Hypothek),
Sicherungshypothek.

Die Verkehrshypothek kann sein:
Briefhypothek (Übergabe des Hypothekenbriefes erforderlich),
Buchhypothek (Eintragung nur im Grundbuch unter Ausschluß des Hypothekenbriefes).

Die Sicherungshypothek, die nur Buchhypothek sein kann, ist im Grundbuch als S i - c h e r u n g s h y p o t h e k bezeichnet. Sie ist besonders streng an die gesicherte Forderung gebunden. Der Gläubiger kann sich zum Beweis der Forderung nicht auf die Grundbucheintragung berufen; er muß das Bestehen der Forderung auf andere Art beweisen. Der öffentliche Glaube gilt hierbei nicht für die Forderung. Ein dritter Erwerber erwirbt — auch gutgläubig — die Hypothek nur dann, wenn eine gesicherte Forderung besteht. Bei der Verkehrshypothek dagegen erwirbt der gutgläubige dritte Erwerber die Hypothek auch dann, wenn tatsächlich keine Forderung besteht (z. B. durch Rückzahlung, Nicht-Valutierung).

Besondere Arten der Sicherungshypothek sind:

Die Höchstbetragshypothek (Maximalhypothek, Arresthypothek), bei der nur der Höchstbetrag bestimmt ist, bis zu dem das Grundstück haften soll. Die Feststellung der Höhe der Forderung erfolgt später;

Inhaber- und Orderhypothek zur Sicherung für Industrieobligationen oder Wechsel;

Zwangshypothek, Eintragung erfolgt im Wege der Zwangsvollstreckung.

Man unterscheidet:
nach der Rückzahlungsart:

Tilgungshypothek (Amortisationshypothek), die aufgrund eines feststehenden Tilgungsplanes bis zur endgültigen Tilgung mit gleichbleibenden Jahresleistungen für Zinsen und Tilgung (= Annuität) zurückgezahlt wird, wobei die durch die fortschreitende Tilgung ersparten Zinsen der Tilgungsrate zugeschlagen werden (Zinsdegression, Tilgungsprogression);

Abzahlungshypothek, bei der die Amortisation innerhalb einer bestimmten Laufzeit durch feste Abzahlungsraten, die Verzinsung vom jeweiligen Restkapital erfolgt;

Fälligkeitshypothek, bei der die Rückzahlung zu einem festgesetzten Zeitpunkt unter Ausschluß der Kündigung während der Laufzeit der Hypothek erfolgt;

Kündigungshypothek, bei der die Rückzahlung durch Kündigung unter Berücksichtigung der vereinbarten Kündigungsfrist fällig wird;

nach der Haftung von Grundstücken:

Gesamthypothek, bei der für eine Hypothek mehrere Grundstücke haften;

Teilhypothek, bei der aus einer Hypothek mehrere gebildet werden (Teilung der Forderung);

Einheitshypothek, bei der unmittelbar aufeinanderfolgende oder gleichrangige Hypotheken auf einem Grundstück zugunsten desselben Gläubigers auf Antrag in eine Einheitshypothek umgewandelt werden;

nach dem Rechtsgrund der bestehenden Forderung:

Baugeldhypothek, die Bauzwecken dient,

Restkaufgeldhypothek, die zur Sicherung der Zahlung eines Restkaufgeldes bei der Veräußerung eines Grundstücks (Eigenheimes) eingetragen werden kann;

nach dem Hypothekengläubiger:

Bankhypothek (bei der Bankhypothek ist der Gläubiger meist eine Hypothekenbank, die aufgrund der Ausgabe von Pfandbriefen [Pfandbriefhypothek] oder Kommunalobligationen Hypothekendarlehen gewährt),

Sparkassenhypothek,

Bausparkassenhypothek,

Versicherungshypothek,

Eigentümerhypothek (Eigentümergrundschuld).

Entstehung der Hypothek

Die Hypothek entsteht durch Einigung und Eintragung im Grundbuch. Die Eintragung der Hypothek muß enthalten:

Name des Gläubigers,

Nennbetrag der Forderung,

Zinssatz und sonstige Nebenleistungen,

ggf. Vollstreckungsklausel,

Bezugnahme, Datum und Unterschriften.

Der Gläubiger erwirbt die Hypothek erst:

bei Bestehen der gesicherten Forderung (für eigene Schuld oder fremde Schuld möglich),

durch Übergabe des Hypothekenbriefes (Briefhypothek), es sei denn, die Erteilung des Hypothekenbriefes ist ausdrücklich ausgeschlossen worden (Buchhypothek) oder der Gläubiger wurde ermächtigt, sich den Brief vom Grundbuchamt aushändigen zu lassen.

Besteht die gesicherte Forderung nicht oder ist der Brief noch nicht übergeben, so steht die Hypothek dem Grundstückseigentümer zu.

Die Hypothek ist regelmäßig eine Briefhypothek. Nur wenn der Ausschluß des Briefes vereinbart und eingetragen wird, handelt es sich um eine Buchhypothek. Der Hypothekenbrief ist eine von dem Grundbuchamt über die Hypothek ausgestellte öffentliche Urkunde (GBO §§ 56—58), die dem Grundstückseigentümer auszuhändigen ist, falls dieser nichts anderes bestimmt hat. Wird der Hypothekenbrief später ausgestellt, wird er stets dem Gläubiger ausgehändigt (GBO § 60).

Der Hypothekenbrief muß enthalten:

Bezeichnung als Hypothekenbrief,

Geldbetrag der Hypothek,

grundbuchmäßige Bezeichnung des belasteten Grundstücks,

Gerichtssiegel und Unterschriften der Grundbuchbeamten.

Er soll enthalten:

Inhalt der die Hypothek betreffenden Eintragungen,

Bezeichnung des Eigentümers,

kurze Bezeichnung der Eintragungen, die der Hypothek im Range vorgehen oder gleichstehen, unter Angabe des Zinssatzes, falls er 5 % übersteigt.

Ist über die Forderung eine Urkunde ausgestellt, so soll sie mit dem Brief verbunden werden.

Alle auf die Hypothek bezogenen Eintragungen sollen auf dem Brief vermerkt werden. Dieser ist bei jedem Eintragungsantrag vorzulegen. Der Inhalt der Hypothek richtet sich jedoch nach dem Grundbuch, da der Hypothekenbrief keinen öffentlichen Glauben genießt. Er ist einem Wertpapier ähnlich, da er wie dieses zum Erwerb, zur Übertragung und zur Geltendmachung der Hypothek vorgelegt werden muß.

Bei Löschung der Hypothek wird der Hypothekenbrief vom Grundbuchamt unbrauchbar (durch Entwertung) gemacht. Das gleiche erfolgt, wenn ein neuer Hypothekenbrief ausgestellt wird. Ein verlorener oder vernichteter Hypothekenbrief kann im Wege des Aufgebotsverfahrens für kraftlos erklärt werden. Der unbrauchbar gemachte Hypothekenbrief bleibt beim Gericht, die mit ihm verbundene Schuldurkunde wird zurückgegeben.

Mit dem Hypothekenbrief ist die Hypothek verkehrsfähig gemacht worden. Übertragung und Verpfändung der Hypothekenforderung kann durch Übertragung oder Verpfändung des Hypothekenbriefes erfolgen, ohne daß es der Mitwirkung des Grundbuchamtes bedarf. Das ist bei der Buchhypothek anders, da das Grundbuch allein die Grundlage für die Buchhypothek ist.

Wird eine Buchhypothek vor Entstehen der gesicherten Forderung eingetragen, so ist der Eigentümer gefährdet, weil keine Forderung entstand. Er ist zwar Eigentümer der Hypothek, doch kann der als Gläubiger Eingetragene die Hypothek einem gutgläubigen Dritten abtreten. Zur Abwendung dieser Gefahr kann der Eigentümer aufgrund einer einstweiligen Verfügung einen Widerspruch eintragen lassen. Handelt es sich um eine Darlehnshypothek (Hypothek für ein Darlehn), so ist die Eintragung des Widerspruchs erleichtert. Es genügt, wenn der Eigentümer innerhalb eines Monats seit Eintragung der Hypothek die Eintragung eines Widerspruchs mit der Behauptung beantragt, daß er das Darlehn nicht erhalten habe. Wird daraufhin der Widerspruch innerhalb eines Monats eingetragen, so gilt er als gleichzeitig mit der Hypothek eingetragen. Er besitzt rückwirkende Kraft, d. h., der Erwerber der Hypothek kann sich innerhalb eines Monats nicht auf seinen guten Glauben berufen (BGB § 1139).

Jede Buchhypothek kann in eine Briefhypothek und umgekehrt umgewandelt werden.

Vor- und Nachteile: Die Buchhypothek (brieflos) wird dort angewendet, wo beide Vertragsparteien die Gewähr für die reibungslose Geschäftsentwicklung bieten und wo der Gläubiger die sichere langfristige Kapitalanlage anstrebt (Wohnungsbau). Bei der Briefhypothek hat der Gläubiger die Möglichkeit, diese abzutreten oder als Pfandobjekt zu gebrauchen. Er kann das Darlehngeschäft Zug um Zug abwickeln. Der Hypothekenbrief zwingt jedoch zu sorgsamer Aufbewahrung. Die Briefhypothek hat damit die größere Verkehrsmöglichkeit, die Buchhypothek die größere Rechtssicherheit; sie schafft außerdem klare Verhältnisse gegenüber der Person des Gläubigers, der dem Schuldner bei Abtretung des Hypothekenbriefes nicht bekannt ist und der im Falle der Zwangsversteigerung nicht rechtzeitig benachrichtigt werden kann.

Übertragung der Hypothek

Hypothek und Forderung können nur gemeinsam übertragen werden, und zwar durch Übertragung der Forderung. Mit der Übertragung der Forderung geht die Hypothek auf den neuen Gläubiger über. Es ist erforderlich
zur Abtretung der Briefhypothek:
eine schriftliche Abtretungserklärung,
die Übergabe des Hypothekenbriefes,
zur Übertragung des Buchhypothek:
die Einigung (öffentlich beglaubigte Form),
die Eintragung im Grundbuch.

Zur Übertragung von rückständigen Zinsen und sonstigen Nebenleistungen genügt stets eine formlose Abtretungserklärung.

Verpfändung und Pfändung einer Hypothek

Ein Hypothekengläubiger kann aus wirtschaftlichen Gründen (Kreditunterlagen, Refinanzierung, Sicherheitsleistung) seine Hypothek verpfänden. Bei einer Buchhypothek gibt es folgende Möglichkeiten:

Abtretungsverpflichtung, in der sich der Hypothekengläubiger zur Abtretung seiner Forderung verpflichtet (notariell beglaubigtes Anerkenntnis), sobald es der Darlehnsgeber fordert. Die Unsicherheit liegt in der Person des Hypothekengläubigers;

Abtretung als Sicherungsübereignung, wobei die Unsicherheit in der Person des Pfandgläubigers liegt, da dieser nach erfolgter Abtretung nicht Eigentümer der verpfändeten Hypothek, sondern Treuhänder ist.

Verpfändung durch Abgabe einer Verpfändungserklärung vor dem Notar und Eintragung der Verpfändung der Hypothek in das Grundbuch.

Bei einer Briefhypothek erfolgt die Verpfändung meist in der Form der Abtretung als Sicherungsübereignung mit Übergabe des Hypothekenbriefes an den Pfandgläubiger zur Sicherheit.

Die Pfändung bei einem Hypothekengläubiger erfolgt meist aufgrund eines vollstreckbaren Titels durch den beauftragten Gerichtsvollzieher. Dieser kann jedoch nur das bewegliche Vermögen des Schuldners pfänden, nicht dagegen Rechte. Die Pfändung von Rechten erfolgt durch das Vollstreckungsgericht (Amtsgericht), das auf Antrag einen Pfändungsbeschluß erläßt. Dieser wird dem Schuldner mit dem Ersuchen zur Auslieferung des Hypothekenbriefes zugestellt.
Bei Buchhypotheken wird die Pfändung in das Grundbuch eingetragen.

Rückzahlung und Löschung der Hypothek

Die Rückzahlung richtet sich danach, ob es eine Tilgungs-, Abzahlungs- oder Kündigungshypothek ist. Eine Kündigung sollte durch Einschreibebrief erfolgen. Zur Geltendmachung der Anprüche aus der Hypothek muß sich der Gläubiger an den Eigentümer wenden, auch wenn er nicht persönlicher Schuldner ist. Meist sind Eigentümer des Grundstücks und persönlicher Schuldner identisch. Sie können aber auch verschieden sein, insbesondere dann, wenn bei der Veräußerung eines Eigenheimes an einen Bewerber der Hypothekengläubiger das Wohnungsunternehmen nicht aus der persönlichen Schuldhaft entlassen hat. Sind Eigentümer und persönlicher Schuldner verschieden, muß die Kündigung an beide gerichtet werden, wenn der Anspruch auf Auszahlung gegen den persönlichen Schuldner in dessen ganzes Vermögen vollstreckt werden soll.

Zur Löschung der Hypothek ist erforderlich:

die Aufgabeerklärung des Hypothekengläubigers (löschungsfähige Quittung);

die Zustimmung des Eigentümers und der an der Hypothek Berechtigten (Pfandgläubiger, Nießbraucher);

die Löschung der Hypothek im Grundbuch durch Löschungsvermerk und Rötung.

Bei einem getilgten Darlehen steht die Hypothek dem Grundstückseigentümer (als Eigentümergrundschuld) zu.

Durch Löschung der Hypothek rücken die im Rande nachfolgenden Hypothekengläubiger vor. Deshalb hat jeder Hypothekengläubiger von nachstelligen Hypotheken ein Interesse, die im Rang vorangehende Hypothek löschen zu lassen. Ein solcher Anspruch besteht (BGB § 1179 a), wenn die Hypothek sich mit dem Eigentümer vereinigt, auch wenn keine Löschungsvormerkung eingetragen ist.

4.9.5 Die Grundschuld (BGB §§ 1191—1198)

Für bestimmte Geschäfte (Sicherheit für Kontokorrentkredite, auch Hergabe von Baugeldern) ist die Bestellung einer Grundschuld — statt einer Hypothek — eine einfachere Belastungsmöglichkeit des Grundstücks. Die Grundschuld kennt im Gegensatz zur Hypothek keine persönliche Forderung.

Durch die Grundschuld wird ein Grundstück in der Weise belastet, daß an den Berechtigten eine bestimmte Summe und ggf. Zinsen und Nebenleistungen aus dem Grundstück zu zahlen sind. In der Praxis wird die Grundschuld — wie die Hypothek — zur Sicherung einer persönlichen Darlehnsforderung bestellt. Entstehung und Bestehen der Grundschuld kann daher ohne eine Forderung, eine Forderung ohne die Grundschuld abgetreten werden. Der Eigentümer kann sich sogar auf seinem Grundstück eine Grundschuld für sich selbst eintragen lassen (Eigentümergrundschuld).

Da die Grundschuld von der Forderung unabhängig ist, bleibt sie in voller Höhe bestehen, auch wenn das Darlehn zum Teil oder ganz zurückgezahlt ist; es entsteht keine Eigentümergrundschuld. In diesem Fall muß der Eigentümer die Abtretung der Grundschuld oder eine Verzichterklärung verlangen; erst dadurch kann er die Grundschuld als Eigentümergrundschuld erwerben.

Falls nichts anderes vereinbart wurde, ist das Kapital der Grundschuld nach vorangegangener Kündigung fällig; die gesetzliche Kündigungsfrist beträgt 6 Monate.

> Besteht zur Rückzahlung des Kapitals keine Verpflichtung, weil keine Forderung besteht (Darlehn getilgt) und macht der Gläubiger der Grundschuld dingliche Ansprüche geltend, so kann der Grundstückseigentümer Anspruch wegen ungerechtfertigter Bereicherung stellen.

Die Grundschuld kann erteilt werden als:

Briefgrundschuld (Grundschuldbrief),

Buchgrundschuld.

Im übrigen gelten die gleichen Vorschriften wie für die Hypothek.

4.9.6 Die Rentenschuld (BGB §§ 1199—1203)

Die Rentenschuld ist eine Abart der Grundschuld. Sie ist ein Grundpfandrecht, bei dem das Grundbuch in der Weise belastet wird, daß kein bestimmtes Kapital, sondern eine Geldrente an regelmäßig wiederkehrenden Terminen aus dem Grundstück zu zahlen ist.

Bei der Bestellung der Rentenschuld muß im Grundbuch die A b l ö s u n g s s u m m e eingetragen sein, durch deren Zahlung die Rentenschuld abgelöst werden kann. Die Ablösung steht jedoch nur dem Grundstückseigentümer nach vorheriger Kündigung zu. Die gesetzliche Kündigungsfrist beträgt 6 Monate, vertraglich kann jedoch anderes bestimmt sein. Nach Zahlung der Ablösungssumme entsteht eine Eigentümergrundschuld.

Dem Gläubiger kann das Recht, die Ablösung zu verlangen, nicht eingeräumt werden. Eine Ausnahme besteht nur, wenn der Grundstückseigentümer — bei Gefährdung der Sicherheit der Rentenschuld durch Verschlechterung des Grundstücks — der Frist zur Verbesserung nicht nachkommt.

Im Gegensatz zur Reallast kann eine Rentenschuld nur auf eine Geldzahlung gerichtet sein; bei einer Reallast ist auch eine andere Leistung möglich. Die Haftung erstreckt sich bei der Rentenschuld auf das Grundstück, bei der Reallast haftet der Eigentümer für die fälligen Leistungen auch persönlich.

5 Die Wohnungserstellung

5.1 Grundbegriffe

Die Wohnungserstellung ist eine Betriebsleistung (Aufgabe) der unternehmerischen Wohnungswirtschaft. Wohnungsunternehmen betätigen sich als Bauherrn und errichten Wohnungen der verschiedenen Nutzungs- und Rechtsformen, und zwar

im eigenen Namen und für eigene Rechnung (Mietwohnungen, Vorratseigenheime),

im eigenen Namen und für fremde Rechnung (Trägerschaft, Bewerber steht fest),

im fremden Namen und für fremde Rechnung (Baubetreuung).

Häuser werden in offener oder geschlossener Bauweise errichtet, und zwar in verschiedenen Wohnformen (Einfamilienhäuser, Mehrfamilienhäuser). Die Bauart richtet sich nach der Konstruktion (Fertigbauteile) und den verschiedenartigen Baustoffen. Daneben werden gewerbliche Räume erstellt.

Wohnungen werden in folgenden Arten errichtet (II. WoBauG §§ 7—15):

Eigenheim,

Kaufeigenheim,

Kleinsiedlung,

Eigentumswohnung,

Kaufeigentumswohnung,

Genossenschaftswohnung,

Mietwohnung,

Wohnheime.

Ein Eigenheim ist ein im Eigentum einer natürlichen Person stehendes Grundstück mit einem Wohngebäude, das nicht mehr als zwei Wohnungen enthält, von denen eine Wohnung zum Bewohnen durch den Eigentümer oder seiner Angehörigen bestimmt ist (II. WoBauG § 9). Dabei kann die zweite Wohnung eine gleichwertige Wohnung oder eine Einliegerwohnung sein.

Eine Einliegerwohnung ist eine in einem Eigenheim oder Kaufeigenheim oder einer Kleinsiedlung enthaltene abgeschlossene oder nicht abgeschlossene Wohnung, die gegenüber der Hauptwohnung von untergeordneter Bedeutung ist.

Ein Kaufeigenheim ist ein Grundstück mit einem Wohngebäude, das nicht mehr als zwei Wohnungen enthält und von einem Bauherrn mit der Bestimmung geschaffen wird, es einem Bewerber als Eigenheim zu übertragen. Es kann als Bestellbau oder Vorratsbau für feststehende oder nicht feststehende Bewerber errichtet werden.

Eine Kleinsiedlung ist eine Siedlerstelle, die aus einem Wohngebäude mit angemessener Landzulage (ca. 600 m^2) besteht und die nach Größe, Bodenbeschaffenheit und Einrichtung bestimmt ist, dem Kleinsiedler durch Selbstversorgung aus Gartenbau eine fühlbare Ergänzung seines Einkommens zu bieten. Die Kleinsiedlung soll einen Wirtschaftsteil enthalten, der die Haltung von Kleintieren ermöglicht. Wird die Kleinsiedlung von einem Bauherrn mit der Bestimmung geschaffen, einem Bewerber als Eigentum zu übertragen, spricht man von Trägerkleinsiedlung. Wird die Kleinsiedlung auf dem eigenen Grundstück des Kleinsiedlers geschaffen, heißt sie Eigensiedlung. Von der Kleinsiedlung ist die landwirtschaftliche Nebenerwerbssiedlung mit einer größeren landwirtschaftlichen Nutzfläche zu unterscheiden.

Eine **Eigentumswohnung** ist eine Wohnung, an der Wohnungseigentum nach den Vorschriften des Wohnungseigentumsgesetzes begründet ist. Wird sie vom Eigentümer oder seinen Angehörigen bewohnt, spricht man von **eigengenutzter Eigentumswohnung**.

Eine **Kaufeigentumswohnung** ist eine Wohnung, die von einem Bauherrn mit der Bestimmung geschaffen ist, sie einem Bewerber als eigengenutzte Eigentumswohnung zu übertragen.

Eine **Genossenschaftswohnung** ist eine Wohnung, die von einem Wohnungsunternehmen in der Rechtsform der Genossenschaft gebaut wurde und an Mitglieder aufgrund eines Nutzungsvertrages zum Bewohnen überlassen wird.

Eine **Mietwohnung** ist eine Wohnung, die ein Bauherr mit der Bestimmung errichtet, sie aufgrund eines Mietvertrages einem Mieter zum Bewohnen zu überlassen und selbst zu bewirtschaften.

Wohnheime sind Heime, die nach Anlage und Ausstattung auf die Dauer dazu bestimmt sind, Wohnbedürfnisse zu befriedigen.

An die Wohnung und das Wohnen sind bestimmte Anforderungen zu stellen. Diese hat eine internationale Arbeitsgruppe zusammengestellt (s. S. 229 ff).

Nach dem II. WoBauG werden **Familienheime** besonders gefördert. Familienheime sind Eigenheime, Kaufeigenheime und Kleinsiedlungen, die nach Größe und Grundriß ganz oder teilweise dazu bestimmt sind, dem Eigenheimer und seiner Familie oder einem Angehörigen und dessen Familie als Heim zu dienen. Zu diesem Familienheim soll nach Möglichkeit Garten oder nutzbares Land gehören. Zur Familie rechnen alle Angehörigen, die zum Familienhaushalt gehören oder in den Familienhaushalt aufgenommen werden sollen (Ehegatte, Verwandte in gerader Linie sowie Verwandte 2. und 3. Grades in der Seitenlinie, desgleichen Verschwägerte, Pflegekinder u. a.).

Der Begriff „Familienheim" wurde durch das II. Wohnungsbaugesetz geschaffen. Es verliert seine Eigenschaft, wenn es auf Dauer nicht entsprechend genutzt wird.

Dabei kann weniger als die Hälfte der Wohn- und Nutzfläche anderen als Wohnzwekken dienen.

Ein mit öffentlichen Mitteln gefördertes Familienheim unterliegt folgenden Vergünstigungen:

Vorrang bei der Gewährung öffentlicher Mittel,

Zinslosigkeit, Tilgung 1 %, später erhöhte Tilgung, ggf nach 10 Jahren auch höhere Verzinsung,

Gewährung von Familienzusatzdarlehn nach der Zahl der Kinder (zinslos, Tilgung 15 Jahre 1 %, danach 2 %),

Vereinfachtes Bewilligungsverfahren, wenn Einzelbauherrn bauen (n. II. WoBauG § 49 ohne Vorlage einer Wirtschaftlichkeitsberechnung, bzw. mit einer vereinfachten Wirtschaftlichkeitsberechnung).

Der **Wohnungsbau** umfaßt folgende Bereiche (Funktionen):

Bauvorbereitung,

Finanzierung,

Baudurchführung,

Bauabrechnung.

(Siehe „Die technischen Abteilungen eines Wohnungsunternehmens" Seite 47 ff.)

Voraussetzungen für den Bau von Wohnungen sind:

die Beschaffung eines geeigneten Grundstücks,

die behördlich genehmigten Baupläne (Bauschein),

gesicherte Finanzierung aufgrund eines Finanzierungsplanes,

die Wirtschaftlichkeit des Objektes.

B a u h e r r ist derjenige,

der das Grundstück vor Baubeginn erwirbt,

der auf Planung und Gestaltung des Bauvorhabens Einfluß hat,

dem die Baugenehmigung erteilt wird,

der das Risiko hinsichtlich Baudurchführung, Baukosten und Finanzierung trägt,

der sich aus den Bauverträgen selbst verpflichtet.

Dieses Gesamtbild ist die Voraussetzung für die steuerliche Anerkennung als Bauherr, wobei nicht alle Merkmale zutreffen müssen.

5.2 Bauvorbereitung

5.2.1 Allgemeine Bauvorbereitung

Die allgemeine Bauvorbereitung ist von der besonderen Vorbereitung bestimmter Bauvorhaben zu trennen. Die allgemeine Bauvorbereitung umfaßt:

Erwerb von Vorratsgrundstücken durch Kauf, Tausch, Enteignung, Umlegung, Erbbaurecht;

Entwicklung bestimmter Grundriß- und Haustypen;

Untersuchung bestimmter Baustoffe auf ihre Zweckmäßigkeit;

Rationalisierungsmaßnahmen zum Wohnungsbau,

Überprüfung und Anwendung der Ergebnisse der Bauforschung und der Erfahrungen aus abgeschlossenen Bauvorhaben.

5.2.2 Besondere Bauvorbereitung

Die besondere Vorbereitung eines bestimmten Bauvorhabens umfaßt in der Verantwortlichkeit des B a u h e r r n :

die Wahl eines freien Architekten oder Auftrag an die eigene technische Abteilung;

Abschluß eines Architektenvertrages bei Wahl eines freischaffenden Architekten (Ingenieurvertrages);

die Weisungen zur Planung an den Architekten oder die technische Abteilung aufgrund des Bauprogrammes (Wünsche nach Zahl, Größe und Verwendungszweck der Räume, Lage des Hauses auf dem Grundstück, Wahl der Baustoffe und Ausstattung);

Prüfung und Beratung der Vorlagen des Architekten;

Beratung und Beschlußfassung der zuständigen Organe;

Stellung des Bauantrages zur Erzielung der Baugenehmigung (Bauschein).

In der Verantwortlichkeit des A r c h i t e k t e n oder der technischen Abteilung liegen:

Prüfung der Zulässigkeit des Baus und des Ausnutzungsgrades des Grundstücks;

Erbringung der Architektenleistung (s. S. 47 f.);

Für die Erbringung der Architektenleistung erhält der Architekt ein Honorar, das nach der „Honorarordnung für Architekten und Ingenieure" (HOAI) berechnet wird. Es richtet sich für Grundleistungen bei Gebäuden, Freianlagen und Innenräumen nach:

a) den anrechenbaren Kosten des Objektes (ohne Umsatzsteuer),

b) der Honorarzone, der das Objekt angehört,

c) der Honorartafel nach § 16,

d) den Grundleistungen nach dem Leistungsbild.

Anrechenbare Kosten

Die anrechenbaren Kosten sind unter Zugrundelegung des Kostenermittlungsverfahrens gemäß Anlage II. BV zu berechnen, und zwar für die Leistungsphasen 1 bis 4 durch Kostenberechnung oder Kostenschätzung, für die Leistungsphasen 5 bis 9 nach der Kostenfeststellung bzw. nach dem Kostenanschlag. Nichtanrechenbar sind die auf die Kosten des Objekts entfallende Umsatzsteuer und die Kosten für den Grund und Boden sowie für das Herrichten des Grundstücks, die Außenanlagen, Baunebenkosten, Geräte und Wirtschaftsgegenstände.

Das Leistungsbild gliedert sich in folgende Leistungsphasen, für die als Teilleistung ein anteiliges Honorar zu zahlen ist: anteiliges Honorar

1. Grundlagenermittlung	3 %
2. Vorplanung	7 %
3. Entwurfsplanung	11 %
4. Genehmigungsplanung	6 %
5. Ausführungsplanung	25 %
6. Vorbereitung der Vergabe	10 %
7. Mitwirkung bei der Vergabe	4 %
8. Objektüberwachung (Bauüberwachung)	31 %
9. Objektbetreuung und Dokumentation	3 %
Gesamte Architektenleistung	100 %

Honorarzone

Honorarzone I: Gebäude mit sehr geringen Planungsanforderungen (bis zu 10 Punkten)

Honorarzone II: Gebäude mit geringen Planungsanforderungen (11—18 Punkte) (Einfache Wohnbauten, Garagenbauten)

Honorarzone III: Gebäude mit durchschnittlichen Planungsanforderungen (19—26 Punkte) (Wohnhäuser, Wohnheime und Heime mit durchschnittlicher Ausstattung)

Honorarzone IV: Gebäude mit überdurchschnittlichen Planungsanforderungen (27—34 Punkte), Wohnhäuser mit überdurchnittlichen Anforderungen (Terrassen- und Hügelhäuser, aufwendige Einfamilienhäuser mit entsprechendem Ausbau)

Honorarzone V: Gebäude mit sehr hohen Planungsanforderungen (Kliniken) (35—42 Punkte)

Sind für ein Gebäude Bewertungsmerkmale aus mehreren Honorarzonen anwendbar, so kann die Honorarzone durch ein Bewertungspunktsystem ermittelt werden.

Honorartafel

In der Honorartafel des § 16 sind Mindest- und Höchstsätze der Honorare festgesetzt. Die zulässigen Mindest- und Höchstsätze für Zwischenstufen der angegebenen anrechenbaren Kosten sind durch lineare Interpolation zu ermitteln.

§ 16 — Honorartafel für Grundleistungen bei Gebäuden — Auszug —

Anrechen- bare Kosten DM	Zone I von bis DM	Zone II von bis DM	Zone III von bis DM	Zone IV von bis DM	Zone V von bis DM
100 000	7 320 8 860	8 860 10 900	10 900 13 970	13 970 16 020	16 020 17 550
200 000	14 630 17 500	17 500 21 330	21 330 27 070	27 070 30 900	30 900 33 770
300 000	21 950 25 930	25 930 31 240	31 240 39 220	39 220 44 530	44 530 48 510
400 000	29 260 34 140	34 140 40 660	40 660 50420	50 420 56 940	56 940 61 820
500 000	36 580 42 190	42 190 49 670	49 670 60 890	60 890 68 370	68 370 73 980

Diese Honorare gelten, wenn die gesamte Architektenleistung vereinbart wird (alle 9 Leistungsphasen des Leistungsbildes). Werden nur einige Leistungsphasen erbracht, so ist der anteilige Prozentwert des Honorars für diese Leistungsphasen zu errechnen.

Nach der II. Berechnungsverordnung (§ 8 Absatz 2) dürfen als Kosten der Architekten- und Ingenieurleistungen Höchstbeträge angesetzt werden und zwar:

Entgelt für die Grundleistung nach den Mindestsätzen der Honorartafel in den Honorarzonen I—III,

nachgewiesene Nebenkosten und die auf Entgelt und Nebenkosten fallende Umsatzsteuer.

Werden Vorplanung, Entwurfsplanung und Objektüberwachung als Einzelleistung in Auftrag gegeben, so können hierfür folgende Prozentsätze der Honorare vereinbart werden:

für die Vorplanung bis zu 10 %

für die Entwurfsplanung bis zu 18 %

Für die Objektüberwachung (Leistungsphase 8) können anstelle der Mindestsätze nachstehende Prozentsätze der anrechenbaren Kosten berechnet werden:

1,8 % bei Gebäuden der Honorarzone II

2,0 % bei Gebäuden der Honorarzone III

2,2 % bei Gebäuden der Honorarzone IV

2,4 % bei Gebäuden der Honorarzone V

Werden mehrere gleiche Gebäude, die im zeitlichen und örtlichen Zusammenhang stehen, errichtet, so sind für die erste bis vierte Wiederholung die Prozentsätze der Leistungsphasen 1—7 um 50 %, von der fünften Wiederholung an um 60 % zu mindern.

Neben den Grundleistungen in den einzelnen Leistungsphasen können noch besondere Leistungen vereinbart werden. Für Freianlagen, Gutachten, städtebauliche oder landschaftsplanerische Leistungen u. a. gelten andere Honorartafeln und Bestimmungen in der HOAI (Teile III bis XIII).

5.2.3 Der Architektenvertrag

Der Architektenvertrag regelt die Rechte und Pflichten von Bauherren und Architekten. Er ist ein Werkvertrag. Durch den Architektenvertrag verpflichtet sich der Architekt, seine vertragliche Leistung (Architektenleistung) zu erbringen, der Bauherr, eine Vergütung (Architektenhonorar) zu zahlen.

Der Architekt h a f t e t dafür, daß das Bauwerk:

den anerkannten Regeln der Baukunst und der Technik entspricht;

nicht mit Fehlern behaftet ist, die den Wert aufheben oder mindern;

die zugesicherte Eigenschaft hat.

Kommt der Architekt seinen Pflichten nicht nach, hat der Bauherr wahlweise folgende R e c h t e :

Recht auf Beseitigung des Mangels,

Recht auf Minderung des Honorars,

Recht auf Wandlung des Vertrages,

Recht auf Schadenersatz.

5.2.4 Der Bauantrag

Ist das Bauvorhaben technisch und wirtschaftlich so weit vorbereitet, daß mit dem Bau begonnen werden kann, wird der Bauherr an das Bauaufsichtsamt ein Baugesuch richten, das bezeichnete Bauvorhaben zu genehmigen. Genehmigungsbedürftige Bauvorhaben sind Errichtung, Änderung, Nutzungsänderung und Abbruch baulicher Anlagen. Von diesen sind genehmigungsfreie Bauvorhaben (Gebäude bis zu 30 cbm umbauter Raum, Wochenendhäuser u. a.) zu unterscheiden. Ein vereinfachtes Genehmigungsverfahren wird bei Wohngebäuden mit geringer Höhe, mit nicht mehr als zwei Wohnungen und anderen durchgeführt. Die Bauaufsichtsbehörde hat in diesem Fall über den Bauantrag innerhalb von 6 Wochen nach Auftragseingang zu entscheiden, wobei die Frist aus wichtigen Gründen bis zu 6 Wochen verlängert werden kann. Die Prüfung beschränkt sich auf Zulässigkeit des Bauvorhabens auf dem Grundstück, auf Abstandsflächen, Bebaubarkeit des Grundstücks und der Zugänge sowie der erforderlichen Garagen oder Stellplätze.

Dem Bauantrag sind die Bauvorlagen beizufügen. Es ist ggf. ein Dispensantrag zu stellen (Bauvorlagen s. S. 48). Vor Einreichung des Bauantrags kann ein Vorbescheid, der zwei Jahre gilt, beantragt werden. Der Bauherr hat den Ausführungsbeginn genehmigungsbedürftiger Vorhaben mindestens eine Woche vorher der Bauaufsichtsbehörde schriftlich anzuzeigen, die wiederum unterrichtet das staatliche Gewerbeaufsichtsamt.

Das Bauaufsichtsamt (Bauordnungsamt) prüft den Antrag und erteilt die Baugenehmigung (B a u s c h e i n). Der Bauschein ist zwei Jahre nach Ausstellung gültig, er kann verlängert werden. Meist enthält er Bedingungen, Auflagen und Hinweise. Wird dem Bauherrn die Genehmigung versagt, so kann er gegen die Entscheidung Rechtsmittel einlegen. Ohne Baugenehmigung darf nicht gebaut werden.

Nach den Bauordnungen der Länder ist für bestimmte Bauvorhaben keine Baugenehmigung erforderlich, es genügt eine B a u a n z e i g e (für Schuppen, Baubuden, Bauzäune usw.).

Die Durchführung des Bauvorhabens unterliegt der Bauaufsicht, die regelmäßige Kontrollen durchführt. Das Bauwerk unterliegt der Rohbauabnahme und der Schlußabnahme, über die die Bauaufsichtsbehörde den R o h b a u a b n a h m e s c h e i n und den S c h l u ß a b n a h m e s c h e i n ausstellt, nachdem die Schornsteinabnahme durch den Bezirksschornsteinfegermeister erfolgt ist. Rohbauabnahmeschein und Schlußabnahmeschein werden zum Abruf der Hypothekenraten benötigt. Vor der Benutzung bedürfen Warmwasser-, Heizungsanlagen, Feuerungs- und Abwasseranlagen u. a. der Benutzungsgenehmigung, die aufgrund einer Bautenzustandsbesichtigung erteilt wird.

Nach der Bauordnung NW vom 1. 1. 1985 ist die Fertigstellung des Rohbaus und die abschließende Fertigstellung bei genehmigten baulichen Anlagen der Bauaufsichtsbehörde jeweils eine Woche vorher vom Bauherrn anzuzeigen. Die Bauaufsichtsbehörde führt eine Bautenzustandsbesichtigung durch, soweit nicht darauf verzichtet wird. Über das Ergebnis der Besichtigung ist eine Bescheinigung auszustellen (Bautenzustandsbericht Rohbauabnahme / Gebrauchsabnahme).

5.2.5 Kosten der Bauvorbereitung

Die Kosten der Bauvorbereitung (Bauvorbereitungskosten), z. B. Architektenhonorar, Bauaufsichtsgebühren, gehen in die Baukosten ein. Kosten für allgemeine Bauvorbereitung müssen gesammelt und später als „Kosten des Baus" übernommen werden. Wird ein Bauvorhaben nicht oder nicht in diesem Umfang durchgeführt, können die Kosten nur zum Teil als Baukosten verrechnet werden; der andere Teil ist als Verlust abzubuchen.

5.3 Die Finanzierung des Wohnungsbaus

Unter Finanzierung des Wohnungsbaus versteht man Beschaffung und Einsatz von Investitionskapital, das zur Deckung der Gesamtkosten dient. Die Gesamtfinanzierungsmittel müssen daher den Gesamtkosten entsprechen und langfristig sein, da die Tilgung nur über längere Zeiträume hinweg möglich ist.

Unter Investition versteht man die Verwendung finanzieller Mittel zur Anschaffung von Gütern. Man unterscheidet Sach-, Finanz- und immaterielle Investition. Die Gesamtinvestition eines Betriebes innerhalb eines Wirtschaftszeitraumes bezeichnet man als Bruttoinvestition. Sie setzt sich aus Ersatzinvestition (Re-Investition) und Erweiterungsinvestition (Nettoinvestition) zusammen.

5.3.1 Arten der Finanzierung

Nach der Herkunft der Finanzierungsmittel (Kapitalquelle) ist zu unterscheiden:

Außenfinanzierung (Kapital fließt von außen ein)

Fremdfinanzierung (Zuführung von Gläubigerkapital — Schuldverschreibungen —, Kreditfinanzierung — Hypothekendarlehn u. a. —, Rückstellungen);

Eigenfinanzierung (Beteiligungsfinanzierung, Kapitalzuführung durch den Einzelunternehmer oder durch die Gesellschafter oder durch Aufnahme neuer Gesellschafter, Erhöhung des Beteiligungskapitals, d. h. des Grundkapitals der AG, des Stammkapitals der GmbH oder des Geschäftsguthabens bei der eG., Rücklagen, die Zuwachskapital bilden;

Innenfinanzierung (Kapital kommt aus den Unternehmen selbst)

Selbstfinanzierung (Zurückhaltung von Gewinnen);

Finanzierung durch Kapitalfreisetzung (z. B. aus Abschreibung, Rückstellungen, Vermögensumschichtungen);

Besondere Formen der Finanzierung:

Factoring (Absatzfinanzierung, Kauf von Forderungen gegen Entgelt)

Leasing (Mieten von Anlagen gegen Entgelt, wobei der Kapitalbedarf nur in Höhe der Mietzahlung erforderlich ist.

Die Wahl der Finanzierung hängt von wirtschaftlichen, rechtlichen und steuerlichen Überlegungen ab. Zu beachten ist, daß bei der Außenfinanzierung stets Zins-, Dividenden- oder Gewinnanteil erbracht werden muß.

Nach der D a u e r der Kapitalüberlassung unterscheidet man:
kurzfristige Finanzierung (Laufzeit etwa bis 2 Jahre),
mittelfristige Finanzierung (Laufzeit etwa 2 bis 8 Jahre),
langfristige Finanzierung (Dauerfinanzierung: 10 Jahre und länger).

Die kurz- und mittelfristige Finanzierung erfolgt in der Wohnungswirtschaft nur in Form der Zwischenfinanzierung oder der Vorfinanzierung. Bei der V o r f i n a n z i e r u n g tritt das Wohnungsunternehmen in Vorlage für aufzubringende Dauerfinanzierungsmittel. Die Vorlage kann erfolgen für Grundstücksbeschaffungskosten, für vom Bewerber zu erbringendes Eigenkapital, das dieser erst nach Baubeginn ansammelt, u. a.

Durch die Z w i s c h e n f i n a n z i e r u n g werden flüssige Mittel bereitgestellt, um den Zeitraum zu überbrücken, der zwischen der Fälligkeit von Bauforderungen und der Valutierung von Dauerfinanzierungsmitteln liegt. Die Sicherung erfolgt dadurch, daß dem Zwischenkreditgeber die Auszahlungsraten des Baudarlehns des Hypothekengläubigers abgetreten und später direkt ausgezahlt werden (offene Zession).

Führt die Abrechnung zu höheren Gesamtkosten aufgrund von Preissteigerungen (Bauzeitüberschreitung, Mehrkosten durch Bauverbesserung oder -erweiterung) oder behördlichen Auflagen als ursprünglich vorgesehen, muß n a c h f i n a n z i e r t werden.

Werden langfristige Dauerfinanzierungsmittel später wegen günstigerer Zinskonditionen durch andere Finanzierungsmittel abgelöst, spricht man von U m f i n a n z i e r u n g.

Nach der Z w e c k b e s t i m m u n g unterscheidet man:
Unternehmensfinanzierung,
Objektfinanzierung (gebunden an spezielle Bauobjekte).

Das Unternehmensfinanzierung

Unter Unternehmensfinanzierung versteht man Beschaffung und Einsatz des aufzubringenden Kapitals für die Zwecke der Unternehmung (Wohnungsbau, Modernisierung, Instandhaltung u. a.).

Die beschafften flüssigen Mittel werden zunächst in Sachvermögen (Aktiva) umgewandelt (investiert), um später durch die in der Miete einkalkulierte Abschreibung oder durch den Kaufpreis in Geldvermögen zurückverwandelt zu werden. Durch die Tilgung der Fremdmittel entsteht ein Prozeß der Vermögensumschichtung, der Fremdkapital zu Eigenkapital macht. Insofern wird jede Objektfinanzierung, die auf ein oder mehrere bestimmte Bauvorhaben bezogen ist, zur Unternehmensfinanzierung.

Die Finanzierungspläne bei der Bauerstellung werden zunächst alle für ein Objekt aufgestellt. Hierbei wird das Schwergewicht der Unternehmensfinanzierung auf den Mitteln liegen, die für das aufzubringende Eigenkapital flüssig gemacht werden können. Auskunft darüber gibt der Finanzplan eines Unternehmens, der aufgrund des Wirtschaftsplanes für einen längeren Zeitraum aufgestellt wird.

Der W i r t s c h a f t s p l a n ist eine Vorausberechnung der Aufwendungen und Erträge für einen Zeitraum von einem Jahr. Er hat die Bedeutung eines Haushaltsplanes (Budget) und bildet die Grundlage für den Finanzplan.

Der Finanzplan ist eine Vorausberechnung lt. Wirtschaftsplan der Einnahmen und der Ausgaben zur Ermittlung des Finanzbedarfs des Unternehmens.

Ausgaben erfolgen für:

Betrieb, Verwaltung, Instandhaltung und Kapitaldienst;

Bautätigkeit (Rückzahlung von Zwischenkrediten, Mittel für Bauleistungen, Grundstücksbeschaffung, Erschließung, fällige Garantiebeträge usw.);

Einzahlungen auf Bausparverträge;

Dividendenausschüttung;

Neuanschaffungen (Betriebs- u. Geschäftsausstattung, Kraftfahrzeug u. a.).

Aufgrund der Gegenüberstellung von Einnahmen und Ausgaben ergibt sich ein Finanzüberschuß oder der Finanzbedarf. Er ist zu decken durch:

nicht ausgeschüttete Gewinne in Form von Rücklagenbildung,

Neubeleihung,

Verwendung der in den Mieten einkalkulierten Abschreibungsbeträge, aber erst nach Tilgung der Fremdmittel.

Vorübergehend können auch Verwendung finden: Mittel aus Bauerneuerungsrücklage, Pensionsrückstellungen, Siedler- und Kaufanwärterguthaben.

Finanzierungsregel:

Anlagevermögen wird durch Eigenkapital finanziert, Umlaufvermögen durch langfristiges oder kurzfristiges Kapital.

Kurzfristige Mittel dürfen nur kurzfristig, langfristige Mittel können langfristig angelegt werden.

Allgemein sollte das eingesetzte Kapital erst dann zur Rückzahlung fällig sein, wenn die betreffenden Vermögenswerte durch den Umsatzprozeß wieder zu Geld geworden sind.

Aus dem Finanzplan ist der Liquiditätsplan aufzustellen, der auf die Zahlungsbereitschaft bezogen ist. Er ist eine Gegenüberstellung der fälligen Zahlungen und der liquiden oder realisierbaren Mittel.

Liquide Mittel 1. Ordnung sind Bargeld, Bank- und Postgiroguthaben, diskontierbare Wechsel.

Liquide Mittel 2. Ordnung sind Mittel, die innerhalb von drei Monaten flüssig gemacht werden können (Forderungen).

Liquide Mittel 3. Ordnung können erst nach längerer Zeit flüssig gemacht werden.

Alle anderen Mittel des Anlagevermögens (Gebäude), die schwer in Bargeld umgewandelt werden können, nennt man illiquide Mittel.

Je nachdem, welche flüssigen Mittel den kurzfristigen Verbindlichkeiten gegenüberstehen, unterscheidet man drei Liquiditätsgrade.

Liquidität I. Grades oder Barliquidität (flüssige Mittel 1. Ordnung).

Liquidität II. Grades oder einzugsbedingte Liquidität (flüssige Mittel 1. und 2. Ordnung).

Liquidität III. Grades oder umsatzbedingte Liquidität (flüssige Mittel 1., 2. und 3. Ordnung).

Finanzierungsmittel der Objektfinanzierung

Mittel zur Finanzierung von Bauten (Finanzierungsmittel) sind

Fremdmittel:

Kapitalmarktmittel (Hypotheken und sonstige dinglich gesicherte Darlehn von Kapitalsammelstellen, s. S. 172),

öffentliche Mittel (öffentliche Baudarlehn, Familienzusatzdarlehn als Kapitalsubvention), daneben Aufwendungsdarlehn, Aufwendungszuschüsse, Annuitätshilfen, Zinszuschüsse als Aufwandssubvention,

sonstige Fremdmittel (zur Restfinanzierung)

Arbeitgeberdarlehn, Werkdarlehn,

gestundete Restkaufgelder,

gestundete öffentliche Lasten (z. B. Erschließungsbeiträge),

persönliche Darlehn;

Finanzierungsbeiträge:

Baukostenzuschüsse, die keine Verbindlichkeit begründen,

Mieterdarlehen, die vereinbarungsgemäß zurückzuzahlen und zu verzinsen sind,

Mietvorauszahlungen, die mit der Miete für einen bestimmten Zeitraum verrechnet werden;

Im öffentlich geförderten Wohnungsbau dürfen verlorene Baukostenzuschüsse nicht aufgenommen werden, es sei denn, der verlorene Zuschuß erfolgt von einer dritten Seite; Mieterdarlehn oder Mietvorauszahlungen werden (nach Art und Höhe) von der Bewilligungsstelle ausdrücklich gestattet oder ausgeschlossen. Fordert der Bauherr trotzdem einen nicht zulässigen Finanzierungsbeitrag, so ist dieser zu erstatten und vom Empfang an zu verzinsen. Der Anspruch auf Rückerstattung verjährt ein Jahr nach Beendigung des Mietverhältnisses (WoBindG § 9).

Eigenleistung:

Bargeld, Wert des Grundstücks, Selbsthilfe (Wert der Sach- und Arbeitsleistung, Wert der bezahlten Baustoffe),

Forderungen aus Guthaben bei Kreditinstituten, Wohnungsunternehmen, Bausparkassen.

Daraus ergibt sich ein Finanzierungsschema, das entsprechend erweitert werden kann.

Finanzierungsschema bei öffentlich geförderten Wohnungen:

I. Hypothek (25—50 % der Gesamtkosten),

öffentliches Baudarlehn,

Eigenkapital und sonstige Mittel der Restfinanzierung.

Finanzierungsschema für nicht mit öffentlichen Mitteln geförderte Wohnungen:

I. Hypothek (35—50 % der Gesamtkosten),

II. Hypothek (15—20 % der Gesamtkosten),

Eigenkapital und sonstige Mittel der Restfinanzierung.

Anstelle der II. Hypothek wird vielfach ein Bausparkassendarlehn verwendet, das in der Regel 25—30 % der Gesamtkosten deckt.

Restfinanzierungsmittel sind:

sonstige Fremdmittel (Arbeitgeberdarlehn, persönliche Darlehn usw.),

Finanzierungsbeiträge,

Wohnungsfürsorgemittel von Bund, Land oder Industrieunternehmen (Werkdarlehn),

LAG-Darlehn.

Bei der Finanzierung ist die tragbare Belastung in der Relation zum Einkommen zu sehen. Bei einer günstigen Finanzierung und Geltendmachung von Sonderausgaben nach § 10 e EStG kann ein Bewerber eine Belastung bekommen, die der Höhe nach etwa dem Mietzins einer Neubaumietwohnung entspricht. Daher sind einige Überlegungen anzustellen.

— In einer Hochzinsphase wird man versuchen, ein Hypothekendarlehn vorzufinanzieren. Man nimmt ein sogenanntes Vorschaltdarlehn auf, das nur zu verzinsen ist. Ist der Hypothekenzins günstig, wird ein langfristiges Hypothekendarlehn in Anspruch genommen, mit dem das Vorschaltdarlehn zu tilgen ist.

— Eine weitere Möglichkeit, die Tilgungsraten zu ermäßigen, wäre die zeitweise Aussetzung der Tilgung des Hypothekendarlehns, z. B. 5 Jahre tilgungsfrei, danach mit 2 % Tilgung oder mit gestaffelten Tilgungssätzen (3 Jahre 2 %, 5 Jahre 3 %, 3 Jahre 5 %).

— Die Bank oder Sparkasse kann auch eine Tilgungsfreisetzung vereinbaren. Für die Tilgung wird entweder ein Bausparvertrag oder eine Lebensversicherung abgeschlossen. Die Tilgung des Bank- oder Sparkassendarlehns erfolgt sodann nach Fälligkeit der Lebensversicherung oder nach Zuteilung des Bausparvertrages (Guthaben und Bausparkassendarlehn).

Über EDV kann die bestmögliche Finanzierungsart mit verschiedenen Varianten für die gesamte Laufzeit errechnet werden.

Hypothekengläubiger bieten vielfach einen „Kredit aus einer Hand" (Verbundkredit) an. Sie beleihen sodann bis zu 90 % der angemessenen Baukosten (Real- und Personalkredit) und gewähren diesen Kredit aus eigenen Mitteln oder in Verbindung mit einem anderen Kreditinstitut, wobei nach außen nur ein Darlehnsgeber in Erscheinung tritt, in Wirklichkeit aber zwei oder mehrere Darlehn gegeben werden. Dabei bleibt die erststellige Hypothek solange tilgungsfrei, bis das nachstellige Darlehn (Bausparkassendarlehn) getilgt ist. Bei gleichbleibender monatlicher Belastung wird während einer Laufzeit von 20 bis 24 Jahren zuerst das nachstellige und anschließend das erststellige Darlehn einschließlich der dafür gestundeten Zinsen getilgt.

> LAG-Darlehn: Aufbaudarlehn wurden nach dem Lastenausgleichsgesetz vom 14. 8. 1952 an Kriegssachgeschädigte, Vertriebene oder Flüchtlinge gewährt, wenn sie dadurch ihren zerstörten, beschädigten oder verlorenen Grundbesitz wieder aufbauen oder einen Ersatzbau errichten konnten. Jetzt gibt es dieses Darlehn nur für Spätberechtigte, die in den letzten 10 Jahren in die Bundesrepublik gekommen sind. Das Aufbaudarlehn für den Wohnungsbau ist zinslos und jährlich mit 4 % zu tilgen.
>
> Arbeitgeberdarlehn: Arbeitgeber gewähren ihren Arbeitnehmern oftmals Darlehn zur Schaffung von Wohnraum im Rahmen der ihnen obliegenden Fürsorgepflicht. Dadurch wird der Arbeitnehmer auch an den Betrieb gebunden. Die Bedingungen für die Darlehnshergabe (Laufzeit, Verzinsung, Tilgung) sind unterschiedlich. Das Darlehn soll jedoch zinsbegünstigt, die Tilgungssätze sollen niedrig sein, damit der Arbeitnehmer nicht zu stark belastet wird.

Wohnungsfürsorgemittel: Land und Bund sowie Gemeinden und Gemeindeverbände messen der Wohnungsfürsorge für ihre Bediensteten ebenfalls große Bedeutung bei. Sie stellen Wohnungsfürsorgedarlehn zur Verfügung (Landesbediensteten-Darlehn, Bundesbediensteten-Darlehn). Diese Darlehn gelten nicht als öffentliche Mittel und können daher neben den öffentlichen Mitteln zusätzlich von der betreffenden Behörde bewilligt werden. Es gibt persönliche Darlehn und dinglich zu sichernde Darlehn. Im Mietwohnungsbau stellt die öffentliche Verwaltung oft die Bedingung, daß ihr ein Verfügungsrecht über die Wohnung eingeräumt wird, das sie sich in der Regel durch eine beschränkte persönliche Dienstbarkeit sichern läßt.

Bei der betrieblichen Wohnungsfürsorge unterscheidet man den Werkwohnungsbau vom werksgeförderten Wohnungsbau. Werkwohnungen sind die von Arbeitgebern als Bauherrn erstellten und im Eigentum bleibenden Wohnungen für ihre eigenen Belegschaftsmitglieder (Beamte, Angestellte, Arbeiter). Werkwohnungen werden nur an Angehörige des Werks vergeben. Es besteht eine enge Verbindung zwischen Arbeits- und Mietverhältnis und dadurch eine Abhängigkeit des Betriebsangehörigen vom Arbeitgeber. Nach den Wohnungsbauförderungsrichtlinien der Länder haben die Bewilligungsbehörden bei der Förderung von Betriebs- und Werkwohnungen mit öffentlichen Mitteln die Auflage zu machen, daß mit den Betriebsangehörigen Mietverhältnisse zu vereinbaren sind, die nach Ablauf von 5 Jahren von dem Bestehen der Dienst- oder Arbeitsverhältnisse unabhängig werden. Im Bergarbeiterwohnungsbau besteht keine Betriebsgebundenheit, sondern eine Berufsgebundenheit.

Als werksgeförderte Wohnungen (werksverbunden) bezeichnet man die durch Wohnungsunternehmen sowie durch private Bauherren mit Unterstützung bestimmter Arbeitgeber errichteten Wohnungen. Sie bleiben im Eigentum und in der Bewirtschaftung der Wohnungsunternehmen oder der privaten Bauherren. Die Arbeitgeber behalten sich für eine bestimmte Zeit ein Wohnungsbelegungsrecht vor, das vertraglich festgelegt ist.

Kapitalisierte Renten: Schwerbeschädigte und Schwerbehinderte haben die Möglichkeit, ihre Rente nach dem Bundesversorgungsgesetz kapitalisieren zu lassen. Als Abfindungssumme der für einen Zeitraum von 10 Jahren zustehenden Grundrente wird höchstens der neunfache Jahresbetrag der Grundrente gewährt.

5.3.2 Beleihung von Grundstücken

Die I. und II. Hypothek (Ib-Hypothek mit Landes- oder Bundesbürgschaft) werden auf dem Kapitalmarkt beschafft (s. S. 171 ff., Kreditverkehr und Kapitalmarkt).

Berechnung des Beleihungswertes

Die Beleihung erfolgt durch die Kapitalsammelstellen nach ihren Beleihungsgrundsätzen unterschiedlich. Im allgemeinen beträgt das zu gewährende Baudarlehn 60 % (Beleihungsobergrenze bei privaten Hypothekenbanken, Sparkassen u. a.) bis 80 % (für zweitstellige Hypotheken) des Beleihungswertes, bei Erbbau nur 50 %. Der Beleihungswert wird auf der Grundlage von Schätzungen und Berechnungen durchgeführt. Er ist das arithmetische Mittel aus Sachwert und Ertragswert.

Der Sachwert umfaßt:

Kosten des Baugrundstückes, wobei nur der Preis angesetzt wird, der sich auf die Dauer auch erzielen lassen wird,

Kosten des Gebäudes, wobei nicht die tatsächlichen, sondern die angemessenen Baukosten errechnet werden (nach Preisindex früherer Jahre oder Sicherheitsabschlag). Bei bestehenden Gebäuden muß ein Abschreibungsbetrag für die altersbedingte Wertminderung berücksichtigt werden. Oft wird ein Sicherheitsabschlag in Abzug gebracht.

Der E r t r a g s w e r t ergibt sich aus:

Jahresrohertrag, wobei nur auf Dauer zu erzielende Erträge berücksichtigt werden, abzüglich Bewirtschaftungskosten (Erfahrungssätze 25—30 %),
= Jahresreinertrag, der zu kapitalisieren ist.
Bei einem Zinssatz von 5 % ist der Kapitalisierungsfaktor 20.
(Je höher der Zinssatz, desto niedriger der Ertragswert!)

$$\text{Beleihungswert} = \frac{\text{Sachwert} + \text{Ertragswert}}{2}$$

Viele Hypothekeninstitute gehen auch nur vom Ertragswert aus.

Von dem Beleihungswert ist die sog. Beleihungsgrenze von 60 % meist der Nennbetrag des zu gewährenden Hypothekendarlehns.

Bausparkassen

Bausparkassen gewähren im allgemeinen das Bauspardarlehn als zweite Hypothek; es ist die Differenz zwischen Bausparsumme und Bausparguthaben und wird denjenigen mit den höchsten Leistungszahlen unter folgenden Voraussetzungen zugeteilt:

    Mindestsparguthaben: 40 % der Vertragssumme,

    Mindestwartezeit: 18 Monate.

Die Leistungszahl wird meist zweimal im Jahr (31. 3. und 30. 9.) am Zuteilungsstichtag festgestellt. Sie wird im allgemeinen nach folgender Formel berechnet:

$$\frac{\text{Guthaben und Zinsen}}{1\text{‰ der Vertragssumme}} = \text{Bewertungszahl (Leistungszahl)}$$

Die Ausschüttung erfolgt aus einer Zuteilungsmasse, der hauptsächlich die Bausparbeträge der Bausparer (Refinanzierung) zufließen, die mit 2,5—3 % verzinst werden, während der Zinssatz für das Bauspardarlehen 4,5 % bzw. 5 % beträgt (Zinsen und Tilgungsbeträge = monatlich 6 ‰ der Vertragssumme). Ab Zuteilung kann der Bausparer über das Bausparguthaben sofort, über das Bauspardarlehn erst nach Sicherstellung (Hypothek oder Grundschuld) verfügen. Bei Auszahlung wird ein einmaliger Verwaltungskostenbeitrag von 2 % des Darlehns erhoben. Abschlußgebühr meist 1 % der Vertragssumme.

Bausparkassen bieten verschiedene Finanzierungsmethoden mit Vor- und Zwischenfinanzierung, Zinsaufschubkredit und zwei nacheinandergeschalteten Bausparverträgen an. Dabei beleihen sie bis 90 % der Gesamtkosten.

Bedingungen und Voraussetzungen

Die Konditionen für Hypothekendarlehn richten sich nach der Refinanzierung (s. S. 172 f.). Unter K o n d i t i o n e n (Bedingungen) versteht man:

    Zinssatz,

    Tilgungssatz,

    Auszahlungskurs,

Bereitstellungszinsen,
Zahlungstermine (pränumerando, postnumerando),
Verrechnung der Zinsersparnis bei der Tilgungshypothek (jährlich, halbjährlich, vierteljährlich, monatlich),
Nebenkosten (Schätzungsgebühr, Bearbeitungsgebühr),
Auflagen (Belegungsrechte, Versicherungsabschluß u. a.),
Zusatzdarlehn (Tilgungsstreckungsdarlehn, verzinslich oder unverzinslich),
Valutierung (grundsätzlich nach Fertigstellung, vertraglich meist 50 % nach Rohbauabnahme, 50 % nach Schlußabnahme).
Die Laufzeit einer Tilgungshypothek ergibt sich aus Zins- und Tilgungssatz.
Bei einem Vergleich mehrerer Darlehnsangebote ist die Effektivverzinsung zu berücksichtigen. Sie ergibt sich aus folgender Formel:

$$\frac{\text{Zinssatz} \times 100}{\text{Auszahlungskurs}} + \frac{\text{Damnum}}{\text{Laufzeit}} = \text{effektiver Jahreszins}$$

Will das Wohnungsunternehmen die Effektivverzinsung feststellen, müßte es den Auszahlungskurs um die einbehaltenen Bereitstellungszinsen kürzen.
Bearbeitung und Valutierung (Auszahlung) erfolgen erst nach Einreichen der Beleihungsunterlagen. B e l e i h u n g s u n t e r l a g e n sind
für die Prüfung:
Katasterpapiere (Auszug aus dem Liegenschaftsbuch, Handzeichnung),
Grundstücksgrundbuchblatt-Abschrift,
Finanzierungsplan,
Berechnung der Wohnfläche und des umbauten Raumes,
Wirtschaftlichkeitsberechnung (vorläufige),
Baubeschreibung,
Baupläne,
Grenzbescheinigung,
Nachweis über sog. Anliegerbeiträge (Erschließungsbeitrag und Kanalgebühr),
Nachweis genügender Feuerversicherung,
Lichtbild des Gebäudes
u. a.
für Valutierung oder für Teilvalutierungen, falls diese vertraglich vereinbart wurden:
Nachweis über die dingliche Sicherung des Darlehns und der Nebenleistungen,
Rohbauabnahmeschein und Nachweis über den Abschluß einer Feuerversicherung zum gleitenden Neuwert,
Schlußabnahmeschein,
Bescheinigung des Sachverständigen, daß das Gebäude in Übereinstimmung mit der Baubeschreibung fertiggestellt ist (Schlußattest).
Die zu erbringenden Unterlagen und die Abwicklung des Hypothekengeschäftes sind im Darlehnsvertrag geregelt. Die meisten Hypothekengläubiger haben allgemeine Darlehnsbedingungen, die sie zur Grundlage des Vertrages machen. Der Darlehnsvertrag kommt formlos zustande. Die Hypothekenbanken haben jedoch für ihre Zwecke Formblätter für Darlehnsverträge, Bewilligung und Annahme entwickelt (Darlehnsvertrag s. S. 166).

5.3.3 Die Finanzierungskosten

Finanzierungskosten sind Kosten für:
Beschaffung der Dauerfinanzierungsmittel,
Bereitstellung des Fremdkapitals,
Beschaffung der Zwischenkredite,
Teilvalutierung der Dauerfinanzierungsmittel.

Kosten der Beschaffung der Dauerfinanzierungsmittel:
Damnum (Auszahlungsverlust bei Hypotheken und anderen Darlehn),
Vermittlungsgebühr (Maklerprovision),
Gerichts- und Notarkosten für die Sicherstellung des Darlehns,
Bearbeitungsgebühren für Finanzierungsanträge,
Schätzungs- und Besichtigungskosten,
Gebühr bei Bausparverträgen u. a.
Sie entstehen einmalig.

Kosten der Kapitalbereitstellung:
Bereitstellungszinsen (Provision), die vom Tag der Zusage oder einem späteren Termin bis zur Valutierung oder Teilvalutierung berechnet werden;
Bürgschaftsgebühren bei Übernahme einer Bürgschaft für die Hypothek;
Verwaltungskosten

Kosten der Beschaffung von Zwischenkrediten:
Zinsen und sonstige Kosten für Zwischenfinanzierungsmittel.

Kosten für Teilvalutierungen von Dauerfinanzierungsmitteln:
Zinsen.

Die Finanzierungskosten sind Einzelkosten und können dem einzelnen Objekt direkt als Baunebenkosten zugeordnet (aktiviert) werden, und zwar in der Höhe, in der sie tatsächlich angefallen sind. Erfolgt die Zwischenfinanzierung aus Mitteln eines Wohnungsunternehmens, so können dafür Zwischenkreditzinsen berechnet werden.

Die Herstellung endet mit dem Nutzungsbeginn. Daher sind alle Zinsen und sonstigen Finanzierungskosten nach diesem Zeitpunkt grundsätzlich keine Baunebenkosten (Herstellungskosten) mehr, sondern Kapitalkosten, die durch die Mieteinnahmen gedeckt werden.

5.3.4 Die Wohnungsbauförderung des Staates

Der Staat hat die Wohnungsbauförderung als eine besondere soziale Aufgabe angesehen. Deshalb hat er für den „sozialen Wohnungsbau" Wohnungsbaugesetze (I. und II.) geschaffen. Ihr Ziel war, durch besondere Förderungsmaßnahmen den Wohnungsbau und insbesondere den Familienheimbau zu fördern. Durch das I. Wohnungsbaugesetz wurden Wohnungen gefördert, die nach dem 31. 12. 1949 bezugsfertig wurden und nicht unter die Förderungsbestimmungen des II. Wohnungsbaugesetzes fallen.

Das II. Wohnungsbaugesetz wird Wohnungsbau- und Familienheimgesetz genannt. Es findet Anwendung auf:

Wohnungen im öffentlich geförderten Wohnungsbau (Sozialwohnungen), für die die öffentlichen Mittel nach dem 31. 12. 1956 bewilligt wurden (Datum des Bewilligungsbescheides);

Wohnungen im frei finanzierten Wohnungsbau.

Zur Sicherung der Zweckbestimmung von Sozialwohnungen unterliegen alle ab 20. 6. 1948 öffentlich geförderten Wohnungen den Vorschriften des Wohnungsbindungsgesetzes, das am 1. September 1965 in Kraft trat, solange die Eigenschaft „öffentlich gefördert" besteht.

Der soziale Wohnungsbau

Unter sozialem Wohnungsbau versteht man das Schaffen von Wohnungen durch Neubau ebenso wie durch Ausbau oder Erweiterung bestehender Wohngebäude, die nach Größe, Miete oder Belastung für die breiten Schichten des Volkes bestimmt und geeignet sind. Bund, Länder, Gemeinden und Gemeindeverbände haben den sozialen Wohnungsbau durch Bereitstellung von öffentlichen Mitteln und durch andere Vergünstigungen mit dem Ziel zu fördern, möglichst viele und billige Wohnungen zu schaffen. Zugleich sollen auch weite Kreise des Volkes durch Bildung von Einzeleigentum in Form von Familienheimen mit dem Grund und Boden verbunden werden.

Beim sozialen Wohnungsbau unterscheidet man:

den öffentlich geförderten sozialen Wohnungsbau,

den frei finanzierten Wohnungsbau.

Für den öffentlich geförderten sozialen Wohnungsbau gelten die Wohnungsbaugesetze des Bundes als Rahmengesetz in Verbindung mit den von den Ländern erlassenen Wohnungsbauförderungsbestimmungen (WFB).

Die Förderung im 1. Förderungsweg nach den Landesprogrammen erfolgt durch Bewilligung öffentlicher Mittel als:

öffentliche Baudarlehen zur teilweisen Deckung der Gesamtkosten;

Aufwendungsdarlehn oder Aufwendungszuschüsse zur Verringerung der laufenden Aufwendungen während einer befristeten Zeit;

Zinszuschüsse zur Deckung der Zinsen der Finanzierungsmittel;

Annuitätsdarlehn zur Deckung der für die Finanzierungsmittel zu entrichtenden Zinsen oder Tilgungen (II. WoBauG § 42);

Sondermittel für Aussiedler- und Zuwandererwohnungen, für Landesbediensteten-, Schwerbehinderten-, Bergarbeiterwohnungsbau, Bau von Altenwohnungen, Wohnheimen und Studentenwohnraum sowie Wohnungen für Räumungsbetroffene.

Gefördert werden somit

Mietwohnungen, insbesondere für verschiedene Gruppen,

Eigentumsmaßnahmen,

Modernisierungs- und Energieeinsparmaßnahmen, für die es verschiedene Programme gibt,

Ausbau und Erweiterung (Ausbau des Dachgeschosses, Umwandlung von Räumen, die bisher nicht zu Wohnzwecken dienten, Umbau von Wohnungen nach Änderung der Wohngewohnheiten, Aufstockung des Gebäudes), Anbau.

Mit der Bereitstellung öffentlicher und nicht öffentlicher Mittel verfolgen die Länder wohnungspolitische Ziele, z. B. in Nordrhein-Westfalen

Schaffung und Sicherung eines quantitativ hinreichenden Angebots an Wohnungen, insbesondere für einkommensschwache Familien, Aussiedler und Zuwanderer,

Sicherung von sozial tragbaren Mieten,

Schaffung und Sicherung qualitativ akzeptabler Wohnverhältnisse,

Mitgestaltung der Stadt- und Siedlungsentwicklung durch Standortbeeinflussung, Sicherung von Arbeitsplätzen u. a.

Dabei wird die Neubautätigkeit als Bestandsergänzung, die Modernisierung als Bestandspflege gefördert.

Bis 31. 12. 1989 gab es steuerbegünstigte Wohnungen, für die eine Grundsteuervergünstigung gewährt wurde (10 Jahre); Voraussetzung war, daß keine öffentlichen Mittel bewilligt wurden und daß die Wohnung die bestimmten Wohnflächengrenzen um nicht mehr als 20 % überstieg. Steuerbegünstigte Wohnungen mußten in einem behördlichen Anerkennungsverfahren als „steuerbegünstigt" anerkannt werden. Öffentlich geförderte Wohnungen erhielten die Grundsteuervergünstigung ohne Anerkennung.

Bei dem freifinanzierten Wohnungsbau werden keine öffentlichen Mittel gewährt, doch können auf Antrag des Bauherren Aufwendungszuschüsse oder Aufwendungsdarlehn aus nicht öffentlichen Mitteln zur Verbilligung der Mieten nach § 88 ff. II. WoBauG unter der Voraussetzung, daß die Wohnflächengrenzen um nicht mehr als 20 % überschritten werden, gewährt werden. Der Bauherr hat sich zu verpflichten, während der Dauer der Zweckbestimmung nur die Kostenmiete zu nehmen. Man bezeichnet dies als zweiten Förderungsweg.

> Diese geförderten Wohnungen können in der Regel nur den Personen zum Gebrauch überlassen werden, die
> a) durch den Bezug der Wohnung eine öffentlich geförderte Wohnung freimachen oder
> b) deren Jahreseinkommen im Kalenderjahr vor dem Bezug bzw. bei Eigentumsmaßnahmen vor der Antragstellung die Einkommensgrenzen des § 25 II. WoBauG nicht um mehr als 40 % übersteigt.

Ein weiteres Förderungsinstrument (dritter Förderungsweg) ist die „vereinbarte Förderung" gemäß § 88 d II. WoBauG, bei der Mittel als Darlehen oder Zuschuß als „nicht öffentliche Mittel" gewährt werden. Die Bedingungen richten sich nach der vertraglichen Vereinbarung der Länder (z. B. höhere Einkommensgrenzen und Bewilligungsmieten, kürzere Bindungsfristen).

Öffentlich geförderte Wohnungen

Die Voraussetzungen für die Gewährung öffentlicher Mittel

Die öffentliche Förderung des Neubaus, Ausbaus und der Erweiterung von Wohnungen erstreckt sich auf

Familienheime in der Form von Eigenheimen, Kaufeigenheimen und Kleinsiedlungen, Eigentums- und Kaufeigentumswohnungen, Genossenschaftswohnungen, Mietwohnungen und Wohnheime.

Sie ist gebunden an eine:

bestimmte Wohnungsgröße,
bestimmte Miete oder Belastung,
begünstigte Personenkreise,
bestimmte Eigenleistung,
bestimmte technische Förderungsvoraussetzungen nach den Förderungsbestimmungen der Länder,
bestimmte Bemessung des Kaufpreises (II. WoBauG § 54 a).

Wohnungsgröße

Mit öffentlichen Mitteln sollen im allgemeinen nur Wohnungen gefördert werden, deren Wohnfläche folgende Grenzen nicht überschreitet:

Familienheime mit einer Wohnung	130 m^2
Familienheime mit zwei Wohnungen	200 m^2
eigengenutzte Eigentumswohnungen/Kaufeigentumswohnungen	120 m^2
bei anderen Wohnungen in der Regel	90 m^2

Grundsätzlich soll auf jede Person, die zum Haushalt gehört oder alsbald nach Fertigstellung des Bauvorhabens in den Haushalt aufgenommen wird, ein Wohnraum ausreichender Größe entfallen. Auf die persönlichen und beruflichen Bedürfnisse sowie auf den künftigen Raumbedarf einer Familie ist Rücksicht zu nehmen.

Miete und Belastung (II. WoBauG § 72)

Für die öffentlich geförderten Wohnungen ist nur die Miete zulässig, die sich zur Deckung der laufenden Aufwendungen für das Gebäude oder die Wirtschaftseinheit aufgrund der Wirtschaftlichkeitsberechnung ergibt (Kostenmiete). Dabei ist die Miete je m^2 Wohnfläche im Monat (= D u r c h s c h n i t t s m i e t e) von der Bewilligungsstelle zu genehmigen. Die Bewilligungsstelle hat sie dem Bauherrn mitzuteilen. Auf der Grundlage der Durchschnittsmiete hat der Vermieter die Miete für die einzelnen Wohnungen unter angemessener Berücksichtigung ihrer Größe, Lage und Ausstattung zu berechnen (E i n z e l m i e t e) . Der Durchschnitt der Einzelmieten muß der Durchschnittsmiete entsprechen. Der Vermieter hat dem Mieter auf Verlangen Auskunft über die Berechnung der Einzelmieten zu gewähren und die zuletzt erteilte Genehmigung vorzulegen. Übersteigt der vereinbarte Mietzins die Kostenmiete, so ist diese Vereinbarung unwirksam. Der überbezahlte Betrag ist zu erstatten und zu verzinsen. Für die Ermittlung der zulässigen Miete gelten die Vorschriften der §§ 8 bis 8 b WoBindG (s. S. 248) und die Neubaumietenverordnung.

Bei der Ermittlung der Durchschnittsmiete darf eine V e r z i n s u n g der Eigenleistung mit 4 % angesetzt werden, soweit sie nicht 15 % der Gesamtkosten des Bauvorhabens übersteigt; ein darüber hinausgehender Betrag konnte bis 1973 mit dem marktüblichen Zinssatz für erststellige Hypotheken in Ansatz gebracht werden (II. BV § 20); bei Bewilligung der öffentlichen Mittel ab 1. 1. 1974 dürfen dafür nur 6,5 % angesetzt werden. Bei Verzicht auf Kostenansätze bleibt der Bauherr 6 Jahre daran gebunden. Erhöhen sich nach der Bewilligung der öffentlichen Mittel die laufenden Aufwendungen, ohne daß dies der Bauherr zu vertreten hat, so ist die sich nach einer neuen Wirtschaftlichkeitsberechnung ergebende Miete zulässig. Diese Mieterhöhung bedarf der Genehmigung durch die Bewilligungsbehörde, wenn die Mieterhöhung bis zur Anerkennung der Schlußabrechnung, spätestens jedoch bis zu zwei Jahren nach der Bezugsfertigkeit eintritt. Die Mieterhöhung ist sodann dem Mieter schriftlich mitzuteilen, wobei die Genehmigung oder die Berechnung der laufenden Aufwendungen beizufügen ist. Auf Verlangen ist dem Mieter Einsicht in die Wirtschaftlichkeitsberechnung zu gewähren.

Bei vorzeitiger Rückzahlung der öffentlichen Baudarlehen dürfen Zinsen für die Ersatzfinanzierungsmittel nicht angesetzt werden, solange der Wohnraum als öffentlich gefördert gilt.

Die einzelnen Länder haben in ihren Wohnungsbauförderungsbestimmungen Höchst-Durchschnittsmieten festgesetzt. Nur dann kann Wohnraum bei Neubau oder Modernisierung einschließlich Ausbau öffentlich gefördert werden, wenn er diese Höchst-Durchschnittsmieten nicht übersteigt.

Beispiel: In Nordrhein-Westfalen beträgt die Höchst-Durchschnittsmiete ohne Umlagen, Zuschläge und Vergütungen je qm Wohnfläche monatlich 6,30 DM, 6,50 DM, 6,70 DM, 6,90 DM, 7,10 DM, je nachdem, welcher Mietenstufe die Gemeinde angehört.

Die Wirtschaftlichkeitsberechnung für die Errechnung der Durchschnittsmiete oder die Lastenberechnung ist unter Beachtung der „Verwaltungsvorschriften zur Zweiten Berechnungsverordnung (VV — II. BV) aufzustellen. Die Betriebskosten öffentlich geförderter Wohnungen gemäß § 27 II. BV (Anlage 3 zur II. BV) dürfen in die Wirtschaftlichkeitsberechnung nicht aufgenommen werden. Sie sind neben der Einzelmiete unter Berücksichtigung eines Umlageausfallwagnisses auf die Mieter umzulegen und abzurechnen (NMV § 20).

Begünstigter Personenkreis (II. WoBauG § 25)

Eine Wohnung ist mit öffentlichen Mitteln zu fördern, wenn das Gesamteinkommen des Wohnungssuchenden und der zu seiner Familie rechnenden Angehörigen eine bestimmte Grenze jährlich nicht überschreitet.

Die Einkommensgrenze beträgt 21 600,— DM für den Haushaltsvorstand zuzüglich 10 200,— DM für die zweite Person und weitere je 8 000,— DM für jeden Angehörigen. Schwerbehinderte ab 50 % erhalten zudem einen Zuschlag von 4 200,— DM, Schwerstbehinderte ab 80 % 9 000,— DM, Aussiedler 6 300,— DM; außerdem erhalten junge Ehepaare bis zum Ablauf des 5. Kalenderjahres nach dem Jahr der Eheschließung, wenn keiner das 40. Lebensjahr überschritten hat, einen zusätzlichen Betrag von 8 400,— DM zugebilligt. Jahreseinkommen ist die Summe der im vorangegangenen Kalenderjahr bezogenen Einkünfte (Gewinne oder „Überschuß der Einnahmen über Werbungskosten" s. S. 390), ggf. das Zwölffache der Einkünfte des letzten Monats. Für deren Berechnung gelten die Vorschriften des Einkommensteuerrechts über die Einkunftsermittlung.

Von dem bereinigten Gesamteinkommen ist ein Betrag von 10 % abzuziehen, wenn der Wohnungssuchende oder seine Familienangehörigen Steuern vom Einkommen entrichten.

Wohnungen, für die die öffentlichen Mittel erstmalig vor dem 1. 1. 1966 bewilligt worden sind, erhalten nur die, die die Einkommensgrenze um 20 % unterschreiten (§§ 4, 5 WoBindG).

Nach dem Gesetz über den Abbau der Fehlsubventionierung im Wohnungswesen (AFWoG) können Inhaber von öffentlich geförderten Wohnungen zu einer Ausgleichszahlung herangezogen werden, wenn ihre Einkommen die Einkommensgrenze um mehr als 20 % übersteigt und die Kostenmieten öffentlich geförderter Wohnungen die ortsüblichen Mieten vergleichbarer, nicht preisgebundener Mietwohnungen erheblich unterschreiten. Die Landesregierung bestimmt durch Rechtsverordnung diese Gemeinden. Die Ausgleichszahlung beträgt bei Fehlbelegung monatlich je qm Wohnfläche 0,50 bzw. 1,25 DM bzw. 2,— DM, wenn die Einkommensgrenze um mehr als 20, 35 bzw. 50 % überschritten wird. Ausgleichszahlungen sind nicht zu leisten von Bewohnern von Eigenheimen, Eigensiedlungen, Eigentumswohnungen, Wohngeldempfängern u. a.

Eigenleistung (II. WoBauG §§ 34, 35)

Jeder Bau, der mit öffentlichen Mitteln durchgeführt werden soll, ist mit einer angemessenen Eigenleistung zu errichten. Sie soll bei Familienheimen — ohne Kleinsiedlungen — so hoch sein, daß sie mindestens die Kosten des Baugrundstücks — ohne Erschließungskosten — deckt.

In Nordrhein-Westfalen gilt die Eigenleistung als angemessen, wenn sie bei Miet- und Genossenschaftswohnungen 25 % der Gesamtkosten der öffentlich geförderten Wohnungen beträgt. Liegen die Kosten der Baugrundstücke beim Bau von Familienheimen darüber, so soll die Eigenleistung so hoch sein, daß sie die Kosten des Baugrundstücks (ohne Erschließungskosten) deckt. Die Belastung bei Eigentumsmaßnahmen muß auf die Dauer tragbar sein und darf die wirtschaftliche Existenzgrundlage nicht gefährden.

Die erforderliche Eigenleistung des Bauherrn kann auch durch andere Finanzierungsmittel erbracht werden, soweit sie von der Bewilligungsstelle als Ersatz der Eigenleistung anerkannt werden. Man spricht von unechter Eigenleistung. Als Ersatz der Eigenleistung (unechte Eigenleistung) wird angesehen:

Familienzusatzdarlehn nach § 45 II. WoBauG (s. S. 358),

Aufbaudarlehn nach Lastenausgleichsgesetz (s. S. 346),

Darlehn für Spätheimkehrer nach Kriegsgefangenenentschädigungsgesetz,

sonstige Darlehn aus öffentlichen Mitteln (Eigenkapitalersatzdarlehn).

Nachstelliges öffentliches Baudarlehn

Die öffentlichen Baudarlehn werden zur Schließung der Finanzierungslücke bewilligt, die bei der Deckung der Gesamtkosten des Bauvorhabens verbleibt, wenn erststellige Mittel, Eigenleistung des Bauherrn und sonstige Finanzierungsmittel nicht ausreichen oder wenn durch einen ermäßigten Zinssatz oder durch Zinslosigkeit eine tragbare Miete erzielt werden soll. Die Höhe des öffentlichen Darlehns ist nach der Größe der Wohnung gestaffelt. Die Länder haben unterschiedlich Förderungssätze festgelegt.

Daneben kann auch unter bestimmten Voraussetzungen der Erwerb vorhandener Wohnungen sowie der Ausbau von Miet- und Genossenschaftswohnungen neben Familienheimen gefördert werden. In einigen Ländern gibt es außerdem zusätzliche Darlehn für kinderreiche Familien, Schwerbehinderte und Bewohner von Notunterkünften.

Die Bewilligung öffentlicher Mittel soll mit Bedingungen oder Auflagen verbunden werden, die der Senkung der Baukosten dienen (II. WoBauG § 51).

Öffentliche Baudarlehn werden zu einem niedrigen Zinssatz, der bis auf 0 % gesenkt werden kann, oder zinslos zur Erzielung einer tragbaren Miete oder Belastung gewährt. Die Tilgung beträgt meist 1 % zuzüglich der durch die Tilgung ersparten Zinsen. Nach Ablauf von 30 oder 35 Jahren (Tilgung der eststelligen Finanzierungsmittel) erhöht sich meist der Tilgungssatz. Außerdem werden Verwaltungkosten erhoben. Die Landesregierungen können bestimmen, daß die öffentlichen Baudarlehen verzinst werden, und zwar bis höchstens 8 %, wenn sie vor dem 1. Januar 1960, bis höchsten 6 %, wenn sie danach, aber vor dem 1. Januar 1970 bewilligt wurden. Das gleiche gilt für Familienheime, jedoch darf die Verzinsung frühestens nach Ablauf von 10 Jahren erfolgen (§ 18 a WoBindG, § 44 II. WoBindG).

Die Bewilligungsbehörde entscheidet über den Antrag in Form eines Bewilligungsbescheides, der dem Bauherrn und der zur Auszahlung und Verwaltung dienenden Stelle zugeleitet wird (in NW: Wohnungsbauförderungsanstalt). Die darlehnsverwaltende Stelle gewährt das Darlehn.

Zu ihrem Aufgabenbereich gehört in NW:

Abschluß des Darlehnsvertrages sowie die Darlehnsverwaltung, Sicherung der öffentlichen Mittel, Auszahlung gemäß Baufortschritt.

Die Auszahlung richtet sich nach den Wohnungsbauförderungsbestimmungen der Länder.

Der Eigentümer eines Eigenheimes, einer Eigensiedlung oder einer eigengenutzten Eigentumswohnung, für die öffentliche Mittel nach dem 31. Dezember 1969 als Baudarlehn bewilligt worden sind, kann nach Ablauf von zwei Jahren seit Bezugsfertigkeit das öffentliche Baudarlehn ganz oder in Teilen vorzeitig durch Zahlung noch nicht fälliger Leistungen abzüglich von Zwischenzinsen und unter Berücksichtigung von Zinseszinsen ablösen. Nähere Vorschriften enthält die Ablösungsverordnung. Wird das öffentliche Baudarlehn vorzeitig zurückgezahlt oder abgelöst, so gilt die Wohnung als öffentlich gefördert bis zum Ablauf des achten Kalenderjahres nach dem Kalenderjahr der Rückzahlung (Nachwirkungsfrist), es sei denn, das Darlehn wäre bereits gemäß den Tilgungsbedingungen früher zurückgezahlt worden (s. S. 357).

Bindungen (WoBindG)

Alle öffentlich geförderten Wohnungen unterliegen nach den Vorschriften des Wohnungsbindungsgesetzes bestimmten B i n d u n g e n :

Die öffentlich geförderten Wohnungen werden von der zuständigen Stelle erfaßt und überwacht, die Unterlagen im Rahmen der Bestands- und Besetzungskontrolle auf dem laufenden gehalten.

Der Vermieter kann die Wohnung nur an den Mieter mit einer „Bescheinigung über die Wohnberechtigung" vermieten (s. S. 236), falls der zuständigen Stelle kein öffentlich-rechtliches Belegungsrecht zusteht.

Der Mietzins darf nicht höher sein als die aufgrund einer Wirtschaftlichkeitsberechnung sich ergebende Kostenmiete (s. S. 353 f.). Er kann durch einseitige Erklärung erhöht werden. Vereinbarungen über einmalige vom Mieter zu erbringende Leistungen oder nicht erlaubte Finanzierungsbeiträge sind unwirksam.

Die Wohnung darf nicht leerstehen, nicht zweckentfremdet oder durch bauliche Maßnahmen derart verändert werden, daß sie für Wohnzwecke nicht mehr geeignet ist.

Wird eine öffentlich geförderte Mietwohnung in eine Eigentumswohnung umgewandelt, hat der Verfügungsberechtigte der zuständigen Stelle die Umwandlung unter Angabe des Namens des betroffenen Mieters unverzüglich mitzuteilen und eine Abschrift der auf die Begründung von Wohnungseigentum gerichteten Erklärung zu übersenden. Wird diese Wohnung an einen Dritten verkauft, so steht dem von der Umwandlung betroffenen Mieter ein Vorkaufsrecht zu, das bis zum Ablauf von sechs Monaten nach Mitteilung ausgeübt werden kann.

Öffentlich geförderte Wohnungen können von den Bindungen freigestellt werden, wenn eine Ersatzwohnung benannt wird, für die ein Belegungsrecht vertraglich eingeräumt wird.

Für bestimmte Wohnungen in den von der Landesregierung festgelegten Gemeinden müssen die Inhaber von öffentlich geförderten Mietwohnungen eine Ausgleichszahlung leisten, wenn ihr Einkommen die Einkommensgrenze um mehr als 20 % übersteigt (S. 355).

Mit Ende der Eigenschaft „öffentlich gefördert" entfallen die Bindungen.

Eine Wohnung gilt als „öffentlich gefördert" vom Zugang des Bewilligungsbescheides ab bis zum Ablauf des Kalenderjahres, in dem das öffentliche Baudarlehn ordnungsgemäß, d. h. nach Maßgabe der Tilgungsbedingungen vollständig zurückgezahlt worden ist; sind daneben Aufwendungs- oder Zinszuschüsse aus öffentlichen Mitteln bewilligt worden, so endet die öffentliche Förderung mit dem Ablauf des Kalenderjahres, in dem der Förderungszeitraum endet. Wurden die öffentlichen Mittel lediglich als Zuschüsse zur Deckung der laufenden Aufwendungen oder als Zinszuschüsse bewilligt, so gilt die Wohnung als öffentlich gefördert bis zum Ablauf des dritten Kalenderjahres nach Ende des Förderungszeitraumes (§ 15 ff. WoBindG).

Wurde das Darlehen vorzeitig aufgrund einer Kündigung wegen Verstoßes gegen die Bestimmungen des Bewilligungsbescheides oder des Darlehnsvertrages zurückgezahlt, endet die Eigenschaft „öffentlich gefördert" bis zum Ablauf des Kalenderjahres, in dem das Darlehn gemäß Tilgungsbedingungen vollständig zurückgezahlt worden wäre, längstens jedoch bis zum Ablauf des 12. Kalenderjahres nach dem Jahr der Rückzahlung.

Bei vorzeitiger freiwilliger Rückzahlung gilt eine Wohnung als öffentlich gefördert: im allgemeinen bis zum Ablauf des 10. Jahres nach dem Jahr der Rückzahlung, abweichend davon, wenn für den Bau von Wohnungen ein durchschnittliches Darlehn von 3 000,— DM bewilligt wurde, bis zum Tag der Rückzahlung.

Verletzt der Vermieter schuldhaft diese Verpflichtungen, so kann der Gläubiger des öffentlichen Darlehns verlangen, daß für die Zeit des Gesetzverstoßes neben den Darlehnszinsen zusätzliche Geldleistungen bis zu 10,— DM/qm Wohnfläche monatlich zu entrichten sind; außerdem kann er das Darlehn fristlos kündigen.

Ordnungswidriges Verhalten kann mit einer Geldbuße bis zu 50 000,— DM geahndet werden (WoBindG § 26). Bei Verstoß gegen andere Bindungen kann die Ordnungswidrigkeit mit einer Geldbuße bis zu 20 000,— DM belegt werden.

Kaufpreis

Zum Bau eines Familienheims in der Form des Kaufeigenheims (Kaufeigentumswohnung) ist die Bewilligung öffentlicher Mittel mit der Auflage zu verbinden, dieses an einen Bewerber zu angemessenen Bedingungen innerhalb eines Jahres nach Anerkennung der Schlußrechnung zu übertragen. Dabei gilt als Kaufpreis, wenn das Kaufeigenheim errichtet wurde

für Rechnung des Bewerbers: der Preis, der die Gesamtkosten nicht übersteigt;

nicht für Rechnung des Bewerbers: Gesamtkosten zuzüglich 5 % oder Kosten des Baugrundstücks zuzüglich der um 5 % erhöhten Baukosten, sofern der Vertrag vor Ablauf des dritten Jahres, das auf das Jahr der Bezugsfertigkeit folgt, abgeschlossen wird. Nach dieser Zeit ist die Wertminderung (mindestens 1 % jährlich) zu berücksichtigen (II. WoBauG § 54 ff.).

Weitere staatliche Förderungsmaßnahmen zum Zwecke des Wohnungsbaues

Außer dem Einsatz öffentlicher Mittel zur Förderung des Wohnungsbaues gibt es weitere F ö r d e r u n g s m a ß n a h m e n des Staates:

Gewährung eines F a m i l i e n z u s a t z d a r l e h n s für öffentlich geförderte Familienheime oder eigengenutzte Eigentumswohnungen,

Gewährung von A u f w e n d u n g s z u s c h ü s s e n und A u f w e n d u n g s d a r l e h n im freifinanzierten Wohnungsbau (II. WoBauG § 88),

Gewährung von W o h n u n g s f ü r s o r g e m i t t e l n für Angehörige des öffentlichen Dienstes (s. S. 347),

Gewährung von Wohngeld,

Zahlung von W o h n u n g s b a u p r ä m i e n oder steuerliche Bausparvergünstigungen durch Anerkennung als S o n d e r a u s g a b e n (s. S. 360 f., 391).

Steuervergünstigung nach § 10 e EStG (früher § 7 b),

bevorzugte Bereitstellung von B a u l a n d (II. WoBauG § 89),

Maßnahmen zur Baukostensenkung durch Bauforschung, Entwicklung von Typen für Bauten, Bauteile u. a.,

Vergünstigung bei vorzeitiger R ü c k z a h l u n g öffentlicher Mittel (s. S. 356),

Übernahme von B u n d e s b ü r g s c h a f t e n oder Landesbürgschaften nach II. WoBauG (§§ 24, 88) und den Bürgschaftsbestimmungen der Länder.

Für die Förderung von Kleinsiedlungen bestehen Sondervergünstigungen (II. WoBauG § 57 ff.).

F a m i l i e n z u s a t z d a r l e h n : Kinderreiche Familien sind gegenüber kleineren Familien dadurch benachteiligt, daß sie durch die infolge ihrer Personenzahl erhöhten Lebenshaltungskosten kaum ausreichendes Eigenkapital ansammeln können; außerdem verteuert die erforderliche größere Wohnfläche die Baukosten. Zum Ausgleich dafür wird ihnen auf Antrag zusammen mit dem öffentlichen Baudarlehn ein zusätzliches Darlehn gewährt. Es beträgt für ein Kind 2 000,— DM, für zwei Kinder 4 000,— DM, drei Kinder 7 000,— DM und für jedes weitere Kind je 5 000,— DM. Neben den Kindern oder an deren Stelle können auch die zum Familienhaushalt gehörenden Eltern des Bauherrn oder seines Ehegatten berücksichtigt werden (II. WoBauG § 45). Das Familienzusatzdarlehn ist zinslos und jährlich während der ersten 15 Jahre mit 1 %, danach mit höchstens 2 % zu tilgen.

Aufwendungszuschüsse: Im freifinanzierten Wohnungsbau können Personen, die eine öffentlich geförderte Wohnung freimachen oder deren Gesamteinkommen die Einkommensgrenze um nicht mehr als 40 % übersteigt, **Aufwendungszuschüsse** — oder Aufwendungsdarlehn — zur Deckung der laufenden Aufwendungen neben Bürgschaften unter der Voraussetzung, daß die Wohnungen abgeschlossen und die Wohnflächen nicht mehr als 20 % überschreiten, erhalten. Die Wohnungen sind für die Dauer der Zweckbestimmung an die Kostenmiete, bei vermieteten Wohnungen in Eigenheimen oder Kleinsiedlungen an die Vergleichsmiete gebunden (II. WoBauG §§ 88, 88 a-c). Aufwendungsdarlehn müssen — im Gegensatz zu Aufwendungszuschüssen — zurückgezahlt und verzinst werden.

Steuerliche Förderung bei Wohneigentum bis Ende 1986: Die Steuervergünstigung nach § 7 b des Einkommensteuergesetzes wurde in der Weise gewährt, daß anstelle der normalen steuerlichen Absetzung (AfA) eine erhöhte Sonderabschreibung das steuerpflichtige Einkommen verminderte und somit zu einer geringeren Lohn- oder Einkommensteuer führte. Bei im Inland gelegenen Einfamilienhäusern, Zweifamilienhäusern und Eigentumswohnungen, die mehr als $66^2/_3$ % Wohnzwecken dienten, konnte der Bauherr im Jahre der Bezugsfertigkeit oder des Erwerbs und in 7 folgenden Jahren je 5 % der Herstellungs- bzw. Anschaffungskosten absetzen. Danach waren jährlich 2,5 % des Restwertes abzusetzen, doch galt das nicht für ein eigengenutztes Eigenheim oder eine eigengenutzte Eigentumswohnung. (Höchstbetrag 200 000,— DM der Herstellungs- oder Anschaffungskosten, beim Zweifamilienhaus 250 000,— DM.)

Steuerliche Förderung ab 1. 1. 1987: Wer nach dem 31. 12. 1986 im Inland eine Wohnung im eigenen Haus fertigstellt, ausbaut, erweitert oder erwirbt, das eigenen Wohnzwecken dient, und den § 7 b vorher nicht in Anspruch genommen bzw. nicht ausgeschöpft hat, kann nach § 10 e EStG im Jahr der Fertigstellung und in den drei folgenden Jahren jährlich bis zu 6 % von den Herstellungskosten zuzüglich der Hälfte der Grund- und Bodenkosten (Bemessungsgrundlage), höchstens 19 800,— DM, und in den folgenden vier Jahren jährlich bis zu 5 %, höchstens 16 500,— DM, wie Sonderausgaben abziehen; Voraussetzung ist, daß in den Veranlagungszeiträumen der Gesamtbetrag der Einkünfte 120 000,— DM (240 000,— DM bei Verheirateten) nicht übersteigt. Nicht ausgeschöpfte Abzugsbeträge können auf den Zeitraum von acht Jahren ausgedehnt werden.

Die Steuervergünstigung wird durch eine Kinderkomponente ergänzt. Für jedes Haushalt lebende Kind kann ein Betrag von 1 000,— DM von dem Steuerbetrag abgesetzt werden. Außerdem kann ein Schuldzinsenabzug bis 12 000,— DM jährlich für einen Zeitraum von drei Jahren geltend gemacht werden. Voraussetzung ist, daß dieser in wirtschaftlichem Zusammenhang mit dem Objekt steht, und dieses vor dem 1. 1. 1995 fertiggestellt oder angeschafft ist.

Nach § 10 h erhalten Eigentümer eines eigengenutzten Eigenheimes die gleiche steuerliche Vergünstigung, wie sie in § 10 e geregelt ist, wenn sie durch Umbau eine neue Wohnung in ihrem Eigenheim errichten und diese unentgeltlich Angehörigen auf Dauer zu Wohnzwecken überlassen. Baukindergeld und Schuldzinsenabzug können jedoch nicht in Anspruch genommen werden. Auch gilt nicht die Einkommensbegrenzung.

Ab Veranlagungszeitraum 1987 wird eigengenutztes Wohnungseigentum nicht mehr besteuert. Bis dahin wurde der Nutzungswert der selbstgenutzten Wohnung im eige-

nen Haus pauschaliert, d. h. mit 1,4 % des Einheitswertes angesetzt. Bei Neubau oder Erwerb eines teilweise selbstgenutzten Zwei- oder Mehrfamilienhauses gelten die beschriebenen Vergünstigungen nur für den selbstgenutzten Teil. Die nachfolgenden Abschreibungsmöglichkeiten können nur für den nicht selbstgenutzten Teil in Anspruch genommen werden.
Bei der allgemeinen steuerlichen Gebäudeabschreibung geht man von einer 50jährigen Lebensdauer aus. Man kann wahlweise abschreiben:
a) linear: jährlich 2 % der Anschaffungs- oder Herstellungskosten (EStG § 7 Abs. 4)
b) degressiv (EStG § 7 Abs. 5):

8 Jahre je 5 %
6 Jahre je 2,5 %   der Anschaffungs-
36 Jahre je 1,25 % oder Herstellungskosten

wobei die Abschreibung von den Anschaffungskosten nur dann möglich ist, wenn das Gebäude bis zum Ende des Jahres der Fertigstellung angeschafft wurde und der Hersteller keine degressive oder erhöhte Absetzung noch Sonderabschreibungen in Anspruch genommen hat.
Ist der Bauantrag für ein Mietwohnhaus nach dem 28. 2. 1989 gestellt, das der Steuerpflichtige selbst erstellt oder danach durch rechtswirksamen Vertrag erworben und bis zum Ende des Jahres der Fertigstellung angeschafft hat, können folgende Beträge abgesetzt werden:

4 Jahre je 7 %
6 Jahre je 5 %   der Herstellungs-
6 Jahre je 2 %   und Anschaffungskosten.
24 Jahre je 1,25 %

Abweichend davon können die Baukosten von durch Umbau, Ausbau oder Anbau geschaffenen Mietwohnungen im Bestand innerhalb von fünf Jahren, d. h. jährlich bis zu 20 %, höchstens 12 000,— DM, abgesetzt werden. Die Wohnung muß fremden Wohnzwecken dienen und vor dem 1. 1. 1996 fertiggestellt sein (§ 7 c EStG).
Bei Wohnungen mit Sozialbindung — keine öffentlichen Mittel, Fertigstellung vor dem 1. 1. 1996, keine Überschreitung der von den Ländern jährlich festgelegten Höchstmieten, 10 Jahre Vermietung an Mieter mit Wohnberechtigungsschein bei jährlichem Nachweis — können fünf Jahre bis zu 10 %, in den folgenden fünf Jahren bis zu 7 % der Herstellungs- oder Anschaffungskosten, danach $3^1/_3$ % des Restwertes jährlich abgesetzt werden (EStG § 7 k). Diese Bestimmung soll den Werkwohnungsbau beleben, da der Mieter im Jahr der Fertigstellung in einem Dienstverhältnis zum Vermieter gestanden haben muß.
Ein Steuerpflichtiger kann Herstellungskosten auf zwei bis fünf Jahre gleichmäßig nach §§ 11 a und 11 b EStG verteilen, wenn es sich um Gebäude in Sanierungsgebieten und städtebaulichen Entwicklungsbereichen oder um ein Baudenkmal handelt.
B a u s p a r v e r g ü n s t i g u n g e n : Rechtsgrundlage ist das Wohnungsbauprämiengesetz (WoPG).
Jeder Bausparer kann wahlweise seine Bausparbeiträge im Jahr als abzugsfähige Sonderausgaben nach EStG § 10 geltend machen oder eine Wohnungsbauprämie nach dem Wohnungsbauprämiengesetz beantragen. Die Festlegungsfrist beträgt bei Inanspruchnahme der Wohnungsbauprämie 7 Jahre, im anderen Falle 10 Jahre.

Die Wohnungsbauprämie beträgt 10 %, wobei sie berechnet wird höchstens von einem Bausparbeitrag von 800,— DM bei Alleinstehenden bzw. 1 600,— DM bei Eheleuten. Die Prämien erhalten jedoch nur diejenigen, deren steuerpflichtiges Einkommen im jeweiligen Kalenderjahr vor der Sparleistung 27 000,— bzw. 54 000,— DM bei Zusammenveranlagten nicht übersteigt. Prämien für Aufwendungen, die vermögenswirksame Leistungen sind und für die einem Arbeitnehmer Sparzulage gewährt wird, werden nicht gewährt. In den neuen Bundesländern beträgt die Wohnungsbauprämie 15 % von höchstens 2 000,— DM bei Ledigen und 4 000,— DM bei Verheirateten.

Prämienbegünstigt sind folgende Aufwendungen: Beiträge an Bausparkassen (Sparraten, Abschlußgebühr, angefallene Zinsen, Sonderzahlungen), Aufwendungen für den Ersterwerb von Genossenschaftsanteilen einer Wohnungsbaugenossenschaft, Beiträge aufgrund von Sparverträgen mit Kreditinstituten oder aufgrund von Kapitalsammlungsverträgen mit Wohnungs- und Siedlungsunternehmen.

Die Sparguthaben bei Bausparkassen einschließlich der Wohnungsbauprämie dürfen weder ganz noch teilweise vor Ablauf einer Frist von 7 Jahren zurückgezahlt werden. Auch dürfen Ansprüche aus dem Bausparvertrag in dieser Zeit weder abgetreten noch beliehen werden. Eine vorzeitige Auszahlung der Bausparsumme ist dann möglich, wenn das Geld unverzüglich beim Bau, zum Erwerb oder zur Verbesserung eines Wohngebäudes oder einer Eigentumswohnung sowie zum Erwerb von Bauland für die Errichtung eines Wohngebäudes oder zur Ablösung von Hypotheken verwendet wird. Auch ein Mieter kann den Bausparvertrag zur Modernisierung seiner Wohnung verwenden. Die Bausparkasse hat dem Finanzamt unverzüglich mitzuteilen, wenn vor Ablauf der Sperrfrist die eingezahlten Beträge zurückgezahlt oder abgetreten werden; die Prämien sind sodann zurückzuzahlen. Nach Ablauf der Frist ist die Verwendung zum vertragsmäßigen Zweck nicht mehr zu prüfen. Ausnahmen bestehen bei Tod, Erwerbsunfähigkeit, Arbeitslosigkeit von einem Jahr.

Die gewährten Prämien bei Einzahlungen aufgrund des Ersterwerbes von Genossenschaftsanteilen können erst beim Ausscheiden des Genossen ausgezahlt werden.

Der Antrag auf Wohnungsbauprämie ist bis zum Ablauf des zweiten Kalenderjahres, das auf das Sparjahr folgt, an das Kreditinstitut zu richten, an das die prämienbegünstigten Aufwendungen geleistet worden sind. Dieses bestätigt und leitet den Antrag an das zuständige Finanzamt weiter. Die Bausparprämie wird für Verträge ab 1. 1. 1992 in einem Betrag nach Zuteilung bzw. Ablauf der Bindungsfrist ausgezahlt.

5.3.5 Die Wirtschaftlichkeitsberechnung

Jeder Bauherr will sein Haus wirtschaftlich bauen. Die Feststellung der Wirtschaftlichkeit erfolgt durch eine Kalkulation, die in einer Wirtschaftlichkeitsberechnung durchgeführt wird. In ihr werden gegenübergestellt:

Gesamtkosten und Finanzierungsmittel,

laufende Aufwendungen und Erträge.

Die Wirtschaftlichkeit ist dann gegeben, wenn die Mieterträge die nachhaltig entstehenden laufenden Aufwendungen decken.

Die W i r t s c h a f t l i c h k e i t s b e r e c h n u n g besteht (nach II. BV) aus Grundstücks-

und Gebäudebeschreibung, Berechnung der Gesamtkosten, Finanzierungsplan, Berechnung der laufenden Aufwendungen und Erträge (Mietkalkulation).

Die Betriebskosten dürfen bei Sozialwohnungen und mit Wohnungsfürsorgemitteln errichteten Wohnungen nicht angesetzt werden, da sie umgelegt und abgerechnet werden.

Die Wirtschaftlichkeitsberechnung ist für ein Gebäude oder eine Wirtschaftseinheit aufzustellen. Mehrere Gebäude können zu einer Wirtschaftseinheit — auch nachträglich — zusammengefaßt werden, wenn sie demselben Eigentümer gehören, im örtlichen Zusammenhang stehen, keine wesentlichen Unterschiede in ihrem Wohnwert aufweisen, wobei die nachträgliche Zusammenfassung der Zustimmung der Bewilligungsbehörde bedarf; in diesem Fall gelten die öffentlichen Mittel als für sämtliche Wohnungen bewilligt.

Die Aufstellung einer Wirtschaftlichkeitsberechnung ist notwendig für alle Bauvorhaben ohne Rücksicht darauf, ob sie frei finanziert oder öffentlich gefördert sind. Sie ist insbesondere erforderlich:

für die Entscheidung des Bauherrn über die Durchführung des geplanten Bauvorhabens,

für die Ermittlung der Durchschnittsmiete (Kostenmiete),

für die Bewilligung öffentlicher Mittel,

für die Hypothekengläubiger als Beleihungsgrundlage,

für die Durchführung von Mieterhöhungen bei öffentlich geförderten Wohnungen.

Im öffentlich geförderten sozialen Wohnungsbau sind bei der Aufstellung der Wirtschaftlichkeitsberechnung die II. Berechnungsverordnung und die „Verwaltungsvorschriften zur Zweiten Berechnungsverordnung" zu berücksichtigen, wobei die Verhältnisse im Zeitpunkt des Antrags auf Bewilligung öffentlicher Mittel gelten. Die zu diesem Zeitpunkt angesetzten Gesamtkosten und Finanzierungsmittel sind auch später zu übernehmen (Einfrierungsgrundsatz). Dagegen können geänderte laufende Aufwendungen bei Neuaufstellung der Wirtschaftlichkeitsberechnung berücksichtigt werden. Hat man jedoch auf Gesamtkosten verzichtet, so bleibt dieser Verzicht für alle späteren Aufstellungen verbindlich. Verzichtet man dagegen auf Ansätze von laufenden Aufwendungen, so ist man daran nur 6 Jahre lang gebunden. Anders ist es bei Umfinanzierungen. Werden Finanzierungsmittel durch andere Mittel ersetzt, so sind die neuen Mittel auszuweisen, und zwar einschließlich derer, die zur Deckung der einmaligen Kosten der Ersetzung dienen. Das gilt nur, wenn die Ersetzung auf Umständen beruht, die der Bauherr nicht zu vertreten hat. Ansätze in der Wirtschaftlichkeitsberechnung können nur dann geändert werden, wenn die II. BV geändert wird. Die Bundesregierung kann diese Rechtsverordnung mit Zustimmung des Bundesrates ändern (§§ 105, 107 II. WoBauG).

Realkreditgeber vereinbaren oft eine Konditionsanpassungsklausel oder Zinsanpassungsklausel. Hierbei bleibt das Darlehen bestehen, wird nicht durch andere Mittel ersetzt; es werden nur die Konditionen (Laufzeit, Zinssatz, Damnum) nach einer Festzinsperiode oder nur der Zinssatz angepaßt. Ein erneutes Damnum erhöht die Gesamtkosten und die Finanzierungsmittel sowie die Kapitalkosten, die Abschreibung, das Mietausfallwagnis und damit die Miete.

Erhält das Gebäude oder die Wirtschaftseinheit neben dem öffentlich geförderten Wohnraum noch anderen Raum, so ist die Wirtschaftlichkeitsberechnung aufzustellen entweder als Teilwirtschaftlichkeitsberechnung oder als Gesamtwirtschaftlichkeitsberechnung, jedoch mit Zustimmung der Bewilligungsbehörde.

Sollen bei öffentlich geförderten Wohnungen für einen Teil der Wohnungen gegenüber dem anderen niedrigere Mieten erzielt werden, z. B. durch höhere öffentliche Darlehen oder Zuschüsse u. a., so ist eine „Wirtschaftlichkeitsberechnung mit Teilberechnungen der laufenden Aufwendungen" aufzustellen.

(Gesamtkosten und laufende Aufwendungen s. S. 29 ff., Finanzierungsmittel s. S. 345 ff.)

5.3.6 Die Lastenberechnung (II. BV §§ 40 ff.)

Anstelle einer Wirtschaftlichkeitsberechnung wird eine Lastenberechnung aufgestellt bei:

Eigenheimen, Kleinsiedlungen, eigengenutzten Eigentumswohnungen, Kaufeigenheimen, Trägerkleinsiedlungen, Kaufeigentumswohnungen.

Sie dient zur Berechnung der Belastung des Eigentümers und beschränkt sich auf die Ermittlung der Belastung aus

Kapitaldienst: Fremdkapitalkosten, Tilgungsbeträge der Fremdmittel,

Bewirtschaftung: Ausgaben für Verwaltung an einen Dritten, Betriebskosten, Instandhaltungskosten.

5.4 Bauausführung

5.4.1 Aufgaben des Bauherrn und des Bauunternehmers

Ist die Finanzierung gesichert, d. h. sind die Finanzierungsmittel rechtsverbindlich zugesagt und ist die Baugenehmigung erfolgt, kann mit der Durchführung des Bauvorhabens begonnen werden. Die Baudurchführung erfolgt durch die Bauunternehmer aufgrund der Bauvergabe.

Bei der Bauausführung wirken mit:

der Bauherr, unterstützt von dem Kaufmann, dem Architekten und dem Bauleiter,

der Bauunternehmer, unterstützt von seinem Bauführer.

Aufgaben des Bauherrn

Der Bauherr hat bestimmte Aufgaben zu erfüllen, und zwar als K a u f m a n n (Finanzierungsfachmann):

Aufstellen eines Kapitaleinsatzplanes nach dem Baufristenplan,

Abschluß der Darlehnsverträge,

Beschaffung von Beleihungsunterlagen,
Abschluß von Vorverträgen und Verträgen bei Eigentumsmaßnahmen,
Verhandlungen und Beratungen mit Bewerbern oder Käufern von Eigenheimen oder Eigentumswohnungen,
Veranlassung von Grundbucheintragungen,
Abschluß der Versicherungen,
Abruf und Überwachung des Eingangs der Finanzierungsmittel,
Überwachung des Zahlungsverkehrs mit den Bauunternehmern,
Führung des Baubuches,
Zusammenstellung der Gesamtkosten aufgrund der Rechnungen,
Schlußabrechnung gemäß der Darlehnsverträge oder Finanzierungsbestimmungen der Länder,
Abrechnung und Auflassung beim Bau von Eigenheimen und Eigentumswohnungen;

als Architekt:
Ausschreibung und Vergabe,
Aufstellen eines Baufristenplanes,
allgemeine Aufsicht,
Feststellung und Anweisung der Rechnungsbeträge;

als Bauleiter:
Aufstellen des Firmenschildes,
örtliche Aufsicht über den Bau,
Prüfung der Bauausführung gemäß der Bauzeichnungen,
Prüfung auf Einhaltung der technischen Regeln, behördlichen Vorschriften und des Baufristenplanes,
Abnahme der Bauarbeiten und Kontrolle der Baustoffe,
Beantragung der vorgeschriebenen Abnahmen (Grenzabnahme, Rohbauabnahme, Schlußabnahme, Sonderabnahmen),
Prüfung von Aufmaß und Abrechnung unter Beachtung des Bauvertrages und der VOB.

Aufgaben des Bauunternehmers

Der Bauunternehmer hat folgende Aufgaben:
Durchsicht der Ausschreibungsunterlagen und Baupläne,
Besichtigung der Baustelle,
Preisermittlung,

Abgabe eines Angebotes,
Abschluß und Erfüllung des Bauvertrages (Baustelleneinrichtung, Geräteeinsatz, Anlieferung der Baustoffe, Einsatz der Arbeitskräfte),
Erbringen der Bauleistung,
Bauüberwachung,
Überwachung der Einhaltung der Unfallverhütungsvorschriften,
Aufmaß und Abrechnung,
Aufstellung der Tagesberichte,
Führung eines Bautagebuches,
Bauübergabe an den Bauherrn.

5.4.2 Der Werkvertrag (BGB §§ 631—650)

Wesen

Der Werkvertrag wird zwischen einem B e s t e l l e r (z. B. Wohnungsunternehmen) und einem U n t e r n e h m e r (z. B. Bauunternehmer, selbständiger Tischler, Installateur) abgeschlossen. Sein Zweck kann sein:

die H e r s t e l l u n g eines versprochenen Werkes (z. B. Dach decken, Fenster verglasen usw.),

die V e r ä n d e r u n g einer Sache (z. B. Umbau),

ein durch eine D i e n s t l e i s t u n g herbeizuführender Erfolg (Grünanlagenpflege).

Durch den Werkvertrag verpflichtet sich der Unternehmer zur Erbringung des versprochenen Werkes oder der Leistung, der Besteller zur Entrichtung des vereinbarten Entgeltes. Er kann formlos, d. h. mündlich oder schriftlich, abgeschlossen werden, doch empfiehlt sich die Schriftform. In der Wohnungswirtschaft hat der Werkvertrag eine große Bedeutung, da Bauverträge und Architektenverträge sowie Reparaturaufträge innerhalb der Wohnungsbewirtschaftung Werkverträge sind.

Rechte und Pflichten

Die Rechte und Pflichten aus dem Werkvertrag ergeben sich aufgrund der vertraglichen Vereinbarungen. Sind keine vertraglichen Bestimmungen getroffen, gelten die gesetzlichen Regelungen. Vertragsbestandteil können auch die Bestimmungen der VOB Teil B und C werden, falls dies ausdrücklich vereinbart wird (s. S. 368 ff.).

Pflichten des Unternehmers
    Herstellungspflicht,
    Gewährleistungspflicht.

Herstellungspflicht: Der Unternehmer verpflichtet sich, das Werk rechtzeitig unter Einhaltung der vertraglichen Vereinbarungen herzustellen.

Gewährleistungspflicht: Das Werk darf nicht mit Fehlern oder Mängeln behaftet sein, die seinen Wert oder den geplanten Gebrauch aufheben oder mindern. Hat das Werk einen bestimmten Mangel, kann der Besteller die Beseitigung des Mangels verlangen.

Pflichten des Bestellers (Auftraggebers)
Abnahmepflicht,
Vergütungspflicht.

Abnahmepflicht: Der Besteller ist verpflichtet, das vertragsmäßig hergestellte Werk abzunehmen, sofern er nicht die Abnahme zur Beseitigung der Mängel zurückstellt. Die Abnahme ist die Anerkennung des Auftraggebers, daß die Leistung vertragsgemäß erbracht wurde. Will er ein mangelhaftes Werk mit Kenntnis der bestehenden Mängel abnehmen, muß er sich bei der Abnahme die Rechte wegen des Mangels vorbehalten, um die bestimmten Ansprüche geltend machen zu können; andernfalls erlischt sein Recht auf Mängelbeseitigung.

Die Abnahme hat besondere Bedeutung, weil mit ihr bestimmte Rechtsfolgen eintreten. Mit der Abnahme

> geht die Gefahr des Untergangs oder der Beschädigung auf den Auftraggeber über,
>
> trägt der Bauherr die Beweislast für Mängel,
>
> ist die vereinbarte Vergütung fällig,
>
> beginnt die Verjährungsfrist für die Gewährleistung zu laufen, innerhalb der der Auftraggeber verpflichtet ist, hervortretende Mängel, die auf vertragswidrige Leistung zurückzuführen sind, auf seine Kosten zu beseitigen. Nach der VOB muß die Mängelrüge schriftlich erfolgen.

Vergütungspflicht: Der Auftraggeber ist verpflichtet, die vereinbarte Vergütung zu zahlen; ist nichts anderes vereinbart, gilt die allgemein übliche. Sie ist bei der Abnahme des Werkes fällig, falls vertraglich keine Teilzahlungen oder Abschlagszahlungen vereinbart wurden. Dem Unternehmer steht für seine Forderung aus dem Vertrag ein Pfandrecht an den von ihm hergestellten beweglichen Sachen zu, solange sie in seinem Besitz sind. Für die Herstellung eines Bauwerkes oder für einzelne Bauarbeiten kann der Unternehmer die Eintragung einer Sicherungshypothek beanspruchen.

Der Auftraggeber kann bis zur Vollendung seines Werkes den Vertrag jederzeit kündigen. Kündigt er, ist er verpflichtet, auf Verlangen des Bauunternehmers die vereinbarte Vergütung abzüglich der ersparten Aufwendungen, die der Unternehmer infolge Aufhebung des Vertrages gemacht hat, zu zahlen.

Recht auf Mängelbeseitigung
Der Unternehmer hat aufgrund der Gewährleistungspflicht alle während der Verjährungsfrist hervortretenden Mängel zu beseitigen. Der Auftraggeber wird ihm zur Beseiti-

gung des Mangels eine angemessene Frist setzen, nach deren Ablauf er in Verzug gerät. Bei Verzug hat der Auftraggeber wahlweise folgende Rechte:

Beseitigung des Mangels auf Kosten des Unternehmers,

Wandlung,

Minderung (Preisherabsetzung),

Schadenersatz wegen Nichterfüllung des Vertrages bei Verschulden des Unternehmers.

Der Bestimmung einer Frist bedarf es nicht, wenn

die Beseitigung des Mangels unmöglich ist,

sie von dem Unternehmer verweigert wird,

die sofortige Geltendmachung des Anspruchs auf Wandlung oder Minderung durch ein besonderes Interesse des Bestellers gerechtfertigt wird.

Die Wandlung ist ausgeschlossen, wenn der Mangel den Wert oder die Tauglichkeit des Werkes nur unerheblich mindert. In einem solchen Fall kann nur eine Herabsetzung der Vergütung (Minderung) gefordert werden.

Verjährungsfristen

Falls vertraglich nichts anderes vereinbart wurde, verjähren die Ansprüche des Auftraggebers (Bestellers) auf Mängelbeseitigung, Wandlung, Minderung oder Schadenersatz:

im allgemeinen in 6 Monaten,

wegen Arbeiten an einem Grundstück in einem Jahr,

bei Bauwerken in 5 Jahren,

wegen arglistig verschwiegener Mängel in 30 Jahren.

Die Ansprüche auf Mängelbeseitigung verjähren demnach:

bei einfachen Erneuerungsarbeiten (neuer Anstrich): in einem Jahr,

bei Neubauten und bei wesentlichen Veränderungen eines Altbaus nach BGB: in 5 Jahren,

nach der VOB: in 2 Jahren,

oder entsprechend einer anderen vertraglichen Regelung.

Unterbrechung und Hemmung der Frist ist möglich (s. S. 130).

Nach der VOB besteht demnach eine kürzere Verjährungsfrist. Der Auftragnehmer ist zur Beseitigung von Mängeln nur verpflichtet, wenn die Mängelbeseitigung noch vor Ablauf der Verjährungsfrist verlangt wird. Im Gegensatz zum BGB muß bei der VOB die Mängelrüge schriftlich erfolgen. Eine Aufforderung an der Baustelle verpflichtet den Bauhandwerker nicht.

5.4.3 Der Bauvertrag

Wesen und Rechtsgrundlagen

Bei der Baudurchführung werden die einzelnen Bauleistungen von den Bauunternehmern aufgrund der Regelung im Bauvertrag erbracht. Dabei kann der Bauherr die Baudurchführung an einen Generalunternehmer, der wiederum einzelne Leistungen von selbständigen Nachunternehmern (Subunternehmern) erbringen läßt, vergeben; er kann aber auch selbst mit den einzelnen Bauunternehmern (Auftragnehmern) Verträge über das Erbringen von Bauleistungen (Bauverträge) abschließen. B a u l e i s t u n g e n sind alle Bauarbeiten, soweit sie — mit oder ohne Lieferung von Stoffen und Bauteilen — der Herstellung, Instandsetzung, Instandhaltung, Modernisierung, Änderung oder Beseitigung von Bauwerken dienen. Die Bauleistung soll durch eine allgemeine Darstellung der Bauaufgabe und ein gegliedertes Leistungsverzeichnis beschrieben werden.

Der Bauvertrag ist ein Werkvertrag (s. S. 365). Er kommt durch Angebot und Annahme zustande und kann formlos abgeschlossen werden; es empfiehlt sich jedoch die schriftliche Form. Dabei ist gleichzeitig zu vereinbaren, daß Änderungen und Ergänzungen des Vertrages ebenfalls der Schriftform bedürfen.

Das Angebot wird meist im Wege der A u s s c h r e i b u n g eingeholt. Die Annahme des Angebotes und damit der Abschluß des Vertrages erfolgt durch Z u s c h l a g .

Rechtsgrundlagen sind:

gesetzliche Bestimmungen über Werkvertrag (BGB §§ 157 und 631—650),

vertragliche Vereinbarungen

in Form von allgemeinen Vertragsbedingungen,

in Form von besonderen Vertragsbedingungen für Bauleistungen,

die VOB Teil B und C, falls ausdrücklich vereinbart.

Bei Widersprüchen im Vertrag gelten nacheinander: Leistungsbeschreibung, besondere Vertragsbedingungen, zusätzliche Vertragsbedingungen, zusätzliche technische Vorschriften, allgemeine Vertragsbedingungen, VOB, BGB.

Unterschiede zwischen BGB und VOB bestehen hauptsächlich hinsichtlich:
Gefahrenübergang, Kündigung, Kostenüberschreitung, Haftung und Gewährleistung.

Die V e r g ü t u n g erfolgt nach besonderer Vereinbarung oder nach den Grundsätzen der VOB.

Die Verdingungsordnung für Bauleistungen (VOB)
Begriff

Die Besonderheit der Bauwirtschaft erforderte eine einheitliche Gestaltung von Auftragserteilung und Vergabe: So wurde die Verdingungsordnung für Bauleistungen, abgekürzt VOB, geschaffen. Sie enthält in:

Teil A: Allgemeine Bestimmungen für die Vergabe von Bauleistungen (Vergabe, Ausschreibung, Angebotsverfahren, Zuschlag);

Teil B: Allgemeine Vertragsbedingungen für die Ausführung von Bauleistungen, die Vertragsbestandteil werden können;

Teil C: Allgemeine technische Vorschriften für Bauleistungen, die Vertragsbestandteil werden können.

Ob Teil B oder Teil C der VOB Vertragsbestandteil werden, entscheiden die Vertragsparteien durch ausdrückliche Vereinbarung, wobei Abänderungen in bezug auf Abnahme, Verjährung u. a. möglich sind. Ist nichts ausdrücklich vereinbart, gelten die Bestimmungen des BGB.

Nach der Bemessung der Vergütung unterscheidet man folgende A r t e n des Bauvertrages:

Leistungsvertrag:
    Einheitspreisvertrag,
    Pauschalvertrag,
    Stundenlohnvertrag,
    Selbstkostenerstattungsvertrag.

Nach der VOB (§ 5) sollen Bauleistungen grundsätzlich als L e i s t u n g s v e r t r a g (Einheitspreis- oder Pauschalvertrag) vergeben werden. Hierbei wird die Vergütung nach der erbrachten Leistung bemessen, und zwar in der Regel zu Einheitspreisen für Teilleistungen. Abgerechnet wird sodann nach den vereinbarten Einheitspreisen für die nach Aufmaß tatsächlich erbrachten Leistungen. An das einseitige Aufmaß des Auftragnehmers ist der Auftraggeber nicht gebunden. Werden zusätzliche Leistungen verlangt, muß sie der Auftraggeber vergüten, sofern der Auftragnehmer diesen Anspruch angezeigt hat.

Ist die Leistung nach Ausführungsart und Umfang im voraus genau zu bestimmen und ist mit einer Änderung bei der Ausführung nicht zu rechnen, wird der Vertrag über eine Pauschalsumme abgeschlossen. Die Vergütung ist die Pauschalsumme, wobei oft in besonderen Vertragsbedingungen vereinbart wird, daß etwaige Lohn- und Materialpreiserhöhungen bzw. -minderungen nicht berücksichtigt werden. Es sollte im allgemeinen ein F e s t p r e i s vereinbart werden. Er hat die Bedeutung, daß Preissteigerungen ausgeschlossen sind, wenn das Risiko für den Bauunternehmer überschaubar war.

Beim S t u n d e n l o h n v e r t r a g werden Bauleistungen im geringeren Umfang im Stundenlohn vergeben, wenn sie überwiegend nur Lohnkosten verursachen. Die Vergütung richtet sich dann nach vereinbarten Studenlohnverrechnungssätzen und den Stundenlohnzetteln, die vom Auftraggeber zu bestätigen sind.

Können Bauleistungen größeren Umfangs vor der Vergabe nicht so eindeutig und erschöpfend bestimmt werden, daß eine einwandfreie Preisermittlung möglich ist, dürfen sie nach Selbstkosten vergeben werden (S e l b s t k o s t e n e r s t a t t u n g s v e r t r a g). Dabei ist der Gemeinkostenzuschlag sowie der angemessene Gewinn festzulegen.

Ausschreibung

Bei der Beschaffung von Gütern werden Angebote eingeholt, wodurch der Käufer in der Lage ist, die Angebote in bezug auf Preis, Beschaffenheit, Güte usw. zu prüfen. Sollen dagegen Bauleistungen vergeben werden, so muß der Bauherr und sein Architekt (Besteller) die Leistung (Leistungsbeschreibung) und die Bedingungen den bauausführenden Unternehmern bekannt geben, die daraufhin ein Angebot abgeben können.

Diese öffentliche Bekanntgabe nennt man Ausschreibung oder Submission oder Verdingung. Mit der Ausschreibung sollen die anbietenden Bauunternehmer zum Wettbewerb aufgerufen werden. Wettbewerb und Wettbewerbspreis sollen die Regel sein, wobei ungesunde Begleiterscheinungen zu bekämpfen sind.

Nach der VOB Teil A unterscheidet man:

Öffentliche Ausschreibung

beschränkte Ausschreibung

beschränkte Ausschreibung nach öffentlichem Teilnahmewettbewerb

freihändige Vergabe

freihändige Vergabe nach öffentlichem Teilnahmewettbewerb

Öffentliche Ausschreibung erfolgt in Form einer öffentlichen Bekanntmachung. Eine unbeschränkte Zahl von Unternehmern wird aufgefordert, ein Angebot einzureichen. Es ist jedoch zu berücksichtigen, daß Bauleistungen nur an fachkundige, leistungsfähige und zuverlässige Bewerber zu angemessenen Preisen zu vergeben sind. Öffentliche Ausschreibungen sind durch Tageszeitungen, amtliche Veröffentlichungsblätter oder Fachzeitschriften bekanntzumachen. Für das Leistungsverzeichnis und die anderen Unterlagen darf (nur bei öffentlicher Ausschreibung) eine Vergütung in Höhe der Selbstkosten der Vervielfältigung gefordert werden.

Bei der beschränkten Ausschreibung wird eine beschränkte Zahl von leistungsfähigen und zuverlässigen Unternehmern (in der Regel fünf bis acht, mindestens drei) direkt angeschrieben und zur Einreichung von Angeboten aufgefordert.

Um eine beschränkte Ausschreibung nach öffentlichem Teilnahmewettbewerb handelt es sich, wenn das Wohnungsunternehmen interessierte Bauunternehmer öffentlich auffordert, Anträge auf Teilnahme an der Ausschreibung (Teilnahmeanträge) zu stellen. Das Wohnungsunternehmen kann sodann unter den Antragstellern auswählen und nach beschränkter Ausschreibung vergehen.

Freihändige Vergabe soll nur stattfinden, wenn die öffentliche oder beschränkte Ausschreibung unzweckmäßig ist. Man erhält keinen Wettbewerbspreis und kann deshalb nicht die Angemessenheit des Preises beurteilen.

Beim Verfahren der freihändigen Vergabe nach öffentlichem Teilnahmewettbewerb erwartet man die Meldung von Interessenten, denen nach kritischer Auswahl Bauleistungen ohne ein förmliches Verfahren vergeben werden.

Der Auftraggeber soll erst ausschreiben, wenn seine Verdingungsunterlagen fertiggestellt sind und innerhalb der angegebenen Fristen mit der Ausführung der Bauarbeiten begonnen werden kann. Die Verdingungsunterlagen sollen mit einem Anschreiben übergeben werden, das alle Angaben enthält, die für den Entschluß zur Beteiligung an der Ausschreibung wichtig sind (Art und Umfang der Bauleistung, Ausführungszeit u. a.).

Verdingungsunterlagen sind:

Leistungsbeschreibung mit Leistungsverzeichnis und Leistungsprogramm,

allgemeine Vertragsbedingungen,

zusätzliche oder besondere Vertragsbedingungen.

Die Bauleistung ist so eindeutig und erschöpfend zu beschreiben, daß alle Bewerber die Beschreibung im gleichen Sinne verstehen müssen und ihre Preise sicher berechnen können. Dies geschieht zweckmäßig in Form eines Leistungsverzeichnisses, in das die Unternehmen lediglich die Preise mit Einheitspreisen zu setzen haben.

Durch besondere Vertragsbedingungen sollen, soweit erforderlich, geregelt sein:

Weitergabe an Nachunternehmer (meist nur mit schriftlicher Zustimmung des Auftraggebers),

Ausführungsfristen,

Haftung, Verjährungsfristen,

Vertragsstrafen und Beschleunigungsvergütungen,
Zeitpunkt der Abnahme,
Zeitpunkt der Abrechnung,
Zahlungstermine,
Form der Sicherheitsleistung,
Gerichtsstand.

Für die Einreichung der Angebote sind ausreichende Fristen vorzusehen, bei kleinen Bauleistungen mindestens zehn Werktage, bei öffentlicher Ausschreibung 31 Werktage, bei beschränkter Ausschreibung oder freihändiger Vergabe 18 Werktage. Die Angebotsunterlagen müssen beschafft, bearbeitet, entfernte Baustellen besichtigt werden. Die Angebotsfrist läuft ab, sobald im Eröffnungstermin der Verhandlungsleiter mit dem Öffnen der Angebote beginnt. Bis zum Ablauf dieser Frist können die Angebote schriftlich oder telegraphisch zurückgezogen werden.

Innerhalb der Angebotsfrist sind die Angebote mit den Preisen und den in der Ausschreibung geforderten Erklärungen abzugeben. Sie müssen mit rechtsverbindlicher Unterschrift versehen sein.

Submissionstermin

Angebote sind bis zum Eröffnungstermin ungeöffnet zu verwahren. Auf dem Umschlag werden das Eingangsdatum und eine laufende Nummer vermerkt. Am Eröffnungstermin nehmen der Verhandlungsleiter (z. B. Architekt), ein Schriftführer und die Bieter teil. Es werden Name und Wohnort der Bieter und die Endbeträge der Angebote nach Öffnung verlesen. Über den Eröffnungstermin ist eine Niederschrift anzufertigen. Diese ist zu verlesen und vom Verhandlungsleiter gegebenenfalls von anwesenden Bietern oder ihren Bevollmächtigten zu unterschreiben. Die Niederschrift wird nicht veröffentlicht; sie ist zu den Akten zu legen.

Die ordnungsgemäß eingegangenen Angebote werden sodann rechnerisch, technisch und wirtschaftlich geprüft. Bei Unstimmigkeiten zwischen Einheitspreisen und Gesamtbetrag einer Ordnungszahl (Position) ist stets der Einheitspreis maßgebend, wenn nicht die Vergabe für eine Pauschalsumme erfolgen soll. Aufgrund der Prüfung werden die festgestellten Angebotsendsummen in der Niederschrift über den Eröffnungstermin vermerkt. Den Bietern und ihren Bevollmächtigten ist die Einsicht in die Niederschrift und ihre Nachträge zu gestatten. Den Bietern können die Namen der Bieter und die Endbeträge der Angebote mitgeteilt werden. Die Preise der einzelnen Positionen werden in einem sogenannten Preisspiegel eingetragen, um eine bessere Übersicht zum Zwecke des Preisvergleichs zu erhalten. Verhandlungen über Änderungen der Angebote oder Preise sind unstatthaft.

Angebote von Bietern, die Preisabreden getroffen haben, werden ausgeschlossen. Unter bestimmten Voraussetzungen kann eine Ausschreibung aufgehoben werden. Die Bieter sind von der Aufhebung der Ausschreibung unter Bekanntgabe der Gründe zu benachrichtigen. Bieter, deren Angebote für einen Zuschlag in Betracht kommen, sollen sobald wie möglich verständigt werden.

In die engere Wahl kommen nur solche Angebote, die eine einwandfreie Ausführung nebst Gewährleistung erwarten lassen. Dazu gehört die notwendige Sicherheit der

Erfüllung vertraglicher Verpflichtungen, als auch Sachkunde, Leistungsfähigkeit und ausreichende technische und wirtschaftliche Mittel.

Zuschlag

Die Annahme des Angebots erfolgt durch Z u s c h l a g. Die Zuschlagsfrist soll in der Regel nicht länger als 24 Werktage nach dem Eröffnungstermin sein. Es ist vorzusehen, den Bieter bis zum Ablauf der Zuschlagsfrist an sein Angebot zu binden. Der Zuschlag ist daher möglichst bald, mindestens aber so rechtzeitig zu erteilen, daß dem Bieter die Erklärung noch vor Ablauf der Zuschlagsfrist zugeht. Wird der Zuschlag rechtzeitig und ohne Abänderung erteilt, ist der Bauvertrag abgeschlossen. Wird dagegen der Zuschlag verspätet erteilt oder werden Erweiterungen, Einschränkungen oder Veränderungen vorgenommen, ist der Bieter bei Erteilung des Zuschlags aufzufordern, sich unverzüglich über die Annahme zu erklären. Mit Eingang der Annahmeerklärung kommt der Bauvertrag zustande.

Einer Vertragsurkunde bedarf es nicht, da das Angebot mit den zugehörigen Unterlagen (Leistungsverzeichnis, Vertragsbedingungen, Zuschlagsschreiben) den Inhalt eindeutig und erschöpfend festgelegt hat. Wird eine Vertragsurkunde ausgestellt, ist sie doppelt auszufertigen und von beiden Vertragsparteien zu unterzeichnen.

Erfüllung des Bauvertrages

Der Auftragnehmer hat die Leistung in eigener Verantwortung nach den anerkannten Regeln der Technik sowie den gesetzlichen und behördlichen Bestimmungen durchzuführen. Bis zur Abnahme h a f t e t er für Beschädigung und Diebstahl. Die für die Ausführung benötigten Unterlagen sind ihm zu überlassen, bleiben jedoch geistiges Eigentum des Urhebers.

Die A u s f ü h r u n g der Bauarbeiten ist nach den vertraglichen F r i s t e n zu beginnen und zu vollenden. Ist für den Beginn der Ausführung keine Frist vereinbart, so hat der Auftraggeber dem Auftragnehmer auf Verlangen Auskunft über den voraussichtlichen Beginn zu erteilen. Der Auftragnehmer hat innerhalb von 12 Werktagen nach Aufforderung zu beginnen. Der Beginn der Ausführung ist dem Auftraggeber anzuzeigen. Verzögert der Auftragnehmer den Beginn der Ausführung oder gerät er mit der Vollendung in Verzug, so kann ihm der Auftraggeber eine angemessene Frist zur Vertragserfüllung setzen und erklären, daß er ihm nach fruchtlosem Ablauf der Frist den Auftrag entziehe (fristlose Kündigung) und Schadenersatz verlange.

Auf die jeweils erfüllten und nachgewiesenen Teilleistungen sind A b s c h l a g s z a h l u n g e n binnen 12 Werktagen nach Zugang der Aufstellung zu leisten. Zahlt der Auftraggeber bei Fälligkeit nicht, so kann der Auftragnehmer eine angemessene Nachfrist setzen. Nach Ablauf der Nachfrist hat der Auftragnehmer Anspruch auf Zinsen in Höhe von 1 % über dem Lombardsatz, wenn er nicht einen höheren Verzugsschaden nachweist. Außerdem kann er die Arbeiten bis zur Zahlung einstellen.

Abrechnung

Der Auftragnehmer hat die Rechnungen übersichtlich aufzustellen und die Reihenfolge der Posten und die Bezeichnung in den Vertragsunterlagen einzuhalten. Nach Beendigung der Bauleistung ist eine Schlußrechnung aufzustellen. Die Schlußrechnung muß bei Bauleistungen mit einer vertraglichen Ausführungsfrist von höchstens 3 Monaten spätestens 12 Werktage nach Fertigstellung eingereicht werden, falls nichts anderes vereinbart ist. Diese Frist wird um je 6 Werktage für je weitere 3 Monate Ausführungsfrist verlängert. Reicht der Auftragnehmer eine prüfungsfähige Rechnung nicht ein, obwohl ihm der Auftraggeber dafür eine angemessene Frist gesetzt hat, so kann sie der Auftraggeber selbst auf Kosten des Auftragnehmers aufstellen (VOB Teil B § 14). Nach Prüfung und Feststellung der Schlußrechnung erfolgt die Schlußzahlung spätestens innerhalb von 2 Monaten nach Zugang.

Abnahme
Eine ausdrückliche Abnahme schreibt die VOB nicht vor. Sie muß jedoch auf Verlangen des Auftragnehmers stattfinden, und zwar innerhalb 12 Tagen, falls keine andere Frist vereinbart ist. Bei wesentlichen Mängeln kann die Abnahme bis zur Beseitigung verweigert werden. Wird keine Abnahme verlangt, so gilt die Leistung als abgenommen mit Ablauf von 12 Werktagen nach schriftlicher Mitteilung über die Fertigstellung der Leistung. Hat der Auftraggeber die Leistung in Benutzung genommen, so gilt die Abnahme als erfolgt mit Ablauf von 6 Werktagen nach Beginn der Benutzung, falls nichts anderes vereinbart ist.

Gewährleistung
Der Auftragnehmer übernimmt die Gewähr, daß seine Leistung bei Abnahme:
die vertraglich zugesicherten Eigenschaften hat; den anerkannten Regeln der Technik entspricht; keine Fehler aufweist, die Wert oder Tauglichkeit aufheben oder mindern.

Er haftet für die sich nach der Abnahme zeigenden Mängel innerhalb einer bestimmten Zeit. Der Auftragnehmer hat alle während der Verjährungsfrist auftretenden und vom Auftraggeber schriftlich bekanntgegebenen Mängel auf seine Kosten zu beseitigen. Die Ansprüche auf Mängelbeseitigung verjähren, falls vertraglich nichts vereinbart ist,
nach VOB:
    für Bauwerke   nach 2 Jahren,
    für Arbeiten an einem Grundstück und für die vom Feuer
    berührten Teile von Feuerungsanlagen   nach 1 Jahr.
    (Unterbrechung ist durch Mängelanzeige möglich),
nach BGB (§ 638):
    bei Bauwerken   in 5 Jahren,
    Arbeiten an einem Grundstück   in 1 Jahr.
    (Unterbrechung ist nur durch Klage oder Anerkenntnis möglich).

Sicherheitsleistung (VOB Teil B § 17)
Zur Sicherstellung der Erfüllung der Gewährleistung sowie zur vertragsmäßigen Durchführung der übertragenen Leistung kann eine Sicherheitsleistung vereinbart werden. Die S i c h e r h e i t s l e i s t u n g kann bestehen in:
    Bürgschaft,

Hinterlegung von Geld auf ein Sperrkonto;

Hinterlegung von Wechseln (Sichtwechsel, Kautionswechsel mit zwei als zahlungsfähig bekannten Unterschriften).

Hinterlegung von Wertpapieren,

Einbehaltung von höchstens 10 % der Abschlagszahlungen bis eine Sicherheitssumme erreicht ist. Die Sicherheitsleistung soll jedoch 5 % der Auftragssumme nicht überschreiten. Der einbehaltene Betrag ist innerhalb von 18 Werktagen auf ein Sperrkonto bei dem vereinbarten Geldinstitut einzuzahlen. Öffentliche Auftraggeber sind berechtigt, den einbehaltenen Betrag zinslos auf ein eigenes Verwahrungskonto zu nehmen.

Eine nicht in Anspruch genommene Sicherheit ist nach Ablauf der Gewährleistungsfrist zurückzugeben.

5.4.4 Der Versicherungsschutz beim Wohnungsbau

Das Bauen bringt für den Bauherrn viele Risiken mit sich, gegen die er sich durch Abschluß einer Versicherung sichern sollte. Das Risiko während der Bauzeit liegt:

In berechtigten H a f t p f l i c h t a n s p r ü c h e n D r i t t e r gegen den Bauherrn wegen Vernachlässigung der Verkehrssicherungspflicht und Überwachungspflicht bei der Bauausführung (Außerachtlassung der im Verkehr üblichen Sorgfalt bei Auswahl des Architekten und Bauunternehmers, Kontrolle der Baustelle usw.).

In S a c h s c h ä d e n am Bauwerk w ä h r e n d der Bauzeit, z. B.

Einsturz von Wänden infolge Sturms,

Putz- und Anstrichschäden durch Unwetter,

Diebstahl von eingebauten Teilen,

Beschädigung durch fremde Personen u. a.

Die Risiken können gegen Zahlung einer Prämie auf:

die Bauherrenhaftpflichtversicherung,

die Bauwesenversicherung (Bauleistungsversicherung)

abgewälzt werden.

Diese Risiken als Bauherr und später als Hauseigentümer (s. S. 266 ff.) sollen allen Betreuten und Eigenheimbewerbern aufgezeigt werden.

Bauherrenhaftpflichtversicherung

Während des Baues haben in erster Linie Bauunternehmer, Bauhandwerker und Architekten dafür zu sorgen, daß auf der Baustelle niemand durch schuldhafte Nachlässigkeit der am Bau Beteiligten zu Schaden kommt. Die Rechtsprechung schließt aber auch den Bauherrn nicht von jeder Haftpflicht aus.

Berechtigte Haftpflichtansprüche von geschädigten Dritten deckt die Bauherrenhaftpflichtversicherung. Die Prämie bemißt sich nach der Höhe der Bausumme. Die Haftung des Grundstückseigentümers (Grundstückshaftpflicht) kann oftmals gegen einen Zuschlag eingeschlossen werden. Sind Wohnungsunternehmen als Architekt tätig, sollte eine Architektenhaftpflichtversicherung abgeschlossen werden.

Bauwesenversicherung

Die Bauwesenversicherung (Bauleistungsversicherung) ist eine Sachversicherung, die allen am Bau Beteiligten Versicherungsschutz gegen Sachschäden am entstandenen Bau während der Bauzeit bietet. Versichert werden alle durch unvorhergesehene Ereignisse eintretenden Schäden, wie Diebstahl eingebauten Materials, Beschädigung durch Fremde, Absinken des Baugrundes durch Unterspülung, Schäden durch unvorhergesehenen Frost. Als reine Sachversicherung deckt die Bauwesenversicherung keine Ersatzansprüche Dritter wegen Personen-, Sach- oder Vermögensschäden. Diese können nur durch den Abschluß einer Haftpflichtversicherung durch den Bauherrn, den Bauunternehmer oder den Architekten gedeckt werden.

Versicherungsschutz des fertiggestellten Gebäudes

Bauwesenversicherung und Bauherrenhaftpflichtversicherung bieten nur Versicherungsschutz für die Risiken während der Bauzeit. Nach der Fertigstellung besteht für die Risiken als Eigentümer eines Grundstücks, eines Hauses oder einer Wohnung Versicherungsschutz durch Feuerversicherung, Leitungswasserversicherung, Sturmversicherung, Glasversicherung, Grundstückshaftpflichtversicherung, ggf. Gewässerschädenversicherung (s. S. 266 ff.).

Vielfach werden die Versicherungen gegen Feuer-, Sturm-, Leitungswasser- und Glasschaden nicht einzeln, sondern in Form einer verbundenen Wohngebäudeversicherung abgeschlossen. Dadurch kann eine günstigere Prämie gewährt werden.

Für alle Haftpflichtansprüche, die aus dem Betrieb eines Ferseh- oder Rundfunkgerätes und der dazu erforderlichen Antennenanlagen entstehen, haftet eine Kollektiv-Haftpflichtversicherung der ARD, da jeder Fenseh- und Rundfunkteilnehmer mit der Anmeldung seines Gerätes und Zahlung der Rundfunkgebühr gegen alle Haftpflichtansprüche versichert ist.

Wohnungsunternehmen sollten Risiken im Zusammenhang mit EDV absichern. Bei der Elektronikversicherung sind elektrische Anlagen und Geräte versichert gegen Schäden durch unsachgemäße Handhabungen, Diebstahl, Vandalismus, Sabotage, Brand, Explosion, Wasser, Überspannung, Blitzschlag, Sturm, u. a. Versichert ist hierbei die Hardware.
Bei der Datenträgerversicherung ist die Software versichert, wie Magnetplatten, Bänder, Disketten, wenn sie beschädigt, zerstört oder entwendet wurden.

In letzter Zeit hat sich auch die Computer-Mißbrauch-Versicherung entwickelt. Der Versicherungsschutz besteht für Schäden, die von Arbeitnehmern der angeschlossenen Unternehmen durch Computer-Mißbrauch verursacht werden. Gefahrenquellen sind: nicht geheimgehaltene Codewörter, Datenmanipulation, Projektmanipulation.

5.4.5 Das Baubuch

Nach dem „Gesetz über die Sicherung der Bauforderungen" vom 1. 6. 1909 muß

ein Baubuch geführt werden,

Baugeld nur zur Befriedigung der am Bau beteiligten Personen verwendet werden,

ein Bauschild aufgestellt werden.

Aus dem Baubuch müssen sich ergeben:

Name der Bauunternehmer bzw. Bauhandwerker, übertragene Arbeiten, vereinbarte Vergütung, Höhe der zugesicherten Mittel und Name des Geldgebers,

Zeit und Höhe der geleisteten Zahlungen,

Abtretungen, Pfändungen und sonstige Verfügungen über die gewährten Mittel.

Das Buch ist bis zum Ablauf von 5 Jahren aufzubewahren, gerechnet von der letzten Eintragung nach Beendigung des Baus. Wird das Baubuch innerhalb der Buchhaltung geführt, so gilt die handelsrechtliche Aufbewahrungspflicht von 10 Jahren.

Wohnungsunternehmen können das Baubuch innerhalb der Buchhaltung führen, wenn der Prüfungsverband oder der Abschlußprüfer festgestellt hat, daß sich die nach dem Gesetz erforderlichen Angaben des Baubuchs aus der Buchhaltung ergeben.

5.5 Bauabrechnung

Die Durchführung des Baus erfolgte durch Betriebe des Baugewerbes, während der Bauherr in Zusammenarbeit mit dem Architekten und dem verantwortlichen Bauleiter den Bau überwachte und die erforderlichen Abnahmen beantragte. Von der Baugenehmigung bis zur Schlußabnahme überwachte die Bauaufsicht den Bauvorgang. Mit der Schlußabnahme wird erklärt, daß das Gebäude ohne Gefährdung der Sicherheit in Benutzung genommen werden kann. Der Schlußabnahmeschein wird erteilt, nachdem die Bescheinigung des Bezirksschornsteinfegermeisters über die Benutzbarkeit der Schornsteine und Feuerungsanlagen vorliegt.

Aufgrund aller von den Bauunternehmern erstellten Schlußrechnungen erfolgt nunmehr die Abrechnung. Sie ist eine wertmäßige Zusammenstellung der Kostenarten, wobei sämtliche Bauleistungen übersichtlich aufgegliedert werden, und zwar nach reinen Baukosten des Gebäudes und Kosten der Außenanlagen. Kommen die zur Ermittlung der Gesamtkosten gehörigen Grund- und Bodenkosten, die Baunebenkosten sowie die Kosten der besonderen Betriebseinrichtungen (Aufzüge, Waschanlagen) und des Gerätes (Mülltonnen) dazu, spricht man von der Schlußabrechnung des Bauvorhabens oder der Endabrechnung. Sie ist die Grundlage für die endgültige Mietfestsetzung oder für die Bemessung des Verkaufspreises von Eigenheimen, Eigentumswohnungen und Kleinsiedlungen. Die Schlußabrechnung ist damit eine N a c h k a l k u - l a t i o n , die gleichzeitig dazu dient, Kosten und Erfahrungen auszuwerten, um sie für spätere Bauten zu nutzen.

Die G e s a m t k o s t e n werden — getrennt nach Grund- und Bodenkosten sowie Baukosten — als Anlagevermögen, von zum Verkauf stehenden Eigenheimen, Eigentumswohnungen und Kleinsiedlungen als Umlaufvermögen a k t i v i e r t . Bei öffentlich geförderten Wohnungen ist die Schlußabrechnung der Bewilligungsstelle anzuzeigen und zur Einsicht bereitzuhalten bzw. vorzulegen. Die Mietgrundstücke werden der Bewirtschaftung zugeführt. Bei Eigentumsmaßnahmen kann Abschluß des Kaufvertrages, Auflassung und Umschreibung im Grundbuch eingeleitet werden.Die Bemessung des Kaufpreises richtet sich bei öffentlich geförderten Eigentumsmaßnahmen nach § 54 a II. WoBauG, und zwar

a) bei Errichtung auf fremde Rechnung: aus den Gesamtkosten nach II. BV, das Wohnungsunternehmen ist zur Abrechnung verpflichtet;

b) bei Errichtung auf eigene Rechnung: aus den Gesamtkosten zuzüglich 5 % Zuschlag. Wird der Kaufvertrag vor Ablauf des dritten auf das Jahr der Bezugsfertigkeit folgenden Jahres abgeschlossen, so kann auch der Verkehrswert des Grundstückes mit den 5 % erhöhten Baukosten genommen werden.

c) Nach diesem Zeitpunkt ist bei den Gesamtkosten die tatsächliche Wertminderung (1 % jährlich der Baukosten) seit Bezugsfertigkeit bis zur Übernahme der Nutzungen und Lasten zu berücksichtigen.

6 Die Betreuung

6.1 Wesen und Arten der Betreuung

Die Betreuung ist eine Dienstleistung von Wohnungsunternehmen aufgrund eines Betreuungsvertrages. Das Wohnungsunternehmen gibt dem Bauherrn gegen ein Entgelt seine sach- und fachkundige Hilfe, da es als Bauherr ständig hauptberuflich tätig ist. Die Betreuung bietet Gewähr für einen ungestörten, ordnungsmäßigen Ablauf des Baugeschehens, für gute Beratung in Finanzierungsfragen und Einhaltung der Baukosten. Architekten und Bauhandwerker sind an der Betreuung ebenso interessiert, da durch die gesicherte Finanzierung das finanzielle Risiko ausgeschlossen ist. Man unterscheidet:
Baubetreuung,
Bewirtschaftungsbetreuung.

Im öffentlich geförderten Wohnungsbau werden bei der Baubetreuung besondere Anforderungen an den Betreuer oder Beauftragten gestellt (II. WoBauG § 37). Sie müssen die für diese Aufgabe erforderliche Eignung und Zuverlässigkeit besitzen. Bei anerkannten Betreuungsunternehmen fällt die nähere Prüfung auf erforderliche Eignung und Zuverlässigkeit weg.

Betreuungsunternehmen führen die Betreuung im Rahmen ihrer ordnungsgemäßen Geschäftstätigkeit aus.

Die Betreuung erhält besondere Bedeutung bei der städtebaulichen Sanierung, der Dorferneuerung und bei Umlegungsmaßnahmen sowie bei der Verwaltung von der Gemeinde gehörenden Wohnungen.

6.2 Die Baubetreuung

Bei der Baubetreuung baut das Wohnungsunternehmen im fremden Namen und für fremde Rechnung für einen Bauherrn, der Eigentümer oder Erbbauberechtigter eines Grundstücks ist. Die Grundlage bildet der Betreuungsvertrag, der die Geschäftsbeziehungen im einzelnen regelt. Das Wohnungsunternehmen stellt seine Erfahrungen zur Verfügung und haftet für die übernommenen Leistungen nach den Grundsätzen ordnungsmäßiger Geschäftsführung. Der Betreute hat dafür eine Gebühr (Betreuungsgebühr) zu entrichten. Baut ein Unternehmen im eigenen Namen für eigene oder fremde Rechnung, spricht man vom Bauträger.

Aufträge und Verträge kann das Betreuungsunternehmen nur im Auftrag oder als Betreuungsunternehmen erteilen oder abschließen, wobei es vom Bauherrn eine Vollmacht braucht. Der Zahlungsverkehr für das betreute Bauvorhaben ist über ein gesondertes Konto abzuwickeln. Es enthält alle Zahlungen aus der Valutierung von Fremdmitteln, die erbrachten Eigenleistungen des Bauherrn sowie alle vom Wohnungsunternehmen geleisteten Zahlungen an Handwerker und Bauunternehmer.

Nach Fertigstellung ist eine genaue Bauabrechnung aufzustellen, die Belege sind dem Bauherrn auszuhändigen.

Nach dem vertraglich geregelten Umfang der Betreuung unterscheidet man:

 Vollbetreuung,

 Teilbetreuung.

Die Teilbetreuung kann sein:

 wirtschaftliche Baubetreuung,

 technische Baubetreuung.

Zur technischen Baubetreuung gehört die Architektenleistung, falls nicht einzelne Leistungsphasen gestrichen werden (s. S. 47 ff. und 338).

Die Bauleistungen vergibt das Betreuungsunternehmen, wobei sich oft der Bauherr ein Mitspracherecht vorbehält.

Zur wirtschaftlichen Betreuung gehört im allgemeinen:

 Schätzung und Kalkulation der Gesamtkosten,

 Aufstellung des Finanzierungsplans,

 Ermittlung der Kapital- und Bewirtschaftungskosten bzw. der Belastung,

 Stellung der Anträge zur Beschaffung der Fremdfinanzierungsmittel,

Bearbeitung der Dahrlehnsverträge,
Aufstellung eines Zahlungsplans für die Eigen- und Fremdmittel,
Vorbereitung der dinglichen Sicherung,
Regelung der dinglichen Rechtsverhältnisse des Baugrundstücks,
Abruf der öffentlichen und privaten Finanzierungsmittel,
Vor- und Zwischenfinanzierung mit fremden oder eigenen Mitteln,
Abwicklung des Rechnungs- und Zahlungsverkehrs,
Führung der Buchhaltung für das Bauvorhaben,
Überprüfung der Kostenrechnung,
Vertretung des Bauherrn gegenüber Behörden, Darlehnsgebern, Bauunternehmern, Architekten u. a.,
Vergabe von Bauleistungen im Namen und für Rechnung des Bauherrn,
Aufstellung der Schlußrechnung.
Beratung und Abschluß der Bauwesen-, Bauherrenhaftpflicht-, Gebäudehaftpflicht- und Feuerversicherung.

Bei der **Vollbetreuung** fallen dem Betreuungsunternehmen die Aufgaben der technischen und der wirtschaftlichen Betreuung zu.

Bis zur Übernahme der Betreuung wird oft ein Betreuungsvorvertrag abgeschlossen. Das Wohnungsunternehmen wird dadurch verpflichtet, die Bebaubarkeit des Grundstücks zu überprüfen, einen Vorentwurf, eine vorläufige Baubeschreibung sowie eine Vorkalkulation der Gesamtkosten, der Finanzierungsmittel und der zu erwartenden laufenden Aufwendungen und Erträge vorzunehmen (vorläufige Wirtschaftlichkeitsberechnung). Für diese Vorplanungsarbeiten wird ein Entgelt vereinbart. Beim Abschluß des Betreuungsvertrages können die Ergebnisse des Vorvertrages übernommen werden, das Entgelt dafür kann auf die gesamte Betreuungsgebühr angerechnet werden.

Die **Betreuungsgebühr** ist frei zu vereinbaren. Bei der Betreuung von öffentlich geförderten Eigenheimen, Kleinsiedlungen und Eigentumswohnungen besteht die Verpflichtung, die Sätze der II. BV (§ 8) anzuwenden. Diese sind nach Baukosten gestaffelt und können unter bestimmten Voraussetzungen um 0,5 bis 2 % erhöht werden.

6.3 Die Bewirtschaftungsbetreuung

Die Betreuung bei der Wohnungsbewirtschaftung ist unterschiedlich geregelt. Entscheidend ist der zwischen dem Eigentümer des Hauses und dem Betreuungsunternehmen abgeschlossene Vertrag. Danach kann sich die Bewirtschaftungsbetreuung auf die Übernahme aller Funktionen erstrecken, die bei der Wohnungsbewirtschaftung eigener Wohnungen erbracht werden, oder sie kann auf Teilleistungen beschränkt sein (Verwaltungsbetreuung). Man kann folgende Verträge unterscheiden:

Generalmietvertrag:

Die generell angemieteten Wohnungen werden vermietet im eigenen Namen und auf eigene Rechnung, wobei dem Eigentümer eine Pauschalvergütung gezahlt wird. Hierbei spricht man weniger von Betreuung.

Bewirtschaftungsvertrag:

Wohnungen werden im eigenen Namen, jedoch auf fremde Rechnung vermietet.

Verwaltungsvertrag:

Wohnungen werden im fremden Namen und auf femde Rechnung verwaltet, der Verwalter ist an die Weisungen des Eigentümers gebunden und erhält für seine Tätigkeit ein Entgelt.

Die hauptsächlichen Unterschiede liegen

in der Durchführung der Instandhaltung,

in der Bildung von Instandhaltungsrückstellungen,

im Entgelt,

in der Abrechnung.

Die Leistungen des Betreuers umfassen den Abschluß der Mietverträge, das Mietinkasso, Zahlung der Betriebskosten, Engegennahme der Reparaturmeldungen, Kontrolle der Instandhaltung, Überwachung der Hausordnung, Abrechnung mit dem Eigentümer.

7 Die Auflösung der Unternehmung

Man unterscheidet:
die freiwillige Auflösung (Liquidation)
die unfreiwillige oder zwangsweise Auflösung (Konkurs).

7.1 Die Liquidation

Bei der freiwilligen Auflösung der Unternehmung (Liquidation) werden alle Vermögenswerte in liquide Mittel (flüssige Mittel) umgewandelt und zur Begleichung der Schulden verwendet. Die danach verbleibenden Mittel gehören dem Eigentümer oder werden bei Gesellschaften im Verhältnis der Kapitalanteile an die Gesellschafter verteilt. Gründe für die Liquidation können sein:

Arbeitsunfähigkeit, hohes Alter oder Tod des Inhabers,

Austritt eines Gesellschafters aus der OHG,

Streitigkeiten der Gesellschafter oder Erben,

schlechte Geschäftslage mit geringen Ertragsaussichten,

Erreichen des Unternehmenszieles,

Rückständigkeit der technischen Einrichtung.

Die A b w i c k l u n g liegt in den Händen des Unternehmers oder der Gesellschafter, Geschäftsführer oder Vorstände. Es können jedoch auch andere Abwickler oder Liquidatoren bestellt werden. Beginn und Ende der Liquidation werden ins Handelsregister eingetragen und veröffentlicht. Die Firma wird mit dem Zusatz „i. L." (in Liquidation) geführt. Persönlich haftende Gesellschafter haften für die Schulden noch 5 Jahre lang. Bei Kapitalgesellschaften und Genossenschaften dürfen Kapitalrückzahlungen erst nach Ablauf eines Jahres (Sperrjahr) vorgenommen werden.

Statt der Liquidation kann auch das Vermögen als Ganzes veräußert werden.

7.2 Die notleidende Unternehmung

Jeder Unternehmer muß die wirtschaftliche Lage und die Entwicklung seines Unternehmens beobachten. Umsatzrückgang, geringe Gewinne oder gar Verluste, geringe Zahlungsfähigkeit und schließlich Zahlungsunfähigkeit haben bestimmte Ursachen.

Außerbetriebliche Gründe sind:

Verringerung der flüssigen Mittel,

Forderungsausfälle,

Konjunkturschwankungen,

Änderung der Marktverhältnisse u. a.

Innerbetriebliche Gründe liegen in:

Mangel an Kapital,

technischer Veralterung des Betriebes,

Fehldisposition,

schlechter Organisation u. a.

Die Ursachen und Wirkungen hat der Unternehmer frühzeitig zu erkennen, um Gegenmaßnahmen einleiten zu können. Alle Maßnahmen, die zur Gesundung des Unternehmens führen sollen, damit es wieder wirtschaftlich und erfolgreich arbeiten kann, nennt man S a n i e r u n g . Führen Sanierungsmaßnahmen (personelle Umbesetzung, Rationalisierung, Abstoßen unwirtschaftlich arbeitender Betriebsteile, Zuführung neuen Kapitals bzw. Entzug nicht benötigten Kapitals) zu keiner finanziellen Gesundung, müssen die Gläubiger zur Erhaltung des Unternehmens finanzielle Opfer bringen durch einen V e r g l e i c h . Wird kein Vergleich erreicht, kommt es zur zwangsweisen Auflösung der Unternehmung, zum K o n k u r s . Nach Eröffnung des Konkursverfahrens kann es dem Unternehmer gelingen, die Gläubiger doch noch zu einem teilweisen Verzicht ihrer Forderungen zu bewegen, man spricht sodann von einem Z w a n g s v e r g l e i c h . Er dient zur Aufhebung des Konkursverfahrens. Vielfach helfen Banken, die Zwangsversteigerung mit einem Entschuldungskonzept abzuwenden.

7.2.1 Der Vergleich

Der Vergleich dient zur A b w e n d u n g des Konkurses. Die finanziellen Schwierigkeiten eines Unternehmens sollen dadurch beseitigt werden, daß der Schuldner die Gläubiger zu einem Verzicht auf einen Teil ihrer Forderungen veranlaßt, um das Unternehmen zu erhalten und wieder gesund zu machen. Man unterscheidet:
- außergerichtlicher Vergleich
- gerichtlicher Vergleich.

Der außergerichtliche Vergleich (Akkord)

Durch den außergerichtlichen (freiwilligen) Vergleich will sich ein in Zahlungsschwierigkeiten geratener Schuldner ohne Mitwirkung des Gerichtes mit seinen Gläubigern so verständigen, daß er die Unternehmung weiterführen kann. Der Schuldner wird entweder einen Z a h l u n g s a u f s c h u b (Moratorium), bei dem die Gläubiger die Forderung stunden, oder einen teilweisen E r l a ß der Forderungen zu erreichen versuchen. Der außergerichtliche Vergleich wird nur wirksam, wenn der Gläubiger zustimmt. Folgt dem Vergleich trotzdem ein Konkurs, so können die Forderungen, auf die beim Vergleich verzichtet worden ist, nicht mehr geltend gemacht werden. Man wird daher den Vergleichsvorschlag des Schuldners nur unter der Bedingung annehmen, daß alle anderen Gläubiger zustimmen.

Der außergerichtliche Vergleich kann auch von einem beauftragten Treuhänder durchgeführt werden. Kommt er nicht zustande, bleibt dem Schuldner die Wahl, das gerichtliche Vergleichsverfahren oder die Eröffnung des Konkursverfahrens zu beantragen.

Der gerichtliche Vergleich

Vergleichsvorschlag

Der gerichtliche Vergleich ist ein mit Hilfe des Gerichtes durchgeführtes Verfahren, durch das der drohende Konkurs abgewendet werden soll. Er kommt auf Antrag des Schuldners beim zuständigen Amtsgericht zustande. Gleichzeitig mit dem Antrag auf Eröffnung des Vergleichsverfahrens muß dem Gericht ein Vergleichsvorschlag unterbreitet werden. Der Antrag wird abgelehnt, wenn der Schuldner nicht mindestens 35 % in bar anbietet. Beansprucht der Schuldner eine Zahlungsfrist von mehr als einem Jahr, erhöht sich der Mindestsatz auf 40 %.

Außer dem Vergleichsvorschlag sind einzureichen:

Eine Erklärung, ob innerhalb der letzten 5 Jahre ein außergerichtliches bzw. gerichtliches Vergleichsverfahren oder ein Konkursverfahren stattgefunden hat oder ob der Schuldner zur Abgabe einer eidesstattlichen Erklärung geladen worden ist;

eine Vermögensaufstellung;

ein Verzeichnis der Gläubiger und der Schuldner;

eine Erklärung, ob zwischen dem Schuldner und seiner Frau oder seinen sonstigen Angehörigen innerhalb des letzten Jahres eine Vermögensauseinandersetzung (z. B. Ehevertrag) stattgefunden hat oder ob er innerhalb der letzten 2 Jahre unentgeltliche Verfügungen über sein Vermögen vorgenommen hatte;

eine Erklärung des Schuldners, daß er bereit sei, eine eidesstattliche Erklärung abzugeben.

Das Gericht bestellt einen vorläufigen Vergleichsverwalter und prüft den Antrag. Von der Industrie- und Handelskammer wird ein Gutachten eingeholt. Das Gericht prüft nunmehr die Vergleichswürdigkeit des Schuldners und entscheidet über den Antrag. Der Antrag wird abgelehnt, wenn der Schuldner nicht vergleichswürdig ist, d. h. wenn er flüchtig ist oder sich verborgen hält, die schlechte Lage des Unternehmens durch eigenes Verschulden herbeigeführt hat, innerhalb der letzten 5 Jahre ein Konkurs- oder Vergleichsverfahren über das Vermögen des Schuldners eröffnet oder abgelehnt worden ist oder wenn der Schuldner die eidesstattliche Versicherung abgegeben oder verweigert hat. Ist der Schuldner vergleichswürdig, wird das Verfahren durchgeführt. Rechtsgrundlage ist die Vergeichsordnung (VerglO).

Vergleichsverfahren

Der Beschluß wird von Amts wegen sofort öffentlich bekanntgegeben. Antrag, Ablehnung oder Eröffnung sowie die Beendigung des Vergleichsverfahrens werden im Handelsregister eingetragen. Das Gericht ernennt einen Vergleichsverwalter und bestimmt einen Termin zur Verhandlung über den Vergleichsvorschlag. Die Gläubiger werden aufgefordert, ihre Forderungen anzumelden. Im Vergleichstermin wird über den Vergleichsvorschlag verhandelt, das Stimmrecht der Gläubiger und die Höhe ihrer Forderungen festgestellt und abgestimmt. Der Vergleich kommt zustande, wenn von den Anwesenden und den schriftlich zustimmenden Gläubigern bei einer

Vergleichsquote unter 50 %

die Mehrheit der Gläubiger mit mindestens 80 % der Forderungen,

Vergleichsquote von 50 % und mehr

die Mehrheit der Gläubiger mit mindestens 75 % der Forderungen

zustimmt. Der Vergleich wird vom Gericht bestätigt und ist für alle betroffenen Gläubiger verbindlich. Wird die erforderliche Mehrheit nicht erreicht, kommt der Vergleich nicht zustande. Das Gericht beschließt über die Konkurseröffnung (Anschlußkonkurs).

7.2.2 Der Konkurs

Der Konkurs ist das gerichtliche Verfahren zur zwangsweisen Auflösung der Unternehmung wegen Zahlungsunfähigkeit bzw. Überschuldung. Grundlage bildet die Konkursordnung (KO) vom 10. 2. 1877 in der heute gültigen Fassung.

Antrag

Der Antrag auf Eröffnung des Konkursverfahrens kann gestellt werden vom Schuldner (Gemeinschuldner) selbst, von einem oder mehreren Gläubigern, und zwar bei dem

Amtsgericht, in dessen Bereich der Schuldner seinen Wohnsitz oder Geschäftssitz hat (Konkursgericht). Dem Antrag des Gemeinschuldners ist ein Verzeichnis seiner Gläubiger und Schuldner sowie eine Vermögensübersicht beizufügen. Bei Antragstellung eines Gläubigers muß die Zahlungsunfähigkeit des Schuldners glaubhaft gemacht werden (Wechselproteste, erfolglose Zwangsvollstreckung). Das Gericht prüft, ob das Vermögen des Gemeinschuldners noch so groß ist, daß mindestens die Kosten des Konkursverfahrens gedeckt werden. Andernfalls lehnt das Gericht die Eröffnung des Konkurses „mangels Masse" ab.

Konkurseröffnung

Wird die Eröffnung des Konkursverfahrens beschlossen, so ist der Eröffnungsbeschluß zu veröffentlichen, ins Handelsregister und zur Verhinderung gutgläubigen Erwerbs von Grundstücken ins Grundbuch einzutragen. Das Gericht ernennt einen vorläufigen Konkursverwalter und bestimmt einen Termin zur Beschlußfassung über die Wahl des endgültigen Konkursverwalters und die Bestellung eines Gläubigerausschusses durch die erste Gläubigerversammlung. Die Gläubiger werden aufgefordert, ihre Forderungen bis zu einem bestimmten Zeitpunkt anzumelden und etwaige Vorrechte (Aussonderung, Absonderung, Gegenrechnung, bevorrechtigte Forderung) geltend zu machen.

Das ganze dem Gemeinschuldner gehörende Vermögen, das der Zwangsvollstreckung unterliegt, gehört zur Konkursmasse, mit Ausnahme der Gegenstände, die nicht pfändbar sind, und nach Aussonderung des Vermögens, das der Schuldner zwar besitzt, dessen Eigentümer er aber nicht ist. Über die so ermittelte Konkursmasse wird eine Übersicht (Status) aufgestellt. Über das Vermögen darf der Gemeinschuldner nicht verfügen. Die Schuldner des Gemeinschuldners dürfen an den Gemeinschuldner keine Zahlungen mehr leisten und haben außerdem den Besitz von Sachen aus der Konkursmasse dem Konkursverwalter anzuzeigen (offener Arrest). Das Öffnen der Geschäftspost ist dem Schuldner untersagt. Er darf ohne Erlaubnis des Gerichts seinen Wohnort nicht mehr verlassen und hat dem Konkursverwalter zur Auskunftserteilung ständig zur Verfügung zu stehen.

Die Gläubiger melden ihre Forderungen innerhalb der festgesetzten Frist an. Die Forderungen werden in einem gerichtlichen Prüfungstermin auf ihre Berechtigung und ihren Rang geprüft. Das Ergebnis wird in die Konkurstabelle eingetragen. Wird von keinem der Beteiligten Widerspruch erhoben, so gilt die Forderung als festgestellt. Bei Widerspruch muß durch ein Feststellungsverfahren im Zivilprozeß über die strittige Forderung entschieden werden.

Konkursverwalter und Konkursmasse

Der Konkursverwalter nimmt die Abwicklung der laufenden Geschäfte und schwebenden Verträge vor, kündigt Ausbildungs-, Dienst- und Pachtverträge, zieht die Außen-

stände ein und verkauft oder versteigert (öffentlich) Vermögensgegenstände usw. Aus der Konkursmasse werden in einer zwingenden Reihenfolge befriedigt:
vorweg:
Absonderungsberechtigte,
Aufrechnungsberechtigte,
Massegläubiger wegen
Masseschulden,
Massekosten,
Konkursgläubiger als
bevorrechtigte Gläubiger,
nicht bevorrechtigte Gläubiger.

Auf die nicht bevorrechtigten Gläubiger wird der Rest der Konkursmasse anteilmäßig verteilt. Der Prozentsatz heißt Konkursquote oder Konkursdividende. Die Konkursquote wird in der letzten Gläubigerversammlung, dem Schlußtermin, festgestellt. In ihr legt sodann der Konkursverwalter die Schlußrechnung vor. Die Restforderungen bleiben weiter bestehen und können 30 Jahre lang geltend gemacht werden. Nach Verteilung der Konkursmasse wird die Beendigung des Konkursverfahrens öffentlich bekanntgegeben.

Verteilung der Konkursmasse

Die Konkursmasse (nach Aussonderung) dient zur gemeinschaftlichen Befriedigung aller Konkursgläubiger. Sie wird verteilt:

Absonderungsberechtigte Gläubiger werden wegen ihrer Pfandforderungen abgesonderte Befriedigung verlangen.

Aufrechnung verlangen die Gläubiger, die Gegenforderungen geltend machen können.

Danach sind zu befriedigen:

Masseschulden, d. h. die durch die Arbeit des Konkursverwalters entstehenden Schulden (Miete usw.) sowie Lohn- und Gehaltsforderungen der letzten 6 Monate.

Massekosten, wie Gerichtskosten, Vergütung für den Konkursverwalter, Unterstützung des bedürftigen Gemeinschuldners.

Danach werden die bevorrechtigten Forderungen befriedigt, soweit sie im letzten Jahr vor der Eröffnung des Konkursverfahrens entstanden sind, und zwar in der Reihenfolge der Rangklassen:

rückständige Löhne und Gehälter (ggf. zahlbar an die Bundesanstalt für Arbeit, falls Konkursausfallgeld gezahlt wurde),
Ansprüche aus dem Sozialplan,
Forderungen öffentlicher Kassen (Steuern),
Forderungen der Kirchen und Schulen,

Forderungen der Ärzte, Zahnärzte, Tierärzte, Apotheker,
Forderungen der Kinder, Mündel und Pflegebefohlenen,
übrige Konkursforderungen.

Arbeitnehmer haben bei Zahlungsunfähigkeit ihres Arbeitgebers nach Arbeitsförderungsgesetz (§141 a ff.) einen Anspruch auf Zahlung von Konkursausfallgeld.

Bankrott

Hat der Gemeinschuldner den Zusammenbruch seines Unternehmens leichtsinnig und fahrlässig verschuldet, spricht man vom einfachen Bankrott; er wird mit Freiheitsstrafe bis zu fünf Jahren oder Geldstrafe bestraft. Hat der Gemeinschuldner seine Gläubiger vorsätzlich und in betrügerischer Absicht geschädigt, beging er betrügerischen Bankrott; er wird mit Freiheitsstrafe zwischen $1/2$ Jahr bis 10 Jahren bestraft (StGB §§ 283, 283 a).

7.2.3 Der Zwangsvergleich

Der Zwangsvergleich wird während eines Konkursverfahrens beantragt; er dient dazu, das Konkursverfahren aufzuheben und das Unternehmen noch vor der Zwangsauflösung zu retten.

Der Gemeinschuldner muß den nicht bevorrechtigten Gläubigern einen Vergleichsvorschlag bieten, der mindestens 20 % betragen muß. Die Gäubiger stimmen darüber in einem vom Gericht festgesetzten und öffentlich bekanntgemachten Vergleichstermin ab. Der Vergleich ist zustande gekommen, wenn die Mehrzahl der anwesenden nicht bevorrechtigten Gläubiger mit 75 % aller Forderungen zustimmt.

Die Zustimmung wird allgemein dann erfolgen, wenn der Vergleichsvorschlag höher ist als die zu erwartende Konkursdividende. Das Gericht bestätigt den Zwangsvergleich und beschließt die Aufhebung des Konkursverfahrens. Der Zwangsvergleich ist für alle nicht bevorrechtigten Gläubiger bindend. Die Restforderungen sind erlassen. Der Gemeinschuldner darf über die Konkursmasse wieder frei verfügen.

8 Die Besteuerung der Unternehmung

8.1 Arten der Steuern

Bund, Länder und Gemeinden entstehen zur Erfüllung ihrer Aufgaben Ausgaben. Die dafür erforderlichen Geldmittel werden überwiegend durch Steuern beschafft. Sie sind Abgaben, die Bund, Länder und Gemeinden aufgrund ihrer Finanzhoheit erheben. Den Steuern stehen im Gegensatz zu Gebühren oder Beiträgen keine Gegenleistungen gegenüber. Die rechtliche Grundlage bilden die einzelnen Steuergesetze, zu denen Rechtsverordnungen sowie Verwaltungsvorschriften treten.

Die Arten der Steuern (rund 50) kann man nach dem Gegenstand der Besteuerung, nach Art der Erhebung und nach dem Empfänger unterteilen.

Nach dem Gegenstand der Besteuerung gibt es:

Besitzsteuern,

Verkehrsteuern,

Verbrauchsteuern.

Die B e s i t z s t e u e r n sind Personensteuern oder Objektsteuern (Realsteuern).

Die P e r s o n e n s t e u e r wird von einer natürlichen oder juristischen Person vom Einkommen als:

Einkommensteuer,

Lohnsteuer,

Körperschaftsteuer,

Kapitalertragsteuer,

vom Vermögen als:

Vermögensteuer,

Erbschaftsteuer,

Schenkungsteuer

erhoben. Hierbei werden die persönlichen Verhältnisse des Steuerpflichtigen berücksichtigt.

Bei Objekt- oder R e a l s t e u e r n wird die Sache versteuert. Die persönlichen Verhältnisse des Steuerpflichtigen bleiben dabei unberücksichtigt. Objektsteuern sind:

Grundsteuer,

Gewerbesteuer,

Bei den Verkehrsteuern wird die Übertragung von Vermögenswerten oder Rechten versteuert. V e r k e h r s t e u e r n sind:

Umsatzsteuer,

Grunderwerbsteuer,

Versicherungsteuer,

Kraftfahrzeugsteuer,

Wertpapiersteuer,

Börsenumsatzsteuer,

Kapitalverkehrsteuer,

Beförderungsteuer u. a.

Bei den Verbrauchsteuern wird der Konsum versteuert: Zu den Verbrauchsteuern zählen u. a.:

Tabaksteuer,

Kaffeesteuer,

Biersteuer,
Mineralölsteuer.

Nach der Art der Erhebung unterscheidet man:
direkte Steuern,
indirekte Steuern.

Direkte Steuern sind die, die der Steuerzahler selbst tragen und auch zahlen muß; er kann sie nicht abwälzen (Einkommensteuer, Körperschaftsteuer, Vermögensteuer u. a.).

Indirekte Steuern sind Umsatzsteuer, Mineralölsteuer, Biersteuer u. a. Sie werden in den Preis einkalkuliert und auf den Endverbraucher abgewälzt.

Nach dem Empfänger, dem die Steuern zufließen, gibt es:

Gemeinschaftsteuern, die im Steuerverbund Bund, Ländern und ggf. Gemeinden gemeinsam zustehen: Einkommen- und Lohnsteuer, Kapitalertragsteuer, Körperschaftsteuer und Umsatzsteuer.

Bundessteuern: Verbrauchsteuern mit Ausnahme der Biersteuer, Zölle, Kapitalverkehrsteuer, Versicherungsteuer, Straßengüterverkehrsteuer.

Landessteuern: Vermögensteuer, Erbschaftsteuer (Schenkungsteuer), Rennwett- und Lotteriesteuer, Biersteuer, Kfz-Steuer u. a.

Gemeindesteuern: Grundsteuer, Gewerbesteuer, Hundesteuer u. a.

Die Aufteilung der Gemeinschaftsteuern regelt das Finanzausgleichsgesetz.

8.2 Steuerverfahren

Die Durchführung der Steuergesetze und der Einzug der Steuern ist Aufgabe der Finanzämter (Landesbehörden). Erhebung und Einzug der Gemeindesteuern fällt in den Bereich der Steuerämter der Gemeinden. Für Zölle und Verbrauchsteuern sind die Hauptzollämter (Bundesbehörden) zuständig.

Jeder Steuerpflichtige hat auf einem Vordruck dem Finanzamt gegenüber eine Steuererklärung abzugeben. Das Finanzamt prüft diese Steuererklärung mit den erforderlichen Unterlagen und führt in bestimmten Zeitabständen Betriebsprüfungen durch. Nach Berechnung der Steuerschuld wird dem Steuerpflichtigen ein Steuerbescheid zugestellt. Er enthält die Höhe und Berechnung der Steuerschuld, Fälligkeitstermine und eine Rechtsbehelfsbelehrung.

Die Rechtsbehelfsbelehrung besagt, in welcher Frist gegen den Bescheid ein Rechtsmittel eingelegt werden kann. Nach Ablauf dieser Frist ist der Bescheid rechtskräftig. Rechtsmittelfristen sind sogenannte Ausschlußfristen, d. h. sie können nicht verlängert werden.

Wird eine Rechtsmittelfrist versäumt, kann gegebenenfalls noch „Nachsichtgewährung" erfolgen. Nachsichtgründe können sein Krankheit, Todesfälle, Naturkatastrophen. Nachsicht wird nur gewährt, wenn das Versäumnis unverschuldet war.

Die Steuerschuld entsteht, wenn der Tatbestand gegeben ist, an den das Gesetz die Steuer knüpft. Der Steuerbescheid stellt die Steuerschuld nur fest.

Die Frist zur Einlegung eines Rechtsbehelfs beträgt einen Monat vom Tage der Zustellung an. Die Zustellung gilt bei einfachem oder eingeschriebenem Brief als mit dem dritten Tag nach der Aufgabe bei der Post bewirkt, es sei denn, daß der Empfänger einen späteren Zeitpunkt nachweisen kann. Nur innerhalb der Rechtsmittelfrist kann ein Rechtsmittel eingelegt werden. R e c h t s m i t t e l sind:

außergerichtlich (AO § 355 ff.):

das Einspruchs- und Beschwerdeverfahren,

gerichtlich (Finanzgerichtsordnung [FGO] v. 6. 10. 1965):

K l a g e beim Finanzgericht,

R e v i s i o n beim Bundesfinanzhof (BFH).

Grundsätzlich ist vor dem gerichtlichen Verfahren ein außergerichtliches V o r v e r f a h r e n notwendig.

Die außergerichtlichen Rechtsbehelfe sind mündlich zu Protokoll oder schriftlich einzulegen, und zwar bei der Behörde, deren Entscheidung angefochten wird. Die Verpflichtung zur Steuerzahlung wird durch Rechtsmittel nicht aufgehalten.

Die Steuerschuld ist nach Abzug der geleisteten Vorauszahlungen sofort fällig. Zuviel bezahlte Steuer wird zurückerstattet. Das Finanzamt hat dem Steuerpflichtigen die künftigen vierteljährlichen Vorauszahlungen auf die kommende Jahressteuerschuld mitzuteilen (Vorauszahlungsbescheid).

Kann der Steuerpflichtige die Steuerschuld nicht fristgemäß zahlen, kann er in begründeten Fällen ein Stundungsgesuch einreichen und einen Zahlungsvorschlag machen. Wird die Steuer bis zum Ablauf des Fälligkeitstermins nicht geleistet, erhebt das Finanzamt einen S ä u m n i s z u s c h l a g . Der Säumniszuschlag beträgt 2 % des rückständigen Steuerbetrages für den ersten angefangenen Monat und 1 % für jeden weiteren angefangenen Monat. Außerdem werden die Finanzbehörden die Zahlung durch Beitreibungsverfahren (Zwangsvollstreckung in das bewegliche und unbewegliche Vermögen) erzwingen.

Die V e r j ä h r u n g s f r i s t beträgt bei den meisten Steuern 4 Jahre und beginnt meist mit dem Ablauf des Jahres, in dem die Steueransprüche entstanden sind. Die Verbrauchsteuern und Zölle verjähren in einem Jahr, hinterzogene Steuerbeträge jedoch in 10 Jahren (Abgabenordnung § 169).

Steuernachforderungen und -erstattungen bei Einkommen-, Körperschaft-, Vermögen-, Umsatz- und Gewerbesteuer — Vollverzinsung benannt — werden seit 1. 1. 1989 verzinst (AO § 233 a). Die Zinsen betragen für jeden vollen Monat des Zinslaufs 0,5 %. Dieser beginnt nach einer Karenzzeit von 15 Monaten und endet mit der Fälligkeit.

8.3 Steuern vom Einkommen

8.3.1 Die Einkommensteuer

Die Einkommensteuer ist eine Besitzsteuer (Personensteuer) und wird vom Einkommen aller n a t ü r l i c h e n Personen erhoben. Rechtsgrundlage ist das Einkommensteuergesetz. Zu versteuern ist der Gesamtbetrag der Einkünfte abzüglich Sonderausgaben und Beträge für außergewöhnliche Belastungen (= Einkommen). Vermindert man das Einkommen um Sonderfreibeträge und andere Pauschbeträge, so erhält man das zu versteuernde Einkommen, das die Bemessungsgrundlage für die tarifliche Einkommensteuer bildet.

Beamte, Angestellte, Arbeiter, die nur Einkünfte aus nicht selbständiger Arbeit (Lohn, Gehalt) beziehen, zahlen L o h n s t e u e r ; sie ist eine Unterart der Einkommensteuer. Beziehen sie darüber hinaus noch andere Einkünfte, müssen auch sie eine Einkommensteuererklärung abgeben und werden zur Einkommensteuer veranlagt. Nach dem Einkommensteuergesetz unterliegen der Einkommensteuer 7 E i n k u n f t s a r t e n :

1. Einkünfte aus Land- und Forstwirtschaft,
2. Einkünfte aus Gewerbebetrieb,
3. Einkünfte aus selbständiger Arbeit,
4. Einkünfte aus nicht selbständiger Arbeit,
5. Einkünfte aus Kapitalvermögen,
6. Einkünfte aus Vermietung und Verpachtung,
7. sonstige Einkünfte (z. B. Spekulationsgeschäfte, das sind entgeltliche Geschäfte, bei denen zwischen Anschaffung und Veräußerung nicht mehr als 6 Monate liegen, bei Grundstücken und grundstücksgleichen Rechten 2 Jahre, Leibrenten, Bürgschaftsprovisionen, Entgelt für Übernahme einer Baulast u. a.).

Zu versteuern ist bei:

den Einkünften aus Land- und Forstwirtschaft, Gewerbebetrieb und selbständiger Arbeit der G e w i n n nach Abzug der Betriebsausgaben (Gewinnermittlung durch Vermögensvergleich, Gewinn- und Verlustrechnung oder Überschußrechnung der Betriebseinnahmen über die Betriebsausgaben),

den übrigen Einkünften der Ü b e r s c h u ß d e r E i n n a h m e n ü b e r d i e W e r b u n g s k o s t e n .

Verluste einer Einkunftsart (z. B. bei Einkünften aus Vermietung und Verpachtung) werden mit den Gewinnen oder Überschüssen anderer Einkunftsarten verrechnet.

B e t r i e b s a u s g a b e n — bei Einkünften Ziff. 1—3 — sind die durch den Betrieb verursachten Aufwendungen. Zu ihnen gehört auch die Absetzung (AfA) für die Wirtschaftsgüter des Anlagevermögens, die der Abnutzung unterliegen. Dabei können geringwertige Anlagegüter im Jahr der Anschaffung als Betriebsausgaben voll abgesetzt werden, wenn die Anschaffungs- oder Herstellungskosten 800,— DM nicht übersteigen.

W e r b u n g s k o s t e n — bei Einkünften Ziff. 4—7 — dienen zur Erwerbung, Sicherung und Erhaltung der Einnahmen. Dazu gehören bei den Einkünften aus nicht selbständiger Arbeit Beiträge zu Berufsverbänden, Aufwendungen für Fahrten zwischen Wohnung und Arbeitsstätte, Aufwendungen für Berufskleidung, Fachliteratur, Kosten der Fortbildung im eigenen Beruf, Aufwendungen für doppelte Haushaltsführung aus beruflichen Gründen, Mehraufwendungen für Verpflegung bei beruflich bedingter Abwesenheit von der Wohnung (mehr als 12 Stunden). Werbungskosten müssen durch ordnungsgemäße Belege nachgewiesen werden. Anstelle der Einzelnachweise von Werbungskosten können bei bestimmten Einkunftsarten P a u s c h b e t r ä g e geltend gemacht werden. Bei Einkünften aus nicht selbständiger Arbeit (Lohnsteuerpflichtige) beträgt der Arbeitnehmer-Pauschbetrag 2 000,— DM, bei Einkünften aus Kapitalvermögen ein Sparer-Freibetrag und ein Werbungskosten-Pauschbetrag von insgesamt 6 100,— DM (12 200,— DM bei Eheleuten).

Zu den Werbungskosten bei Einkünften aus Hausbesitz zählen Schuldzinsen, AfA, Betriebskosten, Ausgaben für Instandhaltung. Dabei muß es sich jedoch um Erhaltungsaufwand handeln, Herstellungsaufwand kann nicht voll, sondern nur anteilig abgeschrieben werden. Bei einem vermieteten Eigenheim oder einer Eigentumswohnung sind diese Ausgaben Werbungskosten. Bei selbstgenutzten Eigenheimen, Eigentumswohnungen oder Wohnungen in Mehrfamilienhäusern sind diese Kosten keine Werbungskosten; Aufwendungen können nur im Rahmen von § 10 e als Sonderausgaben berücksichtigt werden.

Die Ansammlungen für eine Instandhaltungsrückstellung nach dem WEG durch die Eigentümer von Eigentumswohnungen sind steuerrechtlich erst in dem Zeitpunkt Werbungskosten, in dem die Rechnungen über tatsächliche Instandhaltungsmaßnahmen durch den Verwalter bezahlt worden sind (BFH-Urteil 1980).

Bauherren (S. 337), nicht Erwerber, können während der Bauzeit die Werbungskosten im Kalenderjahr, in dem sie geleistet wurden, absetzen. Dazu gehören Zinsen, Zinsfreistellungsgebühren, Damnum, Auszahlungsgebühren, Vermittlungsgebühren für Zwischen- und Endfinanzierung, Kosten der Darlehnssicherung, Steuern, Versicherungen.

Kosten für Modernisierungs- und Energieeinsparungsmaßnahmen sind ebenfalls steuerbegünstigt.

Die Steuerschuld wird demnach berechnet:

Gewinn aus:
 Land- und Forstwirtschaft,
 Gewerbebetrieb,
 selbständiger Arbeit,
+ Überschuß der Einnahmen über die Werbungskosten aus:
 nicht selbständiger Arbeit,
 Kapitalvermögen,
 Vermietung und Verpachtung,
 sonstigen Einkünften.

= Summe der Einkünfte
·/. Altersentlastungsbetrag nach § 24 a EStG

= Gesamtbetrag der Einkünfte
·/. Sonderausgaben
·/. außergewöhnliche Belastungen

= Einkommen
·/. Sonderfreibeträge nach § 32 Abs. 2 u. 3
·/. Pauschbetrag für Körperbehinderte und Hinterbliebene

= zu versteuerndes Einkommen.

Daneben gibt es Freibeträge wegen außergewöhnlicher Belastungen in besonderen Fällen (§ 33 a EStG) sowie einen Pensionsfreibetrag nach § 19 EStG.

Die Steuer wird aufgrund dieses Betrages nach einer Grundtabelle ermittelt.

Sonderausgaben (§ 10 EStG) sind nachstehende Aufwendungen, wenn sie weder Betriebsausgaben noch Werbungskosten sind. Sie sind:
a) als Vorsorgeaufwendungen beschränkt abzugsfähig:
 aa) Beiträge zu Kranken-, Unfall- und Haftpflichtversicherungen, zu den gesetzlichen Rentenversicherungen und an die Bundesanstalt für Arbeit sowie Beiträge zu den Versicherungen auf den Erlebens- oder Todesfall,
 bb) 50 % der Beiträge an Bausparkassen (zur Erlangung von Baudarlehn).

b) unbeschränkt abzugsfähig:

   aa) gezahlte Kirchensteuer,

   bb) abzugsfähige Ausgaben nach dem Lastenausgleichsgesetz,

   cc) Steuerberatungskosten,

   dd) Aufwendungen für Berufsausbildung oder Weiterbildung in einem nicht ausgeübten Beruf (Höchstbeitrag 900,— DM bzw. 1 200,— DM bei auswärtiger Unterbringung),

   ee) Ausgaben zur Förderung mildtätiger, kirchlicher, religiöser, wissenschaftlicher, staatspolitischer und anerkannter gemeinnütziger Zwecke bis zu einer Obergrenze,

   ff) Beiträge und Spenden an politische Parteien,

   gg) außerdem können Verluste der fünf vorangegangenen Veranlagungszeiträume wie Sonderausgaben behandelt werden, wenn eine Berücksichtigung in den vorangegangenen Veranlagungszeiträumen nicht möglich war,

   hh) Betrag der Grundförderung nach §§ 10 e und 10 h EStG.

Die beschränkt abzugsfähigen Sonderausgaben dürfen nur bis zu einem Höchstbetrag abgezogen werden. Werden Sonderausgaben nicht einzeln bis zu einer Obergrenze geltend gemacht, werden sie ohne Belegnachweis pauschal wie folgt berücksichtigt:

Sonderausgaben — Pauschbetrag von 108,— DM, (216,— DM bei Zusammenveranlagung). (§ 10 c), Vorsorge-Pauschbetrag von 300,— DM (600,— DM bei Zusammenveranlagung). Hat der Steuerpflichtige Arbeitslohn bezogen, tritt an die Stelle des Vorsorge-Pauschbetrages eine Vorsorgepauschale, die in der Lohnsteuertabelle einberechnet ist.

Die Höhe der zu zahlenden Einkommensteuer hängt demnach ab:

von der Höhe der Einkünfte abzüglich Sonderausgaben, außergewöhnlichen Belastungen, Freibeträgen und Pauschbeträgen.

Die Einkommensteuerschuld ergibt sich durch Anwendung der Einkommensteuertabelle. Der Einkommensteuertarif ist so gestaffelt, daß die Steuerpflichtigen in der

— Nullzone steuerfrei bleiben;

— unteren Proportionalzone einem gleichbleibenden Steuersatz (19 %),

— Progressionszone einem linear steigenden Steuersatz (19—53 %),

— oberen Proportionalzone einem gleichbleibenden Steuersatz (53 %) unterliegen.

E h e g a t t e n , die beide unbeschränkt steuerpflichtig sind, können zwischen Zusammenveranlagung oder getrennter Veranlagung wählen. Ohne Antrag erfolgt stets die Zusammenveranlagung. Benachteiligungen Verheirateter sind aufgrund der Steuerprogression zu vermeiden. Daher wird bei der Zusammenveranlagung das sogenannte S p l i t t i n g v e r f a h r e n angewendet. Der zu versteuernde Einkommensbetrag beider Ehegatten wird halbiert und die Einkommensteuer von der Hälfte des steuerpflichtigen Gesamteinkommens berechnet. Der sich so ergebende Steuerbetrag wird verdoppelt.
Von der Steuerschuld werden die bereits geleisteten Zahlungen (Vorauszahlungen, Lohnsteuer, Körperschaftsteuer in Höhe von $^9/_{16}$ % der Einnahmen aus Gewinnanteilen und Kapitalertragsteuer) abgezogen. Der Einkommensteuerpflichtige erhält einen Steuerbescheid über die Einkommensteuer mit der Angabe der Restschuld oder der zu erstattenden Beträge. Gleichzeitig wird ihm der Betrag der vierteljährlichen Vorauszahlungen zum 10. 3., 10. 6., 10. 9. und 10. 12. des folgenden Jahres berechnet.

Der Steuerbescheid enthält außerdem die Rechtsbehelfsbelehrung und einen Hinweis auf die Zahlung und die Folgen verspäteter Zahlung.

8.3.2 Die Lohnsteuer

Arbeitnehmer werden im allgemeinen nicht zur Einkommensteuer veranlagt. Sie wird durch Abzug vom Arbeitslohn erhoben. Lohnsteuerpflichtige müssen in Ausnahmefällen eine Einkommensteuererklärung abgeben und werden daraufhin zur Einkommensteuer veranlagt, wenn

das Einkommen mehr als 24 000,— DM im Jahr beträgt,
Nebeneinkünfte im Kalenderjahr von 800,— DM und mehr entstanden sind,
mehrere Dienstverhältnisse bestehen
u. a.

Jeder Lohnsteuerpflichtige erhält von seiner Gemeindebehörde eine L o h n s t e u e r -
k a r t e zugestellt, die der Arbeitgeber aufzubewahren hat. Darin sind neben dem Namen und der Anschrift Familienstand, Steuerklasse, Kinderfreibeträge, Anzahl der Kinder sowie Religionsgemeinschaft angegeben. Bei Änderung der Familienverhältnisse ist die Lohnsteuerkarte von der Gemeindebehörde zu berichtigen. Der Arbeitgeber, der für jeden Arbeitnehmer gleichzeitig ein Lohn- und Gehaltskonto führt, bescheinigt auf der Lohnsteuerkarte am Jahresende oder beim Ausscheiden des Arbeitnehmers während des Jahres den Bruttolohn und die einbehaltenen Lohn- und Kirchensteuern (Lohnsteuerbescheinigung). Die Lohnsteuerkarte ist dem Finanzamt zuzusenden.

Der Arbeitgeber berechnet vom Bruttolohn die Steuer, behält sie ein und führt sie spätestens am 10. des auf die Lohnzahlung folgenden Kalendermonats an das Finanzamt ab, wobei die ausgezahlten Arbeitnehmer-Sparzulagen abgesetzt werden. Grundlagen für die Berechnung sind Bruttolohn und -gehalt, Lohnsteuerkarte und Lohnsteuertabelle. Aus der Lohnsteuerkarte sind Steuerklasse, Freibeträge und gegebenenfalls die Beträge zu ersehen, die vor Anwendung der Lohnsteuertabelle dem tatsächlichen Arbeitslohn hinzuzurechnen sind.

Zur Vereinfachung der Berechnung ist die Lohnsteuer in den L o h n s t e u e r t a b e l -
l e n nach Lohnsteuerklassen und Kinderfreibeträgen (4 104,— DM Kinderfreibetrag [1,0], 2 052,— DM ein halber Kinderfreibetrag je getrennter Elternteil [0,5]) berechnet und sofort ablesbar. In der Tabelle sind berücksichtigt ein allgemeiner Tariffreibetrag, ein Arbeitnehmerpauschbetrag und Sonderausgaben-Pauschbetrag sowie die Vorsorgepauschale. Bei Nachweis höherer Werbungskosten und Sonderausgaben (s. S. 390 f.) erhält der Arbeitnehmer aufgrund eines Antrages auf Lohnsteuerermäßigung einen Steuerfreibetrag wegen erhöhter Werbungskosten oder wegen erhöhter Sonderausgaben vom Finanzamt eingetragen.

L o h n s t e u e r p f l i c h t i g sind alle Geld- und Sachbezüge (freie Wohnung).

Nach dem Gesetz zur Förderung der Vermögensbildung der Arbeitnehmer (VermBG) kann jeder Arbeitnehmer vom Arbeitgeber die vermögenswirksame Anlage von Teilen seines Arbeitslohnes verlangen. An der Sparleistung beteiligt sich der Arbeitgeber zur Hälfte, nach Tarifvertrag ggf. bis zu 100 %. Die als Kontensparverträge mit einem Kreditinstitut oder als Sparverträge über Wertpapiere bzw. andere Vermögensbeteiligungen oder durch Wertpapierkaufverträge mit dem Arbeitgeber oder als Aufwendungen für den Wohnungsbau bzw. als Anlage nach dem Wohnungsbauprämiengesetz sowie als Beiträge zur Kapitalversicherung festgelegten vermögenswirksamen Leistungen für den Arbeitnehmer unterliegen der Steuer- und Sozialversicherungspflicht. Zum Ausgleich dafür erhält der Arbeitnehmer auf Antrag eine Sparzulage vom Finanzamt. Sie beträgt bei Verträgen entweder 20 % der vermögenswirksamen Leistung (bei wohnungswirtschaftlicher u. a. Verwendung) oder 10 % (für Sparverträge bei Banken und Sparkassen, Kapitalversicherungsverträge u. a.), soweit sie 936,— DM im Jahr nicht überschreitet. Voraussetzung ist, daß das steuerpflichtige Einkommen den Betrag von 27 000,— DM (bei Eheleuten 54 000,— DM) nicht übersteigt.

Die Lohnsteuertabelle hat sechs S t e u e r k l a s s e n :

Steuerklasse I: Alleinstehende ohne Kinder,
Steuerklasse II: Alleinstehende mit Kindern,
Steuerklasse III: Verheiratete (mit Zahl der Kinder),
Steuerklasse IV: Verheiratete, die beide lohnsteuerpflichtig sind,
Steuerklasse V: Verheiratete, die beide lohnsteuerpflichtig sind und bei denen ein Ehegatte in die Lohnsteuerklasse III fällt,
Steuerklasse VI: Arbeitnehmer mit mehreren Dienstverhältnissen.

Die Lohnsteuer wird aufgrund der Lohn- und Gehaltszahlung nach Wochen- oder Monatslohnsteuertabellen berechnet. Der genaue Lohnsteuerbetrag wird jedoch am Jahresende nach der Jahreslohnsteuertabelle ermittelt. Differenzbeträge wegen unregelmäßiger Beschäftigung, schwankendem Arbeitslohn, Eintragung steuerfreier Beträge während des Jahres können vom Arbeitgeber verrechnet werden.

Der L o h n s t e u e r j a h r e s a u s g l e i c h wird vom zuständigen Finanzamt durchgeführt. Der Antrag ist bis zum 30. September des folgenden Jahres zusammen mit der Lohnsteuerkarte (mit Lohnsteuerbescheinigung) einzureichen. Zuviel gezahlte Lohnsteuer wird vom Finanzamt erstattet.

Auf die Einkommen- bzw. Lohnsteuer wird ein Zuschlag als Kirchensteuer erhoben. Er dient zur Deckung des Finanzbedarfs der Religionsgemeinschaften. Die Zuschläge sind in den Ländern unterschiedlich, sie liegen zwischen 8 bis 10 % der Einkommen- bzw. Lohnsteuer.

8.3.3 Die Körperschaftsteuer

Die Körperschaftsteuer ist die Einkommensteuer der j u r i s t i s c h e n Personen wie AG, KGaA, GmbH, Genossenschaften, Versicherungsvereine, Körperschaften des öffentlichen und juristische Personen des privaten Rechts.
   Befreit sind Bundespost, Bundesbahn, Vermietungsgenossenschaften, Pensionskassen, Krankenkassen, Unterstützungskassen u. a.

Die Veranlagung zur Körperschaftsteuer und die Entrichtung folgt nach den Vorschriften des Einkommensteuergesetzes. Der Steuersatz beträgt 50 %, er ermäßigt sich bei Körperschaften, die keine Gewinne ausschütten, auf 46 %. Bestimmte Körperschaften haben einen Freibetrag (KStG §§ 23, 24).

Ausgeschüttete Gewinne werden mit 36 % versteuert, so daß die ausgeschüttete Bardividende 64 % beträgt; davon sind 25 % Kapitalertragsteuer einzubehalten und abzuführen. Der Anteilseigner erhält jedoch die einbehaltene Kapitalertragsteuer und die Gutschrift über die anrechenbare Körperschaftsteuer ($^9/_{16}$ der ausgeschütteten Dividende, da 36 von 64 = $^9/_{16}$ sind) angerechnet und vergütet. Einkommensteuerpflichtig beim Anteilseigner sind beide Teile der Ausschüttung: Bardividende und Betrag der anrechenbaren Körperschaftsteuer.

8.3.4 Die Kapitalertragsteuer

Die Kapitalertragsteuer ist eine besondere Form der Einkommensteuer, Steuerschuldner ist die natürliche oder juristische Person, die einen Kapitalertrag schuldet. Steuerpflichtige Kapitalerträge sind nach § 43 EStG:

G e w i n n a n t e i l e aus Aktien, Kuxen, Gewinnanteile an einer GmbH oder an Genossenschaften, Einkünfte als stiller Teilhaber;

Z i n s e n aus Schuldverschreibungen.

Die Kapitalertragsteuer beträgt 25 % des Kapitalertrags, wenn der Gläubiger die Kapitalertragsteuer trägt, $33^1/_3$ % des tatsächlich ausgezahlten Betrages, wenn der Schuldner sie übernimmt.

Die Kapitalertragsteuer schuldet der Gläubiger der Kapitalerträge in dem Zeitpunkt, in dem die Erträge gezahlt werden. Dabei hat das Unternehmen die Steuer auf Rechnung des Steuerschuldners einzubehalten und bis zum 10. des folgenden Monats abzuführen.

Ab 1. 1. 1993 wird als Vorauszahlung auf die Einkommensteuer für Zinsen ein Zinsabschlag von 30 % (Zinsabschlagsteuer) erhoben, den die Banken abzuführen haben. Im Rahmen der Freibeträge (6 100,—/12 200,— DM) auf Kapitalvermögen kann eine Freistellung von der Zinsabschlagsteuer auf Antrag bis zu dieser Grenze erfolgen (§ 43 a EStG). Zur Kontrolle teilen die Banken jährlich dem Bundesamt für Finanzen (BfF) mit, von welchen Kunden sie Freistellungsaufträge erhielten und wie hoch jeweils die Freistellungsgrenze war (§ 45 d). Dadurch wird verhindert, daß mehrere Freibeträge bei verschiedenen Kreditinstituten in Anspruch genommen werden. — Für Tafelgeschäfte (Zinszahlung gegen Vorlage des einzelnen Zinsscheines) beträgt die Zinsabschlagsteuer 35 %.

8.4 Die Vermögensteuer

Die Vermögensteuer ist eine Steuer auf das Gesamtvermögen aller natürlichen und juristischen Personen. Es umfaßt nach dem Vermögensteuergesetz die Summe des land- und forstwirtschaftlichen Vermögens, des Grund- und Betriebsvermögens nach den Einheitswerten sowie des sonstigen Vermögens (Spareinlagen, Bankguthaben, Wertpapiere).

B e f r e i t sind: Bundespost, Bundesbahn, öffentliche Sparkassen, Vermietungsgenossenschaften u. a.

Besteuerungsgrundlage ist das Gesamtvermögen abzüglich der Schulden, wobei vorweg bestimmte F r e i b e t r ä g e abgezogen werden dürfen. Die Freibeträge natürlicher Personen betragen:

70 000,— DM für den Steuerpflichtigen

70 000,— DM für die Ehefrau,

70 000,— DM für jedes Kind unter 18 Jahren bzw. auf Antrag bis zum 27. Lebensjahr, wenn es sich in der Berufsausbildung befindet.

Weitere 10 000,— bzw. 50 000,— DM sind bei Erreichen der Altersgrenze von 60 bzw. 65 Jahren steuerfrei, wenn bestimmte Voraussetzungen gegeben sind (VStG § 6).

Bei Körperschaften, Personenvereinigungen und Vermögensmassen wird die Vermögensteuer nur erhoben, wenn das Gesamtvermögen mindestens 20 000,— DM beträgt.

Die Bewertung des Grundbesitzes erfolgt nach dem Einheitswert (s. S. 397). Für das Betriebsvermögen muß das Unternehmen eine Vermögensaufstellung zur Ermittlung des Einheitswertes des Betriebsvermögens machen. Dabei geht man vom T e i l w e r t aus. Unter Teilwert versteht man den Betrag, den ein Erwerber des ganzen Betriebes für das einzelne Wirtschaftsgut im Rahmen des Gesamtkaufpreises ansetzen würde; man unterstellt, daß der Erwerber den Betrieb fortführt. Dadurch werden die bei der Einkommensteuer möglichen Unterbewertungen infolge Abschreibungen vermieden. Alle bereits abgeschriebenen Wirtschaftsgüter sind trotzdem mit dem Teilwert anzusetzen. Der S t e u e r s a t z beträgt bei natürlichen Personen 0,5 %, bei Körperschaften u. a. 0,6 % des steuerpflichtigen Vermögens (Gesamtvermögen abzüglich Schulden und Freibeträge). Die Vermögensteuer wird für drei Jahre festgesetzt (Hauptveranlagung 1. 1. 1974). Später kann es zu einer Nachveranlagung oder Neuveranlagung kommen. Die Steuer ist am 10. 2., 10. 5., 10. 8. und 10. 11. fällig. Übersteigt die Jahressteuer 50,— DM nicht, setzt das Finanzamt keine Vermögensteuer fest.

8.5 Die Grundsteuer

Die Grundsteuer ist eine Realsteuer. Ihr unterliegen landwirtschaftliche, gewerbliche und zu Wohnzwecken dienende Grundstücke (bebaute und unbebaute). Rechtsgrundlage bildet das Grundsteuergesetz (GrStG). Die Berechnung der Grundsteuer erfolgt in drei Verfahren, die zu den entsprechenden Bescheiden führen. Berechnung von

Einheitswert mit Einheitswertbescheid des Finanzamtes,

Steuermeßbetrag mit Grundsteuermeßbescheid des Finanzamtes,

Grundsteuer gemäß Grundsteuerbescheid der Gemeinde.

Meist wird vom Finanzamt ein Einheitswert- und Grundsteuermeßbescheid erteilt. Grundlage der Berechnung der Grundsteuer ist der Einheitswert. Durch Anwendung eines Tausendsatzes (Steuermeßzahl) wird ein Grundbetrag (Steuermeßbescheid) ermittelt und festgesetzt. Aufgrund des Einheitswertbescheides und Grundsteuermeßbescheides des Finanzamts erhebt die Gemeinde nach Anwendung eines Prozentsatzes, dem örtlichen Hebesatz, den Grundsteuerbetrag.

Gemeinden können nach Auffassung des Bundesverwaltungsgerichtes für Zweitwohnungen eine Aufwandsteuer (Zweiwohnungsteuer) erheben.

8.5.1 Der Einheitswert

Der Einheitswert wird in einem gesonderten Verfahren (Einheitswertverfahren) festgestellt. Rechtsgrundlage ist das Bewertungsgesetz (BewG). In bezug auf die Feststellung unterscheidet man:

Hauptfeststellung,

Fortschreibung,

Nachfeststellung.

Die Einheitswerte werden in Zeitabständen von je sechs Jahren (Hauptfeststellungszeitraum) festgestellt (Hauptfeststellung 1. 1. 1964), wobei sie bei Grundbesitz auf volle 100,— DM, bei gewerblichen Betrieben auf volle 1 000,— DM abgerundet werden.

Ändern sich die tatsächlichen Verhältnisse nach der Hauptfeststellung, können sie (auf Antrag) unter gewissen Voraussetzungen neu festgestellt werden. Die Änderungen können sich auf den Wert beziehen (Wertfortschreibung), auf die Art (Artfortschreibung) oder auf die Zurechnung (Zurechnungsfortschreibung).

Wird nach dem Hauptfeststellungszeitpunkt eine wirtschaftliche Einheit neu gegründet (Bebauung eines Grundstücks mit Eigenheimen) oder fällt der Grund für eine Steuerbefreiung weg, so ist eine Nachfeststellung des Einheitswertes auf den Beginn des folgenden Kalenderjahres durchzuführen:

Die Berechnung des Einheitswertes erfolgt

bei bebauten Grundstücken:

nach dem Ertragswertverfahren für

Mietwohnungsgrundstücke (mehr als 80 % zu Wohnzwecken),

Geschäftsgrundstücke,

gemischte Grundstücke,

Einfamilienhäuser,

Zweifamilienhäuser,

Wohnungseigentum;

nach dem Sachwertverfahren für

Ein- und Zweifamilienhäuser mit besonderer Gestaltung und Ausstattung sowie bei bestimmten Geschäftsgrundstücken (BewG § 76);

bei unbebauten Grundstücken:

nach dem gemeinen Wert.

Nach dem Ertragswertverfahren ergibt sich der Grundstückswert durch Anwendung einer Tabellenzahl (Vervielfältiger) auf die Jahresrohmiete. Jahresrohmiete ist das gesamte mit dem Mieter vertraglich vereinbarte Entgelt eines Jahres, einschließlich Umlagen und sonstigen Leistungen. Nicht einzubeziehen sind Untermietzuschläge, Kosten des Betriebes der zentralen Heizungs- und Warmwasserversorgungsanlagen sowie des Fahrstuhls u. a. (BewG § 79). Für eigengenutzte bebaute Grundstücke gilt die „übliche Miete". Sie muß in Anlehnung an die Jahresrohmiete geschätzt werden.

Bei öffentlich geförderten und grundsteuerbegünstigten Wohnungen ist die Jahresrohmiete um 12 %, bei Wohnungen, für die der Mieter die Schönheitsreparaturen vertraglich übernommen hat, um 5 % zu erhöhen.

Der Vervielfältiger ist einer Tabelle zu entnehmen, die nach Grundstücksart (Mietwohngrundstücke, Einfamilienhäuser usw.), Bauart, Bauausführung, Baujahr des Gebäudes und der Einwohnerzahl der Gemeinde eingeteilt ist. Er liegt zwischen 13 und 4,5.

Nach dem Sachwertverfahren (BewG § 83 ff.) ist bei der Ermittlung des Grundstückswertes auszugehen vom:

Bodenwert, der sich für das unbebaute Grundstück ergeben würde;

Gebäudewert, berechnet nach den durchschnittlichen Herstellungskosten im Baujahr 1958;

Wert der Außenanlagen.

8.5.2 Der Steuermeßbetrag

Nach dem Einheitswert folgt die Feststellung des Steuermeßbetrages durch Anwendung einer Steuermeßzahl (Steuersatz). Die Steuermeßzahl beträgt grundsätzlich bei land- und forstwirtschaftlichen Betrieben 6 ‰, bei Grundstücken 3,5 ‰, bei Zweifamilienhäusern 3,1 ‰, bei Einfamilienhäusern mit nur einer Wohnung 2,6 ‰ für die ersten 75 000,— DM des Einheitswertes und 3,5 ‰ für den Rest (§ 15 GrStG).

8.5.3 Der Grundsteuerbetrag

Der Steuermeßbetrag wird durch einen von der Gemeinde festgelegten Prozentsatz (Hebesatz) auf den ausmachenden Grundsteuerbetrag angehoben. Der Beschluß der Gemeinde über die Festsetzung oder Änderung des Hebesatzes ist bis zum 30. 6. eines Kalenderjahres zu fassen, und zwar mit Wirkung vom Beginn des Kalenderjahres. Die Grundsteuer ist in Vierteljahresraten am 15. 2., 15. 5., 15. 8. und 15. 11. fällig. Kleinbeträge können von den Gemeinden in einem Jahresbetrag (bis 30,— DM) oder in zwei Halbjahresraten (bis 60,— DM) eingezogen werden. Bei Ertragsminderung um mehr als 20 %, die der Steuerschuldner nicht zu vertreten hat, wird die Grundsteuer auf Antrag in Höhe des Prozentsatzes erlassen, der vier Fünftel des Prozentsatzes der Minderung entspricht.

Die Grundsteuer hat den Charakter als öffentliche Last. Die Steuerbehörde hat jederzeit das Recht der Beitreibung durch Zwangsvollstreckung in das Grundstück, und zwar ohne jeden weiteren Titel. Neben der dinglichen Haftung des Grundstücks besteht die persönliche Haftung des Grundstückseigentümers bzw. bei Erbbaurechten des Erbbauberechtigten.

Nach dem I. und II. Wohnungsbaugesetz wurde für die mit öffentlichen Mitteln geförderten und für die steuerbegünstigten Wohnungen Grundsteuervergünstigung gewährt. Für den steuerbegünstigten Wohnungsbau war ein Antrag unter bestimmten Voraussetzungen (Wohnfläche) bei der Anerkennungsbehörde zu stellen. Aufgrund des Anerkennungsbescheides oder des Bewilligungsbescheides bestand ein Rechtsanspruch auf Grundsteuervergünstigung. Die Grundsteuer wurde daraufhin auf die Dauer von 10 Jahren von dem Steuermeßbetrag erhoben, der vor der Bebauung maßgebend war. Die Vergünstigung begann mit dem 1. Januar des Jahres, das auf die Bezugsfertigkeit folgte. Die Grundsteuervergünstigung ist ab dem 1. 1. 1990 weggefallen.

8.6 Die Gewerbesteuer

Der Gewerbesteuer unterliegen alle Gewerbebetriebe, insbesondere Kapitalgesellschaften und Genossenschaften mit Ausnahme der reinen Vermietungsgenossenschaft und Vermögensverwaltung. Von der Gewerbesteuer befreit sind freie Berufe, gemeinnützige, kirchliche und mildtätige Unternehmungen und die, die auch von der Körperschaftsteuer befreit sind. Die Gewerbesteuer ist eine Realsteuer, die überwiegend den Gemeinden zufließt und bundeseinheitlich geregelt ist. Grundlage für die Berechnung sind:

Gewerbeertrag und

Gewerbekapital.

> Gewerbeertrag ist der Gewinn zuzüglich der Hälfte der Entgelte für Dauerschulden, Gewinnanteile eines stillen Gesellschafters u. a., abzüglich Mieteinnahmen u. a.
>
> Gewerbekapital ist der nach dem Bewertungssatz ermittelte Einheitswert des Betriebes zuzüglich der Hälfte der Dauerschulden und abzüglich der Einheitswerte der Betriebsgrundstücke.

Für die Berechnung der Gewerbesteuer werden unter Anwendung von Steuermeßzahlen getrennte Steuermeßbeträge ermittelt. Die Steuermeßzahl für den Gewerbeertrag beträgt grundsätzlich 5 %. Die Steuermeßzahl für das Gewerbekapital beträgt 2 ‰.

Beide Meßbeträge werden zu einem einheitlichen Steuermeßbetrag zusammengefaßt. Daraus ergibt sich unter Anwendung des von der Gemeinde festgesetzten Hebesatzes die Gewerbesteuer. Sie ist in vierteljährlichen Vorauszahlungen jeweils am 15. 2., 15. 5., 15. 8. und 15. 11. an die Gemeindekasse zu entrichten. Als Betriebsteuer ist sie vom Betriebsgewinn abzugsfähig. Die Gewerbekapitalsteuer ist in den neuen Bundesländern abgeschafft.

8.7 Die Umsatzsteuer

Die Umsatzsteuer ist eine Verkehrsteuer, die Bund und Ländern zufließt. Rechtsgrundlage ist das Umsatzsteuergesetz 1991 mit den Durchführungsverordnungen. Danach wird die Umsatzsteuer als Mehrwertsteuer erhoben; versteuert wird stets das Nettoentgelt, wobei die von anderen Unternehmen (Vorlieferer) in Rechnung gestellten Umsatzsteuerbeträge (Vorsteuern) abgezogen werden können. Insofern wird nur der durch die Wertschöpfung erhöhte Wert (Mehrwert) versteuert. Die Umsatzsteuer ist kein Kostenfaktor, sondern ein durchlaufender Posten (s. S. 27).

Der Umsatzsteuer unterliegen die s t e u e r b a r e n Umsätze:

Das sind nach § 1:

> Alle Leistungen und Lieferungen, die ein Unternehmer im Inland gegen Entgelt im Rahmen seines Unternehmens ausführt,
>
> Lieferungen und sonstige Leistungen an Arbeitnehmer und deren Angehörige (Sachzuwendungen, Gestellung von Pkw), Lieferungen und sonstige Leistungen von Körperschaften, Gesellschaften und Vereinen an die Anteilsigner, Gesellschafter und ihnen nahestehende Personen,

der Eigenverbrauch,

die Einfuhr von Gegenständen aus dem Drittlandsgebiet in das Zollgebiet (Einfuhrumsatzsteuer),

der innergemeinschaftliche Erwerb im Inland gegen Entgelt.

Von den steuerbaren Umsätzen sind jedoch s t e u e r f r e i (§ 4):

Ausfuhrlieferungen, Gewährung, Vermittlung und Verwaltung von Krediten, Umsätze von Geldforderungen, Wertpapieren sowie Zahlungsmitteln, die Umsätze, die unter das Grunderwerbsteuer-, Versicherungsteuer- oder Kapitalverkehrsteuergesetz fallen, die Vermietung und Verpachtung von Grundstücken, die Leistungen der Wohnungseigentümergemeinschaften an die einzelnen Wohnungseigentümer u. a. (§ 4 Ziff. 1—28).

Bei steuerfreien Umsätzen kann — mit Ausnahme von Ausfuhrlieferungen — keine Vorsteuer abgezogen werden. Auch der unternehmerische Abnehmer einer solchen steuerfreien Lieferung oder Leistung hat keine Möglichkeit des Vorsteuerabzugs. Er muß vielmehr für die in den Preis eingegangene Vorsteuer Umsatzsteuer entrichten. Daher haben Unternehmen, die Grundstücke vermieten, verpachten oder verkaufen, sowie einige andere Wirtschaftszweige ein sogenanntes Optionsrecht; sie können dem Finanzamt gegenüber erklären, daß sie die Umsätze der Besteuerung nach dem Umsatzsteuergesetz unterwerfen wollen (§ 9). Bei der Vermietung und Verpachtung eines Grundstücks gilt das Optionsrecht nur, wenn der Unternehmer nachweist, daß das Grundstück weder Wohnzwecken noch anderen nicht unternehmerischen Zwecken dient. Dieses Optionsrecht gilt nicht, wenn das auf dem Grundstück errichtete Gebäude Wohnzwecken dient und vor dem 1. April 1985 fertiggestellt und mit der Errichtung des Gebäudes vor dem 1. Juni 1984 begonnen wurde. Dient das Gebäude anderen nicht unternehmerischen Zwecken, muß es vor dem 1. Januar 1985 fertiggestellt worden sein (§ 27 Abs. 5 UStG).

Unternehmen werden von dem Optionsrecht Gebrauch machen, wenn ihre Vorsteuern größer sind als die zu zahlende Umsatzsteuer, so daß sie mit einer Rückerstattung rechnen.

Bemessungsgrundlage ist stets das vereinbarte Entgelt (Solleinnahme). Mindert sich das Entgelt durch Nachlässe, Rücksendungen, Skonto oder Uneinbringlichkeit, so muß die Steuer entsprechend berichtigt werden; erhöht sich das Entgelt durch Zuschläge oder Auslagenersatz, so erhöht sich mit der Bemessungsgrundlage auch die Steuer (§ 17). Beträge, die der Unternehmer im Namen und auf Rechnung eines anderen vereinnahmt und verausgabt, sind durchlaufende Posten und gehören nicht zum Entgelt.

Das Finanzamt kann Unternehmen mit einem Gesamtumsatz im Vorjahr von höchstens 250 000,— DM auf Antrag gestatten, die Steuer nach vereinnahmten Entgelten (Isteinnahme) zu berechnen (§ 20).

Der allgemeine S t e u e r s a t z beträgt ab 1. 1. 1993: 15 % vom Nettoentgelt (100 % + 15 % = 115 %). Er ermäßigt sich für bestimmte Leistungen auf 7 %.

Dem ermäßigten Steuersatz unterliegen (§ 12):

Lieferungen und Eigenverbrauch von in einem Warenkatalog aufgezählten Sachen wie:

Fleisch, Fisch, Milch und Milcherzeugnisse, Gemüse, Getreide und Getreideerzeugnisse, Waren des Buchhandels u. a.

Danach kann man in der unternehmerischen Wohnungswirtschaft die steuerbaren Umsätze in steuerfreie und steuerpflichtige zu 15 % einteilen, wobei die steuerpflichtigen Umsätze von Unternehmen mit niedrigem Gesamtumsatz anders behandelt werden:

Steuerfreie Umsätze (§ 4)

Erträge aus der Hausbewirtschaftung und aus Sondereinrichtungen für die eigene Mieterschaft,

Erträge aus unbebauten Grundstücken,

Nutzungsentgelt von Eigenheimbewerbern,
Erlöse aus der Veräußerung von bebauten oder unbebauten Grundstücken, Zinserträge bei Vor- und Zwischenfinanzierung von Betreuungsbauten,
Bürgschaftsprovision.

Steuerpflichtige Umsätze zum Steuersatz von 15 %
Erträge aus Sondereinrichtungen für Leistungen an Nichtmieter
Erträge aus der Vermietung von Gegenständen, die nicht zur Vermieterleistung rechnen,
Erträge aus der Vermietung von Reklameflächen,
Gebühren aus der Betreuung,
Gebühren für technische Betreuung nach der HOAI sind Nettoentgelte, Gebühren für wirtschaftliche Betreuung nach der II. BV sind Bruttoentgelte (d. h. einschließlich Umsatzsteuer).
Erstattete Fernsprechgebühren,
Erlöse aus der Veräußerung von Anlagegütern und Baustoffen.

Die Steuerschuld entsteht mit Ablauf des Voranmeldezeitraumes, in dem die Leistungen oder Lieferungen ausgeführt sind. Der Voranmeldungszeitraum endet 10 Tage nach Ablauf eines jeden Kalendermonats; er beträgt jedoch bei Unternehmen mit einer Steuerschuld im Vorjahr bis 6 000,— DM ein Kalendervierteljahr. Innerhalb dieser Zeit hat der Unternehmer eine Voranmeldung mit der selbst berechneten Steuer abzugeben und die Steuer zu entrichten. Nach Ablauf eines Jahres wird er zur Steuer veranlagt, wozu er eine Umsatzsteuererklärung abzugeben hat.

Von der Umsatzsteuer kann die dem Unternehmen von Vorunternehmen in Rechnung gestellte V o r s t e u e r abgezogen werden. Daher müssen Rechnungen an Nachunternehmer neben Menge, Bezeichnung, Tag oder Zeitraum der Leistung das Nettoentgelt sowie die Steuer, getrennt nach den verschiedenen Steuersätzen, enthalten. Bei Rechnungen an Nichtunternehmer kann das Bruttoentgelt ausgewiesen werden; bei Rechnungen bis zu 200,— DM genügt die Angabe des Steuersatzes (§ 33 UStDV). Wird nur Bruttoentgelt und Steuersatz angegeben, so muß die Steuer durch eine Rückrechnung ermittelt werden, indem man — bei einem Steuersatz von 15 % (7 %) — 13,043 % (6,542 %) vom Bruttoentgelt rechnet.

Zur Feststellung der Steuer und ihrer Berechnung muß das Unternehmen Aufzeichnungen machen, aus denen die vereinbarten Entgelte, getrennt nach Steuersätzen und steuerfreien Umsätzen, zu ersehen sind (§ 22).

Für steuerfreie Umsätze dürfen keine Vorsteuerabzüge geltend gemacht werden. Fallen neben steuerfreien Umsätzen auch steuerpflichtige — mit erlaubtem Vorsteuerabzug — an, müssen die Vorsteuerbeträge aufgeteilt werden in:

abziehbare Vorsteuerbeträge und

nichtabziehbare Vorsteuerbeträge (§ 15).

Soweit Vorsteuern nicht direkt zurechnungsfähig sind, können diese alternativ nach wirtschaftlichen Gesichtspunkten im Wege einer sachgerechten Schätzung oder nach dem Umsatzverhältnis (steuerbefreite Umsätze zu steuerpflichtigen) zugeordnet werden.

Bei Wohnungsunternehmen fallen durch Eingangsrechnungen belegte Vorsteuern an bei: Kauf von Anlagegütern (Investition), Betriebskosten, Instandhaltungskosten, Kosten für Miet- und Räumungsklagen, Verwaltungskosten (Gemeinkosten), Baukosten.

Kleinunternehmer werden anders besteuert (§19).

Wer im vergangenen Kalenderjahr nicht mehr als 25 000,— DM Einnahmen hatte und im laufenden Kalenderjahr voraussichtlich nicht mehr als 100 000,— DM erzielen wird, braucht keine Umsatzsteuer zu zahlen. In diesen Fällen dürfen keine Steuerbeträge gesondert in Rechnung gestellt werden. Vorsteuern können auch nicht abgezogen werden. Sollte sich diese Vereinfachungsregelung für einen Kleinunternehmen nachteilig auswirken, kann er auf sie verzichten.

Bei der Berechnung der genannten Umsatzgrenzen bleiben die steuerfreien Vermietungsumsätze unberücksichtigt. Dagegen sind Umsätze aus der Veräußerung von Grundstücken nur dann nicht in die Umsatzgrenzen einzubeziehen, wenn sie Hilfsumsätze sind. Hilfsumsätze sind alle Umsätze aus Geschäften, die nicht den eigentlichen Gegenstand des Unternehmens (Grundgeschäfte) bilden.

8.8 Die Grunderwerbsteuer

Veräußerung und Erwerb von inländischen Grundstücken (Erbbaurechten) unterliegen der Grunderwerbsteuer. Mit dem Grunderwerbsteuergesetz 1983 (GrEStG 1983) wurde das Grunderwerbsteuergesetz vereinfacht; es läßt nur noch wenige Befreiungen zu. So ist die Befreiungsmöglichkeit beim Erwerb von Ein- und Zweifamilienhäusern weggefallen.

Bemessungsgrundlage für die Höhe der Steuern ist der Gegenwert, meist der Kaufpreis des Grundstücks oder eine andere Gegenleistung (z. B. Architektenleistung, anderes Grundstück). Der Steuersatz beträgt 2 %. Steuerschuldner sind beide Vertragspartner, doch wird im Kaufvertrag zumeist der Käufer zur Zahlung verpflichtet.

Der Notar benachrichtigt das zuständige Finanzamt, das eine Kaufpreissammlung führt, vom Abschluß eines Grundstückskaufvertrags. Dieses setzt die Grunderwerbsteuer fest und erteilt einen Steuerbescheid. Die Grunderwerbsteuer ist einen Monat nach Bekanntgabe des Steuerbescheides fällig. Die Umschreibung im Grundbuch erfolgt erst, wenn dem Grundbuchbeamten die Unbedenklichkeitsbescheinigung des Finanzamtes vorliegt. Mit dieser bestätigt es, daß keine steuerlichen Bedenken bestehen, d. h., daß die Grundsteuer entweder entrichtet, sichergestellt oder gestundet ist, oder daß Steuerbefreiung vorliegt bzw. die Steuerfestsetzung nicht gefährdet ist.

Steuerfrei ist der Erwerb von Grundstücken bis zu 5 000,— DM (Bagatellgrenze), der Grundstückserwerb unter Eheleuten oder durch Personen, die mit dem Veräußerer in gerader Linie verwandt sind, sowie der Erwerb von Todes wegen u. a.

8.9 Sonstige Steuern

8.9.1 Sonstige Verkehrsteuern

Die **Kapitalverkehrsteuer**: Zu den Kapitalverkehrsteuern gehören Gesellschaftsteuer, Wertpapiersteuer, Wechselsteuer und Börsenumsatzsteuer.
Der **Wertpapiersteuer** unterliegt die Ausgabe von Schuldverschreibungen zur Kapitalbeschaffung.
Börsenumsatzsteuer wird bei jedem weiteren Erwerb (An- und Verkauf) von Wertpapieren erhoben.
Zu den Verkehrsteuern zählen ferner die Kraftfahrzeugsteuer, die Beförderungsteuer, die Versicherungsteuer, die Rennwett- und Lotteriesteuer.

8.9.2 Die Verbrauchsteuern

Verbrauchsteuern werden auf den Verbrauch bestimmter Waren erhoben (Bier, Branntwein, Kaffee, Tabak, Zigarren, Zigaretten, Mineralöl u. a.). Steuerpflichtig ist der Hersteller. Die Steuerschuld entsteht im Zeitpunkt des Verlassens des Herstellerbetriebes oder des Verbrauchs innerhalb des Betriebes. Die Verwaltung der Verbrauchsteuern und der Zölle erfolgt durch die Zollbehörde.

8.10 Der Lastenausgleich

Krieg und Nachkriegszeit haben durch Vertreibung, Flucht, Beschädigungen und Währungsumstellung zu Schäden und Verlusten geführt, die auf die Bevölkerung gleichmäßig zu verteilen sind. Diesem Ziel dient der Lastenausgleich. Nach dem Lastenausgleichsgesetz unterscheidet man:

Vermögensabgabe,

Hypothekengewinnabgabe,

Kreditgewinnabgabe.

Diese **Ausgleichsabgaben** fließen einem Ausgleichsfonds zu, der Ausgleichsleistungen an die Geschädigten zahlt in Form von Hauptentschädigung, Hausratentschädigung, Kriegsschadenrente oder als Aufbaudarlehn, Wohnraumhilfe, Arbeitsplatzdarlehn u. a.

Am 21. Juni 1948, dem Tag der Währungsreform, wurden alle Bankguthaben und Bankschulden im Verhältnis 100 : 6,5 und andere Forderungen und Schulden im Verhältnis 10 : 1 umgestellt. Dadurch erlitten viele Personen Vermögenseinbußen, während andere durch Herabsetzung ihrer Schulden Gewinne erzielten.

Die **Vermögensabgabe** ist daher eine Besteuerung des noch verbliebenen Vermögens. Sie beträgt 50 % des abgabepflichtigen Vermögens (nach Abzug von Freibeträgen). Die Abgabeschuld ist in gleichen Vierteljahresbeträgen als Tilgung und Verzinsung zu entrichten. Sie kann jederzeit ganz oder teilweise abgelöst werden.

Die Umstellung der durch Grundpfandrechte gesicherten Reichsmark-Verbindlichkeiten erbrachte Hypothekengewinne, die als **Hypothekengewinnabgabe** (HGA) abzuführen waren. Die Abgabeschuld wurde jedoch durch Kriegsschäden und unter bestimmten Voraussetzungen durch Wiederaufbau gemindert.

<small>Auch mit Ende der Inflation nach dem Ersten Weltkrieg wurde der Althausbesitz mit einer Gebäudeentschuldungssteuer (Hauszinssteuer u. ä.) belastet.</small>

Der **Kreditgewinnabgabe** unterliegen alle gewerblichen Betriebe, die eine DM-Eröffnungsbilanz aufgestellt haben. Der Kreditgewinn ist der Unterschied zwischen Schuldnergewinnen und Gläubigerverlusten.

Quellenhinweis

1. Wichtige Gesetze, Verordnungen und ihre gebräuchlichen Abkürzungen

Gesetz über den Abbau der Wohnungszwangswirtschaft und über ein soziales Miet- und Wohnrecht (Abbaugesetz) = AbbauG
Gesetz über den Abbau der Fehlsubventionierung im Wohnungswesen = AFWoG
Aktiengesetz (mit Einführungsgesetz zum Aktiengesetz) = AktG
Altbaumietenverordnung = AMVO
Abgabenordnung (Reichsabgabenordnung) = AO
Baugesetzbuch = BauGB
Bürgerliches Gesetzbuch = BGB
Betriebsverfassungsgesetz = BetrVG
Zweite Berechnungsverordnung = II. BV
Verordnung über das Erbbaurecht (Erbbaurechtsverordnung) = ErbbauVO
Einkommensteuergesetz = EStG
Gesetz zur Einsparung von Energie in Gebäuden (Energieeinsparungsgesetz) = EnEG
Grundbuchordnung = GBO
Gesetz, betreffend die Erwerbs- und Wirtschaftsgenossenschaften (Genossenschaftsgesetz) = GenG
Grundgesetz = GG
Gesetz, betreffend die Gesellschaften mit beschränkter Haftung (GmbH-Gesetz) = GmbHG
Grunderwerbsteuergesetz = GrEStG
Grundsteuergesetz = GrStG
Handelsgesetzbuch = HGB
Honorarordnung für Architekten und Ingenieure = HOAI
Verordnung über die verbrauchsabhängige Abrechnung der Heiz- und Warmwasserkosten = HeizkostenV

Gesetz gegen Wettbewerbsbeschränkungen (Kartellgesetz) = GWB
Konkursordnung = KO
Körperschaftsteuergesetz = KStG
Kündigungsschutzgesetz = KSchG
Gesetz zur Förderung der Modernisierung von Wohnungen und von Maßnahmen zur Einsparung von Heizenergie (Modernisierungs- und Energieeinsparungsgesetz) = ModEnG
Neubaumietenverordnung = NMV
Postordnung = PostO
Reichsheimstättengesetz = RHeimstG
Reichssiedlungsgesetz = RSiedlG
Reichsversicherungsordnung = RVO
Scheckgesetz = ScheckG
Verdingungsordnung für Bauleistungen = VOB
Gesetz über das Wohnungseigentum und das Dauerwohnrecht (Wohnungseigentumsgesetz) = WEG
Wechselgesetz = WG
Wirtschaftsstrafgesetz = WiStG
Zweites Wohnungsbaugesetz = II. WoBauG
Gesetz zur Sicherung der Zweckbestimmung von Sozialwohnungen (Wohnungsbindungsgesetz) = WoBindG
Zivilprozeßordnung = ZPO
Zwangsversteigerungsgesetz = ZVG
Vergleichsordnung = VerglO
Wohngeldgesetz = WoGG
Umsatzsteuergesetz = UStG

2. Nachschlagewerke

Handwörterbuch des Städtebaues, Wohnungs- und Siedlungswesen (3 Bände, Verlag W. Kohlhammer, Stuttgart, 1959)
Lehrbuch der Wohnungswirtschaft von Heuer — Kühne — Nordalm — Drevermann (Fritz Knapp Verlag, 2. Aufl., Frankfurt 1985)
Kommentar zum Kontenrahmen der Wohnungswirtschaft (Hammonia-Verlag, Hamburg)
Wohnungsbaurecht, 5 Bände, von Fischer-Dieskau, Pergande, Schwender (Wingen-Verlag, Essen)
Kompendium der Wohnungswirtschaft (R. Oldenbourg Verlag, München 1990)

Sachwortverzeichnis

Abandonrecht 216
Abbuchungsauftrag 151
Ablauforganisation 94
Ablösung öffentlicher Baudarlehn .. 356
Abmahnung 243
Abnahme 366, 373
Abrechnung
  von Bauleistungen 372, 376
Absatzpolitik 35
Abschlagszahlung 372
Abschreibung 32, 359
Abzahlungshypothek 276, 329
AfA .... 359 f., 390
AGB-Gesetz 136
Agio 212
Aktien .... 178, 206 f.
Aktiengesellschaft .... 205 ff.
Akzept 158
Alleinauftrag 291
Allonge 159
Altbauwohnungen 188
Anerkennungsbehörde 195
Anfechtbare Verträge 136
Anfrage 104
Angebot .... 5, 104 ff.
Anleihen 177
Annahmeverzug 115
Annuität 276
Annuitätendarlehn 351
Arbeitgeberverbände 64, 80
Arbeitgeberdarlehn 346
Arbeitsgerichte 90
Arbeitslosenquote 8, 11
Arbeitslosenversicherung 85
Arbeisschutzbestimmungen .... 87 f.
Arbeitsvertrag .... 69 ff.
Arbeitszeit 88
Architekt 340, 364
Architektenleistung ...... 47 ff., 338 f.
Architektenvertrag 340
Arrest 129
Aufbauorganisation 91
Aufbewahrungsfrist 42
Aufgebotsverfahren 147, 164

Auflassung .... 297 f.
Aufsichtsrat
  AG .... 208 ff.
  GmbH 215
  Genossenschaft .... 223 f.
Auftrag nach BGB 133
Auftragsbestätigung 108
Aufwand 98
Aufwendungen, laufende 32
Aufwendungsdarlehn 359
Aufwendungszuschüsse 351, 358
Aufwertung 141
Ausbau 274
Ausbildung 65
Ausfuhr 8, 141
Ausgaben 98
Ausnahmegenehmigung 307
Ausschreibung von Bauleistungen . 370
Außenwirtschaftliches
  Gleichgewicht 8
Aussonderung 384
Außenanlagen 31
Auszubildender .... 65 ff.

Bankgeschäfte .... 173 ff.
Bankrott 386
Bauabrechnung 376
Bauantrag .... 341 f.
Bauanzeige 341
Bauaufsicht 341
Bauausführung .... 363 f.
Baubetreuung 378
Baubuch 376
Baudarlehn, öffentliches 355
Bauentwurf 48
Bauerneuerungsrücklage 273
Bauflächen 306
Bauführer 363
Bauherr 337, 363
Bauherrenhaftpflichtversicherung 374 f.
Baukosten .... 30 f.
Baukostenzuschuß 345
Baulast 295
Bauleiter 50, 364

Bauleitpläne	306
Bauleitung	50
Baunebenkosten	31
Baunutzungsverordnung	306
Bauordnung	50
Baupreise	369
Bauschein	50, 341
Bausparvergünstigung	360
Bausparkassen	348
Baustoff	47
Bauteil	47
Bauunternehmer	364
Bauvertrag	368 ff.
Bauvorbereitung	337
Bauvorlagen	48
Bauweise	307
Bauwesenversicherung	375
Bauzeichnungen	48 f.
Bebauungsplan	307 f.
Bedarf	23
Bedürfnisse	3
Beglaubigung	135
Beleihung	347, 349
Benutzungsordnung	246
Berechnungsverordnung	29, 362
Berufsausbildungsvertrag	66
Beschäftigungsgrad	100
Besitz	278
Bestandteile	277
Bestellbau	335
Bestellung	108
Betreuung	377 f.
Betrieb	14, 17
Betrieb der Wohnungsbewirtschaftung	264 ff.
Betriebsabrechnungsbogen	100, 269
Betriebsabteilungen	19 ff.
Betriebsausgaben	390
Betriebsklima	77
Betriebskosten	33, 264 ff.
Betriebsleistungen	193
Betriebsorganisation	91 f.
Betriebsrat	77 f.
Betriebsvergleich	102
Betriebswirt, staatl. geprüft	65
Beurkundung	135, 293
Bewerbervertrag	133
Bewilligung öffentlicher Mittel	356

Bewirtschaftungskosten	32 f.
Bezugsquellennachweis	23
Bilanz	44, 97
Börse	180
Briefgrundschuld	334
Briefhypothek	329
Briefkurs	181
Bruchteilseigentum	278
Bruttosozialprodukt	4
Buchführung	44 f., 97
Buchführungstechniken	45
Buchhypothek	329
Buchstabierverzeichnis	139
Bundesbank	175 f.
Bürgschaft	168
Damnum	178
Darlehn	132
Darlehnsvertrag	166
Datenschutz	45
Datenverarbeitung	45
Dauerauftrag	151
Dauerfinanzierungsmittel	31, 350
Dauermietvertrag	134, 191
Dauernutzungsvertrag	134, 191
Dauerwohnrecht	282
Deflation	140
Denkmalliste	296
Depositenkonto	148
Depotgesetz	175
Dienstbarkeit	281, 286
Dienstleistungen	3
Dienstleistungsbetriebe	14
Dienstvertrag	133
DIN	47
Dingliche Rechte	280 ff.
Disagio	177
Diskontierung	160
Diskontpolitik	176
Dividendenpapiere	176
Domizilwechsel	157
Durchschnittsmiete	248, 353 f.
Effekten	176 f., 180 f.
Effektivverzinsung	349
Eidesstattliche Versicherung	128
Eigenheim	335
Eigenkapital	52, 345

Eigenkapitalersatz 355
Eigenkapitalverzinsung 354
Eigenleistung 32, 345, 355
Eigensiedlung 335
Eigentum 278
Eigentümergrundschuld 334
Eigentumsvorbehalt 110
Eigentumswohnung 336
Eilüberweisung 151
Einfuhr 8, 141
Einheitspreisvertrag 369
Einheitswert 397
Einigung .... 298, 311 f.
Einkauf 22
Einkommensgrenzen .... 354 f.
Einkommensteuer .... 389 ff.
Einkunftsarten 390
Einliegerwohnung 335
Einspruch 118, 389
Einstandspreis 27
Einstweilige Verfügung 129
Eintragungsantrag 312
Eintragungsbewilligung 312
Einzelkosten 100
Einzelmiete 353
Einzelunternehmung 199
Eiserner Bestand 25
Emission 178
Enteignung .... 299 f.
Entwurfsplanung 48
Erbbaurecht .... 298 f.
Erfüllungsort .... 107 f.
Erschließung .... 293 ff.
Erschließungsbeitrag 294
Erschließungskosten 30, 295
Ertragswert 347, 397
Ertragswertverfahren 288, 397
Erwerbskosten 30

Factoring 52, 342
Fälligkeitshypothek 329
Familienheim 336
Familienzusatzdarlehn 358
Fehlsubventionierung 355
Fertigmaße 232
Feuerversicherung 266
Finanzierung .... 342 ff.
Finanzbedarf 344

Finanzierungsbeiträge 345
Finanzierungskosten 350
Finanzmakler 289
Finanzplan 344
Firma .... 54 f.
Fixkauf 111
Flächennutzungsplan 306
Flurbuch 309
Folgeeinrichtungen 194
Fonds .... 179 f.
Fremdkapital 52, 275
Fristenplan 271
Führungsstil 62, 92

Gartenpflege 265
Gebührenbefreiungen 196
Geld .... 139 f.
Geldbeschaffungskosten 31
Geldkurs 181
Geldmarkt 170
Geldwert 140
Gemeinkosten 100
Gemeinnützigkeit in der
  Wohnungswirtschaft .... 195 ff.
Gemeinschaftsanlagen 194
Gemeinschaftsantenne 253
Generalversammlung 224
Genossenschaften 219
Genossenschaftsrecht .... 220 ff.
Genossenschaftsregister 56, 220
Gerichtsbarkeit .... 120 ff.
Gerichtsstand .... 107 f.
Gesamthypothek 329
Gesamtkosten 29
Gesamtverband der
  Wohnungswirtschaft 238
Geschäftsanteil 220
Geschäftsbesorgungsvertrag 133
Geschäftsfähigkeit 53
Geschäftsführer 20, 214
Geschäftsführung ...... 19 f., 133
Geschäftsguthaben 221
Geschäftsleitung .... 19 f.
Geschoßflächenzahl 307
Gesellschaft nach BGB 204
Gesellschaft mit beschränkter
  Haftung .... 213 ff.
Gesellschaftsvertrag 199

Gewährleistung	373 f.
Gewässerschadenhaftpflichtversicherung	268
Gewerbesteuer	399
Gewerbliche Räume	229
Gewerkschaften	79 f.
Girokonto	148
Girokreise	150
Glasversicherung	267
Gläubigerversammlung	385
Grundakte	310
Grundbuch	310, 315 ff.
Grundbuchrecht	311 ff.
Grunddienstbarkeit	281
Grunderwerbsteuer	402
Grundfläche	232
Grundflächenzahl	307
Grundkapital	205
Grundmietenverordnung	250
Grundpfandrechte	285, 327 ff.
Grundschuld	333
Grundsteuer	396 f.
Grundstück	276 ff.
Grundstückserwerb	295 f.
Grundstücksmakler	289
Grundstücksmarkt	287 f.
Grundstücksverkehrsgenehmigung	288 f.
Grundstückswert	30, 287 f.
Gründung	51 ff., 198
Gutachterausschüsse	288
Güter	3
Güterrecht	59 f.
Güterverkehr	139
Haftpflichtversicherung	267 f.
Haftsumme	221
Handelsmakler	289
Handelsregister	55
Handelsspanne	27
Handelsvertreter	83
Handlungsgehilfe	69 ff.
Handlungsreisender	73
Handlungsvollmacht	75
Hardware	45
Hauptversammlung	209 f.
Hausbewirtschaftungsbuch	261
Haushalte	14, 185
Hausordnung	246
Hausreinigung	265
Haustürgeschäft	112
Hauswart	264
Hebesatz	398
Heim	235
Heimfallanspruch	284, 299
Heizungskosten	251 ff.
Honorarordnung (HOAI)	338 ff.
Hypothek	327 ff.
Hypothekenbrief	331
Hypothekengewinnabgabe	404
Immobilienbörse	287
Immobilienmakler	289
Immobilienzertifikate	179
Indossament	159 f.
Industriebetrieb	13
Inflation	140
Infrastruktursperre	307
Inhaberpapier	146
Input	4, 13
Instandhaltung	270 ff.
Instandhaltungsabteilung	50
Instandhaltungskosten	34, 273
Instandhaltungsplan	271 f.
Instandsetzung	270
Interventionspunkt	141
Inventar, Inventur	44
Investition	342
Investitionskredit	167
Investmentzertifikate	179
Jahresabschluß	97
Jugendarbeitsschutz	89
Jugendvertretung	77
Kabelfernsehen	253
Kaduzierung	216
Kalkulation	26 ff., 29 ff., 98
Kanalbenutzungsgebühren	268
Kapitalabfindung	347
Kapitalansammlungsvertrag	134, 361
Kapitaldienst	275 f.
Kapitalertragsteuer	395
Kapitalgesellschaften	204 ff.
Kapitalmarkt	170 f.
Kapitalsammelstellen	172

409

Kapitalverkehrsteuer	403
Kartell	217
Kataster	309
Kaufanwärtervertrag	133
Kaufeigenheim	335
Kaufeigentumswohnung	336
Kaufkraft	3
Kaufmann	57 f.
Kaufmann in der Grundstücks- und Wohnungswirtschaft	65
Kaufpreis	358
Kaufpreissammlung	288
Kaufvertrag	109 ff., 296 ff.
Kaution	247 f.
Kehrgebühr	269
Klage	118 f.
Kleinsiedlung	335
Kleinwohnungen	196
Knappschaftsversicherung	86
Kommanditgesellschaft	202 f.
Kommanditgesellschaft auf Aktie	213
Kommissionär	74
Kommunalobligationen	178
Komplomontär	203
Konditionsanpassungsklausel	362
Konjunktur	6 f.
Konkurs	383 ff.
Kontenplan	97
Kontenrahmen	97
Konto	147 ff.
Konventionalstrafe	115
Konzern	217
Körperschaftsteuer	394
Kosten	29 ff., 99 ff.
Kostenarten	100
Kostenkontrolle	261
Kostenmiete	247, 353
Kostenrechnung	98 ff.
Krankenversicherung	82 f.
Kredit	166 ff.
Kreditaufsicht	174
Kreditinstitute	173 f.
Kreditsicherung	167 ff.
Kreditvertrag	166
Kündigung des Mietvertrages	256 f.
Kündigung des Arbeitsvertrages	72
Kündigungsfristen	257
Kündigungshypothek	329
Kündigungsschutz	72 f.
Kurs	141
Kux	178, 216
Lagebericht	97
Lager	24
Lagerdauer	25
Lagerschein	176
Landesdarlehn	351, 355
Landesentwicklungsplan	306
Landeszentralbank	145, 176
Last, öffentliche	311
Lastenausgleich	403
LAG-Darlehn	346
Lastenberechnung	363
Lastenzuschüsse	253
Lastschriftverfahren	149, 151
Leasing	296, 342
Lebensversicherungen	173
Leihe	132
Leistungsbeschreibung	370
Leistungsbild des Architekten	338
Leistungsverzeichnis	370
Leitungswasserversicherung	267
Lieferungsverzug	114 f.
Liegenschaftsbuch	309
Liquidation	380 f.
Liquidität	344
Lohnpfändung	126
Lohnsteuer	393 f.
Lombardgeschäft	169
Löschung	313
Magisches Viereck	8
Mahnbescheid	117
Mahnverfahren	116
Makler	289 ff.
Maklervertrag	291
Makler- und Bauträgerverordnung	290
Management	62, 92
Mängel beim Bau	366 f.
Mängel beim Kauf	114
Mängel bei Miete	240
Mängelrüge	114
Marketing	34 ff.
Markt	4 f., 8, 189 f., 287 f.
Massekosten	385

Masseschulden	385	Objektfinanzierung	345
Mietausfallwagnis	34, 269 f.	Obligationen	178
Miete	237	Offene Handelsgesellschaft	200 f.
Mieterbetreuung	263	Offenmarktpolitik	176
Mieterdarlehn	345	Öffentliche Last	311
Mieterhöhungen	247 f.	Öffentliche Mittel	345, 351 f.
Mieterschutz	187	Öffentlicher Glaube	311
Mietkalkulation	32 f.	Öffentlich geförderte Wohnungen	351, 353 ff.
Mietminderung	241		
Mietpreisbindung	247 f.	Öffentlichkeitsarbeit	38 f.
Mietpreisrecht	187 f., 247 ff.	Ökonomisches Prinzip	4
Mietrecht, bürgerliches	237 ff.	Oligopol	5
Mietverhältnis, Beendigung	255	Orderpapiere	146
Mietvertrag	237 ff.	Organisation	91 ff.
Mietvorauszahlung	345	Organisationsabteilung	22
Mietspiegel	249	Organisationsmittel	95 f.
Mietwohnung	336	Ortssatzung	294
Mietzuschüsse	253	Output	4, 13
Minderung	114		
Mindestreservepolitik	176	Passivgeschäfte der Banken	174 f.
Mitbestimmung	78	Personalkredit	167
Miteigentum	278	Personengesellschaften	200 ff.
Modernisierung	243, 270, 274	Personensteuern	387
Monopol	5	Pfandbriefe	167 f.
Moratorium	382	Pfändung	125
Müllabfuhr, Kosten	268	Planung	47 ff.
Musterverträge	133 f.	Planwirtschaft	6
		Polygopol	5
Nachbarrechte	279	Post	138
Nachfrage	5	Postausgang, Posteingang	94
Nachnahme	143	Postprotestauftrag	161
Nachrichtenverkehr	138	Postgiroverkehr	151 ff.
Nachschußpflicht	216	Preis	5
Namenspapier	145	Preisbindung	196
Nebenerwerbssiedlung	335	Preisspiegel	371
Nebenräume	229	Privatdiskont	160
Nettoverkaufspreis	27	Produktionsfaktoren	11 f.
Neubauabteilung	47 ff.	Produktpiraterieges etz	40, 131
Neubauwohnungen	188	Prokura	65 f.
Neuwertversicherung	267	Prolongation	164
Nichtigkeit von Verträgen	136	Prüfungsverband	226 f.
Nießbrauch	282	Public relations	38 f.
Normung	46		
Notadresse	162	Quittung	142
Notar	135, 292 f.		
Notstand	279	Rabatt	27
Notverkauf	115	Rangfolge	326
Nutzung, bauliche	305	Rationalisierung	46

Räumung	244, 260
Raumordnungsgesetz	306
Realkredit	169
Realkreditinstitute	172
Reallast	282 f.
Realsteuern	387
Rechenzentrum	45, 96
Rechnungslegung	199, 211, 215, 227, 303
Rechnungswesen	44, 96 ff.
Rechtsfähigkeit	53
Rechtsgeschäfte	132, 135 ff.
Rechtsmängel	241
Rechtsmittel	123
Rediskontierung	160
Rediskontpolitik	176
Refinanzierung	172
Regiebetriebe	194, 272
Register	55 f.
Registratur	42
Reichsheimstätte	286
Rentabilität	296
Rentenschuld	334
Rentenversicherung	83 f.
Restfinanzierungsmittel	346
Restkaufgeld	330, 345
Revision	22, 123
Richtwert	288
Rimesse	155
Ring Deutscher Makler	290
Risikoprämie	63 f.
Rohbauabnahme	341
Rohbaumaße	233
Rückgriff	162
Rücklagen	212, 273
Rückrechnung	162
Rückstellungen	64
Sachmängel	241
Sachwert	347
Sachwertverfahren	288, 397 f.
Sammelüberweisung	151, 153
Sanierung	381
Sanierungsgebiet	259, 288
Schadenersatz	115
Schatzwechsel	177
Scheck	143 ff.
Schlußabnahme	341, 373
Schlußabrechnung	376
Schönheitsreparaturen	271
Schornsteinreinigung	269
Schriftgutablage	42 ff.
Schriftverkehr	93 f.
Schuldanerkenntnis	327
Schuldschein	166
Schuldurkunde	177
Schuldverschreibung	178
Schuldwechsel	155
Selbsthilfe	345
Selbsthilfeverkauf	115
Selbstkostenpreis	27
Selbstkostenerstattungsvertrag	369
Sicherheitsleistung	248 f., 373 f.
Sicherungshypothek	329
Sicherungsübereignung	169
Siedlungsunternehmen	193
Skonto	27
Software	45
Solawechsel	164
Sonderausgaben	391
Sondereigentum	301
Sondereinrichtungen	194
Soziale Marktwirtschaft	6
Sozialer Wohnungsbau	351 ff.
Soziales Mietrecht	191 f.
Sozialgerichte	87
Sozialgesetzbuch	263
Sozialklausel	258
Sozialplan	307, 384
Sozialprodukt	4
Sozialversicherung	80 f.
Sozialwohnungen	248
Sozialhilfe	263
Sparkonto	147 f.
Spareinrichtung	174
Splittingverfahren	392
Stabilitätsgesetz	7
Stammeinlage	214
Stammkapital	214
Statistik	102
Steuermeßbetrag	398
Steuern	386 ff.
Stille Gesellschaft	203 f.
Stillschweigen	110
Straßenreinigung	268
Stundenlohnvertrag	369
Sturmschädenversicherung	267

Submission	371
Subunternehmer	368
Tarifvertrag	12, 70
Technische Abteilungen	47
Teilberechnungen der laufenden Aufwendungen	363
Teilbetreuung	378
Teileigentum	301
Teilmärkte	190
Teilung eines Grundstücks	277, 288
Teilwert	198, 396
Teilwirtschaftlichkeitsberechnung	362
Tilgung	276
Tilgungshypothek	276, 329
Tilgungsprogression	276
Tilgungsstreckungsdarlehn	348
Trägerkleinsiedlung	335
Trassant	155
Trassat	155
Tatte	155
Treppenhausbeleuchtung	265
Treuhandeigentum	279
Trust	217
Typung	46
Überbringerklausel	146
Übertragungsvermerk	146, 159
Überwachungsaufgaben	262 f.
Überweisung	147 ff., 150 f.
Umlageausfallwagnis	251
Umlagen	250 ff.
Umlaufgeschwindigkeit	140
Umlegung	288, 308
Umsatzgeschwindigkeit	25
Umsatzsteuer	399 ff.
Unlauterer Wettbewerb	40
Unfallverhütungsvorschriften	88
Unfallversicherung	85
Unpfändbare Sachen	125
Unternehmensfinanzierung	343
Unternehmerfunktionen	61
Unternehmerzusammenschlüsse	64
Unternehmung	14 f., 198 ff.
Unternehmungszusammenschlüsse	217

Unterversicherung	266
Urlaub	88
Urteil	123
Veränderungsnachweis	277, 317
Verbrauch	14
Verbrauchsteuern	387, 403
Verbundkredit	346
Verdingungsordnung (VOB)	368 f.
Vergabe von Bauleistungen	49, 368 f.
Vergleich	382 f.
Vergleichswertverfahren	288
Vergütungen	250
Verjährung	129 f., 261, 367
Verkauf	40 f.
Verkaufsförderung	35 f.
Verkaufsgespräch	41
Verkehrshypothek	329
Verkehrssicherungspflicht	240 f.
Verkehrswert	288
Vermieterpfandrecht	242
Vermietungsgenossenschaft	197
Vermögensbildung	393
Vermögensteuer	396
Versand	42
Versicherungen	266 f., 374 f.
Versicherungsschutz	266
Versteigerung	125 ff.
Verteilungsschlüssel	251
Verträge, Arten	132 ff., 135 ff.
Vertragslehre	131 f.
Verträge, Verwalter	302 ff.
Verwaltungskosten	33, 269
Verzugszinsen	116
Vinkulierte Namensaktien	117
Vollbeschäftigung	8
Vollstreckbarer Titel	117
Vollstreckungsbescheid	118
Vollstreckungsklausel	124, 293
Vollstreckungsschutz	260
Vorfinanzierung	343
Vorkaufsrecht	111, 283 f.
Vormerkung	314
Vorstand	20 f., 222 f.
Vorvertrag	133, 297
Wagnis	63, 269 f.
Wagniskosten	269 f.

413

Währung	141, 175 f.	Wohnungsbedarf	191
Wandlung	114	Wohnungsbelegungsrecht	235
Warenbegleitpapiere	112	Wohnungsbewirtschaftung	233
Warenwertpapiere	176	Wohnungsbindungsgesetz	357
Wassergeld	251	Wohnungseigentum	300 ff.
Wechsel	155 f.	Wohnungserstellung	335 ff.
Wechselklage	123 f., 163	Wohnungsfürsorgemittel	347
Wechselkurs	141	Wohnungsgröße	353
Wechselprotest	161 f.	Wohnungsgrundbuch	310
Wechselverkehr	154 ff.	Wohnungskataster	261
Wegerecht	320	Wohnungsmarkt	189 f.
Werbung	36 ff.	Wohnungsrecht	281
Werbungskosten	390	Wohnungsunternehmen	192 f.
Werkgeförderte Wohnungen	347	Wohnungsvergabe	235 f.
Werklieferungsvertrag	133	Wohnungsvermittlung	235
Werkvertrag	133, 365	Wohnungsverwaltung	234 f., 302 f.
Werkwohnungen	347	Wohnungswirtschaft	186
Wert	5	Wohnungszwangswirtschaft	187
Wertbrief	142	Wohnheim	336
Wertpapiere	173, 176 ff.	Wohnwert	191
Wertsicherungsklausel	112		
Wettbewerb	5	Zahlkarte	152
Widerruf	108	Zahlungsbedingungen	107
Widerspruch	110, 207, 311	Zahlungsverkehr der Banken	175
Widerspruchsrecht	258	Zahlungsverzug	115 f., 259
Wiederkaufsrecht	111, 284	Zertifikate	179
Wirtschaft	4, 9	Zession	168
Wirtschaftlichkeitsberechnung	361 ff.	Zinsabschlagsteuer	395
Wirtschaftskreislauf	10	Zinsdegression	276
Wirtschaftsplan	103, 303, 343	Zinsen	170, 176
Wirtschaftsverbände	64	Zivilprozeß	118 f.
Wirtschaftswachstum	8	Zubehör	278
Wohnflächenberechnung	232	Zugewinngemeinschaft	60
Wohnberechtigungsschein	236 f.	Zusatzkosten	99
Wohngeld	253 f.	Zuschläge	251
Wohnklima	263	Zuschreibung	277
Wohnraumbewirtschaftung	188 f.	Zuständigkeit der Gerichte	120 ff.
Wohnung	229	Zwangshypothek	126
Wohnungsansprüche	229 ff.	Zwangsvergleich	386
Wohnungsakten	261	Zwangsversteigerung	127
Wohnungsbauförderung des Staates	350, 355 ff.	Zwangsverwaltung	127
Wohnungsbauprämie	360	Zwangsvollstreckung	124 ff.
		Zwischenfinanzierung	343

Für Ausbildung und Praxis

von Essen
Die Buchhaltung in der Wohnungswirtschaft
9. durchgesehene Auflage 1993
220 Seiten, kartoniert DM 39,80

Kühner / von Essen
Das Fachrechnen in der Wohnungswirtschaft
4. durchgesehene Auflage 1993
256 Seiten, kartoniert DM 39,80

Bachmann
Muster-Kontenplan für die Wohnungswirtschaft
1991, 3. Auflage, 170 Seiten DM 32,00

Bachmann
Die innerbetriebliche Leistungsverrechnung im Kontenrahmen der Wohnungswirtschaft
1991, 140 Seiten, kartoniert DM 32,00

Dyong / Arenz
Vorschriften im Miet- und Wohnungsbaurecht
Stand: August 1993
18. Auflage, 1016 Seiten, kartoniert DM 63,80

Büscher
Handbuch für den Mietsachbearbeiter
3. überarbeitete Auflage, 1992
250 Seiten   DM 44,00

Pistorius
Die Kostenmiete
1. Auflage, 1991
52 Seiten, kartoniert   DM 28,00

Wohnungsübergabe
1. Auflage, 1988
36 Seiten, kartoniert   DM 12,80

Die Abrechnung der Betriebskosten
3. überarbeitete Auflage, 1992
80 Seiten, kartoniert   DM 19,80

Büchner / Gnewuch
Steuerbilanz und steuerliche Gewinnermittlung bei der Vermietungsgenossenschaft
1. Auflage, 1992
164 Seiten   DM 29,80

Schönheitsreparaturen, Vertragsgestaltung
1. Auflage, 1989
60 Seiten, kartoniert   DM 18,00

HVH   Hammonia-Verlag GmbH
      Fachverlag der Wohnungswirtschaft